뉴레프트리뷰 · 4

뉴레프트리뷰 · 4

New Left Review

볼프강 슈트렉 · 마이클 데닝 · 베노 테슈케 · 에밀리 비커턴 외 지음 ┃ 김한상 · 정대훈 · 정병선 · 진태원 · 하남석 · 홍기빈 외 옮김

도서출판 길

뉴레프트리뷰 · 4

2013년 2월 20일 제1판 제1쇄 인쇄
2013년 2월 25일 제1판 제1쇄 발행

지은이 | 볼프강 슈트렉 · 마이클 데닝 · 에밀리 비커턴 외
옮긴이 | 김한상 · 정대훈 · 정병선 · 진태원 · 하남석 · 홍기빈 외

편집위원장 | 진태원
편집위원 | 홍기빈 · 서영표

펴낸이 | 박우정

기획 | 이승우
편집 | 권나명

펴낸곳 | 도서출판 길
주소 | 135-891 서울 강남구 신사동 564-12 우리빌딩 201호
전화 | 02)595-3153 팩스 | 02)595-3165
등록 | 1997년 6월 17일 제113호

ISBN 978-89-6445-064-2 93100

| 편집자 서문 |

영국의 사회학자 콜린 크라우치(Colin Crouch)는 『왜 신자유주의는 죽지 않는가』(2011)라는 책에서, 전 세계적인 금융 위기의 주범으로 지목되었던 신자유주의가 왜 소멸하지 않고 여전히 살아서 활개를 치고 있는가라는 의문을 제기한 바 있다. 사실 이것은 비단 이론가, 학자들뿐만 아니라 많은 대중이 궁금하게 생각하는 문제다. 국내의 한 일간신문은 2008년 서브프라임 금융 위기 당시 미국의 리먼 브러더스와 AIG가 파산을 하자 '신자유주의의 종말'이라는 커다란 제목을 단 기사를 낸 적이 있고, 그 뒤 다른 신문 및 언론 매체에서도 연이어 신자유주의의 위기에 관한 보도를 한 바 있다. 따라서 당시만 해도 많은 사람들이 이제 드디어 신자유주의가 무너지는구나 하는 기대를 품었고, 신자유주의 이후 경제의 방향이 어떤 것이 될지 그리고 어떤 방향으로 나아가야 할지 제법 여러 가지 논의가 오간 것으로 기억한다. 그러나 기대와 달리 신자유주의는 전혀 사라지지 않고, 경제 위기의 주범으로 몰렸던 각종 금융사들은 오히려 위기 이전보다 더 세계경제를 좌지우지하는 모습을 보여주고 있다. 누군가의 말마따나 '좀비 신자유주의'라고 할 만한 상황이 전개되고 있다.

크라우치 자신은 신자유주의가 위기를 통해 더욱 번성하게 된 이유를 오늘날에는 경제 및 더 나아가 정치까지도 거대기업에 의해 좌우되기 때문이라고 보고 있다. 따라서 시장 대 국가라는 (신자유주의 자신이 애호하는) 이원적인 구도를 통해서는 신자유주의의 성격 및 위력을 제대로 이해할 수 없고, 시장-거대기업-국가(-시민사회)라는 삼원적 또는 사원적 구도를 통해 문제를 파악할 필요가 있다고 주장한다. 국가는 거대기업의 활동을 통제하거나 제한할 만한 힘을 갖지 못하며, 오히려 그 자신이 거대기업 중심의 거버넌스의 일익을 담당하고 있기 때문이다. 그의 이런저런 분석 및 결론에 반드시 찬성하지는 않는다 하더라도(사실 그는 문제를 분석하는 데 훨씬 더 능숙하고 빼어난 학자다), 크라우치의 책은 마땅히 사라졌어야 함에도 여전히 좀비처럼 살아 움직이는 신자유주의의 생존 비밀을 이해하는 데 도움을 준다는 점에서 참고할 만한 가치가 있다.

서두에 크라우치의 책에 대해 길게 언급한 이유는, 한국어판 『뉴레프트리뷰』제4호에 실린 여러 글들, 특히 세계경제에 관한 특집에 수록된 글들 역시 '이상하게 죽지 않는 신자유주의'의 여러 측면을 분석하고 있고, 또 그것이 낳는 경제·정치·사회적 위기에 대한 해법을 모색하고 있기 때문이다. 좌파 내지 진보적인 학술지라면 이는 마땅히 수행해야 할 과제라 할 수 있다.

신자유주의가 소멸하지 않고 오히려 더 강력하게 작동함으로써 생겨나는 문제점은, 실업률 및 삶의 불안정의 증가 같은 경제적·물질적 측면에만 있는 것이 아니라, 그것이 '정상적인'(또는 효율적인) 경제의 메커니즘으로, 더 나아가 정치와 문화 및 사람들의 삶의 양식을 규정하는 보편적인 규준으로 더욱 확고하게 자리 잡게 된다는 데서도 찾을 수 있다. 이런 측면에서 보면 이번 18대 대선에서 반(反)신자유주의라는 쟁점이 거의 들리지 않았다는 것은, 대선에서 야권의 패배 못지않게, 아니 어쩌면 그보다 훨씬 더 의미심장한 일일 수 있다. 이제 정권이 어느 당파로 넘어가든 신자유주의는 당연히 전제되어야 할 경제적 논리이자 정치·사회·문화적 기조로 정상화되고 있다는 사실의 징후로 간주될 수 있기 때문이다.

이러한 정세에서 『뉴레프트리뷰』 한국어판이 무언가 기여할 것이 있다면, 그것은 무엇보다 이 학술지가 왜 신자유주의가 정상적인 경제 및 삶의 양식이 아니라, 아주 기형적이고 불평등한, 따라서 지극히 반(反)민주주의적인 사조이자 정책이고 삶의 규범인지 보여주는 좋은 분석과 논의, 증거들을 풍부하게 담고 있다는 데서 찾을 수 있을 것이다. 한국의 상황을 놓고 고민하는 많은 이들에게 이러한 논의가 얼마간이나마 도움이 되기를 기대한다.

* * *

이번 호는, 이전 호들과 마찬가지로 날카로운 분석과 유익한 정보, 깊은 통찰을 담고 있는 글들을 풍성히 담고 있다. 제4호에서는 우선 두 개의 특집을 마련했다. 첫 번째는 앞서 언급했듯이 지난 2007년 이후 아직까지 좀처럼 위기에서 벗어나지 못하고 있는 세계경제에 관한 특집이고, 두 번째는 현대 진보 사상의 주위를 유령처럼 배회하고 있는 카를 슈미트에 관한 논쟁이다.

미국의 금융 위기에서 시작된 세계경제 위기는 2009년 다소 회복하는 듯했지만, 2010년 이후 불길이 유럽으로 넘어가면서 그 폭과 깊이를 더하고 있다. 세계경제 문제에는 모두 6편의 글이 실려 있다. 우선 유럽 금융 위기의 진앙지 가운데 하나인 스페인 문제를 다루는 「스페인 모델」에서 필자들은 스페인 경제의 독특한 성격을 명쾌하게 분석하고 있다. 경제 위기가 터지기 직전까지 10여 년 동안 스페인은 7백만 개의 신규 일자리를 창출했고 경제성장률은 4퍼센트에 이르렀으며 가계의 명목적 부는 세 배로 증가하는 등 새로운 경제성장 모델로 각광을 받았다. 하지만 2008년 스페인판 서브프라임 사태가 터지면서 건설 기업들이 도산하고 저축은행이 파산하고 실업률은 20퍼센트로 치솟고 가계 부채가 급증하는 등 거품이 한꺼번에 터지면서 스페인 경제의 허약한 실상이 드러나게 된다. 더욱이 진보적이고 현대적인 공화주의 정치를 표방했던 사파테로의 사회당 정권이 금융 헤게모니 블록의 요구를 고스란히 수용하고 노동계급을 비롯한 인민대중을 실업과 부채 상황으로 몰아넣으면서 대중의 불만은 극에 달하게 되었다. 결국 사파테로 정권이 몰락하고 보수 정권이 들어섰지만, 유럽의 헤게모니 국가들 및 스페인 정권의 대응 방안을 고려해볼 때 스페인 경제의 위기는 쉽게 끝날 것 같지 않다. 필자들은 결론을 대신하여 금융 위기 사태에 대한 민주주의적인 해법을 요구하는 시위대 한 사람의 절절한 호소문을 싣고 있다.

「금융 위기 이후 벌어진 세계적 경쟁」에서 피터 놀런과 장진(張瑾)은 중국에 초점을 맞추면서 거대 기업들 간의 세계적인 경쟁 상황을 분석하고 있다. 이들에 따르면 지난 30년간의 세계경제는 선진국의 거대 기업들이 해외투자를 확대하여 전 세계적인 생산 네트워크를 구축하고 과점 경쟁을 벌여온 과정이었다. 이 과정에서 중국을 비롯한 발전도상국 기업들은 이들을 따라잡기 위해 힘겨운 경쟁을 벌이고 있다. 중국은 선진국 거대 기업들의 장기 성장 전망에서 핵심적인 위치를 차지하고 있는데, 이를 기회로 중국의 기업들이 이들을 따라잡기 위해서는 사회적 인프라의 발전 및 기술 혁신 같은 험난한 장기적인 과정을 거쳐야 할 것으로 이들은 보고 있다.

독일의 사회학자 볼프강 슈트렉은 「민주주의적 자본주의의 여러 위기」에서 전후 유럽 자본주의의 전개 과정을 간명하게 개관하고 있다. 글 제목에서 알 수 있듯이 그는 서로 양립하기 어려운 민주주의와 자본주의 사이의 갈등이라는 관점에서 분석을 시도하고 있다. 그에 따르면 흔히 영광의 30년이라고 지칭되는 제2차 세계대전 이후 북미와 유럽에서 민주주의적 자본주의가 번영을 구가한 것은 지극히 예외적인 경우이며, 오히려 그 후 표출된 일련의 위기들이 민주주의적 자본주의의 정상적인 상태를 나타낸다. 그러한 위기는 양립 불가능한 두 가지 분배 원리, 곧 사회적 권리와 한계 생산성 사이의 갈등에서 빚어졌다는 것이다. 그리고 이러한 모순은 위치를 바꾸면서 계속될 뿐 결코 해소되지 않는다. 2008년 이후 확산된 금융 위기 역시 과거 민주주의적 자본주의 체제 내부에서 벌어졌던 분배를 둘러싼 투쟁이 이제 지구적 금융 투자가들과 주권 국민국가 사이의 줄다리기로 변모되었음을 보여주는 사례다. 슈트렉은 현재 민주주의 국가들은 지구적인 투자자 과점체들의 이익을 위해 빚을 받아내는 추심업체가 되어버렸다고 신랄하게 지적하고 있다. 이런 상황에서는 길거리 폭동과 대중의 반란이 시장 권력이 없는 이들에게 유일하게 남아 있는 정치적 표현 양식이 될 수 있다는 것이 그의 결론이다. 이러한 대중의 반란이 더 늘어나 상황을 역전하는 세력으로 발전할 수 있을까?

「상하이 모델?」에서 조엘 앤드리어스는 저명한 중국의 경제학자 황야성(黃亞生)의 저서 『중국 특색의 자본주의』에 대한 서평의 형식으로 중국 경제의 현황과 문제점을 치밀하게 분석하고 있다. 황야성은 도시 지역의 거대 기업에 유리한 국가 주도 자본주의를 지향하는 것을 중국 경제의 문제점으로 꼽으면서 이를 해결하기 위해서는 기업가 정신이 좀 더 활발하게 발휘될 수 있도록 사적 기업들 사이의 자유로운 경쟁 체제를 확립할 필요가 있다고 주장한다. 신자유주의적인 독트린에 포퓰리즘을 결합한 주장이라고 할 수 있다. 반면 앤드리어스는 방대한 1차 자료에 대한 검토에 기반을 둔 황야성 연구의 독창성을 인정하면서도 그의 주장은 중국 경제의 전개 과정 및 현황의 주요 특징들을 잘못 파악하고 있다는 비판을 제기한다. 황야성의 주장과 달리 중국에서 도시와 농촌 및 계급들 사이의 불평등이 심화되고 부정부패가 증가하는 것은 부패한 관료들이 해외 자본을 비롯한 자본가들이 노동자들과 작은 경쟁자들을 마음대로 짓밟도록 내버려둔 데 있다는 것이다. 따라서 규제를 완화하는 데 초점을 둔 황야성의 해법은 오히려 중국 경제의 문제점을 훨씬 더 심화시키리라는 것이 앤드리어스의 결론이다.

「임금 없는 삶」에서 마이클 데닝은 경제 위기와 직접 관련은 없지만, 신자유주의적 세계화의 주요 산물 가운데 하나인 배제된 사람들의 문제를 다루고 있다. 데닝의 목표는 임금노동자가 아닌 사람들, 임금 없는 삶을 살아가는 사람들을 독자적인 범주로 구성하는 것이다. 그에 따르면 임금 없는 삶은 언제나 결핍과 배제의 관점에서 이해되었는데, 이는 사실은 임노동의 정상성, 임금에 대한 물신숭배의 이면이다. 따라서 그는 산업예비군이나 룸펜프롤레타리아 같은 전통적인 마르크스주의 개념들의 한계를 넘어서 임금 없는 삶에 대한 독자적인 계보학을 구성하려고 시도한다. 이러한 관점에서 그는 임노동의 정상성에 기초를 둔 복지국가 내지 사회국가에서 어떻게 실업이라는 개념이 출현하게 되었는지 추적하고 있으며, 비서구 사회에 대한 연구에서 출현한 비공식 부문이라는 개념의 적합성을 검토하고 있다. 데닝의 연구는 오늘날 전 세계의 수많은 사람들의 삶을 특징짓고 있는 '임금 없는 삶'을 마르크스주의적인 관점에서 개념화하려는 주목할 만한 시도다.

『뉴레프트리뷰』의 중심 논객 가운데 한 사람인 로빈 블랙번은 전 세계적인 경제 위기의 성격을 간결하게 진단하면서, 이 위기에서 어떻게 벗어날 수 있을지 여러 가지 해법을 제시하고 있다. 그는 과잉설비와 수요 부족, 무정부적인 신용 창출에서 비롯한 현재의 세계경제 위기를 해결하기 위해 IMF와 미국 및 유럽의 각 정부가 제시하는 긴축재정과 구조조정 해법은 사태를 더욱 악화시킬 뿐 전혀 해결책이 될 수 없다고 비판하고 있다. 오히려 문제의 해법은 사회간접자본 투자를 확대하고 저소득 채무자들의 과잉 부채를 해결하며 지구적인 재균형을 확립하는 데서 찾아야 한다는 것이 그의 진단이다. 더 나아가 공공의 이익을 위한 은행 및 신용 시스템을 확립하고 사회적 삶의 주요 영역들을 탈상품화할 필요가 있음을 역설하고 있다. 이러한 해법은 세계를 움직이는 국가들 및 지배계급의 관심사와 배치되는 것이지만, 세계경제의 위기로부터 탈출하는 길은 왼쪽으로 난 길밖에 없다는 것이 그의 결론이다. 블랙번의 글은 구체적이면서 실행 가능한 여러 가지 해법을 설득력 있게 제시하고 있다는 점에서 국내에서도 참조할 만한 점이 많을 것으로 기대한다.

두 번째 특집인 카를 슈미트 논쟁에는 세 편의 글이 실려 있다. 이 논쟁의 중요한 특징은 대개 『정치적인 것의 개념』이나 『정치신학』 또는 『헌법 이론』 등을 초점으로 삼고 있는 슈미트에 관한 다른 논의와 달리 슈미트 말년의 대작인 『대지의 노모스』를 논쟁의 중심에 두고 있다는 점이다. 이는 슈미트의 사상을 국제 정치 및 국제 정치경제의 관점에서 재고찰할 수 있는 좋은 기회를 제공해주고 있다.

영국의 정치적 유물론의 주도자 가운데 한 사람인 베노 테슈케는 독일의 슈미트 연구자 라인하르트 메링의 지적 평전 『카를 슈미트: 성공과 몰락』에 대한 서평 형식을 빌려 슈미트 사상의 전개 과정 및 그 이론의 한계를 치밀하고 날카롭게 탐구하고 있다. 테슈케에 따르면 슈미트의 사상은 결정주의, 정치적인 것의 개념, 구체적 질서의 사유라는 핵심적인 이론적 전제에 기반을 둔 통일성을 지니고 있으며, 나치즘에 대한 그의 관여는 이러한 사상적 통일성에서 비롯한 것이지, 메링이 말하듯 우연적인 일탈의 결과가 아니었다. 또한 그의 후기 대작 『대지의 노모스』 역시 구체적 질서의 사유에 기반을 두고 나치 독일의 광역 정치를 영미적인 국제 질서에 대한 대안으로서 정당화하기 위해 집필된 것이다. 따라서 그에 따르면 슈미트를 좌파적인 관점에서 활용하려는 사람들은 우선 나치즘에 대한 슈미트의 관여가 그의 사상의 필연적인 결과라는 점을 인식해야 하며, 이러한 정치적 부산물을 어떻게 그의 사상과 분리할 수 있을지를 먼저 해명해야 한다. 더욱이 슈미트가 오늘날에 이르기까지 독일 및 미국의 보수주의 정치의 사상적 기반이 되고 있다는 점을 고려하면, 슈미트를 중립적으로 수용한다는 생각은 매우 위험하다는 것이 테슈케의 관점이다.

테슈케의 글에 대하여 고팔 발라크리시난은 테슈케가 슈미트 사상의 독창성과 복잡성을 공정하게 평가하지 못하고 있다고 반론을 제기한다. 슈미트에 관한 또 다른 평전인 『적: 슈미트의 지적 초상』의 저자이기도 한 발리크리시난은 슈미트를 당대의 역사적 맥락에서 고찰하면, 그의 저작은 당시부터 오늘날에 이르기까지 헤게모니를 유지하고 있는 자유주의적 제국주의에 대한 좀 더 명료한 이해를 가능하게 해준다고 주장한다. 반면 테슈케는 슈미트 사상의 변증법적 측면을 무시한 채 그를 일관된 파시스트 사상가로 평가하고 있다는 것이다. 하지만 바이마르 시기 슈미트의 저술에는 국민(Nation)과 인민(또는 민족, Volk)에 대한 뚜렷한 구별이 나타나 있고, 옛 유럽의 붕괴를 해결하려는 다양한 해법에 대한 모색이 담겨 있다. 따라서 바이마르 시기의 저술과 나치 시기의 저술을 한데 뭉뚱그리는 것은 잘못이다. 더욱이 『영토와 해양』, 『대지의 노모스』 같은 슈미트의 저술은 어떻게 구체제가 19세기의 국민국가 세계 그리고 영국 중심의 세계시장 식민주의로 변화했는지 그리고 어떻게 새로운 권력들 및 권력의 새로운 차원들이 등장하면서 그 한계에 다다랐는지 분석하고 있으며, 이는 테슈케 자신이 수행하고 있는 분석과 상응 관계에 있는 작업이다. 따라서 발라크리시난에 따르면 슈미트를 파시스트 이론가로 비난하기보다는 그에게서 과거와 현재의 국제 관계를 이해하기 위한 비판적 통찰을 이끌어내는 것이 더 바람직한 태도가 될 수 있다.

이러한 반론에 답하면서 테슈케는 「지정학의 물신」에서 다시 한 번 슈미트 사상의 한계를 드러내면서, 그의 사상과 정치적 유물론에 기반을 둔 자신의 이론적 작업 사이의 차이점을 부각시킨다. 테슈케에 따르면 발라크리시난의 반론은 서로 양립하기 어려운 슈미트의 준(準)신화적인 정치학 및 국제관계론을 마르크스주의의 이론적 전제들과 억지로 결합하려는 시도에 기초를 두고 있으며, 이는 슈미트 사상을 제대로 이해하고 평가하기 어렵게 만들뿐더러, 마르크스주의적인 관점에서 지정학의 역사를 다시 사고하려는 노력을 가로막는다고 비판하고 있다.

테슈케의 반론에 대하여 아직까지 발라크리시난은 답변을 제시하지 않고 있지만, 두 사람의 슈미트 논쟁은 영미 진보 학계에서의 슈미트 수용 양상을 살펴볼 수 있는 좋은 기회일 뿐만 아니라, 슈미트 사상을 새로운 시각에서 이해하는 계기를 제공해준다는 점에서 눈여겨볼 만한 논쟁이다.

'각 지역별 쟁점'에서는 2011년 전 세계를 뒤흔든 아랍의 민주화 혁명을 비롯해서, 일본의 후쿠시마 핵발전소 사태, 베를루스코니주의에 대한 분석 글 등이 실려 있다.

먼저 페리 앤더슨은 튀니지에서 시작되어 이집트, 바레인, 예멘, 리비아, 오만, 요르단, 시리아 등으로 순식간에 번져 나간 아랍의 민주화 혁명을 조감하고 있다. 특유의 박식과 날카로운 통찰력으로 그는 아랍의 민주화 혁명을 1810~25년의 라틴아메리카 독립전쟁, 1848~49년의 유럽 혁명, 1989~91년에 걸친 소비에트 진영의 몰락과 유사한 것으로 평가하고 있다. 그는 혁명이 발발한 원인을 소득 양극화, 대량의 청년 실업, 급격한 물가 상승, 주택 부족 사태 등과 같이 아랍 세계의 저변에 깔려 있는 깊은 사회적 위기에서 찾고 있다. 그러면서 그는 날카롭게 아랍 혁명 속에 존재하는 균열과 부재에 주목한다. 아랍 혁명이 독재 정권 퇴진이라는 자유화의 목표는 달성했지만 혁명을 지속시킬 수 있는 사회적 평등의 목표를 계속 밀고 나갈 수 있을지 의구심을 나타내고 있으며, 또한 제국주의적인 지배가 가장 심각한 지역에서 모처럼 일어난 반란에서 반제국주의 목소리가 들리지 않는다는 사실에 주목하고 있다.

이집트 출신의 사회학자 하젬 칸딜과의 인터뷰는 이집트에서 일어난 민주화 혁명의 원인과 전개 과정, 결과 및 향후 전망에 대해 상세하게 해명해주고 있다. 칸딜에 따르면 한 청년의 우발적 죽음에 대한 항의를 계기로 발발한 이집트 혁명은 지배계급의 가혹한 억압과 사회적 불평등 및 빈곤의 심화, 높은 세금에 대한 불만 같은 다중적 요인들이 결합되어 폭발한 것이다. 이집트의 대중은 3주 동안의 봉기로 30년에 걸친 무바라크의 독재 정권을 무너뜨리는 감격을 맛보았다. 하지만 칸딜은 오랜 독재와 억압 때문에 뛰어난 지도자들이 제거되고 혁명운동 세력이 미약한 상태에서 과연 혁명이 온전한 민주주의를 실현하는 데까지 나아가게 될지는 의문의 여지가 있다고 지적한다. 그리고 그의 우려는 최근 '파라오법'이라 불리는 새 헌법이 통과됨으로써 사실로 드러나고 있다.

「봄과 겨울의 대결」에서 마이크 데이비스는 2011년 세계를 휩쓴 격변에 놀라움을 표하면서 그것이 징후적으로 보여주는 신자유주의적 세계 질서의 위기 및 그 변화 가능성을 진단하고 있다. 그는 특히 유례없이 높은 실업률로 고통받고 있는 청년들과 저임금 속에서 장시간 노동에 시달리고 있는 중국의 노동계급이 잠재적인 변혁의 엔진이 될 것으로 보고 있다.

2011년 3월에 일어난 후쿠시마 핵발전소 사태는 그 사안의 심각성에 비하면 『뉴레프트리뷰』에서 그리 많은 논의의 대상이 되지 못하는 듯해서 아쉬운 점이 없지 않다. 알렉산더 콕번의 간명하면서 핵심을 찌르는 글이 그나마 아쉬움을 달래준다. 콕번은 후쿠시마 사태를 계기로 우리 주위에 있는 핵발전 시설이 얼마나 위험한 상황에 처해 있는지 환기하고 있다. 미국의 수많은 발전소들은 후쿠시마 핵발전소만큼이나 열악한 상황에 처해 있음에도, 원자력 관계자들은 오히려 후쿠시마 사태가 핵발전의 안전성을 입증해주었다는 궤변을 일삼고 있다는 것이다. 그는 핵 개발은 언제나 민중에게 전쟁을 선포해왔음을 일깨우면서 탈핵의 필요성에 대해 역설하고 있다.

파올로 플로레스 다르카이스의 「베를루스코니주의 해부」는 재치 있는 풍자와 조롱을 통해 베를루스코니 치하 이탈리아의 실상을 적나라하게 드러내고 있다. 베를루스코니의 이탈리아는 야당 해산과 노조 파괴 및 언론 자유의 탄압, 암살과 상호 감시 체계의 구축이 자행되었던 무솔리니 치하의 파시즘과 외형상으로는 크게 다르다. 복수 정당과 복수 노조, 복수 언론이 존재하고 대학의 자율성 및 법치가 이루어지고 있기 때문이다. 하지만 실상을 들여다보면 언론 장악 및 교육과 문화의 독립성 축소, 법치의 무력화, 심지어 헌법의 무력화 시도가 공공연히 자행되고 있는 실정이다. 따라서 저자는 베를루스코니주의는 오히려 파시즘의 포스트모던 버전이라고 할 수 있다고 결론 내린다.

'사상과 예술' 꼭지에는 세 편의 글이 실려 있다. 소련의 작가였던 안드레이 플라토노프의 짧은 글 「사회주의 최초의 비극에 대하여」는 1930년대 사회주의 소련의 현실을 비관적인 시각에서 간명하게 묘사하고 있다. 그의 글이 반(反)사회주의적인 관점을 띠고 있는 것은 아니지만, 인간의 과학기술에 대한 자연의 저항을 궁극적으로 극복할 수 있는 변증법적인 해결책은 없으며, 파시즘 사회와 마찬가지로 사회주의에서도 비극적 상황은 지속된다는 그의 관점은 당대의 권력자들에게 불쾌할 수밖에 없었을 것이다.

힐러리 로즈와 스티븐 로즈는 「다윈 그리고 그 후」에서 에드워드 윌슨의 『사회생물학』 및 리처드 도킨스의 유전자 결정론에서 진화심리학에 이르기까지 자연선택의 논리를 사회과학 및 인간사의 다양한 영역에 적용하려는 시도를 비판적으로 고찰하고 있다. 그들에 따르면 이는 "자연선택의 작동을 둘러싸고 생물학자들이 벌이는 논쟁에 대한 무지와 과학 지식의 사회학에 대한 무지"를 드러내는 일과 다르지 않다. 그들은 '과학과 사회의 공생산'이라는 개념에 기초하여 다윈의 진화론을 역사적 맥락에 위치시킴으로써 자신들의 비판을 수행한다. 이들은 유전학과 자연선택의 논리를 결합한 신다윈주의는 철저하게 환원론적인 입장을 채택하여 발생을 무시하고 유기체들 사이의 차이에 대한 연구로 관심을 한정하면서 그 차이가 유전자 안에 암호로 들어 있다고 전제한다고 비판한다. 유전자 환원론은 유전자의 분자 성분들이나 유전자가 세포 활동을 통제하는 수단으로 삼는 생화학적 과정은 무시한 채 개별 유전자만을 강조한다는 것이다. 하지만 분자생물학, 특히 후생유전학의 발전은 정보가 발생 과정에서 생성된다는 것을 보여주었으며, 따라서 유전자에 맞춰졌던 초점을 유전자를 품은 세포와 유기체까지 포함하도록 확대할 필요성이 있다고 주장한다. DNA는 도킨스의 말과 달리 정보를 품은 능동적 복제자이기는커녕 세포와 유기체가 자기 자신을 형성하는 과정에 관여하는 한 요소일 뿐이라는 것이다. 따라서 신다윈주의는 이미 죽었는데 자신이 죽었음을 모르는 좀비 이론이며, 이는 발생과 진화를 통합하는 새로운 이론적 종합에 자리를 내주어야 한다는 것이 이 글의 결론이다.

에밀리 비커턴은 우리나라에도 잘 알려져 있는 유명한 영화 잡지 『카이에 뒤 시네마』의 복잡다단한 여정을 살피고 있다. 1951년 앙드레 바쟁, 에리크 로메르가 창간한 『카이에』는 프랑수아 트뤼포, 장-뤽 고다르, 자크 리베트 같은 신세대 평론가들이 1960년대 누벨바그 운동을 제창하고 당대의 구조주의 운동과 결합함으로써 일약 프랑스 아방가르드 문화의 중심지 가운데 하나로 떠올랐다. 1960년대 말에서 1070년대 초에 이르면 『카이에』는 영미를 비롯한 국제 영화 운동에 큰 영향을 끼치면서 세계적인 영화 잡지로서 절정의 명성을 떨치게 되었다. 하지만 1970년대 마오주의적 급진주의 운동이 실패로 끝나고 1970년대 말 좀 더 실용적이고 대중적인 노선을 택하면서 『카이에』는 주류 문화로 편입되었다. 그 결과 초기의 『카이에』를 특징지었던 비평적 예리함은 사라지고 할리우드 중심의 영화 산업을 추종하는 잡지로 바뀌게 되었다. 비커턴에 따르면 『카이에』 자체는 이제 끝이 났지만, 그것이 뿌려놓은 씨앗은 변방의 나라들에서 새로운 영화의 등장 및 다큐멘터리 운동의 전개라는 형태로 지속되고 있다.

서평란에는 질 들뢰즈와 펠릭스 가타리에 관한 프랑수아 도스의 평전을 다루는 피터 오스본의 글과, 지난 10월 1일 타계한 마르크스주의 역사학자 에릭 홉스봄의 마지막 저서에 대한 그레고리 엘리엇의 서평을 수록했다. 좋은 학술지가 대개 그렇듯이 『뉴레프트리뷰』 역시 뛰어난 서평을 많이 싣는 것으로 유명한데, 이 두 편의 서평 역시 해당 주제에 관한 폭넓은 식견을 바탕으로 각 저서의 장점과 한계 및 과제까지 빠짐없이 제시해주고 있다.

오스본이 보기에 들뢰즈와 가타리의 관계는 그동안 너무 들뢰즈를 중심으로 이해되고 평가되어왔는데, 이는 두 사람의 공동 작업에서 가타리의 역할을 과소평가하는 일일뿐더러 가타리 자신의 사상의 독창성을 고려해볼 때도 공정하지 못한 일이다. 따라서 그의 서평은 왜 가타리가 그들의 공동 작업에서 중요했는가를 밝히는 일에 초점을 맞추고 있다. 오스본의 두 가지 주장은 특히 기억해둘 만하다. 첫째, 그는 구조주의는 "결코 주체를 제거하는 사유 형식이 아니"라, "주체를 분산시키며 체계적으로 분배하는 사유, 주체의 동일성에 저항하는 사유, ……비인격적인 개별화나 선-개인적인 특이성을 가지고서 언제나 유목적인 주체를 만드는 사유"임을 강조한다. 그리고 들뢰즈가 가타리의 도움을 필요로 했던 것은 구조주의적 주체와 "그것이 '치료적'이고 '정치적'인 구조주의적 실천의 영원한 이전과 맺는 관계를 탐구하기" 위해서였다. 둘째, 미셸 푸코의 강의록 출간을 통해 새삼 번성하고 있는 포스트-푸코주의와 비견될 만한 포스트-들뢰즈-가타리주의란 존재하지 않는다는 지적이다. 그 이유 가운데 하나를 그는 가타리의 작업에 대한 망각에서 찾는다. 주목할 만한 견해가 아닐 수 없다.

홉스봄에 관해 특이한 점 가운데 하나는 그가 마르크스주의 역사가였음에도 좌파와 우파 학자 모두에게 찬사를 받고, 폭넓은 대중적인 명망과 인기를 누린다는 점이다. 그가 워낙 흠잡을 데 없이 뛰어난 역사가였기 때문일까? 엘리엇은 홉스봄 책에 수록된 여러 논문을 개괄하면서 『세상을 어떻게 바꿀 것인가』라는 이 책의 제목, 저 유명한 포어이바흐에 관한 11번째 테제에서 빌려온 제목에 대한 해명이 이 책의 「서문」에 나와 있지 않은 점에 의문을 가진다. 책의 제목이 시사하는 바와 달리 홉스봄은 이제 더 이상 세계를 변화시키는 힘, 자본주의를 폐지하는 힘으로서 마르크스주의의 능력을 믿지 않기 때문이다. 따라서 홉스봄은 다른 많은 이들과 마찬가지로 21세기에 예기치 않게 복귀한 마르크스를 대안적인 세계에 대한 예언자보다는 지구적 자본주의의 비판자로서 받아들이고 있다. 그렇다면 이 책은 오늘날 세계를 어떻게 바꿀 것인가를 대상으로 하고 있지는 않지만, 넓은 대중에게 세계를 변화시키려 했던 과거의 노력에 관해 많은 것을 알려주리라는 것이 서평의 결론이다.

*　　*　　*

이번 호는 원래 예정되었던 것보다 훨씬 늦게 출간되었다. 한국어판 『뉴레프트리뷰』를 아껴주시는 많은 독자들과 오랜 시간을 들여 좋은 번역을 해주신 역자 분들에게 죄송스럽게 생각한다. 그 대신 조금 더 좋은 글을 수록하려고 애썼고, 독자들이 좀 더 편히 읽을 수 있도록 번역을 가다듬는 데도 많은 힘을 기울였다. 이번 제4호가 대선의 충격을 딛고 많은 분들이 한국 사회의 쟁점을 새로운 각도에서 이해하는 데 조금이나마 기여할 수 있기를 바란다. 앞으로 호를 거듭해가면서 좀 더 유익하고 의미 있는 논의의 장이 되도록 편집위원들 모두 노력할 것을 약속드린다.

2013년 1월에 편집위원들을 대신하여
진태원

⊙ 차례

제1부

특집 1 _ 세계경제 문제

스페인 모델

이시드로 로페스(Isidro López) · 엠마누엘 로드리게스(Emmanuel Rodríguez)

 2008년의 금융 재난이 터지기 전 스페인 경제는 서구의 논객들이 특별히 경탄을 바치던 대상이었다.[1] 경제 매체에서 자주 쓰는 선정적인 은유들을 그대로 옮겨놓고 말하자면, 1990년대와 2000년대 초반까지 스페인이라는 성난 황소는 힘없이 어슬렁거리는 사자 같은 '옛날 유럽'보다 훨씬 더 좋은 경제 실적을 올렸다. 1995년 이후의 10년 동안 7백만 개의 일자리를 창출했고, 경제성장률은 거의 4퍼센트에 달했다. 1995~2007년에 이르는 기간에 가계의 명목적 부(富)는 세 배로 증가했다. 역사적으로 스페인의 전문 분야였던 관광업이나 부동산 개발업 등은

---

[1] 이 논문은 연구 및 행동 집단인 마드리드 도심관측소(Madrid Metropolitan Observatory)가 출간한 *Fin de ciclo. Financiarización, territorio y sociedad de propietarios en la onda larga del capitalismo hispano (1959-2010)*, Madrid 2010의 주요한 결과물들을 요약한 것이다. 번역을 해준 브라이언 앵글로(Brian Anglo)에게 감사드린다.

지구화 시대의 흐름과 완벽하게 맞아떨어지는 듯 보였고, 그래서 지구화의 미소가 이 나라에도 흠뻑 젖어드는 것 같았다. 주택 가격이 1997년과 2007년 사이에 220퍼센트나 오르면서 건설업이 호황을 맞았고, 지어진 주택의 총량 또한 7백만 채가 늘어 30퍼센트의 증가를 기록했다. 이전에는 스페인이라고 하면 그저 유럽에서 덩치만 가장 클 뿐 주변부에 있는 시골이라는 느낌이 있었지만, 이제는 이런 느낌이 완전히 사라지고 현대적인 이미지를 얻게 되었다. 게다가 스페인의 이 새로운 현대성은 단순히 유럽 표준으로 여겨지는 것들을 따라잡는 수준이 아니라 여러 방면에서 그것을 훨씬 뛰어넘는 것이었다. 최소한 유로존 핵심 지역의 '여러 경직성'(rigidities)과 스페인의 역동성이 대조를 이루고 있던 당시에는 그러했다. 여기에다 2004년 다시 사회당이 집권하게 되어 젊은 지도자 호세 루이스 로드리게스 사파테로(José Luis Rodríguez Zapatero) 정권 아래에서 동성 결혼제와 같이 '현대적' 법률의 정수라 할 여러 법들이 통과되었다는 점까지 생각해보라. 그야말로 입안에서 확 퍼지는 갓 담근 적색 와인의 향기가 느껴지지 않는가.

그런데 금융 위기가 터지자 스페인 사람들은 이와는 완전히 상반된 이미지로 자신들을 생각하게 되었고, 유럽 전체에 끼치게 된 민폐가 어느 정도인지는 아직 계산도 제대로 할 수 없을 정도다. 지난 1년간 스페인은 그리스, 아일랜드, 포르투갈의 뒤를 따라 유로존 구제금융 대상으로 분류되기 직전까지 몰린 적이 여러 번 있었다. 스페인의 건설업은 2007년에는 이 나라 GDP의 거의 10분의 1에 달했지만 이제는 엄청난 타격을 입었으며, 미분양 주택의 적체가 아일랜드보다도 심각하게 되었고 이에 따라 준(準)공공기관에 해당하는 저축은행 부문 전체가 엄청난 부채를 안고 침몰하게 되었다. 이러한 주택 시장 붕괴의 여파는 경제 전체를 흔들어놓았다. 실업률은 20퍼센트를 상회하고 있고 특히 25세 이하 청년 실업률은 다시 그 수치의 두 배를 훌쩍 넘고 있다. 이 심각한 경기후퇴에다가 또 현재 GDP의 10퍼센트를 넘는 연간 재정 적자를 2013년까지 3퍼센트로 줄이겠다는 목표 아래 혹독한 각종 긴축 조치들을 시행하고 있으니 이 둘이 얽히면서 문제는 더욱 복잡해지고 있다. 스페인의 정부 구조는 탈중앙집권화되어 있어 17개에 달하는 자치 공동체들(Autonomous Communities)이 전체 공공 지출에서 큰 부분의 집행을 맡고 있거니와, 카탈루냐 등 여러 곳에서 이 자치 공동체 예산 또한 적자를 기록하고 있다. 경제성장에서 성난 황소 같던 스페인이 바닥에 뻗어버렸다는 것은 유로존 전체에도 큰 여파를 미치게 된다. 스페인 인구는 4500만 명 이상으로, 그리스, 아일랜드, 포르투갈의 인구를 모두 합친 것의 거의 두 배가 된다. 또 그 경제 규모 또한 유로존에서 네 번째다. 그 GDP는 1조 4090억 달러로서, 그리스의 3050억 달러, 아일랜드의 2040억 달러, 포르투갈의 2290억 달러와 비교하여 월등하게 크다. 지금까지 유로존이 빚더미에 올라앉은 그 주변부 나라들의 문제를 해결하는 전략은 우선 그 나라들에 대부해줌으로써 취약한 포지션을 가지게 된 독일, 프랑스, 영국의 거대 은행들을 보호하면서, 또 한편으로는 그 나라들이 '위기의 파도를 타고 넘을 수 있게' 하는 것이었다. 하지만 혹시 스페인 정부까지 채무이행의 어려움에 부닥치게 될 경우 이러한 유로존의 전략도 무너질 가능성이 크다. 스페인 경제에 대한 구제금융 규모가 그 전보다 엄청나게 더 클 것이기 때문이다. 사람들은 최소한 지금까지는, 스페인 경제가 일정한 긴축정책과 노동시장 개혁이라는 치료약을 복용하면 위기 이전의 모델로, 그것도 군살을 쭉 뺀 더 건강한 모습으로 부활할 수 있다는 쪽에 판돈을 걸고 있다. 하지만 과연 이러한 계획이 현실성이 있는 것일까?

팔랑헤당이 설계했던 경제 모델

스페인의 거시 경제 모델은 복잡한 계보학을 지니고 있으며, 심지어 역설적이라고까지 할 수 있을 것이다. 그 기원은 1950년대의 프랑코 독재 시절에 있었던 근대화 강령에 있으니, 이는 북유럽으로부터 밀려올 관광 시장을 크게 키우고 민간의 자택 소유를 급진적으로 팽창시키는 데 기초를 두었다. 스페인 경제의 경쟁력이 항시 취약했다는 사실에 대해 나왔던 이런 식의 '해결책'은 제2차 세계대전

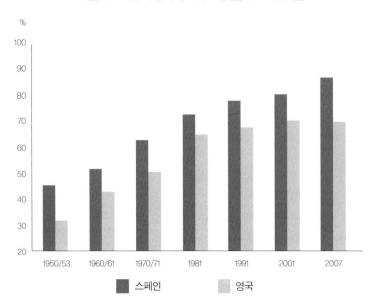

그림 1. 스페인과 영국의 자택 소유율(1960~2007년)

* 스페인 통계청과 기반시설부 자료; 영국의 국가 통계.

이 끝난 후 유럽의 다른 곳에서는 호황으로 제조업이 크게 성장하고 있던 상황에 비추어보면 그 모순이 더욱 두드러지게 된다. 하지만 프랑코 정권의 주택부 장관이었던 팔랑헤 당원[2] 호세 루이스 아레스(José Luis Arrese)는 1957년에 이렇게 말했다. "우리가 원하는 것은 무산자들의 나라가 아니라 유산자들의 나라다" (Queremos un país de propietarios, no de proletarios). 비록 대처주의라는 말이 생기기 전이었지만, 이는 그것과 동일한 내용을 담고 있었고 스페인 주택 시장

---

2) [옮긴이] 팔랑헤당(falange)은 1920년대 스페인 독재자 프리모 데 리베라(Primo de Rivera) 장군의 아들과 그 추종자들이 만든 정당으로서, 이탈리아 파시즘과 비슷한 이데올로기를 가지고 '민족적 생디칼리슴'의 이념을 표방하면서 '팔랑헤' 단위의 집산주의를 주장했다. 비록 이후 프랑코 장군의 독재 세력에 흡수되어 그 체제를 지지했으나, 보수주의로 일관했던 프랑코 집단과 달리 본래 파시즘 이데올로기 자체가 가지고 있던 혁명적 모더니즘 등을 가지고 있었고 나름의 방식으로 스페인 사회를 현대화하고자 하는 내용도 있었기에 프랑코 집단과 갈등도 많이 빚었다고 한다.

을 탈바꿈시킨다. 1950년대에는 아직도 세를 낸 집에 사는 것이 정상적인 모습이었지만, 1970년대가 되면 주택의 60퍼센트 이상이 사적인 소유가 되었으며 이는 당시 영국의 수준보다도 10퍼센트포인트 높다(그림 1).

　이러한 프랑코 독재의 유산과 그로 인해 빚어진 스페인 산업구조의 엄청난 결함은 앞으로 벌어질 국제 시장에서의 경쟁이 갈수록 심화되리라는 전망 앞에서 불길한 미래를 암시하고 있었다. 1973년 경기후퇴의 위기가 전 세계를 덮쳤을 때 이는 대부분의 유럽 나라들에 비해 특히 스페인에서 심각하게 벌어졌으며, 여기에다 1975년 프랑코의 죽음 이후에 시작된 정치적 이행기가 겹치게 되었다. 하지만 의회민주주의가 도래했어도 거시 경제정책에는 변화가 없었다. 1982~96년 펠리페 곤살레스(Felipe González)의 지도 아래 계속해서 집권했던 스페인 사회당(PSOE)은 이를 대체할 만한 모델을 제시하지 못했다. 오히려 1980년대 경제를 재가동할 전략의 기초는 기존의 관광업과 부동산 개발 및 건설업에 대한 '특화'를 더욱더 심화하는 것이었다. 이렇게 '비교 우위'를 내세우는 것이야말로 당시 떠오르고 있던 지구적 경제, 즉 높은 자본 이동성과 금융 소득 흐름의 포섭을 위한 경쟁이 증가하는 상황에 꼭 들어맞는 새로운 접근법이라고 여겨졌다. 이러한 접근은 스페인이 유럽경제공동체(EEC)에 가입하기 전 다른 유럽 강대국들과 협상을 벌일 때도 효과적으로 인정을 받아냈다. 이 협상을 통해 맺은 여러 협정들은 사실상 스페인의 전략적 목표를 이루는 것이 되었던바, 곤살레스 정부는 대단히 푸짐한 보조금—1986~2004년에 매년 스페인 GDP의 평균 1퍼센트에 해당하는 금액—을 받아내는 대신, 부분적인 탈산업화를 받아들이기로 했다. 앞으로 살펴보겠으나 이러한 기금은 교통, 에너지 등의 기간 시설을 형성하는 데 핵심적 역할을 하게 되었으니, 그 전체 보조금의 절반 이상이 여기에 쓰였다. 그리고 이렇게 형성된 기간 시설은 훗날 건설업 호황을 떠받치는 역할을 맡게 된다. 유럽공동체(EC)로의 통합이 급물살을 타 1986년 1월 1일 성사되자, 이베리아 반도의 나라들에 열린 시장 기회를 유럽 자본이 인식하게 되었고 이에 투자가 밀물처럼 밀려들었다. 독일, 프랑스, 이탈리아의 다국적기업들이 스페인의 생산구조 내에서 핵심적 위치를 차지하게 되었다. 대규모 식품 기업들과 당시 사유화되고 있던 공공 기업들의 대부분을 이들이 매입했고, 슈퍼마켓 대부분 그리고 주요 산업 기업들의 남은 부분도 이들이 인수했다. 이러한 스페인 자산에 대한 광란적인 매입에서 무사히 살아남은 것은 오직 은행, 건설업체들, 국가 소유의 전기 및 통신 독점체들뿐이었다.

이러한 투자 물결로 1973년 이후 최초로 지속적인 성장의 기간이 나타났고, 그 결과는 시장의 급속한 과열이었다. 마드리드 주식시장은 1986~89년에 무려 200퍼센트 증가를 겪게 되었고, 수도 마드리드의 부동산 시장은 지구상에서 가장 수익이 높은 시장의 하나가 되었다. 미국에서의 레이건주의 및 영국에서의 대처주의와 발맞추어 1985~91년 곤살레스 정권 기간의 스페인 또한 유럽 대륙에서의 금융 및 부동산 자산 가격 거품을 수단으로 경제성장을 부추기는 데 으뜸을 달렸으며, 국내의 산업 확장을 위한 의미 있는 지원이 거의 없었음에도 이러한 거품 덕분에 국내의 소비 및 수요는 줄줄이 긍정적인 영향을 받아 확장되었다.[3] 하지만 이러한 금융시장의 거품 심리는 오래가지 않았다. 국제수지 적자는 늘어났지만 경제성장을 위한 튼튼한 기초는 없는 상태였으므로 결국 스페인 통화인 페세타(peseta)—스페인 정부는 무슨 비용을 치르더라도 페세타화의 가치를 지키겠다고 서약한 바 있었다—에 대한 투기꾼들의 공격이 과열되었다. 1992년에는 바르셀로나 올림픽과 세비야 만국박람회 등이 있었다. 이를 계기로 허영에 가득 찬 화려한 의식이 펼쳐졌을 뿐만 아니라 이를 떠벌리는 홍보 활동 등도 엄청난 규모였다. 하지만 이것으로도 주식시장 폭락을 막아낼 수는 없었으며, 이후에는 몇 번에 걸친 일련의 공격적인 통화가치 절하가 결국 이루어지게 되었다. 1990년대 초반이 되면 스페인 경제는 어떻게 경제성장의 길을 찾아낼 것인가의 문제에 또 한 번 봉착하게 된다.

---

3) José Manuel Naredo, *La burbuja inmobiliario-financiera en la coyuntura económica reciente (1985-1995)*, Madrid 1996.

유로화를 통한 부흥

하지만 여기에서부터 스페인의 거시 경제정책은 점차 유럽 차원에서 결정되게 되며, 마스트리히트 조약(Maastricht Treaty)과 그 후속 조약들―스페인 사회당 정권과 국민당(PP) 정권 모두 전적으로 지지했다―을 통해 공고히 자리를 다진 신자유주의적 교리들 그리고 유럽 통화동맹 형성을 위한 각국 경제 수렴의 기준이라는 틀에서 그 구조가 만들어지게 된다. 마스트리히트 조약에서 정한 공공 지출 삭감, 목표 인플레이션, 노동시장 탈규제화 등은 금융 이윤의 회복을 가능케 했지만, 이미 상당히 침체되어 있는 유럽의 여러 나라 경제에서 수요를 더욱 침체시킨다는 문제를 낳았다. 그렇기 때문에 스페인이 1995년 이후 보여준 놀라운 회복 속도―1997년부터 가속도를 더하여 1998~2000년에는 연평균 5퍼센트 성장률에 이르렀다―는 신자유주의적 처방을 국지적으로 실행에 옮긴 결과라고 설명할 수는 없다. 그보다는 다시 새 국면을 맞은 부동산 개발과 금융 공학을 통하여 신자유주의적 처방 자체도 뒤죽박죽으로 결합해 나갔지만 그 가운데 나타난 수많은 모순들도 비록 일시적으로나마 해결할 능력이 있었던 것으로 설명해야 할 것이다.

여기에서 네 가지 요인이 결정적인 것으로 판명되었다. 첫째, 낮은 이자율이었다. 마스트리히트 조약으로 인해 재정 적자를 통제해야 하는 데다가 대형 금융회사들도 1980년대에 전형적이었던 채권자 입장 강화보다는 자신들이 내놓은 새로운 금융 상품들(예를 들어 연기금과 투자 펀드 등)의 판매를 촉진하는 것에 더욱 큰 이익을 두게 되면서 이자율 인하를 요구했고, 이로 인해 신용의 가격은 지속적으로 하락했다. 이리하여 한때 유럽에서 가장 높은 이자율을 자랑하던 스페인은 오히려 유럽 대륙에서 가장 많은 수준의 국내 채무를 가진 나라로 변모하는 긴 여정을 시작한다. 둘째, 통화동맹을 거쳐 1999~2002년에 유로존으로 확실한 통합을 거치게 되자, 스페인 경제는 유로화라는 국제적인 우산을 보장받게 된다. 이 우산은 스페인에 외국시장과의 관계에서는 강력한 구매력을 부여해주었을 뿐만 아니라, 유럽연합 전체가 비교적 흑자를 내고 있었다는 맥락에서 스페인의 국제수지 적자 또한 대단치 않은 것으로 만들어주었다. 셋째, 유럽연합의 자유화 정책은 전기와 장거리 통신 등 전략적 부문들의 공기업 사유화를 돌이킬 수 없는 것으로 만들어버렸다. 마지막으로, 중남미 여러 나라들의 공기업 사유화가 있었다. 이 기간에 중남미에서도 종종 IMF 구조조정 계획의 강제를 받아 스페인에서 새로이 사유화된 공기업 부문과 동일한 부문에서 공기업들을 사유화해야 했던 나라들이 있었는데, 스페인의 지배적 기업들은 여기에서 자신들을 국제화할 중요한 기회를 얻게 된다. 유로화의 강력한 구매력의 도움까지 받아서 스페인의 대(大)부르주아들은 지구화를 이루어 1998~2001년 위기로 타격을 입은 여러 중남미 나라들의 시장을 다시 식민지로 만들었고 이 나라들의 국내 기업들을 헐값에 챙길 수 있었다. 양대 주요 스페인 은행인 BBVA와 방코 산탄데르(Banco Santander)는 중남미 최대의 은행이 되었고, 이와 마찬가지로 텔레포니카(Telefónica) 및 마드리드에 본사를 둔 여러 전기회사들도 이 분야에서 중남미 최대의 기업으로 성장했다. 달리 말하자면 마스트리히트와 유로화가 만들어준 틀을 통해서 스페인 경제가 국제 노동 분업에서 그 금융적 위상을 일신할 수 있게 되었을 뿐만 아니라, 또 곧 그 중심적 요소가 될 부동산 개발 주기라는 것을 불러들이게 되었다.

이 기간은 신자유주의적 긴축 기조의 정책들이 지배한 기간이었지만, 그럼에도 불구하고 수요 형성 부족이라는 문제가 생기지 않을 수 있었던 것은 부동산 시장의 거품이 국내 경제의 팽창 원동력이 되어주었기 때문이다. 분석적으로 보자면, 부동산 거품이 그러한 원동력이 될 수 있게 만들어준 여러 메커니즘들은 정통파 경제학으로는 도저히 이해가 불가능하다. 1995~2006년의 미국 경제에 대한 로버트 브레너(Robert Brenner)의 분석에는 '자산 가격 케인스주의'라는 의미심장한 개념이 나오거니와,[4] 우리 논의의 맥락에서도 이 개념을 사용하는 것이

4) Robert Brenner, *The Economics of Global Turbulence*, London 2006, pp. 293~94, 315~23.

더욱 영양가 있는 관점이 될 수 있다. 실로 이 자산 가격 케인스주의라는 개념 그리고 민간의 자산 가치 증가와 국내의 민간 소비 증가를 연결해주는 여러 메커니즘들을 함께 생각해보면 이 기간 스페인 경제가 거둔 상대적 성공도 설명 가능해진다. 그 원동력은 다름 아닌 가계의 금융 자산 및 부동산 자산의 가치가 증가함에 따라 생겨나는 이른바 '자산 효과'(wealth effects)라는 것에서 찾을 수 있다. 자산 가치가 계속 증가하는 한, 임금 상승이나 재정 지출 없이도 총수요와 금융 이윤을 모두 증가시킬 수 있는 이중의 '선순환' 고리가 지탱되게 된다.

이 점에서 볼 때, 스페인의 경우는 국제적인 실험의 장이었다고 볼 수 있다. 다른 곳에서도 가계경제의 금융화는 일찍이 시도된 바 있었지만, 스페인에서 볼 수 있는 새로운 점은 그 실험 모델의 규모였다. 스페인의 경우 실험이 시작되는 시점에 이미 자택 소유가 대단히 광범위하게 확산되어 있었던 데 기초하고 있었던 것이다. 2007년이 되면 민간의 자택 소유는 87퍼센트에 달한다. 미국과 영국에서도 자택 소유율이 결코 70퍼센트를 넘은 적이 없다는 점과 비교해보라. 게다가 약 7백만의 스페인 가구—이것이 '실질' 중산층을 구성하는 35퍼센트다—는 두 채 이상을 소유했다. 주택 가격은 상승세가 유지되어 1997~2007년의 '붐' 10년 동안 연평균 12퍼센트 증가했고, 여기에 기록적인 신용 팽창이 함께 나타나면서 이것이 부동산 소유 계층의 역사적인 가계소비 증가를 떠받치게 되었다. 스페인의 경우 그 부동산 소유 계층은 인구의 대다수를 차지한다(그림 2).[5]

종합해서 말해보자면, 1997~2007년 기간 적자 지출은 국가에서 민간 가계로 확고하게 이전되었고, 그리하여 이 주기의 마지막 몇 년 동안 가계는 자금의 순수요자가 되었다. (다시 말하지만, 이러한 마이너스 저축 상태가 주택 및 기간 시설에 대한 높은 투자와 나란히 존재했다는 사실은 정통 경제학의 틀로는 풀기 어려운 문제다.) 이렇게 장관을 이룰 정도의 주택 가격 상승, 신용 팽창, 주택 총량의 신속한 증대 등을 배경으로 하여 민간 가계의 명목 부는 세 배 이상 늘어났

---

5) 2003~06년 스페인의 주택 가격은 놀랍게도 연평균 30퍼센트씩 치솟았다(스페인 통계청).

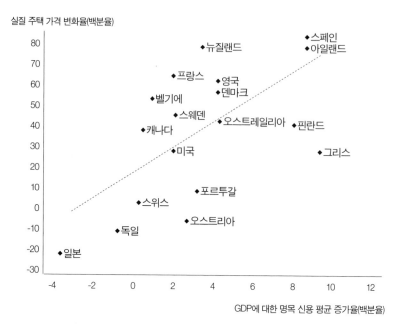

그림 2. 실질 주택 가격 그리고 GDP에 대한 명목 신용 증가율

실질 주택 가격 변화율(백분율)

GDP에 대한 명목 신용 평균 증가율(백분율)

* Prakash Kannan et al., "Macroeconomic Patterns and Monetary Policy in the Run-Up to Asset Price Busts", *IMF Working Paper*, November 2009, p. 31.

다.[6] IMF에 따르면 스페인의 '자산 효과'는 2000~07년 사이에 민간 소비에서 연평균 7퍼센트 증가를 낳았다. 이 수치를 영국의 4.9퍼센트, 프랑스의 4퍼센트, 이탈리아의 3.5퍼센트, 독일의 1.8퍼센트와 비교해보라. 그러는 한편 고용 또한 같은 기간 건설 호황과 소비에 힘입어 누적 증가율이 36퍼센트로 치솟았다. 이는

---

[6] 부동산 자산은 고도로 금융화된 나라의 경제에서는 중심적 역할을 맡고 있음에도 불구하고, 대부분의 OECD 국가들의 국민 계정에서는 아직도 통계 수치 파악의 우선순위에서 밀리고 있다. 스페인의 경우 호세 마누엘 나레도(José Manuel Naredo), 오스카르 카르핀테로(Óscar Carpintero), 카르멘 마르코스(Carmen Marcos) 같은 독립적 연구자나 *Patrimonio inmobiliario y balance nacional de la economía española 1995-2007*, Madrid 2008 등의 추정치를 사용할 수밖에 없는 실정이다.

다른 어떤 역사적 기간보다도 높을 뿐만 아니라 다른 유럽연합 국가들보다도 훨씬 높다. 이 모든 현상에도 불구하고 그 뒤편으로는 실질임금 10퍼센트 하락이라는 현상이 있었다. 이로 인해 7백만 명의 새로운 노동자들이 노동시장으로 진입했음에도 불구하고 임금 총액은 불과 30퍼센트밖에 증가하지 않았다.

스페인 경제는 국제적인 금융 탈규제라는 새로운 상황에 아주 유리하게 스스로 적응해 들어간 것으로 보였다. 1997~2007년 전체에 걸쳐서 생산성은 상대적으로 침체 속에 있었고, 또 스페인 산업은 고질적인 국제 경쟁력 결핍 상태를 면치 못했지만, 경제는 이에 아랑곳하지 않고 높은 성장을 기록했다. 경제 발전의 큰 몫이 부동산 개발 상품들이나 개인형 맞춤 서비스처럼 타인에게 양도 불가능한 재화들을 생산하는 부문에서 이루어지는 한, 생산성이니 경쟁력이니 하는 변수들은 사실상 의미가 없어진다. 스페인 경제의 성공은 혁신으로부터 소득을 얻어낸다는 고전적인 슘페터적 전략을 사실상 거꾸로 뒤집은 것에 기초하고 있다고 할 수 있을 것이다. 또 동시에 '투자 없는 이윤 증대'라는 공식[7]—어떤 이들은 이를 중심부 국가들의 금융화 현상을 요약하는 데 쓰기도 한다—또한 스페인 모델에는 적실성이 덜하다. 스페인 모델에서는 오히려 데이비드 하비(David Harvey)가 2차적 순환 축적이라고 부르는 것이 중심적 역할을 한다.[8] 사실 스페인의 '기적'은 금융적인 방법을 통한 이윤(그리고 수요)의 회복 그리고 조성 환경 및 주택 생산을 통해 작동하는 축적 메커니즘을 풍부하게 활용하는 것을 결합한 것이라고밖에는 설명할 방법이 없다.

한편 유로존 내에서 보자면, 스페인은 그 거품 경제의 기간에 유럽의 북쪽, 특히 독일, 프랑스, 영국에서 내려온 자본에 기록적인 수익을 제공해주었다.

---

7) 이 공식에 관해서는 Michel Husson, *Un pur capitalisme*, Lausanne 2008 참조.

8) 하비에 따르면 축적 과정에서 과잉 축적의 여러 문제들이 나타나게 되면 여러 개별 자본들은 '1차적 순환 축적'—확대재생산 도식에서의 잉여가치 생산—으로부터 '2차적 순환 축적', 즉 조성 환경(built environment)에서의 자본유통으로 옮아가게 된다. 이러한 전환이 취할 수 있는 공간적 형태들은 대규모 공공 근로에서 주택 건설까지 다양할 수 있다고 한다. David Harvey, The *Limits to Capital*, London 1999, pp. 235~38.

2001~06년 해외 자본은 연평균 70억 유로—이는 스페인 GDP의 거의 1퍼센트에 맞먹는다—에 달하는 자금을 스페인 부동산 자산에 투자했던바, 그 대부분은 영국과 독일 국적을 가진 이들이 투자하기 위해 혹은 두 번째 집을 갖기 위해 쓰인 돈이었다. 자산 가격 케인스주의로 힘을 받은 높은 국내 수요 또한 독일의 수출 기업들에 중요한 시장이 되었다. 이탈리아, 그리스, 포르투갈, 아일랜드와 더불어서 스페인 또한 2006~08년 동안 국제수지 적자의 증가를 경험했고 그 액수는 GDP의 9퍼센트를 넘게 되었는데, 그 대부분은 다른 유럽 국가들로부터의 수입 때문에 발생한 것이었다.[9] 2003년부터는 과대평가된 유로화의 역설적 결과들이 나타나게 되었다. 높은 가치의 유로화는 유로존과 그 바깥 지역의 관계로 따져보면 전자가 후자로 수출을 늘릴 수 있는 역량을 잠식해 들어갔다. 하지만 그 내부 나라들끼리의 관계를 따져본다면 주변부인 남쪽 나라들이 유로존 내부의 다른 나라들에 대해서 갖는 구매력을 보장하는 효과를 낳았고, 이는 스페인에도 상당히 적용되는 이야기였다. 유럽위원회(European Commission)에서 제공하는 유럽 통계(Eurostat)에 따르면 구매력 측정으로 따져보았을 때 스페인의 1인당 소득은 이탈리아보다 높고 거의 프랑스와 비슷한 수준으로, 그보다 높은 영국 및 독일의 수준과도 그 차이가 10포인트 정도일 뿐이다. 여기에서 미국과 중국 사이에 화폐가 유통되는 것과 비슷한 공생 관계를 규모만 줄여놓았을 뿐 유로존 내부에서, 즉 유럽 자본주의의 흑자국들과 적자국들의 양 축 사이에서도 발견할 수 있다. 유럽의 경우 남쪽에 있는 나라들은 주로 독일로부터 수입을 하게 되는데, 그 자금의 일부는 북쪽 나라 주민들이 이 남쪽 나라들, 특히 스페인에 부동산 및 금융자산을 구매해준 돈으로 융통된다. 이러한 맥락에서 보았을 때 스페인 사람들 사이에 스페인이 드디어 주변부 지위를 영구적으로 탈출했다는 생각이 널리 퍼져 있었던 것도 놀라운 일은 아니다. 젊은 세대들 입장에서는 유럽

___

9) 유로존 국가들 가운데 유일하게 국제수지가 확고하게 반대 방향으로 움직였던 나라는 두말할 것도 없이 독일이었다. 독일은 1990년대 말에는 얼마간 적자를 보였지만, 2007년이 되면 GDP의 7퍼센트가 넘는 흑자로 전환했다.

전체를 한 번만 여행해보면 이제 스페인과 다른 유럽 나라들 사이의 차이점이 대수롭지 않으며, 또 현대성과 번영이라는 점에서 볼 때 이제는 피레네 산맥 북쪽이나 스페인 쪽이 아무런 차이—이런 차이가 옛날에 있었는지조차 의심스러워할 것이다—가 없다는 점을 깨닫게 되었을 테니까 말이다.

국가의 지원

이러한 여러 부분들을 하나로 맞추면 영구적인 주택 공급 증가를 유지하는 부동산 순환 고리가 생겨나게 되는데, 이 고리가 순탄하게 돌아갈 수 있도록 하는 데 국가의 개입이 결정적인 역할을 했다. 1998년 토지법—'어디든 지으시오'법(build-anywhere law)으로 더욱 잘 알려져 있다—은 건축 허가를 획득하는 절차를 엄청나게 간소화했고, 또 엄청난 양의 토지를 건설에 쓸 수 있도록 내주었다. 이와 마찬가지로 지난 25년간 공공 주택의 총량을 줄이는 정책 그리고 주택 임대차를 주변화하고 주택 구입에 세금 감면을 제공하는 여러 정책들이 정부 주택정책의 중심축이 되었다. 주택 담보대출 시장과 그 법적 틀에도 일련의 개혁이 가해졌던바, 이 또한 유동화 확대를 촉진하여 이 분야에서 스페인은 유럽에서 영국 다음가는 자리를 차지하고 있다. 교통 기간 시설에도 엄청난 투자가 이루어져, 비례적으로 보았을 때 스페인은 유럽 어느 나라보다도 긴 자동차 도로와 고속철도망을 가지게 되었으며, 이 도로망은 실질 시장가치가 없었던 거대한 면적의 땅을 도시화가 가능하도록 열어젖히는 데 중요한 역할을 했다. 여기에다가 환경 정책 또한 느슨하여 도시화에 제동을 거는 일이 거의 없다는 점, 또 비효율적인 부동산 개발에다가 에너지와 상수도를 펑펑 써댈 수 있도록 각종 보조금까지 주어졌다는 점을 더해보면, 하나의 순환 고리가 완성된다. 그리고 여기에서 국가는 금융—부동산 개발의 순환 회로가 순탄하게 작동하도록 보장하고 규제하는 역할을 맡게 된다.

그림 3. 스페인의 지역별 1인당 GDP와 신규 건설 주택 수

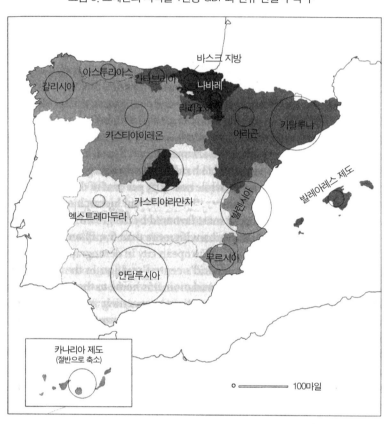

2009년 일인당 GDP

　 18,000유로 이하

　 18,000~23,000유로

　 23,000~28,000유로

　 28,000유로 이상

2000~07년의 신규 주택 수

500,000

100,000

10,000

* 스페인 통계청과 기간시설부 자료.

36

이렇게 부동산 자산 가격 거품에 경제성장을 의존하다 보니 스페인 국토의 사회지리학적 구분에 그 주된 결과가 미치게 되었다(그림 3). 스페인의 행정 구조는 고도로 탈중앙집권화되어 있어서 지역의 자치 공동체들(Autonomous Communities)과 지방 자치 정부들이 도시 개발, 환경 및 교통정책 등에 광범위한 권한을 가지고 있다. 이러한 맥락에서 볼 때, 지역 단위들은 서로 간의 경쟁 속에서 일종의 성장 기계처럼 작동했던 것이 전형적인 모습이었다. 실제로 지방정부들은 자신들의 지역색을 더욱 치켜세우는 한편, 자기 지역 경제성장이 비록 종종 불균형하고 계획이 심히 잘못된 것이라고 해도 그로부터 지역 주민들은 물론 전체 투자자들 또한 기적 같은 혜택을 볼 수 있다고 홍보해대는 주요 행위자로 변해갔다. 전혀 현실성 없는 미래 수익성 예측에도 불구하고 여기에 붙는 투자가 비합리적으로 엄청나게 불어나는 기묘한 조합이 벌어진 경우는 무수히 많지만, 두어 가지 사례만 언급하면 족할 것이다. 그것은 라스베가스와 같은 방식으로 에브로(Ebro) 계곡의 건조한 내륙지역에 초거대 카지노 복합체를 건설하겠다는 계획—이 계획은 지금도 여전히 진행 중이다—이며, 또 다른 것으로는 각자의 물류 센터를 갖추고 있는 8개의 초대형 항구 개발계획이다. 이런 일이 벌어지고 있는 해안선에 실제로 가보면 이런 정도의 시설을 기껏해야 두 개 정도밖에 세울 수 없는 크기다.

이런 성장 모델로 인해 환경이 치러야 할 여러 비용은 계산도 되지 않는다. 전통적인 관광 지역이었던 여러 해안들 그리고 카나리아 제도와 발레아레스 제도 두 다도해 지방에 대규모의 주택 건설이 시행된 결과 해안선을 따라 도시 구축물들이 끊어짐 없이 100킬로미터에 걸쳐 2~5킬로미터의 폭으로 늘어서게 되었고, 아예 코스타 델 솔(Costa del Sol)과 알리칸테(Alicante) 해변까지 이어지고 있다. 비교적 주변적인 지역에서조차 별장과 이른바 녹색 관광(green-tourism)을 위한 복합건물들이 건설되면서 대단히 큰 생태적 가치를 가진 지역들, 이를테면 피레네 산맥 언저리와 내륙의 산맥들 같은 지역들이 완전히 초토화되었다. 토지 소비의 관점에서 본다면, 이른바 인공 면적(artificial surface)은 1986년에서 2006년 사이에 60퍼센트가 확장되었다.[10]

거품의 정치학

스페인 내부는 오랫동안 여러 지역으로 분절되어 있고, 또 그 지역 간의 불균형도 심하기 때문에, 이런 여러 지역들을 어떻게 하나로 맞출 것인가라는 스페인의 퍼즐 조각 맞추기는 항상 어려운 문제였다. 그런데 호황 기간은 이 문제를 또 더욱 악화시키는 데도 한몫했다. 부동산 거품에서 빚어진 중요한 점 하나는 인구가 계속해서 해안 지방과 대도시로 빠져나가는 한편, 내륙 지방의 거의 75퍼센트에 해당하는 지역은 계속해서 거주 인구가 감소하게 되었다. 그리고 도시들 사이에 존재하던 기존의 위계 서열은 더욱 강화되었다. 마드리드는 성장 기간 가장 사랑받던 도시로서 이제는 6백만 명 이상이 거주하는 거대 도시지역의 중심지이자 인구로 보나 경제규모로 보나 유럽에서 세 번째로 큰 도시가 되었다. 마드리드는 이렇게 스페인 경제의 금융적 축적에서 '2차적 순환'의 중심적 위치를 점하고 있을 뿐만 아니라, 중남미와 유럽에서 활동하고 있는 대규모 스페인 다국적기업들 대부분의 본사들도 몰려 있어, 하나의 '지구적 도시'로 떠오르고 있다. 스페인의 나머지 대도시 대부분은 이와 달리 2차적 지위로 밀려나게 되었고, 각각 상이한 '혁신 도시'(urban entrepreneurialism) 전략에 자신들의 에너지를 쏟아부어 국제적인 관광업의 흐름을 잡아서 지역적 지대를 뽑아내려고 기를 쓰게 되었다.[11] 바르셀로나는 이러한 전략의 지구적인 모범 사례가 되었다. 1992년 올림픽을 전후로 바르셀로나가 취했던 여러 정책들은 도시 재생의 위대한 모델로서 특

---

10) CORINE(Coordinaiton of Information on the Environment)의 지표층 프로그램(Land Cover Programme) 데이터로부터 가져왔다. 이는 유럽 환경청(European Environment Agency) 웹사이트에서 얻을 수 있다.

11) David Harvey, "From Managerialism to Entrepreneurialism", *Geografiska Annaler, Series B, Human Geography*, vol. 71, no. I, 1989, pp. 3~17 참조.

히 중남미로 '수출'되었고, 메델린(Medellín)과 발파라이소(Valparaíso)에서 복제되어 모순된 결과를 낳기도 했다. 하지만 스페인의 주도적 산업 중심지로서 오랜 쇠퇴를 겪어왔던 바르셀로나이기에, 이 모델은 여전히 기념비적인 성공 사례로 남아 있다.[12]

정치적으로도 그 결과는 지역 간 경쟁을 더욱 악화시키고 조세, 교통, 지역 통합, 수도 등의 문제들에 대해서 각 지역마다 주변적 민족주의에 근거한 편협한 지방주의적 요구에 불을 지폈다. 이와 동시에 스페인 경제 모델의 여러 장점들에 대해서 주류 정당들 사이에는 완벽한 합의가 지배하고 있었다. 스페인의 정치 계급은 역사적으로 이 문제에서 특출할 정도의 흐뭇한 자기만족을 과시해왔으며, 부동산 가치 상승을 부추기는 것을 국가가 마땅히 해야 할 일이라고 생각해왔기에 사회당 정권(1982~96년, 2004년~현재)에서나 아스나르가 이끄는 국민당 정권(1996~2004년)에서나 모두 이 정책을 추구했다. 지역 수준으로 내려가보아도 마찬가지였다. 무르시아(Murcia)와 발렌시아(Valencia)의 강성 국민당 정권이나 카탈루냐의 수렴통일당(Convergence and Union) 소속의 대자본 카탈루냐 민족주의자들이나 사회주의자들이 집권한 안달루시아 자치 공동체 모두 부동산 개발업자들에게 대출과 건설 허가를 내주는 데 깊게 물려 있기는 마찬가지였다. 2003~10년 카탈루냐에서는 수렴통일당 대신 카탈루냐 사회당이 좌파공화당(Republican Left) 그리고 녹색당에 해당하는 카탈루냐 환경주의자 연합 등 두 소수 정당과 연정을 맺게 되었지만, 부동산 개발의 관행은 변함없이 계속되었다.

집을 사려는 이들에게 주택 담보대출을 제공하는 주된 대부자는 45개의 스페인 저축은행(cajas de ahorros), 즉 준(準)공공 성격의 저축 대부 은행(savings and loans)으로서, 이는 예금자들, 직원들 그리고 지방의회 의원들에 의해 관리되도록 되어 있다. 광역과 기초 자치단체 의회는 그린벨트 같은 도시개발 제한구

---

12) 이런 식의 선전이 워낙 집요하게 이루어졌는지라 부에노스아이레스의 한 주요 풍자 잡지는 그 스스로를 이렇게 이름 붙였다. '바르셀로나: 아르헨티나의 여러 문제들을 한 방에 풀어줄 유럽식 해법' (Una solución europea a los problemas de los argentinos).

역을 조정하여 새롭게 해제된 땅을 부동산 개발업자에게 팔아 큰 수입을 올리는
데, 이것이 이들의 중요한 수입원이 된다. 그러면 개발업자는 이 땅을 사들일 돈
을 저축은행에서 조달한다. 이 저축은행을 운영하는 이들은 바로 땅을 판매한 지
자체 의원들 혹은 그들의 친구들인 것이다. 주택 가격이 연평균 12퍼센트의 상승
률을 보이고 있으니 이는 어느 쪽에나 훌륭한 장사일 수밖에 없었다. 지방의회에
서 이를 추진하는 과정은 의원들 사이의 초당적 협력으로 나타나는 경향이 있다.
이를 잘 보여주는 것이 발렌시아의 예로서, 여기에서는 집권 국민당 정권이 소토
지 소유자들로부터 조각조각 땅을 수용하여 이것을 합쳐서 대규모 개발업자가
요구하는 큰 덩어리 땅으로 만들어 팔기 위해 지극히 공격적인 입법을 추진하는
일이 있었다. 하지만 이러한 입법의 초안을 마련한 것은 사회당이 집권한 연방 정
부이며, 또 사회당이 장악한 몇 개 다른 자치 공동체에서도 활용되고 있었다. 이
에 부패와 정실주의가 극성을 부리며 판을 치게 되었고, 특히 발렌시아의 국민당
그리고 안달루시아의 사회당과 연루된 가족들이나 패거리들이 가장 큰 이익을
챙겨간 것으로 악명이 높은 집단들에 들어간다.[13]

   하지만 비록 사회당과 국민당이라는 두 주요 정당이 모두 스페인식 자산 가격
케인스주의 모델에 깊게 연루되어 있기는 하지만, 특히 사파테로 정권의 '탈란테'
(talante, 접근법, 일을 다루는 방식)야말로 첫 번째 호황기와 그 폭락에서 두드러
지게 드러나는 바다. 스페인은 2003년의 미국·영국·스페인의 이라크 침략에 대
한 대중적인 반대 운동이 정부 수준에까지 충격을 주었던—비록 아주 뒷북이기
는 했지만—유일한 유럽 나라다. 그다음 해 아스나르 총리는 3월 11일의 이슬

---

13) 이러한 건설 광기에 제동을 걸려는 반대가 없지 않았다. 최악의 영향을 입은 지역들 몇 군데에서는
   환경운동 집단들이 나서서 자연환경의 불균등한 수탈뿐만 아니라 이를 공모한 지자체 관리들의 부
   패를 공격하여 기초단체뿐만 아니라 심지어 광역 자치 공동체 정부까지 끌어내리는 데 성공하기도
   했다(2003년 아라곤, 2007년 발레아레스 제도). 2005~07년에 스페인의 주요 도시를 뒤흔들어놓은
   상상력 넘치는 항의 시위의 물결도 있었다. 이들은 계속 상승하는 주택 가격에 항의하여 '복수의 V'
   (V for Vendetta)를 모델로 하는 V de Vivienda(vivienda는 주택을 뜻하는 스페인어다)의 구호 아
   래 수만 명이 계속 시위를 벌이기도 했다.

람 폭탄 테러로 마드리드 중앙 역에서 192명이 살해당한 사건을 놓고 이를 바스크 분리주의 집단인 ETA의 소행이라고 몰아붙였지만, 이는 오히려 커다란 사회적 저항을 촉발해 대규모 시위가 벌어졌다. 이 시위는 그 전해에 있었던 스페인의 이라크 참전 반대 시위와도 직접적으로 연결되어 있었고, 또 아스나르 정부의 자기도취적 권위주의에 대한 반대와도 연결된 것이었다. 그 결과 여론조사에서 두 정당의 지지율이 역전되었고 사회당의 사파테로가 압도적인 기세로 권력을 장악하게 되었다. 이렇게 시위에 많은 이들이 뛰쳐나온 사태는 전문직 부문의 부상 그리고 더 젊은 세대의 대두를 표출하는 것이었다. 전자는 스페인의 현대화에 가속도가 붙으면서 그 덕분에 증가한 것이며, 후자는 상당 정도는 일자리의 불안정성 때문에 영향을 받았다고 볼 수 있다. 특히 이 젊은 세대는 그 부모 세대보다 더 많은 교육을 받았고 더 세속화되어 있는 세대다.

사파테로 정권이 이끄는 스페인의 '진보'(progre)[14] 이미지를 더욱 강화해준 것은 노동조합과의 '대화', 간병인들에 대한 명목임금 인정, 동성 결혼법, ETA에 대한 정권 초기의 휴전 제스처 등의 정책들이었다. 또 국제적으로는 이라크에서 스페인군을 철수하겠다는 자신의 공약을 이행했지만, 그렇게 빼낸 군대를 아프가니스탄에 보내어 미국의 전력을 보충해주기도 했다. 하지만 그는 그때까지 항상 사회당을 지지해왔던 강력한 미디어 그룹인 프리사(PRISA, 일간지 『조국』, 유로 텔레비전 방송 Digital+, 스페인 최대의 라디오 네트워크 Cadena SER 등을 소유)의 눈밖에 나고 말았기에 새로운 신문인 『푸블리코』(Público)와 텔레비전 채널 '라 섹스타'(La Sexta)에 의지하게 된다. 사파테로의 성공은 애초부터 여러 다양한 정치 마케팅 전략을 의식적으로 활용했던 것과 관련이 깊었고, 그 새로 들어선 정부의 '탈란테' 또한 본질적으로는 화장만 화려하게 하는 이미지 정치였다.

---

14) progre란 '진보적'(progresista)이라는 형용사의 지소격(starlet이나 streamlet 등처럼 작은 것을 지칭하도록 만드는 변형―옮긴이)으로서, 반쯤은 유쾌한 뜻을, 또 반쯤은 빈정거리는 어감을 가지고 있다. 이는 본질적으로 비판적이지 않고 선행(善行)을 중시하는 사회적 자유주의에 입각한 중간계급 그리고 제도화된 중도 좌파의 수사법이나 의사소통 스타일을 지칭하는 말이다.

사회복지 지출이 늘기는 했지만 그 증가분은 금융 이윤을 위협한다든가 스페인에 본사를 둔 다국적기업 경영진의 초고액 연봉을 건드리지 않도록 아주 소액에 불과했다. 연방 국가 모델은 주변부 여러 지역에서 스멀거리는 민족주의와 스페인 전체 차원의 민족주의 사이에 여러 긴장을 낳으면서 파열음을 내고 있었고, 비록 지역의 부동산 개발 장치는 계속 작동한다고 해도 그 긴장은 갈수록 위험해지고 있었지만, 사파테로 정권은 이에 대한 대안을 개발하지도 않았다. 날이 갈수록 과열되어가는 주택 시장에 대해서도 대안적 모델을 건설하는 것은 말할 것도 없고, 아예 통제하려는 시도조차 하지 않고 있었다. 2008년 선거에서 사회당은 43.6퍼센트를 얻어 2004년의 42.6퍼센트보다 약간 더 득표를 늘렸지만, 이 증가분은 아마도 주로 좌파통일당(Izquierda Unida)의 표가 2004년 5퍼센트에서 2008년 3.8퍼센트로 줄어든 것에서 왔을 가능성이 크다. 한편 국민당은 2004년 37.7퍼센트에서 2008년 40.1퍼센트로 득표율을 올렸다.

불안정성

신용의 흐름이 계속되고 주택 가격 거품도 계속 유지되는 한, 사회복지 지출이 극도로 적다는 것도, 임금상승이 정체, 심지어 하락하고 있다는 것도, 게다가 스페인 노동시장이 유럽에서 가장 임시 계약직의 비율이 높은 시장의 하나라는 사실도 큰 문제로 보이지 않았다. (스페인의 실업률은 만성적으로 높아서 2000년대 초반기 대부분의 기간 8~12퍼센트에 달했거니와, 이 수치는 노동력 3분의 1이상에 달하는 임시직의 높은 비율과 관광업처럼 계절적으로 고용 변동이 심한 부문에 노동력이 많이 몰려 있음을 반영하는 것이다. 다른 말로 하자면 구조적인 실업 자체라기보다는 불안정한 고용을 통해 일자리의 순환이 빠르게 이루어진다는 이야기다.) 노인들의 소득을 보장하는 것으로서 기금이 부족한 연금 시스템을 부동산 가치 상승이 메꾸어주게 되었다. 젊은이들은 이 때문에 부모의 집에서 독립하는 것을 계속 늦출 수밖에 없을 때가 많았지만, 그럼에도 불구하고 가족의 자산 가치가 늘어남으로써 상속을 통해 아니면 부모가 주택 담보대출을 받는 것을 도와주는 것 등을 통해 혜택을 보리라 기대하고 있었다.

제대로 된 사회 서비스가 존재하지 않는 상태에서 돌봄 노동을 어떻게 조달할 것인가의 문제는 수백만 명에 달하는 초국적 가사 노동자들의 대군이 스페인에 상륙함으로써 완화되었다. 이 여성들은 대부분 영주권이 없는 상태에서 들어와 아이들, 노인들, 장애인들을 돌보는 일을 맡았고 수백만의 중산층 가정에서 집안 허드렛일을 도맡았다. 2010년이 되면 스페인 내 외국인 수는 거의 6백만 명에 달하게 되며, 인구 또한 불과 10년 만에 3550만 명에서 거의 4700만 명으로 18퍼센트 이상의 놀라운 비약을 보여주었다. 이렇게 국내에 유입된 이들 가운데 267만 명은 EU 시민들이었고 대부분 새로이 EU에 가입한 나라들 출신이었다. 루마니아 한 나라에서만 거의 80만 명이 들어왔고, 중남미, 특히 에콰도르, 콜롬비아, 볼리비아에서 2백만 명, 아프리카와 마그레브(Maghreb, 아프리카 서북부)에서 1백만 명이 들어왔으며, 그 가운데 65만 명은 모로코인들이었다. 스페인이 드디어 그 전통적인 주변부의 위치를 벗어났다는 것을 입증하는 데 이러한 대규모 이민자의 첫 번째 물결이 상륙했다는 것보다 더 좋은 증거가 있겠는가? 충분히 예상할 수 있는 일이지만, 이 이민자들은 대개 건설, 농업, 가사 노동 그리고 성매매 등에서 저임금 일자리를 차지하고 있다. 영주권 발급, 직업 할당량, 유럽과 그 내부의 경계는 모두 한데 엮어서 복잡한 시스템을 이루고 있는데, 이로 인해 이러한 외국 노동자들은 계속 확장되는 스페인 경제의 필요에 종속당하며 아주 장기간, 심지어 일생 동안 시민권에서 배제당하는 바람에 노동시장에서도 아무런 보호를 받을 수 없는 처지에 놓여 있다.[15]

그럼에도 불구하고 이 이민자들과 그들의 가족들 또한 2000년대 초반 이후로는 점차 자리를 잡아가게 되었고, 그러자 이들도 부동산 노다지에 뛰어들라는 유

---

15) 2000~01년과 2004~05년에는 불법 이민자들에 의한 일련의 집단행동이 줄을 이었다. 여기에는 남동부 농공 지구에서 벌어진 이주 노동자들의 파업뿐만 아니라 교회와 공공건물 점거도 포함되어 있다.

혹을 받게 되었다. 부동산 개발 순환 주기의 마지막 몇 해 동안 부동산 거품을 자극하고 유지한 것은 1970년대에 태어난 젊은이들—프랑코 시대 이후의 베이비붐 세대—과 더불어 이 이민자들이었다. 2003~07년 동안 스페인에서도 사회의 가장 취약한 계층들에게 최소한 1백만 건에 달하는 주택 담보대출이 주어졌고 이것이 스페인판 '서브프라임'이 되었다. 당연한 일이지만, 스페인의 자산 거품 사태의 부작용 하나는 광범위한 부채의 확산이었다. 가처분소득에 대한 부채의 비율이 계속 상승하여 2007년이 되면 OECD에서 가장 높은 나라가 되고 말았다. 그리고 그 리스크는 주로 소득이 더 낮고 자산도 더 없는 가계들에 심하게 집중되어 있었다. 미국의 경우와 마찬가지로, 주택 가격을 지속적으로 상승시킴으로써 여기에서 다시 자금을 융통하는 마술이 신용 리스크를 감당하기에 충분한 안전장치라고 여겨졌다. 하지만 미국과 다른 점도 있었다. 스페인 법에서는 대출의 담보가 된 자산—즉 주택—만으로는 대출받은 이가 지급불능에 빠졌을 때 충분한 보증으로 간주하지 않는다. 즉 대출을 받기 위해 내놓아야 할 보증에는 대출받는 이의 친척들과 친구들의 집까지 들어갈 수 있다는 뜻이다. 이로 인해 부동산 거품이 꺼지고 나자 깜짝 놀란 시장에서는 부동산 압류의 연쇄 반응이 나타날 수밖에 없었다.

폭락

거품이 끝나간다는 것을 처음으로 눈치챈 이들은 바로 부동산 개발업자들이었다. 2006년에는 거의 9만 호에 달하는 신규 주택 건설이 시작되었으며 이는 프랑스, 독일, 이탈리아의 그해 신규 주택 건설량을 합친 것보다 더 많았다. 그 후로 매출이 떨어지기 시작한다. 특히 심한 충격을 입은 것은 지중해 연안의 개발 지구였다. 2007년 중반 영국에서도 주택 가격 거품이 터지게 되는데 이 때문에 스페인에 별장을 구입하려고 했던 영국인들에게 문제가 생긴 것이었다. 그린벨트를 변경하여 개발 지구로 지정된 토지들이 개발을 기다리고 있었지만, 그 토지를 매입한 자금은 거품 절정기에 저축은행들로부터 대출받았던 것으로 이제는 가망성이 없는 투자로 보이기 시작했다. 2008년 말경이 되면 미분양 주택이 1백만 호가 되었고 스페인의 가계 부채는 GDP의 84퍼센트로 치솟아 오른다. 부동산 개발업체들이 무너지게 되면서 이들에 대출을 주었던 저축은행들도 엄청난 악성 부채를 떠안으면서 곤경에 처하게 된다. 2008년 7월 건설사 마르틴사–파데사(Martinsa-Fadesa)가 50억 유로의 빚을 떠안은 채 파산을 신청했다.

사파테로 정부가 최초에 내놓은 대응은, 이 위기가 지구적 현상이며 미국처럼 서브프라임 관련 시장에서 훨씬 더 큰 붕괴가 벌어진 경우에 비한다면 스페인에 대한 영향은 주변적일 뿐이라는 식으로 대충 넘어가는 것이었다. 기껏해야 저축은행들에 도움이 좀 필요할 것임을 인정하는 정도—2008년 8월에는 5백억 유로 규모의 공적 자금 조성 가능성이 흘러나오기도 했다—그리고 G20의 다른 나라들과 보조를 맞추어 단기적인 적자재정 편성이 필요하다는 것을 인정하는 정도였다. 하지만 곧이어 실업률이 두 배로 치솟아 2009년 말이 되면 거의 20퍼센트에 달하게 되면서, 이러한 예견은 절망적인 낙관주의에 불과하다는 것이 금방 드러났다. 건설업에서 일자리가 없어지기 시작하자 이것이 곧 소비재 산업과 시장 서비스 등에 영향을 주게 되었다. 자산 가격 케인스주의에 있었던 선순환의 고리는 반대로 악순환의 고리가 되었고 이제는 지독한 '빈곤 효과'(poverty effect)를 낳게 되었다. 여기에 신용 수축이 겹치면서 민간 소비는 급격하게 줄어들어버렸다. 워낙 노동력의 많은 부분이 단기 계약직과 임시직에 집중되어 있었던지라 영리기업들은 이렇게 시장에서의 수요가 줄어들게 되자 아주 신속하게 그리고 거의 아무런 비용도 치르지 않고 자신들이 고용한 노동력을 줄여버릴 수 있었다. 하지만 이렇게 되자 실업률이 다시 치솟아 오르고, 25세 이하의 실업률은 40퍼센트가 넘게 되었으며, 이로 인해 수요는 더욱더 위축되었다. GDP 성장률이 1년 사이에 무려 7.7퍼센트포인트나 줄어들면서 정부의 세수도 뚝 떨어져 2006년에는 GDP의 2퍼센트에 달하는 흑자재정이었던 것이 2009년에는 GDP의 11퍼센트가 넘는 적자재정으로 바뀌게 된다.

유럽의 다른 나라 정부들도 그러했지만, 사파테로 정부 또한 스페인의 과두제 블록들이 입은 손실을 사회에 전가하는 정책에 초점을 두었다. 여기에는 스페인의 주요 건설사들이 대거 포함되어 있었고, 그 가운데 어떤 것들—ACS, FC, 페로비알(Ferrovial)—은 무려 25년 이상에 걸친 기간 시설 확장 재정의 수혜를 입어 한껏 덩치를 키운 것들로서, 위기가 터진 후에도 무슨 비용을 치르더라도 자신들이 맡고 있는 공공사업 계약만은 계속 유지해달라고 요구하고 나섰다. 대형 민간은행들—그 가운데 산탄데르와 BBVA가 가장 크다—은 중남미 중간계층의 예금을 붙잡고 있기에 영국과 미국의 경쟁자들 일부보다 더욱 자금 공급이 좋은 것으로 보였다. 사실 이들은 지금 미친 듯이 돈을 뿌려대고 있다. 특히 산탄데르는 이미 중남미와 아시아에 광범위한 투자를 뿌려놓은 바 있고 여기에다가 또 새로이 영국의 주택금융조합들과 미국의 저축은행들을 사들이고 있다. 이를 통해 생겨나는 괴물같이 큰 은행은 너무나 커서 파산할 수도 없겠지만, 아마 너무나 커서 구제할 수도 없을 것이다.

한편 저축은행들은 여전히 빚더미에 올라앉은 상태다. 이들의 총자본손실액이 얼마나 될지에 대해서 스페인 중앙은행은 150억 유로로 추산하고 있지만, 다른 기관에서는 다양하게 다른 추산이 나오고 있으며 심지어 1천억 유로까지 나오고 있으니, 이는 스페인 GDP의 10퍼센트에 해당한다. 2009년 3월에는 카스티야-라만차 저축은행(Caja Castilla-La Mancha) 하나를 구제하는 데만 90억 유로가 들어갔다.[16] 2009년 6월 사파테로 정부는 990억 유로에 달하는 구제 기금 계획인 FROB을 발표했고 45개에 달하는 저축은행을 17개로 줄이겠다는 합병 계획도 발표했다. 또 이 저축은행들은 핵심 자본(core-capital)의 수준을 2011년 9월까지 10퍼센트로 올리라는 명령을 받았으며, 이를 위해서는 2백억 유로에서 5백억 유로

---

16) 『이코노미스트』에서는 '세상의 종말을 가져올 시나리오'에 입각한 숫자인 2700억 유로로 주장하고 있지만, 이 액수도 GDP와의 비율로 보면 아일랜드 은행들의 부족액보다는 작다고 지적하고 있다. "Under siege", 13 January 2011.

에 해당하는 돈을 신규로, 그것도 현금으로 조달해야만 한다. 하지만 이는 아무 것도 아니다. 저축은행들은 또한 자신들 대차대조표의 외양을 개선하여 파산을 면하기 위해서 상환의 희망이 없는 부동산 개발업자들에 대한 대출을 스페인 중 앙은행을 통해 부동산, 토지, 주택 등으로 바꾸어놓도록 장려되었는데, 이것들의 가치는 상당히 인위적으로 그 최고가의 10퍼센트 정도를 깎은 선에서 매겨졌다. 하지만 아일랜드의 경우에서 잘 볼 수 있는 것처럼 손실의 규모는 본래 최초의 추산치를 항상 훌쩍 뛰어넘는 경향이 있다. 2011년 3월 알리칸테(Alicante)에 기 반한 저축은행으로서 스페인에서 4번째 크기인 아호로스 메디테라네오(Ahorros Mediterráneo)의 손실이 예상보다 훨씬 더 크다는 것이 드러났고, 이로 인해 그 저축은행이 추진하던 합병 계획도 치명적인 상처를 입게 되었다. 스페인의 주택 가격은 기록적인 상승을 보인 후로 지금까지 10퍼센트 조금 넘는 정도만큼 하락 했다(그림 4).

2009년이 되면 문제의 중심이 이동한다. 처음에는 은행 구제 정책 패키지―유 럽연합 전체로 보았을 때 염출하겠다고 약속된 총액은 2조 5천억 유로에 달했을 것이다―가 유럽연합, 좀 더 구체적으로는 유로존 수준에서 가해졌던 압력의 핵 심으로서 문제가 되었지만, 금융자본의 손실을 이렇게 국민국가의 재정 회계로 옮겨버릴 경우 심각한 긴축 조치들이 필연적으로 나타날 수밖에 없으며, 이제는 이 긴축 조치가 문제의 중심이 된다. 2010년 초부터 한 나라씩 예산 삭감, 임금 동결, 사회복지 프로그램 철폐 등을 도입했다. 이 위기는 저 잘 알려진 신자유주 의적 처방에 따른 '구조조정'으로 유럽 국가들을 하나씩 밀어붙일 좋은 기회라고 노골적으로 간주되었다. 유럽연합 수뇌부에 해당하는 여러 기관들이 이 위기 속 에서 맡았던 역할은 여러 금융 집단들의 이익과 최고로 긴밀하게 유착되어 있었 다. 이러한 일련의 사태 진전 속에서 몇몇 유럽 나라들의 국가 부도 사태, 특히 그 리스 및 아일랜드와 관련된 일련의 사건들은 유럽 나라들의 국채를 쥐고 있는 주 요 보유자들인 유럽의 대형 은행들―독일, 프랑스, 영국 은행들―에 엄청난 사 업 기회를 제공하는 것으로 볼 수밖에 없다. 여기에서 이들에게 도움을 준 것은

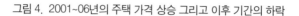
그림 4. 2001~06년의 주택 가격 상승 그리고 이후 기간의 하락

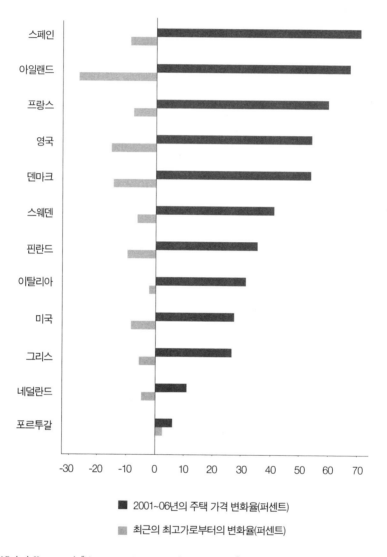

■ 2001~06년의 주택 가격 변화율(퍼센트)
■ 최근의 최고가로부터의 변화율(퍼센트)

* Prakash Kannan et al., "Macroeconomic Patterns and Monetary Policy".

신용 평가 기관들이다. 이 기관들은 유로존의 적자국들—그리스, 포르투갈, 아일랜드, 스페인, 이탈리아—이 지불능력이 없다고 혹은 금융적으로 아주 위험하다고 공표함으로써 이 나라들의 국채 이자율을 인위적으로 치솟게 만들었다. 마침 유럽의 대형 은행들은 민간과 가계 부문에서 위기 이전 수준의 금융 이윤을 전혀 회복할 수 없는 상황이었던 차에 이 나라들 국채 이자율이 치솟는 덕에 엄청난 이윤을 긁어모을 수 있었던 것이다.

사파테로의 방향 전환

2010년 4월 그리스 부채 위기가 전개되는 가운데 사파테로는 독일 정부, EU, 유럽중앙은행으로부터 긴축정책과 노동시장 구조조정을 실시하라는 압력을 갈수록 세게 받게 된다. 이러한 조치들은 곧 아직 장기 계약과 임금 협상권을 가지고 있던 공공 부문 노동자들에 대한 총공세의 시작이 되는 셈이었다. 따라서 이들을 주요한 지지 기반으로 하고 있는 사파테로로서는 이러한 조치를 바로 받아들일 수도 없었지만 또 대안적 해법을 찾아낼 능력도 없었는지라, 시간만 질질 끌 뿐이었다. 마침내 5월 12일 그는 가혹한 긴축 프로그램을 공표하게 되는바, 이는 오바마의 백악관으로부터 한 번 더 팔을 비틀린 후에 나온 것이 명백했다. 우선 공공 부문의 임금은 5퍼센트 삭감되고, 각종 수당과 연금도 깎였을 뿐만 아니라, 각종 투자 계획도 취소되고, 정년퇴직 연령은 올라갔으며, 임금 협상은 제약당하고, 해고는 더 간단해졌다. 그 결과는 지지도의 즉각적 하락이었으니, 국민당과 대략 동률을 이루던 사회당의 지지도는 7퍼센트포인트 떨어졌고 이후에도 계속해서 하락했다. 노동조합 지도자들은 아래로부터는 일반 노동자들의 압력을 받았지만 또 한편으로는 사회당 정권이 급작스럽게 몰락하는 게 아니냐는 걱정을 해야 했기에, 그 사이에 갇혀 아무것도 하지 못했다. 2010년 9월 29일의 총파업은 사파테로 정권의 조치에 대한 사회적 반대가 총집결된 것이었지만, 지

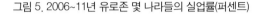

그림 5. 2006~11년 유로존 몇 나라들의 실업률(퍼센트)

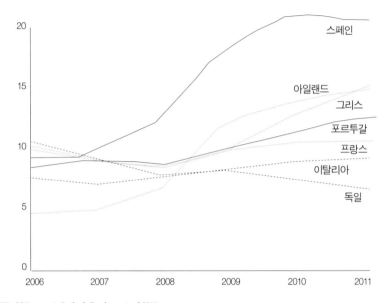

스페인

아일랜드

그리스

포르투갈

프랑스

이탈리아

독일

* World Economic Outlook Database, April 2011.

도부는 운수 노조 등 가장 잘 조직된 부문에 속하는 노동자들이 나오지 못하게
막았고 서비스와 소매업에 종사하는 엄청난 숫자의 단기 계약 노동자들도 동원
하지 못했다. 노조 지도부는 그러고 나서 연금 수령액 삭감과 정년퇴직 연령 연
장에 대한 협정에 신속하게 서명해버렸다.

이렇게 사회당 정권이 헤게모니 금융 블록과 명백히 한편이 되어버리자 현대
적이고 진보적인 공화주의라는 가면도 떨어져 나가버렸다. 위기의 현 단계를 특
징짓는 각본을 사회당이 충실하게 따르는 가운데 공공 부채에 대한 스페인의 부
담은 마침내 가장 고전적인 구조조정(structural adjustment) 정책들과 일치하
는 조치들을 낳고 말았다. 최종적으로 분석해보면, 이는 결국 공공 지출이 금융
기관들의 정치적 감시 아래 이루어지게 되었다는 말이 된다. 그 결과 원래 스페
인 사회당을 찍어주었던 유권자들의 많은 부분이 사회당 정책에서 버림받게 되

었고, 이제 사회당의 지지도는 최악으로 떨어졌다. 실업률이 하늘로 치솟고(그림 5) 사회당의 지지도는 16퍼센트포인트가 빠지게 되었으며, 2011년 4월 2일 마침내 사파테로는 2012년 3월 총선거에서 자신은 사회당 지도자로서 출마하지 않겠다고 공표한다. 사파테로에 대한 사임 압력은 주로 사회당 내부로부터 나왔으며, 특히 2011년 5월의 지방선거에 출마한 사회당 후보들은 어떻게든 사파테로의 정치적 유산으로부터 거리를 유지하려고 안간힘을 썼다. 그를 계승할 선두 주자는 알프레도 페레스 루발카바(Alfredo Pérez Rubalcaba)로서, 그는 펠리페 곤살레스 시절에 정치 이력을 시작한 사회당 내 우파의 노정치인이다. 루발카바는 2006년 이래 내무부에서 일하면서 바스크 분리주의 운동 단체 ETA에 대해 국민당보다 한술 더 떠서 훨씬 가혹한 '테러와의 전쟁'식 대응을 정식화한 것으로 악명을 떨친 바 있다. 이러한 강한 남자의 이미지를 굳힌 덕에 그는 사파테로 정권에서 부통령 그리고 정부 대변인이라는 두 개의 고위직을 하사받았다. 옛날 곤살레스 시절의 친위대 가운데 한 명이던 루발카바는 저 강력한 미디어 그룹 프리사와 그 주된 대변지인 『조국』(El País)의 총애를 얻고 있다. 사회당 내의 사파테로 계파 그리고 메디아프로(Mediapro) 집단은 국방부 장관인 카르메 차콘(Carme Chacón)을 당수 후보로 밀었지만, 그녀는 분위기가 이렇게 굴러가는 것을 보고서 재빨리 사퇴해버렸다.

이 위기를 통하여 스페인은 길었던 지난 10년간의 번영을 떠받친 경제적 구조들이 얼마나 취약한 것이었는지에 직면하게 되었고, 스페인 사회당은 자신의 정치적 지지 기반이 무엇인가라는 풀기 어려운 문제에 직면했다. 금융 공학이 발전하면서 자기 집을 소유한 중산층의 대다수가 계속해서 항상 더 부자가 되어가고 있으며 그 숫자도 늘어나고 있다는 허구를 영구적인 진리인 양 만들어주었다. 그런데 부동산 거품이 꺼지게 되자 사회의 진상을 가리던 베일이 찢어지면서 지독하게 양극화된 사회질서, 인구 대다수가 깊숙이 물려 있는 가계 부채, 일자리를 잃고 공공 서비스에 의존하던 많은 이들이 복지 지출 삭감과 복지의 사유화로 인해 이중으로 받게 된 타격 등이 맨 얼굴 그대로 드러나고 말았다. 여기에다가 그

가운데서도 가장 심한 타격을 받은 이들이 젊은이들—장년층과 비교했을 때 이들의 미래 전망은 심하게 어둡고 갑갑하다—과 외국인 노동자들이라는 사실을 더해본다면, 결국 이 위기의 비용이 가장 취약한 집단들의 어깨 위로 떨어지게 될 것임이 분명해진다. 스페인은 오랫동안 EU 회원국들 가운데서도 가장 유럽이라는 정체성을 애호하는 나라였다. 사람들의 상상 속에서 프랑코 독재의 잔재를 털어내고서 온 나라를 현대화하고 민주화하는 과제는 유럽주의와 깊숙이 연관되어 있었으며, 스페인 유권자들은 역사적으로 유럽연합이라는 구상에 거의 전폭적인 지지를 보내왔다. 하지만 이제 이런 식으로 자신들을 유럽의 일원이라고 여기면서 흐뭇해하는 생각은 완전히 사라져버렸다.

5월 22일의 지방선거를 며칠 앞둔 5월 15일은 또 사파테로가 그 엄청난 재정지출 삭감 계획을 공표한 지 꼭 1년이 되는 날이었으니, 이날 실로 거대한 사회적 저항의 물결이 온 나라를 휩쓸어버렸다. 수만 명의 젊은이들이 시위대를 형성하여 거리를 점령해버렸고, 20개가 넘는 도시들에서 중앙 광장에 텐트를 세워버렸으니, 여기에는 바르셀로나의 카탈루냐 광장과 마드리드의 푸에르타 델 솔 광장도 들어간다. 학생들, 노동자들, 직업이 있는 이들, 없는 이들 가릴 것 없이 모조리 뛰쳐나와 공공 영역의 공간에 대한 권리를 내세우고, 펄 로터리와 타흐리르 광장의 젊은 아랍 시위대에게 인사를 보냈다. 푸에르타 델 솔 광장에서는 점거한 군중들이 상시적인 민중 의회를 설립하여 모든 결정 사항들을 놓고 일상적으로 투표를 실시했다. 이 5월 15일 운동의 구호들 몇 개를 보자면, "민주주의로의 이행을 보장하라!", "우리는 정치가들과 은행가들의 손아귀에 든 상품이 아니다", "국민당(PP)이나 사회당(PSOE)이나 그놈이 그놈이다. PPSOE로 합당하라!", "진정한 민주주의를 지금 즉시 보장하라!" 등등이었다. 솔 광장의 의회가 승인한 5월 20일의 선언문은 정치적 부패, 폐쇄식 명부(closed-list) 비례대표 선거제도[17](투표용

---

17) [옮긴이] 비례대표 후보 명단을 정당에서 비밀리에 작성해놓는 선거제도. 이렇게 되면 유권자들은 투표를 하면서도 실제로 어떤 이들이 국회의원이 될지에 대해서 아무런 결정권을 갖지 못하며, 이는 오롯이 당 내부와 지도부의 결정에 따라 이루어지게 된다는 폐단이 있다.

지에는 정당과 당 지도자의 이름들만 표기된다), 유럽중앙은행·IMF 권력과 지배계급이 위기에 대응하며 보여준 정의롭지 못한 짓들 등에 비난을 퍼부었다. 이 글을 쓰고 있는 지금, 이 '캠핑 생활자들'(campers)은 거의 2주가 되도록 광장을 점거하고 있으며 이 기간 사회당은 사상 최악의 패배를 겪고 바르셀로나와 세비야 그리고 4개의 다른 자치 공동체들을 내주어야 했고, 사회당의 요새라 할 안달루시아에서도 여러 지자체를 잃고 말았다.[18) 하지만 이제 1년도 채 남지 않은 총선거에서 만약 국민당의 마리아노 라호이(Mariano Rajoy)가 권력을 잡게 된다고 해도, 그 새 정권은 5월 15일 운동의 여러 세력들과 대결해야 할 것이다. '분노한 자들'(indignados) 그리고 '미래 없는 젊은이들' 등의 이 세력들은 "우리는 집도 없고 일자리도 없고 연금도 없다. 따라서 두려움도 없다!"라고 외치고 있는 상태다.

　스페인의 경제 회복 전망은 여전히 좋지 않다. 붕괴해버린 주택 시장의 거품은 엄청난 규모를 가지고 있고, 1990년대 이후 성장 전략에서 자산 가격 케인스주의는 중심적 위치를 누려왔으며, 거품 이후의 경기후퇴는 바닥을 알 수 없는 데다가 정말로 가혹하기 짝이 없는 긴축정책들로 더욱 악화되었고, 유로화는 여전히 강세라서(이는 부분적으로는 미국 연방준비위원회의 양적 완화로 풀려나온 달러가 밀려들어왔기 때문이다) 유로존 바깥 나라의 관광객들은 스페인 관광에 부담을 느끼고 있으며, 유럽중앙은행은 신용 공급을 죄고 있다. 이 모든 것들을 고려해보면 스페인에서 다시 경제성장세가 생겨난다는 것은 정말로 요원한 이야기라고 느끼지 않을 수 없다. 당장 벌어질 상황은 경기 침체의 심화 및 스페인의 적자 증가라는 점이 거의 확실하다. 그런데 유로존은 아직도 이 위기가 단지 일시적인 유동성 문제일 뿐이니 문제가 터진 나라에다가 유럽중앙은행·IMF의 브리지 론을 효과적으로 배분해주어서 이 나라들이 채무에서 빠져나올 시간을 벌어

---

18) 사회당은 5월 22일 지방선거에서 7퍼센트포인트가 하락한 28퍼센트 득표율에 그치고 말았다. 하지만 이 표가 모두 국민당으로 간 것도 아니었다. 국민당의 득표율 증가는 2퍼센트포인트에 그쳐서 득표율도 38퍼센트였을 뿐이다. 좌파통일당은 2007년의 5.5퍼센트 득표율보다 약간 오른 6.3퍼센트가 되었지만, 사회당에서 빠져나온 약 150만 표에서 21만표를 흡수하는 데 그쳤고, 그 부분적인 이유는 지역에서 사회당과 선거 연합을 맺은 데 대한 대중의 심판이라고 볼 수 있다.

그림 6. 유로존 주변부 나라들 국내 은행과 공공 부문에 대한 각종 청구권

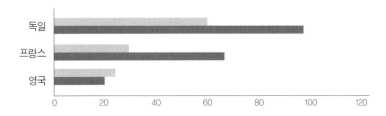

2010년 3/4분기 해외에 노출되어 있는 은행들의 자기자본에 대한 백분율

2010년 3/4분기 전체 은행 자기 자본에 대한 백분율

그리스, 아일랜드, 포르투갈의 은행과   ■ 스페인의 은행과 공공
공공 부문에 대한 각종 청구권   부문에 대한 각종 청구권

* IMF, *Regional Economic Outlook: Europe*, May 2011, p. 13.

주기만 하면 된다는 식으로 문제를 싸바르려 하고 있지만, 이렇게 되면 스페인의 적자 증가는 확실해지며 이는 큰 문제를 낳지 않을 수 없다. 사실을 보자면, 이 위기는 독일, 프랑스, 영국의 주요 은행들의 위기다. 이 은행들은 유럽 주변부의 부동산 거품이 터지는 상황에 엄청난 규모로 노출되어 있기 때문이다(그림 6). 그런데도 독일, 프랑스, 영국 정부는 자국 내에서 은행 위기가 총체적으로 터지는 정신적 충격을 도저히 직면할 용기가 없는지라 공공 부문을 이용한 모종의 폰지 금융과 같은 짓으로 계속 파국을 뒤로 미루고 있다. 이를 두고 한 중앙은행 총재는 "더 많은 자금이 계속 추가적으로 들어와서 이러한 위선의 가면을 유지해주는 동안만 가능한 일"이라고 묘사했다.

공식 차관을 들여와서 최초의 국채 소유자들 일부에게도 이자를 갚아야 하지만, 또 그 돈으로 나머지 적자 원금도 갚아야 한다. 그래서 이 나라들이 그 돈을 들여올 때 강제당했던 긴축 조치와 구조조정 조건들을 더 이상 버틸 수 없다는 것이 분명해지고, 따라서 자발적 시장으로 돌아올 수 없다는 것이 분명해진다고 해도, 유로존 회원국들과 국제기구들은 그 공식 차관을 결국은 연장해주고 심지어 양을 더 늘려주게 될 것이다. …… 유럽 각국 정부는 따라서 돈을 끊었다가 이것이 자국 내부의 금융 위기로 비화되는 사태에 직면하는 것보다는, 따라서 회계 정산의 그날을 뒤로 미루면서 계속 돈을 주변부 국가들에다가 퍼붓는 쪽이 더 편리하다고 생각하고 있다.[19]

하지만 스페인 모델의 붕괴는 이러한 거대한 피라미드 형태의 폰지 금융을 몇 가지 방향에서 동시에 위협해 들어오고 있다. 첫째, 독일과 프랑스 은행들은 그리스와 아일랜드보다 스페인 쪽에 훨씬 더 크게 물려 있는 상태다. 둘째, 스페인 저축은행들의 여러 문제는 그 규모가 얼마나 되는지 아직 짐작조차 못하고 있는 상태다. 셋째, 스페인은 지난 10년 동안 무려 18퍼센트의 인구 증가를 겪었고 그 큰 원천은 이민이었다. 게다가 젊은 세대에서는 거의 두 명 가운데 한 명꼴로 실업 상태다. 그런데 본래부터 중부 유럽 나라들에 비교해보아도 낮았던 사회복지 지출이 최근 들어 훨씬 더 크게 삭감된 상태이니 사회문제는 잠재적인 시한폭탄이라 아니할 수 없다. 유럽연합 3대 강국인 프랑스, 영국, 독일은 지금 자국의 무너진 은행들을 구제하기 위해서 그 비용을 주변부 평민들에게 떠넘기고 있으며, 민간 부문에서의 금융 이윤이 사라진 것을 벌충하기 위해 주변부 나라들의 국채에다가 고리대에 해당하는 높은 이자율을 인위적으로 만들어 돈을 뜯어가고 있다. 그런데 스페인의 부채 위기는 이러한 세 나라의 행태를 마침내 완전히 뒤엎어버릴 수 있는 것이다. 이런 이유에서 볼 때 스페인 부채 위기를 회피하기 위해서 갖은 노력이 다 이루어질 것이라는 점은 의문의 여지가 없다.

---

19) Mario Blejer, "Europe is running a giant Ponzi scheme", FT, 5 May 2011.

푸에르타 델 솔 광장에서

"그렇소. 우리는 지금과 같은 민주주의를 의심합니다."

한 텔레비전 뉴스 아나운서가 시위대에게 "민주주의를 의심하지는 말라"고 말한 데 대해서 푸에르타 델 솔 광장의 '분노한 이'(indignada)들 가운데 한 사람이 보내온 답장이다.

그렇습니다. 우리는 지금과 같은 민주주의를 의심합니다. 이는 인민들의 주권을 지지하지 못하고 있습니다. 시장의 이익만을 대변하는 결정들이 내려져서 우리에게 강제되고 있으며, 의회의 정당들은 이러한 지구적 현실에 전혀 맞서려 하지 않습니다. 외환 시장과 국채 시장에서 금융 투기가 벌어지고 있건만, 이들은 우리 스페인에서도 또 유럽 의회에서도 이 금융 투기를 종식시키려고 싸우는 법이 없습니다.

우리가 지금과 같은 민주주의를 의심하는 것은, 권력을 쥔 정당들이 사회의 집단적 선을 추구하는 게 아니라 오로지 부자들의 선만을 추구하고 있기 때문입니다. 이들이 성장이라는 것을 사회정의, 재분배, 공공 서비스, 주택 및 그 밖의 생필품에 대한 접근권의 성장으로 이해하지 않고 오로지 영리사업가들의 이윤의 성장만으로 이해하고 있기 때문입니다. 권력을 쥔 정당들이 오로지 자신들의 자리를 보전하고 연장하는 데만 관심을 두어 선거 당시의 공약은 뒤로 제쳐둔 채 권력을 연장하기 위한 여러 거래에나 몰두하고 있기 때문입니다. 정치가들은 자기들의 '신민들'을 위해 불안정, 불확실, 주택 담보대출 같은 것들을 아예 법으로 만들었지만, 그들 누구 하나 그 속에서 살아가는 이는 없기 때문입니다. 우리가 지금과 같은 민주주의를 의심하는 것은, 이것이 타락과 부패의 협잡으로 물들어 있어서 정치가들이 공직에 있으면서도 또 동시에 민간의 직위를 그대로 유지하고, 자기들의 특권적 위치를 통해 얻은 정보들로 큰 이윤을 뽑아내며, 공직을 떠난 뒤에도 사외 이사니 고문이니 하는 명목으로 계속 좋은 일자리를 유지하면서, 정치가가 된다는 것을 아주 수지맞는 장사로 만들었기 때문입니다.

우리가 지금과 같은 민주주의를 의심하는 것은, 그것이 사회 전체의 의사 결정권을

56

완전히 정치가들의 손아귀에 절대적으로 넘겨주었기 때문이며, 그 정치가들은 정당의 폐쇄식 명부에 이미 지명되어 있어서 우리는 그 어떤 방법으로도 알 길이 없기 때문입니다. 투표와 의석 사이에 아무런 비례성도 없습니다. 우리가 지금과 같은 민주주의를 의심하는 것은, 한 정당에 '벌을 주는' 유일한 방법은 자기가 동의하지도 않는 다른 정당을 찍는 방법뿐이라는 것이 도무지 말이 되지 않기 때문입니다. 우리가 지금과 같은 민주주의를 의심하는 것은, 권력을 쥔 정당들이 헌법에 명시되어 있는 사회적 지원의 조항들에 순종하고 있지 않기 때문이며, 법적 정의도 평등하게 적용되고 있지 않으며, 제대로 된 일자리도 또 만인을 위한 주택도 없으며, 외국인 출신 노동자들은 시민으로 대우받지도 못하고 있기 때문입니다. 이런저런 변명들을 둘러대지만 우리는 납득할 수 없습니다. 현실에 존재하는 민주주의가 싫다면 과거의 독재로 되돌아갈 것이냐고 묻지 마십시오. 우리는 그 두 가지 사이에서 선택하고 싶지 않습니다. 진정한 민주주의를 지금 당장 요구합니다!

— 베아트리스 가르시아(Beatriz García)

[홍기빈 옮김]

금융 위기 이후 벌어진 세계적 경쟁

피터 놀런(Peter Nolan) · 장진(張瑾)

미국 경제, 유럽 경제와 일본 경제가 2008년 이후 경기 침체에서 벗어나려 애쓰는 동안, 중국은 세계 금융의 위기에도 굴하지 않고 지속적인 경제성장을 기록했다. 2009년 중화인민공화국은 독일을 따라잡고 세계 최대 상품 수출국이 되었으며, 『포천』(*Fortune*)에서 발표하는 세계 500대 기업 가운데 34개 기업을 보유했다. 『포천』 세계 500대 기업에 속한 중국 기업의 시가총액은 미국 기업에 이어 두 번째였으며, 은행 부문에서는 중국 금융기관들이 상위 세 자리를 차지했다. 실제로 이것은 중화인민공화국이 금융 위기를 활용해 서구 기업들을 마구 사들이는 데 나섰다는 것을 시사한다. 2009년 가을 『포천』은 '중국이 세계를 구매하다'라는 표제를 단 특집 기사를 실었는데, 표제 밑에는 "중국인들이 2조 달러를 보유하고 사들이기를 하고 있다. 당신의 기업—그리고 당신의 나라가 중국인들의 목록에 있는가"라는 부제가 달려 있었다.[1]

사실 중국 회사들은 국제 무대에서 사업을 벌이며 엄청난 경쟁 압력에 직면해 있다. 토머스 프리드먼(Thomas Friedman)이 2005년에 쓴 『세계는 평평하다』(*The World Is Flat*)에서 전형적으로 보여준 견해로서 발전도상국 경제를 개방하면 토착 기업들이 고소득 국가 기업들을 따라잡을 기회를 얻게 되리라는 주류 경제학자들의 신념과 달리, 2008년 금융 위기의 전조가 된 세계화가 30년간 진행되면서 전례 없는 국제 통합과 산업 집중이 벌어졌다.[2] 이러한 변화는 고부가가치 생산물, 유명 상표의 소비재와 금융 서비스를 포함하는 거의 모든 산업 부문에서 일어났다. 세계 산출이 비약적으로 증가함과 동시에, 산업 부문 대부분에서 산업을 주도하는 기업의 수는 줄었다.

물론 이 현상은 많은 노동자를 고용하지만 세계 산출에서 상대적으로 비중이 작은 저소득 국가와 중위 소득 국가의 소비자에게 주로 상품을 판매하는 수많은 기업들의 존재와 모순되지 않는다. 예를 들어 광업에서는 고숙련 노동자를 고용하고 대규모 복합 설비를 사용하는 소수 기업들이 석탄, 철강과 다른 광산물을 거래하는 국제무역에서 가장 큰 비중을 차지한다. 이 기업들은 수십만 명에 불과한 노동자를 고용하고 있으며, 선진 산업 부문에 있는 여러 나라 소비자들에게 주로 상품을 판매한다. 게다가 전 세계에는 대체로 위험한 노동 여건에서 단순한 채취 기술을 사용하면서 노동자 수백만 명을 고용하는 수만 개의 소규모 광산이 있다. 이 소규모 광산업은 비공식 부문에 속한 소규모 지역 거래처들에 판매를 하며, 이 지역 거래처들은 그들이 만든 질 낮은 생산물을 가난한 사람들에게 판매한다. 그렇지만 세계경제의 '관제고지'는 중산층을 주요 소비자로 하는 고소득 국가의 세계적 기업들이 거의 전적으로 장악하고 있다. 많은 산업 부문에서 두 개나 세 개의 기업이 전체 판매 수입의 과반을 차지하고 있다(표 1 참조).

---

1) *Fortune*, 2009년 11월 2일자.
2) 비주류 경제학자들이 이 과정을 더욱 정확하게 포착했다. Joseph Schumpeter, *Capitalism, Socialism and Democracy*, London 1943; Alfred Chandler, *Scale and Scope: The Dynamics of Industrial Capitalism*, Cambridge, MA 1990; Edith Penrose, *The Theory of the Growth of the Firm*, Oxford 1995 참조.

표 1. 2006~09년 시스템 통합자 기업의 산업 집중

	기업 수	세계시장 점유율
대형 민항기	2	100
자동차	10	77
유선통신 기반 시설	15	83
이동통신 기반 시설	3	77
개인용 컴퓨터	4	55
이동 단말기	3	65
제약	10	69
건설 장비	4	44
농업 장비	3	69
담배	4	75

• 『파이낸셜 타임스』(*Financial Times*)와 기업 연차 보고서의 시장 점유율 추정치. 담배의 경우 중국은 제외되어 있음.

이런 상황에서 우수한 기술과 영향력 있는 유명 상표를 가진 잘 알려진 기업들은 가치 사슬을 최대로 확장한 '시스템 통합자'(system integrator)로 등장했다. 선두 지위를 굳건히 하는 과정에서 이 거대 기업들은 공급자들에 강한 압력을 가해 부품 회사들이 그들의 요구를 수용하도록 해 집중을 강화한다. 이러한 '폭포 효과'(cascade effect)는 경쟁과 기술 진보의 특성에 심오한 함의를 지닌다. 폭포 효과는 또한 발전도상국 기업들이 풀어야 할 난제가 언뜻 보이는 것보다 훨씬 더 많다는 것을 뜻한다. 발전도상국 기업들은 산업구조에서 빙산의 '일각'으로만 보이는, 산업을 주도하는 시스템 통합자를 따라잡는 데 큰 어려움에 직면해 있는 것만이 아니다. 발전도상국 기업들은 또한 수면 아래 있어 보이지 않는 '빙산'인, 세계 공급 사슬의 거의 모든 마디를 지배하는 강력한 기업들과 경쟁해야만 한다 (표 2 참조). 예를 들면 대형 민항기 산업에서는 겨우 두 기업이 제동장치 세계 공급량의 75퍼센트를 생산하며, 세 기업이 자동차 등속 조인트의 75퍼센트를 생산한다. 발전도상국 기업들은 기업 권력이 더 집중하기 전에 '세계적 수준에서 공정

표 2. 2006~08년 세계 가치 사슬 내의 산업 통합

	기업 수	세계시장 점유율
대형 민항기		
엔진	3	100
제동장치	2	75
타이어	3	100
자동차		
자동차 유리	3	75
등속 조인트	3	75
타이어	3	55
정보 기술		
개인용 컴퓨터 마이크로프로세서	2	100
개인용 컴퓨터 운영체제	1	90
LCD 화면 유리	2	78

＊『파이낸셜 타임스』와 기업 연차 보고서. 엔진 기업 수의 경우 제너럴 일렉트릭(GE) 합자회사인 스네크마(Snecma)를 포함.

한 경쟁을 벌일 무대'로 진출하려 한다.[3]

세계화 시대에 나타난 시장점유율의 높은 집중도는 기술 진보의 높은 집중을 동시에 수반했다. 세 산업 부문이 전체 연구·개발 투자를 장악하고 있고 세계 1400대 기업인 G1400이 수행하는 투자 가운데 거의 3분의 2를 차지하고 있다. 이들 산업 부문은 기술 하드웨어, 장비 그리고 G1400 연구·개발 투자의 26퍼센트를 차지하는 소프트웨어 서비스와 컴퓨터 서비스다. 제약, 의료 장비와 의료 서비스는 21퍼센트를, 자동차는 17퍼센트를 차지한다.[4] 높은 집중에 관해 더

---

3) 세계화, 산업 집중과 '폭포 효과'에 대한 자세한 분석은 다음을 참조. Peter Nolan, *China and the Global Economy*, Basingstoke 2001; Peter Nolan, Jin Zhang and Chunhang Liu, *The Global Business Revolution and the Cascade Effect*, Basingstoke 2007.

4) 다른 중요한 부문은 전자 장비와 전기 장비(7퍼센트), 우주 항공 및 군수산업(4퍼센트)과 화학(4퍼센트)이다.

설명해보자면, 미국, 일본, 독일, 프랑스와 영국의 기업들은 G1400의 80퍼센트를 차지하지만, 이들 기업 가운데 상위 100대 기업은 전체 연구·개발 투자의 60퍼센트를 차지한다.

합병과 위기

이번 금융 위기는 계속되고 있는 세계적 집중 과정에 어떤 영향을 주었을까? 2008년 9월부터 주식시장 붕괴로 인수·합병(M&A) 가치가 급격하게 떨어지기는 했지만, 실질 가격으로 2007~09년 3년 동안 대규모 인수·합병이 있었고, 위기가 격화하면서 상대적으로 저렴한 자산을 획득할 기회가 많았다. 2007~08년 30억 달러 이상의 가치를 지닌, 169회의 국경을 넘는 인수·합병이 있었지만, 이 가운데 저소득 국가와 중위 소득 국가에 본사를 둔 회사는 겨우 8개 포함되어 있었다.[5] 제약 부문에서는 2007~10년 사이에 10억 달러 이상의 가치를 지닌 대략 20번의 인수·합병이 있었고, 정보통신에서는 대규모 거래가 속출했다.[6] 그런데 이 거래에서 핵심 선진 자본주의에 있는 회사들을 인수한 발전도상국 기업은 없었다. 오히려 일본 다이이치산쿄(第一三共)는 발전도상국의 일류 제약 회사인 란박시(Ranbaxy)를 인수했다.

가장 인상적인 일련의 인수·합병이 일어난 것은 물론 금융 부문이었다. 공황이 한창 진행되고 있을 때 고소득 국가의 정부들은 자신들의 금융기관에 대해

---

5) UNCTAD, *World Investment Report 2008*, Genova 2008, pp. 204~05; UNCTAD, *World Investment Report 2009*, Genova 2009, pp. 216~17.

6) 제약에서 인수·합병은 화이자(Pfizer)의 와이어스(Wyeth) 인수, 노바티스(Novartis)의 알콘(Alcon) 인수, 로슈(Roche)의 제넨텍(Genentech) 인수와 머크(Merck)의 셰링-플로(Schering-Plough) 인수가 있다. 정보통신에서는 노키아(Nokia)가 나브텍(Navteq)을, 휴렛팩커드(HP)가 이디에스(EDS)를, 에스에이피(SAP)가 비즈니스 오브젝트(Business Objects)를 인수했고, 오라클(Oracle)은 비이에이(BEA)와 선(Sun)을 낚아챘다.

'단단히 방어 태세를 갖추고' 이전에는 몇 개월 만에 이루어질 수도 없는 속전속결의 매수장을 조성했다. 제이피 모건(JP Morgan)은 베어 스턴스(Bear Sterns)와 워싱턴 뮤추얼(Washington Mutual)을 인수했다. 뱅크 오브 아메리카(Bank of America)는 메릴 린치(Merrill Lynch)를 인수했다. 웰스 파고(Wells Fargo)는 와코비아(Wachovia)를 인수했다. 베엔페 파리바(BNP Paribas)는 포티스(Fortis)의 주요 사업을 인수했다. 로이즈 티에스비(Lloyds TSB)는 에이치비오에스(HBOS)를 인수했다. 노무라(野村)와 바클레이스 캐피탈(Barclays Capital)은 리먼 브러더스(Lehman Brothers)를 나눠 가졌다. 산탠더(Santander)는 에이비앤 암로(ABN Amro)의 라틴아메리카 사업 부문뿐만 아니라 애비 내셔널(Abbey National)과 브래드퍼드 앤드 빙글리(Bradford & Bingley)를 인수했다. 그리고 코메르츠방크(Commerzbank)가 드레스드너 은행(Dresdner Bank)을 인수했다. 주요 인수는 염가로 이루어졌다. 2007년 주요 인수 대상 은행들의 시가총액은 약 5000억 달러였다. 인수 은행들은 5분의 1 가격으로 이 은행들을 인수했다.[7] 그 결과 금융 부문 과점에서 집중이 더 강화되었다. 1997년 상위 25개 은행이 1000개 거대 은행의 총자산에서 28퍼센트를 차지했다. 2006년 상위 25개 은행의 총자산 비율은 41퍼센트로 늘어났고, 2009년 이 비율은 더 커져 45퍼센트에 이르렀다.[8] 이 과정에서도 발전도상국 은행들은 아무런 구실도 하지 못했다.

세계화 시대인 1980~2008년 사이에 핵심 선진 자본주의 나라의 기업들은 해외직접투자 유출 저량(FDI outward stock)을 5030억 달러에서 13조 6230억 달러로 늘렸다. 발전도상국 기업들도 해외직접투자 유출 저량을 늘렸지만, 2008년에는 핵심 선진 자본주의 나라의 5분의 1 미만에 그쳤다. 게다가 이른바 BRICS―브라질, 러시아, 인도, 중국과 남아공―의 전체 해외직접투자 유출은 네덜란드의 절반 수준에도 미치지 못했다. 이 기간 선진국 내 기업 구조는 해외

---

7) 예를 들어 제이피 모건은 워싱턴 뮤추얼을 겨우 19억 달러에, 웰스파고는 와코비아를 150억 달러에, 로이즈 티에스비는 에이치비오에스를 약 80억 달러에 인수했다.

8) *The Bankers*, 2006년 7월과 2009년.

표 3. 세계 거대 초국적기업과 발전도상국 거대 초국적기업 비교

	100대 거대 초국적 기업 (A)	100대 거대 발전도상국 초국적기업 (B)	B/A (퍼센트)
자산(단위: 10억 달러)			
해외 자산	6,094	767	12.6
총자산	10,687	2,186	20.5
총자산 대비 해외 자산 비율(%)	57	35	
매출(단위: 10억 달러)			
해외 매출	5,208	737	14.1
총매출	8,518	1,617	19.0
총매출 대비 해외 매출 비율(%)	61	46	
고용(단위: 천 명)			
해외 고용	8,898	2,638	29.6
총고용	15,302	6,082	39.7
총고용 대비 해외 고용 비율(%)	58	43	

• UNCTAD, *World Investment Report 2009*. Geneva.

지분 소유가 크게 늘어나면서 긴밀하게 연결되었다. 2008년 해외투자자들은 유럽 기업 주식의 37퍼센트를 소유했다.[9] 핵심 선진 자본주의 나라에 본사를 둔 기업들은 다른 핵심 경제로 '진출'했지만, 그 기업들이 속한 본국으로도 다른 부유한 나라 기업들이 '진입'했다. 선진 경제의 해외직접투자 유입 저량(FDI inward stock)은 1980년 3940억 달러에서 2008년 10조 2130억 달러로 증가했는데, 이는 대부분 다른 선진 경제에서 유입된 것이었다. 1987년에서 2008년 사이에 국경을 넘는 10억 달러 이상의 대규모 합병이 2219회 이루어졌는데, 총가치는 7조 2320억 달러였으며 대부분은 선진국 기업이 관여한 것이었다.[10] 고소득 국가의 기업 시스템은 이렇게 말할 수 있을 것이다. "네 속에 내가 있고, 내 속에 네가 있다".

---

9) *Financial Times*, 2010년 3월 1일자.

10) UNCTAD, *World Investment Report 2009*, p. 11.

다국적기업이 수행한 해외투자는 지난 30년 동안의 세계화 기간에 비약적으로 증가했다. 세계무역은 1980년대 초에서 2008년 사이에 매년 8퍼센트 이상 늘어났고, 이는 세계 생산보다 훨씬 빨리 증가한 것이다. 그러나 다국적기업이 수행한 해외투자는 더 빠르게 증가해, 1982년 세계 국내총생산에서 차지하는 비율이 5퍼센트에서 2008년 27퍼센트로 늘어났다. 100대 거대 다국적기업에서 해외 자산, 해외 매출과 해외 고용은 국내 자산, 국내 매출과 국내 고용을 넘어섰다. 2008년 해외 자산은 이들 기업의 총자산 가운데 57퍼센트를 차지했고, 해외 매출은 총매출의 61퍼센트, 해외 고용은 총고용의 58퍼센트였다. 한국, 쿠웨이트와 카타르 기업을 포함한 '발전도상국 상위 100대 초국적기업'의 해외 자산과 해외 수입은 세계 100대 초국적기업의 겨우 14퍼센트를 기록했다(표 3 참조).[11] 2008년 상위 100대 비금융기업 가운데 3개 기업만이 본사가 저소득 국가나 중위 소득 국가에 있다.

중국의 미래

중국은 이 틀을 깨려는 노력을 어느 정도 했을까? 중국이 보유한 외환보유고는 2009년 세계에서 가장 많아 2조 3000억 달러라는 굉장한 액수에 이르렀다. 그렇지만 이를 균형 잡힌 시각에서 평가해본다면, 상위 10대 미국 기업의 시가총액만으로도 2조 4000억 달러에 달하며, 상위 500대 자산 기업가들의 손아귀에 있는 돈은 총 63조 7000억 달러였다. 이 금액은 유럽, 북미와 일본의 기업이 관리하는 자산의 96퍼센트다. 중국이 보유한 외환보유고는 한국의 1인당 5600달러, 일본의 1인당 8400달러와 비교할 때 1인당 1800달러에 지나지 않는다는 점을 기억

---

11) 유엔무역개발협의회(UNCTAD)는 세계은행(World Bank)이 '고소득 국가들'로 구분한 타이완, 싱가포르, 홍콩, 쿠웨이트, 카타르와 한국을 발전도상국으로 분류한다. 이 나라들은 UNCTAD '100대 거대 발전도상국 초국적기업'의 59퍼센트를 차지한다.

해야만 한다.

최근 중화인민공화국의 거대 기업들은 해외 자산을 급속하게 취득하고 있다. 해외직접투자 유출 저량은 2000년 280억 달러에서 2008년 1480억 달러로 증가했다.[12] 그러나 중국 기업들은 여전히 세계 기업을 건설하는 가장 초기 단계에 있다. 중국 기업들의 해외직접투자 수준은 산업을 주도하는 다국적기업이 세계를 넘나들며 구축한 광범위한 생산 시스템에 비해 형편없다. 발전도상국들만 비교해보면, 중국의 총 해외직접투자 유출 저량은 러시아, 싱가포르 혹은 브라질보다 작다(그림 1). 이것은 영국의 10분의 1도 안 되며 미국의 20분의 1에도 미치지 못한다. 중요한 것은 중국 해외직접투자 유출의 거의 3분의 2가 홍콩과 마카오로 간 것이며, 중국 기업들이 사실상 눈에 띄지 않는 고소득 국가에는 10분의 1도 되지 않는다는 점이다(표 4).

중국의 총 해외직접투자 유출 저량은 세계 상위 다국적기업들 가운데 하나인 제너럴 일렉트릭(GE), 보다폰(Vodaphone), 로열 더치 셸(Royal Dutch Shell)이나 도요타(豊田)가 축적한 해외 자산 총가치보다 적다(표 5 참조). 선진 경제로 유입된 중국 총 해외직접투자 유출 저량은 170억 달러에 지나지 않는데, 이는 유럽, 북미와 동아시아에 본사를 둔 기업이 중국으로 대부분 유입한 해외직접투자 저량의 5퍼센트에 불과한 것이다. 이들 지역의 거대 기업들이 중국 경제와 깊이 연관되어 있지만, 중국 기업들은 핵심 선진 경제에서 거의 눈에 띄지 않는다. "내 속에 네가 있지만 네 속에 나는 없다."

중국의 거대 국유 은행들은 최근 중요한 개혁을 수행했다. 세계에서 가장 큰 금융기관 가운데 몇몇이 전략적 투자자가 되었고 중국 은행들의 경영 메커니즘을 구조조정하는 데 개입했다. 중국 은행들은 그들의 내부 통제 체계를 전환하는 데 도움을 주는 정보기술에 많은 투자를 했다. 중국 은행들은 주식시장에 주식을 상장했고, 이에 따라 중국과 해외 모두에서 주주와 대중매체가 중국 은행의

---

12) UNCTAD, *World Investment Report 2009.* p. 253.

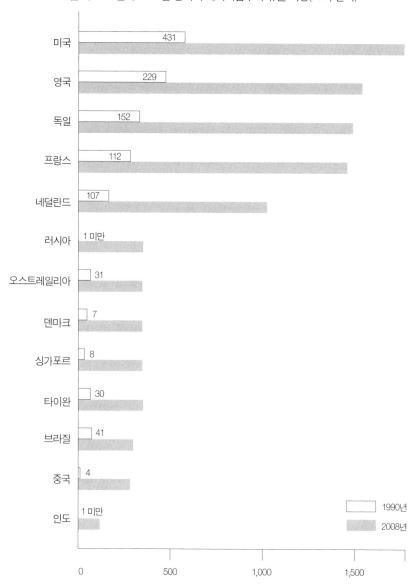

그림 1. 1998년과 2008년 중국의 해외직접투자 유출 저량(10억 달러)

국가	1990년
미국	431
영국	229
독일	152
프랑스	112
네덜란드	107
러시아	1 미만
오스트레일리아	31
덴마크	7
싱가포르	8
타이완	30
브라질	41
중국	4
인도	1 미만

1990년
2008년

0   500   1,000   1,500

* UNCTAD. *World Investment Report 2009*. Geneva. 중국의 경우, 홍콩과 마카오로 나간 유출을 포함.

표 4. 중국의 해외직접투자 유출 분포

지역	액수(10억 달러)	비율(퍼센트)
홍콩/마카오	119.2	64.88
라틴아메리카	32.2	17.5
케이먼 군도	20.3	11.1
버진 아일랜드	10.5	5.7
아프리카	7.8	4.3
유럽	5.1	2.8
오세아니아	3.8	2.1
북아메리카	3.7	2.0
싱가포르	3.3	1.8
한국	0.9	0.5
일본	0.5	0.3

* 중국 국가통계국, 2009, 752쪽.

경영 성과를 세밀하게 조사할 수 있게 되었다. 중국 은행들은 사외 이사뿐만 아니라 대주주를 대표하는 이사를 임명했는데 이것은 경영 관행을 바로잡는 데 도움이 되었다. 중국 거대 은행의 해외 영업은 최근에 크게 진척되어 중국공상은행(ICBC)이 스탠더드 뱅크 오브 사우스 아프리카(Standard Bank of South Africa)에 56억 달러의 소수 지분 투자(minority investment)를 했다. 앞에서 지적한 것처럼, 2009년 시가총액으로 세계 상위 3대 은행은 중국 은행이었다.

그러나 중국 주요 은행들의 해외 경영은 대서양 중심부에 비해 크게 뒤쳐져 있다. 중국은 지리적 분포로 순위를 매긴 세계 상위 50개 은행 가운데 단일 은행을 보유하고 있지 않다. 2008년 금융 위기는 고소득 국가의 금융자산을 인수할 수 있는 천재일우의 기회를 제공해준 듯했다. 그렇지만 대규모 시가총액을 지니고 있음에도 중국 은행들은 이채롭게 이 산업 부문 인수·합병의 물결에 참여하지 않았다. 중국 은행들이 자국 시장에서 상당한 보호를 받으며 사업을 하는 강력한 국내 은행에서 벗어나 세계적인 경쟁력을 갖추고 대규모 국제 인수·합병

표 5. 비교적 관점에서 본 중국의 직접투자 저량

	액수(10억 달러)
중국의 해외직접투자 유출 저량(홍콩, 마카오 제외)	65
광업	23
제조업	10
고소득 국가의 해외직접투자 유출 저량	13,624
유럽연합	8,087
미국	3,162
일본	680
세계 100대 초국적기업의 해외 자산	6,094
제너럴 일렉트릭	400
보다폰	205
로열 더치 셸	222
BP	188
엑손 모빌	161
도요타	183
토탈	141
EDF	129
포드	103
E.On	141

• 같은 자료.

을 마무리지을 수 있으려면 큰 도약이 필요하다. 게다가 중국 기업들이 미국에서 대규모 인수나 다수 지분 투자를 한 몇몇 시도는 언론의 집중 조명과 정치적 관심을 끌었다. 이것은 해외 사업을 확대하려는 중국 기업의 실현 가능성을 분명히 낮출 것이다.

경쟁 격화

세계 금융 위기는 현대 세계의 발전에 중요한 전환기로 기록된다. 누구도 세계화의 '황금기'에 나타난 추세를 가지고 미래를 그대로 예측할 수는 없을 것이다. 자유 시장 근본주의 시대는 끝장났지만, 미래의 세계 정치경제 구조나 국가 간 관계와 관련해서는 극도의 불확실성이 존재한다. 이런 맥락에서 지난 30년간 세계 기업 시스템의 진화에 대한 냉정한 이해는 필수 불가결하다. 이미 살펴본 것처럼 고소득 국가에 본사를 둔 기업들은 워싱턴 컨센서스의 핵심 내용인 국제경제 관계의 자유화로 이득을 얻는 최고 지위에 있다. 세계화 시대에는 시스템 통합자 기업과 그 기업 공급 사슬의 빠른 통합이 이루어졌다. 선진국 거대 기업들은 해외투자를 크게 확대해 세계 차원에서 생산 네트워크를 구축했다. 이 기간에 주요 다국적기업 사이에 벌어진 격렬한 과점적 경쟁이 기술 진보를 추동했다.

중국은 여전히 발전도상국이며 선진국을 '따라잡기'에는 역부족이다. 모든 고소득 국가의 인구를 합한 것보다도 거의 3억 명이나 인구가 더 많지만, 중국의 국내총생산은 그들의 5분의 1 이하이며 수출은 10분의 1 정도다. 중국 기업들은 매출이나 주식시장 시가총액으로 볼 때 빠르게 성장했고 중요한 기술 진보를 이룩했다. 그렇지만 중국 기업들은 중화인민공화국 발전에 필요한 교통, 에너지 발전과 송전, 이산화탄소 포집과 처리, 건설과 식품 생산에 적합한 혁신 기술을 겸비하는 일 등 현실적인 과제를 풀어야 할 것이다. 기술 진보에서 해외 다국적기업과 중국 토착 기업이 맺는 관계는 아직도 발전하고 있다. 한편 기업 규모가 커지고 세계시장이 촘촘하게 통합되면서 기업 간 경쟁은 세계화 시기 동안 크게 격화했다. 국제 경쟁에서 중국 거대 기업이 보인 상대적인 약점은 금융 위기 동안 인수·합병에서 아무런 구실도 하지 못했다는 사실로 드러났다. 동시에 중국은 세계 기업 시스템의 정점에 있는 다국적기업의 장기 성장 전망에서 아주 중요하다. 오래고도 복잡한 과정이 우리 앞에 놓여 있다.

[장시복 옮김]

70

민주주의적 자본주의의 여러 위기

볼프강 슈트렉(Wolfgang Streeck)

2008년 벌어진 미국 금융 체제의 붕괴는 이후 지구적 차원에서의 경제적·정치적 위기로 전환했다.[1] 이렇게 전 세계를 뒤흔들어놓은 사건을 어떻게 개념화해야 할까? 주류 경제학은 사회를 균형 상태에 도달하려는 전반적 경향에 지배되는 것으로서 관념하는 경향이 있다. 그러한 균형 상태에서 잘 통합된 시스템으로서 존재하는 것이 정상적·항구적인 사회의 상태라는 것이다. 그리고 사회가 겪는 여러 위기와 변화란 그러한 상태로부터의 일시적인 일탈에 불과하다는 것이다. 하지만 사회학자에게는 그런 식으로 생각해야 한다는 강박 따위가 없다. 사회의 기본적인 상태는 안정성이며 현재 우리가 겪고 있는 고통은 그저 여기로부터의

---

[1] 이 글은 피렌체의 유럽 대학 연구소(European University Institute)에서 행한 2011년 막스 베버 강연(Max Weber Lecture)에 제출되었던 글이다. 연구 조교의 역할을 해준 다니엘 메르텐스(Daniel Mertens)에게 감사한다.

일시적인 교란일 뿐이라고 해석하는 대신, 나는 '대침체'(Great Recession)[2]와 그 후 거의 붕괴 상태에 도달한 여러 나라의 국가재정을 각국 선진 자본주의의 정치적·경제적 형세에서 근간에 버티고 있던 기본적 긴장이 표출된 것이라고 보고자 한다. 각국 선진 자본주의는 이러한 긴장을 근간에 품고 있기 때문에, 균형 상태로부터의 일탈은 예외적인 것이 아니라 오히려 일반적인 규범이며 이는 민주주의적 자본주의라는 사회경제적 질서의 틀 내에서 역사적으로 이어졌던 여러 번의 혼란으로 스스로를 표출해왔다. 좀 더 구체적으로 말하자면, 나는 현재의 위기는 우리가 '민주주의적 자본주의'라고 부르는 사회구성체에 내재한 지속적인 갈등의 변형이라는 관점에서 보지 않으면 충분히 이해할 수 없다고 주장하고자 한다.

민주주의적 자본주의는 제2차 세계대전이 끝나고 나서야, 그것도 오직 북미와 서유럽이라는 '서방' 세계에서만 완전히 확립되었다. 이곳에서 민주주의적 자본주의는 그다음 20년간 놀라울 정도로 잘 작동했기에, 현대 자본주의의 실제 모습과 가능성 그리고 나아갈 바에 대한 우리의 생각과 기대는 경제성장이 중단 없이 계속되었던 이 기간의 경험에 여전히 지배당하고 있는 게 사실이다. 이후에 나타났던 혼란 상태 속에서 돌이켜보면 제2차 세계대전 직후의 사반세기 동안은 정말로 예외적인 기간이었음을 뚜렷하게 알 수 있지만, 그럼에도 불구하고 우리의 생각과 기대를 여전히 그 기간의 경험이 지배하고 있는 것이다. 분명히 말하거니와, 나는 이 기간이 이른바 영광의 30년(trente glorieuses)[3]이 아니었으며 이후에 나타난 일련의 위기들이야말로 오히려 민주주의적 자본주의의 정상 상태를 나타내는 것이라고 주장하려 한다. 민주주의적 자본주의에는 자본주의적 시장과 민주주의적 정치 사이의 갈등이라는 고유의 질병이 있다. 이 질병은 민주주의

---

2) '대침체'라는 용어에 대해서는 Carmen Reinhart and Kenneth Rogoff, *This Time is Different: Eight Centuries of Financial Folly*, Princeton 2009 참조. [옮긴이] 프랑스의 인구학자 장 푸라스티에(Jean Fourastié)가 1945~75년의 기간에 붙인 이름. 이 기간 프랑스의 인구는 급속히 늘었으며 그 주요한 원인은 프랑스의 성공적인 국가 개입적 자본주의 형태에 있었다는 해석이었다.

3) [옮긴이] 제2차 세계대전이 끝난 1945년부터 브레튼우즈 체제가 붕괴한 1975년까지 약 30년간 세계 자본주의가 비교적 고도성장을 누린 시기를 일컫는 말이다.

적 자본주의의 정상 상태로서, 고도의 경제성장이 1970년대에 종말을 고하자 이 갈등이 강력하게 자신을 표출하게 되었다. 이 글에서 나는 먼저 그 갈등의 성격을 논할 것이며, 그다음에는 그 갈등으로 빚어진 일련의 정치적·경제적 혼란들을 다룰 것이다. 현재의 지구적 위기는 이 일련의 혼란들의 연장선에서 이해되어야 하며, 현재 위기의 모습 또한 그 일련의 혼란들 속에서 결정된 것으로 이해되어야 한다.

1. 시장 대 유권자?

자본주의와 민주주의가 그다지 잘 어울리지 못할 것이라는 걱정은 결코 새로운 것이 아니다. 19세기 이후 그리고 20세기가 시작된 후로도 오랫동안 부르주아들과 정치적 우파들은 다수의 지배란 필연적으로 가난한 이들이 부자들을 지배하는 것을 의미하므로 궁극적으로는 사적 소유와 자유 시장을 폐지하게 될 것이라는 공포를 표출했다. 한편 상승하는 노동계급과 정치적 좌파들은 자본가들이 반동 세력들과 동맹을 맺어 민주주의를 폐지하려 들 수 있다고 경고했다. 경제적·사회적 재분배에 몰두하는 다수의 지배가 영구화되어 이것이 자신들을 지배하는 일이 없도록 자기들을 보호하기 위해서라는 것이었다. 역사적으로 볼 때 최소한 산업화된 세계에서만큼은 좌파가 민주주의를 위하여 자본주의를 폐지할 것이라는 우파의 공포보다는 우파가 자본주의를 구원하기 위해서 민주주의를 전복할 것이라는 좌파의 공포가 더 근거가 있음이 분명하다. 하지만 나는 여기에서 두 가지 가운데 어느 쪽이 더 설득력이 있는지를 논하지는 않을 것이다. 그 논쟁의 답이 무엇이건, 제2차 세계대전 직후의 기간에는 자본주의가 민주주의와 양립하기 위해서는 광범위한 정치적 통제 아래로 들어와야 하며, 그래야만 민주주의를 자유 시장의 이름으로 제약당하는 것에서 보호할 수 있다는 전제가 널리 받아들여지고 있었다. 예를 들어서 핵심 기업들과 부문들의 국유화 그리고 독일의 경우에서처럼 노동자들이 기업 지배에 대해 갖는 '공동 결정권'(co-determination) 같은 것들이 그 예다. 당시의 대세는 존 메이너드 케인스(John Maynard Keynes)였으며, 어느 정도는 미할 칼레츠키(Michał Kaletsky)와 칼 폴라니(Karl Polanyi)도 그러했다. 반면 프리드리히 하이에크(Friedrich Hayek)는 잠시나마 추방당해야만 했다.

하지만 그 후로 주류 경제학은 이렇게 반박했다. 기회주의적 정치가들은 경제학 교육을 받지 못한 유권자들의 비위를 맞추기 위해 완전고용이네 사회정의네 하는 목표들을 추구한답시고 멀쩡히 효율적으로 돌아가는 시장에 개입하여 '무책임한' 행동에 지칠 줄 모르고 집착하게 되어 있다는 것이다. 그러한 목표들은 자유 시장을 가만히 놓아두면 장기적으로 모두 달성되게 되어 있지만, 이렇게 정치에 의해 자유 시장이 왜곡될 경우에는 결코 달성될 수 없다는 것이다. '공공 선택'의 표준 이론들에 따르면, 경제 위기란 본질적으로 여러 사회적 목적들을 달성하기 위해 정치에 의한 개입이 벌어져서 시장이 왜곡되는 것에 본질적인 원인이 있다고 한다.[4] 이들의 관점에서 보았을 때 올바른 종류의 국가 개입이란 시장을 정치의 개입으로부터 자유롭게 해주는 개입뿐이다. 좀 더 정확히 말하자면, 무책임한 정치가들 때문에 민주주의가 본래 참견하지 말아야 할 영역인 경제 영역까지 마구 밀고 들어오는 일이 없도록 해야 한다는 것이다. 물론 말년의 하이에크처럼 경제적 자유와 시민적 자유를 수호하기 위해서 우리가 알고 있는 바의 민주주의를 폐지할 것을 옹호하는 이는 오늘날 많지 않다. 하지만 지금 횡행하고 있는 신자유주의 경제학의 정선율(cantus firmus)[5]은 속속들이 하이에크적인 논리에 기반하고 있다. 자본주의가 제대로 작동하기 위해서는 경제정책을 철저하게 규칙에 묶어둘 필요가 있으며, 시장과 재산권의 보호가 헌법으로 보장되어 자

---

4) 이러한 고전적인 언명은 James Buchanan and Gordon Tullock, *The Calculus of Consent: Logical Foundations of Constitutional Democracy*, Ann Arbor, MI 1962.

5) [옮긴이] 여러 개의 선율이 함께 배치되는 대위법에서 중심의 위치를 점하는 선율. 이에 대립하여 만들어지는 선율인 대선율로서 대위법이 성립한다.

의적인 정치적 개입에 휘둘리지 않아야 하며, 규제 당국은 정치로부터 독립성을 가져야 하며, 중앙은행은 선거의 압력에서 굳건히 보호받아야 하며, 유럽위원회(European Commission)나 유럽재판소(European Court of Justice)처럼 인민들에 의해 재선될 수 있을지를 걱정할 필요가 없는 국제기구들이 있어야 한다는 것이다. 하지만 이러한 신자유주의 경제 이론들은 그러한 상태를 현실적으로 어떻게 구현할 것인가라는 결정적인 질문은 교묘하게 회피해버린다. 아마도 그들이 대답을 갖고 있지 못하거나 최소한 대놓고 공공연하게 말할 수 있는 그런 대답이 아니기 때문일 가능성이 아주 크다.

자본주의와 민주주의 사이에 알력을 낳는 근본적 원인들을 개념화하는 데는 여러 다양한 방법들이 있다. 이 글의 목적에 부합하도록 나는 민주주의적 자본주의를 다음의 두 가지 모순되는 자원 배분의 원리 혹은 체제로 지배되는 정치경제 체제라고 성격을 규정할 것이다. 하나는 한계 생산성 혹은 '시장의 자유로운 작동'에 따라 자원을 배분한다는 원리 혹은 체제이며, 다른 하나는 민주주의 정치의 집단적 선택이 보증하는 사회적 필요 혹은 자격 권리(entitlements)에 기초하여 자원을 배분한다는 원리 혹은 체제다. 민주주의적 자본주의 아래에서 정부는 이론상으로는 두 가지 원리를 모두 동시에 존중해야 하지만, 실제로 이 두 가지 원리가 어울리는 것은 거의 절대로 불가능하다. 그래서 실제로 정부가 하는 바는 잠깐 동안 둘 중 하나를 제쳐두고 다른 하나를 중시하는 것이지만, 그러다가 그 결과로 뒤탈이 터져 대가를 치르게 되면 이것도 계속될 수는 없다. 사회의 보호와 재분배를 외치는 민주주의의 요구에 귀를 기울이지 않는 정부는 결국 다수의 지지를 잃을 위험에 처하게 되며, 한계 생산성의 언어가 명령하는 대로 생산 자원의 소유자들에게 제대로 보상을 해주어야 한다는 요구를 계속 무시하다 보면 경제가 파탄 나게 되고 점점 더 지속이 불가능해져 결국은 정치적 지지까지 잠식당하게 된다.

표준적인 경제학에서 상정하는 자유주의의 유토피아에서라면, 이렇게 민주주의적 자본주의에 내재한 두 가지 배분 원리의 긴장을 극복하는 해법은 마르크스의 표현대로 이론을 물질적 힘으로 전화시키는 것이다. 경제학은 '과학적 지식'으로서, 이는 시민들과 정치가들에게 진정한 정의란 시장의 정의이며 만인은 자신들이 기여한 바에 따라 보상을 받는 것이지 자기들의 필요를 권리라고 정의하는 데 따라 보상을 받는 것이 아니라고 훈계한다. 경제 이론이 하나의 사회 이론으로 받아들여지게 되면 그에 따라서 경제 이론은 연행성(performativity)[6]을 가지며, 이런 의미에서 '현실에 실현'된다. 그리하여 경제 이론의 본질은 사람들을 설득하여 사회를 구성하는 수사학적 도구라는 점이 드러나게 된다. 하지만 현실 세계의 사람들은 시장 법칙이나 소유권과 구별되는 것으로서 사회적·정치적 권리라는 게 있다는 믿음을 가지고 있으며, 그런 믿음을 포기하도록 설득하는 것은 쉬운 일이 아님이 밝혀졌다. 신자유주의가 앞서 나가는 회색빛 시대, 경제적 합리화가 강력해진 오늘날에도 이렇게 사회정의에 대한 비(非)시장적 관념은 꿋꿋이 남아서 모든 것을 경제적 합리화의 관점에 맞추려는 것에 강하게 저항하고 있다. 사람들은 시장 교환의 결과가 어떻든 그것에 우선하여 도덕 경제(moral economy)라는 것이 존재하며 그 안에서 자신들이 여러 권리를 가진다는 생각을 완고하게 움켜쥐고 있다.[7] 사실상 이들은 기회만 있으면 다양한 방식으로 경제적인 것보다 사회적인 것이 우월하다는 것을 강하게 주장하는 경향이 있으며, 이는 민주주의의 작동에서 피할 수 없는 일이기도 하다. 이들은 '탄력성'을 요구하는 시장 압력으로부터 사회적 책임과 의무를 보호해야 한다고 주장하며, 끝없

---

6) [옮긴이] '연행성'이란 언어 등 상징 작용이 현실을 묘사하는 데 그치는 것이 아니라 그 자체로 현실을 창조하는, 일종의 연행 혹은 수행(perform)의 기능을 한다는 것을 지적하는 개념이다. 예를 들어 선전포고는 전쟁 의지를 묘사하는 언어이자 전쟁 개시의 현실적 결과도 낳는다. 부대 순시에 나선 사단장의 '낙엽이 많네'라는 지적도 비슷하다. 현대 경제학은 단순히 경제 현실을 묘사하고 분석하는 기능을 하는 것이 아니라 제도와 정책을 그것에 따라 만들도록 강제하는 효과가 있다. 경제학은 '사진기'가 아니라 '엔진'인 것이다. Donald MacKenzie et al., eds., *Do Economist Make Markets?: On the Performativity of Economics*, Princeton: Prinston University Press, 2007.

7) Edward Thompson, "The Moral Economy of the English Crown in the Eighteenth Century", *Past & Present*, vol. 50, no. 1, 1971; James Scott, *The Moral Economy of the Peasant: Rebellion and Subsistence in Southeast Asia*, New Haven, CT 1976 참조. 그러한 여러 권리들의 정확한 내용은 당연히 여러 역사적·사회적 배경에 따라 다양하게 나타난다.

이 오르내리는 '시장 신호'의 전횡으로부터 자유로운 삶을 기대하는 인간의 바람을 사회가 존중해야 한다고 주장한다. 이것이 바로 폴라니가 『거대한 전환』(*The Great Transformation*)[8]에서 노동력 상품화에 저항하는 '반대 운동'이라고 묘사했던 것이라고 할 수 있을 것이다.

주류 경제학자들은 인플레이션, 공공 적자, 과도한 민간 혹은 공공 부채 등의 무질서의 원인은 모두 경제가 부를 창출하는 기계로서 작동하도록 해주는 여러 법칙들을 제대로 알지 못한 무지 때문에 혹은 정치권력의 추구라는 이기심 때문에 그러한 법칙들을 무시하는 것이라고 본다. 이와 대조적으로 정치경제학의 여러 이론들, 그 가운데서도 단순한 기능주의적 효율성만 따지는 이론들 말고 정치적인 것을 진지하게 받아들이는 이론들은 시장을 통한 배분이 정치경제 체제의 한 유형에 불과할 뿐이라는 점을 명확히 인정하고 있으며, 또 이 체제는 희소한 생산 자원들을 소유한 덕분에 시장에서 강력한 위치를 점한 이들의 이익에 따라 지배되는 체제라고 본다. 한편 경제적인 비중은 거의 없지만 광범위하게 정치권력을 쥘 가능성이 있는 이들은 그 대안이 되는 체제인 정치적 방식의 배분을 더욱 선호한다. 이러한 정치경제학 이론에서 보자면, 표준적 경제학은 시장 권력을 크게 갖추고 있는 이들의 이익을 사회의 보편적 이익으로 놓는다는 점에서 기본적으로 그들의 이익에 복무하는 정치적·경제적 사회질서를 이론적으로 찬양한 것에 불과하다. 표준적 경제학은 생산자본을 소유한 자들이 내놓는 분배의 주장을 대변한 것이며, 그런 주장을 마치 경제에 대한 '좋은'(과학적으로 탄탄하다는 의미) 관리라는 기술적인 지상명령인 것처럼 치장해놓고 있다는 것이다. 주류 경제학은 경제의 기능장애를 전통적인 도덕 경제의 여러 원리 때문에 합리적이고 현대적인 원리들과 간격이 벌어진 결과라고 설명하지만, 정치경제학의 입장에서 보자면 이런 주장은 정치 이념에 치우친 왜곡일 뿐이다. 시장경제란 사실상 시장에서 지배적 권력을 지닌 자들에게 유리하게 분배가 이루어지도록 짜여 있으며 그

---

8) [옮긴이] 홍기빈 옮김, 『거대한 전환』, 도서출판 길, 2009.

런 의미에서 '경제적' 경제인 동시에 도덕적 경제이기도 하다. 그런데 이런 주류 경제학의 주장은 바로 그러한 사실을 은폐하고 있다는 것이다.

한편 주류 경제학의 언어로 보자면, 경제의 진정한 통치자는 자연법칙들이며, 여러 경제 위기란 정부가 이러한 자연법칙들을 존중하지 못한 것에 대한 처벌로 보이게 된다. 이와는 대조적으로 정치경제학이라고 이름을 붙여줄 만한 이론에서 보면, 여러 경제 위기란 다음과 같이 설명된다. 먼저 민주주의 정치가 생산 자원 소유자들의 배타적인 영역에까지 침입하여 그 소유자들이 자신들의 시장 권력을 온전하게 이용하지 못하게 방해를 놓는다. 이들은 투자를 할 적에 명민하게 계산하여 자신들이 걸머지는 리스크에 일정 정도의 보상이 정당하게 주어지리라는 대충의 예상을 해놓는 법이지만, 이렇게 민주주의 정치가 그들의 배타적 영역까지 침입하게 되면 그러한 기대가 모두 무너지게 된다. 따라서 이 생산 자원 소유자들은 이러한 민주주의 정치의 작동에 대해 여러 양태의 '칼레츠키적 반작용'(Kaleckian Reactions)을 보이게 된다는 것이다.[9] 표준적인 경제학 이론은 사회구조와 이익 배분 그리고 거기에 깃든 권력을 외생적(exogeneous)인 것으

---

9) 미할 칼레츠키는 경제의 작동을 결정하는 요소는 투자자들의 '자신감'임을 강조했다. "Political Aspects of Full Employment", *Political Quarterly*, vol. 14, no. 4, 1943. 칼레츠키에 따르면, 투자자들의 자신감을 좌우하는 것은 자본 소유자들 사이에 지금 공유되고 있는 이윤 기대가 정치권력의 배분 상태 및 그것이 빚어내는 현실 정치에 의해 어느 만큼이나 믿을 수 있도록 승인받고 있는가다. 만약 영리기업가들이 정치적 개입 때문에 자신들의 이윤 기대가 위협받을 것이라고 보게 되면 경제의 기능장애—칼레츠키의 경우에는 실업—가 따라오게 된다. 이런 의미에서의 '잘못된' 정책들은 결국 영리사업의 자신감 상실로 이어지게 되며, 이는 다시 자본 소유자들의 투자 파업에 해당하는 것을 낳게 될 수 있다. 칼레츠키적인 관점에서 보면, 자본주의란 자연적 혹은 기계와 같은 메커니즘과 구별되는 모종의 상호작용적 게임으로 모델화할 수 있게 된다. 이 관점에서 보면, 자본가가 투자를 철회함으로써 비시장적 배분에 적대적으로 반응하는 지점은 고정되어 있는 것으로도, 또 수학적으로 예측 가능한 것으로도 볼 이유가 없고, 대신 여러 상황과 힘에 따라 결정되는 것으로 나타나게 된다. 예를 들어서 자본 소유자들의 전략적 계산으로 이 지점이 결정될 수도 있고, 또 역사적으로 항상 변하게 마련인 그들의 희망 수준으로 결정될 수도 있는 것이다. 이것이야말로 보편적인 수리 모델, 즉 역사와 문화에 관심을 두지 않는 모델에 기초한 예측이라는 게 그토록 자주 실패하고 마는 이유다. 수리 모델에 기초한 이러한 예측은 여러 매개변수들이 고정되어 있다고 가정하지만, 현실 세계에서는 그것들이 항상 사회적으로 결정되도록 되어 있는 것이다.

로 다루어 일정한 상수로 놓는다. 그 결과 이런 것들은 경제학이라는 '과학'의 목적에 비추어 자연적으로 주어지는 것으로 보아 결국 도외시해버린다. 이러한 표준적 경제학 이론이 그려낼 수 있는 유일한 정치학이란 오로지 여러 경제법칙들을 왜곡하려 드는 무능한 행동, 심하게는 기회주의적인 행동들의 정치학뿐이다. 좋은 경제정책이란 본질적으로 비(非)정치적이라는 것이다. 문제는 이러한 생각을 많은 이들이 공유하지 않는다는 데 있다. 많은 이들이 생각하는 바로는 시장을 맘껏 작동하도록 제약 없이 풀어놓게 되면 그들이 옳다고 생각하는 많은 것들이 침탈당하게 된다. 따라서 이들은 시장에 맞설 수 있는 수단으로서 정치가 꼭 필요하다고 생각한다. 신고전파 경제학이야말로 사회생활이 실제로 존재하는 바와 나아가야 할 바에 대한 자명한 모델이라는 생각을 이들이 받아들이도록 하지 않는 한, 이러한 다수의 정치적 요구가 민주적으로 표출된 의지는 표준적인 경제학 이론이 제시하는 처방과 항상 다를 수밖에 없다. 이것이 함축하는 바는 다음과 같다. 경제라는 것을 만약 개념적으로 완전히 사회관계에서 뽑혀져 나온 (disembedded) 것으로 생각할 수 있다면 그것을 균형을 지향하는 경향을 가진 모델로 개념화할 수 있을 테지만, 민주주의가 완전히 결핍되어 플라톤(Platon)의 철학자 군주 같은 경제학자 군주가 독재를 행한다면 모를까, 정치경제(political economy)라는 것은 현실 세계에서는 그렇게 될 수 없다. 앞으로 보겠으나, 자본주의의 정치학은 우리를 저 부패와 타락으로 얼룩진 민주주의의 기회주의를 버리고 자기 조정 시장이라는 약속의 땅에 도착하도록 이끌기 위해 최선을 다한 바 있다. 하지만 지금까지도 민주주의의 저항은 계속되고 있으며, 그로 인해 우리의 여러 시장경제에서도 혼란이 끊이지 않고 있다.

2. 전후 협정

전후의 민주주의적 자본주의는 1960년대 후반 이후의 10년간 최초의 위기를 겪게 된다. 이 10년간 인플레이션이 서구 세계 전체에 급속하게 일어나기 시작하면서 동시에 경제성장은 침체하여, 제2차 세계대전으로 황폐화된 각국 내부에서 일어났던 사회적 투쟁을 종식시킨 바 있는 노자 간 정치·경제적 평화의 절차를 유지하기 어려워진 것이다. 그 평화의 절차는 본질적으로 조직 노동계급이 자본주의의 시장과 사적 소유 제도를 인정하는 대신 정치적 민주주의를 얻어내는 것으로서, 노동계급은 이 민주주의를 통해 사회보장과 생활수준의 꾸준한 상승을 달성할 수 있었다. 경제성장이 중단 없이 20년 이상 지속되자, 사람들에게는 자신들의 경제생활을 지속적으로 향상시켜주는 것이 민주주의에서의 시민적 권리라는 생각이 뿌리내리게 되었다. 이에 따라서 정치 또한 마땅히 이러한 생각대로 시민들의 경제생활 향상을 책임져야 한다는 기대가 생겨나게 되었다. 각국 정부는 이러한 기대를 저버려서는 안 된다는 압박을 느꼈지만, 경제성장이 둔화되기 시작하면서 그럴 수 있는 능력은 점점 더 떨어져갔다.

민주주의적 자본주의가 제도화된 나라들은 여러모로 큰 차이를 가지고 있지만, 노자 간 전후 협정의 구조에서만큼은 근본적으로 동일했다. 그 협정의 내용에는 복지국가 확대, 노동자들의 자유로운 단체협상권, 정부가 케인스주의적 경제정책 도구를 광범위하게 사용하여 완전고용을 정치적으로 보장할 것 등이 포함되어 있었다. 하지만 1960년대 말 경제성장이 비틀대기 시작하자 이러한 여러 정책의 결합은 유지하기 어려워졌다. 자유로운 단체협상권 덕분에 노동자들에게는 해마다 정기적인 임금 인상에 대한 기대가 뿌리박혔고, 이들은 또 노조를 통하여 그렇게 될 것을 당연한 전제로 삼아 행동할 수 있게 되었다. 또 어쩌다가 임금이 생산성 성장을 넘는 수준으로 결정되는 바람에 일자리가 사라져버린다고 해도 각국 정부가 완전고용과 복지국가 확장을 자신의 의무로 약속했기에 노동조합은 보호받을 수 있었다. 정부 정책은 이렇게 자유로운 노동시장에서는 도저히 나올 수 없을 정도로 노동조합의 협상력을 올려주었던 것이다. 1960년대 말이는 전 세계적인 전투적 노동운동의 물결로 표출되었다. 노동운동은 실업에 대한 공포로 움츠러들지도 않았던 데다가 시민들의 생활수준 향상은 정치적 권리라는 강한 의식이 이러한 전투적 노동운동을 촉발했던 것이다.

이후의 몇 년간 서방 세계 전체에 걸쳐서 각국 정부는 완전고용이라는 케인스주의적 약속을 꼭 폐기하지 않는 가운데서 어떻게 하면 노동조합으로 하여금 그 성원들의 임금 인상 요구를 완화하도록 만들 것인가의 문제에 봉착했다. 단체협상 시스템의 제도적인 구조가 노사정 3자 간의 '사회 협약'(social pacts) 협상에 도움이 되지 않는 나라들에서는 대부분 정부가 실질임금 인상을 잡기 위해 실업률이 올라가도록 내버려두는 정책을 폈다가는 민주주의적 자본주의 자체의 안정성까지는 몰라도 자기들 정권 자체는 살아남기 어려우리라고 1970년대 내내 굳게 믿고 있었다. 결국 이들이 선택할 수 있었던 유일한 대책은 통화정책을 탄력적으로 적용하여 자유로운 단체협상과 완전고용이 계속해서 공존할 수 있도록 하는 것이었지만, 그 대가는 물가 인상률의 지속적인 상승이었고, 마침내 시간이 지날수록 그 상승률에는 가속도가 붙게 되었다.

초기에는 인플레이션 자체가 큰 문제는 아니었다. 강력한 노조로 대표되는 노동 세력은 법적으로는 아니어도 실질상으로 물가와 임금을 연동할 수 있을 만한 정치권력을 가지고 있었기 때문이다. 인플레이션은 무엇보다도 채권자들 그리고 금융자산 보유자들을 희생시켰으며, 최소한 1960년대와 1970년대까지는 노동자들은 채권자 혹은 금융자산 보유자들이 아니었다. 이렇기 때문에 인플레이션을, 국민소득의 더 많은 몫과 고용 안정성을 함께 요구하는 노동계급과 자본의 수익을 극대화하려고 기를 쓰는 자본가계급 사이의 분배 갈등이 화폐적으로 반영된 것으로 묘사할 수 있다. 자기들이 권리상 마땅히 가져갈 수 있는 게 무엇인가에 대한 양쪽의 생각이 도저히 양립할 수 없는 상태였고, 각각 그러한 생각에 입각하여 행동하고 있었다. 한쪽은 시민권에 마땅히 이러이러한 경제적 권리가 따라와야 한다고 강조하는 반면, 다른 쪽은 사적 소유와 시장 권력을 강조하고 있는 것이다. 이렇게 된 이상 인플레이션은 구조적 이유 때문에 사회정의에 대한 공통의 기준에 합의하지 못한 사회가 아노미 상태에 빠진 것을 표현하는 현상이라고 생각할 수 있게 된다. 바로 이러한 의미에서 1970년대 말 영국의 사회학자존 골드소프(John Goldthorpe)는 시장경제의 작동과 그 결과를 놓고 노동자들과 시민들이 집단적인 정치 행동으로 바로잡는 것을 허용하는 민주주의적 자본주의의 시장경제에서는 높은 인플레이션을 근본적으로 없애는 것은 불가능할 것이라는 견해를 내놓기도 했다.[10]

이렇게 경제성장률이 감소하는 세계에서 노동과 자본 양측으로부터 모순되는 요구에 직면하게 된 각국 정부로서는 탄력적인 통화정책이라는 것이 제로섬의 사회 갈등을 회피할 수 있는 편리한 임시변통의 방법이었다. 제2차 세계대전 직후의 시기에도 각국 정부는 이렇게 서로 양립하기 힘든 두 집단의 경제적 정의 개념의 모순에 시달려야 했지만, 당시에는 그래도 경제성장률이 높았기 때문에 추가적인 재화와 서비스가 공급되었고 이를 통해서 계급 적대감의 뇌관을 제거할 수 있었다. 이제 경제성장률이 둔화된 이상 각국 정부가 택한 것은 추가적인 화폐였다. 통화를 더 발행하여 실물경제가 아직 눈치채지 못하고 있는 동안 미래의 경제 자원들을 현재의 소비와 분배에 쓸 수 있도록 당겨오는 것이다. 이러한 갈등 완화 양식은 최초에는 상당히 효과적이었지만 무한히 계속될 수 있는 것은 아니었다. 하이에크가 지칠 줄 모르고 지적했듯이, 인플레이션에 가속도가 붙으면 상품들의 상대가격에서도 가변 소득과 고정 소득의 관계에서도, 또 경제학자들이 '경제적 유인'(economic incentives)이라고 부르는 것에서도 경제적 왜곡이 나타나게 되며 궁극적으로는 통제 불능이 되어버린다. 그래서 종국에 가면 자본 소유자들이 점차 이러한 과정에 의심을 품게 되고 결국 칼레츠키가 말한 것과 같은 반응을 야기한다. 그래서 인플레이션은 결국 실업을 낳게 되며, 본래 그것을 통해 이익을 증진해주고자 했던 대상인 노동자들을 벌하게 되고 만다. 이러한 과정이 마지막까지 진행된 시점에 오면, 민주주의적 자본주의 정부는 재분배적인 임금 협정을 탄력적으로 운용하는 짓을 중지하고 통화 기율을 회복하라는 압력을 받게 된다.

---

10) John Goldthorpe, "The Current Inflation: Towards a Sociological Account", in Fred Hirsch and Goldthorpe, eds., *The Political Economy of Inflation*, Cambridge, MA 1978.

3. 인플레이션은 잡았지만 실업률은 더 높아졌다

1979년 미국의 카터 대통령은 폴 볼커(Paul Volcker)를 연방준비제도이사회의 새로운 의장으로 임명했고 볼커는 이자율을 전례 없는 수준으로 올렸다. 이를 통해 인플레이션은 극복되었다(그림 1). 하지만 실업률은 1930년대 대공황 이후 보지 못했던 수준까지 치솟게 되었다. 레이건 대통령은 처음에는 볼커의 공격적인 반(反)인플레이션 정책 때문에 그 여파로 정치적 피해를 뒤집어쓸 것을 두려워했지만, 1984년 재선된 뒤에는 이 볼커의 '폭거'(putsch)를 추인했다. 영국의 대처 총리 또한 1983년의 총선에서 두 번째 임기를 따내게 되자 미국의 뒤를 따랐

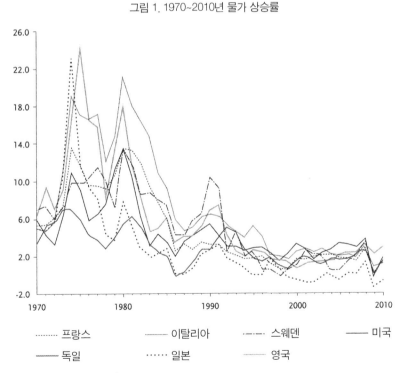

그림 1. 1970~2010년 물가 상승률

.... 프랑스   ──── 이탈리아   ─·─· 스웨덴   ──── 미국
──── 독일   .... 일본   ──── 영국

* OECD Economic Outlook Database No. 87.

그림 2. 1970~2010년 실업률

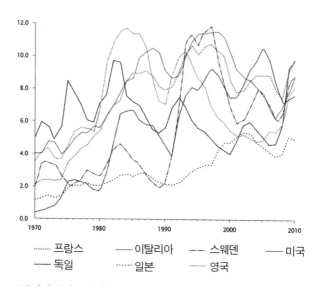

* OECD Economic Outlook Database No. 87.

그림 3. 1971~2007년 노동자 1천 명당 파업 일수

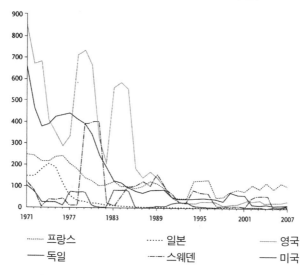

* ILO Statistics Database와 OECD Labour Force Statistics에 기초해 직접 계산한 3년 이동 평균값.

다. 긴축적인 통화정책 때문에 여러 폐해가 있었고 그 가운데서도 높은 실업률과 급속한 탈산업화가 문제였지만, 전혀 개의치 않았다. 영국에서나 미국에서 인플레이션을 잡는 과정에서 정부와 사용자들이 단호하게 뭉쳐서 노동조합을 공격하는 일이 수반되었다. 이를 극적으로 보여주는 예가 미국 항공 관제사 노조에 레이건 정권이 승리를 거두었던 것 그리고 영국의 전국 광산 노조를 대처 총리가 분쇄했던 것 등이다. 그 뒤로 자본주의 세계 전체에 걸쳐서 물가 상승률은 계속해서 낮게 유지되었고, 반면 실업률은 약간의 변화는 있어도 꾸준히 올라갔다(그림 2). 노조 조직률은 이와 평행선을 그리며 거의 모든 나라에서 감소했고, 파업은 너무나 뜸해진 나머지 어떤 나라들은 심지어 파업 통계 집계를 중지하기까지 했다(그림 3).

신자유주의 시대는 이렇게 영국과 미국의 정부가 그동안 널리 받아들여졌던 전후 민주주의적 자본주의의 지혜, 즉 실업률이 높으면 비단 해당 정권뿐만 아니라 민주주의적 자본주의 자체에 대한 정치적 지지가 잠식당한다는 생각을 때려치우면서 시작되었다. 레이건과 대처가 자기 나라 유권자들을 놓고 수행했던 실험들을 전 세계의 정책 결정자들은 아주 주의 깊게 관찰했다. 하지만 인플레이션만 끝내면 경제의 무질서도 끝나리라 희망했던 이들은 곧 실망하게 된다. 인플레이션이 물러났지만 공공 부채가 증가하기 시작했고, 이는 전혀 예측하지 못할 일은 아니었다.[11] 1980년대에 공공 부채가 증가하게 된 데는 여러 원인이 있었다. 경제성장이 정체되면서 그 어느 때보다도 조세 혐오가 늘어났고, 인플레이션이 끝나면서 '과세구간 상향 이동'(bracket creep)[12]으로 생겨났던 자동적인 조

---

11) 이미 1950년대에 앤서니 다운스(Anthony Downs)는 민주주의에서 공공 서비스를 요구하는 시민들의 요구가 정부 가용 자원의 공급을 항상 초과하는 경향이 있음에 주목했다. 예를 들어 "Why the Government Budget Is Too Small in a Democracy", *World Politics*, vol. 12, no. 4, 1960. 또한 James O'Connor, "The Fiscal Crisis of the State", *Socialist Revolution*, vol. 1, nos 1 and 2, 1970 참조.

12) [옮긴이] 인플레이션 때문에 사람들의 명목소득이 늘어나면서 더 높은 세율이 적용되는 과세 구간으로 슬며시 올라가게 된다. 이를 bracket creep이라고 한다.

세 증가도 멈추게 되었다. 또 각국 통화가 인플레이션으로 계속 화폐가치가 떨어지면서 자국 화폐로 가치가 매겨진 국가 부채도 계속해서 가치가 떨어져주었지만 이것도 이제 끝나게 되었다. 처음에는 이것이 경제성장에 의한 부채 보전을 보조하는 요소였지만 나중에는 점차 경제성장보다 더 중요한 요소가 되어, 인플레이션을 통해 국가의 명목소득을 크게 불림으로써 그 누적 채무를 줄이는 일을 했다. 지출 쪽에서 보자면, 통화량이 줄어들면서 실업이 늘었고, 이는 사회부조 지출의 증가를 요구했다. 또한 1970년대를 거치면서 노조의 임금 인상 요구를 무마하기 위해서 생겨났던 다종다기한 사회적 자격 수급(entitlements) 또한 약속을 지켜서 지급을 시작해야 할 때가 돌아왔고, 이것이 국가재정에 갈수록 부담이 되었다.

시민들의 요구와 '시장'의 요구 사이의 간극을 메꾸는 데 인플레이션을 더 이상 사용할 수 없게 되자 사회적 평화를 보장하는 부담이 국가에 떨어지게 되었다. 잠시 동안은 공공 부채를 인플레이션의 편리한 기능적 등가물로 사용할 수 있었다. 인플레이션의 경우와 마찬가지로 공공 부채 또한 분배 갈등이 벌어지고 있는 시점에 아직 생산되지 않은 자원을 들여오는 것을 가능하게 해주며, 정부는 이미 쥐고 있는 자원에 더하여 미래 자원들까지 가져다 쓸 수 있게 된다. 시장과 사회적 분배 사이의 투쟁이 노동시장으로부터 정치판으로 옮아감에 따라 노동조합의 요구 대신 선거구 유권자들의 압력이 나타나기 시작했다. 정부는 시민들의 권리로서 각종 수당과 서비스에 대한 요구에도 응해야 했지만, 시장의 판단에 따라 만인의 소득이 결정되어야 하며 그것을 통해서 생산 자원 또한 최대 이윤을 낳도록 활용할 수 있어야 한다는 상반된 주장에도 함께 응해야 했던바, 이제는 이를 위해 인플레이션 대신 갈수록 더 큰 규모로 돈을 꾸게 된 것이다. 이 점에서는 낮은 물가 상승률이 도움이 되었다. 이것이 채권자들로 하여금 정부 공채가 오랜 기간이 지나도 그 가치를 유지하리라 확신하게 해주었기 때문이다. 또 인플레이션을 몰아낸 뒤에 나타난 낮은 이자율 또한 도움이 되었다.

하지만 공공 부채의 누적이라는 것도 영원히 지속될 수 없다는 점에서는 인플레이션과 똑같다. 경제학자들은 재정 적자 지출이 지속되면 민간 투자를 '구축'(crowding out)해버려 이자율이 올라가고 성장률이 낮아지게 된다고 오래도록 경고했지만, 그 결정적인 문턱이 정확하게 어느 지점인지는 전혀 구체적으로 찾아내지 못했다. 실제로 노동조합을 계속 파괴하여 인플레이션을 억제하면서 동시에 금융시장을 탈규제화하여 이자율을 낮게 유지하는 것이 최소한 당분간은 가능하다는 것이 판명되었다.[13] 하지만 특히 미국의 경우 그 예외적으로 낮은 국민 저축률 때문에 공채를 자국 시민들만이 아니라 외국 투자자들에게도 판매해야 했고, 여기에는 다양한 종류의 국부 펀드(sovereign wealth funds)들도 있었다.[14] 게다가 이자율이 계속해서 낮았음에도 불구하고 부채가 늘어나자 공공 지출의 점점 더 많은 부분을 부채의 이자 지불에 써야만 했다. 무엇보다 중요한 사실이 있다. 비록 미리 아는 것은 분명히 불가능하기는 해도, 국내 채권자이건 외국 채권자이건 과연 자기들 돈을 제대로 돌려받을 수 있을지 걱정하게 되는 지점이 있을 수밖에 없다. 아무리 늦어도 이때가 되면 '금융시장'으로부터 정부 예산을 튼튼하게 하고 재정 기율을 다시 확립하라는 압력이 높아지기 시작한다.

4. 탈규제와 민간 부채

1992년 미국의 대통령 선거를 지배한 쟁점은 연방 정부의 적자와 국제무역에서의 미국 전체의 적자라는 쌍둥이 적자였다. 승리는 이 '쌍둥이 적자'를 중심 쟁점으로 삼았던 빌 클린턴(Bill Clinton)에게 돌아갔다. 이 미국 선거는 이후 전 세계적으로 재정을 공고히 하려는 노력의 시작이 되었으며, 미국의 지도력 아래에

---

13) Greta Krippner, *Capitalizing on Crisis: The Political Origins of the Rise of Finance*, Cambridge, MA 2011.

14) David Spiro, *The Hidden Hand of American Hegemony: Petrodollar Recycling and International Markets*, Ithaca, NY 1999.

서 OECD와 IMF 같은 국제기구들이 공격적으로 장려하고 다니는 목표가 되었다. 아마도 처음에는 클린턴 정부도 교육에 대한 공공투자 증대 같은 사회 개혁을 통해 경제성장을 자극하고, 이를 통해 공공 적자를 줄여 나가는 방법을 생각했던 것 같다.[15] 하지만 일단 민주당이 1994년 중간선거에서 의회 다수당 자리를 잃게 되자 클린턴은 일종의 긴축정책으로 전환했는데, 이는 공공 지출의 근본적인 감축과 사회정책의 변화를 포함하고 있었으며 대통령 자신의 표현에 따르면 "우리가 익숙히 알고 있는 바의 복지"에 종지부를 찍는 것이었다. 1998년에서 2000년의 기간 미국 연방 정부는 실로 수십 년 만에 처음으로 흑자예산을 운영했다.

하지만 그렇다고 해서 아직 생산되지도 않은 경제 자원들을 추가적으로 동원하는 방법에 의존하는 것 외에 민주주의적 자본주의라는 정치경제 체제에 내재한 갈등을 해소하는 방법을 클린턴 정부가 찾아냈던 것은 아니다. 클린턴이 사회 갈등을 관리하는 전략은 금융 부문에 대한 탈규제에 크게 의존하고 있었던바, 이는 이미 레이건 정권 때 시작되었지만 이제는 훨씬 더 심도 있게 진행되었다.[16] 노동조합이 해체되고 사회적 지출이 크게 줄어들면서 소득 불평등이 급속히 증가했을 뿐만 아니라 재정 건전성 때문에 총수요도 줄어들었지만 이것을 메꾸고 균형을 회복해주는 것이 있었으니, 이제 시민들과 기업들에 역사상 그 어느 때보다도 빚을 낼 기회가 더 활짝 열렸다는 것이다. 실상 벌어졌던 것은 공공 부채를 민간 부채로 대체해버리는 일이었으니, 참으로 절묘한 표현이지만 이를 묘사하는 것으로서 '민간화된 케인스주의'(privatized Keynesianism)라는 말이 생겨나기도 했다.[17] 누구나 평등하게 제대로 된 주택을 얻을 수 있는 돈 그리고 노동시장에서 팔 수 있는 노동 숙련을 얻는 데 필요한 돈을 정부가 차입으로 마련하는

---

15) Robert Reich, *Locked in the Cabinet*, New York 1997.
16) Joseph Stiglitz, *The Roaring Nineties: A New History of the World: Most Prosperous Decade*, New York 2003.
17) Colin Crouch, "Privatised Keynesianism: An Unacknowledged Policy Regime", *British Journal of Politics and International Relations*, vol. II, no. 3, 2009.

대신, 이제는 시민들 개개인이 알아서 빚을 내 조달하게 된 것이다. 돈을 빌리기가 극도로 쉬운 부채의 체제가 마련되었고, 여기에서 시민 개개인들은 자기들 스스로가 리스크를 감내하면서 대출을 받아 교육비라든가 황폐화·빈곤화가 덜한 도시 지역으로 이주하는 비용으로 쓰도록 용인되었고, 어떨 때는 이를 강제당하기까지 했다.

클린턴 정부가 추진했던 금융 탈규제를 통한 재정 건전성과 경제의 활력 회복은 많은 수혜자들을 가지고 있었다. 부자들은 세금 감면의 혜택을 받았고, 그 가운데서 자기들의 재산을 금융 부문으로 이동시킬 만한 머리가 있었던 부자들은 또 엄청난 이윤을 챙겼다. 이들은 갈수록 복잡해져가는 기법을 이용하여 가지가지 희한한 '금융 서비스'를 개발해냈을 뿐만 아니라 이를 거의 아무런 제한 없이 판매할 수 있도록 허락받았다. 하지만 가난한 이들도 최소한 일부는 그리고 잠시 동안은 이를 통해 번영할 수 있었다. 사회복지 정책은 철폐되고 있었고 또 노동시장은 '유연화'되어 그 아래쪽 끝에서는 이제 임금 상승이 더 이상 벌어질 수 없게 되었지만, 이와 동시에 서브프라임 주택 담보대출이 주어져서 이렇게 사라져버린 사회복지 정책과 임금 상승을 보충해주는 대체물이 된 것이다. 특히 흑인계 미국인들의 경우 집을 소유한다는 것은 단지 '아메리칸 드림'을 실현하는 의미만이 아니었다. 이들 가운데 많은 이들은 이 시대의 노동시장에서는 노후 연금을 쌓아둘 만큼의 돈을 벌어들이는 것이 불가능했다. 그렇다고 영원한 긴축정책을 공약하는 정부가 이런 돈을 내어주리라 기대할 근거도 없었다. 이들에게 집을 소유한다는 것은 그러한 노후 연금의 대안이기도 했다.

이렇게 1990년대와 2000년대 초반에는 부자가 더욱 부자가 되는 투기의 광란이 벌어졌고, 잠시 동안은 이 자택 소유라는 것이 중간계급, 심지어 가난한 이들 일부에게까지도 이러한 투기 광란에 뛰어들 매력적인 기회를 제공하는 듯 보였다. 하지만 이는 트로이 목마와 같은 것이었음이 나중에 판명된다. 정상적인 상황이라면 결코 집을 살 능력이 되지 못하는 이들이 집을 살 수 있게 되자 수요가 늘어 주택 가격이 치솟았고, 그러자 이들은 주택 소유의 자기 지분에서 일부 혹

그림 4. 1995~2008년 재정 건전성과 민간 부채가 GDP에서 차지하는 비율(퍼센트)

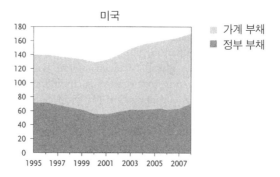

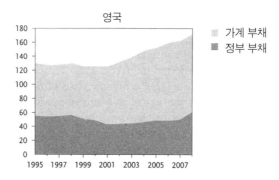

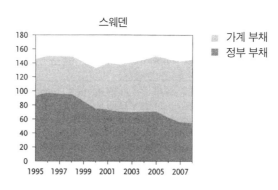

* OECD Economic Outlook Database No. 87; OECD National Accounts Database.

은 전부를 뽑아낼 수 있는 새로운 금융 기법들을 사용하여 그 돈으로 다음 세대의 대학 교육비를 대거나 그저 임금 동결이나 감소를 메꾸기 위한 소비 목적으로 써버리는 것이 일반적인 관행이 되었다. 또 주택 소유자들이 다시 새로운 신용을 얻어 그 돈으로 두 번째, 세 번째 집을 구입하는 것도 드물지 않았다. 이들은 부동산의 가치가 여하간 제약 없이 계속 오르리라는 생각에서 이 새 집들을 적당한 시점에 현금으로 팔면 돈을 벌 수 있다고 생각한 것이다. 이런 식으로 해서 미래의 자원을 현재에 사용할 수 있도록 조달하는 방법이 달라졌다. 정부의 차입에 의존하던 공공 부채의 시대와 달리, 이제는 자유화된 금융시장에서 무수한 개개인들이 자기들의 기대되는 미래 수익의 상당 부분을 지불로 바치겠다는 약속을 판매하고, 그러면 그 약속을 구매한 채권자들은 그 개개인들에게 즉시 원하는 것은 무엇이든 구매할 수 있는 지금 이 순간의 구매력을 제공하는 방식으로 바뀐 것이다.

금융 자유화는 이렇게 하여 재정 건전성과 정부 긴축의 시대를 대체했다. 공공 부채의 자리를 개인 부채가 메꾸었고, 국가가 통제하는 집단적 수요로 고용을 유지하고 건설업 등등의 부문에서 이윤을 유지하는 대신, 빠르게 커져가는 화폐 제조 산업에서 개인들이 높은 수수료를 내고서 구축해낸 수요가 그 자리를 메꾸었다(그림 4). 이러한 역동성은 2001년 연방준비제도이사회가 경제 침체와 그로 인한 높은 실업률이 되돌아오는 것을 막기 위해 아주 낮은 이자율로 옮아간 후 더욱 가속화되었다. 민간화된 케인스주의는 금융 부문에서 전례 없는 이윤을 낳았을 뿐만 아니라, 이제는 미국 경제 전체를 호황으로 유지하여 많은 이들의 부러움을 샀고 특히 그 가운데는 유럽의 노동운동 진영까지 있었다. 실제로 유럽의 노동조합 지도자들은 연방준비제도이사회가 유럽중앙은행과 달리 통화 안정성 제공만이 아니라 고용수준을 높게 유지하는 것도 법적으로 의무화되어 있다는 점을 아주 흥분하여 주목하면서, 통화정책을 완화하여 미국 사회의 급증하는 부채를 떠받친다고 하는 앨런 그린스펀(Alan Greenspan)의 정책을 지지했다. 물론 1990년대 후반과 2000년대 초반의 번영을 떠받쳤던 국제적인 신용 피라미드가 급작스럽게 무너져버린 2008년이 되자 이 모든 것은 다 끝난 이야기가 되었다.

5. 국가 부채

민간화된 케인스주의가 2008년 무너지자 인플레이션, 재정 적자, 민간 채무의 시대를 연이어 통과한 전후의 민주주의적 자본주의 위기는 이제 최근의 네 번째 단계로 들어섰다(그림 5).[18] 지구적 금융 시스템이 해체될 조짐을 보이자, 국민 국가들은 애초에 재정 건전성을 되찾기 위해 허용했던 악성 부채들을 사회화해 버림으로써 경제적 자신감을 회복하려고 들었다. 여기에다가 '실물경제' 붕괴를 막는 데 필수적인 재정 팽창까지 겹치면서 재정 적자와 공공 부채가 새롭게 아주 극적으로 증가하게 되었다. 주목해야 할 점은 이러한 사태 전개가 여러 국제기 구, 그 가운데서도 세계은행(World Bank)과 IMF의 비호 아래 쏟아져 나왔던 '공 공 선택' 이론과 신제도주의 경제학 문헌[19]에서 말하는 것처럼, 기회주의적 정치 가들이나 개념이 없는 공공 기관들이 과도하게 돈을 펑펑 써대는 경박함에서 기 인한 것이 아니라는 점이다.

이렇게 2008년 이후 양자 도약(quantum leap)처럼 급격히 증가한 공공 부채 로 인해 이전 10년간 재정 건전성이라는 이름으로 달성되었던 것들은 모조리 사 라져버렸다. 이는 오늘날 그 어떤 민주주의 국가도 감히 금융 부문을 과도하게

---

18) 〈그림 5〉는 이 네 단계들이 이념형적 방식으로 펼쳐졌던 자본주의의 주도 국가 미국에서의 사태 전 개를 보여준다. 다른 나라들을 살필 적에는 그 나라들이 처한 특수한 환경, 특히 지구 정치경제에서 그 나라가 차지하는 위치를 충분히 반영하여 참작할 필요가 있다. 예를 들어 독일의 경우 공공 부 채가 이미 1970년대부터 급격하게 증가하기 시작했다. 이는 독일의 인플레이션이 미국에서 볼커가 연준 의장에 오르는 것보다 훨씬 전부터 낮았다는 사실과 조응한다. 이는 독일의 분데스방크가 독 립성을 가지고 있었던 데다가 이미 1974년부터 통화주의적 정책들을 취했던 것에 기인한다. Fritz Scharpf, *Crisis and Choice in European Social Democracy*, Ithaca, NY 1991.

19) 대표적인 편서로는 James Poterba and Jürgen von Hage, eds., *Institutions, Politics and Fiscal Policy*, Chicago 1999 참조.

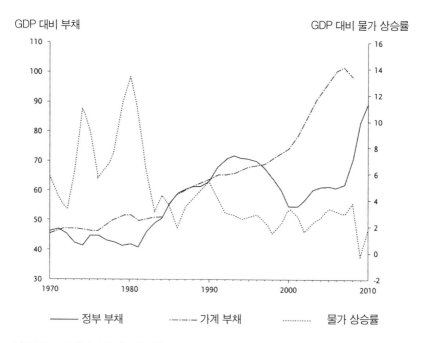

그림 5. 1970~2010년 미국에서 민주주의적 자본주의의 네 위기

GDP 대비 부채   GDP 대비 물가 상승률

——— 정부 부채   —·—·— 가계 부채   ·········· 물가 상승률

* OECD Economic Outlook Database No. 87.

탈규제했던 데 대한 벌로서 1930년대의 대공황과 같은 수준의 경제 위기를 다시 그 사회에 강제할 배짱이 없다는 사실을 반영하고 있다. 현재의 사회적 평화를 보장하기 위해 필요한 미래 자원을 끌어다 쓰는 데 다시 한 번 정치권력이 사용되었다. 각국 국가는 민간 부문의 채권자들을 안심시키기 위해서 애초부터 민간 부문에서 창출되었던 신규 부채의 상당한 몫을 꽤 자발적으로 떠안았던 것이다. 하지만 이것이 금융 산업의 화폐 공장을 지탱해주고 그 놀라운 이윤, 봉급, 보너스를 모두 재빨리 회복시켜주는 데는 효과가 있었지만, 같은 '금융시장'의 다른 부분에서는 그러한 구제 과정을 보면서 각국 정부들이 너무 무리하는 게 아닌가라는 의심이 피어나게 될 수밖에 없었다. 지구적 경제 위기가 전혀 끝나지 않은 상태인데도 채권자들은 소란을 피워가면서 재정 긴축을 통해 건전 통화정책으로 돌아가라는 요구를 밀어붙였다. 자기들이 국채 쪽에 엄청나게 투자를 늘렸던 것이 손해로 이어지지 않을 보장을 요구한 것이다.

2008년 이후 3년 동안 민주주의적 자본주의 체제 내에서의 분배 투쟁은 지구적 금융 투자자들과 주권 국민국가 사이의 복잡한 줄다리기로 변해버렸다. 옛날에는 노동자들이 고용주들과 싸우고 시민들이 재무부 장관과 싸우고 민간 채무자들이 민간 은행들과 싸웠지만, 이제는 금융기관들이 바로 얼마 전까지 자기들을 구해달라고 협박을 일삼았던 바로 그 국가들과 씨름을 벌이게 된 것이다. 하지만 그 저변에 자리한 권력과 이해관계의 형세도는 이보다 훨씬 더 복잡하다. 그렇지만 그 체계적인 탐구는 아직 이루어지지 않은 상태다. 예를 들어 위기가 벌어진 후 금융시장에서는 여러 다른 국가들에 다양한 이자율을 적용하는 관행이 되살아났고 그 이자율의 폭도 아주 컸다. 이로써 금융시장이 정부로 하여금 시민들에게 전례 없는 사회복지 감축을 받아들이도록 넣는 압력도 다양하게 세분화되었으며, 그 세분화의 기준이 되는 것은 기본적으로 가감 없는 시장의 분배 논리였다. 오늘날 대부분의 국가들이 엄청난 양의 부채를 지고 있다는 점을 감안할 때 국채 이자율이 조금만 올라가도 이는 재정에 재난을 가져올 수 있다.[20] 또 동시에 시장은 국가들이 국가파산을 선언할 만큼 밀어붙이는 것도 피해야만 한다. 시장 압력이 너무 셀 경우 정부로서는 항상 아예 국가파산을 선포해버리는 쪽을 선택할 수 있으니까 말이다. 그렇기 때문에 무언가 다른 국가들을 찾아야 한다. 한 국가라도 지불불능에 빠질 경우 이것이 국채 이자율의 전반적 상승을 낳아 자기들도 피해를 볼 수 있다고 생각하여 스스로를 보호하기 위해서라도 가장 파산 위험이 큰 국가들을 기꺼이 구제해줄 그런 나라들 말이다. 또 어떤 나라가 국가

---

20) 누적된 공공 부채가 GDP의 100퍼센트에 달하는 나라를 생각해보자. 이 나라 채권자들에 대한 이자율이 평균 2퍼센트 증가한다고 하면, 그 나라의 연간 적자 또한 고스란히 그만큼, 즉 GDP의 2퍼센트만큼 늘어나게 될 것이다. 이 나라의 한 해 예산 적자가 GDP의 4퍼센트에 달한다고 한다면, 결국 이 적자가 고스란히 1.5배로 늘어나는 셈이다.

파산에 빠져서 그 나라 바깥에 있는 다른 은행들이 타격을 받을 수 있으며, 이 경우에도 투자자들의 이익을 옹호하는 비슷한 유형의 국가 간 '연대'가 조장된다. 그렇게 타격을 받은 은행들의 모국은 자국 경제를 안정화하기 위해 또다시 엄청난 양의 악성 부채를 공적 자금으로 사주어야 하는 처지에 빠질 수가 있으니까 말이다.

오늘날 민주주의적 자본주의 내에서 여러 사회권의 요구들과 자유 시장의 작동 사이에 존재하는 긴장이 스스로를 표출하는 방식은 이것 말고도 더 많다. 오바마 정권 등 어떤 나라 정부는 오히려 더 빚을 내어 새로운 경제성장을 발생시키려고 든다. 이렇게 하여 성장이 이루어지면 세수도 늘어날 것이니 그 도움으로 나중에 가서 재정 건전성을 회복할 수 있다는 희망에서다. 어떤 나라 정부는 몰래 인플레이션으로 회귀할 희망을 품을 수도 있다. 이를 통해 채권자들을 살짝살짝 수탈하여 누적된 채무를 녹여낸다는 것인데, 이는 경제성장의 경우와 마찬가지로 긴축정책에서 발생할 것으로 예견되는 정치적 긴장을 완화할 수 있다. 동시에 금융시장은 정치의 개입에 맞서는 싸움에 승산이 있다고 기대할 수 있다. 이를 통해 시장 기율을 회복하고 그것을 전복하려는 모든 정치적 시도에 종지부를 찍을 수 있기를 바라는 것이다.

문제를 더욱 꼬이고 복잡하게 만드는 것이 있으니, 금융시장이 안전한 투자처로서 정부 발행 채권을 필요로 한다는 것이다. 그러니 균형재정을 너무 심하게 밀어붙일 경우 그렇게 대단히 바람직한 투자 기회를 오히려 빼앗겨버릴 위험이 있다. 선진 자본주의 나라들의 중간계급은 저축의 상당 부분을 정부 채권에 집어넣고 있으며, 수많은 노동자들도 오늘날 소득 비례 보조 연금(supplementary pensions)에 많은 돈을 투자하고 있는 상황이다. 균형재정에 집착하다 보면 국가로서는 그 중간계급으로부터 더 많은 조세를 걷지 않을 수 없다. 중간계급이 현재 저축하고 투자하고 있는 것들 가운데는 공공 부채도 들어가 있는데, 거기에 들어가는 돈이 이제 더 높은 조세의 형태로 국가의 손에 들어가버리는 것이다. 이렇게 가진 돈을 세금으로 내버리면 이자를 얻을 수도 없고 또 자식들에게 물려줄 저축도 없어진다. 이 때문에 이들은 국가가 완전히 부채 소멸까지는 아니어도 채권자들에 대한 원리금 지급 약속을 지키리라는 신뢰를 갖도록 만드는 것을 자기들 이익으로 삼기도 하지만, 이는 또한 시민들이 자기들 정부의 유동성을 보장하기 위해 자신들의 삶을 부분적으로 부양해주고 있는 각종 공공 수당과 서비스를 크게 삭감하는 희생을 치를 수 있음을 뜻하기도 한다.

지금 떠오르고 있는 공공 부채의 국제 정치학이 비록 여러 단면들이 복잡하게 교차하고 있는 상태이기는 하지만, 금융 안정화를 위한 대가를 치르는 것은 화폐 소유자, 최소한 진짜 화폐의 소유자 외의 사람들이 될 가능성이 크다. 예를 들어 재정 압박이 심해지면서 공공 연금 개혁이 가속화될 것이며, 세계 어느 곳에서든 몇몇 나라들이 지불불능에 빠지게 되면 그에 해당하는 만큼 민간 연금 또한 타격을 입게 될 것이다. 국가재정을 다시 건전화하는 일, 파산에 처한 외국을 구제하는 일, 상승하는 국채 이자율에 대처하는 일 그리고 심지어 필요하다면 자국 및 외국의 은행들까지 구제하는 일 등 이 모든 일에 비용을 치르는 것은 평범한 시민들이 될 것이다. 이들은 자신들의 개인 저축, 공적으로 주어지는 자격 부조(entitlements) 삭감, 공공 서비스 축소, 세금 인상 등의 희생을 치르게 될 것이다.

6. 동일한 모순이 위치만 바꾸며 계속되다

민주주의적 자본주의 내부에 잠재하는 민주주의와 자본주의라는 두 지각 구조 사이의 긴장은 전후의 경제성장이 종말을 고하고 난 뒤의 40년간 여러 제도 사이로 그 충돌의 진앙(震央)을 계속 옮겨갔으며, 그 결과 서로 다르지만 체계적으로 연관된 일련의 경제적 혼란들을 줄줄이 야기했다. 1970년대에는 사회정의를 외치는 민주주의의 요구와 한계 생산성에 따른 분배를 요구하는 자본주의의 '경제 정의' 사이의 갈등이 주로 일국적 차원의 노동시장에서 전개되었으며, 여기에서 정치적으로 보장된 완전고용을 배경으로 삼아 노동조합이 임금 인상 압력을 가하는 바람에 인플레이션을 가속화하게 되었다. 이는 사실상 통화가치 저하를 통한 재분배였던바, 이는 곧 경제적으로 더 이상 지속할 수 없게 되었고 각국 정부는 높은 정치적 리스크를 무릅쓰고서라도 이를 종식시키지 않을 수 없었다. 그러자 갈등은 이제 선거 영역에서 새로운 모습으로 다시 나타났다. 선거 영역에서의 갈등으로 인하여 공공 지출과 공공 수입 사이에 불일치가 점점 더 커지게 되었고, 그 결과 투표권자들이 민주주의적 자본주의 경제가 그 '조세 국가'[21]에 넘겨줄 수 있는 것을 초과한 만큼까지 각종 수당과 서비스를 요구하게 되자 공공 부채도 급속하게 늘어나게 되었다.

하지만 공공 부채에 고삐를 채우려는 노력이 불가피해지자, 그와 함께 사회 평화를 유지하기 위해서 금융 탈규제가 나타나게 되었다. 금융 탈규제는 민간 신용에 대한 접근을 쉽게 만들었으며, 이것이 규범적으로나 정치적으로 시민들의 안전과 번영에 대한 요구를 해결하는 무시할 수 없는 대안적인 길이 되어주었다. 물론 이 또한 10년도 채 되지 않아 지구적 경제가 거의 무너지자 끝나게 되었다. 정부가 긴축재정을 유지하고 그 대신 사람들이 현재 소비하고 투자하는 돈을 모두 미래에 갚겠다고 약속하고 돈을 꿀 수 있도록 마음껏 허용했지만, 이러한 비현실적인 약속은 부담이 되지 않을 수 없었고 결국 그 부담 때문에 세계경제가 거의 무너지기에 이른 것이다. 그 후로 사회정의라는 대중의 생각과 시장 정의를 고집하는 경제 사이의 충돌은 다시 한 번 장소를 바꾸어, 이번에는 국제 자본시장 그리고 금융기관, 유권자들, 정부, 국가, 국제기구 사이에 지금 벌어지고 있는 복잡한 경쟁으로 다시 모습을 드러냈다. 이제 문제는 여러 국가들이 자국 시민들에게 사유재산권과 시장의 이윤 기대를 얼마나 강제할 수 있는가, 그러면서도 파산에 처하는 것을 피하면서 또 아직 남아 있는 자신들의 민주주의적 정당성을 보호할 수 있는가다.

인플레이션을 견뎌내고 공공 부채를 받아들이고 민간 신용을 탈규제하는 등

---

21) Joseph Schumpeter, "The Crisis of the Tax State" [1918], in Richard Swedberg, ed., *The Economics and Socology of Capitalism*, Princeton, NJ 1991.

의 일들은 민주주의적 자본주의 아래에서 모순을 일으키는 두 가지 분배 원리, 즉 한편으로는 사회적 권리, 다른 편으로는 시장에서 평가되는 바 한계 생산성 사이에 생겨나는 억누를 수 없는 갈등에 부닥친 정부들이 그저 일시적으로 취하는 미봉책에 불과하다. 이 세 가지 하나하나는 잠시 동안은 작동할 수 있지만 그 다음에는 문제를 해결하기보다 더 많은 문제를 야기하게 되며, 결국 자본주의적 민주주의 체제 내에서 사회 안정성과 경제 안정성 사이에 지속적인 화해를 이루는 것은 유토피아 프로젝트에 불과함을 나타낼 뿐이다. 여러 정부가 자신들이 처한 위기를 처리하면서 달성할 수 있는 최대치는 그저 그 위기를 한 영역에서 다른 영역으로 옮기는 것 이상이 될 수 없으며, 그러면 그 새 영역에서 위기는 다시 새로운 형태로 모습을 드러내게 된다. 이러한 과정, 즉 민주주의적 자본주의의 여러 모순들이 점점 더 다양한 경제적 무질서의 모습을 띠고 줄줄이 현현하는 과정이 이미 과거에 끝난 일이라고 믿을 이유는 전혀 없다.

7. 정치적 무질서

이 지점에서 현재 출현하고 있는 지구적 정치경제 시스템에서 민주주의적 자본주의를 정치적으로 관리할 가능성이 최근 들어 급속하게 감소했다는 것이 명확해 보인다. 이는 나라마다 정도의 차이가 있지만 전반적 추세이기도 하다. 그 결과 민주주의나 경제나 위험이 증가하고 있는 듯 보인다. 1930년대 대공황 이래 정책 결정자들이 오늘날만큼 불확실성에 직면한 적은 몇 번 되지 않았다. 오늘날의 불확실성을 보여주는 예가 많이 있지만 그 가운데 하나는 시장이 단지 재정 건전성만을 기대하는 것이 아니라 그와 동시에 장래에 경제가 성장하리라는 그럴듯한 전망도 기대한다는 것이다. 이 두 가지를 양쪽 다 충족시킬 수 있을지에 대해서는 전혀 명쾌한 해법이 없다. 아일랜드 정부가 공격적인 재정 적자 삭감에 나서겠다고 서약하자 아일랜드 국채의 리스크 프리미엄이 하락했지만 불과

몇 주 되지 않아 다시 올라가게 되었다. 그 이유는 아일랜드의 재정 건전화 프로그램이 너무나 엄격하여 이를 시행할 경우 경제 회복이 불가능하다는 주장이 나오고 있기 때문이다.[22] 게다가 지금 세계는 그 어느 때보다도 낮은 이자율로 풀려나온 돈으로 홍수를 이루고 있는 상황이니 어디에서인가는 이미 그다음 차례의 거품이 생겨나고 있음에 틀림없다는 확신이 널리 공유되고 있다. 물론 당분간은 그런 거품이 서브프라임 시장에서 생기지는 않겠지만, 원자재 시장도 있고 또 새로운 인터넷 경제도 존재한다. 금융 기업들은 자기들이 아끼는 고객들의 이익과 또 물론 스스로의 이익을 위하여 새로운 성장 부문으로 보이는 곳이라면 어디든지 중앙은행이 대주는 넘쳐나는 화폐를 사용하여 진입할 것이며, 이를 막을 수 있는 것은 아무것도 없다. 지금 와서 따져보면 그동안 나온 금융 부문의 규제 개혁은 거의 모든 점에서 다 실패해버렸고, 은행의 자기자본 요건들도 옛날보다 거의 높아진 것이 없으며, 2008년 당시 대마불사(大馬不死) 논리에 기대어 행동하던 은행들은 2012년에도 2013년에도 똑같은 논리로 행동할 것이다. 이 때문에 이 은행들은 3년 전 자기들이 망하면 모두 다 끝장이라는 식으로 공중(公衆)에게 공갈 협박을 쳤던 때와 똑같은 능력을 여전히 보유하고 있다. 하지만 이제 2008년에 했던 식으로 사적 자본주의를 공적 자금으로 구제해주는 짓은 반복할 수 없을 것이다. 다른 것을 제쳐두더라도 우선 그렇게 할 만한 자금 융통이 이미 한계에 이르도록 확장된 상태이기 때문이다.

하지만 지금 위기에 처한 것은 경제만이 아니다. 민주주의 또한 그 이상까지는 몰라도 최소한 똑같은 정도로 위기에 처해 있다. 각국의 현대 사회에서 깨지기 쉽도록 위태로워진 것은 '시스템 통합'—자본주의 경제가 효율적으로 기능하는 것—만이 아니다. 이 사회들의 '사회 통합' 또한 위태로운 상태다.[23] 긴축정책의

---

22) 다른 말로 하자면, 공공 지출을 삭감함으로써 경제성장을 고무할 수 있다는 공급 측 경제학의 주문(呪文)에 대해서 심지어 '시장'조차 돈을 걸 생각이 없다는 이야기가 된다. 한편 어떤 나라가 지금까지 쌓아온 부채에서 벗어나기 위해 새로 돈을 꾼다면 그 신규 부채의 양은 어느 정도면 충분할지, 또 너무 많은 것인지를 도대체 누가 판단할 수 있단 말인가.
23) 이 개념의 개요는 다음에 제시되어 있다. David Lockwood, "Social Integration and System

새 시대가 도래하면서 시민들의 여러 권리와 자본축적의 여러 요건들을 중재할 수 있는 국민국가의 능력은 심각한 영향을 받았다. 어디에서나 조세를 올리려는 정부의 노력은 더 큰 저항에 맞부닥쳤고, 특히 국가 부채가 많은 나라들, 즉 오래 전부터 소비해온 재화들의 비용을 지불하는 데 앞으로 여러 해 동안 새로운 공공의 화폐가 지출되어야 하는 나라들에서 그러했다. 게다가 지구적 상호 의존이 갈수록 긴밀해져가는 상황이니 경제와 사회의 갈등, 자본주의와 민주주의의 갈등을 마치 일국(一國)이라는 정치 공동체 차원에서 다룰 수 있는 것인 양 하는 것도 이제는 불가능해졌다. 오늘날 국제적인 압력과 의무에 깊이 주의를 기울이지 않고도 통치가 가능한 정부는 어디에도 없으며, 이는 국가로 하여금 국민들에게 희생을 강요하도록 강제하는 금융시장을 가진 국가들 또한 예외가 아니다. 민주주의적 자본주의의 여러 모순들과 위기들은 마침내 국제화되었고, 일국 내에서뿐만 아니라 여러 나라들 사이에서도 전개되고 있으며, 이 두 가지 차원에서의 사태 전개가 어떤 조합과 순열을 낳을지는 아직 탐구된 바 없다.

오늘날에는 우리가 거의 매일 신문에서 마주치게 되는 바이지만, 민주주의 주권국가가 시민들을 위해 아직 해줄 수 있는 게 무엇이고 또 할 수 없다고 거부해야 하는 게 무엇인지를 이제는 '시장'이 일방적으로, 그것도 전례가 없는 방식으로 결정해버리기 시작했다. 지구적인 화폐 산업에 재난을 가져오는 데 한몫했던 바로 그 맨해튼의 신용 평가 기구들이, 이제는 그 재난 때문에 폐허가 된 화폐 산업과 자본주의 경제 전체를 구출하려 애쓰다가 상상을 초월하는 양의 새로운 부채를 걸머진 국가들에 국채의 신용 등급을 하향 조정하겠다고 으름장을 놓고 있는 판이다. 정치는 여전히 시장을 왜곡하고 또 억제하고 있지만, 이는 보통 사람들의 일상 경험과 조직 능력을 훌쩍 뛰어넘은 수준에서만 벌어지고 있는 일일 것이다. 항공모함뿐만 아니라 신용카드의 무제한 발급이라는 무기로도 철저하게 무장한 미국은 이미 부채가 산을 이루고 있건만 중국에 계속해서 자신들에게 돈

Integration", in George Zollschan and Walter Hirsch, eds., *Explorations in Social Change*, London 1964.

을 꾸어주도록 시키고 있으니까. 하지만 다른 모든 나라들은 '시장'이 명령하는 바에 순종해야만 한다. 그 결과 시민들은 점차 자기들의 정부가 자기들의 기관이 아니라 다른 나라들의 기관이거나 IMF나 EU처럼 전통적 국민국가와는 비교도 할 수 없을 만큼 선거의 압력으로부터 유리된 국제기구들임을 지각하게 된다. 그리스와 아일랜드 같은 나라에서는 앞으로 오랫동안 민주주의는 물론이고 그와 비슷한 것조차 실질적으로 중단될 것이다. 일국 정부들은 국제시장과 국제기구들이 정의한 바에 따라 '책임 있게' 행동하기 위하여 엄격한 긴축을 강제할 것이며 그 대가로 갈수록 그 시민들에 대해서는 모르쇠로 일관하게 될 것이다.[24)]

지금 민주주의는 '시장'의 공격을 받고 있는 나라들에서만 손발이 묶인 것이 아니다. 독일은 아직까지 비교적 경제적으로는 상태가 좋으며 수십 년에 걸쳐서 재정지출 삭감의 원칙을 천명해온 나라다. 그런데 독일은 거기에 더하여 독일 시민들의 돈으로 지불불능 위험에 빠진 다른 나라들에 돈을 꿔줘야 할 판이다. 이는 단지 독일 은행들을 구제하기 위해서일 뿐만 아니라 공동의 유럽 통화를 안정시키고 한 나라라도 무너질 경우에 쉬이 벌어질 수 있는 국채 이자율의 전반적 상승을 예방하기 위해서다. 이러한 조치의 정치적 비용이 얼마나 큰지는 메르켈 정권의 선거 자본이 점진적으로 잠식당하여 마침내 작년에 주요 지방선거에서 줄줄이 패배를 겪었던 것에서 재볼 수 있다. 다른 채권자들도 비용을 일부씩 분담해야 하는 게 아니냐는 포퓰리즘적인 수사가 횡행했고 총리인 메르켈 자신도 2010년 초에 이런 불만을 표출했지만, 독일이 새로 발행한 국채의 이자율이 약간 상승하는 방식으로 '시장'이 이에 대한 경악을 표현하자 이런 식의 이야기는 쑥 들어가게 되었다. 이제는 독일의 재무부 장관의 표현대로, 옛날식 '정부'(government)로는 지구화의 새로운 도전들에 대응할 수 없으니 이를 일국을 넘는 수준의 '협치'(governance)—이는 특히 독일 연방의회(Bundestag)의 예산 권력을 지속적으로 줄여 나가야 한다는 뜻을 담고 있다—로 이동시킬 필요가 있다

---

24) Peter Mair, "Representative versus Responsible Government", Max Planck Institute for the Study of Societies Working Paper 09/8, Cologne 2009.

는 말이 나오고 있다.[25]

민주주의 국가들은 이제 새로운 주인들을 모시게 되었거니와, 이들이 내놓고 있는 정치적인 기대를 충족시키는 게 불가능할 수도 있다. 국제기구와 세계시장은 단지 각국 정부뿐만 아니라 그 나라 시민들까지도 재정 건전화에 대한 신뢰할 수 있는 약속을 보내주어야 한다고 요구하고 있다. 긴축정책을 반대하는 정당들은 전국 선거에서 철저한 패배를 당해야 하며, 정부와 야당 모두가 공공연하게 '건전 재정'을 서약해야 할 것이니, 그러지 않을 경우엔 국채 발행 비용이 상승하게 되리라는 것이다. 하지만 투표권자들은 만약 선거에서 자신들이 실질적인 선택권을 갖지 못하게 된다면 이를 가짜 선거라고 생각할 수 있고, 이는 온갖 종류의 정치적 무질서를 야기할 수 있다. 온건하게는 투표율이 하락할 것이며, 심하게는 포퓰리즘 정당이 득세하여 거리에서 폭동을 일으킬 수도 있다.

여기에 주의해야 할 요소가 하나 있다. 분배 갈등이 실제로 벌어지는 싸움터는 한때 대중 정치였던 적도 있었지만, 그 후로 둘은 계속 멀어져 오늘날에는 가장 먼 거리로 찢어져 있다는 사실이다. 1970년대의 일국 단위 노동시장은 코포라티즘의 정치적 동원과 계급 간 동맹에 다면적인 기회를 제공했었다. 또 1980년대 공공 지출의 정치학 또한 '길거리에 나선 사람들'이 이해할 수 없는 것이거나 전략적 선택의 범위 밖에 있었던 것은 아니었다. 그런데 그 후로 민주주의적 자본주의의 여러 모순들이 펼쳐지는 전장은 갈수록 복잡해졌고, 그 결과 정치적·금융적 엘리트 외에는 여러 입장의 근저에 있는 이해관계와 자기 자신의 이해관계를 명확히 인식하는 것이 지극히 어려운 일이 되고 말았다.[26] 이것이 대중의 수

25) 볼프강 쇼이블레(Wolfgang Schäuble)에 따르면, "우리는 새로운 형태의 국제적 협치, 지구적 협치, 유럽적 협치를 필요로 한다." *Financial Times*, 5 December 2010. 쇼이블레는 다음과 같이 말한다. 물론 지금 당장 독일 의회에 대고서 예산에 대한 의회의 법적 권한을 몰수당하는 것을 놓고 투표하라고 한다면 "투표 결과는 당연히 반대일 것이다." '하지만 만약 몇 달의 시간을 주기만 한다면 그리고 다른 회원국들 또한 동의할 것이라는 희망을 주기만 한다면, 나는 가능성이 있다고 본다'라는 것이다. 쇼이블레는 그해 『파이낸셜 타임스』가 선정하는 올해의 유럽 재무장관으로 선정되었거니와, 이와 같은 발언은 실로 그에 걸맞은 말이라고 할 수 있다.

26) 예를 들어 여러 국제기구들이 요즘 통째로 한 나라에다가 통째로 다른 나라를 지원해달라고 부탁

준에서는 일반적인 무관심을 일으키며 그 덕분에 지배 엘리트들은 한숨 돌릴 수 있을지 모른다. 하지만 계속 안심할 수 있는 일은 되지 못한다. 이제 세상은 금융 투자 기관들에 맹목적으로 순종하는 것만이 유일하게 합리적이고 책임 있는 행동이라고 선포되는 것이 되어버렸다. 하지만 금융 투자자들에게 순종하는 것 말고 다른 종류의 사회적 합리성과 책임을 계속 고수하려 드는 이들에게서는 이런 세상이 한마디로 정신이 나간 듯 보일 것이며, 세상이 이런 정도로까지 금융 투자자들에게 종속된 상태에 이르게 되면 유일하게 합리적이고 책임 있는 행동은 저 오트 피낭스(haute finance, 거물 금융가)들의 여러 활동에다가 가능한 한 많은 짱돌을 집어던지는 것뿐이 된다. 그리스, 아일랜드, 포르투갈 등에서 우리가 알고 있는 바의 민주주의는 이미 실질적으로 중지되어버렸거니와, 이런 곳에서는 길거리 폭동과 대중의 반란이 시장 권력이 없는 이들에게 남은 유일한 정치적 표현 양식이 될 수 있다. 그렇다면 우리는 이제 민주주의의 이름 아래 이러한 예가 조만간 더 늘어날 것을 희망해야 할 것인가?

오늘날의 경제적·사회적 무질서의 근저에 있는 여러 구조적 갈등과 모순을 해결하는 데 사회과학은 별 도움이 되지 않는다. 하지만 현재의 여러 위기를 충분히 이해할 수 있도록 그 역사적 연속성을 잡아내고 조명할 수는 있다. 또한 사

하는 재분배적 '연대'의 정치적 호소를 볼 수 있다. 예를 들어 슬로베니아 전체에다 아일랜드, 그리스, 포르투갈 등을 도우라고 촉구하는 식이다. 이런 식의 '국제 연대'로 지원받게 되는 것이 길거리에 나앉은 사람들이 아니라 국내와 외국의 은행들이라는 사실은 철저하게 가려진다. 이 은행들은 그런 지원을 받지 못할 경우 손실을 입거나 이윤을 낮추게 될 뿐이다. 이런 식의 호소는 또한 국민소득의 차이를 무시해버린다. 독일인들은 평균적으로 볼 때 그리스인들보다 부유하지만(물론 일부 그리스인들은 거의 모든 독일인들보다 훨씬 부유하다), 슬로베니아 사람들은 평균적으로 아일랜드 사람들보다 훨씬 가난하며, 아일랜드 사람들은 통계적으로만 보면 독일을 포함한 거의 모든 유럽 나라들보다 더 높은 일인당 소득을 올리고 있다. 이런 식으로 갈등 구조를 만들게 되면 본질적으로 계급 갈등이 국제적 갈등으로 전변되어, 다 함께 동일한 금융시장의 압력에 무릎을 꿇고 공공 지출을 긴축할 수밖에 없는 여러 나라들이 각각 따로따로 분리되어 서로가 서로와 대립하고 있는 것처럼 된다. 평범한 일반 서민들에게 다른 나라의 평범한 일반 서민들더러 '희생'을 요구하라는 명령이 떨어진다. 즉 이미 오래전부터 다시 자기들의 '보너스'를 챙겨먹기 시작한 은행 경영진이 아닌 다른 나라의 일반 시민들에게 '희생'을 요구하게 되는 것이다.

회과학은 민주주의 국가들이 지구적인 투자자 과점체들—이들에 비하면 라이트 밀스(Wright Mills)가 말했던 '파워 엘리트'[27]는 정말 자유주의적 다원주의의 빛나는 모범으로 보일 지경이다—의 이익을 위해 빚을 받아내는 추심업체로 전락해간 드라마를 그려낼 수 있다. 오늘날 경제 권력은 그 어느 때보다도 정치 권력으로 변해버린 듯 보이며, 반면 시민들은 자신들을 보호할 수 있는 민주주의를 거의 완벽하게 빼앗겨버린 상태이며 또 자본 소유자들의 이해 및 요구와 어긋나는 이해와 요구를 정치경제에 관철할 능력도 거의 완벽히 빼앗긴 상태다. 사실상 1970년대 이후 벌어진 일련의 민주주의적 자본주의의 위기를 돌이켜보면, 선진 자본주의에서는 일시적이나마 새로운 사회 갈등 해결의 협정이 생겨날 현실적 가능성이 존재하는 것으로 보인다. 그리고 이번에 나타날 협정은 철저하게 유산계급에 유리한 것이 될 듯하다. 유산계급은 이제 정치적으로 도저히 공격이 불가능한 요새인 국제 금융 산업에 튼튼하게 참호를 파고 들어앉아 있는 상태다.

[홍기빈 옮김]

---

27) C. Wright Mills, *The Power Elite*, Oxford 1956.

상하이 모델?

황야성의『중국 특색의 자본주의』

조얼 앤드리어스(Joel Andreas)

개인기업을 억압하는 정부에 가장 분노하면서도 빈곤층을 대변하여 그들의 권리를 주장하는 자유 시장 옹호자들이 있다. 이들의 연구에 따르면, 남반구의 성장하는 도시들에서 간신히 생계를 꾸려 나가고 있는 농민과 농촌 출신 이주자들의 빈곤은 가난한 사람들의 기업가적 에너지를 억누르면서 정실 자본가들과 다른 엘리트 계층에 특권을 제공하는 정부 관료들 때문이다. 빈곤층들의 빈약한 재산에 대한 소유권을 명확히 규정하고, 빈곤층에 신용 획득의 기회를 제공하는 한편, 과도한 세금과 규제를 없애준다면, 이들은 자신들의 빈곤에 대한 기업가적 해법을 찾아낼 수 있을 뿐만 아니라 경제 발전의 강력한 엔진이 될 것이다.

이것이 사람들에게 폭넓게 인정받고 있는 황야성(黃亞生)의 책『중국 특색의 자본주의』의 요지다.[1] 중국이 지난 30년간 서구의 자본주의적 관행을 향해 꾸준히 전진해왔다고 찬사를 보내온 다수의 주류 경제학자들과 달리, 황야성은 중국이 1990년대에 진정한 경제 자유화에서 후퇴하기 시작했다고 주장한다. 그는 책에서 중국이 1980년대에는 소규모 농촌 기업가들이 주도적 역할을 하는 일종의 기업가적 자본주의를 발전시켜왔지만, 1990년대에는 정부와 관계 있는 도시 지역의 거대 기업에 유리한 국가 주도 자본주의를 지향해왔다고 주장한다. 중국 안팎의 학계와 정책 결정 집단들 사이에서 상당한 주목을 받아왔을 뿐만 아니라 『이코노미스트』의 2008년 '올해의 책' 가운데 한 권으로 선정되기도 한 황야성의 책은 자유 시장 독트린과 인민주의적 주장을 결합하는 새로운 지평을 열었다.

중국에서 더 많은 경제 자유화가 이루어져야 한다고 주장하는 이들은 대부분 소득 불평등의 증가와 경제적 위계에서 하위 계층에 속하는 사람들의 불평등에는 별로 관심을 두지 않는다. 하지만 황야성은 자유 시장을 열광적으로 주장하는 이들 가운데서는 좀 특이하게도 노동자와 농민들이 처한 어려운 상황을 분석의 중심에 놓는 소규모 집단에 속한다.[2] 이 집단에 속한 사람들에는 허칭리엔(何清漣), 친후이(秦暉), 케이트 저우(周曉, Kate Zhou) 같은 저명한 학자들과 언론인들이 있으며, 이들은 중국의 불평등 증가가 관료의 부패, 국가 소유의 지속, 과도한 국가 통제, 사기업에 대한 제약, 국가 지도자들의 도시 편향, 투명성 부족, 정실 자본주의 등의 요소 때문이라고 상세히 논증해왔다.

이 가운데서도 황야성의 분석은 여러 가지 이유로 특별한 주목을 받아왔다. 우선 그는 중국과 미국 양쪽에서 모두 최고의 학술 기관에 몸담아왔다. 황야성은 중국 본토 출신임에도 하버드 대학 행정학과에서 박사 학위를 받았고, 현재는 MIT 대학 경영학과 교수로 재직하고 있으며, 중국에서 가장 저명하고 영향력 있는 경제학자들이 다수 자리잡고 있는 칭화(清華) 대학 중국 경제 연구센터(中國經

---

1) Yasheng Huang, *Capitalism with Chinese Characteristic: Entrepreneurship and the State*, Cambridge 2008.
2) 물론 학자들과 언론인들이 종종 중국의 노동자와 농민들이 처한 어려움이 정부가 충분히 시장 개혁을 수행하지 못한 결과 때문이라고 주장하는 것은 상당히 일반적인 일이다. 하지만 황야성처럼 이 주제를 정교한 학술적 분석의 중심에 두는 학자를 보기는 쉽지 않다.

濟研究中心)와 중국과 세계 경제 연구센터(中國與世界經濟研究中心)에도 연구원으로 있다. 둘째로 황야성은 중국에서 시장 개혁이 꾸준히 이루어져왔다는 표준적인 설명에 대해 중국에서 농촌 기업이 현저히 쇠퇴하게 된 것은 사기업 활동에 대한 국가의 억압이 늘어났기 때문이라고 주장하면서 반박해왔으며, 일견 도발적이고 직관적으로 보이는 이 주장을 세밀히 다듬어왔다. 셋째, 황야성은 중국 토착 기업들을 옹호하는 입장에서 해외 투자 기업에 유리한 중국의 정책을 비판했다. 넷째, 황야성은 인상적이고 독창적인 연구로 자신의 주장을 뒷받침했다. 그는 중국의 은행들과 농촌 신용협동조합들의 수천 쪽에 달하는 1차 자료와 기존 학자들은 거의 참고하지 않았던 농촌 기업에 대한 공식 조사 자료들을 철저하게 검토하여 획기적인 방식으로 분석을 진행할 수 있는 다양한 통계자료를 생산해 냈다. 이 자료들로 인해 추후 연구자들은 큰 도움을 받게 되었다.

『중국 특색의 자본주의』는 황야성이 '농촌 기업가들의 10년'이라고 규정하는 1980년대와 '국가가 주도한 도시의 10년'이라고 명명한 1990년대 간의 비교를 중심으로 구성되어 있다. 그에 따르면, 1980년대 중국의 경제정책은 주로 자오쯔양(趙紫陽), 완리(萬里) 등 자유주의적 실험을 시도하는 경향이 있고 농촌 기업가들에게 호의적이었던 지도자들의 손에 놓여 있었다. 이들은 농촌에서 인민공사(人民公社)를 해체한 후 정부의 통제를 풀어주고 신용에 쉽게 접근할 수 있게 해주어 사기업들이 번성할 수 있도록 했다. 도시에서는 여전히 침체된 정부 계획과 국유 기업이 지배적이었던 반면, 줄곧 도시보다 국가의 영향력이 약했고 기업가 정신이 강했던 농촌에서는 소규모 노동 집약적 기업들이 급속한 경제 팽창의 주된 엔진이 되었다.

그러나 1980년대의 자유화 흐름은 1989년 톈안먼 사건의 진압과 자오쯔양의 실각으로 갑작스레 중단되었다. 경제정책 결정권은 국가가 지도하는 산업계획을 선호하는 상하이 출신 도시 지향적인 기술 관료 장쩌민(江澤民)과 주룽지(朱鎔基)가 이끄는 새로운 지도부가 차지했다. 이들은 농촌 기업가들을 탐탁지 않게 생각했다. 대신 이들은 자본 집약적, 에너지 집약적 대형 첨단 기술 프로젝트를 선호했으며, 국유 기업에 집중적으로 자금을 쏟아부었고, 세금 감면으로 외국인 투자를 장려했다. 그 결과 점차 부패하는 정실 자본주의가 등장했으며, 압류한 농지 위에 번쩍이는 고층 빌딩이 들어서는 등 도시 지역의 호황이 시작되었다. 신용 부족에 시달리게 된 농촌 기업들은 활기를 잃고 쇠퇴하게 되었다.

황야성은 상하이를 국가 주도의 도시 모델이 잘못된 전형적인 사례로 보고 책의 한 장(章)을 할애하여 설명하고 있다. 그에 따르면, 상하이의 국내총생산(GDP)은 급속히 성장했지만, 도시의 경제 발전은 토착 사기업들보다 정부 기관이나 외국 회사가 다수 지분을 소유한 기업들이 주도했다. 국가와 관계된 기업들의 수익성을 보장하기 위해서 국유 부문 노동자들이 특히 공격적으로 정리해고되었으며, 사영(私營) 부문의 경쟁을 통한 발전은 억압되었다. 그 결과 상하이에는 소규모 자영업자들이 상대적으로 적었고 중대형 사기업들도 부족했다. 황야성이 볼 때, 이렇게 한쪽으로 편향된 정책으로 소득 양극화가 발생했으며, 도시의 빈곤층들은 실질소득 하락을 겪게 되었다.

황야성은 점증하는 부패, 반복되는 자산 거품, 총요소생산성(TFP) 성장의 둔화를 근거로 중국의 국가 주도 발전 모델의 지속 가능성에 의문을 표한다. 그는 책의 마지막 장에서 중국 모델이 다른 동아시아 국가나 인도가 추구해온 모델에 비해 떨어진다고 평가한다. 황야성이 보기에 동아시아 국가들과 인도도 현재 급속히 발전하고 있는데, 이는 이 나라들이 (1980년대에 중국이 그러했듯이) 경제 계획 대신 토착 사기업들이 성장할 수 있는 자유주의적 정책 환경을 조성했던 덕분이다. 중국에 이웃한 동아시아 국가들 가운데 일본, 대만, 한국이 모두 과거에 산업 정책적 접근을 추구했지만, 국가가 경제 발전 감독에서 가장 많이 개입했을 때조차 항상 사적 부문이 주도적인 역할을 했다. 더욱이 인도와 마찬가지로 이 나라들은 외국인 투자에 의존하지도 않았다. 황야성은 이 모든 나라들의 경제성장이 토착 기업가들이 핵심적 역할을 한 사적 부문의 성공 덕분이라고 결론을 내린다.

황야성의 주장에서 가장 인상적인 것은 발전이 아니라 불평등과 관련한 부분이다. 그는 1980년대와 1990년대를 통틀어 중국 경제는 급속히 성장했지만, 국가 주도의 도시 모델 시기보다 농촌 기업가 모델 시기에 소득분배가 훨씬 더 공정했다고 주장한다. 1980년대에 개인소득은 GDP보다 더 빠른 속도로 증가했고, 농촌 소득도 도시 소득보다 더 빨리 증가했다. 1990년대에 이 두 경향은 모두 역전되었으며, 교육과 의료보장도 점차 농촌 주민들이 감당할 수 없는 수준이 되었고, 이는 농촌의 문해율(文解率)과 보건 지표의 저하로 이어졌다. 중국 정부가 현명하게 뒤로 물러서서 사기업들이 융성할 수 있도록 조치를 취해야 경제가 급속히 성장할 뿐만 아니라 그 성장의 결과도 훨씬 공정하리라는 것이 이 책의 핵심적인 주장이다. 이 글에서 나는 이러한 주장들의 기저에 깔려 있는 주요 경험적 쟁점을 검토할 것이다. 첫째, 중국에서 농촌 기업들이 1980년대에는 융성했지만 1990년대에는 쇠퇴하게 된 이유는 무엇인가? 둘째, 1990년대에 경제적 불평등이 그렇게 급속히 증가한 원인은 무엇인가?

농촌 기업

농촌 기업이 흥성하다 쇠퇴하게 된 실제 원인은, 어떤 면에서는 황야성이 제시한 원인과 정반대다. 1980년대에 소규모 농촌 기업들이 융성한 것은 국가가 계획에서 손을 뗐기 때문이 아니라 대규모 사기업들의 발전을 막기 위해 고압적인 방식으로 경제에 개입했기 때문이다. 포스트-마오 시기 초반에 중국 공산당은 자본주의적 부문을 잠재적인 정치적 위협으로 간주하고 그 발전을 막기로 결정했다. 중국 공산당은 농촌 가구들이 소규모 기업 활동에 종사하는 것을 허용했으며, 향진(鄕鎭) 간부들이 운영하는 집체(集體) 기업의 발전을 지속적으로 장려하기로 했다. 이 두 부문은 상품 시장의 개방과 더불어 번성했다. 하지만 이 성공은 상당 부분 정부의 보호 덕분이었다. 사실상 국가는 이러한 기업들이 거대 자본주의적 기업과의 경쟁 없이 운영될 수 있는 환경을 만들고 유지했다. 이러한 정부의 보호는 다음 여섯 가지 형태로 나타났다.

1. 공산주의 시기 초기에 실행된 토지개혁과 농촌 집단화로 옛 지주계급과 자본가계급이 제거되었으며, 그에 뒤이은 탈(脫)집단화로 토지는 각 농촌 가구에 평등하게 분배되었다. 경작지는 깨끗이 정리되었고, 1980년대에 시장이 개방되자 소규모 농촌 기업가들이 진입할 기회가 충분했다.
2. 중국 공산당은 새로운 자본주의적 기업이 발전하는 것을 억압했다. 개별 가구가 사업을 벌이는 것은 허용되었으나 법적으로 (명목상 한 가족의 인원수인) 7명 이상을 고용할 수는 없었다. 이 규제는 1987년 이후에야 철폐되었다.
3. 나아가 토지의 판매 및 임대에 대한 엄격한 제한 조치로 인해 거대 사기업들이 발전할 수 없었다.
4. 외국 기업과 하청 계약을 맺는 것은 장려되었지만 외국 자본가들의 직접투자는 엄격히 제한되었다.
5. 국내시장은 전반적으로 외국 수입품과의 경쟁에서 보호되었다.
6. 농촌의 가족 기업들과 집체 기업들은 값싼 농촌 노동력을 독점적으로 고용해왔다. (이 농촌 노동력은 자급 농업을 통해 보조 수익을 얻었다.) 도시의 국유 기업은 재직 중인 노동자들에게 종신 고용과 많은 복지 혜택을 제공해야 했으며, 기간제 노동자 고용은 제한되었다. 이로 인해 소규모 농촌 기업들은 노동 집약적 부문에서 유리한 입장이었으며, 다수의 기업들이 국유 기업과의 하청 계약 관계를 통해 이익을 봤다.

1980년대 중국 농촌의 경제 호황의 동력은 주로 향진 정부가 소유한 소규모 공장들이었다. (이 공장들은 집체 기업으로 알려져 있지만 노동자들이 실제로 소유하고 있지는 않았다.) 소규모 가족 기업들 또한 융성했는데, 1980년대 말에 고용 제한과 다른 규제 조치들이 완화되면서 사영 기업가들은 대규모 기업을 설립하기 시작했다. 황야성은 1980년대 농촌의 경제 도약이 주로 사적 부문에서 이루어졌다고 주장하기 위하여 향진 정부 소유 기업들의 역할을 과소평가하고 사적 부문의 역할을 과장했다. 그는 자신의 주장을 뒷받침하기 위해 농촌 기업의 대다수가 집체 기업이라기보다 사기업이었다는 중국 농업부의 통계자료를 인용한다. 모든 자영업자들을 '기업'으로 계산하면 이 주장은 맞다. 이렇게 보면, 대다수 기업들은 장인(匠人), 행상인, 가게 주인들에 불과하다. 하지만 고용의 대부분은 실제로 집체 기업에서 이루어졌으며, 집체 기업들의 경우 수에서는 적지만 규모에서는 상당히 컸다.[3]

황야성이 농업부의 통계자료를 수집하여 재구성한 〈표 1〉에 따르면, 1980년대 말에 가족 기업인 '개체호'(個體戶)는 전체 농촌 기업의 80퍼센트 이상에 달하지만, 각각의 업체에서 실제로 종사하는 인원수는 겨우 두 명 정도였다. (7명 이상을 고용하는) 대규모 사기업 수는 계속 증가하고 있었지만 역시 규모는 상대적으로 작았으며, 각 기업에서 고용하고 있는 평균 인원수는 8명 남짓이었고, 1990년대 중반까지도 농촌 기업 부문 고용의 10퍼센트에도 미치지 못했다. 그러나 집체 기업의 경우 비록 숫자는 상대적으로 적었지만 훨씬 많은 인원을 고용했으며 (1980년대 말 각 기업당 평균 약 30명), 이 부문 고용의 절반 이상을 차지했다. 이 계산에서 단순 자영업자들을 제외하면, 집체 부문이 고용의 절대다수를 차지한다. 더욱이 집체 기업은 농촌 경제 도약의 엔진이었던 제조업 부문에서 지배적이었던 반면, 소형 가족 기업들은 운송업, 상업, 서비스업에 집중했고, 대다수는 집체 공장의 성장으로 생겨난 기회를 통해 이익을 취했다. 그럼에도 불구하고 황야성이 1980년대의 중국 농촌이 고도로 기업가적인 특징을 띠고 있었다고 한 것은 옳다. 향진 간부들이 운영한 공장을 포함하여 모든 농촌 기업들은 국가계획의

---

3) 집체 기업으로 등록된 기업 가운데 일부가 실제로는 개인 기업가들에 의해 운영되었지만 전체 집체 기업에서 이러한 기업들이 차지하는 비중이 상당했다는 증거는 없으며, 황야성은 이러한 내용을 다루지는 않는다. 더욱이 이러한 허위 등록은 주로 1980년대 말과 1990년대 초반의 현상으로 대규모 사기업 설립이 이데올로기적으로 승인되고 법적 허가를 얻었지만 집체 기업이 여전히 신용을 얻기 좋고 다른 특혜 대우를 받았기 때문에 벌어졌던 일이다.

표 1. 1985~2002년 향진 기업의 소유 구조

연도	향진 기업의 수(백만 개)				향진 기업의 고용 현황(백만 명)			
	총계	집체 기업	대규모 사기업	가족 기업	총계	집체 기업	대규모 사기업	가족 기업
1985	12.2	1.57	0.53	10.1	69.8	41.5	4.75	23.5
1986	15.2	1.73	10.9	12.3	79.4	45.4	8.34	25.6
1987	17.5	1.58	1.19	14.7	88.1	47.2	9.23	31.6
1988	18.9	1.59	1.2	16.1	95.5	48.9	9.77	36.8
1989	18.7	1.53	1.07	16.1	93.7	47.2	8.84	37.6
1990	18.7	1.45	0.98	16.3	92.7	45.9	8.14	38.6
1991	19.1	1.44	0.85	16.8	96.1	47.7	7.27	41.2
1992	20.9	1.53	0.90	18.5	106.3	51.8	7.71	46.8
1993	24.5	1.69	1.04	21.8	123.5	57.7	9.14	56.6
1994	24.9	1.64	0.79	22.5	120.2	58.9	7.3	53.9
1995	22.0	1.62	0.96	19.4	128.6	60.6	8.74	59.3
1996	23.4	1.55	2.26	19.6	135.1	59.5	24.6	50.9
1997	20.1	1.29	2.33	16.5	130.5	53.2	26.3	51.0
1998	20.0	1.07	2.22	16.8	125.4	48.3	26.2	50.9
1999	20.7	0.94	2.08	17.7	127.1	43.7	28.5	54.8
2000	20.9	0.8	2.06	18.0	128.2	38.3	32.5	57.3
2001	21.2	0.67	2.01	18.5	130.9	33.7	36.9	60.2
2002	21.3	0.73	2.3	18.3	132.9	38.0	35.0	59.8

* Huang, *Capitalism with Chinese Characteristics*, p. 79. 대규모 사기업은 7명 이상을 고용하는 업체임.

외부에서 경영되었으며, 그 활동은 왕성할 수밖에 없었다. 가족 기업, 집체 기업, 소규모 자본주의적 기업 등 모든 종류의 농촌 기업들은 시장 개혁의 첫 10년 동안의 정책으로 형성된 온실 같은 환경 속에서 번성했다. 그렇다면 1990년대에 바뀐 것은 무엇인가?

그 주요한 차이점은 중국 공산당이 대규모 자본주의적 기업의 발전을 장려하기 시작한 것이다. 덩샤오핑은 중국이 세계시장에서 경쟁하기 위하여 자본주의적 원칙에 입각하여 운영되는 대기업을 발전시키기로 결정했다. 덩샤오핑이 유명한 1992년 남순강화(南巡講話)에서 경제특구에 만들어진 수출 주도적 외국인 투자 기업의 효율성을 격찬하자, 국가는 국내외의 대규모 사기업을 억압하는 정책을 중단하고 그 발전을 장려했다. 새로 제정된 회사법은 1994년에 시행되기 시작했으며, 이와 관련한 일련의 개혁 조치들 덕에 더 자유로운 경제정책으로의 변화가 시작되었고, 사기업 부문의 발전과 대다수 국유 및 집체 기업 사유화의 길이 열렸다. 그 결과 1980년대 농촌 기업들을 보호하던 정책 환경은 해체되었다.

황야성이 1990년대 중국 농촌 경제의 쇠락과 도시 편향이 밀접한 관계가 있다고 주장한 것은 맞지만, 그는 이 도시 편향이 발생하게 된 원인은 잘못 짚고 있다. 자본주의는 본질적으로 도시 편향적이다. 자본주의가 발전함에 따라 농민, 행상인, 장인들은 자본주의적 기업으로 대체되고 기업 규모는 점점 커지게 된다. 또한 경제활동의 중심은 농촌에서 도시로 옮아가게 되고, 농민들은 도시 지역으로 이주하게 되며, 도시는 농촌을 희생시키면서 확장한다. 대규모 자본주의적 기업들은 도시에 본사를 두며, 성공한 농촌 기업들도 기업이 성장하게 되면서 도시로 옮아간다. 실제로 장쩌민과 주룽지는 도시 편향적이었으나, 이는 이 지도자들의 자본주의 선호에 내재한 것이었다. 장쩌민과 주룽지는 서구의 기업자본주의에서 자극을 받았으며, 농촌의 장터보다는 슈퍼마켓을, 노점상보다는 백화점을, 소규모 공장보다는 대공장을, 영세한 자영업체보다는 기업형 체인점을 선호했다. 이들은 향진 기업이나 가족 기업은 쓸모없다고 여겼으며, 세계시장에 완전히 통합된, 자본과 기술을 충분히 갖춘 대규모 기업을 원했다. 당시 중국 지도부는 일반적으로 공기업보다 사기업을 선호했으며, 대다수 국유 및 집체 기업의 완전 사유화와 그 밖의 대부분의 기업의 부분 사유화를 강제했다. 국가는 은행, 석유 및 그 밖의 핵심 자원, 발전, 통신, 군수 등의 일부 '전략' 부문은 계속 통제했지만, 이 부문에서조차 기업들이 영업 손실에 책임을 지도록 구조조정을 진행했다. 이는 이 기업들이 좀 더 자본주의적 기업처럼 행동해야 한다는 것을 의미했다.

노동시장도 자유화되었다. 공기업들은 구조조정으로 인해 노동자들에 대한 의무에서 벗어났다. 기업들은 더 이상 의료보험, 연금, 주택, 보육 등 다른 복지 서비스를 제공할 필요가 없었으며, 시장의 요구에 따라 자유롭게 고용하고 해고할 수 있게 되었다. 사기업들은 이제 원하는 대로 노동자들을 고용할 수 있게 되었고, 모든 기업들이 자유롭게 농민공(農民工)들을 고용할 수 있게 되었다. 이와 동시에 대규모 사기업의 설립이 허가되었으며, 농촌이든 도시든 성공적인 기업가들은 은행 대출을 받아 자신의 사업을 확장할 수 있게 되었다.

외국인 직접투자에 대한 제한도 풀렸으며, 미국, 일본, 한국, 유럽의 다국적기업뿐만 아니라 홍콩, 대만, 동남아시아의 화교 출신 자본가들로부터 자본이 밀려들었다. 주룽지는 좀 더 서구의 관행에 맞게 규제 기구를 개편했으며, 공기업이든 사기업이든 상관없이 모든 기업에 '공정한 경쟁의 장'을 만들어주겠다고 공언했다. 비록 일부 국유 기업들은 여전히 특혜를 받았지만 사기업 부문은 급속히 확장되었으며, 수익성 있는 사기업들은 신용이나 허가를 얻는 데 전혀 문제가 없었다.

신용 압박

1990년대 중반부터 농촌 기업들은 난관에 봉착했다. 황야성이 입증했듯이 농촌 기업의 총수는 1994년의 2490만 개에서 1998년에는 2000만 개로 떨어졌다(〈표 1〉 참조). 많은 분석가들은 소규모 농촌 기업들이 국내 및 국외의 대규모 회사들과 경쟁할 수 없었기 때문에 쇠퇴했다고 결론을 내렸다. 하지만 황야성은 이 결론에 동의하지 않는다. 그는 1990년대에 권력을 장악한 도시 편향적인 지도부가 농촌 기업에 적대적인 환경을 조성했다고 주장했으며, 농촌 기업가들이 신용을 얻기 힘들어진 정책에 초점을 맞춘다.

1990년대 중반 주룽지의 정책으로 신용이 급격하게 위축된 것은 사실이지만, 그 압박은 모든 기업에 가해진 것이다. 1980년대 내내 정부의 통화정책은 느슨했으며 신용을 얻기도 쉬웠고, 1989년의 격변 이후 잠깐의 통화 긴축이 있었지만, 1990년대 초반에는 다시 금융 완화 정책이 시행되었다. 갑작스레 실시된 신용 긴축 정책은 농촌 기업뿐만 아니라 도시 기업에도 위기였다. 사실 신용 경색은 국유 및 집체 기업의 구조조정과 사유화를 가속화하는 데 핵심적인 역할을 했다. 도시와 농촌을 가리지 않고 수많은 기업들이 문을 닫았으며, 그렇지 않은 기업도 많은 노동자들을 해고했다. 국유 은행들은 좀 더 상업은행처럼 운영되도록 구조조정되었으며, 충분한 담보와 돈을 갚을 능력을 갖추고 있다고 판명된 신용도가 좋은 고객들에게만 대출했다. 1990년대 중반의 신용 압박으로 농촌과 도시의 기업들이 다수 퇴출되었고, 경쟁이 치열한 새로운 자본주의적 환경에 적응할 수 있었던 기업들만 살아남았다. 살아남은 기업들은 일반적으로 더 규모가 크고 더 많은 자본을 보유하고 있었으며, 대부분은 사적 소유의 기업들이었다. 1990년대 중반에 중국의 은행들은 모두 부실채권으로 압박을 받았는데, 그 가운데서도 중국농업은행과 농촌신용협동조합들은 최악의 상황이었다. 농촌신용협동조합은 1950년대에 농촌의 집체 경제를 지탱하기 위한 제도의 일환으로 만들어져 1980년대에 농촌 기업을 활성화하는 데 특히 중요한 역할을 했으며, 향진 기업과 유망한 사업 계획을 제안한 농촌 가구에 관대하게 신용을 제공했다. 그러나 이들 가운데 다수는 경쟁이 치열한 1990년대의 환경 속에서 대출을 갚을 수 없었다. 농촌신용협동조합의 새로운 대출 기준이 더 엄격해졌음에도 불구하고 많은 악성 부채로 인해 전체 시스템은 사실상 붕괴했다. 이러한 상황이 정책 결정자들의 도시 편향의 결과 때문이었을까? 대부분의 나라에서 상업은행은 소규모 농촌 기업가들에게 신용을 제공하는 데 별로 관심도 없고 능숙하지도 않으며, 규모가 작고 허약한 기업들에 신용을 제공하는 제도를 유지하기 위해서는 일반적으로 국가의 지원이 필요하다. 1990년대에 중국 정부가 기존에 농촌신용협동조합에 제공하던 지원을 축소했을 때, 중국은 발전 국가의 논리를 포기하고 자본주의적 은행가의 논리를 선택한 것이다.

황야성의 핵심 주장은 1990년대에 농촌 기업들이 쇠퇴한 것은 국가와 연관된 도시 기업들을 선호한 정부 정책 때문이라는 것이다. 그러나 농촌 기업들은 국유 기업이 전체 경제에서 훨씬 더 많은 비중을 차지하고 직접적으로 국가재정으로 자금을 공급받던 1980년대에 번성했다. 당시에 국유 기업은 농촌 기업에 별다른 위협이 되지 않았다. 사실 1970년대에 많은 향진 기업들이 처음 설립되었을 때는 도시의 국유 기업으로부터 무료로 기술 지원을 받았다. 물론 당시에는 이윤이 주요 고려 사항은 아니었다. 1980년대에 이윤이 중요한 고려 사항이 되자 많은 국유 기업들이 기꺼이 농촌 기업들에 낡은 기계와 설비를 팔았으며, 하청으로 일을 주었다. 당시에는 그러한 하청 계약이 국유 기업이 값싼 농촌 노동을 사용할 수 있는 유일한 방법이었다. 그러나 1990년대에 도시의 시장 개혁이 대다수 공기업의 사유화와 대규모 사기업의 급속한 발전으로 이어지자 모든 것은 바뀌었다. 중국 공산당이 자본주의를 수용한 결과로 집체 기업, 가족 기업, 소규모 자본주의적 기업 등 소규모 농촌 기업들은 자본, 기술, 도시 및 해외시장에 더 잘 접근할 수 있는 훨씬 공격적인 도시 기업들(공기업 및 사기업)과의 경쟁에 직면하게 되었다. 또한 대규모 도시 기업들은 이전에는 농촌 기업들만 독점적으로 고용할 수 있었던 값싼 농촌 노동자들을 직접 고용할 수 있게 되었고, 이에 다수의 기업들이 노동 집약적 부문으로 진출하여 규모가 작은 농촌의 경쟁 기업들을 대체했다.

사유화와 쇠퇴

황야성의 서술에는 시기의 문제가 있다. 그가 주장한 '농촌 기업가들의 10년'은 경제 자유화의 일시적인 후퇴를 동반했던 톈안먼 시위에 뒤따른 정치적 억압으로 1989년에 끝났다. 1989년과 1991년 사이에 갖은 종류의 기업들은 (톈안먼 시위를 유발한 요소로 간주된 인플레이션을 억제하기 위해 실시된) 통화 긴축 정책의 영향을 받았으며, (최근에야 합법화된) 대규모 사기업들을 제한하기 위한 새로운 노력이 기울여졌다. 이 기간에 대규모 사기업 수는 줄어든 반면, 소규모 가족 기업 수는 1990년대 중반까지 꾸준히 늘어났다.

〈표 1〉의 수치에서 알 수 있듯이, 초기의 경제 자유화 후퇴로 타격을 받은 것은 대규모 사기업이지 가족 기업이 아니었다. 하지만 덩샤오핑의 남순(南巡)과 회사법 제정 이후 경제 자유화가 재개되자 가족 기업 수는 줄어들기 시작한 반면, 대규모 사기업의 수와 규모는 극적으로 증가하기 시작했다. 1990년대 후반에 농촌 기업 수는 감소했지만, 대규모 사기업의 상대적 비중은 상당히 늘어났다. 이는 집체 기업의 사유화와 사기업들 간의 자본 집중화에 따른 결과였다. 자본 집중화는 가족 기업과 대규모 사기업 양쪽 모두에서 일어났는데, 기업 수는 감소했지만 기업당 고용 노동자 수는 증가했다. 중국의 도시 지역에서도 훨씬 더 규모가 큰 기업들 간에 이와 비슷한 사유화와 자본 집중화 과정이 진행되었다.

황야성은 1990년대 중반 이후 농촌 경제의 급작스러운 쇠퇴가 도시 편향으로 촉발되었다고 좀 더 강력하게 입증할 수 있었음에도 도시 지역에 유리했던 가장 중요한 두 가지 정책 변화를 자신의 서술에서 제외한다. 첫 번째 정책 변화는 향진 기업의 대규모 사유화로, 이로 인해 향진 기업들은 노동, 신용, 계약, 시장 확보에서의 공적 지원, 토지의 무상 사용 등 그간 누려왔던 지방정부의 지원을 상당수 상실했다. 사유화는 농촌 산업 쇠퇴의 주요 원인이었으며, 일반적으로 정부가 농촌 산업 부문을 포기한 듯 보였다. 실제로 주룽지는 정부가 주로 농촌 지역에 위치한 소규모 공장 운영에서 벗어나 완전히 도시에만 기반을 둔 대규모 '전략' 기업에 집중하기를 원했다. 두 번째 정책 변화는 1996년에 일어난 갑작스럽고도 급격한 곡물 가격 하락으로, 이는 전체 농촌 경제에 타격을 입혔다. 이 곡물 가격 하락은 산업 구조조정의 결과로 도시 주민들이 겪고 있는 고통을 덜어주기 위해 정부가 시장에 수입 곡물을 대량으로 들여와 의도적으로 가격을 떨어뜨린 것이라고도 볼 수 있다. 황야성은 이 두 가지 정책 변화를 도시 편향이 농촌 쇠퇴를 낳았다는 주장의 핵심에 놓을 수 있음에도 불구하고 그러지 않았다. 이는 아마도 이 두 가지 정책 변화의 내용이 황야성의 자유 시장 테제와 잘 맞지 않기 때문일 것이다.

황야성이 중국 농촌에 피해를 준 병폐에 내린 진단은 분명 신고전파 경제학의 토대를 이루는 신화 가운데 하나인 경쟁 자본주의의 이상에 근거한 것이다. 이 가정에 따르면 자유경쟁은 소규모 기업가들이 자연스레 번성할 수 있는 공정한 경쟁의 장을 창출하며, 만약 소규모 기업가들이 밀려난다면 이는 평평해야 할 경기장을 일부 기업가들에게 유리하도록 기울인 국가의 잘못 때문이다. 하지만 현실은 이 가정과 상당히 다르다. 시장 경쟁에서 본질적으로 국가 개입의 요구가 없을 때는 그 소유가 집중된다. 승자는 패자를 밀어내고 자본을 축적하며, 시장을 차지하여 새로운 기업들이 진입하지 못하도록 방해한다. 국가는 종종 승자에게 유리하도록 이 과정을 촉진하기도 하지만, 약한 기업들을 보호하기 위해 이 과정을 억누를 수도 있다. 지난 200년간 자본주의가 세계 전역을 휩쓰는 동안 주된 패자는 농민과 소규모 농촌 기업가들이었다. 이들이 (일부 유럽과 동아시아 국가처럼) 몇몇 선진 자본주의 경제에서 살아남아 중요한 역할을 하게 된 것도 이들을 자본의 습격으로부터 보호한 국가의 개입 덕분이었다. 중국에서는 소규모 농촌 기업들이 1980년대에는 국가의 보호 아래 번성했지만, 1990년대에 이 보호 조치들이 철회된 후로는 손해를 입었다. 황야성의 "자유 시장은 농촌에 유리하고 국가 개입은 도시에 유리하다"라는 기저에 깔린 관념은 완전히 잘못되었다. 자유 시장은 도시에 유리하며, 국가 개입이 없다면 중국의 농촌 가족 기업 부문은 계속해서 쇠퇴할 것이다.

좋은 불평등과 나쁜 불평등

1989년에 경제사회학자 빅터 니(Victor Nee)는 사회주의 국가에서의 시장 개혁은 '재분배자(국가와 당 관료)'로부터 '직접 생산자'로 소득을 이전해 불평등을 감소시킬 것이라고 예측했다. 그는 농민들이 자신의 노동에 대하여 직접 보상받게 된 중국 농촌의 탈집단화를 검토하여 이 견해를 예증했으며, 나아가 이를 중국 전체와 모든 사회주의 국가에 적용 가능한 '시장 체계로의 이행'에 관한 일반 이론으로 가다듬었다.[4] 니의 논문은 자유 시장 이데올로기가 승리한 시점에 발표되어 곧바로 학계에서 논쟁의 중심이 되었다. 그러나 이로부터 10년이 지나 니의 낙관적인 예측과는 달리 중국과 기존 소비에트 진영 국가들에서 급속한 계급 양극화가 일어나자, 학자들은 다른 이론으로, 특히 시장 개혁은 (좋은) 인적 자본의 가치는 향상시키지만 (나쁜) 정치적 자본의 가치는 감소시킨다는 이론으로 옮아갔다. 그럼에도 불구하고 시장이 평등을 만들어내리라는 기대는 더 복잡하고 새로운 포스트-사회주의 역사 해석들에 계속해서 영향을 끼쳤다. 황야성의 해석은 그 가운데서 가장 독창적인 것에 속한다. 그러나 그의 기본 테제, 즉 1990년대 중국에서 일어난 엄청난 소득 불평등이 사기업에 대한 국가의 억압 때문이라는 주장은 실제 사실과 일치하지 않는다. 1980년대에는 거의 대부분의 도시 주민들이 국유 및 집체 부문에서 일했으며, 탈농한 농민들은 대부분 집체 기업에 고용되었다. 1990년대 말이 되자 주요 공공 부문은 여전히 남아 있었지만, 도시 지역과 농촌 지역 모두에서 사적 부문이 우위를 차지하게 되었다. 사실 1990년대의 소득 불평등은 공공 부문을 희생시킨 사적 부문의 급속한 확장과 더불어 증가했다.

　그러나 황야성의 주장은 다음과 같은 일말의 진실을 담고 있다. 1980년대에 사회적 불평등은 농촌의 소규모 가족 기업 발전을 촉진했던 정부 정책 덕에 어느 정도 제한되었는데, 1990년대 들어 정부 정책이 더 이상 이 기업들에 유리하지 않게 되면서 증가했다. 하지만 황야성의 주장에는 그가 두 가지 근본적으로 다른 종류의 사기업, 즉 가족 기업과 자본주의적 기업을 뒤섞고 있다는 데 문제점이 있

---

4) Victor Nee, "A Theory of Market Transition: From Redistribution to Markets in State Socialism", *American Sociological Review*, vol. 54, no. 5, 1989.

다.[5] 중국에서 1988년까지 금지되었던 자본주의적 기업은 1990년대에 급속히 성장했다. 중국에서의 불평등 증가에 대한 전형적인 마르크스주의적 분석은 다음과 같이 설명된다. 1980년대에 중국 경제는 대부분 국유 기업, 집체 기업, 가족 기업으로 구성되어 있었으며, 이 기업들은 모두 소득 불평등을 억제했다. 국유 부문과 집체 부문에서는 국가가 임금격차를 통제했고 상대적으로 임금격차가 발생하지 않도록 했으며, 가족 기업 부문에서는 소유권이 상대적으로 평등하게 분배되었다. 하지만 1990년대에 자본주의적 부문이 공공 부문과 가족 기업 부문을 희생시키며 확장하게 되자, 소유권은 소수의 손에 집중되었으며 임금격차는 급격히 늘어났고 소득 불평등도 증가했다.

황야성은 당연히 이를 다른 방식으로 설명한다. 그는 자유 시장 이데올로기에 입각한 단순한 가정에서 출발한다. 그에 따르면 소득 격차를 만들어내는 기제에는 좋은 것과 나쁜 것이 있다. 즉 시장 유인에서 발생한 불평등은 좋은 불평등이고 반(反)경쟁적인 특권에서 발생한 불평등은 나쁜 불평등이다. 황야성은 전반적으로 '좋은' 기제에서 생겨난 불평등의 기준을 미국으로 잡고, 중국의 지니계수(소득 불평등의 지표로 널리 사용되는 지수)가 1990년대 초반에 미국의 지니계수를 넘어섰다고 평가하는 학자들을 인용한다. 그는 "이 수치에 근거했을 때, 1980년대 [중국의] 지니계수 상승은 경제적 유인의 작동에 따른 것이지만, 1990년대 지니 계수 상승은 경제적 기회의 차단에서 비롯된 것이다"라고 주장한다.[6]

이러한 시각은 『중국 특색의 자본주의』 전체에 걸쳐 황야성의 분석에 영향을 끼치고 있다. 그는 국가로 인해 발생한 '나쁜' 불평등을 찾아내는 데는 능숙하지만 시장 기제로 인해 발생한 '좋은' 불평등에는 눈을 감는다. 예를 들어 이 책에서 가장 흥미로운 통계 가운데 하나인 〈표 2〉에서 황야성은 농촌 가구 가운데 2만

---

5) 가족 기업과 자본주의적 기업의 경제 논리는 근본적으로 다르다. 가족 기업은 가족노동에 의존하기 때문에 소비 창출을 그 주된 목표로 삼는다. 반면에 자본주의적 기업은 임노동에 의존하기 때문에 이윤 창출을 주된 목표로 삼는다.

6) Huang, *Capitalism with Chinese Characteristics*, p. 258.

표 2. 고용 활동에 따른 일일 소득 및 노동일

	1986~88년	1989~91년	1992~99년
A. 가족 기업 활동			
비농업 활동			
일일 소득(위안)	9.4	9.6	12.0
노동일	82.6	83.9	97.3
(사업 활동과 임노동의 총합에서 차지하는 비중)	(34.2퍼센트)	(36.1퍼센트)	(29.0퍼센트)
산업			
일일 소득(위안)	12.5	12.1	17.0
노동일	22.8	22.5	19.6
(비농업 활동에서 차지하는 비중)	(27.6퍼센트)	(26.8퍼센트)	(20.1퍼센트)
B. 임노동			
지역 내 고용			
일일 소득(위안)	9.0	10.3	6.0
노동일	86.9	71.0	143.4
(사업 활동과 임노동의 총합에서 차지하는 비중)	(36.0퍼센트)	(30.6퍼센트)	(42.7퍼센트)
이주 노동			
일일 소득(위안)	3.7	4.2	6.8
노동일	49.1	55.0	75.3
(사업 활동과 임노동의 총합에서 차지하는 비중)	(20.4퍼센트)	(23.7퍼센트)	(22.4퍼센트)

• Huang, *Capitalism with Chinese Characteristics*, p. 122.

가구를 표본으로 추출하여 1986년에서 1999년까지의 경제활동을 면밀히 조사했다. 그는 이 시기를 세 기간으로 나누어 각 농촌 가구가 자신의 사업 활동을 하는 데 쓴 시간과 임노동을 하는 데 쓴 시간을 비교하고 벌어들인 소득을 계산했다. 이를 살펴보면 마지막 세 번째 기간(1992~99년)에 농촌의 가족 구성원들이 임금보다는 자기 사업에서 더 많은 일일 소득을 얻었지만, 자신의 사업을 하는 데보다는 상대적으로 임노동에 더 많은 시간을 썼다. 실제로 이 기간에 가족의 사업에 들인 노동에 대한 보수는 36퍼센트 증가했지만, 지역 내 고용을 통해 번 임금은 33퍼센트 감소했다. 그럼에도 농촌의 가족 구성원들은 가족의 사업보다 임노동을 하는 데 더 많은 시간을 투여했다. 이에 근거하여 황야성은 1990년대에 농촌 가구들이 자기 사업을 벌이기가 더 힘들어졌으며, 그 대신 가족 구성원들이 임노동에 종사하게 되었다는 결론을 내린다. 그는 이것이 정부 정책의 결과였다고 추론하며, 이를 바탕으로 1990년대에 정부가 농촌 기업에 더 적대적이 되었다고 주장한다.

황야성이 이 표에서 발견한 것보다 발견하지 못한 것이 더 흥미로운데, 이는 그의 주요 테제와 상충된다. 사실 〈표 2〉의 수치들은 중국 농촌 내부에서 발생한 극적인 계급 양극화를 드러낸다. 1992년 이후 비(非)농업 활동에 종사하는 농촌 주민 수는 증가했는데, 자기 사업을 벌이는 사람의 비율은 줄어들었지만 이들은 더 많은 돈을 벌게 되었다. 반면에 임노동에 종사하는 비율은 증가했고 이들의 소득은 줄어들었다. (〈표 1〉의 통계에서 뚜렷이 드러나듯이) 일부 기업가들은 대규모 기업을 경영하게 되었고 더 많은 노동자들을 고용했으므로, 기업가들의 평균 소득은 증가했을 것이다. 1990년대의 친자본주의적 정책으로 인해 가장 성공한 기업가들은 자신의 사업을 확장할 수 있었지만, 경쟁력이 떨어졌던 기업가들은 밀려나서 임노동에 종사할 수밖에 없게 되었다.

〈표 2〉에서 가장 흥미로운 수치는 임금 하락과 관련한 부분이다. 지역 내에서 노동하는 농촌 주민들의 일일 평균임금은 1992년 이전에는 (1978년 가격으로) 평균 9~10위안이었는데, 1992년 이후에는 겨우 6위안에 불과했다. 이러한 임노동을 할 수 있는 일자리는 대부분 향진 기업이 제공했는데, 이 기업들은 대부분 1990년대 중반부터 사유화되기 시작했다. 지역 내 고용에서의 임금과 (주로 도시 지역에서의) 이주 노동 임금을 비교해보면 더 흥미롭다. 대부분의 학자들은

1990년대에 농민공들에게 도시 지역 일자리가 개방되면서 농민들이 커다란 이득을 보게 되었다고 가정한다. 하지만 황야성의 통계를 보면 상황은 정반대다. 농민들은 1990년대에 멀리 떨어져 있는 도시 지역 일자리보다 1980년대에 지역 내 농촌의 일자리에서 더 많은 임금을 받았다. 1980년대에 노동시장은 엄격히 통제되었으며, 대부분의 향진 기업은 농촌 주민들을 고용했고, 도시 지역의 국유 기업들은 도시 주민들에게 평생직장을 제공했다. 도시 지역 일자리는 임금도 더 많이 받고 혜택도 더 컸기 때문에 농민들이 이러한 일자리를 가질 수 없게 배제되었던 것은 확실히 불평등한 처사였다. 그러나 도시 기업의 특권적인 노동조건으로 인해 저임금의 농촌 기업들이 성장할 수 있었으며, 도시 기업이 상대적으로 높은 임금 상한을 책정해놓았기 때문에 농촌 기업들은 성공적으로 경쟁할 수 있었고 적당한 임금을 지불할 수 있었다. 1990년대에 노동시장이 개방되면서 농민공들이 도시 지역의 일자리를 놓고 경쟁할 수 있게 되었고, 동시에 중국의 도시에서 자본주의적 전환이 일어나면서 도시 기업들은 노동비용을 낮추기 위해 경쟁해야 했다. 그 결과는 바닥으로의 경주였다. 도시에 취직한 농민공들은 자기 마을의 집체 기업에서 벌던 것보다 더 못한 임금을 받게 되었고, 다수의 농촌 집체 기업들은 문을 닫았다.

시장 개혁이 시작되기 전인 1978년에 지니계수로 측정한 중국의 소득 불평등은 세계에서 가장 낮은 수준이었지만, 30년이 지난 지금에는 세계에서 가장 높은 수준이다. 현재의 지니계수가 나타나게 된 것은 농촌-도시 간의 소득 격차, 지역 간 소득 격차, 지역 내 소득 격차라는 세 가지 주요 요인 때문이라고 할 수 있다. 이 세 가지 격차는 특히 1990년대에 중국이 자본주의로 선회한 후 크게 증가했다. 계급 차별이 핵심 요소라는 점에서 친자본주의적 시장 개혁의 과실은 지역 내 소득 격차에서 가장 명확히 드러나며, 자본주의적 전환은 농촌-도시 간 격차와 지역 간 격차도 악화시켰다. 마오 시기에 국가는 중국의 연해 지역에서 내륙 지역으로 산업 생산능력을 이전하려는 특별한 조치를 취했으며, 지역 및 지방의 자력갱생을 장려했다. 많은 발전경제학자들은 이 정책 목표들을 경제적으로 비효율적이라고 비웃었다. 하지만 이 정책들의 뒷받침 덕에 1970년대에 많은 향진 기업들이 생겨날 수 있었으며, 모든 농촌의 인민공사에서 소규모 공장 건설이 장려되었다. 그 결과 중국의 산업은 (당시에도 더 발전된 지역으로 쏠려 있기는 했지만) 오늘날보다는 훨씬 더 중국 전역에 걸쳐 균등하게 분포되었다. 이 유산은 1980년대에 명확히 드러났는데, 국내 교역과 국제무역이 제한된 상태에서 많은 농촌 산업체들이 지역 및 지방 시장에 제품을 공급했다. 그러나 더 철저한 시장 개혁이 진행되면서 국내 교역 및 국제무역과 투자에 대한 장애물이 제거되자 자본은 더 급속히 발전하고 있던 주요 도시와 연해 지역으로 흘러들어갔다. 외국인 투자에 대한 세금 감면과 정부의 수출 지향적 산업 육성 등의 국가정책으로 이 과정은 더 악화되었다. 하지만 이 과정을 악화시킨 주된 요인은 대기업들이 누리던 비교우위 및 주요 도시와 연해 지역이 누리던 지리적 이점이었다.

사라진 국가의 복지 제공

황야성은 '도시 위주의 10년'이었던 1990년대의 도시 편향이 끼친 피해를 강조하기 위해 중국 농촌에서의 보건과 교육 지표의 하락에 관해 책에서 상당한 부분을 할애하여 설명하고 있다. 그러나 이에 관한 그의 주장은 더 문제가 있다. 그가 마오 시기에 기초 교육과 의료보장이 최소 비용으로 거의 모든 농촌에서 광범위하게 이뤄졌으며, 상당한 성과를 거두었다고 인정한 것은 칭찬할 만하다.[7] 그러나 그는 교묘하게도 몇 문장만으로 1980년대를 건너뛰고는 1990년대에 도시 지향적이었던 장쩌민과 주룽지 체제가 농촌의 요구를 무시했기 때문에 농촌의 문해율과 보건 지표가 하락했다고 주장한다. 사실 농촌의 교육과 의료보장 시스템

---

7) 하지만 마오 시기에 교육과 의료 서비스 분배는 근본적으로 불공평했다. 도시에서는 국가가 교육과 의료보장을 제공했으며 그 질도 우월했던 반면, 농촌에서는 농촌 공동체가 그 비용의 상당 부분을 부담했고 그 질도 떨어졌다.

이 크게 악화된 것은 1980년대다. 1978년부터 1983년 사이에 중국 공산당 지도부는 마오쩌둥이 기초 교육에 너무 많은 역점을 두었다고 생각하여 수만 개의 농촌 학교를 폐쇄하고 엘리트 교육에 자원을 투입했는데, 이로 인해 초·중등학교의 재학생 수가 급격히 감소했다. 특히 황야성이 영웅으로 여기는 자오쯔양과 완리는 농촌 의료보장 시스템 붕괴에 더 큰 책임이 있는데, 이는 이들이 농민들의 의료보장을 책임지던 농촌의 집체 시스템 해체를 주도했기 때문이다. 1978년과 1984년 사이에 농촌 공동체와 협동 의료 시스템은 해체되었고 (농촌 공동체가 고용했던) '맨발의 의사들'은 개인 병원을 열거나 다른 일자리를 찾아야 했다. 자오쯔양과 완리는 농민 기업을 옹호했지만, 시장화의 열렬한 지지자로서 공동체와 국가 제도가 제공하는 사회적 재화에는 거의 관심을 기울이지 않았다.

장쩌민과 주룽지가 권력을 잡았던 1990년대에 농촌의 의료보장 시스템은 이미 망가져 있었다. 이들이 한 것은 도시로 시장 개혁을 확장하여 집체 및 국유 기업의 노동자들에게 기본적인 의료보장과 의료보험을 제공하던 '단웨이'(單位) 체제를 해체한 것이다. 이 점에서 장쩌민과 주룽지는 도시 주민들이 의지하던 의료보험 시스템을 파괴하여 실제로는 농촌과 도시 간 불평등을 감소시켰다. 동시에 영리화와 부패로 (교육비와 마찬가지로) 의료비는 급증했으며, 농촌과 도시의 빈민들은 큰 타격을 입었다.

1980년대와 1990년대에 시장 개혁을 실행하면서 중국 지도부는 의료보장이 규정된 집체 및 국가 제도들을 해체했다가 겨우 최근이 되어서야 진지하게 새로운 의료보험 시스템을 만들어 나가기 시작했다. 하지만 지금까지도 의료보험의 혜택과 범위는 특히 농촌 지역에서 제한적이다. 황야성은 국가가 더 많은 의료보장을 제공해야 한다고 목소리를 높이면서 무자비한 자유방임 정책에는 반대 입장을 취한다. 그러나 그의 분석에서 황야성은 책임 소재도 잘못 짚고 있을 뿐만 아니라 문제의 원인도 잘못 진단하고 있다. 의료보장 시스템의 기반을 무너뜨린 것은 도시 편향이 아니라 시장 개혁이었다.

황야성의 분석이 지닌 결점은 국가로 인해 발생한 문제점들을 시장이 해결할 수 있다는 그의 이데올로기적 접근과 명백히 관련이 있다. 시장은 '좋은' 불평등을 만들어내고 국가는 '나쁜' 불평등을 만들어낸다는 논리의 연장선에서 황야성은 1990년대 불평등 증가의 원인을 분석하면서 정치적으로 발생한 특권과 부패에 초점을 맞춘다. 그의 설명에 따르면 1990년대 '국가 주도' 지향이 정실 자본주의 시스템을 만들어낸 것이 근본적인 문제이며, 그 해법은 더 철저한 경제 사유화다. 실제로 오늘날 중국에서 부패는 만연하며, '정실 자본주의'라는 용어도 타당하다. 공기업들이 사유화될 때 대부분은 내부자들에게 팔렸으며, 가장 성공적인 사기업들도 다수는 연줄이 좋은 전직 관료들이 세운 것이고, 공기업이든 사기업이든 모두 일상적으로 관료들의 환심을 사기 위해 꼴사나운 일에 매달려야 한다. 그러나 이것이 국가의 경제 개입이 문제이며 사유화가 해법이라는 논리로 이어지는 것은 문제가 있다.

지난 30년간 부패와 사유화는 동시에 증가해왔다. 국가 소유와 집체 소유가 압도적이었던 마오 시기에 부패는 정치적·행정적 방법을 통해 효과적으로 통제되었으며, 실제로 사적 부(富)를 축적할 수 있는 사람은 없었다. 1980년대에 부패와 사유화는 나란히 증가했지만, 그 증가 폭은 그리 크지 않았다. 당시에 국가는 지금보다 훨씬 더 깊숙이 경제에 관여했으며, 이는 도시 지역이든 농촌 지역이든 마찬가지였다. 황야성이 그렇게 한탄하는 오늘날 중국 도시 지역에서의 정치적 관계가 1980년대의 농촌 경제에서는 아주 흔한 일이었다. 농촌 관료들이 향진 기업을 운영했고, 당 간부와 그 가족 친지들이 사업을 벌이기 시작했으며, 그들보다 출신 성분이 좋지 않지만 성공한 기업가들도 관료들과 끈을 만들기 위해 애썼다. 그러나 국유 기업 및 집체 기업의 관리자들은 공민의 의무를 지켜야 했고, 행정적·공적 감독 아래 기업을 운영해야 했으며, 이로 인해 이들의 부정행위는 억제되었다. 오늘날과 같은 정도로 부패하게 된 것은 경제 대부분이 사유화된 1990년대에 이르러서였다. 사유화로 인해 공민의 의무는 노골적인 이윤 추구로 대체되었으며, 이는 더 많은 부패로 이어졌다.

보호받는 자본

중국의 농촌은 수억 인민들의 고향이며, 여전히 농민들의 생계유지를 위한 생산과 소규모 기업들의 영역으로 남아 있다. 1990년대의 자본주의적 전환으로 대규모 자본주의적 기업들이 공업, 운송업, 상업, 심지어는 농업에 이르기까지 농민들이 의존해오던 기업 활동 분야를 서서히 잠식해 들어오게 되자 농민들과 소규모 농촌 기업들은 거대한 압력을 받게 되었다. 현재 점점 더 많은 농촌 가구들이 적어도 어느 정도는 임노동으로 받는 소득에 의존하게 되었으며, 많은 농민들이 일자리를 구하기 위해 멀리 떨어진 지방으로 이주하고 있다. 공식 추계치에 따르면, 현재 농민공들은 1억 3천만 명이 넘는다고 한다.

2002년 중국 공산당 제16차 당대회에서 권력을 잡게 된 후진타오(胡錦濤)와 원자바오(溫家寶) 정부는 급진적인 시장 개혁으로 발생한 사회적 혼란과 대중 저항을 염려하여 중국 농촌의 사회적 조건을 개선하기 위한 여러 조치를 취해왔다. 무엇보다도 농업세가 폐지되었고, 곡물 보조금을 인상했으며, 농촌 기반 시설에 대한 국가투자도 확대되었고, 정부의 보건과 교육 지출도 증가했다. 게다가 2008년 제정된 노동계약법은 농민공들의 임금과 복리 후생 개선 요구를 담고 있었으며, 대기업들이 10년 넘게 일해온 노동자들에게 종신 고용을 제공하도록 했다. 다른 한편 정부는 대규모 기업식 농업의 발전을 촉진하려는 명확한 목적을 가지고 토지 임대 제한 조치들을 완화했다. 이 정책들은 모두 논란을 불러일으켰으며, 그 정책의 실행을 놓고 오랜 기간 논쟁이 지속되었다. 고용주들은 노동법 시행을 지연시켰으며, 특히 수출 지향적인 제조업체들은 새로운 노동계약법으로 세계시장에서 자신들의 경쟁력이 떨어질 것이라며 소리 높여 불만을 표시했다. 농민을 옹호하는 사람들은 농지의 장기 임대를 반대했으며, 농지 장기 임대가 수많은 토지 없는 농민들을 만들어낼 것이라고 주장했다.

이러한 논란거리의 중심에 있는 문제는 "국가가 자본으로부터 노동자들과 소규모 기업가들을 보호해야 하는가? 아니면 그러한 보호 조치들을 철폐하여 대기업들의 이익을 증진시켜야 하는가?'다. 여기에서는 황야성이 이 문제에서 어느 입장에 서 있는가를 살펴보는 것이 유익할 것이다. 황야성은 자칭 대기업이든 소기업이든 상관없이 중국의 모든 토착 사기업을 옹호한다. 하지만 앞에서 지적했듯이 그는 소규모 가족 기업과 대규모 자본주의적 기업을 개념적으로 구분하지 않는다. 한편으로 소규모 농촌 기업가들은 이 책의 주인공이다. 황야성은 그 가운데서도 가장 가난하고 허약한 기업에 초점을 두고, 중국에서 국가가 가장 무시하고 가장 덜 통제하던 빈곤 지역과 빈곤 계층에서 기업 활동이 특히 활발했다고 주장한다. 다른 한편으로 황야성은 수십억 위안의 가치를 지닌 기업을 세운 부유한 개인 기업가들을 자신의 영웅에 포함한다. 그가 소규모 농촌 기업가들의 기업가 정신을 찬양하고 그것이 쇠퇴하게 된 것을 한탄하는 데 책의 많은 부분을 할애하고 있지만, 한편으로는 중국이 "사적 부문 기업들의 확장과 협력 발전을 방해하는 기업에 적대적인 환경"을 없애서 보다 능력 있고 정교하며 기술적으로 진보하여 경쟁력을 갖춘 자본주의적 부문을 만들기 위해 노력해야 한다고 주장한다.[8] 궁극적으로 그의 처방은 결국 중국의 사기업 부문을 발전시키기 위한 일관된 계획이다.

황야성은 전반적으로 '정부 개입 축소'와 경제정책에서의 '자유화의 심화'가 필요하다고 주장하고 있으며, 그의 주된 실제 관심사는 국가 부문의 규모를 더 줄이고 국유 기업이 누리고 있는 남은 특권들을 제거하는 것이다. 그는 또한 교역과 투자에서 단일한 전국 시장을 만드는 데 남아 있는 장애물들을 제거하여 중국 기업들을 외국 기업들과 성공적으로 경쟁할 수 있을 정도로 발전시켜야 한다고 주장한다. 그러나 황야성이 시장 근본주의자는 아니다. 실제로 그는 이전부터 외국자본으로부터 토착 기업들을 보호해왔던 일부 시장 규제는 찬성하고 있다. 그는 중국의 세계무역기구(WTO) 가입을 지지하지도 않았으며, 특히 외국인 투자와 관련하여 중국 시장을 보호하는 것이 유용하다고 봤다. 그는 외국인 직접

---

8) Huang, *Capitalism with Chinese Characteristics*, p. 292.

투자를 장려하겠다는 중국 공산당의 결정에 비판적이며, 그의 책에서는 중국의 자본시장 개방과 위안화 자유 태환(兌換) 허용 같은 익숙한 서구의 요구를 찾아볼 수 없다.[9] 황야성이 찬성하는 일부 국내 자본 보호 정책은 대기업과 소기업을 막론하고 다양한 중국 기업들에 확실히 유리한 것들이다.

황야성은 외국자본으로부터 모든 중국 기업들을 보호해야 한다고 여기지만, 국내 자본으로부터 작은 기업들을 보호하기 위한 시장 규제는 별로 필요가 없다고 생각한다. 그는 사기업이 7명 이상을 고용하지 못하도록 한 금지규정이 철폐된 데는 눈물을 흘리지 않는다. 1980년대에 이 규제 조치로 많은 분야에서 소규모 가족 기업들이 활동할 수 있었는데, 만약 이 금지규정이 없었다면 이 분야들은 대기업들이 차지했을 것이다. 또한 그는 정부가 노동자들의 일자리를 보호하거나 노동조건에 간섭할 필요가 없다고 믿고 있으며, 특히 2007년의 노동계약법도 비판했다. (불행히도 중국의 노동 관련 법률들이 대부분 시행되지 못했는데) 만약 그 법이 시행되었다면, 급증하던 농민공들을 포함하여 임노동자들의 협상력이 커졌을 것이고, (소기업들이 이 법의 요건에서 제외되었기 때문에) 소기업들의 경쟁력도 강화되어 자신의 것을 지키기 위해 대기업과 맞설 수 있었을 것이다. 그러나 황야성은 이 법이 "경제에 큰 피해를 끼칠 것"이라고 염려했다. 그는 책에서 이 법으로 노동시장이 경직되어 "창업하려는 기업가들의 유인을 떨어뜨릴 것이며, 국내 기업들이 베트남이나 인도 같은 나라로 떠날 것"이라고 주장한다.[10]

오늘날 농촌 가족경제의 장기 생존력에 가장 큰 위협이 되는 것은 농지 집중과 대규모 농업 기업을 발전시키려는 노력이다. 1978년에 농촌 공동체가 해체된 후 토지는 마을의 소유로 남아 있었으며, 마을의 가구들에 동등하게 분배되었고, 토지 집중을 막고 토지 없는 사람들이 생기지 않도록 토지의 판매 및 임대는 엄격히 통제되었다. 비록 여러 해에 걸쳐 이러한 제한 조치들이 완화되었지만, 소농

---

9) 황야성은 전작에서 이 주제들에 대해 다루고 있다. *Selling China: Foreign Direct Investment during the Reform Era*, Cambridge 2003.

10) Huang, *Capitalism with Chinese Characteristics*, p. 297.

경제의 핵심 토대인 농촌 가구의 토지 사용권은 계속해서 보호되었다. 그러나 최근 몇 년간 자유 시장 옹호자들은 농지 사유화를 밀어붙여왔다. 이들은 자신들이 농민들의 권리, 즉 명확히 정의된 개인의 소유권을 옹호하며 농민들의 소득 증진에 관심이 있다고 주장하지만, 한편으로는 노골적으로 사유화가 농지 집중을 위해 필요하며 더 규모가 크고 효율적인 농업 기업을 발전시킬 것이라고 주장한다.

한편 국가는 실험적으로 농업 기업의 농지 임대를 허가해주었으며, 아마도 개인의 토지 장기 사용권 양도를 허용할지도 모르는데, 이는 **사실상** 사유화의 결과를 가져오게 될 것이다. 중국 공산당 지도부는 이 문제와 관련하여 개인으로의 농지 집중을 찬성하는 쪽과 농지 집중으로 농민들이 생존 수단을 상실하여 사회 불안정을 낳을 것이라고 경고하는 쪽으로 양분되어 있다. 이 문제에 대한 황야성의 입장은 무엇인가? 그가 비록 농민들의 토지를 도시 개발 프로젝트에 이용하는 부패한 관료들을 비난하기는 하지만, 이 책에서는 사유화와 농지 집중의 문제를 피해간다. 하지만 그는 다른 글에서 농업 기업을 발전시키기를 원하는 이들의 구호인 "농민들에게 전면적인 토지 사용권 거래를 승인해줄 것"을 주장했다.[11]

중국의 토착 자본 부문의 확장에 우호적인 조건을 창출하려는 황야성의 계획은 자급 농업, 소기업, 임노동에 모두 매달려 살아가는 대다수 농민들에게 어떤 위안도 가져다주지 못할 것이다. 자본주의적 기업의 발전을 촉진하기 위해서 황야성은 임금을 낮게 유지하고 고용 유연화를 모색해야 한다고 하지만, 이는 외지로 일하러 나간 구성원들의 소득에 의존하고 있는 농촌 가족들을 계속해서 압박할 것이다. 더욱이 자본주의적 부문은 소규모 기업들을 희생시켜 확장하고 있기 때문에 그의 계획은 더 많은 농촌의 가족 기업들을 파산으로 몰아갈 것이다. 이는 중국 농촌의 빈민들을 구원해줄 처방이라 보기는 힘들다.

황야성의 책은 오늘날 중국 사회에서 벌어지고 있는 일들에 대한 일반적인 이

---

11) Huang, "China's rise relied on a rural miracle. So does its future", *Guardian* blog, 17 May 2009. 또한 黃亞生, 「農村改革的未竟之業」, FT 中文網, 2009年 8月 18日 참조.

해, 즉 부유하고 부패한 관료들이 열심히 일하는 대중 위에 군림하고 있다는 것을 정교한 통계적 분석으로 확증했기 때문에 인기를 끌었다. 이러한 이해가 전적으로 잘못된 것은 아니다. 부패는 만연했고, 당과 국가 관료들은 대부분의 인민들이 생존을 위해 발버둥치는 동안 자기 주머니를 채우고 있다. 그러나 가장 큰 문제는 이 관료들이 점점 더 강력한 자본주의적 기업들이 노동자들과 자기보다 규모가 작은 경쟁자들을 짓밟도록 놔두고 있다는 것이다. 이 기업들을 위해 규제를 완화하자는 황야성의 권고는 상황을 더 악화시킬 것이 분명하다.

[하남석 옮김]

임금 없는 삶

마이클 데닝(Michael Denning)

자본주의 아래서 착취받는 것보다 더 나쁜 유일한 것은 착취받지 못하는 것이다. 임금노동 경제가 시작된 이래 토지, 도구, 생계 수단을 박탈당한 사람들에게 임금 없는 삶은 재앙이었다. 일(work)로부터 추방됨으로써 임금을 받지 못하는 사람들은 과학에조차 보이지 않는 존재였다. 카를 마르크스가 고전경제학(political economy) 비판의 초기 공식에서 표명했듯이 이 분과는 "실업 상태에 있는 노동자들을 인정하지 않는다." 악당, 사기꾼, 거지, 실업자, 굶는 자, 비참한 노역 수형자—이러한 사람들은 고전경제학에는 존재하지 않는 사람들이었으며 오직 의사, 판사, 묏자리 파는 사람, 집달리 같은 사람들의 눈에만 존재하는 자들이었다.[1] 이 시절에 마르크스주의—그의 비판의 대상보다 더 자주 정치경제학의

---

1) Karl Marx and Friedrich Engles, *Collected Works*, New York(MECW), vol. 3, p. 284. 이 글은 원래 예일 대학의 지구화와 문화에 관한 연구의 일부분으로 쓰였다. 나는 그들의 제안과 비판에 대해

전형으로 간주되었던―와 노동에 기초한 그 밖의 분석들은 동일한 반대에 직면했다. 임금노동에 기초한 이해는, 우리가 알고 있듯이, 세계 인구 가운데 대부분을 차지하는 비참한 상태에 놓인 사람들이 살고 있는 현실을 설명할 수 없다. 임금 없는 그들, 정말 임금에 대한 희망조차 없는 그들 말이다. 벌거벗겨진 삶, 헛되게 낭비된 삶, 한 번 사용되고 버려지는 삶, 위태로운 삶, 잉여의 삶 말이다. 이러한 표현들은 지구를 뒤덮은 슬럼 거주자들을 묘사하기 위해 사용된 말들이다. 우리가 설명하고자 하는 가장 특징적인 사람은 노동 착취 작업장(sweatshop)의 어린이가 아니라 거리에서 때로는 약탈자가, 때로는 그 희생자가 되는 어린이다.

이러한 상황에 직면해서 임금 없는 자들에 대한 고전적인 마르크스주의적 명칭들―노동의 산업예비군 또는 룸펜프롤레타리아트―가운데 그 어느 것도 적절해 보이지 않는다. 어떤 사람들에게는 오직 시민권과 그것으로부터의 배제에 관한 이론 또는 권리와 그것의 부재에 대한 이론만이 이러한 현실을 잡아낼 수 있을 것이다. 노동에 관해 언급하는 것은 이미 선거권을 부여받은 사람들에 관해 말하는 것일 뿐이다. 또 어떤 사람들은 생체 정치(biopolitics)나 벌거벗겨진 존재의 네크로폴리틱스(necro-politics)로 관심을 돌려왔다. 이러한 대안들 가운데 그 어떤 것도 설득력이 없다. 불법체류자들(sans-papiers)의 세계에서 정치적 시민권뿐만 아니라 사회적이고 문화적인 통합을 향한 투쟁이 매우 중요함에도 불구하고, 시민권과 인권에 대한 이론적 투쟁은 또한 종종 주권에 대한 환상에 사로잡혀 있다. 다른 측면에서, 삶과 죽음에 대한 수사는 종종, 불행히도 예외 또는 긴급 상태를 정상성의 상태 안에 있는 것으로 파악함으로써 잘못된 직접성을 보이게 된다. 반복적으로 벌거벗겨진 삶과 잉여의 삶에 대해서 말하는 것은 우리로 하여금, 단지 국가와 시장에서 그런 것만이 아니라 정말 일회용 소모품과 같은 사람들이 존재한다고 상상하게 이끌 수 있다.

더욱이 벌거벗겨진 삶에 실제적인 행위가 없는 것은 아니다. 내가 믿기로는,

다른 참여자들 그리고 2006년 2월 22에 발표된 초고에 대하여 남아프리카공화국의 위트워터스란드(Witwatersrand) 대학에서 있었던 아실 음벰베(Achille Mbembe)의 조언에 감사하고 싶다.

자본주의적 명령 아래의 생존과 생계에 관한 중요한 설명은 자본의 축적으로부터 시작해서는 안 되며 그것의 반대편인 노동의 축적으로부터 시작해야 한다. 그것들은 변증법적으로 같은 것이다. 마르크스가 언급했듯이, "자본의 축적은 따라서 프롤레타리아의 양산이다."[2] 그러나 자본의 관점으로부터 이 문제에 접근하는 것은, 헤겔과 마르크스가 어디선가 언급했듯이, 일면적이다. 정치경제학에 대한 수많은 우리 시대의 비판은 이러한 불균형을 지적했다. 마이클 레보위츠(Michael Lebowitz)는 자본에 관한 마르크스의 책은 임금노동에 관한 책에 의해 보완될 예정이었다고 주장했다. 『자본의 한계』에서 데이비드 하비(David Harvey)는 "노동력의 생산과 재생산을 통제하는 과정에 관한 어떤 체계적 연구도 착수하지 못한 마르크스의 상당히 놀라운 실패"를 "마르크스 자신의 이론 안의 모든 공백들에서 가장 심각한 것 가운데 하나"로 묘사했다.[3]

여기에서 나는 임금노동에 관해 유사한 전환이 필요하다고 제안할 것이다. 임금 없는 삶은 거의 언제나 결핍의 상황, 배제의 공간으로, 즉 비고용, 비공식적인 것으로 파악되어왔다. 나는 이러한 의미론적 문제를 해결했다고 주장하지는 않는다. 내 자신의 작업상의 어휘—임금 없는—는 하나의 병치 구조다. 그러나 우리는 자본주의 아래 삶의 개념에서 임금노동을 탈중심화해야 한다고 주장하려 한다. 임금에 대한 물신숭배는 자유와 평등에 대한 자본주의적 이데올로기의 근원인 것이 당연하지만, 고용계약이 자본주의의 기초가 형성되는 순간은 아니다. 자본주의는 일의 제공이 아니라 생계 수단을 벌어야 한다는 강제 명령으로부터 시작하기 때문이다. 화폐 세금과 지대의 강제에 뒤이은 강탈과 몰수, 그런 생각은 '자유로운 노동'에 대한 목가적인 환상일 뿐이다. 근대적 해방의 드문 순간들에서 (노예 상태, 농노제 그리고 강제된 노동의 다른 형태들로부터) 해방된 노동은 임금노동자가 되기를 선택한 적이 없다. 애덤 스미스가 언급했듯이 "하나의

---

2) Karl Marx, *Capital*, vol. 1, Harmondsworth 1976, p. 764.

3) Michael Lebowitz, *Beyond Capital: Marx's Political Economy of the Working Class*, New York 2003; David Harvey, *The Limits to Capital*, Chicago 1982, p. 163.

물건을 다른 물건과 교환하는 다양한 형태의 물물교환에 대한 성향"은 있을 수도 있지만, 직업(job)을 향한 성향은 분명히 없다.

그 위에 재생산의 상부구조가 세워지는 생산의 기초로서 생활임금을 버는 공장노동자를 바라보는 대신, 강탈당한 프롤레타리아트 가정을 생존 노동의 임금 없는 기초—음식 준비, 청소, 돌봄의 '여성 노동'—로 상상해보라. 그러한 임금 없는 생존의 기초는 그들 자신의 임금 경제(wage economy)의 대사들이며 인질이기도 한, 임금 획득을 원하는 이주자의 상부구조를 지탱해준다. 이러한 이주는 거리와 기간 면에서 짧을 수 있다. 공동 다세대주택으로부터 공장까지, 아파트 단지에서 사무실까지 일상적인 시내 전차 또는 버스 이용, 이것은 흔히 '커뮤팅'이라고 불리게 될 것이다. 이주는 몇 년 동안 송금과 전화 통화만으로 연결되는, 비행기를 타고 가야 하는 이주의 근본적 분리뿐만 아니라 증기선, 철도, 자동차를 통해 매년 전 세계를 돌아다니는 프롤레타리아리아적 계절 노동자들까지 확장될 수 있다. 역사적으로나 개념적으로 실업은 고용에 앞서며, 비공식 경제는 공식 경제에 앞선다. 우리는 '프롤레타리아'는 '임금노동자'의 동의어가 아니며 강탈, 몰수, 시장에 대한 근원적 종속과 동의어임을 주장해야만 한다. 당신은 프롤레타리아가 되기 위해서 직업을 필요로 하지 않는다. 임금노동이 아니라 임금 없는 삶이 자유 시장을 이해하는 출발점이다.

실업의 출현

이 글에서 나는 임금 없는 삶에 이름을 붙이고 그것을 규제하기를 추구했을 뿐만 아니라 자본주의적 제국주의의 중심과 주변부에서 그것의 개념에 대한 극적인 분리선을 그었던 지난 세기의 두 가지 중요한 표상에 대한 계보학을 제시함으로써 그것의 특징을 살펴볼 것이다. 그것은 실업과 비공식 부문의 모습이다. 전자는 북대서양의 산업자본주의 체제들을 사로잡았던 거대한 경제위기 중에 고안되어 식민지 영토들을 가로질러 퍼져 나갔던 20세기 사회민주주의의 핵심적 비유다. 이것은 이전의 가난하고 게으르고 위험한 자들의 개념이 차지했던 자리를 대체했으며, 다음 세기를 통해, 특히 대규모 실업의 순간(1930년대 대공황과 1970년대 대공황)에 국가와 대중적 담론의 중요한 부분을 차지하게 되었다. 다른 한편 '비공식 부문'이라는 용어는 1970년 초 새롭게 독립한 제3세계의 임금 없는 삶을 사는 대중을 가리키는 말로 고안되었다. 이 용어는 고용과 실업 범주 모두를 벗어나는 듯 보였다. 이것은 또한 이전의 개념—아마도 가장 잘 알려진 것은 프란츠 파농(Frantz Fanon)의 『대지의 저주받은 사람들』(*The Wretched of the Earth*)에서 제시된 룸펜프롤레타리아트라는 개념일 것이다—을 대체했고 계속해서 공식·비공식 담론의 부분을 형성해왔다.

낡은 제도사에서는 아마 복지국가는 실업에 대응하기 위해 만들어졌다고 말할 것이다. 실업자들의 유령은, 빅토리아 시대 만화가인 톰 메리(Tom Merry)가 그린 「실업자들의 만남」(The Meeting of the Unemployed)에서 도로시어 레인지(Dorothea Lange)의 「하얀 천사들의 식량 배급 줄」(White Angel Breadline)까지, 아이콘을 통해 삽화가들과 사진작가들이 일의 부재로 표현하려고 노력했던 것처럼, 모든 불황 및 경기후퇴와 함께 되돌아왔다. 그러나 더 최근의 생체 정치적 역사에서는 [19세기 말에] 출현한 사회국가가 노동 내의 시장을 정상화하고 관리하는 과정에서 실업을 발명해냈다고 제안한다.[4] 단어 자체가 [실업이라는 단어로 표현된] 현상이 1880년대와 1890년대 긴 경제적 후퇴기에 국가 지식 생산의 목표가 되었을 때 출현했다. 이 용어는 매사추세츠 노동통계국의 캐

---

[4] 실업에 대한 생체 정치적 독해는 어떤 면에서는 대규모 실업의 세 번째 물결에 의해 촉발된 지적 봉기의 산물이다. 두 개의 중요한 저작은 모두 1986년에 나왔다. Robert Salais, *L'invention du chomage: histoire et transformations d'une categories en France des années 1890 aux années 1980*, Paris 1986; Alexander Keyssar, *Out of Work: The First Century of Unemployment in Massachusetts*, Cambridge 1986. 또한 Christian Topalov, *Naissance du chômeur: 1880-1910*, Paris 1994. 이 저작에 근거한 보다 최근의 연구는 William Walters, *Unemployment and Government: Genealogy of the Social*, Cambridge 2000.

럴 라이트(Carroll D. Wright)가 실업자 수를 집계하려고 시도했을 때인 1887년에 영어에 처음 등장했다. 이러한 시도는 근대국가의 중심이 되고, 뒤이은 10년 동안 흔하게 사용되는 통계적 실천을 촉발했다. 가장 이른 시기의 이론적 논의이며 1895년에 출판된 논문인 자유주의 경제학자(제국주의에 대한 영향력 있는 분석으로 가장 잘 알려진) 홉슨(J. A. Hobson)의 「실업의 의미와 측정」(The Meaning and Measure of Unemployment)은 한 세기 동안 논쟁의 중심이 될 의제를 제시했다. 어떻게 그것을 정의하고 측정하는가? 실업자를 가리키는 프랑스어 단어인 chomeur도 비슷한 시기에 생겨났으며, 이에 해당하는 독일어 단어인 Arbeitslosigkeit도 1890년대 이전에는 거의 사용되지 않았다. 실제로, 여전히 기준이 되는 저작인 『역사 속의 실업』(Unemployment in History)의 저자인 존 개러티(John Garraty)는 마르크스 자신도 이 표현을 사용하지 않았다고 언급했다. 앞에서 인용된 1844년 수고로부터의 구절들에서뿐만 아니라 『자본』(Das Kapital)에서도 마르크스는 우리 시대 용어로 실업자에 해당하는 die Arbeitslosen보다는 die Unbeschaftigen—바쁘지 않다는 뜻이며, 한 영어 번역에서는 비어 있는(unoccupied)이라고 번역되었다—을 사용하고 있다.[5]

실업의 근대적 개념은 고용의 정상화(normalization), 노동시장에의 참여가 정상이 되는 복잡한 과정에 의존했다. 고용주가 규칙을 제정하자 노동자들은 통상적인 관행을 주장했으며, 법원, 입법기관, 공장 감독관들이 기준을 제시했다. 마르크스는 "표준적인 노동일(ein Normalarbeitstag)의 창출"은 "따라서 다소간 가장된 형태로 드러난, 오랫동안의 자본가계급과 노동자계급 간 내전의 산물"이라고 주장했다. 정말 그는 '양도 불가능한 인간의 권리'의 젠체하는 목록에 법률적으로 제한된 노동일이라는 겸손한 마그나 카르타가 들어왔다고 주장했다.[6]

고용의 정상화는 최소한 세 가지 의미에서 실업의 정상화를 가능하게 했다. 첫

---

5) John Garraty, *Unemployment in History*, New York 1978, pp. 109, 4; J. A. Hobson, "The Meaning and Measure of 'Unemployment'", *Contemporary Review* 67, March 1895.

6) Karl Marx, *Captial*, pp. 301, 307.

째, 실업자가 된다는 것은 자신의 통상적인 고용을 상실한다는 것—그리고 정말로 첫 번째 실업 보호의 형태는 조합원들에게 실업수당을 제공함으로써 현 임금률을 유지하기 위해 노력했던 노동조합으로부터 나왔다. 윌리엄 월터스(William Walters)는 실업과 정부에 대한 논의에서 "'실직' 상태는 실제로 노동조합주의에 의해 발명된 것이다"라고 주장하고 있다. 두 번째 형태의 정상화는 임금 없는 자들이 실업자들로서 모임을 갖고 행진을 시작했을 때 생겨났다. 기준이 되는 시점은 잘 알려진 대로 1886년 2월의 런던 폭동이다. 토리당에 의해 지도되던 공정한 노동연맹(Fair Trade League)은 2만 명의 직업 없는 건설 노동자와 부두 노동자들을 끌어모은 트라팔가 광장의 실업자 대회를 소집했다. 사회민주주의연맹(Social Democratic Federation)이 펠멜(Pall Mall)가를 따라 군중의 일부를 이끌었을 때, 창문들은 박살 나고 상점들은 약탈당했으며, 『타임』에 따르면 런던은 공황 상태였다. 비슷한 시위가 1887년 내내 계속되어 커져갔는데, 압제에 반대하는 아일랜드인들의 시위인 11월의 피의 일요일(Bloody Sunday)에서 그 정점에 달했다. 그 시위에서 경찰은 시위대를 공격했고 3명이 살해당했다.[7]

마지막으로, 실업이라는 용어는 그것이 개인적인 타락 또는 게으름의 문제가 아니라 정상적이고 피할 수 없는 산업사회의 측면이라고 주장한 홉슨과 윌리엄 베버리지(William Beveridge) 같은 세기 전환기 이론가들의 저작 속에 통합되었다. "'실업자'의 10퍼센트를 대표하는 개인들이 누구인가는 의심의 여지 없이 상당한 정도로 개인적 원인으로 설명할 수 있지만", "그들은 진정한 의미에서 '실업'을 가져오는 원인일 수 없다"라고 홉슨은 주장했다. 이러한 분석은 자본주의가 노동의 산업예비군을 창출한다는 앞선 시기의 개념에 기초하고 있는데, 노동의 산업예비군이라는 개념은 자본주의의 상대적 잉여인구에 관한 『자본』의 논의

---

7) William Walters, *Unemployment*, p. 18. 또한 Gareth Stedman Jones, *Outcast London*, New York 1984, pp. 291~96 참조. 자신의 편지에서 엥겔스는 사회민주주의연맹의 '사회혁명에 대한 허튼 소리'에 매우 비판적이었다. 단지 '게으름뱅이, 경찰의 스파이, 악당들로 구성된 시위 과정에 대한 특징화는 룸펜프롤레타리아트에 대한 고전적 구절 가운데 하나다. MECW 47, pp. 407, 408.

에서 등장한 후 마르크스주의적인 것의 특징으로 종종 간주되어왔다. 그러나 마르크스는 단지 영국 노동운동의 수사를 채택했을 뿐이었다. 급진주의자들, 특히 차티스트들과 푸리에적 결사주의자들은 새로운 공장노동자들을 위대한 산업주의적 군대로 상상했으며, 이러한 통상적 비유는 차티스트 지도자였던 브론테어 오브라이언(Brontere O'Brien)으로 하여금 1839년『노던 스타』(*Nothern Star*)에 노동의 산업예비군에 관해 기고하도록 했다. 청년 프리드리히 엥겔스는 『1844년 영국 노동계급의 상태』에서 이러한 이미지를 채택했으며, 마르크스는 능동적인 노동자계급과 노동계급의 예비군을 구분하면서 종종 이러한 비유를 불러내곤 했다. 19세기 말 이것은 실업을 이해하는 상식의 일부였다. 1911년까지 매사추세츠 노동통계국조차 "풍족한 조건일지라도, 항상 실업자들로 이루어진 '예비군'이 있다"라고 결론 내릴 수 있었다.[8]

위험과 구제

이러한 실업의 정상화는 임금 없는 삶의 유령을 억제하는 것을 추구했던 위대한 사회민주주의적 기술의 토대였다. 첫 번째 순간은 실업을 보험 처리할 수 있는 위험, 질병, 화재, 도난 또는 죽음과 같은 사고로 개념화한 것에 의해 특징지어졌다. 이것이 이러한 종류의 첫 번째 정부 프로그램이었던 1911년 영국의 국가보험법의 토대였다. 비스마르크 복지 공급 체제를 모방하여, 애스퀴스(Asquith) 정부는 실업 시에 노동자들에게 보험금을 지급하기 위해 국가 관리 기금을 조성했다. 그러나 보험의 논리는 한 번에 너무 많은 사건들이 발생하는 집단적 재난의 경우 실패한다. 그리고 결과적으로 그러한 안전망의 한계가 분명해진 것은 1930

---

8) William Walters, *Unemployment*, p. 32에 인용된 홉슨의 언급. 또한 Stedman Jones, *Languages of Class*, Cambridge 1983, p. 159도 참조. 매사추세츠 노동통계국 자료는 Alexander Keyssar, *Out of Work*, p. 72에서 인용.

년대 대공황 시기의 대규모 실업이었다. 새로운 세대의 실업자 운동이 출현했는데, 그러한 운동들은 대개 프랑스의 실업자위원회(Comites des Chomeures) 또는 미국의 실업자위원회(Unemployed Councils) 같은 젊은 공산주의 투사들에 의해 지도되었다. 당시 프랑스와 미국 인구의 3분의 1은 일자리를 잃고 있었다. 가장 유명한 거리 행진과 퇴거 반대 저항은 이러한 산업의 중심지에서 생겨났지만—1930년 월스트리트 폭동, 2년 후의 포드 단식 행진, 1933년 릴에서 파리까지의 단식 행진—자메이카의 1933년 단식 행진처럼 식민지에서도 비슷한 형태의 시위들이 있었다.

뒤이어 국가적 수준의 거시 경제적 미세 조정에 종속된 경제지표로 실업을 설명한 케인스주의적 재개념화는 완전고용을 상상했던 제2차 세계대전 이후 복지국가의 토대가 되었다. 20년 동안 대규모 실업은 과거사가 된 듯 보였다. 그러나 1970년대 유럽과 북미의 대공황은, 지금은 정리해고의 징조 아래 있는 임금 없는 삶이 되돌아오는 계기였다. 하나의 지역으로서의 공장들이 영구 폐업한 것은 일종의 반(反)산업혁명이었다. 새로운 물결의 운동이 생겨났는데, 특히 1997~98년 겨울 프랑스에서 그랬다. 1930년대처럼 탈산업화는 종종 제1세계적 현상으로 이해되지만, 곧 살펴볼 텐데, 인도의 맨체스터인 아메다바드 같은 지구 곳곳의 철강산업 지대에서도 일어나고 있다.

그러나 상당수의 이론가들에게 탈산업화는 정치적이고 개념적인 도구로서의 실업이 종식되었음을 의미한다. 노동이 종말에 이르렀다고 주장하는 사람들 가운데 신자유주의적 위험 사회를 제시한 독일 이론가 울리히 벡(Ulrich Beck)이 있다. 그는 "단일한 산업 지역에서 조직화된 획일적인 평생 전일 노동의 단일 체제로부터 유연하고 다원화되며 탈중심화된, 과소고용의 위험으로 가득 찬, 하지만 더 이상 완전하게 보수가 있는 직장(paid job) 없이 사는 것의 문제를 제기하지 않을 가능성이 높은 체제로의 이행"을 지적했다.[9] 신자유주의를 옹호하는 경

---

9) Ulrich Beck, *Risk Society*, London 1992, p. 143.

제학자들은 비자발적인 직업 없음(joblessness)은 존재조차 하지 않는다고 주장했다. 실업은 여가의 한계효용의 선택 또는 노동조합의 독점과 국가의 최저임금제에 의해 과도한 수준에서 저항력이 생긴 일시적인 노동시장의 병목 가운데 하나다.

사회민주주의적인 고용과 실업의 정상화의 커다란 약점 또한 언급할 가치가 있다. 사회민주주의적 정상화는 정상적인 주체를 구성했는데, 그것은 임금소득자(wage earner)였다. 결과적으로 자본주의적 다중(multitude)의 대부분은 국가기구에 의해 재구성된 노동운동에 의해 인지될 수 없었고, 임금소득자들의 대표 기구는 단체협상의 단위들로 쪼개어졌다. 사회 곳곳에 전형적인 고용과 실업 바깥에서 살고 있는 많은 사람들이 있었다. 가정에서 일하는 여성, 탈산업화되고 더 이상 투자가 없는 무임금 공동체들, 인종주의적 관행에 종속된 사람들, 심지어 공식적으로 인정되지 않은 산업과 작업장(예를 들어 미국에서 가내 노동자, 농업 노동자, 학술 노동자는 전국노동관계위원회National Labor Relation Board에 의해 집계되지 않는다)의 임금소득자들이 그들이다. 복지국가를 비판한 여성주의자들의 어느 세대가 주장한 대로, 이것은 사회보장을 젠더화하고 공정하지 못하게 두 부분으로 나눈다. 노동자계급 가정과 이웃 공동체는 독립적이고 주로 남성적인 사회보험의 주체들과 종속적이며 주로 여성인 사회 구제(social relief)의 주체들로 분할된다. 국가기구의 한쪽 팔로는 비자발적인 실업의 위험에 대비해 규범적인 남성 생계 소득자들을 보험에 가입시키고 그들에게 안전판을 제공한다. 다른 팔로는 낙인이 찍힌 구호를 제공하기 전에 아이를 키우는 여성들의 생활방식과 생계 수단을 검사했다. 실업에 대한 사회민주주의적 개념이 그것을 개인적인 것보다는 체제적인 것으로, 게으르고 방종한 사람들의 꾀병 부리기보다는 사회적 노동의 낭비로 이해함으로써 구빈법의 19세기적 수사와 결별했다면, 이 또한 노동하는 다중을 가로질러 강력하고 이데올로기적인 구분선을 그었다.

파벨라와 비돈빌

　실업이 서구 자본주의 국가들의 상상력을 지배했음에도 불구하고, 이것은 탈식민주의 국가들의 발전 담론에서는 지배적인 개념이 아니었다. 이제 아시아, 아프리카, 라틴아메리카의 사방으로 퍼져 나가는 빈민가와 파벨라(favela, 빈민 지역)에서 임금 없는 삶의 유령은 고용된 자와 실업자 사이의 그 어떤 구분선도 압도해버렸다. 임금 없는 삶은 그것에 대비해 보험을 들 수 있는 일시적인 사고도 아니며, 총수요의 거시 경제적 실패도 아니었다. 이것은 분리된, 거의 자율적인 경제에서 생존의 주요한 양식이었다.

　비공식 부문이라는 생각은 제3세계에서 20년에 걸쳐 일어난 도시로의 놀라운 이주 이후에 출현했는데, 그 과정에서 도시의 노동인구는 1950년과 1970년 사이 두 배로 늘어났다. 아메리카의 플랜테이션 경제들뿐만 아니라 식민지적이나 식민지 정착민적 체제는 도시로의 이주를 억제하고 심지어는 범죄시했다. 따라서 세기 중엽의 수많은 반란은 농민과 농촌에 있는 농업 노동자들의 반란이었다. 그러나 민족해방이 시작되던 때 "가난한 이들은", 마이크 데이비스(Mike Davis)가 지적한 대로, "그것이 비록 변두리의 축사 같은 집을 의미하는 것이었을지라도 '도시에 대한 권리'(right to the city)를 간절하게 주장했다."[10] 1950년대 거대한 무단 점유자의 도시로부터 새로운 형식의 삶의 양식과 투쟁이 출현했다. 그리고 심지어 발전경제학자와 사회학자들이 비공식 부문이라고 이름 붙이기도 전에, 영화 제작자들은 세기의 나머지 기간에 패러다임이 될 영화들에서 새로운 빈민가들의 임금 없는 삶을 표현했다. 마르셀 카뮈(Marcel Camus)의 「흑인 오르페」(Black Orpheus, 1959)는 카니발 기간 리우데자네이루의 파벨라를 신화적으로 낭만화함으로써 첫 번째 세계 음악—보사노바—의 장을 열었다. 그리고 질로 폰테코르보(Gillo Pontecorvo)의 「알제리 전투」(Battle of Algiers, 1966)는 알제

10) Mike Davies, *Planet of Slums*, London 2006, p. 55.

리의 반식민 혁명을 그때까지 그랬던 것처럼 농민전쟁으로서가 아니라 1956~57년 패배한 도시 봉기에 대한 서사적 환유를 통해서 지속적으로 묘사했다.

이러한 임금 없는 삶에 대한 새로운 형식과의 첫 번째 뛰어난 이론적 대결은 알제리 혁명에 대한 반성으로부터 나왔다. 프란츠 파농이『대지의 저주받은 사람들』에서 19세기 마르크스주의적 어휘인 '룸펜프롤레타리아트'를 되살려낸 것이다. 이 개념은 한데 묶을 수 있는 유사한 용어들의 집합―룸펜프롤레타리아, 군중(mob), 빈민(이탈리아어 i lazzaroni), 보헤미안, 가난한 백인들―가운데 하나로 마르크스에 의해 1840년대에 사용된 것으로서, 제2제국의 파리, 리소르지멘토 시기의 나폴리, 빅토리아기의 런던, 북아메리카 노예주들의 계급 형성을 특징지었다. 대부분의 경우에 마르크스는 개념의 이론적 지위보다 이러한 형성의 역사적 종별성을 암시하기 위해 이 용어를 최초로 사용했다. 그에게 이러한 표현은 두 가지 중요한 함축을 지닌다. 한편으로 사회의 비생산적이고 기생적인 층위, 다른 사람들을 먹잇감으로 삼는 사람들로 구성된 사회적 쓰레기 또는 폐물의 의미를 지니고, 다른 한편으로는 주로 질서의 세력과 연합하는 가난한 자들의 부분―『루이 보나파르트와 브뤼메르 18일』에서 루이 나폴레옹이 룸펜프롤레타리아트를 고용한 것을 설명한 데서처럼 또는 미국 남부에서 가난한 백인들이 노예소유자들과 연합하는 것을 분석하는 데서처럼―을 함축한다.

이러한 구성에서 마르크스는 두 종류의 적대자를 만난다. 첫째, 그는 모든 노동자계급이 위험하고 비도덕적인 요소라는 기존의 관점과 전투를 벌이고 있었다. 그는 프롤레타리아트의 도덕적 특징을 옹호하기 위해 프롤레타리아트와 룸펜프롤레타리아트 사이에 선을 그었다. 둘째, 그는 범죄자들과 도둑들이 혁명적 정치 세력이라고 주장하는 사람들―특히 그의 훌륭한 아나키스트 동맹이자 적수였던 미하일 바쿠닌(Mikhail Bakunin)―에게 도전하고 있었다.[11] 20세기 중반까지 룸펜프롤레타리아트라는 개념은 사회주의와 마르크스주의적 담론

---

11) Hal Draper, *Karl Marx's Theory of Revolution*, vol. 2, New York 1978, ch. 15 and appendix G : "On the Origin of the Term Lumpenproletariat" 참조.

으로부터 거의 대부분 사라졌다. 그러나 제3세계의 전체적으로 새로운 도시인 구를 묘사하기 위해 『대지의 저주받은 사람들』에서 재발명됨으로써 1960년대와 1970년대 이론적 논쟁의 중요한 주제 가운데 하나로 등장했다. 룸펜프롤레타리아트에 대한 논의는 주로 책의 두 번째 글인 「자발성: 그것의 강점과 약점」(Spontaneity: Its Strength and Weakness)에서 다루어졌는데, 거기에서 파농은 반식민 동맹의 모순이 도시의 민족주의 투사들이 농민 대중으로 전환된 데서 나오는 것이라고 묘사했다. 그는 세 가지 강력하고 논쟁적인 주장을 제시했다. 첫째는 새롭게 등장한 수탈당한 인구, 비돈빌(bidonville, 판잣집) 사람들의 출현에 관한 사회학적 주장이다. "시골을 버림으로써 …… 지금은 룸펜프롤레타리아트인 땅 없는 농민들은 도시로 내몰리고 빈민가로 밀려들고 있으며, 식민 지배의 창조물인 항구들과 도시들로 침투하기 위해 노력하고 있다." "이들은 시골에서 늘어나는 인구와 식민지적 수탈에 의해 가족의 땅으로부터 강제로 쫓겨난 이들로, 언젠가는 도시 안으로 들어갈 수 있다고 희망하면서 그 주변을 부단히 배회했다." 파농은 생물학적 비유에 의지한다. "빈민가는 모든 희생을 감수하고서라도 적의 요새에 침투하려는 식민지인들의 생물학적 결정에 대한 신성화였으며, 필요하다면 가장 비밀스러운 경로를 통한 침투였다. 이것은 '되돌릴 수 없는 부식'이었으며 식민 지배의 심장부를 먹어 들어가는 괴저병이었다." "[룸펜프롤레타리아트가] 걷어차이거나 돌을 맞았을지라도, 그것은 한 무리의 쥐들처럼 나무뿌리를 계속 갉아먹는다."[12]

두 번째로, 파농은 마르크스처럼 이 룸펜프롤레타리아트가 식민지 질서의 억압적 세력에 의해 쉽게 조종될 수 있다고 주장하면서—만약 "반란에 의해 조직화되지 않는다면 이들은 용병으로 식민지 군대에 참여할 것이다"—마다가스카르, 알제리, 앙골라, 콩고의 사례를 제시하고 있다. 세 번째로 그리고 민족해방과 공산주의 운동 모두에 의해 받아들여진 지혜에 반해서 제기되어 가장 잘 알려져

---

12) Frantz Fanon, *The Wretched of the Earth*, New York 2004, pp. 66, 81.

있듯이, 그는 다음과 같이 주장한다.

반란은 도시의 선봉대를 이러한 대중 사이에서, 빈민가 사람들에게서 그리고 룸
펜프롤레타리아트에게서 발견할 것이다. 룸펜프롤레타리아트, 굶주린 사람들의 이
러한 집단은, 부족과 씨족으로부터 분리됨으로써 식민지 인민의 가장 자생적이고
급진적인 혁명 세력 가운데 하나를 형성한다. …… 이러한 일자리 없는, 이러한 인
간 이하의 종은 그 자신의 눈을 통해 역사 앞에서 스스로를 구원할 것이다.[13]

비공식성의 탄생

파농에 의한 19세기 용어의 전용은 1960년대 내내 정치적 논쟁에 기름을 부었
다. 사실상 제3세계의 노동에 대한 선구적인 모든 연구에서는 그의 정식을 다루
었다. 알제리의 노동과 노동자에 대한 피에르 부르디외(Pierre Bourdieu)의 연
구, 1930년대 자메이카의 노동자 봉기에 대한 켄 포스트(Ken Post)의 연구, 위츠
워터스란드의 일상생활에 대한 찰스 반 온셀런(Charles van Onselen)의 연구가
그 예다. 발전경제학자와 사회학자들도 파농이 발견한 새로운 현실에 이름을 붙
이기 위해 고투했다. 잘 알려진 제3세계의 경제 발전사에서 파울 베이로치(Paul
Bairoch)는 "실업과 과소 실업의 개념은 매우 거칠고 대략적인 방법을 제외하고
는 …… 서구에서 정식화된 것이 적용될 수 없다"라고 주장했다.[14] 자메이카의
경제학자 아서 루이스(W. Arthur Lewis)는 사회민주주의적 전통 안에서 작업하
면서, 1950년대 초 영향력 있는 식민지적 '이중경제' 모델을 발전시켰다. 1960년
대 중반까지 아르헨티나의 마르크스주의 경제학자인 호세 눈(Jose Nun)이 제시
한 주변적 대중의 개념은 중요한 논쟁을 불러일으켰다.

---

13) Frantz Fanon, *The Wretched of the Earth*, pp. 87, 81~82.
14) Paul Bairoch, *The Economic Development of the Third World since 1900*, Berkeley 1975, p. 165.

공식 담론을 지배하게 되는 표현—비공식 부문—은 1970년대 영국의 발전경제학자인 키스 하트(Keith Hart)에 의해 명명되었다. 그는 오래된 도시인 아크라(Accra)의 북쪽 외곽에 위치한 니마(Nima) 빈민가에 살고 있는, 가나 북부로부터 옮겨온 프라프라(Frafra) 이주민들의 공동체를 연구하고 있었다. 하트는 "매우 큰 부분의 도시 노동력이 임금 고용에 영향받지 않고 있다"라고 썼다. 그는 니마 슬럼 거주자들의 생계 수단을 구성하는 '자기 고용'(self-employment)의 형태들을 설명하는 데까지 나아간다. "공식 수입과 비공식 수입의 구별은 핵심적으로 임금소득 벌기와 자기 고용의 구별에 기초한다." 이 용어는 1972년 케냐의 고용에 관한 연구에서 국제노동기구(ILO)에 의해 재빠르게 채택된다. 20년 후 ILO는 비공식 부문의 통계적 측정을 위한 기준을 발전시켰고, 영어권 아프리카뿐만 아니라 남아시아와 라틴아메리카에서도 뚜렷이 드러난 논쟁이 있었다. '비공식 부문'은 세계 곳곳의 도시에서의 임금 없는 삶을 표상하는 주된 비유가 되었다. ILO에 따르면, "비공식 고용은 발전도상국 비농업 고용의 절반에서 4분의 3을 포괄한다." 북아프리카 48퍼센트, 라틴아메리카 51퍼센트, 아시아 65퍼센트 그리고 사하라 이남 아프리카에서는 72퍼센트였다. 더욱이 "표준적이지 않고 전형적이지 않은 일—자기 고용, 시간제 일, 일시적 일—이 유럽 15개 국가의 전체 고용 가운데 30퍼센트, 미국 전체 고용의 25퍼센트를 포괄한다." 세기말에는 (새롭게 이름 붙여진 대로) 비공식 경제가 아크라와 나이로비뿐만 아니라 로스앤젤레스와 모스크바에서도 가시화되었다.[15]

아크라에 관한 글에서 하트는 그 후로도 지속된 비공식적 임금 없는 삶에 대한 논쟁을 시작했다. "일반적으로 증가하는 발전도상국 도시들에서의 잔여적인 과소고용과 실업은 '나쁜 것'으로 이해되었다. 하지만 왜 그래야만 하는가? 정확

---

15) Keith Hart, "Informal Income Opportunities and Urban Employment in Ghana", *Journal of Modern African Studies*, Vol. II, no. 1, March 1973, pp. 62, 68; Paul E. Bangasser, *The ILO and the Informal Sector*, ILO Employment Paper, 2000/9, p. 10; ILO, *Women and Men in the Informal Economy*, Geneva 2002, p. 7.

히 어떻게 이러한 현상이 문제를 구성하는가?" 그의 질문은 비공식 경제가 정상화하는 시작으로 볼 수 있다. 이전 시기의 이중경제 모델은 비공식 경제를 불완전한 식민지 근대화의 '나쁜' 유산, 공식적 고용과 실업으로 가는 도상의 이행기적 순간으로 다루었다. 이러한 국가들은 임시 노동을 규율하고 규제하려고 시도했던 식민지 시대의 노동 기구들을 물려받았다. 그리고 실제로 수입 대체 산업화의 세기 중반에는 라틴아메리카에서 그리고 심지어 아시아와 아프리카의 일부분에서조차 공식 부문의 고용이 증가하는 것이 목격되었다. 조직된 산업 노동자의 새로운 부대가 출현한 것은 남아프리카, 브라질, 한국에서의 거대한 노동자 봉기를 가능하게 했다. 그러나 1970년대까지 그러한 일자리의 증가는 정체되어 있었고, 비공식 부문을 명명한 담론은 그것을 경제행위의 정상적—실제로 신자유주의 아래서 확장되는—영역, 탈식민주의적·자본주의적 축적 논리의 일부분으로 바라보게 되었다.[16]

19세기 실업의 정의가 경제에 대한 새로운 이해에 의존했던 것처럼, 비공식 부문의 발견은 최저임금과 최대 노동시간을 설정하고 실업과 보험과 사회 안전망을 제공하는 국가의 공식적 임금노동 기구에 의존한다. 비공식 부문을 특징짓는 것은 기업의 규모도 노동과정의 형식도 아니며, 바로 국가와 맺는 관계다. 핵심이 되는 쟁점은 국가의 강함 또는 약함이다. 어떤 사람에게 비공식 경제는 국가가 경제행위를 지하의, 규제되지 않고 세금을 부과할 수 없는 세계로 밀어 넣으면서 너무 많이 규제할 때 발전한다. 이와는 다른 생각을 가진 사람들에게 비공식 경제는 약하거나 실패한 국가, 시민에게 사회적 보호를 제공할 수 없고 규칙을 강제하거나 세금을 징수할 없는 국가의 결과물이다. 국가 규제를 비판하는 신자유주의적 학자들은 비공식 부문의 기업가적 열정, 그 부문에 속하는, 번창하기 위해 오직 소액 대출(micro-credit)만을 필요로 하는 소규모 기업들을 찬양한

---

16) Keith Hart, "Informal Income Opportunities", p. 81. 또한 Alejandro Portes and Kelly Hoffman, "Latin American Class Struggle: Their Composition and Change during the Neoliberal Era", *Latin American Research Review*, vol. 38, no.1, February 2003.

다. 사회민주주의적 복지국가의 수호자들은 비공식적인 것의 공식화를 옹호한
다. 그것은 사회적 보호와 노동조합 대표성의 확장을 의미한다.

아메다바드에서 조직화하기

하트 같은 발전경제학자들이 비공식 부문을 발견했던 것과 같은 시기에 비공
식 부문 노동자들의 최초의 중요한 조직이 생겨났다. 1972년 간디 직물노동협의
회(Gandhian Textile Labour Association)의 활동가인 엘라 바트(Ela Bhatt)가
아메다바드 구자라트 공단의 짐꾼(head-loader)과 노점상을 모아 자기고용여성
협의회(Self-Employed Women's Association, SEWA)라는 조합을 형성하기 시
작했다. 그녀는 주요 직물 공장 두 곳의 폐쇄로 영향을 받은 가족들을 조사하는
과제를 수행하고 있었다.

남성들이 공장을 다시 열도록 선동하느라 바쁜 동안 …… 돈을 벌고 가족을 먹
여 살린 것은 여성들이었다. 그들은 거리에서 과일과 채소를 팔거나 중간상인들을
위해 능률급으로 집에서 바느질을 하거나, 도매시장에서 노동자로서 상품을 싣고
내리는 일을 하거나, 도시의 거리에서 재활용 가능한 쓰레기를 수집했다. …… 이
모든 것은 정의될 수 없는 일자리였다. 나는 처음으로 자기 고용이 의미하는 바를
배우게 되었다. 그 어떤 노동관계법도 그들에게 적용되지 않는다. 나의 법률적 훈
련이 그들의 경우에는 아무런 소용이 없었다.

"얄궂게도" 그녀는 30년 후에 "나는 공식 부문을 위해 일할 때 비공식 부문이
광대하다는 것을 처음으로 어렴풋이 알게 되었다"라고 회상했다.[17]

---

17) Ela Bhatt, *We Are Poor But So Many: The Story of Self-Employed Women in India*,
   Oxford 2006, p. 89.

30년 동안 SEWA는 가난한 사람들의 인적 조직의 세 가지 유형을 결합했다. 첫째, 다양한 비공식 직종—넝마주이, 집에서 친디(버려진 천 조각으로 이어 붙인 양탄자의 일종—옮긴이)나 의류를 바느질하는 사람, 담배 제조 노동자, 야채 행상인들—의 조합—2004년까지 인도의 가장 주요한 조합—으로서 구매자, 계약자, 지방자치 정부들과 능률급, 도로 포장 공간 등에 관해 협상한다. 둘째, 수십 개의 생산자 협동조합의 연합체로서 서츠 조각을 생산하고 폐지를 재활용하며 사무실을 청소한다. 셋째, 상호 부조와 보호를 위한 몇 가지 제도들로서, 거기에는 SEWA 은행, 보건의료 협동조합이 포함되며 그들 자신이 비공식 부문에 속하는 조산원들을 중심으로 조직화되었다.

이러한 역사의 중요한 부분은 대의(代議)를 위한 투쟁이었다. "누군가 나에게 SEWA의 여정에서 가장 어려운 부분이 무엇이냐고 묻는다면" 다음과 같이 답할 것이라고 바트는 적고 있다.

> 나는 머뭇거림 없이 대답할 수 있다. 인식상의 장애물을 제거하기라고. 우리의 가장 큰 전투 가운데 상당수는 공무원, 관료, 전문가, 학자들의 이미 결정된 생각이나 태도와 싸우는 것이었다. 정의(定義)는 그 전투의 일부분이다. 노동조합 등록소는 우리를 '노동자'로 간주하지 않으려 했다. 따라서 우리는 '노동조합'으로 등록할 수 없었다. 고된 노동을 하는 친디 노동자들, 자수를 놓는 노동자들, 수레를 운반하는 노동자들, 넝마주이, 조산원 그리고 산림 생산물을 모으는 사람들은 국민총생산에 기여할 수 있지만, 하늘은 그들이 노동자로 인정받는 것을 금지했다! 고용주 없이는 당신은 노동자로 분류될 수 없으며, 당신은 노동자가 아니기 때문에 노동조합을 만들 수 없다. 전국적 노동조합으로 인정받기 위한 우리의 투쟁은 계속되고 있다.[18]

SEWA는 공식적 담론을 지배하던 비공식 부문의 수사를 거부했다. 바트는 "경

---

18) Ela Bhatt, *We Are Poor*, pp. 17~18.

제를 공식 부문과 비공식 부문으로 분할하는 것은 인위적이며", "그것이 분석을 용이하게 하고 행정에 도움이 될 수는 있지만, 궁극적으로는 빈곤을 영속화할 것"이라고 주장한다. "그렇듯 다양한 노동자들을 '중요하지 않은', '비공식적', '미조직화된', '주변적', '전형적이지 않은' 또는 '지하경제'의 범주들로 한데 묶는 것은 터무니없는 듯 보인다. 무엇에 대해서 중요하지 않고 주변적이라는 것인지 자문해본다. …… 내 눈에 그들은 단지 '자기 고용 노동자'일 뿐"이라고 주장했다. 실제로 가장 먼저 SEWA를 건설했던 사람들에 포함되었던 노점상 여성들은 스스로를 상인이라 불렀다.[19]

자기 고용의 이러한 수사는 SEWA가 자신의 기원인 인도 노동조합의 간디주의적 분파의 이데올로기를 수용한 것이고, 다양한 임금 없는 노동자들의 조직들, 특히 더반을 중심으로 1990년대 중반 세워진 남아프리카 자기고용여성조합(South African Self-Employed Women's Union)에 의해 채택된다. 그러나 회고적으로 생각해보았을 때, 간디주의적 이데올로기는 SEWA가 주요한 임무의 하나로 국가의 노동 기구에는 비가시적이었던 임금 없는 노동의 세계를 대의하는 것을 내세웠을 때 그것을 표현해줄 수 있는 명목상의 기호였던 것 같다. SEWA가 1970년대 후반 친디—직물 공장에서 버려진 천 조각—를 콜(khol, 이불잇)로 바느질하는 노동자들을 조직화했을 때, 그들은 자신들의 회의주의에도 불구하고 자신들을 그려내기 시작했다.

친디 노동자들의 문제를 더 잘 이해하기 위해, 우리는 대부분의 콜이 바느질되는 일곱 군데 거리(pole)에서 조사를 수행하기로 결정했다. 카리마벤(Karimaben, 전투적인 노동자 가운데 한 사람)은 조사를 기다릴 인내심이 없었다. 그녀는 "우리 모두는 무엇이 문제인지 정확히 알고 있다. 나는 콜을 만들어서 버는 것보다 더 많은 것을 그곳에 쏟고 있다고 말하고 싶다."

---

19) Ela Bhatt, *We Are Poor*, pp. 18, 10, 11.

표 1. 구자라트 SEWA의 구성

연도	전체	행상		가내노동		노동자		생산자	
		인원 (명)	비율 (퍼센트)	인원 (명)	비율 (퍼센트)	인원 (명)	비율 (퍼센트)	인원 (명)	비율 (퍼센트)
1975	3,850	825	21	950	25	2,075	54	-	-
1980	4,934	950	19	1,934	39	2,050	42	-	-
1985	15,741	2,472	16	8,464	54	4,805	31	-	-
1990	25,911	3,230	12	13,821	53	6,700	26	2,160	8
1995	158,152	11,515	7	55,114	35	73,768	47	17,755	11
2000	205,985	18,759	9	72,156	35	105,811	51	9,259	4
2002	535,674	39,460	7	141,458	26	314,245	59	40,511	8
2003	469,306	42,745	9	105,439	22	298,761	64	22,361	5
2004	468,445	28,575	6	85,976	18	313,814	67	40,080	9

• Chen, *Self-Employed Women*, p. 14.

그럼에도 불구하고 SEWA는 "조사를 체계적으로 진행하고 수행함으로써" 친디 노동자들에게 조사에서 발견된 결과들을 보고하고, 콜 거래인이나 노동부 관료들 모두와 능률급 인상을 놓고 싸우기 위해 그것들을 이용해야 한다고 주장했다. 바트는 조사가 "수년간 SEWA에 큰 도움을 주었다. 조사 결과들은 우리가 행동을 취하기 전에 쟁점에 대한 완전한 이해를 얻도록 도와주었으며 이 과정은 공동체 안에 숨어 있던 지도자들을 찾아내는 데 도움을 주었다"라고 말했다.[20] 이 연구들은 자기 고용 노동자들의 세계에 대한 훨씬 복잡한 관점을 제공해주었다. 2004년까지 SEWA의 연구는 조합원들을 네 가지 주요 범주 아래 여덟 가지 이상의 직업으로 분류했다. 노점상, 행상, 가내 생산자, 노동자, 서비스 제공자, 농촌 생산자 등이 있었다.[21] 〈표 1〉에서는 이러한 범주 각각이 1970년대 이래 증가하

---

20) Ela Bhatt, *We Are Poor*, p. 63.
21) Martha Alter Chen, *Self-Employed Women: A Profile of SEWA's Membership*, Ahmedabad 2006, p. 12.

표 2. 직업에 따른 구자라트 SEWA 조합원(2004)

각종 집단	인원(명)	비율(퍼센트)
노점상과 행상	28,575	6
과일과 야채	21,533	5
가정용품과 낡은 의류	2,252	1% 이하
기타	4,770	1
가내 노동자	85,976	18
자수 노동자	26,782	6
의복 제조 노동자	20,878	4
비디 제조 노동자	15,478	3
아가르바티 제조 노동자	8,928	2
연(鳶) 제조 노동자	2,576	1
기타	11,334	
노동자와 서비스업자	313,814	67
농업 노동자	227,345	49
담배 노동자	20,421	4
폐기물 수집 노동자	20,165	4
임시 일용 노동자	14,732	3
건설 노동자	11,673	3
청소 노동자	6,741	1
계약된 공장노동자	3,950	1
짐꾼	3,259	1
기타	5,528	1
농촌 노동자	40,080	9
우유 생산자	14,247	3
동물 사육 노동자	10,867	2
소농	9,281	2
고무 수집 노동자	1,425	1% 이하
소금 제조업자	3,288	1
기타	972	1% 이하
총계	468,445	

• Chen, *Self-Employed Women*, p. 16.

고 있음을 볼 수 있다. 여기에서 가장 가시적인 집단—인도 도시인구의 약 2퍼센트를 구성하는 노점상 노동자들—이 어떻게 그 비율이 떨어지기 전까지 SEWA의 주요한 부분이 되었는지 주목할 필요가 있다.

도시에서 시작된 후 1990년대 농촌 생산자와 농업 노동자의 조직도 시작되었다. 조합원 가운데 3분의 2는 자기 고용 노동자라기보다 얀 브레만(Jan Breman)이 계약과 능률급 일자리의 복잡한 위장 아래서 타자를 위해 일하는 '임금 사냥꾼과 수집가', 임시 노동자와 서비스업자라고 불렀던 직종이다.[22]

좀 더 구체적인 2004년의 분류(〈표 2〉 참조)에서는 비공식 직종의 다양성—야채 행상, 폐기물 수집 노동자에서 짐꾼까지—뿐만 아니라 농업 노동자의 압도적인 수를 볼 수 있다.

따라서 이른바 비공식 부문 노동자들의 조직은 공식적인 국가 관리경제에 의해서가 아니라 그 노동 현장, 특히 거리와 집을 가지고 자신들이 사는 세계의 지도를 그려냈다. SWEA가 1990년대에 비공식 노동자 연합의 초국적 동맹을 개척할 때, 그들은 거리넷(StreetNet)과 집넷(HomeNet)을 만들면서 그렇게 했다. 공식적 담론이나 대중문화 모두에서 비공식화된 노동자의 두 가지 핵심적인 표상은 점점 더 노점상과 가내 노동자가 되어갔다.

시장을 방랑하기

임금 없는 삶의 표상에 대한 이러한 계보학으로부터 어떤 결론을 내릴 수 있을까? 잘 알려진 20세기의 용어들—실업과 비공식 부문—모두는 그것들을 자본주의적 세계 체제의 특정 구역으로 격리한다는 바로 그 이유 때문에 적합하지 않다는 것은 분명해 보인다. 심지어 실업과 비공식 부문에 대한 학술 문헌조차 서

---

22) Jan Breman, *Wage Hunters and Gatherer: Search for Work in the Urban and Rural Economy of South Gujarat*, Delhi 1994.

로에 대해 거의 말하지 않는다. 이러한 개념적 소진의 의미는 그것에 대한 전통적인 마르크스주의적 유사성에도 적용된다. '노동의 산업예비군'이라는 마르크스의 개념에 대한 사회주의적 채택, 룸펜프롤레타리아트라는 파농의 재개념화에 대한 반식민지적 채택이 그것이다. 그러나 우리는 어떤 대안을 가지고 있는가?

앞서 내가 제안했듯이, 두 가지 유형의 비유가 우리 시대의 상상력을 지배하는 듯 보인다. 첫 번째는 우리 시대 수많은 일의 불안정성이다. 우리는 임시직화, 비공식화 그리고 일시적이고 불안정한 일자리가 늘어가는 것에 대해 말한다. 1999년 ILO—노동을 대표하는 형식에 관한 오랫동안의 투쟁 장소였고, 부분적으로 SEWA의 의해 지도된 오랜 전투의 결과였던 가내노동에 대한 1996년 회의를 조직했다—는 취약한 일을 특징짓고 그것에 반대되는 제대로 된 일을 제시함으로써 공식-비공식의 분할을 가로지르려고 노력했다. 이러한 요구는 후퇴—공식적인 노동 규제는 대부분의 노동 영역을 건드리지 못한다는 것을 인정하는 것—와 전진—취약한 부분에 대한 사회적 보호와 노동권을 주장하는 것—모두를 보여준다. 양도 불가능한 인권에 대한 여전히 거만한 많은 호소들에 직면해서, 우리는 아직도 제대로 된 일에 관한 겸손한 마그나 카르타를 기다리고 있다고 할 수도 있겠다.

두 번째 비유는, 우리가 역사적 분기점, 우리가 알고 있던 노동의 종말을 경험하고 있다고 주장함으로써 더 앞으로 나아간다. 우리는 일이 삶에서의 중심성을 상실했다는 말을 듣는다. 임금 없는 삶은 노동 없는 버려진 삶이다. 대중적 담론에서 실업의 수사와 정리해고의 수사 사이가 극적으로 분리되고 있는 것을 지적하면서, 지그문트 바우만(Zygmunt Bauman)은 "'정리해고'는 '불량품', '게으른 낭비자', '쓰레기', '찌꺼기', 즉 쓰레기와 의미론적 공간을 공유하고 있다. 고용되지 **못한** 사람들, '노동의 산업예비군'의 기착지는 능동적인 역할을 하도록 다시 불러들여진다. 쓰레기의 종착지는 폐기물 야적장, 쓰레기 더미다"라고 이야기했다. "'인간 쓰레기'의 생산 또는 좀 더 정확히 말하면 쓰레기가 된 인간들의 생산은 …… 근대화의 피할 수 없는 결과다." "난민, 망명 신청자, 이주자"는 "세계화의 쓰레기처럼 버려진 산물이다."[23]

우리 시대의 쓰레기 문화에 대한 바우만의 종말론적 비난은 강력하지만 두 가지 이유에서 중요한 것을 놓치고 있다. 첫째, 분명 물질적 낭비와 인간의 낭비에 대한 구변 좋은 연결에서, 임금 없는 자들과 관련한 오래된 비유 가운데 하나, 즉 그들은 쓰레기와 찌꺼기에 가깝다는 비유를 반복하고 있다. 이러한 비유는 이 글을 관통해서 흐른다. 일찍이 홉슨은 실업을 낭비라고 특징지었다. 마르크스도 『브뤼메르 18일』에서 룸펜프롤레타리아트를 찌꺼기라고 언급함으로써 이러한 태도에서 자유롭지 못하다. 그리고 정말 하나의 연관이 있다. 임금 없는 사람들은 오랫동안 쓰레기 더미를 뒤지는 자들이었다. 앞에서 내가 언급했듯이, 쓰레기 수집 노동자들만 SEWA의 중요한 부분을 차지하는 것이 아니라 친디 바느질 노동자들처럼 그들과 거래하는 사람들 모두 직물 산업의 부산물로부터 생겨났다. 2008년 3월 쓰레기 수집 노동자들의 조직이 개최한 최초의 국제회의가 보고타에서 개최되었다.

세계화가 잉여노동을 만들어낸다는 사실은 쓰레기가 된 삶이라는 기만적으로 구체적인 이미지를 통해서보다는 마르크스가 제시한 변증법적으로 관련된 두 가지 개념을 통해서 더 잘 이해될 수 있을 것이다. 그것은 상대적인 잉여 인구와 잠재적 빈민이다. 첫 번째는 『자본』에서 유래하고 두 번째는 『정치경제학 비판 요강』에 나오는 것이다. 『자본』의 중요한 장인 「자본축적의 일반적 법칙」에서 마르크스는 문제를 자본의 시점에서 바라본다. "지속적으로 생산하는 것, 실제로 그 자신의 에너지나 정도와 직접적인 관계 아래 상대적으로 잉여인 노동인구, 즉 자본이 자신의 가치 실현을 위해 평균적으로 필요한 것을 넘어서는 그리고 따라서 잉여 인구가 되는 사람들을 창출하는 것은 자본축적 그 자체다." 그는 계속해서 "이것은 자본주의 생산양식에 독특한 인구법칙이다. 그리고 사실상 모든 특정한 역사적 생산양식은 그 자신만의 특별한 인구법칙을 지닌다"라고 말한다. 실

---

23) Zygmunt Bauman, *Wasted Lives*, Cambridge 2004, pp. 12, 5, 66

제로 "상대적인 잉여 인구는 모든 종류의 사회적 형태에 존재한다. 모든 노동자는 그가 오직 부분적으로 고용되거나 완전히 실업 상태에 있을 동안에도 이러한 사회적 형태에 속해 있다." 따라서 산업예비군은 단지 이러한 형태 가운데 하나다. 사실상, 예측될 수 있는 것처럼, 상대적인 잉여 인구에 대한 마르크스의 특정한 사례는 그의 분석에서 가장 낡은 것이다.[24]

마르크스의 설명에서 근본적인 비유는 반대되는 힘의 비유다. 거기에는 두 종류의 노동자, 고용된 노동자와 실업 상태의 노동자가 있거나, 경제의 두 부문, 공식과 비공식 부문이 존재하는 것 같지 않다. 오히려 "자본에 의한 노동자들의 더 큰 끌어당김은 그들의 더 큰 밀침에 의해 동반된다. …… 노동자들은 때때로 밀려나고 때때로 더 큰 규모로 또다시 끌어당겨진다." "노동생산성이 더 클수록, 노동자들의 고용 수단에 대한 압박이 클수록 노동자의 생존 조건, 즉 그들 노동력의 판매는 더욱 불안정해진다." 흥미롭게도 거의 대부분의 우리 시대 어휘—불필요한, 과잉의, 불안정한—는 이 장에서 발견된다.[25]

『자본』의 구절이 자본축적의 관점에서 이야기하고 있다면, 이와 대비되는 『정치경제학 비판 요강』의 구절은 살아 있는 노동의 관점에서 시작한다. "그가 빈민이라는 사실은 자유로운 노동자의 개념에 이미 포함되어 있다. 그는 잠재적 빈민이다. …… 자본가가 그의 잉여노동을 사용하지 않는다면, 노동자는 그의 필요노동을 수행할 수 없을 것이다." 마르크스는 종종 그의 것으로 돌려지는 궁핍화 테제에서 그랬듯이, 모든 노동자가 구걸하는 사람이거나 그렇게 되리라고 주장하고 있지 않다. 오히려 벌거벗겨진 삶에 대한 그의 설명은 다음과 같다. 생계 수단을 위해 요청되는 교환—노동력의 판매—은 우연적이며 유기적인 존재에 무관심하기 때문에, 노동자는 잠재적 빈민이다.[26] 잠재적 빈민이라는 낯선 인

---

24) Karl Marx, *Capital*, pp. 782, 783~84, 794.

25) Karl Marx, *Capital*, pp. 783, 794, 798.

26) Karl Marx, *Grundrisse*, trans. Martin Nicholas, New York 1973, p. 604. 1861~63년 이 구절의 중간단계적 초안에 대해서는 MECW 30, p. 40 참조.

물—거의 잊힌 어휘를 완전히 새로운 함의를 지니게 된 어휘와 결합된—은 나의 잠시 동안의 휴식처가 될 것이다. 그가 50세가 되던 때 썼던 편지에서 마르크스는 다음과 같이 말했다. "반세기 동안 나의 어깨 위에 있었던 빈자들이 여전히 존재한다." 한 세기 반이 지난 후 또다시 임금 없는 삶의 유령들이 우리를 짓누른다.

[서영표 옮김]

위기 2.0

로빈 블랙번(Robin Blackburn)

이제는 2007년의 신용 대경색으로 시작되었던 것이 더 넓은 범위에서 더 뿌리 깊은 모순으로, 그것도 주요 OECD 국가들을 중심으로 발전해가고 있다는 것이 명확해졌다. 각국 정부는 붕괴를 피하기 위하여 행동했지만 그로 인하여 스스로가 모순의 표적이 되고 말았다. 2007~09년에 벌어진 위기의 초기 기간에 각국 정부는 구제금융 조치를 채택했고, 그 결과 미국, 영국, 유로존 지역의 여러 당국들의 공공 부채는 GDP의 20~40퍼센트까지 증가하게 되었으며 경상수지 또한 큰 적자를 보게 되었다. 민간에서 공공의 손으로 부채를 떠넘기는 일이 시스템 붕괴 회피라는 이름 아래 벌어졌지만, 어떤 면에서는 이로 인해 부채 문제가 더욱 악화되었다. 제아무리 파괴적이라 할지라도 은행 파산 쪽이 국가 파산 쪽보다는 파괴력이 덜하기 때문이다. 오래지 않아서 채권시장에서는 공공 지출을 삭감하고 사회보장을 축소하여 정부 적자를 줄일 계획을 요구하고 나섰다. 중도 좌파와 중도 우파는 이미 복지국가가 너무 비용이 들고 관료적이기 때문에 축소해서 민간 공급업자들에 넘겨줄 필요가 있다는 생각에 설득된 상태였다. 공공 기관들과 서비스는 미래의 수입과 공적 회계의 투명성을 대가로 민간 대출을 끌어와서 자금을 융통했다. 신자유주의 정책 입안자들과 비평가들은 경제 위기로 주어진 이렇게 좋은 기회를 절대로 놓치지 않겠다고 단단히 결심하여 이러한 계획들을 더욱 밀어붙이고 있다. 일본, 미국, 영국은 모두 깊이 침몰해 있는 상태이지만 자국 통화에 대한 통제력은 보유하고 있기 때문에 돈을 찍어내어 화폐가치를 낮추는 일이 가능하다. 하지만 유로존 국가들은 지금까지 이런 식의 임기응변을 취할 수 없었다. 게다가 좀 더 처지가 좋은 나라들이라 해도 유럽 지역의 참상으로부터 전혀 안전한 상태가 아니다. 이 나라들도 유럽의 자산에 많은 투자를 한 데다가 유럽을 중요한 무역 상대로 의지하고 있기 때문이다.

미국과 유로존의 각국 정부는 물론 각각의 처지가 완전히 동일하지는 않지만, 이 약도 써보고 저 약도 써보아도 모두 약발이 듣지 않아 마비 상태로 빠져들고 있는 점에서 동일한 모습을 보이고 있다. 상대적으로 힘이 약한 유로존 국가들은 긴축재정을 강요받게 되었고 힘이 강한 국가들은 적자를 변제할 필요가 있음을 공표하고 있다. 긴축재정은 경제 회복에 장애가 될 뿐이라고 마틴 울프(Martin Wolf)에서 폴 크루그먼(Paul Krugman), 볼프강 뮌하우(Wolfgang Münchau)에서 누리얼 루비니(Nouriel Roubini)에 이르는 저명한 경제 분석가들이 한목소리로 외쳐도 소용이 없었다. 이들의 경고를 가장 잘 입증해주는 경우가 영국일 것이다. 영국 정부는 그나마 남은 스스로의 자율성을 전적으로 반(反)생산적인 예산 절감을 실현하는 데 자발적으로 쏟아부은 경우이니까.

이렇게 중대한 모순을 풀기 위해서는 아주 큰 규모의 행동이 반드시 필요한 법이지만, 각국 정부와 국제기구들은 위기와 씨름하는 가운데 그러한 규모의 행동을 취할 능력이 없음을 보여주었다. 공공 여론은 은행가들에게 적대적으로 돌아섰지만, 각국 정부는 여전히 사회보장을 축소하고 사유화와 연금, 보건, 교육 등의 상품화를 더욱 밀어붙일 것을 요구하는 채권시장의 노예가 되어 있는 상태다.

나이를 막론하고 수많은 이들이 일자리를 잃고 쓰레기더미로 내던져지고 있는 이 순간에 사회보장은 해체되고 있다. 일자리를 잃은 이들은 비참한 가난에 부닥치게 된다. 그리고 여전히 일자리를 보전하고 있는 이들은 또 값비싼 민간 연금 및 보험업체들의 품에 안기도록 거세게 밀어붙여지는 것은 아니어도 '넌지시' 밀려가고 있다. 긴축재정을 선언하는 나라들이 늘어나면서 이로 인해 대규모 경기 후퇴가 더욱 심화되고 있으며 이는 시민들을 민간 연금 및 보험업체로 몰아갈 뿐만 아니라 금융자본이라는 새로운 체제의 장악력을 더욱 강화하고 있다. 하지만 상품화와 민간 금융은 내적인 여러 한계와 장벽에 갇혀 있다. 민간 금융은 제아무리 솜씨 좋게 이리저리 돈을 융통한다고 해도 이 모순을 극복하는 데 필요한 규모에 다다를 수는 없다. 연금 그리고 그 밖의 사회보장을 공급하는 민간 업체들은 만성적인 불안정성에 좀먹히고 있으며 높은 시장 마케팅비 등 때문에 여성들과 소수자들에게 차별 대우를 하게 되기 일쑤다. 좀 더 근본적인 수준으로 가보면 인터넷은 '지적 소유권'을 약화시켰으며 상업 매체의 힘을 빨아먹고 음악 산업을 황폐화한 바 있다. 인간 유전자 해독과 나노 기술 활용 등도 마찬가지로 상품화의 논리에 저항하고 있다. 이러한 여러 장벽들로 인한 손실을 보상하기에 자본에 의한 사이버 공간의 식민화, 예를 들어 친밀함을 이용한 페이스북의 상업화 같은 것들은 아직 너무나 미미한 규모다.

위기가 깊어짐에 따라서 이 위기를 왼쪽으로 빠져 나갈 수 있는 진정한 탈출구에 관한 건설적 제안들이 갈수록 더욱 절실히 필요해질 것이다. 이 글에서 나는 현존하는 시스템의 틀 내에서 지금까지 제안되어왔던 대안적 정책들 일부를 논의해볼 것이며, 좀 더 장기적인 시간 지평에서 좀 더 급진적—이행적—관점을 제출해볼 것이다. 하지만 먼저 지금까지 적용되어온 '구제 조치들'의 일부를 좀 더 자세히 들여다볼 것이며, 정부·가계·금융·기업 할 것 없이 모두 다 자기들 부채를 털어내고자, 즉 '디레버리지'하고자 애를 쓰는 이 '위기 2.0'의 세계에 급속히 불어나고 있는 화(禍)에 대해 설명하고자 한다. 그 결과는 경기 침체, 실업, 복지 파괴, 선거의 민심조차 완전히 떨쳐버린 기술 관료 동맹의 안착 등이었다. 나는 우리가 효과적인 대항 전략을 내놓기 위해서는 이 위기의 근저에 있는 원인들, 즉 지구적 과잉 설비, 수요 부족, 무정부적인 신용 창출 등의 문제를 해결할 필요가 있다고 주장한다. 그리하여 저임금 국가들에서의 임금을 올리고, 가난한 나라 부자 나라 가릴 것 없이 부채를 탕감하고, 새로운 사회보장 계획을 세우고, 공공의 필요에 좀 더 적합한 새로운 금융 시스템을 설계하는 것 등에 기초하여 지구적인 총수요를 폭넓은 기초에서 팽창시킬 것을 강하게 촉구하고자 한다.

1. 위기는 스스로를 영구화할 내적 동력을 갖게 되었다

현재 OECD 국가들이 겪고 있는 진통은 신자유주의와 지구화가 강력하게 촉진한 여러 경향들—극단적인 불평등, 빈곤, 금융 탈규제, 사유화는 물론이고 주택 담보대출, 신용카드 대출, 대학 등록금, 민간 연기금 등을 통하여 인생 주기를 속속들이 상품화한 것 등—에서 생겨난 결과물이다. 신흥 시장 국가들에서의 저임금과 부자 나라에서의 부채 증가가 결합되면서 무역수지 불균형은 산더미처럼 쌓여만 갔다. 여기에 금융시장의 탈규제가 결합되면서 일련의 계속적인 자산 거품들이 생겨나게 되었다. 투자은행들과 헤지 펀드들은 새로운 유형의 파생 상품을 창조하여 이것을 '모델 산정 가격'으로 가치를 매겨서 '장외시장'에서 기관투자가들에게 판매함으로써 신용을 더욱 팽창했으며, 이를 통해서 장부에 나타나지 않는 '그림자 은행 시스템'을 만들어냈고, 이는 규제를 받는 공식적인 주식시장을 난장이처럼 보이게 만들 정도의 어마어마한 규모로 금세 성장해버렸다. 은행들은 단기적 이익만을 좇아 부주의하게 행동했고, 그 결과 2008년의 대폭락 기간에는 세계 역사상 최대의 가치 파괴가 벌어지게 되었다. 정부의 구제 조치들은 금융 부문에 무제한의 유동성을 제공했지만, 금융 시스템 자체는 거의 아무것도 건드리지 않은 채 그대로 두었다.

월스트리트 구하기

2008년 10월 미국의 9대 은행에 대해서 정부가 군기를 잡는 상황이 명확해졌다. 재무부 장관인 행크 폴슨(Hank Paulson)은 이 은행의 CEO들을 소환하여 그들이 만약 정부에 의한 자본 구조 재조정을 받아들이지 않는 한 파산을 피할 수 없다고 통지했다. 1시간도 채 되지 않아 아홉 명 모두가 폴슨이 준비해놓은 서한에 서명했고, 방금 설립된 7천억 달러 규모의 '부실자산 구제 프로그램'(TARP, Troubled Asset Relief Programme)으로부터 신규 자본을 주입받는 대신 그 대가로 자기들 회사의 지분을 넘기기로 했다. 골드먼 삭스는 이 TARP에 지원할 자격을 얻기 위해서 그 법적 지위를 은행 지주회사로 전환했다. 정부는 또 월스트리트 최대 은행인 시티 은행의 대주주 자격을 획득했다. 위험이 극에 달한 순간에 이 모든 은행들은 일정한 규칙들을 준수하겠다고 굳게 약속했다. 이러한 조치들의 뒤를 이어 국가가 세계 최대의 보험회사인 AIG를 인수했고, 또 주택담보대출 중개업체의 양대 산맥인 파니 매와 프레디 맥을 인수했다. 한편 영국 정부 쪽 또한 처음에는 노던 록(Northern Rock) 은행, 그다음에는 로이드 TSB 그룹과 로열 뱅크 오브 스코틀랜드 등을 구제하지 않을 수 없는 상황에 처했다. 바클레이스 은행과 HSBC는 국가의 구제금융에 휘말리는 것을 피하려고 안간힘을 썼지만 결국에는 미국의 TARP로부터 도움을 받아들이지 않을 수 없었다.

하지만 재무부가 자신이 구제한 은행들에 대해서 소유자 및 채권자로서 스스로가 갖게 된 지위를 이용하여 경제 전체에 혜택을 줄 수 있는 대출 정책을 강제한 적은 결코 없었다. 한 분석에 따르면, 오바마가 2010년 7월 거창한 팡파르를 울리면서 서명했던 도드-프랭크 법(Dodd-Frank Act)은 실제로 법망으로 잡아내는 경우와 법망을 빠져 나가는 경우의 비율이 13 : 87에 달했다.[1] 말하고 보니 참 이상한 일이지만, 월스트리트나 런던 금융가 모두 자신들에 고삐를 채우려는 의회의 시도로부터 본질적으로 아무런 흠집도 나지 않은 채 무사히 빠져 나왔다.

---

[1] Nomi Prins, *It Takes a Pillage*, 2nd edn, New York 2011, p. xi.

'대마불사'를 외치는 작태를 보이는 은행들, 천인공노할 만한 상여금, 변태적이라 할 만큼 잘못된 동기부여, 빈약하기 짝이 없는 자본화, 불투명한 회계 규칙들, 장부에 나타나지 않는 항목들과 특수목적회사 등 이런 관행들 어떤 것도 아무런 제재도 받지 않은 채 여전히 횡행하고 있다. 구제금융을 받아 살아난 은행들은 중소기업들에 정상적인 대출을 재개할 것을 거부하고 있으며 이 때문에 '신용 경색'은 여전히 사라질 수 없는 상태다. 미국 재무부와 연방준비은행은 이 때문에 불만이었지만 그렇다고 행동에 나서라고 명령을 강제하지도 않았다. 은행들은 서로서로가 어떤 문제들을 안고 있는지를 너무나 잘 알고 있었기에(이들은 여전히 존재가 인정되지 않았을 뿐 어마어마한 손실을 숨기고 있었다) 은행 간 대출 또한 꺼리고 있었다. 이들이 돈을 투자한 아주 불확실한 자산들은 서브프라임에만 국한된 것이 아니라 위험한 회사채 및 국채, 특히 유로존의 약한 국가들이 발행한 공채를 포함하여 전방위적으로 펼쳐져 있었다.

공공의 지갑을 이렇게 비상한 용도로 쓰는 일은 만약 미국 금융 시스템의 몰락이라는 무시무시한 가능성이 임박했다고 하는 실로 '죽음 직전에 몰린 경험'이 없었더라면 가능하지 않았을 것이다. 미국 의회는 TARP를 승인하기를 꺼렸었다. 그래서 이 프로그램을 확립한 법안인 안정화 비상조치법(Emergency Stabilization Act)이 처음 의결에 부쳐졌던 2008년 9월에는 의회가 이 법안을 거부한 바 있다. 은행들에 여러 제약을 가하고 또 집을 비워야 할 사태에 처한 가족들에게 어떤 도움을 줄 것인가에 대한 따뜻한 어구가 포함되어 이 법안이 수정되고 나서야 비로소 그 법안은 통과될 수 있었다. 하지만 TARP의 '감찰관'(inspector general)이었던 닐 바로프스키(Neil Barofsky) 스스로가 이 프로그램에 대한 자신의 최종 평가에서 직접 밝힌 바 있듯이, 가택 몰수의 위협에 처한 이들—따지고 보면 서브프라임 위기의 근저에 있는 것이 바로 이들의 문제였다—에게 다다른 도움은 거의 없었다.

재무부는 신용 연장을 은행들에 강제할 수 있는 효과적인 정책을 펴거나 노력조차 전혀 하지 않은 채 은행들에 돈을 공급해주었다. 이 돈에는 어떤 딸린 조건도 없었다. 주택 구입자들에게 대출을 늘려야 한다는 요구 조건은 물론이고 심지어 이를 인센티브로 내거는 것조차 볼 수 없었다. 그리고 우리가 강력하게 권고했음에도 불구하고, 은행들이 TARP 기금을 어떻게 사용했는지 보고하라는 요구조차 하지 않았다. [2009년 2월] 주택 담보대출을 갚기 어려운 가정들 4백만 가구까지 돈을 갚을 수 있도록 대부 조건을 조정해주겠다고 약속하는 주택 담보대출 조정 프로그램(Home Affordable Modification Programme)이 공표되었다. 하지만 이 프로그램은 대실패로 끝나버렸다. 영구적으로 대출 조건을 조정받은 숫자는 54만 건으로, 파산하고 대출 회수에 처한 80만 이상의 건수보다 훨씬 적었다. …… 이 프로그램이 제대로 진행되지 못하면서 집을 압류당한 건수가 폭발적으로 늘어났고, 이 프로그램이 지속되는 동안 실행될 주택 압류가 800만 건에서 1300만 건으로 예상되고 있다.[2]

만약 TARP 기금에서 큰 몫을 떼어내어 저임금 계층의 채무 면제에 썼더라면 이는 악성 부채의 하중을 가볍게 하는 효과뿐만 아니라 경기 침체의 위험에 시달리는 경제에 소비를 자극하는 효과도 함께 나타났을 것이다. 하지만 2008~11년에 실제로 벌어졌던 바를 표현하는 데는 아마도 "변하면 변할수록 처음과 똑같아진다"(plus ça change, plus c'est la même chose)는 격언이 가장 적합할 것이다. 문제가 되었던 금융 부문의 기본적 관행들이 실로 놀랄 정도로 예전과 똑같이 생기를 되찾아버렸으니까. 그 모든 구제금융과 손실 상각에도 불구하고 OECD 내부의 전체 부채 수준(국가 부채, 비금융 법인 기업의 부채, 은행 부문의 부채, 가계 부채)은 완고하게 높은 수준을 유지하여 GDP의 세 배에서 다섯 배로 유지되고 있었다.[3] 정부가 GDP의 큰 덩어리를 뚝 떼어 엄청난 규모의 경기 부양

2) Neil Barofsky, "Where the Bailout Went Wrong", *New York Times*, 30 March 2011.

3) Stephen Cecchetti et al., "The Real Effects of Debt", *BIS Working Paper* 352, September 2011, p. 7, Table I. 부채의 '역사적 주기'의 역동성에 대해서는 Elmar Altvater, *The Future of the*

프로그램과 광범위한 산업 정책에 쓰겠다고 굳게 다짐하지 않는 한, 은행에서 정부로 단순히 부채를 떠넘긴 것만으로는 문제를 해결할 수 없었다.

그러는 한편 미국의 경기 부양 재정 정책은 영국, 유럽 대륙, 중국 등에서 취해진 것들과 견주어보면 그 경제 규모를 감안했을 때 훨씬 더 규모가 작았다.[4] 2010년에 일시적인 회복이 있었지만 이는 극히 임시적인 것이었고 곧 동력이 떨어져서 '스태그플레이션'의 재림 가능성이 어둡게 떠오르는 판이었다. 미국의 실업률은 공식적으로는 노동력의 9퍼센트로 기록되고 있었지만 일자리를 찾는 이들의 숫자는 2500만 명을 헤아렸으며 노동력의 6분의 1에 근접하고 있었다. 대부분의 노동자들은 저축이 대폭 줄어들었고 노후도 막막해졌을 뿐만 아니라, 또 앞에서 말했듯이 집까지 차압당할 위험에 처한 이들이 수백만 명에 달했다. 영국의 은행들은 월스트리트의 은행들보다도 악성 부채로 더 심각한 위험에 빠져 있었으며, 각별히 후한 구제금융을 받게 되었다. 하지만 이렇게 후한 자금을 받아놓고도 영국의 대형 은행들은 중소기업인들의 얼마 되지도 않는 신용 필요에 응하는 쪽으로 움직이지 않았다. 한 연구에 따르면 대출 승인은 90퍼센트에서 65퍼센트까지 떨어졌다. 경기가 좋지 않아 대출 신청 자체가 대폭 줄어들었음에도 불구하고.[5]

경기 부양 정책의 효과가 미미한 데 그치면서 엄청난 양의 '양적 완화', 즉 은행 자산들을 매입하기 위해 돈을 찍어내는 것이 불가피해졌다. 미국과 영국의 중앙은행이 취했던 양적 완화는 금융 부문의 자산과 이윤을 끌어올리는 데는 기여했지만 총수요 증대에는 효과가 미미했고, '실물'경제에 대한 투자를 촉발하지도 못했다. 미국 연준은 2010년 12월 자신의 양적 완화 프로그램이 미국 은행들로부터 3조 3천억 달러에 달하는 채권을 구매했다고 밝혔다. 결국 여기에 새로 찍

Market, London 1993, pp. 87~177.

4) 오바마 행정부의 경기 부양 재정은 그 작은 규모와 조세 감면에 지나치게 의존하고 있다는 점 등으로 폴 크루그먼과 조지프 스티글리츠의 비판을 동시에 받았던바, 그들의 비판은 설득력 있는 것이었다.

5) Katie Allen, "Banks accused of failing small firms after lending plunges", *Guardian*, 29 October 2011.

은 화폐를 사용했고 이를 통해 은행 유동성을 극적으로 끌어올린 것이다. 이 도움을 계기로 은행들은 부채를 줄일 수 있었다. 그리고 나서는 그 돈을 국채나 양질의 소비자 부채 등 리스크가 거의 없거나 전혀 없는 데 투자했다. 이 3조 3천억 달러는 TARP의 무려 4배에 달하는 돈으로서, 이 돈까지 넣어 전체적으로 조망해 보면 우리는 은행 구제 노력에서 TARP가 그저 눈에 드러난 빙산의 일각이었을 뿐임을 알게 된다.[6] 이렇게 은행들에 쉽게 돈을 빌려주게 되면서 은행들은 완전히 백화점 지하 매장에나 적용될 헐값의 이자율—1퍼센트도 채 안 된다—로 돈을 빌려 이를 4퍼센트 혹은 5퍼센트 이자를 지불하는 국채나 12퍼센트에서 18퍼센트를 이자로 지불하는 소비자 신용에다가 돌릴 수 있게 되었다. 대형 은행들은 다시 어마어마한 이윤을 보고하게 되었고 은행가들의 상여금 또한 풍선처럼 부풀어 올랐다. 하지만 오래지 않아서 브라질과 중국의 금융 당국에서 미국과 유럽의 '양적 완화'가 신흥 시장국들에 인플레이션을 수출하고 있으며 부동산 시장에 새로운 자산 거품을 키우고 있다는 불평이 들려오게 되었다.

그런데 이렇게 펑펑 쓰는 돈은 결국 핵심적인 사회보장 프로그램의 자금에서 나오게 될 터였다. 2010년 오바마 대통령은 재정 적자를 줄일 수 있는 여러 방식들을 제안하기 위하여 초당적 위원회를 임명했다. 이 위원회 성원들 가운데 일부는 은퇴 연령을 올리고 수당의 물가 연동을 약화시키는 등의 조치들을 통해 사회보장 수당을 삭감해야 한다고 주장했다. 2011년 7월 오바마는 공화당 원내 지도부에 '큰 흥정'(grand bargain)을 제안했다. 이를 통해 공식적인 연방 부채의 상한선을 올리고 그 대신 정부 지출 프로그램의 삭감에다가 사회보장 지출도 포함해서 모두 4조 달러의 저축을 조성한다는 데 합의하자는 것이었다.[7] 공화당 의원들은 이 매력적인 양보를 거부했지만, 백악관의 입장으로 보자면 사회보장 삭감

6) Gillian Tett, "Lesons in a $3,300 billion surpirse from the Fed", *Financial Times*, 3 December 2010.

7) Jackie Calmes, "Obama Grasping Centriest Banner in Debt Impasse", NYT, 12 July 2011; Clive Crook, "Obama's failed debt ceiling gamble", FT, 11 July 2011.

은 이제 더 이상 논의 밖의 의제는 아니었다. 마침내 2011년 8월 협상이 성사되었을 때 미국 의회는 향후 10년간 2조 4천억 달러의 연방 예산을 삭감할 것을 약속했지만 그러한 삭감의 구체적 내용을 정하는 임무는 초당적 위원회에 일임했고, 11월에 들어서자 이 위원회는 어떤 결론도 내릴 능력이 없다는 것을 드러냈다. 이것이 신호가 되어 새로운 마구잡이 거래가 개시된다. 사회보장과 의료보험 그리고 노인들을 위한 보건 프로그램 등이 그러한 난도질의 대상으로 거론되었다. 아마 인정하고 싶지는 않겠지만 민주당 내에서는 당내 분파 갈등이 격화됨에도 불구하고, 협상을 가능하게 하기 위하여 각종 수당을 삭감하는 것이 그나마 이러한 프로그램들을 '구출'하는 길이라고 믿는 이들이 충분히 많이 있었다.

결함투성이 유로존

한편 유럽에서도 멋대로 방만한 대출을 일삼던 은행들이 심한 타격을 받았다. 아이슬란드, 그리스, 아일랜드, 포르투갈에서 2009~10년에 대규모 구제금융이 필요해졌고, 그 투입된 자금의 양은 두 배였지만 결과는 여전히 확실치 않다. 2011년이 되자 이탈리아와 스페인이 이 대열에 들어서게 되었다. 미국에서처럼 여기에서도 은행들은 지혜롭지 못하게 대출을 했음에도 그 부정적 결과들은 어떻게든 빠져 나가리라고 기대했다. 하지만 유로존의 경우에는 통화를 지탱하는 의미 있는 재정 당국이 존재하지 않기 때문에 훨씬 취약한 입장에 있다는 것이 드러났다. 유럽중앙은행은 '최종 대부자' 노릇을 하라고 설립된 것이 아니었다. 독일의 메르켈 정권은 유럽중앙은행이 영국과 미국의 중앙은행처럼 '양적 완화'로 수조 유로의 돈을 찍어내는 것을 허용할 마음이 없었다. 독일은 역사적으로 과도한 부채에 대해서도 또 인플레이션에 대해서도 일종의 공포증을 가지고 있거니와 이 두 가지가 결합된 모종의 복합 심리를 반영한 입장이었다. 은행들을 위한 구제금융 조치는 다양한 나라들의 금융 당국 사이의 세세한 협상을 필요로 할 수밖에 없었고, 이 각국의 금융 당국들은 각자 자국의 이익에 집착할 수밖에 없었으며, 특히 자기 나라 은행들이 파산이나 '헤어컷'에* 직면하고 있을 때는 더욱 그러했다. 구제금융을 받는 나라의 정부는 엄혹한 긴축 프로그램을 강제 당하게 되어 연금 수당 계획을 무너뜨리고 온 국민에게 허리띠를 졸라매게 하는 등의 조치를 취해야 했지만, 그러면서도 은행들에는 필요한 전액을 지불받도록 하는 일이 종종 있었다. 2011년 여름 유럽안정기금(EFSF, European Financial Stability Facility)을 확장하려는 시도가 있었다. 여러 나라 정부들이 모두 4400억 유로의 기금을 조성하겠다고 서약—이 가운데 2110억 유로는 독일이 내기로 했다—했지만, 이것으로 시장의 공포를 달래는 효과는 오래가지 못했다. 이 계획이 각국 정부가 실제로 지키기에는 너무나 부담스러운 것이었고 설령 실현된다고 해도 그 총액이 충분한 것도 아니었기 때문이다.[8] 그래도 각국 정부는 이 계획을 인증해야만 했다. 하지만 10월이 되어 이 기금의 대부분을 그리스가 빨아들이게 될 것이며, 따라서 1조 9천억 유로의 빚을 걸머진 이탈리아에는 한 푼도 남지 않을 것임이 분명해졌다. 그러자 각국 정부는 더 많은 돈을 유럽안정기금에 출연하는 대신 기존에 출연하기로 한 돈을 현금 기초로 삼아 부채담보부증권(CDO)식의 금융 공학을 활용하여 거의 1조 달러에 달하는 액수의 대부를 보장하는 방식으로 하자고 했다.

어떤 관점에서 보든 유럽의 금융기관들은 문제를 안고 있었다. 유로존의 금융 거물들 가운데 다수—특히 도이체방크와 소시에테 제네랄—는 신용 파생 상품의 광란적인 붐에 뛰어들었지만, 미국의 신용 파생 상품들에 대해서나 유로존의 여러 채권들에 대해서나 자기들이 물려 있는 돈의 액수가 얼마인지를 아직도 밝히지 않은 상태다. 국채 시장에서의 신용부도스왑(CDS)은 지나치게 넘쳐났기에 2011년 그리스 부채 문제가 다시 터졌을 때 이를 진압하기가 더욱 어려워졌다.

위기가 가차 없이 진행되자 유로존 관료들은 2011년 7월 새로운 그리스 구제

---

* 어떤 자산을 담보로 잡을 때 그 자산 보유에 따르는 리스크 등을 감안하여 그 자산의 시장가치로부터 담보 가치를 얻기 위해 가치를 깎아내는 비율. 예를 들어 국채 등 안전 자산의 헤어컷이 1퍼센트라고 한다면 1억 달러어치의 국채는 실제로는 9900만 달러의 담보로 여겨지게 된다.

8) Quentin Peel, "Germany and the eurozone: Besieged in Berlin", FT, 26 September 2011.

금융을 위한 자금을 은행세(bank levy)를 통해 조달하는 제안을 내놓았다. 이 세금은 파산이나 '신용 사건'으로 간주되지 않기 때문에 그리스 국채에 대해 신용부도스왑을 보유한 이들이 돈을 지불해야 하는 사태를 촉발하지는 않는다는 것이었다. 한 보고서의 논평대로, "이 계획을 옹호하는 이들은 이를 통해 향후 3년간 3백억 유로를 조성할 수 있다고 믿고 있으며, 이를 통해 그리스 국채의 민간 보유자들이 새로이 1150억 유로를 구제금융 자금으로 내놓아야 한다는 독일과 네덜란드의 요구를 충족시키는 데 도움이 되리"라는 것이었다.[9] (이때 '민간의 국채 보유자들'이란 물론 은행들을 말한다.) 상황의 심각성에 비추어 이 은행세 제안은 상당히 온건했음에도 불구하고 은행들은 강력하게 저항하여 마침내 이 제안을 차단해버렸다. 은행들이 받아들인 것은 그저 170억 유로만큼 자신들의 채권 소유를 상각한 것뿐이었다. 유로존 전체에 걸친 자기들 자산의 0.025퍼센트에 해당하는 은행세보다 이쪽이 더 낫다고 생각한 것은 은행세가 더 큰 일들을 불러올 단초라고 보았기 때문이다. 영국 정부는 아주 적은 은행세는 허용할 준비가 되어 있었지만(영국 은행들은 자본 구조가 비교적 괜찮은 상태다), 프랑스와 독일이 공공 여론의 환심을 사기 위해 내놓은 금융거래세는 아주 적은 양임에도 불구하고 저지하기 위해 총력을 기울였다(런던 금융가와 헤지 펀드들은 금융거래세를 아주 몹쓸 것으로 본다).

유로존의 정부 수반들은 결국 2011년 10월 민간의 그리스 국채 보유자들이 '자발적인' 50퍼센트의 상각을 받아들인다는 계획을 마련하게 되었다. 이는 연기금은 물론 보험사 같은 기관투자가들에게도 큰 충격이었다. 이들은 고객들에 대한 책임으로서 신용부도스왑 보험이 붙어 있으며 유로로 가치가 매겨진 각종 채권을 '리스크 없는' 자산으로 구입한 바 있었다. 이 채권들 가운데 일부는 부분적인 상각이 벌어지면서 보험으로 지불 보상을 받을 수 있었지만 대부분은 그렇지 못했다. 『파이낸셜 타임스』의 기사에 따르면, 이 상각의 조건들은 지불 보상을

---

9) Peter Spiegel, Quentin Peel and james Wilson, "Move to tax banks seen as key in Greece plan", FT, 20 July 2011.

촉발하는 일을 피하도록 교묘하게 선별된 것이었기에 채무불이행이 벌어질 경우 자기들이 들어놓았던 신용부도스왑 보험에 의지하고 있었던 투자가들을 격노시켰다. 그 결과로 국채 신용부도스왑 시장은 더 많은 의심을 받게 되었다.

유로존 은행들이 유로존 내 부채에 물려 있는 자기들의 자산을 헤지하기 위하여 어느 만큼이나 신용부도스왑을 활용했는지는 분명하지 않다. 하지만 이탈리아와 프랑스에 대해 발행된 국채 신용부도스왑의 공표된 수준은 4백억 달러가 넘고 있으며, 국제결제은행(BIS)은 최근 미국 은행들이 자신들과 거래하고 있는 유로존 은행들에 이탈리아, 프랑스, 아일랜드, 그리스, 포르투갈의 국채 및 회사채들에 대해 5천억 달러가 넘는 규모로 보호를 확장했다고 말한 바 있다.[10]

기관투자가들은 자신들의 포트폴리오의 균형을 맞추기 위해 일정한 비율의 '리스크 없는' 자산들을 필요로 한다. 하지만 과연 오늘날 이탈리아, 스페인 국채는 물론이고 심지어 프랑스 국채라고 해도 과연 솔직하게 '리스크 없는' 자산으로 등급을 매길 수 있을까? 금융 시스템이 성립하려면 그 핵심에 리스크 없는 자산이 갖추어져야만 하며, 이러한 자산은 오직 강력한 경제와 강력한 조세 시스템을 배경으로 하면서 '최종 대부자' 역할을 제대로 할 수 있는 국가만이 제공할 수 있다는 점을 많은 이들이 지적한 바 있다.[11] 2011년 끝 무렵 독일 정부는 마침내 그러한 접근을 지지할 준비가 된 듯 보였지만, 그 조건으로 자신이 유로존 전체를 철통같이 장악하여 재정의 독재권을 확립하겠다는 극단적인 대가를 내걸었다.

---

10) Gillian Tett, "Greek bond losses put role of sovereign CDS in doubt", FT, 18 November 2011.

11) 『파이낸셜 타임스』의 또 다른 논평가가 말한 바 있듯이, "현대 금융 시스템에서 리스크 없는 자산이 있어야 한다는 사실은 아무리 강조해도 지나치지 않다. 모든 보험회사, 모든 연기금은 그 들어오는 자금의 일부를 이러한 리스크 없는 자산에 투자해야만 한다."

우환덩이 연기금

이 위기 2.0의 소용돌이 속에서 연금 수령자들은 모든 측면에서 타격을 받게 되었다. 2008년 전 지구의 은퇴 연금은 단 1주일 만에 20퍼센트가 감소해버리는 일이 벌어졌다. 최근의 한 조사에 따르면 미국에서는 25~54세의 성인들 가운데 67퍼센트가 저축액이 5만 달러—이 돈으로는 딱 월 3백 달러짜리 연금밖에는 살 수 없다—에 미치지 못하며, 이 숫자는 2007년의 55퍼센트에서 단 1년여 사이에 급격하게 늘어난 것이다.[12] 민간 연기금—401(k)s, IRAs, 직종 연금 등—에 엄청 난 조세 감면을 반세기도 넘게 쏟아부었지만 지금도 여전히 미국의 고령 인구 절반 가까이를 궁핍에서 구해주고 있는 것은 사회보장수당(평균 월 1100달러 정도)이다. 확정 기여형 연금은 심지어 가장 좋았던 때도 심한 마케팅비, 행정 및 주문 맞춤에 드는 돈 등 '비용 질병'으로 침식당했다. (반면 미국의 연방사회보장국은 단지 6만 8천 명의 인원—이는 큰 투자은행 하나 정도의 규모다—으로 무려 1억 5천만 명의 노동자들과 5천만 명의 연금 수령인에게 서비스를 제공하고 있다.)

한편 확정 급여형 연기금은 이미 국채 위기 이전에도 양적 완화로 빚어진 주식 시장의 등락에 따라 엄청난 기복의 롤러코스터를 타야만 했다. 2011년 9월 말경이 되면 주도적 위치의 연기금 상담업체인 머서(Mercer)는 미국 민간 기업 부문의 확정 급여형 연금의 적자를 5120억 달러로 추산했으니 이는 주식시장이 여전히 비틀거리고 있던 2009년 초에 확인된 수준에 근접하는 것이었다. 한편 영국의 연금보호기금(PPF, Pension Protection Fund)은 자신이 보장한 바 있는 기업 부문 연금의 적자를 1960억 파운드로 추산했다. 『이코노미스트』의 한 보고서에서는 이러한 수치들을 인용하면서 또한 미국 공공 연금의 적자가 이전 두 해 동안 1조 3천억 달러가 늘었다고 추산한 바 있다. 이 글에서는 또한 양적 완화 때문에

---

12) Employee Benefits Retirement Institute, *2011 Retirement Confidence Survey*. 2007년에 대해서는 George Magnus, *The Age of Aging*, London 2009, p. 87. 이 5만 달러라는 수치에는 살고 있는 주택 그리고 현재 빠르게 사라지고 있는 확정 급여형 연금(Defined Benefit)은 포함되지 않는다.

이러한 연기금들이 직면한 여러 문제들이 악화되고 있다고 보고했다. 채권 수익률이 낮아질 때마다 연금 수령자들에 대한 미래의 의무를 수행할 비용의 회계적 추산치도 더 올라가게 되기 때문이다.[13)

여기에 더하여 확정 급여형 연금에서는 '경기순환에 따라 증폭되는'(pro-cyclical) 충격의 문제점도 있다. 경기후퇴로 인해 연기금 운용에서 적자가 나게 되면 그 적자와 확정 급여의 차액을 기업이 메꾸어주어야 하므로 경제 총수요가 약화되는 시점에서 기업들의 투자가 장려되기는커녕 거꾸로 저축이 장려되고 마는 것이다. 이렇게 되면 수요는 더욱 침체될 뿐이다. 2011년 8월부터 주가가 다시 내려앉으면서 일부 연금들은 너무나 심한 적자 늪에 빠진 나머지 여기에 돈을 내는 기업들의 존속 자체를 위협하게 되었고, 이로 인해 연금 수혜자들인 직원들에게도 실로 심각한 결과를 낳았다. 미국의 국민연금보험공단(PBGC, Pension Benefit Guaranty Corporation)과 영국의 연금보험기금은 연금의 실적을 관찰하여 거기에 돈을 적립하는 기업들이 파산한 경우 그 연금의 구성원들에게 보험을 제공해주었다. 하지만 그렇게 하여 제공된 보험이라는 것은 연금으로 약정된 금액의 통상 70퍼센트 정도에 불과했다. 미국에서는 전 업종에 걸친 모든 산업—항공, 철강, 자동차, 자동차 부품—의 유력 기업들이 미국 파산법 제11조의 파산 기업 보호 조항을 활용했고, 이로 인해 윌버 로스(Wilbur Ross) 같은 기업 구제자들(다른 말로 '기업 사냥꾼들'vulture capitalists)은 연금 적립의 의무를 떨궈내어 PBGC에 넘겨줄 수 있게 되었다.[14) 미국의 노후 연금의 상태가 얼마나 취약하며 또 악화되고 있는지를 보면 워싱턴이 위기를 다루는 데 거둔 '성공'이라는 게 얼마나 공허한 것인지가 다시 한 번 적나라하게 드러난다.

한편 정부가 앞장서서 공공 연금 계획을 의무적으로 민간 연금으로 옮기도록 했던 나라들은 이것이 총체적인 재난이었음을 알게 되었다. 주식시장이 위태로운 상태로 들어갔다는 것은 곧 약속된 자금 축적 목표가 한참 빗나가게 되었

---

13) "A trillion here, $500 billion there", *The Economist*, 15 October 2011.
14) 나는 이를 다음에서 논의했다. "The Subprime Crisis", NLR 50, March-April 2008.

음을 뜻하는 것이었다. 미첼 오렌스틴(Mitchell Orenstein)이 자신의 저서 『연금 민영화』(*Privatizing Pension*)에서 보여준 바 있듯이,[15] 위기가 벌어지기 전날 밤까지도 IMF와 세계은행은 연금의 상업화를 공격적으로 추진하고 있었다. 1994~2008년에 남미와 동유럽의 30개 국가가 자기들의 공공 연금 시스템을 폐기하고 대신 상업 금융기관이 관리하는 개인연금 펀드를 그 자리에 놓도록 압력을 받았다. 여러 국제기구는 아예 얼굴에 철판을 깔고 윽박질러댔으며, 오렌스틴의 표현으로 '자원 레버리지', 즉 민주주의로의 이행이라는 어려운 과정을 한창 통과하는 국가들에 연금 사유화에 동의하지 않는다면 모든 금융 지원을 끊겠다고 협박하는 짓까지 서슴지 않았다. 여기에 더하여 세계은행은 공공 여론을 설득하기 위한 홍보 자금을 융통해주었으며, 핵심적 위치에 있는 인사들은 이 과정에 동참한다면 매력적인 요직을 제공받게 되리라는 동기부여를 받았다.

2008년 폴란드의 새로 설립된 연기금이 그 가치의 17퍼센트를 잃게 되었고, 불가리아에서는 26퍼센트, 슬로바키아에서는 12퍼센트로 같은 일이 벌어졌다. 급기야 에스토니아에서는 한 연기금의 가치가 32퍼센트, 다른 것이 24퍼센트, 또 다른 것이 8퍼센트가 떨어지는 일이 벌어졌다.[16] 금융 위기로 인해 각국 정부는 각자 자신들 나라의 연금 수령자들과 노동자들 모두의 돈을 살짝 빼먹게 되었다. 연금 수령자들은 자기들이 받을 연금의 가치가 떨어지는 사태를 보게 되었고 노동자들은 자기들이 지금까지 이루어놓은 저축이 불안하다는 것을 보면서 풀이 죽었다. 연금 사유화는 국가로서도 비싼 비용을 치르는 과정이었다. '이행 문제' 때문이었다. 노동자들이 지금부터 납부할 돈은 새로이 마련된 연기금에 투자

---

15) Mitchell Orenstein, *Privatizing Pensions: The Transnational Campaign for Social Security Reform*, Princeton 2008. 또한 Camila Arza, "The Limits of Pension Privatization: lessons from Argentine Experience", *World Development*, vol. 36, no. 12, 2008 참조. 기존에 민간 연금 제도를 채택했던 몇 나라들은 결국 연금 체계를 수정하여 국가 연금의 '공적 기둥'에 더욱 무게를 두는 쪽을 선택했다. 칠레, 헝가리, 아르헨티나 등도 그런 나라에 들어간다.

16) Dariusz Stanko, "Pension fund Returns: The Case of Central and Eastern Europe", in FIAP, *Investments and Payouts in Funded Pension Systems*, Santiago de Chile 2009.

되도록 보장해야 하지만, 본래 공공 시스템에 들어 있었던 이들에게도 또 어떻게 해서든 연금 비슷한 것이라도 지불해야 한다는 부담이 있었던 것이다. 유일하게 가능한 방법은 정부가 특별 채권을 발행하는 것이지만, 이 때문에 공공 부채는 서서히 늘어나게 되었고 또 유럽경제통계국(Eurostat)의 규정상으로는 이를 민간 연금에서 발생한 흑자로 상쇄하는 것도 허용되지 않았다. 유럽연합은 그리스 국채에서 쌓이고 있었던 위험은 잡아내지도 못한 주제에 각국이 연금 사유화 과정에서 어쩔 수 없이 필요로 했던 '이행 대출'만큼은 전체 규모를 낱낱이 밝혀야 한다고 틈만 나면 주장했다.

여러 차례 위기의 물결이 암시하는 바는, 주식시장을 수단으로 하여 경제의 작동을 조정하게 되면 불안정성과 시스템 차원의 리스크가 계속 따라붙게 된다는 점이다. 어떤 종류의 금융이든 금융은 본래부터 불확실한 결과를 예상할 수밖에 없는 법이지만, 이 '자유 시장'이라는 것이 문제를 더욱 악화시켰으며 은행들이 국가 당국 책임자들을 협박하여 돈을 뜯어내는 것을 허용했던 것이다. 거대 은행들은 위험한 것으로 알려졌지만, 서방 각국 정부들은 이들이 계속 멋대로 행동하게 내버려두었고 오히려 손실로부터 보호해주었다. 게다가 몇몇 유럽 은행들에서 드러난 대로, 이 금융기관들은 '파산시키기에는 너무 클' 뿐만 아니라 '구제하기에도 너무 큰' 상태. 금융업계의 로비 공세는 여전히 정부에 침투하고 있고, 지배적인 정당 분파들에 정치자금을 대고 있으며, 핵심 '싱크탱크'들도 이 돈으로 유지되고 있다. 애초에 이 환자를 약화시켰던 것과 똑같은 약을 계속 더 많은 양으로 투약한다면 현재의 문제들은 영구화될 것이다.

2. 진단과 치료법

지배적 주류가 보인 정책 대응은 주택 시장 거품이 터진 뒤 디레버리지, 즉 과도한 부채를 해소하고 경기순환 하강이 끝난 뒤에 경기를 부양하는 것만 있으면 경제의 회복이 가능하다는 전제에 기초하고 있는 듯 보인다. 하지만 앞에서 말한 바 있듯이, 핵심부 나라들의 경제가 지금 겪고 있는 진통은 지구적 시스템 내에서의 더 뿌리 깊은 불균형의 결과다. 지난 수십 년간 미국 금융 부문의 엄청난 성장은 그 대가로 미국 제조업 경쟁력을 실로 한 획 그을 정도로 잃게 만들어버렸다. 1998년 로버트 브레너(Robert Brenner)는 자신의 글 「지구적 혼돈의 경제학」(The Economics of Global Turbulence)에서 지구적인 제조업의 과잉 설비가 생겨나고 있으며 이는 OECD 국가들이 주요한 모순에 직면하고 있음을 뜻한다고 주장한 바 있다.[17] 신자유주의 시대 전체를 통틀어서 서구 각국의 정부들은 이윤율을 회복하고 성장이 끝나지 않는다는 환상을 유지하기 위해 각고의 노력을 기울여왔다. 느슨한 신용 공급으로 인해 가정경제, 기업, 지방정부의 기관들 모두가 많은 양의 부채에 의존하도록 장려되었다. 미국의 가정경제 부문은 신용에 의존했고 그 가운데는 거의 1조 달러에 달하는 '주택 담보대출'(home equity loans, 즉 2차 모기지론)도 들어 있었다. 금본위제가 완전히 사라진 1973년 이후 명목 화폐로서의 달러 체제가 제도화되면서 신용 창출의 양을 광대하게 확장하는 것이 가능해졌다. 프랑스 경제학자 자크 뤼프(Jacques Rueff)가 경고한 바 있듯이, 달러 체제는 일종의 마블 게임처럼 기능하는 국제수지 시스템을 낳았다. 즉 한 번 게임이 끝날 때마다 '승자가 자신이 딴 마블을 모두 진 쪽에 돌려주는 것'처럼, 미국에 재화를 판매하여 달러로 표시된 금융 도구들을 얻은 이들이 수출을 위해 자국 통화가치의 경쟁력을 유지하려는 목적으로 그 달러를 다시 워싱턴에 투자하게 된다는 것이다.[18] 이후 수십 년 동안 독일, 일본, 중국은 이 교훈을 배우게 되었다. 그 결과는 신용 창출이 부추겨지고 미국 경제의 약화가 은폐되는 것이었다.

---

17) Robert Brenner, "The Economics of Global Turbulence", NLR I/229, May-June 1998. 이 글은 이후 2006년에 후기를 덧붙여서 책의 형태로 출간된 바 있다. [이에 대해서는 『뉴레프트리뷰 2』, 도서출판 길, 2009에 실린 이 책에 대한 글들 참조.]
18) Richard Duncan, *The Dollar Crisis*, Chichester 2003, p. 43에서 인용.

1992년 중국과 다른 아시아 생산 국가들이 발흥하게 된 것 또한 한 시대의 획을 긋는 사건이었고, 이로 인해 생산 설비의 엄청난 증가와 더불어 달러가 홍수처럼 미국으로 흘러들어가 미국의 금융 수지 흑자를 엄청나게 부풀리게 되었다. 하지만 비례적으로 볼 때 이 돈이 지구의 총수요 증가에 기여한 것은 훨씬 적은 비율이었다. 아시아 생산자들의 발흥과 더불어 그 나라들의 노동자 · 소비자들이 더 많은 돈을 지불받게 되었더라면 이 또한 모두에게 좋은 소식이 되었을지도 모른다. 하지만 신흥 시장에서나 발전도상국에서나 임금은 그 가치 이하로 처박혔고 그 결과로 수요 부족을 초래했다. 프라바트 파트나이크(Prabhat Patnaik)는 이를 고전적인 '실현 공황'(realization crisis)이 지구적 규모로 나타난 것이라고 규정했다.[19] 1990년대 말의 호황기 동안 중국은 그 무역 흑자를 미국 재무부 채권에 투자함으로써 그 엄청난 규모의 신용 팽창을 유지하는 데 도움을 주었다.[20] 서구에서의 임금 상승의 침체와 동양에서의 저임금으로 인해 벌어진 수요 부족은 잠시 동안은 주택 담보대출, 신용카드 장치들과 자동차 구입 대출 등을 경유하여 미국의 가계 부채로 몰려들어갈 수 있었다. 유럽의 소비자들은 이 21세기에 벌어진 파티에 기쁘게 참여했고 그 정부들 또한 이 저렴한 대출에 그저 감사할 따름이었다. 기관투자가들, 그 가운데서도 연기금과 보험사들은 금융 시스템을 불투명하게 만드는 데 한몫했고 이 때문에 그 불투명한 금융 시스템은 자산 거품, 규제 없는 '그림자 은행', 확산되는 '금융화' 등의 먹잇감이 되고 말았다.[21] 2000~07년 사이에 많은 연기금들은 자기들 수익률을 올리기 위해 헤지 펀드에 의존했고, 그 과정에서 실로 역설적이게도 이른바 '리스크가 없다'고 여겨진 유로

19) Prabhat Patnaik, *Re-Envisioning Socialism*, New Delhi 2011. 파트나이크는 현 위기의 촉발에서나 모습의 형성에서나 지구적인 빈곤이 중요한 역할을 맡았음을 강조한다. pp. 148~64, 259~71.

20) Andrew Glynd, "Imbalances in the World Economy", NLR 34, July-August 2005. 또한 Maurice Obstfeld and Kenneth Rogoff, "Global Imbalances and the Financial Crisis : Products of Common Causes", paper presented at Federal Reserve Bank of San Francisco conference, Santa Barbara, 18-20 October 2009 참조.

21) 이 주제는 내가 *Age Shock: How Finance is Failing Us*, London and New York 2006에서 자세히 다루었던 주제다. 이 책의 페이퍼백 개정판은 2012년에 출간되었다.

존의 여러 채권들을 수십억 달러어치나 게 눈 감추듯 먹어치웠기에 그 속에 들어 있는 리스크도 함께 끌어안게 되었다.

하지만 미국과 유럽에 넘쳐나던 이 값싼 신용은 경제의 기초 여건과는 괴리된 것이었다. 중국에서의 고도성장은 불평등을 수반한 것이었기에 전후 유럽에서 보았던 균형 있는 성장과 같은 종류의 가능성을 막는 것이었다. 중국 노동자들이나 농민들은 해외 생산물들을 소화할 좋은 고객이 되기에는 너무나 빈털털이였고, 미국의 저임금 계층 혹은 빈곤 계층에서 대출을 받은 이들은 너무나 빚이 많았다. 특히 이들은 자신들이 걸머진 주택 대출의 이자와 원금을 갚을 능력이 없다는 것을 곧 알게 되었다. 이러한 '서브프라임' 주택 담보대출이 악성 부채가 되는 사태는 2007년의 위기를 가져오는 데 일조했을 뿐만 아니라 이후에도 계속해서 중심적인 문제로 끈질기게 남게 된다.[22] 이 위기를 낳았던 이 근본적인 불균형을 해결하는 최선의 방법은 궁극적으로 지구적 빈곤을 줄이는 일이 될 것이다. 만약 저임금과 빈곤으로 소비가 억제당하고 지구적 경기후퇴가 영구화되는 상황이라면, 지구적 경제의 근저로부터 수요를 회복시킬 방법을 찾아내야만 하는 것이다.

'전진 앞으로'?

지금 미국, 영국 그리고 유로존의 많은 나라들은 경기후퇴가 새롭게 시작되는

---

22) Graham Turner, *The Credit Crunch*, London 2008. 집을 산다는 것은 선진국 시민들에게 일생 동안 가장 큰 금융거래의 하나가 된다(이에 견줄 만한 투자는 연금 구입 정도뿐이다). 따라서 주택 담보대출이 이렇게 큰 시장의 사업이 된 이유를 이해하는 것은 어려운 일이 아니다. 2007년 미국의 가계 부채는 대략 GDP의 120퍼센트였으며, 여기에서 제2차 주택 담보대출을 포함한 모든 주택 담보대출이 그 전체 가계 부채의 약 5분의 4 이상을 차지하고 있었다. 2007~11년에 미국의 가계에서 부채를 일정하게 털어내기는 했지만, 주택 가격이 15퍼센트나 하락하고 실업률이 9퍼센트로 치솟으면서 투자자들에게는 손실이 돌아가고 대출 담보가 된 집들은 압류당하는 일이 벌어졌다(이에 대해서는 뒤에서 더 다룰 것이다). 이 위기를 발생시키는 데 빈곤이 차지한 역할에 대해서는 Raghuram Rajan, *Fault Lines: How Hidden Fractures Still Threaten the World Economy*, Princeton 2010.

사태를 목도하고 있다. 게다가 경기후퇴는 은행 및 국채 위기가 앞으로 더 벌어질 것이라는 위협이 대두되면서 더욱 복잡해지고 있다. 이에 따라 경제적 기득권 집단들 내부에서도 기존 질서에 반대하는 목소리들이 들리기 시작했다. 대니얼 앨퍼트(Daniel Alpert), 로버트 호켓(Robert Hockett), 루비니 등이 내놓은 2011년 10월의 글 「전진 앞으로」(The Way Forward)는 지금까지 미국 연방준비위원회와 재무부가 행해온 몇 차례의 통화 및 재정 개입이 지속 가능한 회복을 낳는 데 실패했다는 점에 주목하면서 더욱 근본적이고 급진적인 조치들을 취하기 전에는 성공의 희망이 없을 것이라고 강력하게 촉구한다. "현재의 경제적 상태는 지금까지 제안되고 시도되었던 것들과는 대단히 상이한 종류의 경기 회복 프로그램을 요구하고 있다. 즉 좀 더 지지 기반이 확실하고 내용이 있으며 좀 더 집중되어 있을 뿐만 아니라 새로운 부의 원천을 창출하는 데 좀 더 전략적인 목표를 두는 그러한 프로그램이 필요하다."[23] 앞에서 말한 글린이나 브레너 등과 마찬가지로 이들 또한 자산 거품의 근원을 지구적으로 생산 설비가 장기적으로 과잉이라는 것, 또 무역 불균형이 엄청나다는 것 등에서 찾고 있으며, 나라들 사이에서의 그리고 각국 내에서의 불평등과 빈곤이 이 위기를 촉발하는 데서 그리고 회복을 가로막는 데서 중대한 역할을 맡고 있다고 본다.

루비니 등의 추산에 따르면, 미국 가정경제와 금융 부문에 적체되어 있는 엄청난 양의 부채 문제—"우리가 경험한 바로 1920년대 말 이래 신용 과다 공급으로 촉발된 최악의 자산 거품"—가 그나마 조금이라도 완화되기 시작할 때까지 5~7년이 걸릴 수 있으며 그 기간에 거대한 규모의 손상이 나타나게 될 것이라고 한다. 더욱 무서운 일은 이 위기가 세계경제의 한 시대의 획을 긋는 변동의 결과라는 것이다. 새롭게 나타난 수출 지향적 국가들이 세계경제에 진입하는 여러 번의 물결이 있었고 이는 2000년대 초 중국의 경우에서 절정에 달했다. 그런데 이로

---

23) Daniel Alpert, Robert Hockett and Nouriel Roubini, "The Way Forward: Moving from the Post-Bubble, Post-Bust Economy to Renewed Growth and Competitiveness", *New American Foundation*, October 2011, p. 14.

인하여 지구적인 수요와 공급의 균형은 결정적으로 변하게 되었다는 것이다.

그 결과 세계경제는 오늘날 지구적 수요에 비교했을 때 노동, 자본, 생산 설비의 과도한 공급에 휩싸여버렸다. 이는 영리적 투자와 선진국에서의 순수출 증대 전망을 근본적으로 어둡게 만들고 있다. 그런데 부채-디플레이션으로 국내의 소비자 수요가 줄어들 경우 경기회복을 가져올 수 있는 추동력은 이 영리적 투자와 순수출 증대뿐인 것이다. 또 오늘날에도 미국이 세계의 최종 소비자 및 대출자로서 중심적 역할을 하도록 의존하고 있는 상황이므로, 이것이 전 지구적 경제를 위기로 몰아넣고 있는 것이다.

여기에 더하여 중국의 방대한 저임금 노동력이 세계시장으로 들어오면서 선진국 세계에서의 노동과 자본의 세력균형은 더욱더 이동하게 되었고 "미국의 임금 상승 침체뿐만 아니라 1920년대의 대공황 직전 시기 이후로 가장 극심한 부와 소득수준의 불평등"을 낳고 말았다.[24] 이에 대한 대응으로서,「전진 앞으로」는 세 부분으로 이루어진 계획을 제시한다.

1. 미국의 사회간접자본 투자를 위해 1조 2천억 달러짜리 5개년 계획을 시행한다. 지금 놀고 있는 자본과 노동을 '지극히 낮은 비용'으로 사용할 수 있는 '역사적으로 드문 기회'를 최대한 이용하자는 것이다. 이 계획은 그 규모가 특히 중요하다. 지금처럼 생산 설비의 과잉에 시달리는 시기에 '경기 부양 패키지'니 조세 감면이니 '양적 완화'니 하는 소소한 짓들로는 '끈으로 밀어대는 것'(pushing on a string)처럼 전혀 효과를 볼 수 없을 것이며, 재정 적자를 줄이겠다고 나서는 것은 아무런 효과도 거둘 수 없을 뿐만 아니라 사실상 전체 적자를 더 증가시키는 결과를 낳을 수도 있다.

---

24) Daniel Alpert, Robert Hockett and Nouriel Roubini, "The Way Forward", p. 3.

2. '과잉 부채(debt overhang)를 감축할 것'. 저소득 채무자들에게 도움을 제공하며 금융기관들에 원리금을 받지 못하고 있는 자산들의 상각을 받아들이도록 요구해야 한다.

3. '지구적 재균형'을 통해 발전도상국들에서 임금 상승과 복지 개선을 가져와야 한다. 중국에서 노인들에 대한 사회보장 제공을 개선하고 국가 자산을 그러한 프로그램에 쓰겠다고 서약한다면 사람들이 지나치게 저축하는 것을 줄일 수 있고 소비를 장려하게 될 것이다. 이러한 지구적 '재균형'이라는 구호 아래 '세계경제회복기금'(World Economic Recovery Fund)을 설립하자는 제안도 들어간다. 이는 흑자국들의 출연으로 마련되지만 이들이 세계은행과 IMF에서 공정한 대의권을 가질 수 있도록 헌장을 고쳐야 한다.

이러한 제안들을 어떻게 평가할 것인가? 중국에서 임금을 밀어 올릴 최고의 방법은 노동자들의 제반 권리를 개선하는 것이지, 이들이 생각하는 것처럼 중국 통화를 절상하는 것은 아니다. 지난 2년간 중국의 인민폐는 계속 그 외환 가치가 상승했지만 거기에서 주로 이득을 취한 것은 생산자들이 아니라 판매자들이다. 임금을 개선하면 이는 곧바로 중국의 가계소득으로 들어가게 되니 소비수준에 가장 직접적인 영향을 줄 수 있을 것이다. 임금의 개선과 사회보장을 요구하는 대중의 동요는 끈질기게 이어지고 있으며 마땅히 그들의 요구에 응해야 한다.[25] 루비니 등이 모든 중국 노동자들에게 제대로 된 노후 연금을 얻게 해준다면 그들로 하여금 저축을 줄이고 대신 그 돈을 지출할 수 있게 장려할 것이라고 주장한 것은 옳다. 「전진 앞으로」는 채무 면제를 요구하며 이를 달성하기 위한 최상의 기술적 세부 사항들을 내놓고 있기도 하다. 하지만 이들의 부채 탕감 제안은 TARP의 감찰관이 내놓았던 제안보다도 인색하다. 또 「전진 앞으로」는 '새로운

25) Loong-Yu, "Alter-Globo in Hong Kong", NLR 42, Nov-Dec 2006.

성장의 원천'을 밝히겠다는 스스로의 약속도 사실 이행하고 있지 못하며, 크게 보아 사회간접자본 프로그램들과 '세계경제회복기금' 설립 아이디어 정도가 전부다. 또 국가에서 자금을 대어 은행들의 자본 구조를 바꾸어야 할 필요에 대해서도 이야기하고 있지 않다.

지구적 차원에서의 최저임금제

리처드 던컨(Richard Duncan)은 그의 『자본주의의 타락』(*Corruption of Capitalism*)에서 좀 더 급진적인 제안들을 내놓고 있다. 던컨은 이미 2003년에 발표했던 『달러 위기』(*The Dollar Crisis*)—이 저서는 이후에 벌어진 대폭락 사태에 대해 놀라울 만큼 정확한 예견을 보여주고 있다—에서 저임금의 문제점을 지적한 바 있다. 그는 여기에서 지구적 차원에서 수출 부문의 최저임금제를 강력하게 주장하고 있다. 각종 국제기구와 바로 노동자들 모두가 이를 법적으로 강제해야 한다는 것이다.[26] 그도 수출 지역에서 조금이라도 꾸준히 임금이 상승하도록 할 필요가 있다는 데 합의가 쉽지 않다는 점을 인정한다. 대기업들은 노동비용을 낮추는 것이 채산성의 핵심이라고 보기 때문에 수출 지역에 하청을 주거나 그곳에 자기들 공장을 세워왔다. 하지만 지구적인 소득 격차가 오늘날 너무나 크기 때문에 최저임금제를 도입한다고 해도 최종 소비자가 겪는 물가 상승은 아주 조금밖에 되지 않는다. 시간당 임금을 3달러에서 4달러로 올린다면 이는 지역 소비의 증대에는 3분의 1만큼의 역할을 하게 되지만 물가상승은 2퍼센트에서 3퍼센트에 불과해질 것이다. '공정 무역'의 경험은 수출 부문에서의 최저임금에 대한 지지를 얻을 수 있는 범위를 보여주는 것이기도 하다. 지구적인 최저임금제를 법으로 강제하려면 감시와 감사 체계를 새롭게 구축할 필요가 있다는 어려움이 있지만, 던컨은 이런 것들이 결코 극복하지 못할 장벽은 아니라고 주장한다. 특히 임금 소득자들은 자기들 월급에 관계된 문제이니만큼 눈에 불을 켜고

---

26) Richard Duncan, *Dollar Crisis*, pp. 233~50.

관심을 가지게 되리라는 것이다.

던컨은 다른 임금이나 소득보다도 수출 부문을 지배하고 있는 이 서방 대기업들 내의 임금을 감시하는 것이 훨씬 더 쉽고 금세 시작할 수 있는 일이라고 주장한다. 실제로 국경 간 재화 및 서비스 이동은 이미 추적과 감시가 가능한 상태다. 아주 힘든 장시간 노동에다 쥐꼬리만 한 급여를 주는 짓에 대해서 도덕적 비판의 논리를 만드는 것은 어려운 일이 아니다. 전통적인 보호무역주의와 달리 이 새로운 규범들이 추구하는 것은 저임금 국가로부터의 수입을 배제하자는 것이 아니라 그저 수출 부문의 임금에 대해 일정한 하한을 정해놓자는 것뿐이다. 이는 총수요 증대를 전체 경제로 확산할 수 있는 방식으로 고안되어 있는 것이다. 대부분의 OECD 나라들은 이미 일종의 최저임금 입법을 가지고 있지만 던컨이 강력하게 촉구하고 있는 것처럼 수출 부문에서의 임금과 노동조건에 초점을 맞추고 있지는 않다. 수출 부문에서의 임금 상승은 저소득 국가의 총수요에 중대한 영향을 끼칠 것이며, 이는 그 자체만으로도 성장을 발생시키는 데 도움이 될 것이다.

던컨의 분석이나 제안들과 루비니 및 그 동료들이 「전진 앞으로」에서 제시한 분석이나 제안들 사이에는 여러 합치하는 점들이 있지만, '새로운 부의 원천'에 대해서 좀 더 구체적인 쪽은 던컨이다. 그는 이자율이 낮고 자본이 넘쳐나는 상태라면 이는 공공 당국이 낮은 비용으로도 재생 가능 에너지, 나노 기술, 생명공학 등의 대규모 프로그램에 착수할 자금을 조달할 수 있음을 뜻한다고 강하게 촉구한다.[27] 던컨이 보기에 이 각각의 프로그램들에 제대로 자금을 지원할 수 있으려면 1조 2천억 달러씩 총 3조 6천억 달러가 필요할 것이라고 한다. 던컨은 이렇게 야심적인 프로그램을 수행할 기업이라면 정부 운영이 아니라 공적 '트러스트'가 된다고 설명한다. 던컨의 접근은 필요한 만큼의 규모와 범위를 갖추고 있지만, 그는 자신이 이렇게 총체적인 공적 사업의 조치들을 옹호하고 있다는 사실에 좀 불편함을 느끼고 있는 듯하다. 그는 은행에 대한 구제금융 조치나 경기 부양

---

27) Richard Duncan, *The Corruption of Capitalism*, Singapore 2009, pp. 188~90.

프로그램 등을 진정한 자본주의 정신이 타락한 것이라고 공격하지만, 반면 자신이 제안하는 조치들은 자본의 축적 과정에 다시 튼튼한 건강을 회복시켜줄 것이라고 주장한다. 하지만 만약 공적 자금으로 이러한 새로운 트러스트들을 설립할 경우 이는 분명히 공적 소유로 남게 될 것이다. 그가 사용하는 범주들에는 논쟁의 여지가 없지 않지만, 그가 말하는 대로 현재의 국면에서는 처방이랍시고 또 긴축정책과 사유화를 시행하는 것보다 국가자본주의 쪽이 더 선호할 만한 선택이다. 그러한 공공 사업에 발맞추어 공동체들과 노동 집단들의 힘을 강화할 조치가 함께 이루어진다면 말이다.

던컨의 여러 제안들은 다이앤 엘슨과 그 밖의 여성주의 경제학자들이 아동노동, 성적 차별, 환경 파괴, 노동권 부정과 심한 저임금 등을 불법화할 새로운 무역 정책들을 옹호하면서 내놓은 제안들과 잘 조화를 이룬다.[28] 이들은 무역 불균형의 뿌리가 '상대' 우위가 아닌 '절대' 우위에 있다고 주장한다. '완전경쟁'이 아니라 기술과 숙련의 격차를 반영하는 것이 불균형이라는 것이다.[29] 수많은 무역 지대에서 노동력의 주종을 이루는 것은 젊은 여성들로서, 이들은 가족 부양의 책임이 아직 없으면서도 '날렵한 손가락' 그리고 노동 기율은 물론 오랫동안 힘든 노동을 지속할 능력 등을 가지고 있다. 무역의 여러 규칙들로써 이 노동자들에 대하여 우선 안전기준, 교육 기회, 제반 노동권은 물론이고 최저임금률도 정할 수 있으며 아마도 종국적으로는 국경 없는(sans frontière) '생활임금'까지 확립할 수 있을 것이다. 이와 비슷하게 무역의 규칙들을 제정하여 가장 가난한 노동자들을

---

28) Irene van Staveren, Diane Elson, Caren Grown and Nilufer Cagatay, *The Feminist Economics of Trade*, London 2007.

29) 이 '절대 우위' 명제를 발전시킨 이는 윌 밀버그(Will Milberg)로서, 그의 접근은 총수요 부족에 초점을 두고 있다. Will Milberg, "Is absolute advantage passé?: Towards a Post-Keynesian/Marxian theory of international trade", in Michael Glick, ed., *Competition, Technology and Money*, Cheltenham 1994. 안와르 샤이크는 경쟁적 이점을 획득하는 것은 '완전경쟁'의 신화에서 나오는 결과가 아니라 거꾸로 그것 자체가 상황을 결정하는 요인임을 증명했다. Anwar Shaikh, "Globalization and the Myth of Free Trade", in Anwar Shaikh, ed., *Globalization and the Myth of Free Trade*, London 2006.

과도하게 착취하는 일을 막자는 주장은 프랑스의 경영자 연합체인 MEDEF의 수석 경제학자였던 장–뤼크 그레오(Jean-Luc Grëau)도 내놓은 바 있었다.[30]

현재의 위기를 어떻게 다룰까를 놓고 영국에서 벌어졌던 논쟁 또한 비록 방금 고찰한 것들만큼 포괄적이지는 않아도 급진적인 여러 제안들을 제시한 바 있다. 로버트 스키델스키(Robert Skidelsky)의 경우 통화적 조치들만 할 것이 아니라 이를 과감히 넘어서서 대규모 공공 자원을 대단히 활동적인 국가투자은행(National Investment Bank)으로 넣을 필요가 있다고 강력하게 촉구했다.[31] 제럴드 홀섬(Gerald Holtham)은 그러한 공공 은행이 있다면 공공 임대주택이나 유료 도로 등 미래에 수입을 벌어들일 수 있는 투자에 자금을 댐으로써 성장률도 올리고 재정 적자도 줄일 수 있으리라고 주장한다.[32] 홀섬은 이미 국유화된 은행들 가운데 하나를 이러한 기능에 쓰도록 개조할 수 있으며, 정부에서 보증을 선다면 더 싼 비용으로 돈을 빌릴 수 있다고 한다.

연기금은 그 규모가 실로 대단하기 때문에(연기금은 전 지구 금융자산의 4분의 1에 육박한다) 정치가·금융가들은 이 신이 내린 현금 보유를 활용하여 몰락해가는 사회구조를 수리할 수 있는 비전과 제안을 따라가게 된다. 노후 연금 가입자들이 붓는 돈은 조세 감면의 혜택을 받는 고로, 이 돈을 실제 연금 지급에 필요해질 때까지 여러 용도로 굴리는 것은 너무나 공정한 일이다. 하지만 그 리스크와 수익률은 어떨까? 영국의 금융가인 에드먼드 트루얼(Edmund Truell)은 영국 공공 부문 연금의 성원들이 붓는 돈을 사회간접자본 투자를 일으키는 데 쓴다면 여러 비용 문제가 해결되리라고 주장한 바 있다. 이러한 방식을 쓰면 정부로서는 일석이조인 셈이다. 정부는 한편으로는 1조 3천억 파운드 규모의 방대한 공공 근로 프로그램 자금을 얻게 되며, 다른 한편으로는 영국 공공 부문 연금에

---

30) Jean-Luc Grëau, *Le Capitalisme, malade de sa finance*, Paris 1998. 또한 John Grahl, "Dissident Economics", NLR 69, May-June 2011에서 논의된 다른 저작들도 참조.

31) Robert Skidelsky and Felix Martin, "Osborne's austerity gamble is fast being found out", FT, 1 August 2011. 스키델스키는 *New Statesman*의 여러 글에서도 이러한 접근법을 옹호했다.

32) Gerald Holtham, "A national investment bank can raise our growth", FT, 21 October 2010.

닥쳐오고 있는 적자 출혈도 멎게 할 수 있는 것이다. 이 연기금은 정부에서 지원하는 이러한 여러 건설 프로젝트에 접근하는 특권을 누리게 될 것이며, 이를 통해 그 건설 프로젝트들 또한 더 싼 값에 돈을 빌릴 수 있게 되고 연기금은 보장된 수익을 벌어들일 수 있게 된다는 것이다.[33]

하지만 이 새로운 공공 부문 연금의 여러 장치와 제도들이 정확히 어떤 모습으로 이루어지고 또 운영될지가 중요하다. 나는 앞에서 민간의 상업적 연기금이 값도 비싼 데다가 깨지기 쉽다는 점을 지적한 바 있다. 반면 공공 부문은 그러한 연금 계획을 운영할 수 있는 기관을 세우는 데 필요한 인원과 전문성을 가지고 있으며, 따라서 마땅히 이를 해야 한다. 하지만 이렇게 정부에서 후원하는 제2차 연금을 공공 부문 노동자들에게만 제공하고 다른 모든 시민들에게 이와 비슷한 연금을 만들어주는 일을 무시한다면, 이는 공평한 일이 아니다. 영국 공공 부문 노조가 자기 성원들이 받아야 할 몫을 챙기는 것은 명백히 정당한 일이지만, 이를 더욱 강화하기 위해서는 모든 시민들에게 제2차 연금을 주어야 한다는 캠페인을 벌이는 것이 유일한 방법이다.[34]

하지만 강력한 보장과 명확한 지침을 갖는 것이 필요하다. 만약 노후 연금을 여러 공공 프로젝트에 투자한다면 그 수익률은 명시적으로 보호받아야 마땅하다. 최근의 보고서를 보게 되면 그 위험의 몇 가지를 찾아볼 수 있다.

네 개의 영국 연기금들과 그 펀드매니저들—이들이 운용하는 자금은 5백억 파운드를 넘는다—은 철도, 도로, 에너지 프로젝트 등의 계획에 투자하기로 재무부와 포괄적 계약(initital agreement)을 맺었다. …… 재무부는 사회간접자본 투자

---

33) William Robins, "Radical Plan for Fund to Plug?: 1.3 trillion Black Hole", *City Wire*, 1 November 2011 & *Sunday Times*, 6 November 2011. 이 계획은 철저하게 공공의 비영리 기금이 운영할 수 있을 테지만 펜션 코퍼레이션(Pensions Corporation)의 이사인 트루얼은 이를 영리 보험 회사가 운영하는 그림을 그리고 있는 듯하다.
34) 이러한 캠페인을 벌이면 어떤 가시적 효과가 있을지에 대해서 나의 저서 『고령화의 충격』(*Age Shock*)에서 설명한 바 있다.

에서 오늘날 광범위한 불신을 받게 된 민간 주도의 자금 조달을 대체할 새로운 투자 모델을 세우고자 한다. 민간 주도 자금 조달(PFI, Private Finance Initiative)에서는 보통 자본비용이 8퍼센트에 달하지만, 이보다 '더 좋은 가치'를 가져다줄 수 있는 민간 자금의 조달 방식을 알아보기 위한 조사가 이달 초에 시작된 바 있다. 이 모델은 제공하는 수익률은 낮겠지만 소매 물가지수의 인플레이션과 연동되어 있는 것으로 기대되고 있다.[35]

사회간접자본 투자는 절실하지만 영국 정부는 이미 재정 감축에 온 힘을 쏟고 있는 상태여서 그 자금을 조달하는 데 모종의 '장부 외'(off-balance-sheet) 메커니즘을 찾아내려고 필사적이다. 하지만 만약 정부가 원금은 물론 최소한의 수익률을 기꺼이 보장할 용의가 없다면 연기금 또한 이런 식의 투자를 너무 위험한 것으로 보게 될 것이다. 혹시 발생할 수 있는 비용 초과(cost overruns)의 위험을 연기금이 뒤집어쓰리라 기대할 수는 없는 일이다. 하지만 그런 식의 보장을 정부가 해줄 경우엔 공개 회계상에서도 일정한 충당금을 마련해두어야 할 것이며, 값비싼 PFI에 편법으로 의존할 경우에는 재무부에서 계획한 상업적 파트너들에게 일정한 이윤을 내놓는다는 것이 더욱 어려워질 것이다. 영국 재무장관은 이러한 프로젝트를 받아들였지만 그 크기는 대단치가 않으며(불과 연 30억 파운드) 세부 사항들은 아직도 합의에 이르지 못했다. 대부분의 영국 연기금 펀드매니저들은 공공 인프라 사업의 가치를 평가할 만한 숙련이나 규모를 갖추지 못하고 있지만, 공공 기관이 나선다면 이들도 그러한 목적에 맞도록 자원들을 합칠 수 있게 될 것이다.[36]

연기금은 가입자들에게 공공 연금을 보조하는 연금 수입을 가져다주지만 그

---

35) George Parker and Jim Pickard, "Fund managers back infrastructure plan", FT, 26 November 2011.
36) 최근 수십 년간 은행들은 각종 금융화 기법을 동원하여 인프라 투자금융을 지배했지만, 불행한 결과를 낳을 때가 가끔 있었다. Kate Burgess and Paul Davies, "Pension funds need convincing on infrastructure", FT, 29 November 2011.

액수는 사실 아주 미미하다. 그럼에도 불구하고 여기에 가입하게 되면 자본주의적 질서를 유지하는 데 명목적인 이해 당사자가 되는 것이다. 네덜란드나 다른 몇 나라들이 이러한 경우로서, 여기에서는 거의 모든 이들이 연기금 자산을 가지고 있다. 이보다 좀 더 흔한 패턴은 절반 정도의 피고용자들이 연금을 가지고 있지만 그 연금 액수에서 불평등이 큰 경우다. 그리하여 영국과 미국에서는 모든 조세 면제의 절반 정도가 상위 10퍼센트의 피고용자들에게 돌아가게 된다. 하지만 연기금들을 규제하기 위한 공공 기관들—미국에서는 PBGC, 영국에서는 PPF 혹은 전국고용저축신탁(NEST, National Employment Savings Trust)—에 더 많은 자원과 권력을 부여할 수 있을 것이다(뒤에서 더 다루겠다).

아주 일이 잘 풀린 경우라고 해도 사회간접자본에 투자하는 여러 제안들이 실업률에 실제 영향을 끼치려면 여러 달이 걸린다. 수요를 자극하는 가장 빠른 방법은 소득과 소비에 가해지는 조세를 감면하는 것이다. 미국과 유럽 모두에서 각종 지불급여세(payroll taxes, 사회보장을 위한 납부금이다)를 철저하게 조사하여 저임금 노동자들 및 30대 이하 노동자들에게는 이를 완전히 철폐하는 한편, 이를 납부해야 하는 연령대의 상한은 올리는 방안을 생각할 수 있다. 이렇게 세금의 구성을 그 대상을 제대로 맞추어 다시 바꾸기만 한다면, 그 하나로 수요도 자극하고, 신규 노동을 고용하는 비용도 낮추고, 고소득자들의 세금을 올리는 일까지 한꺼번에 이룰 수가 있다. 지난 몇 년간 독일 정부는 이러한 변화를 받아들였고 그 덕에 실업률은 9퍼센트에서 5퍼센트로 떨어지면서 2005~09년 동안 IG 메탈의 노동자들 급여는 13퍼센트나 증가했다.[37]

---

37) 독일의 여러 경향에 대해서는 Brooke Unger, "Europe's Engine", *The Economist*, 13 March 2010.

3. 국가 부채의 감사

위기 2.0의 상황에서는 은행들이 걸머졌던 부채가 연금 수령자들, 학생들, 교사들, 돌봄 노동자들, 실업자들로 떠넘겨졌다. 각국 정부가 국채 거래자들 및 신용 평가 기관들에 항복했고, 실로 돈을 방만하게 꿔주었던 금융기관들의 부실 자산을 에누리 없이 액면가 그대로 매입하는 구제금융을 펼쳤던 것의 결과였다. 손실을 인정하고 상각하는 것은 회복 과정의 필수적인 일부다. 하지만 위기가 터지면 그때 가서 부랴부랴 대응하는 것보다는 사려 깊은 선별 과정을 택하는 것이 더 바람직하다. 그 여러 전략들 가운데는 공공 부채의 감사를 통해 선별적으로 채무의 지불거절도 할 필요가 있으며, 이른바 '역겨운 채무'(odious debt) 따위는 완전히 지워버려야 한다. (역겨운 채무란 보통 시민들의 동의도 없이 또 그들의 이익에 반대되는 목적에서 체제를 유지하는 권력자들이 계약한 부채로서, 채권자들도 이러한 상황을 알고 있는 상태에서 꿔준 채무라고 정의된다.) 감사를 거치게 되면 숨어 있던 부채들이 다 드러나 비록 총액은 크게 늘어나지만 정확성을 기할 수 있으며, 또 여기에서 어떤 채권자들에게 돈을 갚는 것이 정당하고 합당한지도 정확히 알 수 있다. 2007년 에콰도르 대통령 라파엘 코레아(Rafael Correa)는 국제경제 학자들과 법 전문가들로 구성된 공공채무전면감사위원회(CAIC)를 임명하여 1976년 이후 에콰도르 국가의 이름으로 얻은 채무 협상과 재협상들의 합법성, 정당성, 타당성을 분명히 하라는 임무를 맡긴다. CAIC는 무수한 변칙들과 불법들을 찾아냈고, 그 가운데 어떤 것은 1995년의 브래디 플랜(Brady plan)에서 계획된 재협상에서 기원한 것들까지 있었다. 이러한 감사 결과로 단단히 무장한 덕에 코레아 정부는 미국의 여러 은행들에 잡혀 있던 32억 달러에 이르던 채무를 10억 달러까지 줄일 수 있었다.

만약 다른 나라들도 이러한 수사에 착수한다면 부당 압력, 공직자 매수, 국회의원들의 타락 등을 발견하게 될 가능성이 높다. (앞에서 말한 대로 연기금을 사유화하는 나라들이 그 과정에서 얻어야 했던 '이행기' 대출 등이 예가 될 것이다.)

또한 심지어 빚을 몇 번에 걸쳐 갚는다고 해도 여전히 채무가 남아 있을 만큼 부당한 조건으로 계약된 채무들도 발견하게 될 것이다. 서브프라임 위기가 '그림자은행업'의 관행 때문에 강도가 커졌던 것과 마찬가지로, 그 뒤를 이은 국채 위기 또한 숨어 있는 정부 채무, 특히 '암묵적' 정부 보증을 달고 있는 채무 등으로 인해 더욱 악화된 바 있다. 프랑스의 경제학자 프랑수아 셰네(François Chesnai)는 그의 저서『불법으로 생겨난 부채』(Les dettes illégitimes)에서 '역겨운 부채'의 아이디어를 확장하여, '자본에 선물'을 주는 과정에서 계약이 이루어진 공공 부채는 모두 불법으로서 지급을 거절해야 한다고 주장했다. 예를 들어 국가 소유 자산을 사유화하는 과정에서 입찰자들을 꾀어들이기 위해 공공투자를 한다든가, 세금을 깎아주려고 일부러 세수를 낮추고 대신 부채를 들여와 그 결과 직접세율 수준이 낮아 재정 적자가 쌓이게 된 경우 등이다.[38] 저 유서 깊은 희년(禧年, Jubilee)의 원리는 부채 탕감을 권유하고 있다. 하지만 이 원칙에 차별을 두어야 할 영역도 여전히 남는다. 간혹 부자들이 가난한 이들에게 돈을 빚지고 있는 경우도 있으며, 이 경우에는 빌려간 돈에 대해 확실한 책임을 져야만 한다. 만약 이탈리아가 스스로 발행한 국채를 모조리 지불거절에 부친다면 소규모 저축자들은 타격을 입게 될 것이다. 이 소규모 저축자들 수백만 명이 차지하는 국채의 양이 전체의 14퍼센트에 이르기 때문이다. 급진적 해결책들을 옹호하는 이들은 부지불식간에 소부르주아들을 파시스트들의 손으로 밀어내는 일이 없도록 조심해야 한다. (물론 지불거절 조치에서 그러한 소규모 저축자들은 물론 진짜 연기금과 자선단체 등도 제외할 수 있다.)

여기서 우리는 부채와 신용이* 같은 동전의 두 면이라는 점을 상기해야 한다. 신용이란 만약 그것을 통해서 실물경제를 살찌우고 '재화들'(goods)을 생산하고

---

38) François Chesnai, *Les dettes illégitimes: Quand les banques font main basse sur les politiques publiques*, Paris 2011, pp. 95~141. 또한 아탁(ATTAC) 경제학자 집단이 내놓은 제안들 참조. ATTAC, *Le piège de la dette publique*, Paris 2011.

* 원문은 debt and credit. credit은 '신용(대출)'이라는 뜻과 '채권'이라는 뜻이 모두 있다는 점을 상기할 것.

'비재화들'(bads)을 피할 수 있게 하는 데 쓰인다면 참으로 멋진 물건이다. 그런데 신용 남발의 나쁜 측면은 제3세계 부채(1980년대), 닷컴 주식 붐(1999~2001년), 부동산과 주택 담보대출(2004~07년) 등에서 있었던 투기적 거품에서 나타난 바 있다. 이 각각의 경우 신용 대출은 실물경제를 부양하는 것과 거의 혹은 전혀 상관이 없었다. 하지만 2008년 이후로 우리는 신용 기근의 차가운 그림자가 덮치는 바람에 경제의 회복이 가로막히는 사태를 목도하고 있다.

그리스의 경우, 가난한 저축자들 대신 대규모 금융기관들에 손실을 뒤집어씌우는 국가 부도 또한 생각해볼 가치가 있는 선택지다. 그리스 부채의 큰 뭉치들은 분명히 '역겨운 부채'로 여길 만한 것이다. 예를 들어 2005~09년 카라만리스(Karamanlis) 정부가 프랑스 제트기를 구입하기 위해 프랑스 은행들로부터 가져온 거액의 대출이라든가 2004년 올림픽을 준비하느라고 쓴 거액의 돈들이 그러하다. 물론 국가 부도는 값비싼 대가를 치러야만 한다. 국가가 부도를 선언하는 것은 시장의 신뢰를 몰수해버리는 것이니, 그 즉시 시장에서 돈을 꾸는 일은 불가능해지거나 아주 높은 가격을 치러야 하게 된다. 2001년 아르헨티나가 전면 부도를 선언했을 때 그 나라의 경제활동은 마비된 바 있다. 많은 이들이 일자리를 잃었고, 영리 사업은 박살이 났고, 저축은 깨끗이 사라져버렸다. 이렇게 화폐경제가 마비된 상태에서 물물교환으로 경제를 되살리려는 노력도 있었지만 이는 방해만 될 뿐 아무런 결과를 내지 못할 때가 많았다. 하지만 피켓 운동(piquetero movement)과 여러 차례의 공장점거 덕분에 일부 기업들은 생존할 수 있었고 마침내 2003년 키르히너(Kirchner) 정부에 의해 구제될 수 있었다. 아르헨티나의 경우는 국가 부도를 선언한다고 해서 하늘이 무너져버리는 것이 아님을 그리고 협상 또한 마찬가지라는 점을 보여주었다. 아르헨티나가 지불거절을 선언한 부채의 총액은 무려 810억 달러에 달한다. 일정한 시간이 지난 뒤 아르헨티나 정부는 정상적인 무역 절차를 회복하고자 하는 열망에서 그 채권자들에게 달러로 쳐서 본래 채무의 35퍼센트를 갚을 것을 제안했다. 이 나라의 채권자들 대부분은 아르헨티나 경제가 취약한 상태에 있음을 알고 있었기에, 비록 이

제안에 담긴 평가절하(write-down)가 다른 부도 사태와 비교해보아도 심한 것이었지만 대부분 이를 받아들였다. 아르헨티나 페소화 또한 급격한 가치 절하를 겪은 후 경쟁력 있는 환율에서 안정화되었다. 농업 수출도 회복되었고 키르히너와 크리스티나 페르난데스(Cristina Fernández) 정권 들어 소득과 고용은 되살아났다.

그리스의 탈출구는?

그리스의 경우 유로화를 포기하고 다시 드라크마로 돌아가는 값비싼 비용이 따르는 조치를 취하지 않는 한, 가치 절하는 선택지가 될 수 없다. 하지만 다른 면에서 보자면 그리스는 채무의 지급거절을 선택했을 경우 나타날 법한 파국을 이미 겪고 있는 상황이다. 국가 부도 사태를 피해가려는 여러 노력들은 이미 경제 붕괴를 야기했으며, 이 나라는 2010년 봄 이래로 이미 국제 자본시장에서 사실상 차단당한 상태다. 지불거절을 하게 되면 그나마 남아 있는 부채는 지탱할 수 있게 될 것이며, 그리스 정부는 2001년 이전에 그랬듯이 국내적으로 차입을 계속하면 될 것이다. 한 논평가가 이렇게 지적한 바 있다.

만약 그리스가 2010년 초에 국가 부도를 선언했더라면 국채 보유자들에게 전체 부채의 50퍼센트에 훨씬 못 미치는 양만 상각하도록 요구하는 것이 되었을 터이니, 장기적으로는 그리스의 부채가 더욱 지탱이 가능해졌을 것이다. 그럴 경우 그리스 국가는 필요한 자금을 국내적으로 차입해야 할 것이며 아마도 (이미 그렇게 한 바 있듯이) 각종 차용증서를 발행하고 몇 가지 크지 않은 양의 재정 삭감을 해야 할 것이다. 그러한 정책의 효과는 경기후퇴를 가져오겠지만 그 정도는 그리 심하지 않았을 것이다. 하지만 그 대신 이 삼두마차(EU, 유럽중앙은행, IMF를 말함)가 했던 일은 그리스가 국가 부도에 처하는 일 없이 그 재정 적자를 해결할 수 있도록 각종 대출을 내주는 것이었고, 그 대가로 점점 더 엄격해져만 가는 재정 삭감, 조세 증가, 그 밖에 가치가 있을지 심히 의심스러운 여러 제도적 변화들을 요구하는 것이었다. …… 이러한 정책의 결과는 경제 전체가 급속한 하락의 악순환을 밟아 나가는 것이었다. 부채가 계속 늘어나게 되면서 이 나라는 빠른 속도로 점점 더 가난해졌고, 기존의 부채는 갈수록 유지하기가 어려워졌다. GDP에 대한 부채의 비율은 단 2년도 지나지 않아서 115퍼센트에서 160퍼센트로 치솟았다.[39]

4. 공익사업

금융의 여러 문제들과 씨름하다 보면 공익사업(public utility)적인 은행들과 신용 시스템을 세우는 것이 중심적인 과제가 된다. 그리하여 한편으로는 전국적 중심으로부터 전국 방방곡곡 속속들이 손을 뻗쳐 자원을 넘겨줄 수 있어야 하며, 또 다른 한편으로는 더 큰 범위의 지구적 · 지역적 파트너들과 협조할 수 있어야 한다.[40] 전략적인 공공 소유는 필요조건일 뿐 충분조건은 되지 못한다. 공공 당국 또한 투기적 과열의 유혹을 받게 될 나름의 이유가 있기 때문이다. 공익사업 금융 시스템이란 공공이 소유하고 공공에 책임을 지는 은행들, 규제 기관들, 사회적 기금들을 핵심에 두게 된다. 사회적 기금들은 개별 시민들과 지역적 혹은 국지적 네트워크에 각종 정보를 제공하고 또 능력을 강화해준다. 신자유주의 모델은 이와 대조적으로 공적 자산과 사회적 프로그램들을 민간 대기업들에 넘겨주고 보건, 교육, 연금, 자연환경에 대한 접근권 등에 상품화의 침투를 조장한다.

사회적 소유와 소규모 지역 금융을 마땅히 장려해야 하지만, 이러한 기금들이 상업적 투기 압력을 받지 않도록 하게 하기 위해서는 엄격한 보호 장치들이 필요하다. 지역 은행들(community banks)과 주택금융 조합(building society)들

---

39) Stergios Skaperdas, "Seven Myths about the Greek Debt Crisis", University of California, Irvine, forthcoming.

40) '공익사업 금융 시스템'의 개념에 대해서는 Peter Gowan, "Crisis in the Heartland", NLR 55, Jan-Feb 2009 [「심장 지대의 위기」, 『뉴레프트리뷰 2』, 도서출판 길, 2009]. 또한 François Chesnai, *Les dettes illégitimes*, pp. 17~24, 131~36.

은 만약 외부로부터의 '레버리지'를 끌어다 쓰지 못하게 하기만 하면 괜찮은 서비스를 제공할 수 있다는 것을 보여준 바 있다. 하지만 이들이 만약 '자유화되어'(liberated)—즉 탈규제화되거나 사유화되어—상업은행들처럼 행동하도록 허용되면 어려움에 봉착하고 만다. 독일의 제조 대기업들은—대부분의 주식을 공공이 소유하고 있다—독일의 주립 은행들(Landesbanken)로부터 오래도록 혜택을 입어왔지만, 지난 10년간 이들 가운데 몇몇 은행들이 복잡한 주택 담보대출 파생 상품으로 투기에 나서자 그 결과로 엄청난 손실을 입게 되었다. 이 현상 또한 공공 금융 네트워크를 반쯤 사유화하고 탈규제화하는 것이 어떠한 재난을 가져오는가의 예가 될 것이며, 미국의 저축은행 연합(Savings and Loans association)이나 파니 매(Fannie Mae) 그리고 그 전에는 공제조합(mutual)이었다가 사유화된 영국의 많은 은행들, 스페인의 저축은행(Caja) 등도 같은 종류의 예가 될 것이다. 이 하나하나 모두 수십 년간 잘 규제받는 공공 소유 기관들로서 멀쩡히 잘 굴러왔지만, 일단 탈규제와 사유화를 겪고 조합의 성격을 잃게 되면서 여러 어려움들에 빠져버리게 된 바 있었다.

공공의 자원과 공기업들을 사적인 민간의 자본축적이라는 힘의 흐름이 채가는 일이 없게 막으려면 계속적으로 다시 채워줄 필요가 있다. 스웨덴의 노동 쪽 경제학자였던 루돌프 메이드네르(Rudolf Meidner)는 주요 대기업들에 매년 주식 징수(share levy)를 시행할 것을 제안한 바 있다. 모든 대기업들은 각각 매년 자기 이윤의 20퍼센트에 해당하는 양만큼 신주를 발행하여 이를 사회적 기금의 지역적 네트워크에 분배하도록 한다는 것이다. 이 제안은 모든 주식으로부터, 심지어 세금 회피 지역에 보유하고 있는 주식까지도 그 가치의 일부를 찢어내어 징수할 수 있다는 장점이 있다. 또 그 신주를 분배받는 사회적 기금 네트워크는 그렇게 하여 수취한 주식들을 장기적으로 보유하면서 거기에서 나오는 배당금을 특정한 목적들, 이를테면 연금 교부 등으로 사용할 수 있게 된다.[41] 노르웨이, 오

---

41) 나의 저서 『고령화 충격』 제5장과 제7장은 이러한 경험에 대한 정보를 담고 있다. 메이드네르의 이 '임노동자 기금'(wage earner funds)은 계획보다 훨씬 축소된 형태로 1980년대에 실행되었지만,

스트레일리아, 중국 등 위기 기간 완충 작용을 해줄 국부 펀드 혹은 '미래 펀드'를 조성한 나라들이 다수 있었다. 이러한 기금은 생산 설비, 공공 임대주택, 환경 보호 등을 장려하는 방식으로 투자될 수 있다. 이러한 프로젝트들은 장기적인 자산을 조성하며 이는 자연재해 같은 예측 불능의 경우 그리고 고령화 같은 예측 가능한 경우들 모두에서 활용할 수 있다. 인도나 싱가포르 등에서 공공이 운영하는 노후 연금 연기금 등 또한 이러한 역할을 맡을 수 있다. 이 기금의 매니저들은 경제 발전이나 사회적 간접자본 등에 투자하지만, 점차 이러한 투자가 환경의 지속 가능성을 또한 촉진해야 한다는 점을 깨달아가고 있다. 하지만 미국과 유럽연합에서는 자유 시장의 원리와 민간 기업들의 로비 때문에 지속적인 공공 투자 프로그램들이 꺾여버리고 만다.

21세기의 환경에서 공기업과 사회적 계획을 옹호하려는 이들은 이런 것들이 역사적으로 빠졌던 함정을 피할 수 있는 방식으로 그러한 것들의 모습을 다시 마련할 필요가 있다. 근자에 들어서 공공이 후원한 경제개발은 충격적일 만큼 성공적인 경우들이 있었지만, 또한 여기에 수반되는 심각한 문제들도 일정하게 따라왔다. 예를 들어 타이완의 과학 단지(Science Parks)에서의 IT 산업과 브라질의 열대우림 보호지역인 세라두(cerrado) 배후지에서의 농업 생산 등은 20~30년 전에 이미 공공 기관에서 발전 전략으로 선정했던 몇몇 생산 라인들에서 이 나라들이 전 세계를 주름잡는 공급자가 되도록 만들어주었다. 브라질의 경우 여기에서 결정적 역할을 했던 것은 브라질 농업 연구 공단인 엠브라파(Embrapa)였다. 이 연구 공단은 사람이 손대기 힘든 총림이었던 세라두의 토양을 회복하는 데 성공을 거두었다.[42] 공적 보조금이 사용되었지만 이는 계속 발생하는 운영 적자를

1992년 보수당 정부가 종식시킨 바 있다. 이 계획을 통해 마련된 자산은 일련의 연구 기관들을 세우는 데 쓰였고, 이 연구 기관들은 스웨덴 경제를 강화하는 데 크게 기여했다.

42) "Brazil's Agricultural Miracle", *The Economist*, 28 August, 2010. 좀 더 폭넓은 브라질의 맥락에 대해서는 Emir Sader, *The New Mole*, London and New York 2011. 남미에서의 공공 소유의 흥망성쇠에 대한 탐구로는 Carlos Aguiar de Madeiros, "Asset-Stripping the State", NLR 55, Jan-Feb 2009.

메꾸는 것이 아니라 자체 지속성을 가진 단위를 설립하는 데 전략적으로 사용되었다. 하지만 이렇게 공공 후원으로 마련된 프로그램들의 성공이 브라질과 타이완에서 용인하기 힘든 환경문제들을 낳은 것도 사실이다. 이 문제들은 비록 걱정을 놓을 수 있는 것들은 아니지만, 공공 당국과 새로운 생산 단위들이 지역의 공동체들과 대화하여 그 충격에 대처한다면 관리할 수 없을 정도의 것은 아니다.

불행한 일이지만 이러한 프로그램들이 성공하면서, 또 이것들의 사유화가 군침을 흘릴 만한 표적이 되어 영리 사업체들이 가로채려 들고 있다. 지식 경제의 여러 요구로 인해 연구비의 사회화가 유발되고 있다. 그 좋은 예는 1만 8천 명의 인원과 15억 5천만 유로의 예산을 자랑하는 독일의 프라운호퍼(Fraunhofer) 연구 네트워크일 것이다. 이는 공공 연구 네트워크로서 독일의 중규모 기업들(Mittelstand)의 성공에 절대적인 기여를 한 바 있다.[43] 중국은 국가의 기업 혁신 지원에서 긍정적인 예인 동시에 부정적인 예이기도 하다.[44] 베이징 정부의 개입은 그 규모 자체가 엄청나서 지구 경제에 일정한 충격을 끼칠 정도이며, 가장 강력한 영리 조직도 감히 넘보지 못할 규모다. 대부분의 중·대규모 국가에서는 공공 당국이 잠재적으로 크기의 이점을 가지고 있다. 이 점은 뿌리 깊은 위기를 겪고 있는 상황에서는 아주 결정적으로 고려해볼 지점이 된다.

새로운 경제 발전 프로그램은 투자가 이끄는 경제성장을 자극하고, 지속 가능성을 부양하고, 인적 자본 형성을 장려하며, 생산성 향상을 낳아야 한다. 이러한 정책 패키지는 사회적 삶의 주요 영역들을 탈상품화하여 모두에게 제대로 된 의료보험과 교육 기회를 제공하고, 또 모두에게 경제적 자원의 통제에 대한 발언권과 지분을 부여해야만 한다.[45] 사회적 기금의 네트워크를 지지하고 유지해 공익

43) *The Economist*, 5 February 2011.

44) 충칭 당국에 대한 혁신적인 접근으로는 Philip C. Huang, "Chonqing: Equitable Development Driven by a 'Third Hand'", *Modern China*, Spring 2011.

45) Diane Elson, "Market Socialism or Socialization of the Market", NLR I/172, Nov-Dec 1988; Robin Blackburn, "Economic Democracy: Meaningful, Desirable, Feasible?", *Daedalus*, Summer 2007.

사업에 자금을 조달하는 금융 시스템을 만들게 되면 금융이 다시 그 사회적 맥락과 연결되며, 그 작동 또한 민주화되게 된다. '국유화'와 계획경제라고 하는 전통적인 사회주의 모델은 여러 가지 성공을 거둔 것들도 있었으며, 어떤 영역에서는 여전히 쓸모가 있다. 철도, 전기, 물, 그 밖의 자연적 독점사업들은 공공이 소유하고 운영하는 것이 합리적이다. 하지만 명령 경제 모델은 분명히 철 지난 모델이다. 여러 시장들을 제대로 감시, 규제, 사회화한다면 그 시장들도 유용하고 심지어 가치 있는 역할들을 할 수 있다.[46] 연기금을 사회적으로 소유—그리고 이를 사회적 책임의 기준을 추구하는 가운데 경영—하는 것은 여기에 추가적인 차원을 더해준다. 일국에서나 국제 수준에서나 규제 당국은 무수한 경제적 행위자들을 감독하는 데 필요한 정보를 찾는 일에 어려움을 겪는다. 사회적으로 소유된 기관투자가들은 여기에다가 '아래로부터의 규제'라는 다른 유형을 더하여 '위로부터의 규제'를 돕는다. 예를 들어 이러한 기관투자가들은 그 주식 소유의 힘을 이용하여 1인당 GDP가 낮은 나라의 수출 부문에서 최저임금제를 받아들이도록 할 수 있다. 공적 신용은 지구적 빈곤의 규모를 줄이고, 또 고령화에 따르는 여러 비용을 떠맡는 한편, 녹색 경제에 투자하도록 사용할 수 있다. 지구적 외환시장과 자본 흐름의 무정부성이나 불확실성 문제들은 대다수 시민들과 그들이 속한 공동체들에 힘과 권능을 부여하고 또 정보를 알려주는 방식에 따라, 해결되고 규제되어야만 한다.

여러 면에서 내가 개략적으로 그려낸 접근법은 하이에크, 프리드먼, 시장경제학 등의 접근과 대척의 위치에 있다. 하지만 이들도 극단적인 상황에서는 금융적 부양책의 필요를 인정하고 있다. 헬리콥터를 사용하여 만인의 머리 위에 현금다발을 퍼붓자고 하니까. 하지만 현실적으로 헬리콥터들은 현금을 오로지 은행들에만 퍼붓고 있는 판이다. 화폐를 찍어내는 것이 공공의 이익이라는 것은 받아들이면서 어째서 그것을 모두에게 나누어주어서는 안 된다는 것인가? 어째서 헬

---

46) 이를 주장한 고전적 논의로는 Karl Polanyi, *The Great Transformation*, London 1944 [칼 폴라니, 홍기빈 옮김, 『거대한 전환』, 도서출판 길, 2009].

리콥터들이 가난한 이들에게 혹은 전 인구에게 돈다발을 뿌려서는 안 된다는 것인가? 지극히 불평등한 사회에서는 화폐를 가장 필요로 하는 이들에게 돈을 넣어주는 것이 수요를 자극하는 최상의 방법이다. 수출 부문에서의 최저임금제 도입에 대해서는 이미 이야기했거니와, 선진 자본주의 나라들에서 생존을 위해 기를 쓰고 있는 가정경제들에 채무 면제를 해주는 일 또한 그 자체로도 가치가 있는 일일 뿐만 아니라 지구적 총수요를 더 높여주고 전반적 성장의 가능성을 올리는 데도 도움이 된다. 현재는 가계 부채의 과잉으로 인하여 경기 침체가 유도되고 있는 상황이다. 오스트레일리아의 경제학자인 스티브 킨(Steve Keen)은 부채를 박살내기 위한 아주 급진적인 전략을 제안한다. "각국 정부는 공공에게 현금을 한 뭉텅이씩 지급해야 한다. 부채가 있는 이들은 그 돈으로 빚을 갚아야 하지만, 그렇지 않은 이들은 그 돈으로 자기들 원하는 대로 마음껏 쓸 수 있게 하는 것이다."[47] 더 급진적인 전략으로는 한마디로 모든 부채를 모두 혹은 일정한 문턱에 해당하는 금액까지(예를 들어 3만 5천 파운드까지) 다 탕감해주는 것도 있겠으나, 검약으로 살아온 이들은 이를 반대할 것이며 은행들은 일정한 타격을 입을 것이다. 반면 킨이 제안하는 대로 모두에게 공평하게 얼마씩 웃돈을 나누어주는 것은 현재 경기회복에 장애가 되고 있는 부채를 삭감하기 위한 긍정적인 방법으로서 모두에게 환영받을 것이다.

TARP의 '감찰관'이었던 바로프스키가 설명한 바 있듯이, '아래로부터의' 구제금융이야말로 가난한 이들과 저임금 계층의 부담을 덜어주는 것이기에 은행가들에게 친화적인 '위로부터의' 구제금융보다 더 효과적이며, 또 공익사업에도 더 득이 될 것이다. 채무 면제 프로그램 또한 학자금 대출로 빚을 진 이들에게까지 확장될 필요가 있다. 영국에서 학자금 대출은 2015년까지 7백억 파운드로 3배가

---

47) 다음에 요약되어 있다. Larry Elliot, "Time we wean ourselves off high debt", *Guardian*, 20 November 2011. 또한 스티브 킨의 누리집 '부채 감시'(Debtwatch) 참조. 킨의 선견지명이 담긴 다음의 책에서는 주식시장에 내재한 여러 결함들이 다루어지고 있다. *Debunking Economics*, Annandale, NSW 2001, pp. 251~57.

되리라 전망되고 있다. 특히 미국에서의 학자금 채무는 어마어마하며 조만간 1조 달러에 도달하리라 여겨지는데, 이는 거의 신용카드 부채 총액에 육박한다.[48] 빚을 걸머진 학생들과 졸업생들은 금융화의 정신에 입각하여 자기들의 부채를 아주 복잡하고 다양한 방식으로 관리하라고 권유받는다. 그러다가 운 없이 나쁜 선택을 한 이들은 경제적으로 질식 상태에 처하게 된다. 2009년경 학자금 대출을 받은 이들의 거의 9퍼센트가 파산했으며, 이로 인해 개인 신용등급에 심각한 타격을 입게 되었다. 학생들은 빚과 이자를 갚아야 하기 때문에 졸업 후 진로를 바라볼 때 왜곡된 선택을 할 수밖에 없으며, 이로 인해 수요 또한 가라앉는 결과를 낳게 된다.

우리는 공적인 것(the public)의 개념을 재건해야 할 필요에 직면해 있다. 이 공적인 것은 공공 소유, 국가 규제, 소득재분배, 제대로 된 사회적 서비스 같은 개념들을 포괄하지만, 그것들만으로 온전히 규정될 수는 없는 개념이다. 이는 21세기의 지구화된 자본주의 시대와 지식 경제에 조응하는 개념이 되어야 한다. 전 인류의 관점에서 보자면 '산업 국유화'란 그저 일부 집단의 이익일 뿐이다. 그렇게 국유화된 산업체가 해외에 투자할 경우가 되면 공공의 이익이란 최소한 그 두 나라의 두 '공적인 것' 사이에서 조율되어야 할 것이며, 두 나라보다 훨씬 더 많아질 때도 종종 있다. 한 국가 내에서 국영기업 직원들의 이익과 시민들의 이익 사이에도 균형을 이루어야 하는 것은 물론이다. 이 '공공의 이익'이라는 것은 여러 가지 제도들과 실천들을 통해 정보, 논쟁, 의사 결정 등에서 폭넓은 접근을 제공하는 가운데 그 내용을 결정하는 것이 최상이다. 국가가 주권을 보유하는 한, 국가는 그러한 민주적 책임성과 석명성(accountability)을 촉진—혹은 부인—하는 데서 그리고 현재 위기의 도전에 대처하는 데서 핵심적 역할을 맡게 될 것이다. 여러 구제금융 때문에 엄청난 양의 공적 자금이 필요하다는 것은 벌써 명확하게 드러났다. 그렇다면 공공의 조직과 기관들에도 무엇인가 긍정적인 결과가 생겨나야 함

---

48) "Student loans in America: The Next Big Credit Bubble?", *The Economist*, 29 October 2011.

이 마땅하다. 예를 들어 노르웨이에는 엄청난 규모의 국가 연기금이 있는데, 이는 1988년 이 나라의 여러 은행들을 국가가 구제해주었던 유산으로 남은 것이다.

자본주의 사회가 가하는 여러 제약들 내에서도 명백하게 공공의 이익 혹은 관심이 되는 것에 기여할 수 있는 제도들을 찾는 것이 불가능하지 않다. 미국의 사회보장 프로그램(Social Security Programme)이나 영국의 의료보험 체계(NHS, National Health Service)는 아직도 개선해야 할 점이 있지만, 그럼에도 불구하고 보편적 보장의 원리를 반세기 이상 체현해온 것들이다. 이 두 프로그램들의 통일성과 조직을 깨버리려는 여러 번의 위협이 반복된 바 있지만, 그때마다 공공 여론을 동원하여 오늘날까지도 그런 위협에 계속해서 대처해올 수 있었던 것이다. 그래서 이들은 가장 적대적인 맥락에서조차 공공 서비스라는 개념을 성공적으로 수호하는 것이 가능하다는 점을 보여주고 있다.

경제 발전으로 가는 고위 경로

나는 현재의 위기를 시대적 차원의 여러 구조적 불균형과 불평등의 맥락에 놓아 논했고, 생계 임금, 좋은 노동조건, 모두를 위한 교육, 제대로 된 보건 의료, 성 평등과 고숙련 등에 기초한 경제 발전의 경로를 제안했다. 지금 절실한 수요의 부양은 단지 임금 인상을 통해서만이 아니라 사회간접자본과 각종 녹색 기술들에 대한 투자에서 끌어내야 하며, 그뿐만 아니라 괜찮은 수준의 연금, 의료보험, 교육 및 복지 시스템에 대한 자금 지원으로부터 끌어내야 할 것이다. 각국 정부와 기업들에 있어서 그 목적은 경쟁력 우위가 현존하는 교육, 숙련, 돌봄의 수준을 개선하는 것에 기반하는 '고위 경로'(high road)를 따라가는 것이며, 경쟁력 우위가 노동 착취, 성적 격차, 사회적 비용의 전가 등에 기초하는 '저위 경로'(low road)를 피하는 것이 되어야 한다.*

---

* 이 고위 경로와 저위 경로는 경제 발전의 두 가지 경로를 뜻하는 말로 쓰였다. 본문에서 설명된 대로, 종래의 물질적 생산력 향상을 위한 사회와 자연의 착취 및 고갈을 통하여 저부가가치 상품을 저비용으로 생산하는 것이 저위 경로라고 한다면, 사회와 자연의 향상과 효율화를 통하여 고부가가치 상품에

이러한 접근은 지구적인 상품 거래 사슬들을 인간화하기 위하여 국제조약, 일국 차원의 입법, 여러 행위자들의 '행위 규약'(codes of conduct), 노동권은 물론 대기업 및 금융기관들로부터도 단체협상, 지역사회 존중, 투명한 규칙, 윤리적 책임 등을 활용할 것을 꾀한다. 여러 상품들의 생산과 판매는 노동력의 재생산을 전제 조건으로 하며, 임금을 받는 노동은 임금을 받지 못하는 돌봄 노동과 결합된다. 이 임금을 받지 못하는 돌봄 노동자들에 대한 지원은 제대로 된 노동조건을 보장하는 것과 딱 들어맞게 되어 있다. 마지막으로 경제의 제도적 장치들은 완전고용에 가까운 무엇인가를 보장하고 경제성장이 결코 지구의 여러 자원들을 낭비하거나 망치는 것에 기초하는 일이 없도록 마련되어야 한다.

이러한 전략은 요즘 세계를 움직이는 국가들 및 정치적 계급들의 관심사와 매우 거리가 멀다는 것이 명백하다. 하지만 이들이 취하는 여러 조치는 지금까지 그저 현재의 위기를 더 심화하고 영구화하는 데 성공했을 뿐이다. 혹시 지금이라도 사태가 더욱 악화되어 대서양 국가들의 경제에서 금융의 붕괴가 더 심화되고 중국 경제의 둔화까지 벌어지게 될 경우엔 모든 판돈이 깨끗이 사라지고 말 것이다. 이러한 종말을 걱정한다면, 혹 그게 아니더라도 장기적 관점에서 본다면 이 위기로부터의 진정한 탈출구는 왼쪽으로의 길이며 그것도 지금 즉시 고안해 내야 함을 명심해야 한다. 이는 우리의 생사가 달린 일이다.

[홍기빈 옮김]

전념하는 것을 고위 경로라고 보통 칭한다. 영어의 high road는 '탄탄대로'라는 관용적 의미도 있다.

제2부

특집 2 _ 카를 슈미트:
마르크스주의를 보완하는 정치학?

결정과 미결정

카를 슈미트의 정치적·지적 수용

베노 테슈케(Benno Teschke)

1989년 위르겐 하버마스(Jürgen Habermas)는 "니체와 하이데거가 앵글로 색슨 세계에서 지녔던 것과 동일한 전염력"이 카를 슈미트(Carl Schmitt)에게 있을 것 같지는 않다는 견해를 피력한 바 있다.[1] 상승일로에 있던 추축국에서 실각되었던 막후의 실력자—그는 독일 연방공화국(서독) 내에서 적어도 공개적으로는 거의 금기시되는 인물이었다—와 영미권의 좀 더 자유주의적인 풍조나 정치적 감수성을 분리하는 정신적 간극이 메울 수 없을 만큼 너무나 깊다는 것이다. 20여 년이 흐른 지금 생각해보면 이러한 예견은 순진했던 것으로 보일 수 있다. 실제로 사태는 역전되었다. 독일의 공적 담론과 대학에서 슈미트 수용은—비록 점점 더 증대하고 과감해지고 있기는 하지만—이전에 헤르만 괴

---

1) Jürgen Habermas, "The Horrors of Autonomy: Carl Schmitt in English", in Habermas, *The New Conservatism: Cultural Criticisms and the Historians' Debate*, Cambridge 1989, p. 135.

링(Hermann Göring)의 [정치적] 문하(門下)에 있었던 인물을 아무런 유보 없이 전적으로 옹호하는 것을 가로막는 모종의 윤리적 금지와 여전히 연결되어 있는 반면, 슈미트에 관한 영미권의 연구에서는 몇몇 주목할 만한 비판적 입장을 넘어 훨씬 더 포용적인 복권을 시도해왔다. 이러한 시도들 가운데 일부는 권위주의적이었고 때로는 파시스트적이었던 사상가를 신보수주의 혁명의 선구자이자 동맹자로 보이게끔 만들면서 비상사태(the state of emergency)나 '정치적인 것' 등과 같은 슈미트의 개념들을 다시 동원하고 있다. 반면 다른 일부에서는 슈미트를, 모든 지정학적 적대 관계 및 차이들을 제거하는 자유주의적 제국주의로 특징지어지는 세계사적인 정세에 맞선 급진적인, 심지어 비판적인 목소리로 읽으려고 한다.[2] 이러한 이중적인 슈미트 수용은 칸트적인 자유주의적·세계시민주의적 주류를 양면에서 협공했다. 이렇게 지속된 슈미트 부흥 흐름은 중간에 두 세계사적 사건을 겪으며 중단된 바 있다. 하나는 헬무트 콜의 보수주의적인 '정신적·도덕적 전회' 및 독일의 통일이고, 다른 하나는 9·11 이후 부시 행정부의 정치다. 1980년대와 1990년대의 첫 번째 슈미트 연구는 대부분 자유주의와 의회민주주의에 대한 그의 비판에 한정되었던(따라서 국내의 정치 이론 및 법학 연구에 국한되었던) 반면, 두 번째 슈미트 연구의 부흥은 슈미트의 지적 영향

---

2) 독일에서의 슈미트 수용에 대해서는 Thomas Darnstadt, "Der Mann der Stunde: Die Unheimliche Wiederkehr Carl Schmitts", *Der Spiegel*, 39, 2008, pp. 160~61 참조. 슈미트에 대한 비판적 관점을 주도하는 견해들은 Stephen Holmes, *The Anatomy of Antiliberalism*, Cambridge, MA 1993; William Scheuermann, *Carl Schmitt: The End of Law*, Lanham, MD 1999; Mark Lilla, *The Reckless Mind: Intellectuals in Politics*, New York 2001; Jan-Werner Muller, *A Dangerous Mind: Carl Schmitt in Post-War European Thought*, New Haven 2003 참조. 좀 더 포용적인 복권 시도로는 Chantal Mouffe, *On the Political*, London 2005; Mouffe, ed., *The Challenge of Carl Schmitt*, London 1999에 수록된 Slavoj Žižek, "Carl Schmitt in the Age of Post-Politics" 및 다른 논문들; Michael Hardt and Antonio Negri, *Empire*, Cambridge, MA 2000 [마이클 하트·안토니오 네그리, 윤수종 옮김, 『제국』, 이학사, 2001]; Danilo Zolo, *Invoking Humanity*, London 2002; William Rasch, *Sovereignty and its Discontents*, London 2004; Giorgio Agamben, *State of Exception*, Chicago 2005 [조르조 아감벤, 김항 옮김, 『예외상태』, 새물결, 2010]; Peter Stirk, *Carl Schmitt, Crown Jurist of the Third Reich*, Lampeter 2005; Kam Shapiro, *Carl Schmitt and the Intensification of Politics*, Lanham, MD 2008 참조.

력의 범위를 국제관계론과 정치철학 및 국제법 이론 분야까지 확대했다.[3] 여기 저기서 슈미트는 광범위하게 원래의 지적 맥락에서 분리되었으며, 나치즘에 대한 헌신과 연루도 무시되었다. 아주 선별적이기는 하지만 슈미트의 두툼한 저작—무엇보다 2003년 출간된『대지의 노모스』영어판—의 번역도 보조를 맞추었다.[4]

행정부 국가(executive state)에 대한 현대의 고전적 이론가이자 자유주의적 보편주의에 대한 중요한 비판가라는 슈미트의 이중적인 매력은 비자유주의적인 정치적 스펙트럼상에 위치한 여러 입장들 간의 수렴을—아마도 놀라운 대립물들의 복합체(complexio oppositorum) 속에서—고무했다. 비록 이러한 수렴이 그러한 입장들이 각자 지니고 있는 가치평가 기준들의 수렴을 뜻하지는 않겠지만 말이다. 슈미트의 비판적 어휘 목록은, 세계화 담론 속에서 표현된 바 있고 지금은 제국주의 및 제국의 담론 속에서 표현되고 있는 외관상 탈정치적인 신자유주의 질서(이 질서는 9 · 11 이후 신권위주의적인 방향 속에서 급작스럽게 재정치화된 바 있다)에 대한 공동의 거부를 위한 준거점을 제시해준다. 이러한 사태 전개는 슈미트가 이중적으로 옳았다는 점을 입증한 듯 보였다. 20세기를 '중립화와 탈정치화의 시대'로 규정하는 그의 진단은 이제, 동시대의 세계정치적 흐름을

3) 국제관계론 분야의 논의에 대해서는 Louiza Odysseos and Fabio Petito, eds., *The International Political Thought of Carl Schmitt: Terror, Liberal War and the Crisis of Global Order*, London 2007; William Hooker, *Carl Schmitt's International Thought: Order and Orientation*, Cambridge 2009; Gabriella Slomp, *Carl Schmitt and the Politics of Hostility, Violence and Terror*, London 2009 참조.

4) Carl Schmitt, *The Nomos of the Earth in the Ius Publicum Europaeum*, New York 2003 [최재훈 옮김,『대지의 노모스: 유럽 공법의 국제법』, 민음사, 1995]. 나치 시기에 쓰인 슈미트의 주요 텍스트들—특히 1939년 텍스트인『역외 열강의 간섭을 허용하지 않는 국제법상의 광역 질서』(*Völkerrechtliche Großraumordnung mit Interventionsverbot für Raumfremde Mächte*) 및 악명 높은「인민과 국가의 난관을 극복하기 위한 법」이나「총통이 법을 보호한다」등 1933년 수권법과 1934년 나치 돌격대 지도자들에 대한 암살을 정당화하는 일련의 논문들은 아직 번역되지 않았거나 그리 유명하지 않은 출판사에서 출간되었다. Carl Schmitt, *Four Articles, 1931-1938*, edited by Simona Draghici, Corvallis, OR 1999 참조.

준영속적인 예외상태—심지어 규칙으로서의 예외—로 개념화하는 것과 결합할 수 있게 된 것이다.[5] 새로운 형세의 주역은 미국의 과잉정치화된 네오콘 행정부인데, 이들은 국제법의 관례적인 소관 범위 바깥에서 행동하면서도 자본주의 지대 전역에 존재하는 자신의 하위 파트너들을 중립화하면서 동시에 국제적인 정치적 반대자들은 테러리스트나 해적, '깡패 국가' 같은 이름을 붙여 정당한 지정학의 영역 바깥으로 완전히 몰아내버린다. 슈미트가 묘사한 바 있는 이러한 묵시록적 관점의 지평으로 정치적 바깥이 없는 세계, 팍스 아메리카나의 세계가 모습을 드러낸다. 이러한 맥락에서 보면 슈미트적인 어휘—정치적인 것의 개념, 동지-적, 예외상태, 결정주의(decisionism), 행정부 통치, 노모스, 광역(Großraum), 범간섭주의, 비차별적 전쟁 개념—은 단지 주류 국제관계론의 어휘들을 보충할 수 있는 중요한 재발견의 대상일 뿐만 아니라 관례적인 제국주의적 자유주의에 대한 강력한 대항 서사를 제공해주는, 사회과학 전반에 걸쳐 의미 있는 관용어가 된 셈이다.[6] 무궁무진한 카를 슈미트!

1. 슈미트적인 법과 질서

슈미트가 동시대에 현재성을 얻고 있는 이유는 무엇일까? 슈미트의 이론이 현재성을 지닌다는 주장은 유럽 공법(Jus publicum)의 시대—여기서 말하는 '공법'이란 대략 1492/1648년부터 제1차 세계대전에 이르는 동안 군림했던 초기 근

---

5) Carl Schmitt, "The Age of Neutralizations and Depoliticizations" [1929], *Telos* 96, 1993, p. 96 [김효전 옮김, 「중립화와 탈정치화의 시대」, 『정치신학 외』, 법문사, 1988].
6) 이제는 심지어 하버마스 자신도 세계 질서의 문제를 칸트적 기획과 슈미트적 기획 사이의 투쟁의 문제로 인식하고 있다. Habermas, *The Divided West*, Cambridge 2006, pp. 188~93 [위르겐 하버마스, 장은주·하주영 옮김, 『분열된 서구』, 나남, 2009, 235~42쪽]. 피터 고언은 자유주의적·세계시민적 주류에 대한 비판적 개관을 제시한 바 있다. Peter Gowan, "Neoliberal Cosmopolitanism", NLR 11, Sept-Oct 2001, pp. 79~93.

대 국제법의 준칙과 적용 일체를 가리킨다—를 주권적인 국가성의 본질(곧 전쟁을 수행하려는 공적이고 주권적인 결정)을 제거하지 않은 가운데 지정학적인 다중심 체계 속에서 국가 상호 간의 무정부주의적 과잉의 위험을 규제했던 법적 규범들이 기능하던 체계로 해석하는 슈미트의 관점에 대한 폭넓은 지지에 의거하고 있다. 이러한 공간과 법의 통일체—중세적이고 자유주의·자본주의적인 코스모스(cosmos)와 대비하여 슈미트는 이를 노모스라고 이름 붙인다—는 다섯 가지 중심 범주를 중심으로 전개돼왔다. 전쟁과 평화의 유일하게 정당한 주체로서의 국가, 세속화되고 절대적인 국가주권, 예외상태에 대한 유일한 결정자로서의 행정권자, 정당한 적(iustus hostis)이라는 관념 그리고 이와 연결된 '비차별적 전쟁'이라는 개념이 그것이다. 슈미트에 따르면 국가들에 의한 전쟁의 독점—전쟁과 평화의 권리(ius belli ac pacis)—은 '시민사회'의 이데올로기적 투쟁으로부터 폭력적인 갈등을 제거했으며 조직된 폭력을 국가의 수준에 집중했다. 절대주의 국가에 의한 이 폭력 독점의 월권행위는 이중적 구분을 공식화했다. 첫 번째는 공적인 것과 사적인 것의 구분으로, 이는 사적 행위자들(영주, 자치도시, 신분들estates, 해적, 기사단)을 탈정당화하고 탈군사화함과 동시에 공적 국가를 국제법과 국제정치의 유일한 주체로 고양했다. 두 번째는 국내와 국외의 구분으로, 이는 국내의 중립화된 평화 공간인 '시민사회'를 국가들 간 전쟁과 평화의 영역인 국제 영역과 분리한다. 이러한 이원론은 공적인 국제법과 사적인 형법 사이의 구분을 강화했다. 전쟁은 여전히 구체적인 정치 공동체의 필수 불가결하고 환원 불가능한 표현물—실로 '정치적인 것'의 본질—로 남아 있지만, 보편적인 집합적 폭력—당시 진행 중이던 유럽의 내전—을 '형식을 갖춘 전쟁', 곧 일정한 규칙과 관례에 따라 합법적인 것으로 인정받는 국가들 사이에서만 수행되는 전쟁으로 경로화한 것은 초기 근대 공법의 최대 업적이었다. 슈미트에 따르면 이러한 흐름은 교전국과 중립국, 전투원과 비전투원, 전쟁 상태와 평화 상태 사이의 명확한 구분을 수반했다. 슈미트는 이러한 업적을 '전쟁을 길들이기'[7]로 불렀으며 전쟁의 문명화, 이성화, 인간화라고 찬양했다. 근대적인 국가 간 전쟁은 동등한 당사자들 사이에서 상호 주관적으로 합의되고 공동의 구속력을 갖는 법적 규약들(전쟁 개시의 정당성ius ad bellum과 전쟁 수행의 정당성ius in bello의 결합물)[8]에 따라 수행되는 것이 되었다. 이는 또한 적극적인 평화 형성을 함축하는 것이었다. 전쟁에 대한 권리(ius ad bellum)는 '정의로운 대의'(iusta causa)와 분리되었으며, 후자는 전쟁의 정당성을 규정하는 데 실효성이 없는 것으로 선언되었다. 이는 '비차별적인 전쟁 개념'을 낳게 되었는데, 이 개념은 중세적인 정의로운 전쟁론을 지양한 것이다. 이렇게 해서 법적으로 대외적인 것이 된 선전포고의 이유들은 일체의 법적·도덕적 또는 정치적 판단의 바깥에 위치하게 되었지만, 여기에는 여전히 적의 지위가 유지되어 있었다. 곧 범죄자나 야만인을 뜻하는 적(foe)이 아니라 정당한 적(enemy)의 지위가 심지어 교전 중에도 여전히 유지되었던 것이다. 이런 의미에서 도덕은 고유한 의미의 정치와 분리되었다. 15~16세기의 종교전쟁 기간에 표출된 파괴적인 도덕적 보편주의는 국가 간 관계에서 나타나는 다행스러운 도덕적 상대주의로 대체되었다. 그러므로 유럽 공법은, 기독교 왕국(respublica christiana)의 도덕적 보편주의에 뿌리를 둔 중세적인 정의로운 전쟁

---

7) [옮긴이] '전쟁을 길들이기'라고 번역한 원문은 bracketing of war이며, 이것은 슈미트가 『대지의 노모스』에서 사용한 Hegung des Krieges 개념의 영어 표현이다. 『대지의 노모스』 영역본(*The Nomos of the Earth in the Ius Publicum Europaeum*, trans. G. L. Ulmen, Telos Press, 2003)에서 이 표현이 사용된 후, 영어권에서는 대개 이 용어가 널리 쓰이고 있다. 이 영어식 표현을 우리말로 옮긴다면, '전쟁을 괄호 치기'나 '전쟁을 조건화하기' 정도가 될 것이다. 하지만 이 개념에 대한 에티엔 발리바르의 다음과 같은 설명이 일리가 있다고 생각하여 그것을 '전쟁 길들이기'라고 번역했다. "전쟁 길들이기(독일어로는 Hegung des Krieges인데, 이는 매우 번역하기 어려운 말이다. 왜냐하면 이 말은 국가가 합리적인 목표들로 전쟁을 한정하고 전쟁 수단 및 전쟁 개시와 종결의 형태를 '문명화'한다는 것을 의미하는 동시에, 갈등의 제거라는 이데올로기가 낳는 파괴적 효과에 맞서 자신을 보호하기 위해 전쟁의 존재를 보호한다는 것도 의미하기 때문이다) ……" 에티엔 발리바르, 진태원 옮김, 『우리, 유럽의 시민들?: 세계화와 정치의 재발명』, 후마니타스, 2010, 325쪽.

8) [옮긴이] 이 두 가지 원칙은 아우구스티누스와 토마스 아퀴나스에서 유래하는 정의로운 전쟁론의 세 가지 원칙의 일부다. 첫 번째 원칙은 '전쟁 개시의 정당성'(ius ad bellum)으로, 이는 어떤 조건 아래에서 일어난 전쟁이 정당한 전쟁인가를 결정하는 원칙이다. 두 번째는 '전쟁 수행의 정당성'(ius in bello)으로, 이는 일단 전쟁이 발발한 경우 교전 당사자들이 어떤 방식으로 전쟁을 수행해야 정당한가를 판단하기 위한 원칙이다. 세 번째는 '전쟁 이후의 정의'(ius post bellum)로, 이는 전후 처리 과정이 얼마나 정당한가를 따지는 원칙이다.

론과의 결정적인 단절을 함축하는 것이었다.

이 새로운 전쟁 개념—공적(국가 간의 전쟁으로 한정되므로)이고 조건적(합리적인 행위 규칙에 의해 제한되기 때문에)이면서 동시에 비차별적인(도덕적으로 중립적이기 때문에) 전쟁—은 이전의 중세적인 폭력의 관행과 첨예하게 대비되었다. 봉건 기독교 유럽 내에서 귀족이 지닌 무장의 권한—특히 '영지'(feud) 보호의 수단으로서—은 사적인 것과 공적인 것의 구분만이 아니라 국내와 국외의 구분도 쓸모없는 것으로 만들었다. 봉건 기독교 유럽 바깥에서 적은 야만인으로 범주화되었는데, 십자군운동에서 볼 수 있듯이 여기에는 정의상 야만인에 의한 절멸의 위협이라는 의미가 포함돼 있었다. 중세적인 만민법(ius gentium)에서 [문명화된] 국민들 사이의 법(ius inter gentes)으로의 이행은 역사적으로 유례없는 모범적인 노모스를 확립했으며, 이러한 노모스는 무제약적인 국가주권을 무정부 상태를 완화하는 국제법의 효력과 결합할 수 있었다.

베르사유 조약과 그 이후

슈미트는 독일 제국을 범죄화하고 독일 제국이 지닌 주권국가로서의 정치적 지위를 박탈했던 제1차 세계대전 이후의 베르사유 독재에 맞서 이러한 추론 방식을 강력하게 환기했다. 독일이 평화 협상의 일원으로 인정받지 못했고, 국가 간 관계에서 '전쟁 책임'과 '전쟁 범죄'가 법적 개념이 아니었기 때문에(법이 없으면 범죄도 없고 형벌도 없다nullum crimen, nulla poena sine lege), '전쟁 책임'과 '전쟁 범죄' 같은 개념들의 정식화와 1919년 이후 국제법으로의 침투는 공적인 국제법을, 막 등장하고 있던 세계적 국내법(world domestic law)으로 전환했고, 새로운 '차별적 전쟁 개념'을 도입함으로써 국가 간 정치를 길들이고 재도덕화·법률화하기 시작했다. 이는 전쟁의 합법성 개념 속으로 정당한 전쟁에 대한 고려를 재도입했다. 슈미트에 따르면 이러한 움직임은 정치적인 것의 본질, 곧 적에 맞서 전쟁을 개시하는 주권적 결정을 거세했다. 이렇게 해서 베르사유 조약은 고전적인 공법의 주춧돌을 제거했으며, 자율적이고 가장 순수한 최고의 국가 간 관계

형태로서의 전쟁의 지위를 무너뜨렸다. 베르사유 조약은 전쟁을 내치(內治) 행위로 전환했고, 따라서 전쟁을 다시 길들였다. 설상가상으로, 윌슨이 인류라는 개념을 원용함으로써 포스트 베르사유적인 국제법과 중세적인 정의로운 전쟁론이 다시 연결되었는데, 이는 '정당한 적'을 전면적으로 부정하고 그 적을 인류의 적으로, 따라서 인간이 아닌 것으로 폄하하려는 경향을 함축하는 것이었다. 그에 따라 새롭고 차별적인 자유주의적 전쟁 방식이 생겨났다. 이 방식은 1914년 이전 유럽의 제한적이고 조건적인 전쟁들보다 그 목표에서 더 총력적인 것인데, 왜냐하면—인간 같지 않은 것들의 살해 외에—정치, 사회 및 주체성의 직접적인 전환, 곧 자유주의적 주체들의 형성을 목표로 삼았기 때문이다.

슈미트 추종자들 가운데 일부는 탈냉전 시기 미국의 오만한 대외 정책—선과 악, 인류 대 테러리스트, 중립적 입장의 불가능성 등 도덕적으로 재충전된 담론을 수반하는—에서 훨씬 더 강렬한 형태로 다시 모습을 드러낸 베르사유의 유령을 찾아낸다. 이는 제1차 세계대전 이후 미국의 대외 정책 및 국제법에 대한 재정의에서 볼 수 있는 훨씬 더 광범위하고 본질적으로 연속적인 성향에 기반을 두고 있다. 이러한 정책에서 인류에 대한 환기는 역설적이지만 논리적으로, 이전에는 '정당한 적'으로 간주되었던 이들을 탈정치화하고 무법자로 범죄화하며 심지어 원수로서 탈인간화하는 결과를 낳게 되고, 전쟁을 무제약적인 학살의 수행으로 전환함으로써 전쟁을 극단화하고 야만화한다. 정의상 비전투원인 자들에 맞선 정당한 수단으로서 고문이 재등장하고, 합법적인 적의 부재 상태에서 평화를 이끌어내는 것은 구조적으로 불가능해진다. 이것은 끝없는 전쟁으로, 최후의 테러리스트를 살해하거나 재판 없는 가운데 그를 구금하는 것 또는 그를 자유주의적 주체로 재탄생시키는 것을 통해서만 전쟁은 일시적으로 종결될 수 있다. '테러와의 전쟁'은 윌슨이 말한 '모든 전쟁을 종결짓는 전쟁'의 또 다른 형태로 간주될 수 있는데, 이는 역설적이게도 그 목표상 총력전적인 것이며, 시공간상으로 무제한적인 것이다.

'자유주의적 전쟁 방식'의 총력전적인 성격은 전쟁 상대 국가와 사회, 주체의 자유주의적 전환을 예외 없이 포함할 수밖에 없다. 자유주의적인 방식은 패배한 적대 국가와 사회를 그대로 남겨두거나 그것을 '국제 공동체'에 다시 받아들이는 일—이는 빈 조약의 합의에 따라 나폴레옹 이후의 프랑스가 '유럽의 협조'(Concert of Europe)[9]에 다시 가입하게 된 것에서 이상적으로 수행된 바 있다—을 구조적으로 수행할 수 없다. 이렇게 되기 위해서는 패배한 국가와 사회가 자유주의적 규범에 따라 헌정 및 사회 질서를 재편해야 한다. 엄격하게 말하면 '자유주의적 전쟁 방식'은 더 이상 '전쟁'이라는 명칭을 지닐 수 없으며(이 때문에 '테러와의 전쟁'을 둘러싼 소동이 빚어진다), 인구의 생명정치화—이는 인도주의적 개입이라는 다른 이름으로 불리기도 한다—를 포함하는 일련의 치안 활동으로 전환된다. 더욱이 9·11 이후에 전개된 '테러와의 전쟁'은 좀 더 국제법에 입각한 세계시민적 형태의 국제정치로부터의 일탈을 의미하는 것이 아니라, 자유주의적 세계 질서 형성 논리의 강화를 나타낸다. 미국 행정부의 '신보수주의적 전회'가 이루어지기는 했어도 그렇다. 결국 슈미트에 대한 옹호의 논거는, 비록 미국적인 '세계의 통일'이, '범개입주의' 이데올로기에 의해 추동된 '공간적 제약 없는 보편주의'(spaceless universalism)로 정의된 세계화 시대에 보편 법의 효력을 비할 바 없이 확대하기는 했지만, 현 시기가 베스트팔렌 시기 이전의 내전 상태로의 복귀를 나타낸다는 점이다.

이러한 전개는 슈미트가 옹호하는 제한된 국가 간 전쟁의 황금시대로부터 세계사가 이탈한 것의 장기 논리 속에 기입되어 있다. 그렇다면 이러한 황금시대는 회고적으로 볼 때 유럽 문명의 최고의 업적으로 나타난다(그리고 최고의 지위로 고양된다). 이 황금시대야말로 유럽 법학의 천재적인 산물인 것이다. 이를 넘어서 몇몇 동시대의 관측자들은, 각자 하나의 제국적 국민의 지도 아래에서 서로 공존하고 있는 다수의 광역들에 기반을 둔 반(反)세계시민적이고 반(反)보편주의적인 국제질서 조직을 위한 기초로 삼기 위해 광역(Großraum)—광범위한 영토적 공

---

9) [옮긴이] '유럽의 협조'란 나폴레옹 시대 이후 영토와 정치의 현상 유지를 지지하는 유럽의 군주국 사이에 성립된 협조 체제를 가리킨다.

간 내지 거대 지역(pan-region)—이라는 슈미트의 관념을 규범적으로 다시 동원하고 있다. '공간적 제약 없는 보편주의'의 임박한 위협에 맞서 광역들은, 세계가 자유주의적인 평지들로 동질화되는 것을 방지하는 보증물을 제공해주리라는 것이다. 이는 차이와 다원성을 유지하기 위해 본질적이며, 실로 상호 배타적인 지역 블록 속에서 보호받는 정치적인 것의 가능성 자체, 곧 동지-적의 구분을 위해 본질적이다. 종합적으로 보건대 이러한 설명은 자유주의적 세계시민주의의 지배적인 담론에 대한 강력한 대항 서사와 개념적 장치를 제공해준다. 따라서 이것을 주의 깊게 검토해볼 필요가 있다.

2. 지적 평전

이처럼 매우 격렬한 논쟁이 전개되는 맥락에서 라인하르트 메링(Reinhard Mehring)의 『카를 슈미트: 성공과 몰락』은 쟁점을 좀 더 명료하게 해줄 수 있는 환영할 만한 저작이다(출판사는 이 저작이 슈미트의 생애에 관한 표준적인 전기가 될 것이라고 홍보하고 있다). 이 저작은 모호한 인물이지만 사후에 세계 권력에 관한 논쟁의 개념적 좌표를 새롭게 그려놓은 비범한 사상가의 중요성을 조명하고 있다.[10] 메링은 이러한 과업을 수행할 수 있는 적절한 위치에 있는 사람이다. 현재 하이델베르크 사범대학의 정치 이론 교수로 재직하고 있는 메링은 프라이부르크 대학에서 슈미트에 관한 논문으로 박사 학위를 받았으며, 베를린 훔볼트 대학에서 토마스 만의 정치철학으로 교수 자격 논문을 썼다.[11] 빌헬름 헤니스(Wilhelm Hennis)가 지도 교수였던 1989년의 박사 학위논문부터 1992년에 출

---

10) Reinhard Mehring, *Carl Schmitt: Aufstieg und Fall, eine Biographie*, München 2009, pp. 750 이하.

11) Reinhard Mehring, *Pathetisches Denken: Carl Schmitts Denkweg am Leitfaden Hegels. Katholische Grundstellung und Antimarxistische Hegelstrategie*, Berlin 1989; *Das 'Problem der Humanität': Thomas Manns Politische Philosophie*, Paderborn 2003.

간된 슈미트 입문서 및 2003년에 발표한 슈미트의 『정치적인 것의 개념』에 대한 주석서를 거쳐 지금 이 글에서 다루고 있는 2009년의 걸작에 이르기까지 계속 이어지는 슈미트에 관한 저술 중간중간에 발표된 현대 독일 정치철학(베버, 하이데거, 토마스 만, 니체)에 관한 다수의 논문들은 독일에서 가장 활발한 슈미트 주석가 가운데 한 사람으로서 그의 명성을 확고히 했다.[12]

메링은 전기 작가로서 자신의 과업을 어떻게 인식하고 있는가? 하이데거에 버금가는 20세기 독일의 가장 영향력 있는 극우 사상가에 대한 전기는 문학 형식으로서 전기의 원칙에 대한 상세한 해명을 담고 있으리라는 바람을 낳는다. 하지만 이러한 자기 성찰의 자리는 마련돼 있지 않다. 대신 몇 마디 서두의 언급이 메링의 독서의 전제들을 소묘해준다. "이 전기는 슈미트의 생애와 저작을 역사화한다. 이 전기는 정치철학의 고전들이나 공법학의 역사에서 슈미트의 위상을 해명하려는 생각은 품고 있지 않으며, 종종 경고에 부딪히는 그의 현재성에 대한 토론도 삼가고 있다."[13] 이러한 자기 제한은 일련의 퉁명스럽지만 확고한 단언들에서 따라 나온다. 메링은 오늘날 슈미트의 직접적인 영향은 과거지사가 되었다고 선언한다. 그의 저작을 구해내어 독일 연방공화국에서 두 번째 자유주의 수용의 대상이 될 수 있게 해준 극소수이기는 하지만 중요한 몇몇 제자들만이 산재해 있을 뿐이다. 고도의 체계적 사유에 대한 그의 주장은 거의 회복되기 어려우며, 오늘날 그의 정치적 입장은 완전히 불신당하고 있다. 더욱이 바이마르의 국가주의, 민족주의, 반유대주의도 더 이상 존재하지 않는다. 메링에 따르면 오늘날 우리는 예방국가(Präventionsstaat) 및 법률의 대대적인 재정치화로의 새로운 전회를 경험하고 있지만, 슈미트의 저작은 제1차 세계대전과 제2차 세계대전 사이의 전간기(戰間期) 및 1914년 이래 독일의 파국적인 국민사 속에 확고하게 재위치화되어야 한다. 그렇지 않을 경우 그릇된 해석의 유혹에 사로잡히게 된다.

---

12) Reinhard Mehring, *Carl Schmitt zur Einführung*, 3rd edition, Hamburg 2006; Mehring, ed., *Carl Schmitt: Der Begriff des Politischen. Ein Kooperativer Kommentar*, Berlin 2003.

13) Reinhard Mehring, *Schmitt: Aufstieg und Fall*, p. 14.

현 시기 슈미트의 부활에 함축된 가장 논쟁적인 측면들을 일소한 다음, 메링은 슈미트가 자신의 지적 생산물을 특수한 도전과 상황에 대한 일련의 응답으로 역사화했다고 제시한다. 따라서 그의 저작은 그의 지적 궤적을 일관되고 연속적인 것으로 만들어주는 체계적이고 전체적인 이론적 건축의 관점에서 재구성되는 것에 저항한다. 그의 저작은 오히려 명백히 주도 동기(Leitmotiv)가 없는 가운데, 일시적인 사회정치적 형세에 대한 특정한 시기의 상황적 개입들로 기능하며 일관성을 결여하고 있다. 다형적인 슈미트 저작의 재구성을 더욱 어렵게 하는 것은 슈미트가 자신의 초기 저작을 끊임없이 재서술하고 재분류하며 재평가하고 있다는 사실이다. 이는 제멋대로 전개돼 있는 자신의 저작 전체(Gesamtwerk)—각각의 저술이 지닌 다가치성 때문에 그의 저작 전체에 대해서는 최종적인 판단을 내릴 수 없다—를 통제하고 싶어하는 그의 욕망에 의해 추동되고 있다. 슈미트의 저작에서는 어떠한 체계성도 식별되지 않으며, 슈미트의 범주들을 변화된 현재에 적용하려는 시도는 결코 쉬운 일이 아니다. 이것이 바로 찬양하는 이든 반박하는 이든 곡해하는 이든 똑같이 가정하고 있는 슈미트의 동시대적인 부활 및 현재성에 맞서 역사적 슈미트를 보호하고 격리하려는 메링의 시도의 기초다.

이렇게 본다면 메링은, 슈미트의 지적 생산물은 격동의 시기 속에서 규범적 방향 설정과 자기 안정화를 추구하는 자기 성찰적 시도를 위해 사용되었다는 가정 아래 준(準)자서전적이고 개인적인 연대기적 독서를 제공하고 있는 셈이다. 따라서 메링은 슈미트의 기록 보관소에 틀어박혀 자신의 전기를, 방대한 『뒤셀도르프 유고』(Düsseldorfer Nachlass)에 보관되어 있는 최근 전사(轉寫)된 바이마르 시절 슈미트의 일기 및 서신들에 대한 탐구에 기반을 두고 있으며, 133쪽에 이르는 후주(後註)에서 드러나듯이 슈미트의 제자와 동료, 친구들과의 인터뷰로 이를 보충하고 있다. 책 뒤의 문헌 목록에 나온 슈미트에 관한 방대한 독일의 이차 문헌들은 별로 참조되고 있지 않지만, 메링은 「서문」에서 지나치는 김에 슈미트의 나치 시절 자료 가운데 일부가 삭제되었으며, 아직 전사되지 않은 1933년 이후 시기의 노트와 일기에는 접근할 수 없었다는 점을 지적하고 있다. 결국 이 전기는 슈미트의 생애와 저작을 분절했던 주요 사건들과 전환점들을—사건사의 방식으로—상세한 연대기 속에서 복원하고 재구성하려는 시도로 기획된 것이다. 이러한 상세한 연대기는 '좀 더 많은 사실'을 보여주게 될 텐데, 이러한 사실은 문자 그대로 받아들일 경우 슈미트 자신이 기록한 사실과 명백히 일치할 것이다.

메링이 "전기는 강한 가치판단 및 회고적 평가를 피하려고 하며, 대신 슈미트의 삶 속에 있는 열린 잠재태들과 우연들을 슬로모션처럼 드러내려고 시도한다"[14]는 점에 선뜻 동의하는 것은 그리 놀라운 일이 아니다. 실제로 슈미트의 생애와 저작에 대한 조직과 해석은, '성공과 몰락'이라는 부제가 가리키듯이 그의 직위의 전개 과정을 따라 선회한다. 왜냐하면 슈미트의 몰락은 1933년 5월 1일 그의 나치당 입당과 일치하는 것이 아니라, 1936년 후반 이후 그가 나치당의 위계 구조에서 밀려나는 것과 명백히 연결되어 있기 때문이다. 직위의 전개 과정에 따라 구조화된 연대기를 제외한다면, 슈미트 전기의 해석을 위한 아무런 특수한 시각도 제시되어 있지 않다. "온통 자료들로 가득 찬 이 책에서 독자들은 때로 저자의 강력한 테제를 그리워할지도 모르겠다."[15]

삶의 여정

이렇게 제시된 저작의 관심사—역사화, 해석학적 주관주의, 가치중립성, 상세한 연대기, 탈현재화—를 고려해볼 때 메링이 제시하는 생애로부터 기대할 만한 것은 무엇인가? 이러한 저자의 자기 감추기와 좁은 전기적 초점이 우리를 슈미트의 내면 세계에 존재하는 가장 사적인 문제들 너머로 인도할 수 있을까? 이 거대한 과업의 부가가치는 어떤 것인가? 메링은 노르트라인 지방 가톨릭 집안 출신 사회적 아웃사이더의 성공과 몰락에 대한 관습적인 이야기(학문적·정치적 벼락출세, 권력의 유혹의 희생물, 추방된 은둔자)를 들려준다. 이 이야기는 크게

---

14) 같은 곳.
15) 같은 곳.

4부로 나눠진다. 빌헬름 황제 시절 독일에서의 출세, 부르주아적인 바이마르를 넘어서, 나치 리바이어던의 뱃속에서, 1945년 이후 점진적 은거가 각 부의 제목이다. 전기의 형식적인 문체론적 원칙은, 슈미트의 개인적인 삶의 세계, 친구, 동료, 제자들과의 관계 및 학문적·정치적 경력, 지적 영향과 학문적 보복, 이중 혼인 관계를 포함한 가정생활, 무분별한 연애 및 음주 행각, 강의 활동 및 휴가 등에 대한 빽빽한 묘사─때로는 속기록 스타일로 서술되기도 하는─와 그의 저술에 대한 짤막한 요약을 번갈아 제시하는 것인데, 여기에 이따금씩 적수와 스승에 대한 묘사가 삽입된다. 책 전반에 걸쳐 메링은 슈미트의 주요 저작을 당대의 정치와 관련하여 위치시키고 있다. 슈미트의 연구 계획의 본질적인 면모는 이미 독일 제국 말기에 쓰인 저술에서 확인할 수 있다. 1910년 저술한 슈트라스부르크 대학 박사 학위논문인 『죄와 죄의 유형』에서 국가에 대한 슈미트의 반개인주의적 독법이 확립되었다. 곧 죄라는 범주는, 초법적이고 도덕적인 죄라는 문제를 법학자와는 무관한 것으로 괄호 치면서 입법가의 실정법적 규범을 통해 구성된다. 1912년 단행본인 『법률과 판결』에서는 이미 한스 켈젠(Hans Kelsen)의 법실증주의에 맞서 결정주의적 성향을 드러내고 있는데, 그는 구체적인 사안에 법(Gesetz)을 적용하는 과정에서 법관들의 해석 행위에 종속되는 것으로 법(Recht)을 정의함으로써 실천론적인 경향을 보여주고 있다. 양자 사이의 간극은 해석적 결정을 통해 메워지며, 법은 판결에 종속된다. 1914년 교수 자격 논문인 『국가의 가치와 개인의 의미』는 법과 권력을 매개하는 주체로 개념화된 국가를 통해 법적 인격이 구성된다는 생각을 추구하고 있다. 국가의 정당성은 법을 제정하고 그것을 법치국가로 실현할 수 있는 능력에 있는데, 이는 전(前) 국가적이고 '인간 중심적인' 계약론 및 자연법 이론과 대조적으로 개인에게 법적 주체성을 할당함으로써 이루어진다. 국가의 가치는 질서를 창조하는 능력에 있다. 이러한 관점은 정당성을 민주주의적이거나 그 밖의 다른 어떤 법률 외적인 정당화 작용에서 찾지 않고, 국가 자체에 내재적인 것으로서 법의 통치를 수행할 수 있는 국가의 능력이나 무능에서 찾는다. 슈미트에게 성공적인 법치국가는 보호와 질서의 시기를 제도화하며, 위기의 시기에는 개인과 국가의 관계의 직접성에 맞선 매개성을 제도화한다. 이러한 국가의 위기는 1914년 선전포고로 인해 촉진되었다. 이 위기는 행정 수반—군 통수권자—에게 기본적인 헌법적 권리를 폐지하는 것을 포함하는 광범위한 비상 권한을 행사할 수 있게 하는 계엄령과 수권법(授權法, Ermächtigungsgesetz/enabling act)을 통해 방지할 수 있는 것이었다.

슈미트는 1915년 전후(前後) 시기에 비상 행정권의 확장을 위한 법적 근거를 마련하도록 위촉받았다. 계엄 상태와 내전, 바이에른 지방에서의 사회주의 혁명의 발발은 슈미트로 하여금 원래 부여받은 과제를 확대하도록 자극했으며, 그 결과로 나온 것이 『독재론』(1921)[16]이다. 이 저작은 헌법의 역사 및 절대주의 국가 이론—법으로부터 면책된 [주권]에 관한—과 관련하여 광범위하게 논의된 근대 권력집중제 국가의 역사를 제공하며, 위임적인 독재, 곧 한시적으로 위탁된 독재와 주권적 독재의 구별을 도입한다. 이 저작 덕분에 슈미트는 뮤니히 대학 상대 교수로 임명되었으며, 그 뒤에는 33세의 나이에 생애 처음으로 프로이센의 그라이프스발트 대학 정교수가 되었다. 동시에 『정치적 낭만주의』(1919)[17]에서는 유럽의 부르주아를 담지자로 하는 세속화되고 개인주의적이며 사유화(私有化)된 사회질서가 지닌 정치적 수동성과의 관계를 청산하는데, 그것은 이들이 추구하는 정치적 낭만주의가 나약한 미학의 기회원인론적 아이러니를 초월하는 데 실패했으며,[18] 사회주의 혁명과 봉기의 유령에 직면하여 무기력한 상태에 빠져 있기 때문이다. 제국의 파국적 종말(군사적 패배, 왕권의 포기, 베르사유 독재, 알자스-로렌의 상실, 폴란드 회랑[19]의 형성, 라인란트의 군사적 점령, 배상금, 식민지

---

16) [옮긴이] 김효전 옮김, 『독재론』, 법원사, 1996.

17) [옮긴이] 배성동 옮김, 『정치적 낭만』, 삼성출판사, 1990.

18) [옮긴이] 슈미트에 따르면 세속화된 유럽의 부르주아는 신이라는 절대자 대신 개인 주체를 절대자의 위치에 올려놓는다. 개인 주체는 신과 마찬가지로 창조적 존재가 되고자 하지만, 신과 달리 무로부터 세계를 창조하는 것이 아니라 다만 허구적으로, 곧 미학적으로 세계를 창조하는 데 만족한다. 따라서 정치적 낭만주의자들에게 현실 세계는 개인 주체들이 미학적으로 세계를 창조하기 위해 제공되는 일련의 '기회들'로 환원된다.

19) [옮긴이] 폴란드 회랑(Polish corridor)은 베르사유 조약에 의해 신생 폴란드에 귀속된 영토로서, 독

상실, 잔존 군부 세력, 공화주의 헌정, 전범, 바이에른 소비에트 공화국, 쿠데타, 총파업)로 인해 슈미트의 사유는 주권과 관련된 헌법 및 국제법의 문제에 집중된다. 빌헬름 제국 말기에 슈미트는 자신의 주제를 발견했다.

정치적인 것에 대하여

이러한 초기의 관심사는 1922년 저작 『정치신학』에서 최초로 체계적인 면모를 얻게 되는데, 이 책은 예외라는 각도에서 법치국가와 주권을 다시 개념화한다. "주권자란 예외상태에 대해서 결정하는 자이다."[20] 폭력 수단들에 대한 정당한 독점이라는 베버의 고전적인 주권에 대한 정의가 아니라 결정에 대한 독점이 무대의 전면에 등장한다. 슈미트는 법실증주의에 맞서 바이마르 헌법 제48조(긴급조치에 따른 집행 정부)를 옹호하고 강화하기 위해 이 핵심 테제를 발전시킨다. 이 주제는 바이마르 시대 슈미트의 주요 저술, 곧 『로마 가톨릭주의와 정치형태』(1923),[21] 『현대 의회주의의 정신사적 상황』(1923),[22] 『정치적인 것의 개념』(1927),[23] 『헌법 이론』(1928),[24] 『헌법의 수호자』(1931),[25] 『합법성과 정당성』(1932)[26]을 관통한다. 법규범은 오직 정상적인 상황에서만 작동하기 때문에, 법실증주의는 탈인격적이고 비정치적이며 비역사적인 맹목에 빠지기 쉬웠다. 슈미트에 따르면 주권은 비인격적이고 객관적인 법적 주체, 곧 규칙과 법령의 총합으로서의 국가에 투입되는 것이 아니라, 정치적 위기와 사회적 무질서(한계 상황들)가 헌법적 규범에서 벗어날 경우에 간헐적으로 뚜렷하게 모습을 드러낸다. 이러한 헌정 위기에는 유일한 권위자가 초법적이고 온전히 정치적인 행정적 결정을

일과 동프로이센을 가르는 긴 복도 모양으로 되어 있다고 해서 그런 명칭이 붙여졌다.

20) 김항 옮김, 『정치신학』, 그린비, 2011, 16쪽.
21) [옮긴이] 김효전 옮김, 『로마 가톨릭주의와 정치형태』, 교육과학사, 1992.
22) [옮긴이] 나종석 옮김, 『현대 의회주의의 정신사적 상황』, 도서출판 길, 2012.
23) [옮긴이] 김효전 옮김, 『정치적인 것의 개념』, 법문사, 1995.
24) [옮긴이] 김기범 옮김, 『헌법 이론』, 법문사, 1976.
25) [옮긴이] 김효전 옮김, 『헌법의 수호자 논쟁』, 교육과학사, 1991.
26) [옮긴이] 김효전 옮김, 『합법성과 정당성』, 교육과학사, 1993.

통해 국가의 자기 보존 권리에 뿌리를 둔 질서를 다시 정립할 것이 요구된다. 객관적인 법질서에서 나타나는 비규정과 미결정의 순간들에는, 신속하고 확고하게―자의적이라고까지 할 수는 없을지 몰라도―자유재량에 따라 사태를 설정하는 주체적 결정 행위가 요구된다. 진리가 아니라 권위가 법을 만든다. 결정주의는, 주권이란 궁극적으로는 비상사태에 직면하여 헌정을 중지하면서 예외상태를 선언하고 강제할 수 있는 권력이라는 생각을 담고 있다. 예외상태의 선언은 기존 법규범 및 표준적인 결정 절차로부터 도출될 수 없다. 주권자의 결정은 자기 준거적이고 무매개적인 권위의 행동, 독특하고 절대적이며 최종적인 행동이다. 법학적으로 볼 때 그것은 무로부터 출현하는 것이다. '정치적 잉여가치'의 이러한 자유재량적인 요소는 법의 지배에 대한 정치의 우위를 재확립했다. 합법성은 정당성을 모두 담아내지 못한다.

결정주의는 슈미트의 정치적인 것이라는 개념을 통해 보완된다.[27] 그것은 형식적으로는 적–동지 구분의 강화라는 관점에서 정의되었는데, 이러한 구분은 결단력 있는 정치적 통일체를 형성하고 실존적인 집합적 자율성을 유지하기 위해 임의의 어떤 시점에 내부의 적과 외부의 적을 식별하기 위한 정치적 결정을 요구하는 것이다. 결정은 내부와 외부의 분화를 작동시키며, 내부에서는 외재화되고 배제되어야 할 것과 그렇지 않은 것의 분화를 작동시킨다. 이는 민주주의의 의미에 대한 재정의를 촉진했다. 슈미트에게 "따라서 민주주의는" 자유주의적 다원주의에 뿌리를 둔 의회민주주의의 "끝없는 토론"보다는 "첫째, 동질성 그리고 둘째―필요한 경우에는―이질적인 것의 배제 또는 섬멸"을 요구하는 것이다.[28] 이는 자율적인 행정부 주권의 제일원리들, 곧 대외 전쟁과 내부 억압이라는 원리들의 결합을 통해, 그렇지 않을 경우에는 극도로 분산되어 있는 산업적이고 대중적인 민주주의 사회가 사회적으로 동질적인 정치 공동체로―그리고 궁극적으로는 민족적으로(ethnically) 정의된 데모스로―통합되는 것을 구체적으로 예시해

---

27) Carl Schmitt, *The Concept of the Politilcal*, Chicago 1996 [『정치적인 것의 개념』].
28) 『현대 의회주의의 정신사적 상황』, 24쪽.

준다. 예외의 정치는 사회 통합 장치로서 공포 정치로 전환된다. 자기 보존이라는 제일근거에 호소함으로써 안보와 독립에 대한 위협이 최우선의 문제가 되고 국가 내부의 모든 차이들은 밀려나고 억눌러서, 원하던 통일성과 만장일치가 산출된다. 따라서 슈미트에 따르면 민주주의는 정체성 중심적인 관점에서 정치적 지도자가 통합된 인민(Volk)을 직접 대표하는 것으로 재정의된다. 이는 직접민주주의의 민족적 신화의 요체를 이루는 지도자와 지도받는 자들 사이의 유대를 간헐적으로 쇄신하는 자생적인 만장일치나 국민투표적인 요소들 같은 변칙적인 행위들에 의해 매개될 수 있다. 슈미트는 바이마르 공화국의 위기를 해결하기 위해 총력 국가를 내세우면서 부르주아 법치국가를 체계적으로 해체한다.

슈미트는 자신의 이력에서 빠르게 승승장구함으로써 바이마르 시기에 약진해 나갔다. 그는 1922년 그라이프스발트를 떠나 본 대학으로 옮겼으며, 자신의 첫 번째 결혼을 취소해달라는 요구를 거절한 로마 가톨릭교회와 인연을 끊었다(그리고 교회로부터 출교黜敎되었다). 그 뒤 1928년에는 베를린 대학 상대로 옮겼으며(그는 베를린에서 티어가르텐[29]—메링은 이곳을 연애의 예외상태라고 간결하게 묘사했다—에 자주 출입했다), 마침내 1932년에는 쾰른 대학 법학부에서 켈젠과 함께 근무하게 되었다. 1930년대 초기 슈미트가 법률 자문가로서 벌인 학문 바깥의 활동은 점점 더 정치화되어갔으며, 이는 프로이센 쿠데타—사회민주당이 통치하는 프로이센을 바이마르 연방공화국의 주에서 배제한 사건—에 관한 재판에서 공화국 대통령 힌덴부르크에 의해 변호인단으로 임명되면서 절정에 달했다. 슈미트는 연방을 이루는 주 정부에 대한 국민국가의 우월성을 변호했다. 비록 점점 더 민족보수주의 집단으로 이동해가기는 했지만 슈미트가 공개적으로 히틀러를 선택한 것은 1933년 3월 24일 수권법 이후부터였다. 그는 1933년 5월 1일 국가사회주의독일노동자당(NSDAP, 나치당)에 합류했으며, 괴링이 내무장관으로 있던 프로이센 주 자문단의 자문 위원으로 임명되었고 명망 높은 베를

---

29) [옮긴이] 티어가르텐(Tiergarten)은 베를린 중심부에 위치한 큰 공원 이름이다.

린 훔볼트 대학 공법학 교수로 임명되었다. 이후 국가사회주의에 대한 열광적 참여의 시기가 도래하여 그는 광적인 반(反)유대주의를 옹호했으며, 수권법과 1934년에 벌어진 나치돌격대 지도자들의 암살[30]을 사후에 법적으로 정당화했다.

구체적 질서의 사유

『법학적 사고의 세 가지 유형에 대하여』를 제외한다면 1935~36년 슈미트의 저술은 주로 짧은 논문이나 혹독한 비평문이 전부였다. 이 글들은 슈미트의 경력에서 볼 때 도덕적으로나 학문적으로 가장 밑바닥 수준에 속하는 것들이었다. 권력에서 축출된 후—메링의 해명에 따르자면 슈미트가 1936년 나치즘과 자신을 분리한 것이 아니라, 나치당원들이 슈미트를 자신들로부터 분리한 것이다—그는 학문 작업을 재개했으며, 3권의 주요 텍스트를 저술했다. 『국제법상의 광역 질서』, 『육지와 해양』, 『대지의 노모스』(이 책은 1943~45년에 쓰였지만, 1950년에 출판되었다)가 그것이며, 여기에 1940년 출간된 논문 모음집 『입장과 개념들』[31](이 논문들은 바이마르 공화국과 국제연맹, 베르사유 조약에 맞선 투쟁의 기록들이다)이 덧붙여질 수 있다. 국제법과 국제 역사로의 이러한 전회(메링은 이에 관해서는 충분히 다루지 않고 있다)는 '위로부터' 법적 규범주의를 비판하는 정치적 결정주의에서 '아래로부터' 법적 규범주의와 결정주의를 공격하는 구체적 질서의 사유로 패러다임을 이동한 것에 기초를 두고 있다.[32] 이러한 접근은 규범주의의 또 다른 약점을 드러냈는데, 규범주의에서 국가성—사회정치적 정상상태의 현존 그 자체—의 기원적 형성은 초법적이고 비법학적인 문제다. 규

---

30) [옮긴이] 이것은 이른바 '장검의 밤'(Nacht der langen Messer)이라고 알려진 사건을 가리킨다. 히틀러가 정권을 장악한 1933년 이후 친위대 조직 가운데 하나인 나치돌격대의 지도자 에른스트 룀이 돌격대를 정규군으로 승격하려 하고, 돌격대에 대한 독일 정·재계 및 보수주의자들의 불만이 커지자 1934년 6월 30일 밤 힘러는 히틀러의 묵인 아래 룀 세력을 기습하여 85명을 살해하고 수백 명의 돌격대원을 체포했다. 그리고 지도자인 룀은 나중에 결국 친위대원에게 살해되었다.

31) [옮긴이] 김효전·박배근 옮김, 『입장과 개념들』, 세종출판사, 2001.

32) Carl Schmitt, *On the Three Types of Juristic Thought*, Westport, CT 2004.

범주의도 결정주의도, 합법성의 행위에 선행하는 토대적인 정당성의 원(原)–행위(ur-act)는 무엇인가, 영토적 질서를 구성하는 것은 무엇인가라는 질문에 답변하지 못했다. 이러한 질문에 대한 답변이 존재한다면, 그러한 답변은 새로운 유형의 법학적 사고로서 사회학적이고 정치학적으로 확장된 법학 개념의 방향에서 헌법에 관한 관점을 수정해야 한다. 슈미트는 이를 구체적 질서의 사유로 지칭했다. 여기에서 노모스(nomos)라는 용어는 무차별적인 보편적인 코스모스와 대조적으로 관례적인 법학의 이러한 결함을 메우기 위해 고안된 것이다. 왜냐하면 "노모스는 정확히 말하면 법률에 의해 매개되지 않은 법적 권력의 온전한 직접성이기 때문이다. 그것은 역사적 구성 사건, 정당성의 행위이며, 이를 통해 일개 법률의 합법성이 처음으로 자신의 의미를 지니게 된다."[33] 법에 선행하는 정당성의 행위에 관한 이러한 관점은 국제법의 역사—신대륙의 발견에서 광역에 이르는—에 대한 슈미트의 해석을 틀짓고 있는데, 왜냐하면 이러한 관점은 공간적·법적 질서의 기원들이라는 문제를 무대 중심에 올려놓고 있기 때문이다.

사회학적으로 강화된 국제법적인 법학으로서 이러한 구체적 질서의 사유란 무엇인가? 슈미트는 『대지의 노모스』에서 자신의 패러다임 전환을 가장 명료하게 예시한다. 이러한 전환은 한 가지 근본적인 테제를 전제로 삼고 있는데, 이 테제에 따르면 모든 법적 질서는 구체적이고 영토적인 질서로서, 영토 획득이라는 원초적이고 구성적인 행위에 토대를 두고 있다. 이러한 영토 획득은 영토에 일차적이고 근본적인 명칭을 부여한다. 영토의 전유와 분배, 분할과 분류는 노모스를 구성하는 물질적 모체를 형성한다. 슈미트는 노모스라는 용어—법령으로서의 법(Gesetz)과 대조되는—를 그리스어 동사인 네메인(nemein)에서 끌어오는데, 이 동사는 전유하고 분할하고 목초지에 가축을 내어놓는 삼중적인 행위를 의미한다. "노모스는 그 속에서 한 민족의 정치적·사회적 질서가 공간적으로 가시화되는 그러한 직접적인 형상, 목초지에 대한 최초의 측량과 분할, 즉 육지의 취득

---

33) 『대지의 노모스』, 57쪽. 번역은 일부 수정했다.

과 더불어 육지의 취득에서 나오며 그것에 포함돼 있는 구체적 질서다."[34] 노모스는 공간적 질서의 상황적 통일(Ordnung) 및 공간과 법의 통일체를 창출하는 공동체의 정립 내지 위상 설정(Ortung)을 뜻한다. 지배적인 법실증주의의 비공간적·비역사적·탈정치적 관점―법실증주의는 국내법 및 국제법을 망라하는 법 일반을, 조밀하게 짜인 위계 구조 속에서 서로 결속되어 있고 국가까지도 거기에 종속되는 헌법의 근본규범(Grundnorm)으로부터 궁극적으로 파생되어 나오는 추상적인 규범들의 그물망으로 인식했다―에 맞서 슈미트는 물질적이고 대지적인 현실 속에 자신의 법을 근거짓는 국제 질서 일체의 메타-법적인 기원을 옹호하기 위해 취득과 점령이라는 이처럼 적나라한 행위를 명시적으로 선택한다. 법적 개념들은 공간적 기원을 갖고 있다. 힘이 법을 산출한다.

광역 질서

슈미트는 새로운 광역적 영토 질서에 관한 지정학적 전망을 위한 지적 기반을 마련하면서 구체적 질서의 사유를 포스트 베르사유적인 질서 및 먼로 독트린[35]에 대한 비판과 결합했다. 이것은 광역이라는 그의 개념 속에 포함되어 있는데, 이 개념은 다수의 거대 지역의 공존을 옹호하는 것이다. 이러한 거대 지역 가운데 하나에는 독일의 제국적 헤게모니 아래 위치한 중부 및 동부 유럽도 포함된다. 노모스 범주에 대한 의존은 이중적인 기능을 수행한다. 첫째, 이 범주

---

34) 『대지의 노모스』, 52쪽.

35) [옮긴이] 1823년 미국의 제5대 대통령 제임스 먼로(James Monroe)가 의회에 제출한 연두교서에서 밝힌 외교 방침으로 유럽과 신대륙은 서로 완전히 분리·독립된 체제를 가지고 있으므로 그 영향권 역시 분리되어야 하고, 유럽 열강으로 하여금 더 이상 아메리카 대륙을 식민지화하거나 아메리카 대륙의 주권국가에 간섭하는 것을 거부한다는 내용을 담고 있다. 대신 미국은 유럽 열강 사이의 전쟁에 대해 그것이 유럽에서 일어나는 전쟁이든 기존 식민지나 보호령에서 일어나는 전쟁이든 간에 중립을 표명했다. 먼로주의는 미국의 초대 대통령들이 추구한 고립주의적 전통을 따르는 동시에 이를 아메리카 대륙 전체로 확장함으로써 적극적이고 팽창적인 성격을 지닌다. 후에 먼로주의를 계승하는 '루스벨트 계론'(Roosevelt Corollary, 1904)을 통해 루스벨트는 유럽의 국가에 의해 아메리카 대륙에 속한 나라가 점령 또는 간섭의 위협을 받았을 때 미국은 라틴아메리카의 나라들에 정치·군사적으로 간섭할 수 있다('예방적 간섭'preventive intervention)고 선언했다.

는 국제법과 국제 질서를 일련의 영토 취득과 '공간상의 혁명'을 중심으로 선회하는 것으로 파악하는 수정주의적 역사관을 제공하는데, 이는 히틀러의 공간 혁명(Raumrevolution)과 광역 정치(Großraumpolitik)를 정당화하기 위한 이론적 자원과 논거로 사용되기도 했다. 둘째, 노모스라는 범주는 [보편적 세계질서 조직이라는] 국제연맹에 대한 신실한 믿음 일체를 내파했는데, 이는 이제 나치 독일의 확장이 정복과 영토의 전유라는 원초적인 노모스 구성 행위의 범역사적인 재발(再發) 현상 속에 기입되어 있기 때문이다. 역사는 슈미트의 (지리)정치학의 관점에 따라 다시 쓰이며, 이러한 역사적 수정주의는 독일의 제국주의를 정당화한다. 완벽한 순환성인 셈이다.

광역이라는 반보편주의적 범주는 나치 국제법의 이론적 구조의 지주를 이루게 되었으며, 국제 체계를 혁명화하려는 의도를 담고 있었다. 슈미트는 그 자신이 파악한 것과 같은 고전적인 국가 간 문명으로의 복귀라는 관념을 결코 품지 않을 정도로 선견지명이 있었으며, 자기 자신의 급진적인 역사주의에 충실했다. (국민)국가 및 포스트 베르사유적인 소국들의 창설(Kleinstaaterei) 시대는 돌이킬 수 없게 지나갔다. 그에 따르면 미래에는 상이한 유형의 정치적 단위가 설립될 것이며, 먼로 독트린은 이것에 대한 역사적·법적 선례를 제공했다. 다수의 광역 질서에 관한 슈미트의 규범적 기획은 몰로토프-리벤트로프 조약(Molotov-Ribbentrop Pact)[36]이 체결되기 전에 발표된 『국제법상의 광역 질서』라는 저술에서 가장 명료하게 제시되었다.[37] 슈미트는 베르사유 조약에서 미국이 표방한

---

36) [옮긴이] 몰로토프-리벤트로프 조약은 '독·소 불가침 조약'이라고도 하며, 1939년 8월 23일 모스크바에서 독일 외무장관인 리벤트로프와 소련 외상인 몰로토프 사이에서 체결되었다. 영국과 프랑스를 중심으로 한 서방 연합국은 소련과 연합하여 나치 독일에 대항하려 했고, 또한 독일은 제1차 세계대전 당시와 같은 협공을 피하기 위해 소련과 연합하려고 했다. 스탈린은 서방 연합국을 불신했기 때문에 히틀러와 손을 잡았으며, 동유럽 영토를 각자의 이익에 따라 분할했다. 하지만 1941년 6월 22일 히틀러가 소련을 침공함에 따라 이 조약은 파기되었다.

37) Carl Schmitt, "Volkerrechtliche Großraumordnung", in Schmitt, *Staat, Großraum, Nomos: Arbeiten aus den Jahren 1916-1969*, Günter Maschke, ed., Berlin 1995, pp. 269~71; 「역외 열강의 간섭을 허용하지 않는 국제법상의 광역 질서」, 『정치신학 외』.

이중적인 법적 기준, 곧 서반구(중남미와 태평양 지역)는 배타적인 미국의 지대라고 선포하면서 동시에 다른 한편으로는 민주주의와 자본주의를 받아들이는 것을 조건으로 삼아 '민족자결' 및 '불간섭' 원칙을 옹호하는 이중적 기준에 대해 혹평을 내렸다. 서반구는 치외법권 지역, 곧 국제연맹의 틀 바깥에 있고 유럽 열강의 개입 바깥에 있는 영역인 셈이다.

역으로 이러한 미국의 광역은 슈미트의 독일 광역—역외(域外) 열강의 간섭으로부터 면제되어 있는 출입 제한구역으로서 자족적이고 전제적인 독일의 안전지대—이라는 관념의 거울 박(箔)으로 기능했을 것이다. 왜냐하면 먼로 독트린은 미국 문제에 관한 유럽 열강의 간섭을 금지했을 뿐만 아니라, 서반구에서 미국의 간섭 및 다른 나라들의 제한 주권이라는 법 개념을 표현했기 때문이다. 히틀러는 흡족하게 "독일의 먼로 독트린"이라는 표현을 인용했다.[38]

히틀러에게 반하다

하지만 슈미트 저작에는 통일적인 중심이 부재한다는 메링의 서두의 언급과는 반대로, 슈미트의 저술은 일련의 불협화음적이고 양립 불가능한 주제들과 정리(theorems)들로 이루어진 것이 아니라, 슈미트가 총통 국가를 수용하기 훨씬 전부터 연속적이고 누적적으로 발전되어온, 조화롭고 일관된 개념들과 입장들의 집합으로 이루어져 있다. 이는 메링의 전기의 중심적 질문, 곧 왜 슈미트는 1933년 4월 (수권법 이후에) 히틀러를 선택했는가라는 질문에 대한 답변에 직접적인 함의를 지니고 있다. 왜냐하면 세밀한 서사로서의 전기를 쓰려는 메링의 시도의 개념적 실패는 슈미트 생애의 중심축을 이루는 계기에 대한 메링의 답변의 부재에서 절정에 이르기 때문이다. 메링은 슈미트의 결정에 대한 정연한 설명을 제공하기보다는 슈미트의 전환을 설명해줄 만한 가능한 논거들의 완전한 일람표(Topik)를 제공하는 것을 택한 뒤, 그의 전환에서 어떤 역할을 수행하거나 수

---

38) Carl Schmitt, "Volkerrechtliche Großraumordnung", p. 348.

행하지 않았을 43가지나 되는 동기들—개인적인 원한 감정에서부터 기회주의를 거쳐 종말론에 이르는—로 이루어진 미결의 쇼핑 목록을 잔뜩 적어놓는 것에 그치고 있다. 궁극적으로 메링은, 1932년 말까지 바이마르 공화국의 대통령중심제—법령에 따른 행정부 통치—를 슈미트가 옹호한 것으로 미루어볼 때 그가 국가사회주의로 변절한 것은 그의 정치적·이론적 궤적에서 명백한 '단절'이며, 이는 슈미트가 나치의 권력 장악을 '합법 혁명'이라고 개념화한 것을 통해 명백하게 입증된다는 결론을 내린다. 메링은 슈미트가 1933년 1월 실의에 빠졌다는 점에 주목한다. "히틀러와의 투쟁은 실패했다."[39] 이 테제는 슈미트 연구 공동체의 공식적인 독해를 되풀이하고 있다.[40] 하지만 슈미트의 동기에 대한 메링의 미결정 태도도 그의 불연속성 테제도 완전히 설득력을 얻지는 못하는데, 왜냐하면 1933년 이전의 슈미트에 관해 메링의 전기에 기록돼 있는 성격에 대한 프로필과 정치적·지적 입장들은, 1933년 슈미트의 나치당 입당을 바이마르 헌법에 대한 그의 투쟁 과정에서 정식화된 원(原)권위주의적 입장과의 불연속으로 보기보다는 오히려 그 입장의 논리적 정점이자 귀결로 파악하게 만드는 더 강력한 증거들을 제시해주기 때문이다. 점점 더 급진화되어간 슈미트의 세계관은 그의 개인적 성향과 정치적 프로그램의 유기적 연속성에 깊이 뿌리를 두고 있었던 것이다. 이는 국가사회주의의 이데올로기 및 실천과 슈미트의 기질 및 신념 사이에 최대치의 양립 가능성을 창조해냈다.

왜냐하면 메링에 따를 경우 슈미트는 단지 극히 야심적인 출세주의자이자 신뢰하기 힘든 동료, 성적 모험주의자였을 뿐만 아니라, 뿌리 깊은 인간학적 비관주의에 입각하여 생애 전체에 걸쳐 정치적 자유주의, 의회주의, 입헌적 법실증주의, 다당제 국가를 비판한 인물이기도 했기 때문이다. 이러한 성향은, 정치적 결

---

39) Reinhard Mehring, *Schmitt: Aufstieg und Fall*, p. 304.
40) 이 이야기는 다음 저술에서 상이하게 서술된다. Bernd Ruthers, *Carl Schmitt im Dritten Reich: Wissenschaft als Zeitgeist-Verstärkung?*, 2nd ed., Munich 1990; Ruthers, *Entartetes Recht: Rechtslehren und Kronjuristen im Dritten Reich*, Munich 1988.

정주의, 합법성에 대한 정당성의 우위, 이질적 사회에 맞서 통치하는 총력 국가 같은 요소들을 포함하는 일관된 이데올로기적 기획으로 번역되었다. 게다가 슈미트는 민족 신화를 대중 동원 및 사회 통합을 위한 정치적 도구로서 중시했는데, 이는 그가 방문한 바 있고 또 예찬해 마지않았던 무솔리니에게서 배운 것이다. 그는 반(反)연방제적인 통일국가의 핵심 주창자였다. 국제 정치와 관련하여 메링은 국제연맹과 영미적인 국제법에 대한 탁월한 비판가로서 슈미트가 수행한 역할 및 차별적인 전쟁 개념으로의 전회를 반복해서 서술하고 있다. 이러한 역할 덕분에 슈미트는 전간기 질서에 대한 독일의 주도적 비판가 가운데 한 사람으로서 입지를 굳히게 되었다. 정치적 실존주의에 기반을 둔 그의 정치적인 것의 개념은 국민적 통일을 이루려는 목적으로 적과 동지의 구분을 개념화한 반면, 그의 반유대주의와 인종적 동질성에 대한 요구는 정체성 중심적인 민주주의에 대한 개념과 일치했다. 슈미트의 반무정부주의적이고 반마르크스주의적이며 반볼셰비키적인 신조는 굳이 상세히 논의할 필요가 없다. 사적 소유와 법적 보증의 신중한 결합을 통해 보장되는 삶의 형식에 함축된 비정치적 안전성에 대한 슈미트의 반부르주아적 원한은 잘 알려져 있다. 이 모든 것은 형이상학적 각성(disenchantment)에 영향을 받았으며, 그 이면에는 부정적 종말론과 신학적 역사철학이 존재하고 있었다. 이러한 종말론과 역사철학은 철저하게 세속화된 사회 세력의 장, 무엇보다도 적그리스도로서의 사회주의에 맞서는 억제자로 국가를 파악하는 절대주의적 관점을 복원하려고 시도했다.

비록 이러한 요소들이 하나의 '체계'를 형성하지 않고 그 자체로는 총통 국가로의 이행을 자동적인 것으로 만들어주지는 않지만, 이 요소들은 국가사회주의의 이데올로기 및 실천과 구조적인 유사성을 지닌—메링 자신이 이 점을 극도로 명쾌하게 보여준다—'입장과 개념'(이론적 건축물)의 풍부한 레퍼토리를 제공해준다. 사실 이러한 요소들은 독일 극우 지식인들 가운데 다른 몇 사람과 더불어 슈미트가 히틀러를 선택할 수밖에 없도록 예정지었다. 국가사회주의와 슈미트 간의 이러한 이데올로기적 양립 가능성은 연속성 테제를 뒷받침하는 반면, 불연속성 테제는 나치당의 기성 당원들로부터 '3월에 사랑에 빠진 자'(Märzgefallener, 히틀러가 정권을 잡은 3월에 히틀러에게 '반한' 자)라는 조롱 섞인 별명을 얻게 된 정치적 기회주의—마지막 순간에 정치적 당파를 바꾸기—에 대한 단순한 옹호로 비칠 뿐이다. 그들이 보기에 슈미트는 너무 늦게 차에 올라탄 신뢰할 수 없는 변절자였던 것이다.

메링은 서두의 진술에서 슈미트의 복잡한 인성은 만능 열쇠 하나로는 제대로 풀어낼 수 없다는 점에 주목한다. 하지만 전기라면 마땅히 극단의 시대에 시련을 겪은 재능 있는 사상가에 대한 개인적인 사이코그램(psychogram)을 제공하는 것 이상을 목표로 삼아야 한다. 전기라면 마땅히 근대 정치사상의 대가에 대한 지적 평전이 되고자 열망해야 한다. 하지만 만약 그렇다면, 메링은 슈미트의 긴 생애는 하나의 식별 가능한 지적 무게중심 주위를 선회했다는 점을 풍부하게 증명해준다. 그 무게중심이란, 결정주의 정치신학을 기반으로 정당한 권위를 재정초함으로써, 대중민주주의와 전쟁으로 특징지어지는 세속화된 시대에 한 나라의 헌법과 국제법 사이의 관계, 국가와 질서 사이의 관계를 어떻게 재인식할 것인가였으며, 이는 실존적이고 집합적인 정치적 통일성을 확보하기 위한 양분을 대적(對敵) 선언에서 이끌어내면서, 법치국가를 넘어서는 순수하게 정치적인 주권을 다시 승인할 수 있는 반혁명적인 초권위주의적 행정부 권력을 위한 정치적·지적 프로그램을 고안해내기 위한 것이었다. 이 뿌리 깊이 내재한 문제 설정이 빌헬름 시대의 초기 저술에서부터 독일 연방공화국 시기의 『정치신학』 제2권에 이르기까지 슈미트 저작 전체의 연속적인 토대를 이룬다.[41]

---

41) C. Schmitt, *Politische Theologie II: Die Legende von der Erledigung jeder Politischen Theologie*, Berlin 1970 [「정치신학 II」, 『정치신학 외』].

3. 구원 작전?

하지만 (악마화나 변호론을 넘어) 슈미트의 통찰을 나치즘과의 연루에서 비롯된 그의 사상에 대한 중오심으로부터 분리해낼 수 있을까? 슈미트의 이론적 전제들—결정주의, 정치적인 것의 개념, 구체적 질서의 사유—과 그의 핵심 개념들—예외로서의 주권, 적과 동지, 노모스, 광역—을 국제법의 역사를 재서술하고 현재의 지정학적 질서를 개조하기 위한 요소들을 끌어낼 수 있는 일반적 분석 틀로 구원할 수 있을까? 분명 슈미트의 지적 기획의 중심축은 역사적 전망 속에서 국가의 문제에 답변하지 못하는 법실증주의의 무능력을 중심으로 선회한다. 그는 1934년 이전에 정치적 결정주의라는 관점에서 이러한 비판을 정식화했으며, 이후에는 새로운 유형의 법학적 사유로서 구체적 질서의 사유라는 각도에서 정식화했다. 따라서 정치적 결정주의와 구체적 질서의 사유는 앞의 범주들의 틀을 짜기 위한 두 가지 방법인 셈이다.

분석적으로 보면, 예외의 정치를 예시해주는 슈미트의 법 외부의 결정이라는 개념은—법학적으로는 법실증주의의 탈정치화된 세계에 대한 중요한 교정 장치가 되지만—강압 상태에서는 비상 통치 권력들로 전환될 수도 있는 무차별적인 범위의 정치 조직들에 '적용될' 수 있는 만능 열쇠와 하등 다를 바 없다. 슈미트의 개념들을 예외상태에 적용하게 되면, 이미 제도화된 사태를 기성 사실로서 사후에 서술적으로 확증할 수밖에 없다. 비상사태(emergency)에 대한 설명은 슈미트 개념들의 소관 범위를 넘어서는 것이다. 비상사태에 대한 비판은 슈미트의 어휘 내부에서는 정식화될 수 없다. 왜 그럴까? 슈미트의 방법—결정주의이든 적-동지 구분이든 구체적 질서의 사유이든 간에—에는 권력에 대한 사회학이 빠져 있기 때문에, 결정주의는 어떤 사회·정치적 세력들의 형세 내지 균형이 어떤 상황에서 예외와 공포의 정치를 활성화할 수 있는지 식별해낼 수 있는 분석 틀을 결여하고 있다. 왜냐하면 예외상태는, 신학에서 말하는 기적에 해당하는, 일체의 관계에서 독립된 무로부터의 창조물이나 유일한 자기 준거적 사건이 결코 아니기 때문이다. 예외상태는 예외상태의 선언에 앞서는 필수 불가결한 계산 행위에 의해 사회적인 것과 결부되어 있으며, 또한 그 실행의 기회 및 예외상태와 관련돼 있는 이들의 일상적인 공적 질서의 준수나 저항과도 결부되어 있다. 주권은 사회적 관계와 연결돼 있는 것이다. 예외는, 사회적인 것을 준거점으로 삼는 권력관계 속에 철저하게 기입돼 있다. 결정 자체만으로는 결코 결정적이지 않다. 예외의 두 측면—예외를 불러내는 권력과 정상적인 법치로부터 예외화되는 권력—가운데에서 슈미트는 오직 첫 번째 측면만을 이론화한다.

사회적인 것과 분리된 슈미트의 주권에 대한 관점은 또한 기묘하게도 탈정치화된다. 그는 국내 정치를 완전히 무력화하기 위해, 단지 사회만이 아니라 정치에 대해서도 외부에 놓인(일체의 사회·정치적 반발로부터 완전히 분리돼 있는) 아르키메데스의 점을 찾아내려고 한다. 이 초정치적인 입지점은, 무로부터, 하지만 압도적인 힘으로 사회적 과정을 재안정화할 수 있는 비현실적인(chimerical) 장소—국가의 정점을 이루는 장소—를 정확히 찾아내기 위해 의도적으로 선택된 것이다(여기에서 정치신학과 초권위주의는 수렴하게 된다). 하지만 이러한 '초월의 장소'는 사실 신학의 고유한 영역에 속한다. 여기에서 정치신학—절대주의 및 교황의 전권(全權, plenitudo potestatis)에 따라 모델화된 주권관—은 자의적인 국가 테러로 붕괴된다. '저지하는' 힘으로서 개념화된 슈미트의 억제자는 적그리스도 자신으로 변신한다. 슈미트의 주권관은 바이마르 공화국의 힘겨운 위기에 관련해 초권위주의적 해법을 위해 특별히 고안된 규범적 처방으로서, 흔히 볼 수 있는 비상 통치권의 발동에 관한 일반적 분석 틀로서는 기능할 수 없다. 그러한 주권관은 정치적 권위와 사회적 관계, 지정학과 국제법 사이의 상이한 형세 및 전환들, 궁극적으로는 공간적인 세계 질서의 형성을 측정하는 데 특히 무능하다.

대지의 획득

하지만 역사를 공간적·법적 노모스들의 연속으로 재해석하면서—이러한 재해석을 통해 슈미트의 당대는 멀리 떨어져 있는 것처럼 보이며 잘 알려지지 않은 과거와 연결되었다―『대지의 노모스』및 1930년대 중반 구체적 질서의 사유로의 전회가 설정한 과제가 바로 이것이었다. 슈미트가 유럽의 국가 간 문명이 형성된 고전주의 시기―유럽 공법의 시기―를 찬미한 것은 국제법에 대한 영미적 관점을 전면적으로 퇴락한 것으로 묘사하고 나치 독일 및 광역 정치를 이러한 관점에 대한 역사적으로 정당한 응징으로 표현하려는 목적을 지니고 있었다. 사실 그것은 지정학적 다원주의에 대한 선구적 입장이었던 셈이다. 주권에 대한 슈미트의 생각을 뒷받침하고 있던 두 가지 중심축―영토 전유라는 무자비한 행위 및 초정치적인 예외상태―사이에서 [유럽의] 공법(ius publicum)을 환기하는 것은 아무런 체계적 위치도 부여받지 못하고 있다. 헌법과 국제법에 대한 그의 접근은 이러한 두 가지 입지점―실증주의적 법 위와 그 아래―으로부터 해명될 수 있지, 실증주의적 법 자체로부터는 해명되지 못한다. 신대륙의 발견에서부터 광역적인 지역 블록에 이르는 전개 과정에 대한 논의에서 슈미트의 재해석은 두 가지 거대한 추상물들 사이에서 지속적으로 동요한다. 하나는 공법을 문자 그대로 수용하는 것인데, 이는 그가 격렬하게 반발했던 법실증주의와 형식주의를 지지하는 것이 된다. 다른 하나는 공간적 구체화라는 추상물인데, 이는 원래 전자에 대한 해독제를 제공하기 위해 고안된 것이다. 이 두 가지 사물화 사이에서 특정한 사회적 내용과 과정은 모두 시야에서 사라져버린다.

왜냐하면 구체적 질서의 사유는 어떤 과정들이 영토 전유 및 세계 질서의 정치를 이끌어가는가에 대한 지침을 제공하는 데 실패하기 때문이다. 이는 비사회학적이고 흥미롭게도 비지정학적인―지정학을 상호 주관적 갈등으로 이해한다는 뜻에서―태도를 취하도록 이끈다. 16세기 스페인 절대주의의 본성, 아메리카 정복자들(Conquistadores)과 스페인 왕의 관계, 팽창하던 유럽의 해외 제국들 사이의 상호 제국적 관계라는 문제는 검토되지 않은 채 남겨진다. 아메리카에서 영토 전유와 배분, 소유 관계가 전개된 구체적 과정―역사적 주체로서의 원주민들과의 지정학적 충돌―은 단지 논외로 남겨질 뿐만 아니라, 정의상 구체화로서의 정복이라는 순수하게 정치적인 또는 지정학적인 통념 일체에 대해서는 그 바깥에 머무를 수밖에 없다. 이런 의미에서 보면 구체적 질서의 사유는 무딘 상태로 남겨지는데, 왜냐하면 해외 팽창을 추동했던 사회적 소유 및 권위 관계의 동역학을 구체적으로 해명하기 위한 개념들은 어느 곳에서도 발전되거나 전개되지 않기 때문이다. 신대륙 발견에 대한 슈미트의 비사회적인 설명은 구대륙과 신대륙 사이의 마주침이 지닌 상호 정치적 성격에 대한 탐구의 부재로 인해 더 악화된다. 아메리카 토착 인디언들은, 영토 및 소유 갈등에 관한 지역적으로 상이한 해법을 해명하는 그의 설명에서 빠져 있다. 심지어 그들은 대륙에 새로 진출한 스페인인들과 포르투갈인들의 수동적인 전달자와 희생자로서도 인정되지 않은 채 무화되고 역사 바깥으로 사라진다. 슈미트는 아메리카를 주체가 없는 진공상태로 인식한다. 한편으로 대서양의 '공간상의 혁명'과 아메리카 인디언의 학살, 다른 한편으로 히틀러의 '공간상의 혁명'과 유대인 학살 사이의 역사적 유비가 시야에 들어온다.[42]

가치 주장들 및 '시민사회'의 경쟁적인 이해관계들 사이의 충돌이 추상된, 유럽의 국가 간 문명의 고전주의 시기에 대한 슈미트의 해석은 역사적 허구다. 슈미트가 주권의 재정의를 위한 역사적 모델로 삼고 있는 절대주의 국가들은 국내 정치를 중립화하고 국가 간 관계를 합리화하는 탈인격화된 주권이라는 세속적 관점을 제도화했다기보다는 여전히 인격화된 국가들로 남아 있었고, 사회·정치적인 거센 반발에 부딪혀 신성한 권위를 통해 정당성을 유지했으며, 그들 나라 각각의 군주의 인격 속에 체화되어 있었다. 이 국가들 사이의 뒤얽힌 왕족 관계는 공법 시기 전체에 걸쳐 '영토와 신민'을 둘러싼 격렬한 지정학적 갈등을 구조화했다. 일종의 지정학적 축적이었던 셈이다.

---

42) 메링은 아무런 참고 문헌을 제시하지 않은 채 슈미트가 "대학살과 홀로코스트를 의심의 여지 없이 범죄로 간주했다"고 주석을 단다. 홀로코스트에 관해 "그가 무엇을 알았고 무엇을 직감했을까? 이 점에 대해서는 그의 전쟁 일기 전사본(轉寫本)이 나오기 전까지는 추측해보는 도리밖에 없다." Reinhard Mehring, *Schmitt: Aufstieg und Fall*, pp. 428 이하. 슈미트는 여생 동안 이 주제에 관해 침묵했다.

전쟁의 양상

이와 관련하여 구체제에서의 전쟁의 실행은 길들여진 것으로서의 전쟁, 곧 문명화되고 합리화되어 있으며 제한되고 인간화된 전쟁이라는 슈미트의 비차별적인 전쟁 개념과 대비된다. 근대 초기의 국가 간 전쟁은, 국가들 사이의 대외 관계를 본질적으로 안정적인 국가 상호 간 질서 내로 국한하는 규칙 준수적인 일시적 경쟁—슈미트가 '결투'라는 이름으로 미화한—이 아니라 연속적인 구조적 현상으로서, 이는 이 국가들의 사회적인 중핵(영속적인 전쟁 국가)과 맞닿아 있고 그것을 전화하는 것이었다. 구체제의 정치체들은 군사적 경쟁 관계의 압력 아래에서 단지 사회적으로 전화되었을 뿐만 아니라, 점증하는 군사적 소비, 증대하는 공적 채무, 억압적인 조세율과 사회적 불만의 결합으로 인해 마침내 쇠잔하고 파괴되었다. 전쟁은 결국 자신의 주인, 곧 왕가들을 집어삼켰다.

왕조 전쟁(Kabinettskriege)이라는 개념이 전투의 수행을 합리적으로 만들려고 한 것이라는 제안이 일리가 있기는 하지만, 슈미트가 클라우제비츠로부터 빌려온 '제한'전과 '전면'전의 쌍은 근대 초기의 전쟁을 파악하기에 너무 조야하다. 분명 나폴레옹 및 나폴레옹 이후의 전쟁은 군사 활동의 성격에서 질적인 변화를 이룩하기는 했지만, 이것이 프랑스대혁명 이전의 전쟁이 슈미트적인 의미에서 길들여진 또는 제한된 전쟁이었다고 일반화할 만한 근거는 되지 못한다. 구체제 전쟁에 대한 슈미트의 이상화는, 근대 초기에 일어난 갈등의 빈도, 크기, 지속 및 강도 그리고 비용과 사상자 등을 고려하면 의문스러워질 수밖에 없다. 가령 7년전쟁[43] 말기에 프로이센 군대의 사상자 수는 18만 명에 달했는데, 이는 전군의 3분의 2에 해당하는 규모였으며 프로이센 인구 전체의 9분의 1에 달하는 숫자였다. 이는 부분적으로는 화기와 대포의 발전 및 일제사격술 같은 새로운 전술의 도입

---

43) [옮긴이] 1756~63년에 걸쳐 유럽의 주요 열강들이 참여한 전쟁. 원자재와 식민지 영토를 둘러싸고 벌어진 전쟁으로서, 유럽 내에서뿐만 아니라 영국과 프랑스가 식민지 경쟁을 하던 북아메리카의 퀘벡 지역과 인도에서도 진행되었다. 프로이센은 이 전쟁을 통해 대국의 지위를 확립했고, 영국은 북아메리카 및 인도에서 프랑스와의 식민지 경쟁에서 주도권을 획득함으로써 이후 대영제국으로 발전하는 길을 닦았다.

때문이었다. 그리고 부분적으로는 왕가의 패배에 따른 영토 상실과 재분할의 위협 때문이었다. 마찬가지로 전쟁 수행은 전투원과 비전투원 사이의 명확한 구분(전쟁 수행의 정당성jus in bello)이라는 관점에서 인간화되지도 않았다. 민간인에 대한 전쟁의 효과는 매우 파괴적이었다. 병참술이 제대로 발전되지 못했고 병사들은 지속적인 보급을 받지 못했기 때문에 근대 초기 군대들은 '자급자족'할 수밖에 없었는데, 이는 적지에서의 약탈이나 노략질이 아니면 몰수나 징발을 통해 이루어졌다. 병사들은 식량을 구하기 위해 민간인 지역을 샅샅이 뒤지곤 했으며, 약탈과 성폭력을 자행했고 기근과 인구 이동을 초래했다. "전쟁은 전쟁을 먹고 산다"(bellum se ipse alet)는 문구는 이러한 곤경을 잘 표현해준다.

왜냐하면 이러한 '계승 전쟁'이나 '교역 전쟁' 대부분은 영토 및 교역로의 통제권을 둘러싼 재분배 전쟁이었으며, 따라서 제한적인 목표를 지니고 있었지만, 폴란드의 분할에서 보듯이 영역 전체와 왕국이 사라지는 결과가 초래되는 한에서는 동시에 '전면전'이기도 했기 때문이다. 이 전쟁들은 공격적인 대외 지향(식민주의)에서 분명히 드러나듯이 영토와 전리품의 무한한 축적을 향한 제국적—총체적이라고 말하기는 어렵다면—충동을 특징으로 지니고 있었다. 스페인과 오스트리아 왕위 계승 전쟁에서부터 7년전쟁에 이르는 대부분의 '계승 전쟁'은 '세계' 대전이라고 하기는 어려울지 몰라도 쌍방적인 전쟁이었다. 이러한 사실 역시, 육지와 대양을 '국경선 너머'로 할당한 것—국제적인 내전 상태를 유럽 바깥으로 외재화하는 것—이 (유럽 공법에 명문화되어 있다시피) 유럽 내부의 전쟁 문명을 야기했다는 슈미트의 테제를 한계지을 만한 것이다. 그리고 국내법과 질서를 부과하는 데서 통치자에게 전면적인 자유를 허락하는 결정주의적 정치체를 위한 역사적 모델로서 절대주의를 강조하는 슈미트의 입장은, 유럽 공법에서 형식화되어 있듯이, 절대군주들이 대외 문제에서 의도적으로 법을 준수하려는 태도를 보이고 군사행동을 합리적으로 개혁한 것과 어떻게 들어맞을 수 있겠는가? 이처럼 열강들이 합법성을 주장하는 것은 슈미트의 관점과는 상반되는 특징이다. 논리적으로 말하면, 주체적 결정의 법적 무근거성은 내정 문제만이 아니라 대외 관계에서도 작동해야만 한다. 슈미트는 이러한 결론을 도출해내는 데 실패했지만, 이는 역사적 기록과 훨씬 더 가까운 것이다.

사회적인 것의 누락

게다가 1713년[44] 이후 영국에 의해 대륙의 국가 간 체계의 균형이 유지된다―슈미트는 경험적으로는 이 사실에 주목했지만, 이론적으로는 '해양적 존재'라는 비사회학적 범주로 환원한다[45]―는 생각은 영국에서 이루어진 봉건제에서 자본주의로의 이행이라는 사회적 설명과 1688년 이후 왕조에서 입헌적·의회제적 주권으로의 전화라는 사실을 가려버리는데, 이 두 가지는 영국이 18세기에 균형의 수호자로 등장하게 된 시점 및 그 사회·정치적 자원들을 이해하는 데 본질적이다. 구체적 질서의 사유는 이러한 광범위한 재해석에서 결정적 순간들―1492년, 절대주의 주권, 초기 근대의 전쟁, 영국의 17세기 주권, 제1차 세계대전의 기원, 히틀러의 공간상의 혁명―을 와해시켜버린다. 구체적 질서의 사유는 간단히 말하면 영토 전유와 공간적인 재편성, 권위와 주권 관계의 본성의 전화 또는 전쟁과 평화의 역사적 계보의 발전 과정 배후에 존재하는 사회적 자원을 드러내는 데 실패하고 있다. 더 나아가 슈미트의 공간적·국가주의적 관점을 뒤엎는 세계사적 사건들―자본주의와 산업혁명의 기원, 프랑스대혁명과 나폴레옹, 19세기 신제국주의와 제국들 간의 경쟁, 볼셰비키 혁명―은 그의 설명에서 배제되든가 아니면 거의 관심을 끌지 못한다.

슈미트가 사회적인 것을 파악하려고 시도할 때마다 그는 지리신화학적인 개념 목록들―영국이라는 해양적인 존재, 육지 대 바다―을 동원하든가 아니면

---

44) [옮긴이] 1713년은 네덜란드의 위트레흐트에서 유럽의 여러 나라들 사이에 다면적인 평화조약 체결이 시작된 해다. 1713~14년 체결된 이 조약으로 스페인 왕위 계승 전쟁이 종결되고 유럽 열강들 사이에 새로운 힘의 균형이 성립되었다.

45) [옮긴이] 이는 위트레흐트 조약을 기점으로 유럽 중심의 세계 질서가 육지 중심의 질서로부터 해양 중심의 질서로 전환되었으며, 영국이 새로운 세계 질서의 수호자가 되었다는 슈미트의 주장을 가리킨다. 『대지의 노모스』, 제3장 3절 이하 참조.

그 자신의 방법을 배반하고 만다. 이는 그가 국가 간(international)—비록 초국적(transnational)이기는 하지만—자본주의가 지닌 공간 말소적 경향을 개념화하기 위해, 먼로 독트린과 미국의 제국주의라는 형태로 국제정치경제학에 의존한다는 사실로 예시될 수 있다.[46] 왜냐하면 전간기 미국에 의한 유럽 질서의 재구조화에서 나타나는 압도적으로 비영토적인 성격은, 국제 질서가 영토 취득에 기반을 두고 있다는 슈미트의 공리계적 테제에 대한 직접적 논박을 제공하기 때문이다. 독일은 오스트리아-헝가리 제국이나 오스만 제국처럼 규모가 줄어들고 정체가 변화하기는 했지만 점령되지도 않고 병합되지도 않은 것이다. 유럽 공법의 해체에 관한 슈미트의 설명—초국적 자본의 공간 말소적 경향과 유럽 공법으로부터 국제법 시대로의 이행 사이의 구조적 연관성을 시사하는—은 그의 구체적 질서의 사유의 전제와 직접적으로 분리된다.

국제 정치경제로의 이러한 갑작스러운 전환은 그 자신의 방법에 의해 승인받지 못한, 이론적으로 통제되지 않은 표변을 이룬다. 이는 그로 하여금 헤겔-마르크스주의적인 사유의 모습을 띠도록 강제한다. 정치적인 것과 경제적인 것의 분리 그리고 이러한 분리의 국제적인 유비물인 영토화된 국가 간 체계와 사적이고 초국적인 세계시장의 분리가 그것이다.[47] 동시에 '분리 논변'으로의 이러한 전환은 유럽 공법은 이미 공적 국가성—근대 초기 국가 간 체계의 제도화와 함께 등장한—과 사적 '시민사회'의 분화에 의거해 있다는 그의 중심 테제를 취소하게 만든다. 슈미트는 베르사유 조약 이후 영미 자본주의가 끼친 공간 및 지정학을 해체하는 효과에 대해 과잉 해석하며, 사실상 마르크스보다 더 마르크스적인 초

---

46) Carl Schmitt, *Land and Sea*, Washington, DC 1997; Schmitt, *Nomos*, pp. 235~37 [『대지의 노모스』, 304쪽 이하].

47) "1842~43년 저작에서 청년 마르크스는 헤겔의 진단에서 시작하고 있으며, 미국에 대한 중요한 고찰에서는 심지어 헤겔보다 더 나아간다. 마르크스는 19세기의 군주정들과 마찬가지로 공화정들 역시 헌법과 국가를 부르주아 소유의 관점에서 정의했다고 말했다. 국가와 사회, 정치와 경제의 분리 덕분에 그는 정치 국가의 물질적 내용은 정치와 헌법 바깥에 있다고 말했다." 『대지의 노모스』, 363~64쪽. 여기서 슈미트가 준거하는 텍스트는 「헤겔 법철학 비판을 위하여」다. 카를 마르크스, 「헤겔 법철학 비판을 위하여」, 『칼 맑스 · 프리드리히 엥겔스 저작 선집』, 박종철출판사, 2000.

국적 경제주의를 수용하게 된다. 국제연맹 체계와 미국의 거대 전략의 결합은 전간기의 비정치적인 '공간적 제약 없는 보편주의'로 인도하지 않았다.[48] 오히려 그러한 결합은, 독일의 광역 정책 자체가 증명하듯이, 대륙의 상호 국가성 체계를 말소하지 않은 가운데 유럽의 정치 지리를 재구성하고 그것을 미국의 경제적·안보적 관심과 정렬하도록 이끌었다.

결함 있는 건축물

구체적 질서의 사유는 독특하게도 인간적 질서에 관한 국제적 역사사회학을 위한 개념들 내지 역사적 실체를 제공하지 못한다. 이로부터 다음과 같은 결과가 따라 나온다. 곧 만약 슈미트의 국제정치 사상과 역사적 서사가 경험적으로 지지받기 어렵고 이론적으로 결함이 있는 것이라면—수행적 모순, 이론적 입장들을 은밀하게 뒤집기, 누락과 말소, 신비화와 어원적 증거들로의 도피 등으로 가득 차 있다는 점에서—신(新)슈미트적인 부흥이란 사상누각일 뿐이다. 슈미트의 구체적 질서의 사유는 국제법과 지정학에 관한 사회학을 전개하려는 실패한 시도에 불과하며, 궁극적으로는 지정학적인 점령 상태 자체에 관한 유럽 중심적인 역사적 법학 이론으로 퇴행하고 만다.

결국 슈미트는, 유럽 공법의 질서는 어떤 과정에 의해 확립되었는가라는 자기 자신의 질문에 답변하지 못한다. '구체적인' 것이란 대부분 사실적인 것이다. 구체적인 것으로부터 그 다면적인 내적 규정들로의 '하강' 운동과 풍부한 내적 규정들 속에서 포착된 '사유 속의 구체'로서의 구체적인 것으로 상승하는 복귀 운동은 결코 수행되지 않는다.[49] 구체-사실성은 슈미트의 저작에서 추상으로 역전된

---

48) Neil Smith, *American Empire: Roosevelt's Geographer and the Prelude to Globalization*, Berkeley 2004.

49) '구체적인 것'이라는 통념은 ('유기체적인 것', '대지에 뿌리박은', '토착적인 것' 같은 다른 통념들과 더불어) 나치 이데올로기 속에서 '1789년 사상'에 맞선 '1914년 사상'이라는 광범위한 독일어 고양 운동의 일부로서 대단한 영예를 누린 바 있다. 이것은 신헤겔적인 경이로운 무기(Wunderwaffe)가 아니라, '유대인적인' 자본주의가 지닌 공동체 해체적인 성격에 고유한 '추상적'이고 '합리화된', '뿌리 없

다. 하지만 이는 그리 놀라운 일이 아니다. 슈미트의 저작 전체에 걸쳐 구체적 질서의 사유는 엄격하게 비사회학적인 것에 머물러 있고, 지정학과 '영토 전유'의 수평적 동역학은 사회적 관계와 잉여가치 전유의 수직적 동역학에서 유리되고 접합되지 않은 채 머물러 있기 때문이다. 사실 반혁명적인 국가주의 사상가로서 슈미트의 일반적인 세계관과 부합하게도, 구체적 질서의 사유는 자의식적인 반사회학적 사유다. 물론 사회적 관계에 대한 이러한 배제 및 제거는, 그의 지정학적인 것의 개념을 틀짓는 정치적인 것의 개념에서 이미 모습을 드러낸 바 있다. 이 두 가지 개념은 모두 정치적인 것 또는 지정학적인 것을 사회적인 것과 분리하며, 사실상 사회적인 것에 대하여 그리고 사회적인 것에 맞서 정치적인 것과 지정학적인 것을 우선시하고 중시한다. 이는 예외(재정식화된 주권의 본질) 및 구체적인 것(재정식화된 영토적 질서의 본질)이라는 은어 양자를 추상적이고 형식주의적인 통념으로 만들며, 그것의 설명력을 빈곤하게 만든다.

크리스토퍼 콜럼버스에서 히틀러의 공간 혁명에 이르는 국제법과 국제 질서에 대한 슈미트의 재구성은 1940년대 초 슈미트 자신이 처해 있던 정치적·실존적 상황으로부터 결정적인 통찰을 이끌어낸다. 선전이나 조작이라고 말하기는 어렵지만 단순한 편향 이상의 것인 이러한 재구성은 이데올로기 생산물로서, 곧 국제법과 국제 질서의 역사에 대한 특정한 재해석으로 정의될 수 있을 것이다. 이는 지적 노동에 대한 슈미트 자신의 관점과 부합하는데, 슈미트는 정치적 생존을 위한 독일의 투쟁 속에서 적과 동지의 구분에 대하여 실존적 결정을 내릴 것을 요구받는 극심한 격동의 시기에 개념들을 만들고 또 개조하는 투쟁으로 지적 노동을 이해한다. 이처럼 극도로 격렬한 정치의 시기가 역사의 장에 대한 슈미트의 관점을 특징지었다. 오늘날의 지정학을 사고하는 데 슈미트의 범주를 재동원하기

는' 사회적 관계의 본성에 맞서려는 목적을 지닌 파시스트적인 은어의 일부였다. 독일어에서 유래한 구체적으로 질서지어진 공간(Raum)이라는 개념은 자본주의의 탈영토화하는 경향에서 기인하는 공허하고 추상적인 평면으로서의 영토(territory)라는 기하학적 통념에 맞서 옹호되고 복원되어야 한다는 것이다.

위해서는 다음과 같은 점을 유념해야 하며 또 그것을 벌충할 수 있어야 한다. 곧 슈미트의 핵심 방법론—결정주의, 정치적인 것의 개념, 구체적 질서의 사유—은 추상적인 정치적·법적 개념 목록들을 사회학적으로 뒷받침하지 못하는데, 슈미트는 바로 이러한 정치적·법적 개념 목록들을 통해 국제법과 국제 질서에 대한 전간기의 재질서화 및 좀 더 광범위한 국제법과 국제 질서의 역사에 관하여 극도로 현실주의적인 비판을 정식화하고 있다. 슈미트의 정치 이론은 거대한 정치적 권위주의의 수하물과 함께 도착했는데, 이것도 같이 전달받아야 하지 않겠는가?

4. 다극적인 세계 질서?

왜냐하면 미국의 자유주의적 제국주의에 맞선 슈미트의 처방이란 무엇이었는지 생각해볼 필요가 있기 때문이다. 자본주의적 보편주의에서 감지되는 공간 말소 경향에 대한 해독제로 제시된 광역이라는 개념에는 그 경향을 억제할 만한 힘이 존재하는가? 『대지의 노모스』 말미에서 슈미트는 제2차 세계대전 이후 국제 질서의 장래에 관해 세 가지 사변적인 시나리오를 제시한다. 첫 번째 시나리오는 궁극적인 '세계 통일체'를 확립하는 하나의 압도적인 권력에 유리하게 육지와 해양 사이에 존재하는 반정립이 극복되는 것인데, 이는 슈미트의 관점에서 보면 비극이다. 두 번째 시나리오는 냉전의 맥락 속에서 '역외 균형자'의 횃불이 영국에서 미국으로 넘겨지는 것인데, 이는 두 번째로 나쁜 경우다. 세 번째는 새로운 다극적 광역들 사이에서 새로운 균형이 수립되는 것이다. "만약 광역들이 의미 있게 분화되고 내적으로 동질적이라면", 이 마지막 시나리오가 "합리적일 것이다."[50] 이러한 언급을 넘어서 각각의 광역의 내적 구성과 광역들 사이의 상호 관계의 성

---

50) Carl Schmitt, *The Nomos of the Earth*, p. 355. [옮긴이] 이 대목은 원서의 제5부 「부록」 편에 나오는데, 우리말 번역본에는 이 부분이 번역되어 있지 않다.

격에 관해서 슈미트는 모호한 태도를 취하고 있다.[51]

세 가지 관점은 모두 상이한 집합의 질문을 제기하고 있는데, 이 질문들 가운데 어떤 것도 구체적으로 전개되고 있지는 않다. 규범적인 신슈미트주의적 관점은 여전히 세 번째 시나리오를 선호하고 있다. 하지만 어떠한 슈미트식의 추론에 따르더라도, 슈미트 이론의 좀 더 넓은 맥락 속에서 그의 광역 개념을 재구성하는 것은 광역의 내적 본성과 그것의 구성을 광역의 대외 관계 또는 광역들 사이의 상호 관계 구조와 구별할 수 있어야 한다. 다음과 같은 점을 환기해두자. 바이마르 공화국이라는 배경에 의거하여 고안된 의회민주주의와 법실증주의에 대한 슈미트의 비판은 처음에는 결정주의에 대한 단언과 비상사태에 대한 강조로 그를 인도했다. 슈미트의 국가는 시민사회의 긴장을 중재하고 조정할 수 없었으며, 오히려 시민사회에 맞서 통치하고 질서를 제공하기 위해서는 그러한 긴장으로부터 격리될 필요가 있었다. 이는 산업사회, 계급 갈등, 사회주의 혁명의 유령이 국가 및 궁극적으로는 독재에 대한 재정식화된 이론을 요구한다는 신념에 뿌리를 두고 있었다. 다시 말하면 독일은 결정을 통해 사회적 갈등을 탈정치화하고 중립화할 수 있을 만큼 강력한 '억제자' 국가를 요구했다. 하지만 공간적으로 확대된 광역은 어떤 것이든 간에 민족적으로 이질적인 다양한 집단들로 이루어질 수밖에 없고 제국의 중심인 라이히(Reich)와 그 위성국가들 사이에 위계적인 권력의 기울기를 창조해야 하기 때문에, 이러한 권력은 확장되어야만 했다. 또한 이러한 권력은 대외적인 공적(公敵)만이 아니라 '내부의 적'에 대해서도 결정을 내릴 능력을 지녀야 했다. 국가에 구성적인 적-동지 구분과 주권의 궁극적인 발현에는 필연적으로 적대가 개입하기 마련이다. 이러한 슈미트의 처방을 염두에 둘 때, 재동원된 광역 개념은 슈미트의 국가 이론 및 인종주의적이고 정체성 중심적인 민주주의 이론과 분리될 수 없다. 따라서 이 이론들을 함께 승인하든가 아니면 이 슈

---

51) 이러한 모호성은 『국제법상의 광역 질서』가 1939년 봄에서 1941년 7월까지 4판을 거듭하는 동안 슈미트가 나치 친위대의 감시의 눈길 아래 자신의 광역이라는 관념을 승승장구하던 독일의 대외 정책에 맞춰 조정할 수밖에 없었던 전술적 신중함을 드러내주고 있다.

미트적인 수하물은 버려둔 채 광역이라는 개념을 슈미트의 국가 및 민주주의 이론 너머로 확고하게 이동시켜야 한다.

지역적 경계

서반구에 대한 먼로 독트린의 관점과 부합하게도 영토상으로 모든 광역은 제국적 중심과 일련의 작은 종속적인 국가들로 이루어지게 되는데, 이 후자의 주권은 제국의 구성 질서에 순응하느냐 여부에 달려 있으며, 그렇지 않을 경우에는 '개입'을 초래하게 될 것이다. 슈미트는 여전히 새로운 '광역적 제국 질서'로 이 소국들의 통합이 이루어지는 정확한 양상이 어떤 것인지, 연방적인지, 제국적인지, 속국적인지 명료하게 제시하지 못했다. 마찬가지로 슈미트는 각각의 광역의 영토적 범위의 기준을 명확히 밝히지 못하고 있다. 그것은 민족적인(völkisch) 것인가 대양적(大洋的)인 것인가, 헌정적인 것인가, 문명적인 것인가 아니면 이데올로기적이거나 종교적인 것인가? 하지만 그가 요구하는 '동질성'은 필연적으로 국가가 주도하는 동화와 동질화 과정을 수반할 수밖에 없다.

이와 유사하게 슈미트는 광역들 사이의 상호 관계 역시 구체화하지 않았다. 새로운 광역들 사이의 법은 유럽의 공법과 유사한 것인가? 미래의 광역들의 이질적인 성격을 감안할 때 그럴 것 같지는 않다. 아니면 이러한 지역 블록들 사이의 관계는, 각각의 광역의 내적 일관성과 정체성, 규율을 유지하기 위해 필수적인 '국경선을 넘어선' 쟁투의 영역을 창조하면서 슈미트의 공리계적인 적–동지 구분에 따를 수밖에 없는 것인가? 이 후자가 슈미트의 범주들에 좀 더 부합하는 듯 보이는데, 왜냐하면 광역들을 포괄하는 단일한 노모스라는 것은 슈미트의 관점에서 볼 때 내적 모순이며, 모두 문명적으로 동질적이면서도 원칙적으로 서로 전쟁 중인 다수의 노모스의 필요성을 저버리는 것이기 때문이다. 결정주의적 권위주의, 제국 내적 위계, 균형 잡기를 통해 변형되는 광역들 사이의 무정부성은 슈미트적인 장래의 대지의 노모스를 구성하게 될 가장 개연성이 높은 요소들이다. 다원적인 전 지구적 지역주의를 위한 모델로 슈미트적인 장래의 광역 질서를 환기하는 사람들은 누구든 간에 이러한 슈미트의 처방에 맞설 준비를 해야 할 것이다.

슈미트가 나치의 대외 정책과 관련하여 자신의 광역 사상을 회고적으로 논의하기를 거부한 것은 이 양자 사이의 이론적 양립 가능성 및 히틀러의 공간 혁명에 대한 슈미트의 연루라는 마지막 질문을 제기하게 만든다.[52] 전후 구금 기간에 쓰인, 뉘른베르크 재판의 부검사장이었던 로베르트 켐프너(Robert Kempner)의 질문에 대한 답변에서 슈미트는 뉘우치는 기색 없이 자신의 광역 개념과 나치의 대외 정책 사이의 지적 친화성을 격렬하게 부인했다. 마찬가지로 그는 1936년 이후 나치 엘리트와의 어떤 중요한 개인적 접촉도 부인했으며, 자신의 연구는 엄밀하게 법학적인 학문 연구였음을 계속 강변했다. 사실 그는 변론의 구도를 전환하려고 했다. 그가 한때 베르사유 독재와 관련하여 비난한 바 있으며 총력적인 총통 국가를 위해서는 단호하게 옹호한 바 있는—'총통이 법을 보호한다'—정치적 재판은 이제 뉘른베르크 재판에서 동맹 정책을 비난하기 위해 편리하게 다시 원용된다. 법이 없으면, 범죄도 없고 형벌도 없다(Nullum crimen, nulla poena sine lege). 슈미트가 회고적으로 광역을 좁은 의미의 법적 범주로 재정의한 것은, 슈미트의 개념을 카를 하우스호퍼(Karl Haushofer)[53]의 유기체적·생물학적인 광역 생활권(Lebensraum) 개념이나 히틀러식 개념과 손쉽게 동일시하는 것을 피할 수 있게 해준다. 하지만 그의 지적 생산물에 대한 이 솔직하지 못한 재정의—그의 이전의 당내 경쟁자이자 적대자였던 라인하르트 횐(Reinhard Höhn)과 베르너 베스트(Werner Best)의 유사 과학적 변호론과는 거리가 먼, 객관적이고 비당파적이며 과학적 성격을 지닌 이론—는 이제 초기에 그가 내세웠던 학문 활동의 본성에 관한 자기 확신에 찬 선언과 확연한 대조를 보인다. 슈미트의 주

---

52) Carl Schmitt, "Response to the Question: 'To what extent did you provide the theoretical foundation for Hitler's Großraum policy?'" [1947], *Telos* 72, 1987, pp. 107~16.

53) [옮긴이] 카를 하우스호퍼(1869~1946)는 독일의 지리학자이자 지정학자로 생활권 이론을 통해 나치의 대외 정책에 영향을 끼쳤다.

장에 따르면 "모든 정치적 개념, 이미지, 용어는 논쟁적 의미를 지니고 있다. 이것들은 특수한 갈등에 초점을 두고 있고 구체적 상황과 결부돼 있다."[54] 정치학과 법학 자체는, 실존적인 결정 행위를 요구하는 최고의, 가장 치열한 분화—적-동지 구분—에 종속되어 있고 그러한 구분에 봉사한다. 그리고 슈미트는 이러한 결정을 법학적으로가 아니라 정치적으로 취했다. 결국 그는 자신의 전 생애에 걸친 반대항을 이루었던 것, 곧 중립화와 탈정치화에 맞춰 자신의 지적 실천을 다시 서술하고 다시 조정해야 함을 느끼게 되었다.

5. 유산

전기의 마지막 편에서 메링은 짧은 구금으로부터 풀려나고 전범 재판소에 기소되지 않은 뒤 슈미트가 비록 교수 자격이 박탈되어 대학교수로 재임용될 수는 없었음에도, 어떻게 다양한 분과 학문—역사, 법, 철학, 정치 이론—의 현인(賢人)으로서 지적 삶으로 신속하게 복귀하게 되었는지 서술한다. 그는 플레텐베르크(Plettenberg)의 옛집에서 사적인 세미나를 열 수밖에 없었으며, 또한 1950년 대와 1960년대 동안 에브라흐(Ebrach)에서 사적으로 소집된 세미나에 참석했는데, 이 세미나를 조직한 전 나치당원 에른스트 포르슈토프(Ernst Forsthoff)는 이를 대항 대학이라고 불렀다. 그는 과거 동료들 및 동지들과 만남을 재개했고 프랑코 치하의 스페인에서 명성을 누리면서 그곳을 제2의 지적 고향으로 삼았다. 또한 새로 설립된 독일 연방공화국의 자유주의 헌정의 독재를 비웃고 과거 나치 동지들이 탈나치화에 대해 자기 증언을 하는 것을 조롱했다. 그는 2세대 및 3세대의 제자들, 친구들, 대담자들을 통해 곧바로 서독에서 다시 지적 영향력을 얻게 되었다. 그들 가운데는 1960~63년 키프로스 대법원장을 지낸 포르슈토프

---

54) Carl Schmitt, *Concept of the Political*, p. 30 [『정치적인 것의 개념』, 38쪽].

와 나중에 독일 대법원 판사가 된 에른스트–볼프강 뵈켄푀르데(Ernst-Wolfgang Böckenförde), 막스 베버의『경제와 사회』편집자인 요하네스 빙켈만(Johannes Winckelmann), 라인하르트 코젤렉(Reinhart Koselleck), 로만 슈누어(Roman Schnur), 조지 슈워브(George Schwab)—그는 슈미트의 저작을 영미권에 소개했다—그리고 뮌스터의 리터(Ritter) 학파와 친분이 있던 오도 마르크바르트(Odo Marquard) 등이 있었다.

이들은 여러 측면에서 볼 때 아주 이질적인 인물들이며, 메링은 이들이 슈미트 및 슈미트 집단의 주요 성원들이 유지하고 발전시킨 슈미트적인 신조에 대하여 어떤 지적·정치적 거리를 두고 있었는지 해명하고 있다. 핵심 성원들 간에는 충분한 공통점이 존재하고 있어서 1961년에는『데어 슈타트』(Der Staat)라는 정치학 학술지가 창간되는데, 이 학술지는 오늘날에 이르기까지 독일에서 가장 영향력 있는 보수적인 국가론 및 헌법 이론 학술지 가운데 하나로 남아 있다. 또한 그들은 슈미트가 1985년 96세의 나이로 사망하기 전까지『기념 논총』시리즈를 만들고 거기에 기고했다. 코젤렉의『비판과 위기』[55] 및 그가 오토 브루너(Otto Brunner), 베르너 콘체(Werner Conze)와 함께 편집한 극히 영향력 있는 '역사적 기본 개념'(Historische Grundbegriffe) 시리즈[56]—개념사 방법론을 적용하여 구성된 독일의 사회정치적 개념들에 관한 역사적 사전—는 양자 모두 슈미트 사상의 핵심 특징을 따르고 있으며, 특히 예외상태, 전쟁, 평화, 국제법 및 국가에 관한 항목에서 그렇다. 슈미트의 1세대 제자이자 나치당원이었던 빌헬름 그레베(Wilhelm Grewe)는 나중에 워싱턴, 도쿄, NATO 주재 서독 대사를 역임한다. 그는 2000년에『국제법의 시대들』이라는 책을 출간하는데, 거대 열강들을 연속적인 국제법 기획의 수행자로 제시하는 이 책은 슈미트의『대지의 노모스』의 최신

---

55) Reinhart Koselleck, *Kritik und Krisis: Eine Studie zur Pathogenese der bürgerlichen Welt*, Karl Alber Verlag, 1959(1판); Suhrkamp, 1973(2판).

56) [옮긴이] 그 일부는 우리말로 번역되어 있다. 라인하르트 코젤렉 외 엮음, 안삼환 외 옮김,『코젤렉의 개념사 사전』(전5권), 푸른역사, 2010.

판본에 해당하는 책으로서 영어로 번역되었다.[57] 1955년 그레베는 이른바 할슈타인 독트린(Hallstein Doctrine)을 기초했는데, 이 독트린에서 서독은 독일 민주공화국(동독)을 인정하는 어떤 국가와도 외교 관계를 수립하거나 더 이상 유지하지 않겠다고 선언했다. 이 독트린은 데탕트의 분위기 속에서 마침내 빌리 브란트에 의해 폐기되었다. 슈미트의 영향력을 보여주는 목록은 더 제시될 수 있다.[58]

광범위한 분과 학문 및 그 분야의 선도자들과 법률가들, 외교관들 그리고 독일 대법원의 재판관들에게 슈미트가 끼친 깊은 영향력에 관한 메링의 설명—그것이 자유주의적인 수용이라고 그는 거듭 우리를 안심시킨다—은 오늘날에는 슈미트의 직접적인 영향력이 사라졌다는 그의 서두의 언급과 거의 일치하지 않는다. 사실 그가 학계에 여전히 현존하고 독일 내에서 현재성을 누리고 있다는 사실이 이제는 명백하다면, 슈미트의 정치적 부활 역시 여기에 보조를 맞추고 있다. 오토 데펜호이어(Otto Depenheuer)—쾰른 대학 법학부 교수인 데펜호이어는 사회철학 및 법 정책 연구소 소장으로 있다—의 2007년 저작 『법치국가의 자기 보존』은 공공연히 신슈미트주의적 신조를 드러내고 있으며, 독일 내무장관이었다가 지금은 재무장관으로 있는 볼프강 쇼이블레(Wolfgang Schäuble)는 이 책을 읽어보라고 추천한 바 있다. 이 책의 테제는 2007년 하일리겐담(Heiligendamm)에서 열린 G8 정상회담에 항의하는 시위자들을 겁주기 위해 독일 공군의 토네이도 전투기가 파견되어 저공비행한 것을 통해 신속하게 시험되었다. 이 행위는 독일군과 경찰의 개입 조건을 분리한 독일 헌법을 위반한 것이었다.[59]

독일의 현장에만 국한되어 있기 때문에 메링의 시야는 좀 더 큰 그림을 놓치고 있다. 슈미트는 독일 바깥에서 지적 유산 및 '은밀한 대화'를 산출했다. 일군의 독일 이민자들—무엇보다도 한스 모겐소(Hans Morgenthau)와 그보다는 덜하지

---

57) Wilhelm Grewe, *The Epochs of International Law*, Berlin and New York 2000.
58) Jan-Werner Müller, *A Dangerous Mind*; Christian Joerges and N. Singh Ghaleigh, eds., *Darker Legacies of Law in Europe: The Shadow of National Socialism and Fascism over Europe and its Legal Traditions*, Oxford 2003.
59) Otto Depenheuer, *Selbstbehauptung des Rechtsstaates*, Paderborn 2007.

만 레오 스트라우스(Leo Strauss)—을 통해 그의 사상은 전후 미국의 국제 연구가 한편으로는 법률주의적이고 실증주의·형식주의적 관점에 따라 국제법으로, 다른 한편으로는 권력정치적 지향에 따라 국제 관계로 분기하는 데 도구적인 역할을 수행했다.[60] 하지만 미국의 신보수주의 내부에서 슈미트적인 적—동지 구분이 원용되는 것과 비교해보면 학문적 유산의 경우는 거의 비난 대상도 되지 못한다. 슈미트가 미 제국주의에 맞서 독일을 옹호하기 위해 구성한 정치적인 것이라는 기본 개념은 이제 신보수주의자들에 의해 탈복지국가적이고 애국주의적·영웅주의적인 미국의 공동체 가치를 위한 실존주의적 윤리를 배양하는 데 동원되고 있다.[61] 하지만 신보수주의는 민주주의와 자유의 증진이라는 과잉 이데올로기적 담론을 추가함으로써 이러한 정태적 이원론을 넘어서고 있는데, 이러한 담론은 동역학적인 미 제국주의 이론을 정식화하기 위해 단순한 지정학적 차이들의 접합을 초월한다. '세계정부'도 아니고 광역도 아니며, '무의지'에 맞서는 '의지'의 신축적인 전선이 바로 그것인데,[62] 이는 예외상태, 끝없는 전쟁 공연의 관리 및 영속적인 동원이라는 생각을 통해 부양된다. 부시 독트린에서 소묘되고 전 지구적인 테러와의 전쟁을 통해 실행된 슈미트 사상의 최종 결과는 여러 가지 가운데에서 다음과 같은 것들을 포함한다. 행정부 특권의 강화, 예방 전쟁 독트린, 기본적 시민권의 폐지, 은밀한 [용의자] 인도와 무기한 구금, 고문 활용, 전쟁범죄, 제네바 협정을 전쟁 포로들에게 적용하지 않기. 하지만 이러한 지적 계보와 정치적 유산—슈미트의 현재성—은 메링의 성찰 속으로 들어오지 않는다.

---

60) Alfons Söllner, "German Conservatism in America: Morgenthau's Political Realism", *Telos* 72, 1987, pp. 161~62; Martti Koskenniemi, *The Gentle Civilizer of Nations*, Cambridge 2001, pp. 413~509; William Scheuerman, "Carl Schmitt and Hans Morgenthau: Realism and Beyond", in Michael Williams, ed., *Realism Reconsidered: The Legacy of Hans Morgenthau in International Relations*, Oxford 2008, pp. 62~91.

61) Jean-Francois Drolet, "A Liberalism Betrayed? American Neo-Conservatism and the Theory of International Relations", *Journal of Political Ideologies*, vol. 15, no. 2, 2010, pp. 89~118.

62) [옮긴이] 이 구절은 2003년 미국 부시 행정부가 테러와의 전쟁을 개시하면서 전쟁에 동참한 영국, 오스트레일리아, 일본 등 40여 개국을 '의지의 동맹'으로 지칭한 것을 가리키는 것으로 보인다.

중립화?

전기는 주인공의 죽음 및 슈미트가 『오디세이』에서 따온 인용문, 최종적인 언어적 연막 속에서 노모스라는 단어를 환기하는 인용문—이 인용문은 슈미트의 묘비에도 새겨져 있다—과 더불어 간단히 종결된다. 어떠한 결론 또는 후기에서도 그의 생애와 작품에 대한 개괄적인 평가를 시도하거나 책의 요지를 제시하지 않는다. 메링은 슈미트에게 마지막 말을 남기면서 슈미트 뒤로 사라진다. 하지만 어떠한 전기도 단순히 어떤 생애를 그대로 모사할 수는 없으며, 메링의 전기처럼 자전적인 문헌들에 철저하게 기초를 두고 있다 해도 그렇다. 전기는 저자의 구성물이며, 전기가 제시하는 생애는 문학적 생애다. 비록 메링이 가치판단을 포기하고 있기는 하지만, 날카로운 이가 제거된 이 '테제 없는 책'의 메시지는 다음과 같은 일련의 감정이입된 표현들로부터 짜맞춰볼 수 있다. 복합적이고 수수께끼 같은 성품, 우발적이고 운명적인 만남, 함정과 연루, 학문과 정치 사이의 중간 지대의 위험성, 다가치성과 다형성(多形性), 운명과 운세. 이러한 표현들은 저자로서의 슈미트를 해체하고, 낮은 목소리로(sotto voce) 그를 능동적인 행위자에서 그의 통제력 너머에 있는 세력들의 수동적인 희생자—역사의 파도에 비극적으로 떠밀려가는 생애—로 전화하는 효과를 낳는다. 전 생애에 걸쳐 슈미트가 추구했던 결정의 자율성에 대한 열망은 그 반대편으로 전도된다. "나는 아무것도 결정하지 않았다. 히틀러가 결정했다."[63] 역설과의 유희는 초현실적인 것으로 바뀐다.

메링이 (슈미트의 나치 시기를 제외하고는) 대부분 해석학적인 관점을 택함에 따라 저자와 그의 대상 사이에 거의 합체에 가까운 관계가 형성된다. 슈미트의 전기를 준(準)자서전처럼 다시 서술하는 것은 메링의 목소리를 완전히 사라지게 만들 뿐만 아니라 슈미트의 자기 해석과 자기 스타일화를 긍정하게 만드는 결과를 낳는다. 이러한 저자의 자기 감추기로 인해 메링은 슈미트가 파국의 세기에 그 자신이 겪은 여정을 사후에 합리화하는 것으로부터 거리를 둘 수 없게 된

---

63) Reinhard Mehring, *Schmitt: Aufstieg und Fall*, p. 35.

다. 슈미트가 자기 자신을 권력정치의 험난한 세계에 사로잡히고 유혹당한 '흰 까마귀'로 묘사하는 것, 반란을 일으킨 선원들에게 인질로 사로잡힌 허먼 멜빌 (Herman Melville)의 비극적 주인공 베니토 세레노(Benito Cereno)[64]와 자신을 비교하는 것 또는 전후에 그가 기거했던 플레텐베르크의 집을 마키아벨리가 피렌체에서 추방되어 은거했던 산카시아노의 별장에 비유하고, 따라서 외부의 강요로 인해 정치에서의 활동적인 삶에서 물러난 것으로 이해하는 것 등이 그러한 자기 합리화의 예들이다. 메링에게 슈미트 전기는 근본적으로 1918년과 1945년의 군사적 패배로 구현된 이중의 손실로 특징지어지며, 이는 슈미트의 생애를 20세기 독일의 역사를 비추는 기나긴 실의의 역사로 채색하게 만든다. 슈미트적인 세계 안에 머물러 있는 의도적인 가치중립적 축약 속에서는 손실과 이득, 패배와 해방, 행위자와 희생자라는 이러한 결정적인 구별들 가운데 어떤 것도 만들어질 수 없다. 해석 작업은 감정이입으로 용해된다. 나는 내가 들은 바를 전달할 뿐이다(relato refero). 1989년에 쓴 슈미트에 관한 박사 학위논문의 중심 구절에서 젊은 메링은 다음과 같이 선언한다.

슈미트의 당파성은 그의 작업에 모범적인 중요성을 부여한다. 학자에 대한 매혹은 조야한 상태에 머물지 않으려면 그러한 매혹의 정치적 귀결과 대면해야 한다. 이는 인문과학 및 사회과학에서 그의 지적 영향 및 위상을 구실로 하여 슈미트를 복권하려는 최근의 시도들에 대해서도 참이다. 모든 슈미트 연구는 정치적인데, 왜냐하면 그러한 연구는 슈미트 작업의 초점으로서 슈미트의 당파성에 포획되어 있기 때문이다.[65]

하지만 정치적 귀결과의 대결의 척도는 부인도 도덕적 분개나 절망─메링은 주의 깊게도 이러한 분개나 절망을 슈미트의 나치 시기에 한정하며, 그의 생애 나

---

64) [옮긴이] 허먼 멜빌의 소설 『베니토 세레노』의 주인공.
65) Reinhard Mehring, *Pathetisches Denken*, p. 23.

머지 부분에 대해서는 유보하고 있다—도 아니며, 그의 지적 건축물의 한계들에 대한 상세한 평가와 그의 저작 전체 속에서 그의 시대를 위해 그리고 우리 시대를 위해 정치적으로 수용 가능한 것이 어떤 것인지 꼼꼼히 따져보는 일이다. 만약 메링이 초기의 충고에서 후퇴하여 좀 더 넓은 독자층 및 보수적인 시대정신을 위해 슈미트를 주류화하고 탈정치화하려는 시도를 감행하고 있다면, 이는 단지 정치적·규범적·지적 좌표(하나의 관점Standpunkt)의 상실을 가리킬 뿐만 아니라, 20세기를 '중립화와 탈정치화'의 시대로 규정하는 슈미트의 장기적인 시대 진단—이러한 진단의 타당성과 진실성은 무엇보다도 슈미트의 결정주의 및 국가사회주의의 선택에 의해 약화되었다—에 무의식적으로 동화되는 것을 뜻하기도 한다. 이제 중립화의 시대가 다가왔으며 좌파와 우파를 넘어선 탈이데올로기적인 역사의 종말이 도래했다는 끊임없는 대대적인 선언, 지배적인 권력 그 자신에 의해 울려 퍼지는 이러한 선언 자체가 지극히 정치적인 목적에 따른 이데올로기적 활동이라는 것을 슈미트는 명백하게 인지했고 또 비판했다. 이러한 간단한 슈미트적인 변증법적 책략이 메링에게는 상실된 것으로 보인다.

[진태원 옮김]

분리의 지정학

테슈케의 「결정과 미결정」에 대한 응답

고팔 발라크리시난(Gopal Balakrishnan)

파시즘에 동조했거나 협조했던 많은 일급의 유럽 사상가들—마르틴 하이데거(Martin Heidegger), 폴 드망, 루이-페르디낭 셀린, 에른스트 윙거, 조반니 젠틸레, 베네데토 크로체, 델라 볼페, 에즈라 파운드*—을 평가하는 일은 불가피하

---

* Paul de Man, 1919~83: 나치에 협력하던 일간지들에 200편가량의 글을 기고했고, 그 가운데 하나는 명백하게 반유대주의적인 내용을 담고 있다. 가야트리 스피박(Gayatri Spivak), 새뮤얼 웨버(Samuel Weber) 등의 박사 학위논문을 지도했고, 1966년 존스 홉킨스 대학의 회의에서 자크 데리다(Jacques Derrida)와 처음 만난 후 친교를 나누었으며, 영국과 독일의 낭만주의 문학비평에서 해체적인 방법론을 사용했다.

　Louis-Ferdinand Céline, 1894~1961: 나치즘과 많은 공통점이 있는 정치적 이상을 가지고 있었지만, 그 자신을 '유대인'이라 부른 히틀러를 공개적으로 비판했다. 그러나 영국 정보기관과 '유대인의 국제적인 음모' 간의 동맹에 대처하기 위한 독일과 프랑스의 연합을 요청했고, 1944년 비시 정권이 붕괴한 후 앙리 페탱(Henri Pétain)과 동행하여 독일로 피신한다. 종전 후 부역자 선고를 받고서 1년간 수감된다.

게 많은 문제를 안게 된다. 카를 슈미트(Carl Schmitt)의 경우, 그의 정치적 입장과 우파의 지적 전통들에 대한 그의 이례적인 관계가 서로 명백하게 불일치하기 때문에 어려움은 악화된다.

혼란스러운 시대와 장소로부터 우리에게 전수되었기 때문에—그리고 특히 영어권 독자들에게는 그때그때의 특정 목적에 따른 번역 과정에서 마구 뒤섞인 단편들 때문에—슈미트의 저작들은 현대의 어떠한 학문적 전문화의 기준에도 딱 들어맞지 않는다.[1] 온당한 평가를 위해서는 그의 작업을 신중하게 연대기적 맥

Ernst Jünger, 1895~1998: 국가사회주의 운동이나 나치당에 가담한 적이 없고 1933년 나치당이 권력을 장악한 후 열린 제국 의회에서 자신에게 수여된 의장직을 거절했으며 독일문예아카데미 의장직 수락도 거부했다. 또한 그는 나치당을 찬양한 적이 없고 오히려 신중하게 거리를 유지했다. 그러나 『민족주의와 유대인 문제』(Über Nationalismus und Judenfrage)에서 유대인을 독일 통합의 위협으로 묘사하며, 『노동자』(Der Arbeiter)에서는 전사·노동자·학자에 의해 운용되는 총체적인 동원 사회를 요구한다. 또한 나치가 선호하는 구호인 '피와 대지'(Blut und Boden)에 동조적이었다.

Giovanni Gentile, 1875~1944: 스스로를 '파시즘의 철학자'라 칭했고, 『파시즘의 이론』(1932)을 무솔리니를 위해 대필했다. '현실적 관념론'(actual idealism)이라는 자신의 철학 체계를 구축했으며 '젠틸레 개혁'을 통해 이탈리아 중등학교 체계를 개혁하여 이탈리아 교육에 큰 영향을 끼쳤다.

Benedetto Croce, 1866~1952: 처음에는 무솔리니의 파쇼 정부를 지지했다가 결국 공개적으로 파시스트당에 대립하면서 무솔리니 정권에 의해 자신의 집과 도서실이 폐쇄되었고, 자신의 학술 저작이 주요 일간지와 학술지에 게재되거나 인용되는 것이 금지되었다. 1944년 민주주의가 복구되었을 때 '자유주의적 반파시즘의 아이콘'이 되었다. 마르크스주의자인 안토니오 그람시(Antonio Gramsci)와 파시스트이자 그의 동년배인 젠틸레 두 사람을 포함하는 주요 이탈리아 지식인들에게 상당한 영향을 끼쳤다.

Galvano Della Volpe, 1895~1968: 이탈리아의 철학자로, 반헤겔주의적인 관점에서 마르크스주의의 과학적 유물론을 옹호하려고 시도했다. 1930년대에는 젠틸레의 영향으로 파시즘에 경도되어 파시스트 잡지 『프리마토』(Primato)에 기고하기도 했으나, 곧바로 마르크스주의로 전향했다. 이 파시스트 경력 때문에 그는 자신이 원하던 로마 대학에서 자리를 얻지 못하고 메시나 대학에서 계속 가르쳤다. 주요 저작으로 『실증과학으로서의 논리학』(Logica come scienza positiva, 1950), 『루소와 마르크스』(Rousseax e Marx ed altri saggi di critica materialistica, 1956) 등이 있다. 제자인 루치오 콜레티(Lucio Colletti)가 그의 사상을 계승했다.

Ezra Pound, 1885~1972: 오랫동안 직접 요청 운동을 벌인 끝에 1935년부터 이탈리아 국영 라디오에서 파시즘 정책 등을 지지하는 정기적인 방송을 했다. 제2차 세계대전 동안 미국과 루스벨트 대통령 그리고 특히 유대인을 비방하는 수백 회의 라디오 방송을 하고서 이탈리아 정부로부터 보수를 받았다. 그 결과 1945년에 미군에 의해 반역죄로 체포되어 수감되었고 그 후 12년 동안 정신치료를 받았다.

락에 위치시켜야 하고, 비판적인 정보를 토대로 이 작업에 의문을 던져야 한다.

『뉴레프트리뷰』제67호에 실린 이 사상가에 대한 베노 테슈케의 개입이라 할 수 있는 「결정과 미결정」은 이 복잡한 쟁점을 단칼에 해결하고자 한다. 유럽의 초기 근대국가 형성과 자본주의로의 이행을 다루는 역사사회학자로서 테슈케 는『1648년이라는 신화』로 명성을 얻었다.[2] 그가 가장 최근에 쓴 글은 슈미트가 『대지의 노모스』(Der Nomos der Erde)에서 이 주제들에 관해 사유한 것을 논 의하고 비판하는 데 긍정적으로 기여하고 있다. 테슈케는 슈미트의 작업이 현대 에 어떻게 수용되고 있는가를 폭넓게 성찰하면서 이 가공할 저작에 대한 인상적 인 독서를 전개하고, 작가로서 그의 이력이 지적으로 그리고 정치적으로 어떻게 진행되는지를 다룬다. 테슈케의 글은 한 파시스트 이데올로그, 그의 유산이 현재 미국 신보수주의의 이론적 배경을 제공하고 있는 파시스트 이데올로그의 초상을 그리고 있다. 그 글이 증명하고자 하는 것은 슈미트가 귀환하여 미국의 대외 정 책, 국제 관계의 장 그리고 보다 일반적으로 지적인 삶의 주류에 해로운 그림자 를 던지고 있다는 것, 그럼에도 불구하고 그의 저작들이 현재의 역사적 순간 혹은 과거의 역사적 순간들에 대하여 말할 수 있는 것은, 있다손 치더라도 거의 없다는 것이다. 테슈케는 라인하르트 메링(Reinhard Mehring)의 새로 출간된 중요한 전 기물『카를 슈미트: 성공과 몰락』을 평하면서 자신의 논지를 전개하고 있다.[3]

기록물에 근거한 메링의 세심한 설명에서는, 시기를 나누고 맥락에 맞추어 해 석하는 기존의 틀에 입각하면서도 슈미트의 삶과 이력에 대한 우리의 이해를 눈 에 띄게 중대시킨다. 전기물에 대한 평가로서 테슈케의 글은 이 새로운 역사 자

---

1) 나는 이 문제를 *The Enemy: An Intellectual Portrait of Carl Schmitt*, London/New York 2000 에서 상세하게 다룬다.

2) Teschke, *The Myth of 1648: Class, Geopolitics and the Making of Modern International Relations*, London/New York 2003. 또한 "Imperial Doxa from the Berlin Republic" NLR 40, Jul-Aug 2006 참조.

3) Teschke, "Decisions and Indecisions: Political and Intellectual Receptions of Carl Schmitt", NLR 67, Jan-Feb 2011, p. 62 [이 책에 실린 「결정과 미결정」]; Reinhard Mehring, *Carl Schmitt: Aufstieg und Fall, eine Biographie*, Munich 2009.

료에 초점을 맞출 수도 있었을 것이고, 이 자료가 우리로 하여금 이 논쟁적인 인물에 대한 이해를 얼마나 변화시킬 수밖에 없도록 만들었는지를 고찰했을 수도 있었을 것이다. [그러나] 전반적으로 테슈케는 메링이 말해주는 흥미로운 이야기의 많은 부분을 그대로 전달해주기를 거부하고, 대신 이 이야기가 그가 알고자 했던 종류의 연구가 아니라고 불평할 뿐이다. 그가 보기에, 메링은 명백히 유죄인 그의 연구 대상에 대해 적절하게 도덕적 판결을 내리는 데 실패하고 있다. 무엇보다도, 1933년 5월에 국가사회주의 독일 노동자당(Nationalsozialistische Deutsche Arbeiterpartei, NSDAP)*에 가입하게 된 44년 묵은 동기들에 대한 이 전기의 공들인 연구가 단호하게 기각된다. 대신 테슈케는 그가 보기에 "다른 몇 사람과 더불어 슈미트가 히틀러를 선택할 수밖에 없도록 예정지은" 성격적 특질과 정치적 기질로 이루어진 "이론적 건축물"을 제안한다.[4] [그러나] 분명 슈미트의 동시대인들 다수는 그의 결정이 그들을 놀래고 화나게 만들었을 때, 그것이 미리 정해져 있던 결론이라고 생각하지 않았다. 그의 과거 속에서 어떤 요인이 그로 하여금 나치에 가담하게 만들 소질을 사전에 제공하는지 결정하기 위해서라도, 메링이 제공하는 종류의 동기들에 대한 보다 세심한 고찰은 단순히 무시될 수 없다. 그리고 슈미트의 결정이 어떤 좀 더 깊은 지적이고 정치적인 친화성에 의해 설명되어야 한다면, 1933년 이전이건 이후건 정치적 우파 쪽 다른 조류들과의 복잡한 지적 관계를 이해하는 것이 절대적으로 필요하다.

새로운 자유주의 질서

테슈케는, 그가 상술하듯, 슈미트의 "국제정치에 대한 사유와 역사적 서술"이

---

* 흔히 나치라고 불린다. 슈미트는 44세 되던 해에 이 당에 가입한다. 1933년은 히틀러가 '제국 총리'로 임명되고 나치가 권력을 장악하여 바이마르 공화국(1918~33년)이 막을 내린 해다.
4) Benno Teschke, "Decisions and Indecisions", p. 78 [「결정과 미결정」, 227쪽].

"경험적으로 지지받기 어렵고 이론적으로 결함이 있다"는 것을 증명하고자 한다. [테슈케에 따르면 슈미트의 글은] "수행적 모순, 이론적 입장들을 은밀하게 뒤집기, 누락과 말소, 신화화와 어원적 증거들로의 도피 등으로 가득 차 있다."[5] 테슈케의 글에 대한 응답으로, 나는 우선 제1차 세계대전이 끝난 후 국제 질서에서 독일의 입지에 대한 슈미트의 생각을 아주 간략하게 스케치하고, 독자로 하여금 테슈케가 과연 그의 생각의 요점을 공정하게 전달했는지 결정하게 하겠다.

슈미트에게, 베르사유 조약과 국제연맹은 법적 수단을 통해 전후 상태를 현상 유지하려는 시도들이었다. 이로써 독일은 국제적인 재정적·군사적 통제의 새로운 체제에 종속된다. 이 새로운 질서 속에서 승전 강대국들은 자신의 특권을 온전하게 유지한 반면, 패전국들은 제재, 무역 금지, 대외 부채 상환에 대한 국제적 감시, 불순응에 대한 처벌적 개입 등의 형태로 자신의 명목적 주권이 침략적으로 불안정하게 제한당하는 시련을 겪었다. 법의 근대적 관념이 주체들/신민들(subjects)에 대한 한결같은 사법적 판결을 전제한다면, 종전(終戰) 합의에 따른 명령들은 국가들이 이 국제 체제에 매우 큰 편차를 가지고 종속되었을 때 이제는 실밥이 보일 정도로 다 낡아빠진 이 용어가 지니게 된 명목적이고 희박해진 의미에서만 법적이었다. 법적인 형식의 이러한 위기는 경제 관계의 영역과 국가 간에 설정된 고전적이고 부르주아적인 분리가 시대사적으로 와해되고 영토와 신민에 대한 정당한 폭력을 국가가 독점하게 되었다는 사실의 가장 일반적인 표현이었고, [국가와 경제 영역, 국가와 사회가 분리되던] 구체제와 [국가가 경제 영역 혹은 사회에 개입하는] 복지 자본주의(welfare capitalism) 사이에 끼어 있던 유럽에서 표출되었다. 국가와 사회, '정치적인 것'과 '경제적인 것'의 이러한 분리를 전제했던, 전쟁과 평화, 교전국과 중립국, 군인과 비(非)전투원 등을 구별하는 대립적 개념의 네트워크 전체를 가능하게 했던 역사적 경계선들 및 조건들이 해소되어가고 있었다. 예전의 그리고 새로운 다양한 갈등에 이 용어들이 적용될 때 자의적이

---

5) Benno Teschke, "Decisions and Indecisions", p. 86 [「결정과 미결정」, 237쪽].

라고까지 할 수는 없지만 점점 더 이론의 여지가 많아지면서 무질서가 모습을 드러냈다. 국제 평화조약의 새로운 조치들은 전쟁의 연장(延長)과 점점 더 구별되기 어려워졌고, 이것이 내전 발발과 경제의 와해로 말미암아 만연하게 된 전간기(戰間期)의 종결 불가능해 보이는 기층적인 국제적 무질서의 조건을 이루었다.

미국은 여기저기 기운 누더기 같은 이 영역 위에서 그리고 [각국이 저마다 지니는] 주권들에 대해 말하기는 주저하면서, 자신이 통제하지만 자신은 그것에 종속되지 않는 국제연맹 같은 제도들을 통해 간접적으로 힘을 행사했고, 그럼으로써 채권국 권력으로서 거대한 영향력을 행사하기에 이르렀다. 뉴욕에 지불된 전쟁 배상금 및 뉴욕으로부터 아주 조금은 안정을 회복한 유럽으로 다시 흘러들어간 대부금이 불가능해 보이는 현상 유지용 통화 동맹을 형성했다. 주권국가의 시대는 지나갔다는 말, 쇠퇴하고 있거나 퇴보하는 국가의 국민들이 유행이 지나간 주권이라는 특권을 포기한다면 궁극적으로 터널을 빠져나와 국제법과 번영의 새로운 시대로 진입하리라는 말들을 당시에는 종종 하곤 했다. 그런 것이 얼마나 가능했든지 간에, 국제 갈등 및 헌정 질서상의 갈등에 대한 슈미트의 바이마르 시기 저작은, 독일과 유럽이 임박한 폭풍을 저지할 어떤 정치적 안전망도 없이 점점 더 미국 중심이 되어가는 매우 변덕스러운 세계경제 속으로 표류해 들어가게 되면 그 결과가 어떠할지에 초점을 맞추었다.[6]

지금까지의 간략한 설명으로 슈미트의 저작* 속에 부각된 몇몇 역사적 현실들을 이해할 수 있을 것이다. 이 설명 가운데 일부는 현재의 조건들 안에서도 공명

---

6) "Das Rheinland als Objekt internationaler Politik"(1925); "Der Status Quo und der Friede" (1925); "Das Doppelgesicht des Genfer Völkerbundes"(1926); "Zu Friedrich Meineckes *Idee der Staatsraison*"(1926); "Demokratie und Finanz"(1927); "Der Völkerbund und Europa" (1928); "Völkerrechtliche Probleme des Rheingebiets"(1928); "Völkerrechtliche Formen des modernen Imperialismus"(1932). 유럽 정치와 세계 정치 속의 바이마르 공화국에 대한 이 논문들은 *Positionen und Begriffe*, Berlin 1988에 실려 있다.

* 각주 6에 언급된 슈미트의 바이마르 시기 저술들. 프리드리히 에베르트(Friedrich Ebert)가 대통령을 역임한 시기(1919~25년) 및 1929년에 경제공황이 닥치기 전까지 바이마르 공화국은 '황금의 1920년대'라는 말이 있을 정도로 상대적으로 안정된 민주주의의 시기였다.

하리라고 생각하는 것이 합당해 보인다. 비록 현재의 조건들이 그의 시대, 즉 국제적인 혁명, 파시즘, 세계에서 가장 강력한 국가들 간의 전면전의 시대와는 다르다고 할지라도 말이다. 슈미트의 묘사가 불완전하다고, 말해야 할 것이 더 있을 수도 있다고 생각하는 것, 여기서 기술된 상황에 대해서는 이에 앞서거나 뒤따랐던 상황에 대해서보다 더 긍정적으로 평가해야 마땅하다고 보는 것은 합당하다. 슈미트에 대해 대차대조표를 작성하기 위해서는 이렇게 생각하는 것이 정당할 것이다. 그러나 테슈케는 이 저술들에서 주권자의 결정에 대한 준신학적인 가치 부여 및 동지와 적 간의 선 긋기에 대한 반자유주의적인(illiberal) 집착 이상은 거의 보지 못한다. 테슈케가 말하는 요지는 슈미트가 당시와 지금의 자유주의적 제국주의를 이루는 사실들 및 규범들의 역사를 우리가 보다 용이하게 파악하는 데 거의 기여하지 못한다는 것이다.

비상사태의 조건들

슈미트의 '지적인 건축물'의 핵심 요소들에 대한 테슈케의 비판은 우리의 이해를 거의 진전시키지 못한다. 그가 보기에 슈미트의 "예외라는 특수 용어"—"예외상태 안에서/예외상태에 대해서 결정하는 자가 주권적이다"*—는 현실 역사에서의 비상사태들에 대해서 어떠한 분석적인 성과물도 제공하지 못한다.

비상사태(emergency)에 대한 설명은 슈미트 개념들의 소관 범위를 넘어서는 것이다. 비상사태에 대한 비판은 슈미트의 어휘 내부에서는 정식화될 수 없다. 왜 그

---

* 이 글에 인용된 이 문장의 영어 번역 자체가 전치사를 이중화하고 있다. "sovereign is he who decides in/on the state of emergency." 슈미트 자신의 문장은 이렇다: "Souverän ist, wer über den Ausnahmezustand entscheidet." 글자 그대로 읽으면, "예외상태에 대해서 결정하는 자가 주권적이다".

럴까? 슈미트의 방법—결정주의이든, 적–동지 구분이든, 구체적 질서의 사유이든 간에—에는 권력에 대한 사회학이 빠져 있기 때문에, 결정주의는 어떤 사회·정치적 세력들의 형세 내지 균형이 어떤 상황에서 예외와 공포의 정치를 활성화할 수 있는지 식별해낼 수 있는 분석 틀을 결여하고 있다.[7]

테슈케가 비상대권(非常大權)의 문제를 사회·정치적 견지에서 파악하려는 슈미트의 많은 시도들을 놓쳤다는 점은 이상해 보인다. 1921년에 슈미트는 비상대권의 발전을 근대 정치의 핵심에 있는 근본적인 구조적 문제, 어떤 화해시키기 어려운 적대가 모습을 드러내는 법적인 형태로 분명하게 파악하고 있었다. "법적 제도로서의 계엄 상태의 발전에 가장 중요한 연대인 1832년부터 1848년 사이에 프롤레타리아트의 정치적 조직화가 전혀 새로운 조건을, 그리하여 새로운 헌법상의 개념들을 창출했는지에 관한 물음이 제기되었다"라고 그는 썼다.[8] 이 정식화는 뒤따르는 수많은 다른 버전들로 재(再)정식화되었다. 후기 바이마르 정부들이 취한 긴급 재정 조치들의 맥락을 따라가면서, 슈미트는 다음과 같이 적었다.

여기서 우리는 누구나 인정할 만한 다음과 같은 사실에서 출발할 수 있다. 즉 공공 재정은, 전쟁 이전의 차원들과 비교하여 그리고 현재의 자유롭고 사적인 경제와 관련하여, 우리가 단지 양적인 증가뿐만 아니라 '구조적 전환'을 목전에 두고 있을

---

7) Benno Teschke, "Decisions and Indecisions", p. 80. 「『결정과 미결정』, 229쪽」
8) Carl Schmitt, *Die Diktatur*, Leipzig 1921, p. vii. 좀 더 뒤에 나오는 대목을 보면 근대국가의 헌법 제정 권력(le pouvoir constituant)의 사회·정치적 문제를 인상적으로 담고 있다. "시에예스는 '제3신분이란 무엇인가'라는 저 유명한 물음을 제기했고, 그것은 국민(Nation)이라고 대답했다. 제3신분은 아무것도 아니었으며 [바로 그럼으로써] 모든 것이 될 것이다. 그러나 부르주아지 자신이 소유와 교육을 통해 [다른 계급들과] 구별됨으로써 국가를 지배하는 계급으로 등장하자마자, 부정은 어디론가 사라진다. 이제 프롤레타리아트가 인민(people)이 된다. 왜냐하면 프롤레타리아트가 이 부정성을 담지하기 때문이다. 프롤레타리아트는 소유하지 못한 인구의 한 부분, 생산된 잉여가치를 나눠 갖지 못하고 현존 질서 내에서 어떠한 자리도 발견하지 못하는 부분이다." Carl Schmitt, *Verfassungslehre*, Munich and Leipzig 1928, p. 243.

정도로 그 성격이 변화되었다는 사실에서 말이다.[9]

바이마르의 마지막 정부가 와해된 후에 나타나는 1933년의 정식화는 국가자본주의로의 이러한 이행의 역설을 간결하게 포착한다. "이로부터 거대한, 장기간에 걸친 계획의 필요성이 발전되어 나온다. 비록 이 계획의 의도가 계획 없이 [스스로] 기능하는 경제 체계의 복구라고 할지라도 말이다."[10]

그러나 슈미트가 비상사태에 관해 썼던 것의 실질적이고 역사적으로 특수한 차원들이라는 문제는 제쳐둔다 해도, 비상사태를 설명해줄 것이라고 테슈케가 주장하는 권력사회학은 이 현상을 적절히 설명할 수 없다. 왜냐하면 비상사태라는 현상 자체는 "사회·정치적 세력들의 형세 내지 균형"이, 비상사태 선언을 정당화해줄 위협이 과연 실존하기나 하는지에 대한 그리고 누가 이런 결정을 내릴 헌법상의 권리 혹은 그렇지 않으면 역사적인 권리를 가지고 있는지에 대한 법적·정치적 논쟁들의 형태로 표현되는 방식으로부터 결과하기 때문이다. 합법성과 정당성 사이의 관계가 문제인 것이다. 마르크스주의자들이 형성되어야 할 필요가 있다고 생각하곤 했던 것들까지 포함하여 모든 상태들은 사실들, 규범들, 예외들의 이러한 관계 속에 실존한다. 그 결과 변증법과 일상 경험은 위기 상황의 현존 자체가 그것의 의미와 함축들에 대한 대립된 주장들 속에 [이미] 연루되어 있다는 점을 인정하는 데서는 일치한다. 비록 양자가 이 위기 상황의 의의를 고찰하는 데서는 갈라진다고 하더라도 말이다. 마르크스주의자로서 테슈케는 어떤 사회·정치적 현상들이 [이미] 그 속에 불가피하게 연루되어 있는 범주적 형식들을 둘러싼 문제들을 고려할 필요성에 대해 슈미트로부터 무언가를 배울 수도 있었을 것이다. 마르크스에게 이 문제들은 경제 영역에 국한되어 있지 않고, 부르주아 사회를 구성하는 '경제적인 것'과 '정치적인 것'의 분리로부터 야기된 것이었다.

---

9) Carl Schmitt, *Der Hüter der Verfassung*, Berlin 1931, p. 81.
10) Carl Schmitt, *Verfassungsrechtliche Aufsätze aus den Jahren 1924-1954*, Berlin 1958, p. 370.

마르크스의 교훈

이 점에 관해 테슈케는 사실, 슈미트가 썼던 것이 종종 근대국가의 성격과 지정학에 대한 자신의 마르크스주의적 이해의 개념적 핵심, 즉 정치적인 것을 경제적인 것으로부터, [국가의] 강제를 [경제적] 잉여 전유의 조건들로부터 분리하는 역사적 과정에 의거해 있는 이 핵심을 건드리고 있는 것으로 보인다는 점을 감지한다. [그러나] 테슈케는 이것을 "이론적으로 통제되지 않은 표변"으로 해석한다. 즉 자신의 관점이 지닌 논리에 거슬러서 슈미트는 "헤겔-마르크스주의적인 사유의 모습을 띠도록" 강제되었다는 것이다. "정치적인 것과 경제적인 것의 분리 그리고 이러한 분리의 국제적인 유비물인 [국민국가적으로] 영토화된 국가 간 체계와 사적이고 초국적인 세계시장 간의 분리"라는 사유 방식 말이다.[11] 이것은 터무니없이 틀렸다. 이 구성적 차이가 여러 수준에서 위기를 맞는다는 점은, 사실 양차 세계대전 사이의 혼란에 대한 슈미트의 거의 모든 저술을 가로지르는 중심적인 문제다. 슈미트의 가장 잘 알려진 텍스트인 『정치적인 것의 개념』(*Der Begriff des Politischen*)은 국가와 사회 간의 분리가 탈자유주의적으로 와해되는 데 따르는 귀결들을 제시하면서 시작한다. 슈미트의 정치적이고 법적인 저술들은 자본주의의 국제적 전개와 국가 형성의 여러 국면들에서 이 분리가 유지되고 재설정되는 지속적인 갈등 과정을 추적하고 있다. 그의 동시대인들 가운데 많은 이들—여기에는 마르크스주의자들이 포함되는데, 이들은 자신들이 독점자본주의 및 국가자본주의라고 불렀던 것에 대해 썼다—이 이와 같은 전개를 다루었다. 그러나 한 가지 점에서 슈미트가 그들에 앞서 있는데, 이는 바로 정확히 그의 저작 전체가 이 탈자유주의적인 구조 전환이 부분적으로 자율적인 근대의 집단적 실존 영역들 및 이 영역들 각각에 고유한 판단 형식들을 서술하는 데 사용되는 바로 그 범주들에 끼친 영향에 대한 탐구였기 때문이다. 테슈케는 이 "헤겔-마

---

11) Benno Teschke, "Decisions and Indecisions", p. 85 [『결정과 미결정』, 236쪽].

르크스주의적인" 문제에 대한 슈미트의 성찰로부터 무언가를 배울 수도 있었지만 그러지 못했다. 그도 그럴 것이, 그가 제안하는 사회학적인 대안에 따르면 이 분리는 일단 한번 성립되면 이후의 자본주의 역사에서 결코 문제시되지 않는다는 것이다. 이 점에서 슈미트는 좀 더 '변증법적인' 사상가였다.

테슈케는 지나가면서 모호하게, 부르주아 사회의 실존 조건들인 분리와 중립화의 위기를 슈미트가 이론화했을지도 모른다고 인정하지만, '슈미트의 국가'—그의 표현을 빌리자면—가 이 위기를 해결할 수 없기 때문에 그가 쓴 것 가운데 그 어느 것도 의의가 없다고 정직하지 못하게 기각한다.

> 슈미트의 국가는 시민사회의 긴장을 중재하고 조정할 수 없었으며, 오히려 시민사회에 맞서 통치하고 질서를 제공하기 위해서는 그러한 긴장으로부터 격리될 필요가 있었다. 이는 산업사회, 계급 갈등, 사회주의 혁명의 유령이 국가 및 궁극적으로는 독재에 대한 재정식화된 이론을 요구한다는 신념에 뿌리를 두고 있었다.[12]

[그러나] 사실은 바이마르 공화국 말기까지 슈미트는 독립적인 노동계급 조직은 보다 발전된 자본주의 사회의 영속적인 특징이고 그것을 파괴하려는 시도는 내전의 방아쇠를 당길 것이라고 생각했다.[13] 테슈케가 '슈미트의 국가'라는 말로 무엇을 뜻하는지를 정확하게 아는 것은 어려운 일이지만, 이 말은 바이마르 공화국에 대한 그의 관계와 나치의 통치 간의 구별을 삭제하는 데 효과적이다. 이러한 삭제는 슈미트의 바이마르 시기 저작들, 즉 그것으로 인해 그가 가장 잘 알려지게 된 것들이자 그의 작업이 현대적으로 수용되는 데 대체적인 토대를 이루는 저작들을 불충분하게 고찰하는 [테슈케의] 글 전체의 구상 속에서 실현된다. 우리는 그에게 전기적 관심사는 그다지 중요하지 않음을 보았다. 그러나 테슈케가 두 시기[바이마르 시기와 나치 통치기]를 함께 뭉뚱그림으로써 넌지시 내비치듯

---

12) Benno Teschke, "Decisions and Indecisions", p. 88 [「결정과 미결정」, 240쪽].
13) "Wesen und Werden des faschistischen Staates"(1929), in *Positionen und Begriffe*.

이, 바이마르 시기의 슈미트는 법과 정치에 대한 그의 관념을 볼 때 이미 파시스트였다는 게 정말 사실인가? 우리 시대의 감수성에 반하는 진술들을 다른 시기에서 찾는 것이 얼마나 쉬운지는 모두가 안다. 이러한 기준에서 보자면 카를 마르크스는 편협한 독단주의자일 것이다. 자신의 대본에 충실할 줄 아는, 책상을 쾅쾅 내려치는 우익 뉴스 앵커는 아닐 테지만 말이다. 이러한 경우에 이해한다는 과제는 바이마르 시대의 기준으로 볼 때 슈미트를 극도의 권위주의자, 극단적인 민족주의자 혹은 반유대주의자라고 합당하게 평가할 만한 견해를 슈미트가 견지했는지 그렇지 않은지를 결정하기를 요구한다. 사실 이에 대한 증거는 아무것도 없다. 증거 대신 테슈케는 단순히 슈미트가 단적으로 "인종주의적이고 정체성 중심적인 민주주의" 이론에 동조했다고 주장한다. [그러나] 슈미트가 헌법에 대한 1928년의 그의 주저에서 실제로 썼던 것에는 인민주권에 대한 상당히 다른 관념이 드러난다.

> 국민(nation)과 인민(Volk)은 종종 의미가 같은 개념들로 취급되지만, '국민'이 좀 더 명확하고 오해의 여지가 적다. 즉 그것은 정치적 행위의 한 단위로서의 '인민'을 가리키는 반면, 하나의 국민으로 실존하지 않는 인민은 단지 일종의 민족 집단 혹은 문화 집단일 뿐이지, 인간 존재자들 간의 실제적인 정치적 연합은 아니다.*[14]

당시의 많은 우익들처럼 그 역시 베니토 무솔리니(Benito Mussolini)의 열렬한 초기 신봉자였다는 것은 확실하지만, 그들 대부분과 달리 그는 무솔리니를 독일에서 모방하는 이들에게 전적으로 적대적이었는데, 이는 1933년에 이들이 권력을 잡기 직전까지도 그러했다. 바이마르 시기의 처음부터 끝까지 슈미트에게는 남달리 정치적으로 다양한 무리의 친구들, 학생들, 경외자들이 있었다. 몇

---

* 영어 번역에서 독일어 Volk를 그대로 사용하고 있다.
14) Carl Schmitt, *Verfassungslehre*, p. 79.

몇의 이름만 거명하자면, 이 가운데는 발터 벤야민(Walter Benjamin),* 오토 키르히하이머(Otto Kirchheimer),** 쿠르티우스(E. R. Curtius), 레오 슈트라우스(Leo Strauss),*** 에른스트 윙거가 있다. 그가 1933년 이전에는 이들 가운데 어느 누구로부터도 극도의 권위주의자, 극단적인 민족주의자 혹은 반유대주의자로 간주되지 않았다는 것을 보면, 그가 실제로 그렇지 않았다고 받아들여도 안전하다. 심지어 그의 저작을 토대로 그가 그런 사람이었다고 주장될 수 없다는 사실을 제쳐놓고도 말이다. 이를 지적하는 것은 그가 나중에 한 선택들의 끔찍함을 경감해보고자 하는 것이 아니라, 반복해서 나타나는 그의 저작의 지속적인 [이론적] 문제들과 이에 대한 각 [정치·사회적] 국면에서의 그의 응답들 간의 차이를 확고히 해서 전자를 후자의 어느 한 국면과 동일시하는 것을 피하고자 함이다.

---

* 벤야민과 슈미트의 관계에 대해서는 본문의 논의와도 직접적인 관련을 가지는 자크 데리다의 언급을 참조할 수 있다. "라디오와 같은 새로운 매체 권력의 등장에 따른 여론의 변화는 법률 등을 만들 때 의회의 토의나 심의를 거치는 자유주의적 모델에 의문을 제기하기 시작했다. 이 조건들은, 한 사람만을 언급하자면—이는 벤야민이 슈미트에게 자신이 빚고 있는 것을 감추지 않으면서(슈미트는 필요한 경우 이를 주저하지 않고 환기시킨다) 그에게 큰 존경심을 품고 있었기 때문이기도 하다—슈미트와 같은 독일 법학자들의 사고에도 동기를 부여했다. "Zur Kritik der Gewalt"가 출간된 직후[1921년] 벤야민은 보수적인 가톨릭 성향의 대법학자 슈미트로부터 이를 칭찬하는 편지를 받았는데, 우리는 그가 당시에는 아직 입헌주의자였지만 기이하게도 1933년에 히틀러주의로 개종하며, 특히 벤야민, 스트라우스, 하이데거와 서신 교환을 했다는 것을 알고 있다"(자크 데리다, 진태원 옮김, 『법의 힘』, 문학과지성사, 2004, 73쪽).
** 사회주의 성향의 국가 및 헌법 이론가. 슈미트의 지도 아래 박사 학위논문 『사회주의와 볼셰비즘의 국가론』(Zur Staatslehre des Sozialismus und Bolschewismus)을 썼다. 당시 본에서 그는 슈미트의 '애제자'로 통했다. 독일 사회민주당 당원으로서 1930~33년 사회민주당 기관지 『사회』(Die Gesellschaft)에서 일했다. 1930년에 발간된 논문 「바이마르 그리고 그 후엔 무엇이? 바이마르 헌법의 발생과 현재」(Weimar und was dann? Entstehung und Gegenwart der Weimarer Verfassung)에서 그는 바이마르 헌법을 두고 국가의 토대로서 미래가 없다고 기술했다. 1932년에 그의 논문 「합법성과 정당성」(Legalität und Legitimität)이 발간되었는데, 슈미트는 이 제목을 같은 해 출간된 자신의 저서 제목으로 삼았다. 나치가 권력을 장악한 후 유대인인 그는 파리로 이주하여 그곳에서 4년간 비판 이론 연구 기관인 사회조사연구소(Institut für Sozialforschung)에서 일했다.
*** 유대인. 나치가 권력을 잡기 전 록펠러 재단의 장학금을 받고 파리로 유학 갈 당시 그의 추천서를 써준 사람이 슈미트였다. 슈미트의 '정치적인 것의 개념'을 급진화하여 근대를 극복하는 것이 가능하다는 신념을 가지고 있었다.

이렇게 뭉뚱그려져 뒤섞인다면, 우리를 깊이 동요시키는 이 인물이 거쳐온 경력 내의 연속성도, 단절들도 이해될 수 없다. 오히려 이 둘 사이에서 패턴을 형성하면서 나타나는 그의 사유의 역사적 구체성은 지워져서 인지할 수 없게 된다.

슈미트는 구(舊)유럽의 국가형태 잠식―그의 견해에 따르자면, 이는 현대의 역사적 상황을 정의하는 전개 양상인데―에 대한 일련의 다양한 잠정적 해결책들, 즉 대통령중심제의 보수적 민주주의로부터 국가사회주의에 이르는, 구유럽의 주권 권력 질서의 쇠퇴를 억제하려는 시도들로부터 대륙 전체를 포괄하는 새로운 형태의 제국의 출현을 기꺼이 포용하는 데까지 이르는 해결책들을 고찰하고 제안했다. 그를 순수하고 단순한 독재의 이론가로 비난하기보다, 테슈케는 슈미트로부터 배울 수 있는 것을 탐구해볼 수도 있었을 것이다. 바로 슈미트 자신이, 헤겔에 대한 초기 논문들에서부터 대규모의 영토 점유와 식민지 정복을 통한 자본의 본원적 축적에 대한 후기의 설명에 이르기까지 일관되게 마르크스가 어떻게 정치적인 것으로부터 경제적인 것의 분리라는 이러한 문제를 다루었는가로부터 무언가 배울 것이 있다는 사실을 알고 있었던 것과 마찬가지로 말이다.

피와 얼룩

전쟁이 끝난 다음에야 출간되었지만 1943~44년 사이에 쓰인 저작에서 슈미트는 국가, 소유, 전쟁에 대한 유럽적인 규범들의 기본 전제들이 맞이한 시대사적 위기의 견지에서 지난 사반세기의 소요를 자리매김했다. 구체적인 법적 형태들의 짜임새는, 유럽이 봉건질서에서 벗어나 유럽 대륙에서의 헤게모니와 상업적·식민지적 획득물을 놓고 경쟁하는 중앙집권화된 전쟁 국가들의 체계로 이행하면서 그 형태를 드러냈다. 동부전선에서의 전황이 베르마흐트(Wehrmacht)*

---

* 나치 시대의 독일국방군.

및 무장 친위대에 등을 돌렸을 때 쓰인 슈미트의『대지의 노모스』는 전쟁과 원초
적인 전유의 불타는 혼돈으로부터 생겨나서 이제 그리로 되돌아가고 있는 듯 보
이는 국가 간 문명의 기원에 대한 보수적인 회고였다. 1942년에 쓰인『육지와 해
양』(Land und Meer)에서 슈미트는 역사의 이 구간을, 구유럽의 주권국가적 질
서가 대륙적 규모의 군사적·경제적 조직화가 가능한 새로운 정치체들의 질서로
대체될 수 있으리라는 얼마간의 기대를 가지고 회고했다. 베스트팔렌 조약* 이후
에 구축된 대립하는 세력들 간의 질서는 비기독교 민족들과 대립된, 법적·정치적
질서를 공유하는 하나의 공동체를 형성했는데, 이는 나중엔 문명화된 측과 문명
화되지 않은 측의 분할이라는 견지에서 생각되었다. 이 대립들은 비유럽 민족과
영토의 수탈이라는 세계사적인 과정의 [종교적·문화적] 표현이었다.

테슈케는 슈미트가 아메리카 대륙을 '탈주체화된 진공상태'로 생각하면서 신
세계 토착민들의 운명을 무시했다고 시사한다.[15] [그러나 반대로] 슈미트는 테슈
케가 단언한 배제보다 더 곤혹스러운 사실에 대해 실제로 기술했다.『육지와 해
양』에서 슈미트는, 독일 점령군이 동부전선에서 자행한 인종 학살적인 조치들을
시사하면서 지리상의 발견 시대의 식민 세력들 가운데 어느 누구도 자신이 점령
한 영토에 사는 토착민의 권리를 인정하지 않았다는 점을 지적했다. 근대 초기의
국가 구성체(state-formation)와 해외 정복에서 생겨난 노모스는 전쟁과 전유라
는 두 법을 가지고 세계를 두 지대로[기독교 문명의 '구세계'와 비기독교적 야만
의 '신세계'로] 분할했다. 베스트팔렌 조약의 질서에 따르는 이 국가 체계 안에서
대지/지구(earth)의 표면은 전쟁과 외교를 규제하는 유럽의 규범들, 그에 따르면
세계 어느 지역의 영토라도 정당하게 획득될 수 있고 그 거주민들은 신민으로 환
원되든지 아니면 제거될 수 있었던 규범들에 종속되었다. 슈미트의 주장에 따르

---

* 개신교와 가톨릭 간의 대립으로 발발한 30년전쟁을 종결시킨 조약(1648). 30년전쟁은 종교 갈등으로
발발했지만 이후 전개 과정에서는 종교보다 왕조와 국가의 이익이 우선시됨에 따라 길어졌다. 이후 주
권국가 간 세력균형에 기반을 둔 새로운 질서가 중부 유럽에 세워져 절대주의 국가를 중심으로 하는
근대 유럽의 정치 구조가 나타나는 계기가 되었다.

15) Benno Teschke, "Decisions and Indecisions", p. 82 [「결정과 미결정」, 232쪽].

면, 이렇게 영토를 포획하고 경계짓는 방식의 모호한 전제를 이루었던 것은, 대양은 모두의 것(res omnium)이어서 누구에게도 소유되지 않지만 사실상은 그 시대의 가장 큰 해양 세력의 통제 아래에 있다는 것이었다. 이 유럽 중심적인 구체적 질서의 주형은 이제 미국의 막을 수 없는 부상으로 깨지고 있었다. 사태가 이렇게 전개되면서 구대륙은 한 행성에서 벌어지는 내전 속의 한 지역으로 축소되기 시작하던 참이었다. 슈미트가 보았듯이, 이에 대한 응답으로 게르만 라이히(German Reich)는 신세계 정초자들의 그것과 비견될 만한 방법을 가지고 유럽 안에 그 자신의 '아메리카'를 만들고 있었다. 이제 전 세계를 가로질러 질주하는 형태 없는 전면전*은 경계들(limites)**이 부식되어, 유럽의 정치적 형태가 일찍이 제한하고 배제한—'길들인'—바다에 속하거나 미개한 식민지에 속하는 야만적 힘이 역류한 결과였다.

『육지와 해양』에서 분명하게 드러나는 것은, 이후의 『대지의 노모스』가 그러지 못하는 것과 달리, 유럽 공법에서 육지와 바다 간의 기원적 분할로 근대 초기부터 진행되는 역사적 전복이 설명된다는 점이다. 토착적인 전쟁 국가들로 이루어진 유럽 대륙은 세계의 대양들에 대한 실질적인 통제권을 지니고서 이 국가들 간의 역외 균형을 유지하는 세력, 개방된 세계시장의 궤도 안으로 불가항력적으로 이끌려 들어간 이 국가들 내의 사회 세력들을 [개별 국가의 제약으로부터] 풀어놓음으로써 국가들을 속 빈 강정으로 만든 세력[영국]에 종속되게 되었다. 이것이 슈미트가 1937년 저서 『토머스 홉스의 국가 이론에서의 리바이어던』(Der Leviathan in der Staatslehre des Thomas Hobbes)에서 제시하는 역사적 테제다. 육지와 해양의 대립은 국가와 사회 간 대립의 원초적인 차원을 이루고, 슈미

---

* 고전적 자유주의 시대에 유지되던 국가와 사회 간의 혹은 국가와 경제 영역 간의 그리고 주권국가들 간의 경계, 나아가 문명과 야만 간의 경계가 와해된 채 대규모의 블록들 간에 처러지는 전쟁. 이에 반해 이 글 아래에 등장하는 '제한전'(혹은 '제한된 형태의 전쟁')은 이러한 여러 영역들 간의 분리에 기초한다.

** limites는 limes의 복수형으로, limes는 로마 제국 시대에 감시 및 방어 기능을 가진 성채가 지어진, 영토 외곽의 경계 지역을 일컫는다.

트의 준신화적인 설명은 [근대의] 기원을 이루는 국가와 사회 간의 분리가 이루어지는 역사적 논리와 그들 간의 위계가 오랫동안에 걸쳐 파기되는 과정을 파악하고자 하는 시도다.

이행의 이야기들

테슈케는 근대 초기 형태의 주권, 전쟁, 소유의 역사적 발생에 대한 자신의 마르크스주의적 설명이 그가 슈미트에게 귀속시키는 것보다 우월하다는 점을 증명하고자 한다. 그가 말하듯이, 영국이 자본주의로 이행한 것은 대륙의 봉건적인 권력관계와 소유관계를 깨치고 나온 것이다. 그에 뒤따른 경제적·상업적 팽창이 결국에 가서는 몇 세기 동안 이 팽창과 나란히 성공적으로 진화해왔던 유럽 절대주의 세계를 침식한다. 그리고 이러한 승리가 그에 뒤따르는, 자본주의를 향한 19세기의 수렴적 이행과 그에 상응하는 국가형태를 위한 길을 닦았다.

[『육지와 해양』에서 제시되는 슈미트의 설명에서] 1713년[위트레흐트 조약] 이후 영국에 의해 대륙의 국가 간 체계의 균형이 유지된다—슈미트는 경험적으로는 이 사실에 주목했지만, 이론적으로는 '해양적 존재'라는 비사회학적 범주로 환원한다—는 생각은 영국에서 이루어진 봉건제에서 자본주의로의 이행이라는 사회적 설명과 1688년[명예혁명] 이후 왕조에서 입헌적·의회제적 주권으로의 전화라는 사실을 가려버리는데, 이 두 가지는 영국이 18세기에 균형의 수호자로 등장하게 된 시점 및 그 사회·정치적 자원들을 이해하는 데 본질적이다.[16]

이러한 머뭇거리는 대조에서 지시하고자 하는 것보다 진실은 훨씬 더 흥미롭

---

16) Benno Teschke, "Decisions and Indecisions", p. 84 [「결정과 미결정」, 235쪽].

다. 그도 그럴 것이, 다른 방식으로 말하고 있고 단순한 이야기체와는 반대되는 설명적인 개념을 가지고 말하고 있다 뿐이지, 테슈케의 역사사회학은 슈미트의 파시스트적 서사시의 정확한 형식을 반복하고 있다. 이렇게 말한다고 해서 이 분야에서의 그의 뛰어난 업적, 즉 지정학 분야에서 자본주의 이행 문제에 대한 로버트 브레너(Robert Brenner)의 능가하기 힘든 이론을 확장하고자 하는 그의 연구를 평가절하한다는 것은 아니다. 나는 단지 거기에서 더 나아가 그가 시도하는 파괴 작업의 무용함을 강조할 뿐이다. 왜냐하면 『리바이어던』, 『육지와 해양』, 『대지의 노모스』는 어떻게 구체제가 19세기의 국민국가 세계와 영국 중심의 세계시장 식민주의로 변화했는지 그리고 어떻게 새로운 권력들 및 권력의 새로운 차원들이 등장하면서 그 한계에 다다랐는지를 이야기하고 있기 때문이다.

> 비행기가 등장했을 때, 육지와 바다에 나란히 나타난 새로운 제3의 차원이 정복되었다. 이제 인간은 지표면과 수면 위로 들어 올려졌고, 전혀 새로운 운송 수단 및 무기가 인간의 손에 들어왔다. 범위와 수단이 한층 변형되었고, 자연과 다른 인간들에 대한 인간의 지배 가능성은 예견할 수 없는 영역들로 향상된다.[17]

공군력과 무선전파는 대영제국, 자유방임 자본주의 그리고 중소 규모의 국민국가들로 이루어진 유럽 지도의 종결을 불러온 생산적인 힘들이었다. 테슈케는 "전간기[양차 세계대전 사이] 미국에 의한 유럽 질서의 재구조화에서 나타나는 압도적으로 비영토적인 성격은, 국제 질서가 영토 취득에 기반을 두고 있다는 슈미트의 공리계적 테제에 대한 직접적 논박을 제공한다"고 믿는다.[18] 그러나 그가 이렇게 믿는 것은 그가 깨닫지 못하고 있는 것이 있기 때문이다. 슈미트에게 구체적 질서의 사유에서 주된 문제를 이루었던 것은, 심지어 법적·정치적인 사유가 예전의 기초 전제들에 빠져 헤어나지 못했을 때도, 영토는 더 이상 정치적·경제

---

17) Karl Schmitt, *Land und Meer*, Leipzig 1942, p. 74.
18) Benno Teschke, "Decisions and Indecisions", p. 85 [『결정과 미결정』, 236쪽].

적 조직화의 명백한 토대가 아니었다는 점이라는 것 말이다.

　슈미트는 보호 권력 국가의 광역(Grossraum)을 구성하는 다수의 위성국가들을 아우르는 하나의 거대한 지리적 지대의 경계선을 따라서 정치적 공간을 재조직화하는 일을 상상해보았다. 그의 생각으로는 미국의 먼로 독트린이 저 새로운 지정학적 형상들의 전조였다. 세계의 절반'신세계'인 아메리카 대륙]을 요구하는 아메리카 공화국처럼, 그러한 보호국들은 관료적으로 조직된 영토적 세력 독점이라는 낡은 의미의 국가들이 아니라 [개별 주권국가를 뛰어넘어 대규모로] 적과 우방을 결정한다는 정치적·역사적 이념의 역동적 주창자들일 것이다. 비록 슈미트가 독일 제국의 파멸과 함께 부상한 미·소 시대의 군사적 보편주의에 반대했을지도 모르지만, 그는 냉전 블록 체제와 같은 어떤 것이 생성되고 있음을 예견했던 것으로 보인다. 슈미트가 한때 정치적 이성의 체현으로 보았던 이류의 위성국가들은 군사기지와 무선전파 송수신탑 그리고 영공 순찰로 인해 벌집이 되어버린 사법 권역을 가진 명목상의 존재자들로 축소되고 있었다. "슈미트는 여전히 새로운 '광역적 제국 질서'로 이 소국들의 통합이 이루어지는 정확한 양상이 어떤 것인지, 연방적인지, 제국적인지, 속국적인지 명료하게 제시하지 못했다"는 테슈케의 불평은 공허하게 울린다. 부상하고 있는 정치적 형상들에 대한 이 안타까운 [슈미트의] 개략적 설명에 대하여 그런 식의 명료한 설명을 요구하기는 어렵기 때문이다.[19]

　정치적인 것과 경제적인 것의 기원적인 역사적 분리가 제기하는 그리고 이 분리가 유발하는 근대 자본주의로의 이행의 역사적 서술에서 제기되는 문제에 대해 그 자신과 슈미트가 이해하는 것 사이에 불편한 상응 관계가 존재한다는 것을 주목하지 못하는 테슈케의 무능력에는, 역사적 인물로서의 슈미트에 대한 그의 이해할 만한 적의와 비(非)사회학적인 사유 형태에 대한 그리 온당하지 못한 그의 무관심 말고도 또 다른 요소가 작동하고 있다. 테슈케가 보기에 슈미트가

---

19) Benno Teschke, "Decisions and Indecisions", p. 89 [「결정과 미결정」, 241쪽].

『대지의 노모스』에서 그리는 유럽 공법—전쟁과 외교를 중심으로 한, 다수의 국가로 이루어진 유럽의 법적 공동체—의 고전적 시대는 절대주의 시대의 만족할 줄 모르는 전쟁 기계들을 문명화되고 제한된 형태를 띤 군사 경쟁의 주인공들로 이상화한다. 테슈케는 자신이 7년전쟁*이 끝나갈 무렵 "프로이센 군대의 사상자 수는 18만 명에 달했는데, 이는 전군의 3분의 2에 해당하는 규모였으며 프로이센 인구 전체의 9분의 1에 달하는 숫자였다"라고 쓰면서 절대주의가 전쟁이 인간에게 가져다주는 피해를 전혀 축소하지 않았음을 주장할 때 슈미트를 반박하고 있다고 생각한다.[20]

그가 파악하지 못하고 있는 것은 슈미트가 그 시기에 벌어진 지상전의 의정서들을 극찬한 것은 그것들이 전투의 사상자 비율을 줄였기 때문이 아니라, 이전 세기의 종교전쟁들 및 내전들의 중립화에 기반하고 있었기 때문이라는 점이다. 20세기에 유럽의 국가형태가 맞은 최종적인 위기는—서로 적대하는 이데올로기적 운동들의 형태로—종교전쟁과 내전을 귀환시켰고 중립화 시대를 종결지었다고 슈미트는 설명한다. 『대지의 노모스』에서 슈미트의 목적은 제한된—또 다른 분리, 즉 분파적인 종교적 대의를 추진하는 것으로부터 주권 권력의 분리라는 의미에서 제한된—전쟁의 규약들을 가능케 하는 국제 관계적 조건들의 역사를 제공하는 것과 공적 질서의 합리화·중립화를 19세기 문명으로의 이행 조건으로 그리는 것이었다. 테슈케는 절대주의가 국가와 사회 간의 어떠한 확고한 구별도 인정하지 않았다고 생각하기 때문에, 그는 슈미트가 그에 반하는 엄청난 증거들에 직면하고서도 그 구별에 무관심했다고, 『대지의 노모스』를 쓴 주요 목적이 영국의 영예로운 의회적·자본주의적 국가보다 유럽 대륙의 군주제들을 더 선호하며 묘사하는 것이었다고 추정했다. [그러나] 슈미트의 실제 관심은 유럽 공법, 즉

---

* 1756~63년 유럽의 주요 열강들이 참여한 전쟁. 원자재와 식민지 영토를 둘러싸고 벌어진 전쟁으로서, 유럽 내에서뿐만 아니라 영국과 프랑스가 식민지 경쟁을 하던 북아메리카의 퀘벡 지역과 인도에서도 진행되었다. 프로이센은 이 전쟁으로 열강의 지위를 확립했고, 영국은 북아메리카와 인도에서 프랑스와의 식민지 경쟁에서 주도권을 획득함으로써 이후 대영제국으로 발전하는 기틀을 닦았다.

20) Benno Teschke, "Decisions and Indecisions", p. 83 [「결정과 미결정」, 233쪽].

구체제로부터 고전적 자유주의의 새로운 시대로 이행하면서 전쟁과 혁명의 시대를 견뎌내고 그에 적응한 구체적 질서가 똑같이 중대한 또 다른 이행 한가운데서 이제 해체될 위험에 처해 있다는 것이었다.

균형 잡기

『대지의 노모스』에 대해 인정할 것은 인정하면서, 우리는 이 책이 제국주의에 대한 고전적 자유주의 이론과 마르크스주의 이론—홉슨(J. A. Hobson)은 첫 번째 범주에 속하고, 로자 룩셈부르크(Roza Luxemburg), 카를 카우츠키(Karl Kautsky), 블라디미르 레닌(Vladimir Lenin), 니콜라이 부하린(Nikolay Bukharin)은 두 번째 범주에 속한다—에 어떻게 맞서는지 물어볼 수 있을 것이다. 주목해야 할 점은, 이 저자들 가운데 어느 누구도 16세기에 시작된 유럽의 해외 제국주의의 기원, 즉 스페인과 포르투갈이 남아메리카와 중앙아메리카를 분할한 것을 다루려고 시도하지 않는데 슈미트는 두드러지게 이에 주목했다는 것이다. 나아가 이 두 전통은 베르사유의 강제 권고들과 국제연맹에 의해 변형된, 양차 세계대전 사이의 권력 체계를 다루는 어떠한 기억에 남을 만한 이론도 만들어내지 못했다. 이러한 배경에 비추어볼 때, 국가 간 질서에 대한 슈미트의 꿰뚫는 통찰들은 더욱더 날카롭게 두드러진다. 단언컨대, 이 통찰들의—레닌이나 홉슨의 근본적으로 역사적인 설명들과 비교해볼 때—상대적인 추상성은 슈미트의 분석이 전혀 다른 시대들에 폭넓게 적용될 수 있도록 해주었다.

다른 이들은 법, 관용, 근대성 등에 대한 자신의 무조건적 지지를 표명하기 위한 구실로, 또는 반대로 이러한 것들에 헌신한다고 말하려면 어떤 제한 조건이 필요한지를 정식화하기 위한 구실로 슈미트를 이용했다. 테슈케가 쓴 글의 많은 부분도 이와 유사한 신문 사설풍으로 쓰였다. 그는 첫 문단에서 신보수주의자들과 포스트 푸코적인 이론가들—마이클 하트(Michael Hardt)와 안토니오 네그

270

리(Antonio Negri), 조르조 아감벤(Giorgio Agamben)—에 의한 슈미트의 '복권'을 개탄한다. 그가 보기엔 이들이 "칸트적인 자유주의적·세계시민주의적 주류를 양면에서 협공했다."[21] 독자에게 자신이 정통파에 대담하게 도전하고 있다는 인상을 주기 위해서 테슈케는 앵글로색슨어권에서의 슈미트 수용이 거의 만장일치로 슈미트를 변호하고 있다고 그려야만 한다. [그러나] 사실 그가 관철하기를 원하는 평결은 좋은 평가를 받는 두 연구—마크 릴라(Mark Lilla)의 『무모한 정신』(*Reckless Mind*), 얀-베르너 뮬러(Jan-Werner Mueller)의 『위험한 정신』(*Dangerous Mind*)—의 제목이 시사하듯이, 존경할 만한 자유주의적 견해와 일치한다. 슈미트에 관한 최근의 몇몇 서평들—『뉴욕 리뷰 오브 북스』(릴라의 서평), 『뉴 리퍼블릭』(스티븐 홈스Stephen Holmes의 서평), 『보스턴 리뷰』(윌리엄 쇼이어먼William Scheuerman의 서평)—은 테슈케가 자신의 서평에서 상세히 드러내는 것과 정확히 같은 감정들을 여과 없이 표출하고 있다. 슈미트가 실제로 어떻게 수용되는지를 그가 고려했더라면, 아무도 반대하지 않는 슈미트주의에 대한 과도한 공포는 사라지고 그의 논쟁적인 노력들 가운데 일부는 쓸데없는 것이 되었을지도 모른다.

슈미트에 대한 현대의 관심이 정당한 지적 근거들을 가지고 있을지 모를 가능성을 배제하기 위해, 테슈케는 그를 부시 행정부의 국가 안전보장 정책들과 동일시한다. 국내외에서 벌어지는 신보수의적 모험의 음울한 이야기들은 마치 미국이 최근 권력을 행사한 일들이 이 공화국의 정치적 전통과는 낯선 관념들에 의해 영감을 받은 듯한 인상을 불러일으키지만, 지난 수년간 계속해서 무자비하게 자행된 일들은 [귀화를 위한] 공민학 강좌(civics lesson) 시장을 크게 위축시켰다. 테슈케 자신의 논증 방식을 그 자신을 향해 되돌려서, 테슈케의 견해는 '신보수주의자'라 불리는 자들이 발언자들이었을 때는 기사도적 합법성을 들먹이는 미국의 '일방주의'에 분개하지만 [오바마의] 텔레비전 국정 연설에서 이 문제가 정

---

21) Benno Teschke, "Decisions and Indecisions", p. 61 [『결정과 미결정』, 204쪽].

상적인 무미건조한 논조의 정당화 어법으로 표현되기 시작하자마자, 그러한 이
슈에 대한 관심을 감쪽같이 잃어버렸던 저 교육받은 자유주의자들의 집단에 특
징적인 것이라고 말할 수 있을 것이다. 그의 글을 읽는 독자는 왜 저자가 기이하
게도 마치 이 전임 대통령[조지 부시]이 현직 대통령[버락 오바마]의 반대자로서
여전히 자리를 유지하고 있거나 한 듯 진행해 나가는지를 의아해했을 수도 있다.

보다 흥미로운 것은, 테슈케에 따를 경우 슈미트가 옹호했던 [적–동지를 나누
는] 마니교적인 이원론적 세계관 및 결정주의와 함께, 슈미트가 명백히 공격했던
인도주의와 자유민주주의의 관철을 위한 전쟁을 신보수주의자들이 동시에 추
진했다고 테슈케가 주장한다는 점이다.[22] 그러나 양차 세계대전 사이의 국제 무
대에 대한 슈미트의 설명에 익숙한 사람이라면, 훨씬 더 불안정한 베르사유 조약
의 질서에 대한 미국의 관계 속에서 형성되고 있다고 그가 보았던 것이 정확히 바
로 이러한 조합[적–동지의 구별, 결정주의, 인도주의와 자유민주주의의 관철 들
의 조합]이었다는 점을 분명히 파악할 수 있다. 테슈케는 얼마나 우리 자신의 시
대가 슈미트의 시대와 유사하다고 말할 수 있을지는 제쳐두고라도, 양차 세계대
전 사이의 이 위기에 대한 슈미트의 이론화가 올바르게 이해시킨 것을 고찰하고
자 하지 않는다.

파시즘과의 연계로 평판을 손상당한 주요 사상가들의 저작을 검토하면서 평
정을 유지한다는 것은 종종 어려운 일이다. 그러나 이러한 문제가 테슈케가 대변
하고자 염원하는 종류의 고집스러운 마르크스주의에 대해서 제기되어서는 안 된
다. 왜냐하면 이 전통의 고전들은 슈미트 같은 주요 부르주아 사상가들에 대한
비판적 연구를 위한 분명한 모델을, 제아무리 논쟁적이더라도, 제공하기 때문이
다. 평결할 권리를 갖기 위해서는 우선 증거와 논증을 맥락 속에서 신중하게 가
늠하면서 이론적 전제들, 이데올로기적 한계들, 정치적 결속들 간의 관계를 확정
해야 한다. 테슈케는 헤겔(G. W. F. Hegel)이나 막스 베버(Max Weber)에 대한

---

22) Benno Teschke, "Decisions and Indecisions", pp. 92~93 [「결정과 미결정」, 246쪽].

과도하게 정치화되거나 도덕화된 판단들이 그들의 저작에 대한 이해를 가로막을 수도 있다는 데 아마도 동의할 것이다. 그러나 그는 슈미트가 파시스트였다는 것을 이미 알고 있기 때문에, 무자비한 기각으로 신속히 진행해 나가도 별로 잃을 것이 없으리라고 생각한다. 이 경우에 왜 그는 '지적인 건축물'을 누군가에게 책임이 전가된 이데올로기로 환원하는 방법이 비판의 요구 조건을 충족시킨다고 간주하는가? 암묵적인 논리는 다음과 같은 것으로 보인다. 즉 슈미트는 법과 정치에서의 구조 변동에 대한 객관적 이해를 아마도 추구할 수 없었을 것이며, 법, 관용, 근대성 등에 대한 극단적인 적대감이 그의 저술 동기였음에 틀림없다. 따라서 우리는 내재적 비판의 절차들을 생략할 수 있고, 저작을 이데올로기적으로 분류하는 문제로 나아갈 수 있다. 슈미트의 몇몇 글들을 읽어 나가는 동안 때때로 통찰력 있는, 심지어는 번뜩이는 순간들이 눈에 띈다는 점을 부인할 수 없다면, 이는 우연히 운 좋게도 떠오른 것들이거나 보다 정당한 사상가들로부터 일관성 없이 차용한 결과임에 틀림없다.

변호론이나 악마로 낙인 찍기를 피하면서 슈미트에 대한 균형 잡힌 판단에 도달하는 것은 결코 쉬운 일이 아니다. 바이마르 헌법 아래에서의 자유민주주의에 대한 그의 비판은 이 정치형태에 대해 여태껏 쓰인 것들 가운데 가장 인상적인 통찰들 몇몇을 담고 있었다. 하지만 그것은 1933년 봄 이후 그를 나치즘으로 이끌고 간—이것은 철저한 유죄 선고를 요하는 이력이다—반(反)혁명적 권위주의에 의해 길러진 것이었다. 마찬가지로 날카로운, 베르사유 협정에 대한 그의 비판은, 제1차 세계대전에서 승리한 자들의 제국주의적 질서가 미국의 주도권 아래에 있는 자본주의 블록의 '국제 공동체'—그것의 이데올로기들과 실천들은 슈미트의 거의 꿰뚫는 듯한 묘사들 가운데 아주 많은 것과 기괴할 정도로 가깝다—로 변이되면서 실제로 보다 더 의의 있는 것이 되었다. 탈냉전 시대 미국의 항진은 이제, 미국이 자본주의의 침체를 저지하기 위한 장기적 패턴으로서 지치지도 않고 추진한 금융화와 더불어 비틀거리고 있는 듯 보인다. 시장의 와해를 늦추기 위해 부(富)가 창출될 수 있는 배타적 형태로서 훨씬 더 큰 사회적 비용을 치르더라도 속행되고 있는 공적 개입은 국가와 사회 간에 존재하는 고전적 관계의 지속적인 구조 변동이 맞이하는 새로운 국면을 펼쳐놓고 있다. 적절하게 이해된다면 슈미트의 저작들은 '정치적인 것'과 '경제적인 것'의 분리가 처해 있는 그리고 자본주의의 역사적 가능 조건인 '중립화와 탈정치화'를 보강하고자 하는 앞으로의 시도가 띠게 될 형태들이 처해 있는 보다 장기적인 와해의 국면이라는 견지에서 현재의 상황을 이해하는 데 반드시 필요한 도움을 준다.

[정대훈 옮김]

지정학의 물신

고팔 발라크리시난에 대한 답변

베노 테슈케(Benno Teschke)

고팔 발라크리시난(Gopal Balakrishnan)은 영어권에서 카를 슈미트의 생애와 저작에 관한 가장 탁월한 전문가 가운데 한 사람으로, 나는 그가 『뉴레프트리뷰』 제67호에 실린 이 사상가에 대한 나의 글 「결정과 미결정」에 대해 제68호에서 「분리의 지정학」이라는 논문으로 답변해준 것을 감사하게 생각한다.[1] 발라크리시난의 슈미트에 대한 지적 평전 『적: 카를 슈미트의 지적 초상』(*The Enemy: An Intellectual Portrait of Carl Schmitt*)은 이 분야의 저명한 전문가

1) 고팔 발라크리시난, 「분리의 지정학: 베노 테슈케의 '결정과 미결정'에 대한 응답」, NLR 68, March-April 2011; 「결정과 미결정: 카를 슈미트의 정치적·지적 수용」, NLR 67, January-February 2011. 나는 프레데릭 기욤 뒤푸르(Frédérick Guillaume Dufour)와 케스 판 데르 페일(Kees van der Pijl), 저스틴 로젠버그(Justin Rosenberg), 샘 크네포(Sam Knafo), 캄런 매틴(Kamran Matin), 스테판 웨인-존스(Steffan Wyn-Jones) 및 서섹스 대학 정치적 마르크스주의 연구 집단 동료들의 논평에 감사드린다.

에 따르면 이 주제에 관한 "영어 문헌 가운데 최고의 연구"다.[2] 비판적인 미국의 학자가 보기에, 미국의 제국주의 및 그것을 옹호하는 자유주의적인 세계시민론자들에 대한 급진적이고 통찰력 있는 비판가로서 슈미트를 탐구하고 정당화하려는 시도는 아무 문제가 없는 듯 여겨질 것이다. 슈미트는 자유주의적·자본주의적 '평화지대'의 관행과 이데올로기 및 그와 더불어 당시에 막 시작된 국가 간 관계의 중립화를 체계적으로 해체하기 위해 자유주의적 국제법의 병리성 및 헌정주의와 민주주의, 비상대권 사이의 관계를 분석함으로써 전간기(戰間期)에 법적 형식이 직면한 위기를 해부하기 위한 무자비하고 비타협적인 어휘들을 구사했다.

이런 맥락에서 발라크리시난은 단지 슈미트를 마르크스에 대한 필수적인 보충물로 간주할 뿐만 아니라, 고전적인 유럽 공법—국제법에 의해 규제되는 고전적인 유럽의 국가 간 질서—으로부터 베르사유 평화조약에서 명문화되고 국제연맹으로 제도화된 외관상 탈정치화된 법적·도덕적 보편주의로의 이행(이것은 위기에 허덕이고 있던 이행이었다)에서 표출된 법적·정치적 논쟁과 지정학을 온전히 이해하기 위한 탁월한 분석적 목소리이자 준거점으로 명백히 간주하고 있다. 발라크리시난은 마르크스가 그의 시대에 결코 온전하게 전달하거나 개념화하지 못한 정치적·법학적 문제 설정을 슈미트가 파악해냈다—그리고 그에 상응하는 범주 목록을 발전시켰다—고 제시한다. 이러한 범주 목록에 대한 체계적 탐구야말로 발라크리시난의 탁월한 연구의 강점을 이루는 것이다.

하지만 발라크리시난의 마르크스주의적 신조와 배경을 고려해볼 때, 궁극적으로 지적 초상이 되고자 하는 연구가 취급하는 범위나 설정한 목표는 기묘하게도 제한적인 것에 머물러 있다. 『적』의 「서론」은 "슈미트 사상을 포괄적이고 비판적으로 평가하기 위한 잠정적인 작업 틀"을 산출할 목적으로 슈미트의 저작에

Gopal Balakrishnan, *The Enemy: An Intellectual Portrait of Carl Schmitt*, Verso, 2000; Martti Koskenniemi, *The Gentle Civilizer of Nations: The Rise and Fall of International Law 1870-1960*, Cambridge 2001, p. 423.

대한 "통시적 맥락화"와 "상호 텍스트적인 재구성"의 시각으로 자신의 접근법을 틀짓고 있다. [포괄적 평가라는] 첫 번째 목표는 [비판적 평가라는] 두 번째 목표보다 저작의 성격을 더 잘 드러내준다. 왜냐하면 이러한 비판에 대한 약속은 지켜지지 못하고 있기 때문이다(더욱이 그 약속은 "슈미트를 논의하면서 검사나 변호사의 역할을 맡는 것"은 그릇된 선택이라는 발라크리시난의 서두의 경고로 인해 이미 약화되어버린다).[3] 『적』에서 제기된 비판은 슈미트를 아주 곤혹스러운 인물로 간주하는 일시적이고 수사법적인 논의를 거의 넘어서지 못한다. 그러는 동안 슈미트 텍스트의 서술과 재구성에 대한 저자의 강조로 인해 슈미트 사상의 지적 구조, 분석적 파악, 정치적 유산에 대한 일체의 체계적 비판은 주변으로 밀려나게 되고, 독일 쪽에서 우리에게 보내는 감사 인사와 더불어 발라크리시난의 작업은 일차적으로 문헌학적 주석과 사실에 대한 해명이 된다. 사실 슈미트의 범주들은 이제 중립화라는 지배적인 관념으로 축약된, 냉전 이후 국제 무대의 거시적 틀에 관한 발라크리시난의 폭넓은 연구의 전략적 중심을 이루고 있는 듯 보인다.[4]

『적』이 출간되고 10여 년이 흐른 지금, 맹목적 고발과 무비판적 찬양으로부터 침착하게 등거리적인 태도를 유지하려는 그의 공언된 태도는, 그동안 슈미트에 관한 논의가 비판보다는 포용 쪽으로 방향이 전환되었기 때문에 더 이상 유지될 수 없다(그 전에는 이런 태도가 유지될 수 있었다고 가정한다 해도). 광범위한 사회과학 영역, 특히 국제 관계론 분야에서 점점 더 슈미트의 사상을 인정하고 찬양하게 되었고, 21세기 미국의 외교정책 집단에서 그리고 튀니지에서 이집트를 거쳐 시리아와 바레인에 이르기까지 중동 전체에 걸쳐 전개되고 있는 독재적인 예외 국가에 대한 투쟁에서 슈미트의 은유들이 현실성을 얻게 됨에 따라 그의 작업의 의미와 수용, 유산은 첨예하게 재정치화되었다.

---

3) Gopal Balakrishnan, *The Enemy*, pp. 3, 1.
4) Gopal Balakrishnan, *Antagonistics: Capitalism and Power in an Age of War*, London and New York 2009, pp. iiv~xiv.

논점의 요약

이런 맥락에서 『뉴레프트리뷰』 제67호에 발표된 내 기고문은 5개의 탐구 축을 중심으로 조직되었다. 제1부에서는 신대륙 발견에서 히틀러의 광역 정치에 이르는 국제법과 국제 질서의 역사를 분절하는 '공간 혁명들'에 관한 슈미트의 거대한 역사적·개념적 서사를 소개하고 있고, 이와 비교 가능한 견지에서 현재의 변형된 지정학적 형세를 파악하려고 시도하는 신슈미트주의적인 관점에 대한 윤곽을 제시했다. 제2부에서는 라인하르트 메링(Reinhard Mehring)이 최근 출간한 슈미트 전기에 의거하여 그의 지적·정치적 궤적에 대한 압축적인 통시적 맥락화를 제시했다.[5] 슈미트의 사상은, 지적 임기응변가(bricoleur)이자 경솔한 모험주의자가 특정한 정세들 속에서 일시적으로 만들어낸 서로 아무런 체계적인 연관도 없는 일련의 개입의 결과물이기는커녕, 식별 가능한 문제 설정 속에서 표현된 유기적이고 일관된 지적·정치적 관심사를 중심으로 선회한 작업으로 파악할 때 좀더 잘 이해할 수 있다는 것이 제2부의 결론이었다. 법적 결정성의 위기, 국가 행정부의 가치, 독일의 자율성, 극단의 시대의 정치적·지정학적 질서 등이 바로 슈미트가 염두에 둔 문제 설정이었다. 이러한 상황에 직면하여 슈미트는 점점 더 급진적인 일련의 해법을 발전시켰다. 빌헬름 제국 후기에 쓰인 원(原)결정주의적 저술들 및 제국 독일의 전쟁의 합법성을 옹호하는 1920년대 저작들에서부터 1920년대 후반부에 제시된 경쟁적인 적-동지 이원성의 관점에서 파악된 정치적인 것의 관점과 바이마르 공화국의 위기 상황에서 대통령의 비상대권(주권에 관한 그의 정의)을 옹호하는 저술을 거쳐, '총력 국가' 및 영도(領導, Führer) 원칙에 대한 전면적인 수용, 독일군이 모스크바를 향해 전진해가는 과정에 맞춰 제기된 모든 국제법의 토대이자 기원으로서 영토 점령에 대한 강조에 이르는 해법들이 바로 그것이다. 그의 자연적인 지적 성숙과 정치적 기회주의로 인해 생겨나는 개념적 조

---

5) Reinhard Mehring, *Carl Schmitt: Aufstieg und Fall, Eine Biographie*, Munich 2009.

정 및 이론적 전환은 적절히 고려되어야 하지만, 슈미트의 통주저음(通奏低音)[6]을 형성한 것이 바로 이러한 주도 동기(Leitmotiv)—'통일적인 파시스트 논리'라기보다는—이며, 슈미트 사상을 탈총체화하려는 시도를 비가시화하는 것이 바로 이것이다.

나의 논문의 중심을 이루는 제3부에서는 두 가지 과제를 수행했다. 첫 번째는 슈미트의 핵심적인 이론적 공리들—결정주의, 정치적인 것의 개념, 구체적 질서의 사유 및 이 공리들의 실질적인 유비물들, 곧 비상사태, 적–동지 구분, 노모스 같은 것들—과 그러한 공리들에 입각하여 구성된 역사적 서사 사이의 간극에 대하여 내재적인 비판을 개시하고 이 양자의 결함을 개관하는 것이다. 나의 테제는 이 세 가지 공리계[결정주의, 정치적인 것의 개념, 구체적 질서의 사유]가 국제법의 역사를 분석하기 위해 필요한 사회적 관계라는 범주를 일관되게 배제하면서 적대적 권력이라는 추상, 정치적인 것(및 지정학적인 것)에 대한 물신을 슈미트 사상의 민감한 중심으로 고양시킨다는 점이었다. 이러한 이론적 지향은 반혁명적인 국가주의자이자 나중에는 파시스트 사상가가 된 정치적 슈미트의 모습과 능동적으로 일치한다. 더 나아가 제3부에서는 최근의 신슈미트주의적 연구들이—슈미트 자신의 조언에 맞서[7]—제안하고 있듯이 슈미트의 개념적 장치를 슈미트의 사상으로부터 분리해 과거 및 현재의 지정학적 전환과 형세를 조명하기 위한 일반적 분석 틀로 사용하는 것이 가능한지 살펴보고 있으며, 이에 대해 부정적인 답변을 제시하고 있다. 그다음 내 논문에서는 새로운 지구적 지역주의의 영토적 단위이자 나치의 '새로운 국제 질서'의 중심적인 법적 범주로서 광역이라는 슈미트의 개념을 검토하면서 사후에 이 개념을 히틀러의 광역 정치와의 정치

---

6) [옮긴이] 통주저음(basso continuo)이란 바로크 시대에 유행했던 음악 기법을 가리키는데, 작품 전체에서 지속되는 베이스 선율을 기본으로 하여 일련의 화성음을 숫자로 표시한 것이다. 바소 콘티누오란 말 그대로 하면 작품 내내 '지속되는 저음'을 뜻한다.

7) "모든 정치적 개념, 이미지, 용어는 논쟁적 의미를 지니고 있다. 이것들은 특수한 갈등에 초점을 두고 있고 구체적 상황과 결부돼 있다." *The Concept of the Political* [1927], Chicago 1996, p. 30 [『정치적인 것의 개념』, 38쪽].

적 연루로부터 살균 처리하려는 그의 시도의 타당성을 따져보고 있다.

마지막 부에서는 슈미트의 지적·정치적 유산이라는 쟁점으로 되돌아가—독일 연방공화국 및 그 너머에서 슈미트는 무시해도 좋을 미미한 역할을 수행하고 있다는 메링의 테제에 맞서—슈미트가 독일(서독)의 사회과학에 끼친 심원한 영향 및 미국의 정치학과 국제관계학에서 슈미트의 미국 제자들이 수행하는 영향력 있는 역할(이는 아들 부시 행정부 대외 정책의 이데올로기적 배경을 제공한 바 있다)을 지적하고 있다. 도덕적 혐오감은 에필로그에서만 표현되어 있다. 선험적인 이데올로기적 단죄는 어떤 것이든 간에 슈미트 사상에 대한 분석적 시각을 배제할 수밖에 없기 때문이다.

변론?

발라크리시난의 답변에서는 나의 논문의 형식적 구도를 거론하는 것을 사양하고 있지만, 이러한 구도에는 정확히 그가 요구하는 "이론적 전제들, 이데올로기적 한계들, 정치적 결속들 간의 관계"[8]가 상세히 서술되어 있다. 그 대신 그는 [테슈케의 논문에 대한] 중심적인(overriding)—그리고 궁극적으로는 진부한—요약적 판단의 관점에서 자신의 답변을 제시하고 있다. 나의 기고문은 슈미트 사상에서 살아 있는 것과 죽은 것에 대한 신중한 해독을 가로막는, 슈미트에 대한 이데올로기적 기각으로 변색되었다. 발라크리시난에 따르면 이러한 해독의 과제는 그의 저작 전체에 대한 (다른 종류의) 냉철한 공시적 맥락화와 그의 사상에 정통한 비판적 심문을 통해서만 수행될 수 있다.

이 핵심적인 메시지로부터 다수의 관련된, 하지만 부차적인 비난이 따라 나온다. 곧 슈미트가 비상대권의 사회경제적 선행조건을 자각하고 있다는 사실을 내

---

8) 고팔 발라크리시난, 「분리의 지정학」, 274쪽.

가 오독했으며, 바이마르 시기의 저술과 나치 시기의 저술을 뒤섞고 있고, 국제법과 국제 질서에 관한 슈미트의 폭넓은 역사에 관해 잘못 읽고 있고, '베스트팔렌 체계'의 성립과 몰락에 관한 슈미트의 '파시스트적 서사시'와 유럽의 장기 궤적에 관한 나 자신의 해석 사이에 존재하는 불편하고 당황스러울 수도 있는 유사성을 간과하고 있으며, 이는 결국 자본주의 지정학에 관한 나의 관점─그가 '분리의 지정학'이라고 말하는─이 지정학, 국가성, 자본주의 발전 사이의 관계에 대한 슈미트의 '변증법적' 독해와 비교해볼 때 일면적으로 보인다는 반론을 낳는다. 그의 답변은 네오콘의 대외 정책에 대한 슈미트의 영향력의 중요성을 무심하게 기각하는 것으로 끝을 맺는데, 이는 세계에서 미국의 역할에는 [슈미트의 영향력과 무관하게] 구조적 연속성이 존재한다는 점을 시사하는 것으로 보인다. 발라크리시난은 그의 답변 내내, 슈미트의 수용과 논의를 지배하는 텍스트들에서 전개된 슈미트의 중심적인 이론적 명제들과 직접 대결하기보다는, 슈미트의 일시적인 저술에서 이것저것 뽑아낸 인용문들의 사화집(詞華集)을 구성함으로써 슈미트에 대한 나의 비판을 분산시키려고 시도한다.

　이하의 논의에서 나는 슈미트에 대한 전기적 독해가 아니라 이론적 독해라면 주권 내지 비상사태에 관한 슈미트적인 사회학이 용어 모순이라는 점을 드러내게 되리라는 점을 보여줄 것이다. 더 나아가 왜 슈미트의 국제법과 국제 질서의 역사─특히 『대지의 노모스』에서 개괄된─가 맥락에 특유한 이데올로기적 견지에서 이해되어야 하는지 그리고 이렇게 이해될 경우 그의 역사는 이론적, 논리적, 경험적 근거에서 볼 때 심각하게 문제가 있다는 점을 해명할 것이다. 이와 대비하여 어떻게 정치적 마르크스주의의 시각에서 이러한 역사를 다시 사고하려는 나의 시도가 (발라크리시난의 오해와 달리) 근본적으로 상이한 역사적 서사를 낳게 되는지 발라크리시난에게 상기시켜줄 것이다.

　슈미트와 마르크스가 자유주의 및 자본주의에 대한 상호 보족적인 비평가들로 읽힐 수 있다고 시사하는 대신 나는, 마르크스주의의 존재론적·인식론적·이론적 전제들은 슈미트의 것들과 정면으로 대립하며, 그러한 전제들은 진정으로 마르크스주의적인 관점에서 지정학의 역사를 다시 사고하려는 우리의 노력을 쇄신하도록 강제한다고 제안할 것이다. 슈미트의 이론적 장치들을 마르크스의 장치를 보충하는 것으로 인식하는 대신, 슈미트 자신은 그의 이론적 생산물을 그의 시대를 위한 반(反)마르크스의 관점에서 이해했다고 볼 만한 증거가 더 많다는 점을 주장하면서 이 글의 결론을 맺을 것이다.[9]

비상사태의 사회학

발라크리시난에 따르면 나의 설명은 "비상대권의 문제를 사회·정치적 견지에서 파악하려는 슈미트의 많은 시도들을 놓쳤다."[10] 프롤레타리아의 발흥에 대한 슈미트의 인식과 베르사유 배상금으로 초래된 바이마르 국가의 금융 위기를 연결함으로써 발라크리시난은 슈미트가 사회경제적 규정 요인들이 비상사태의 도구를 산출했다는 점을 깊이 자각하고 있었다고 암시한다. 하지만 이는 훨씬 더 부담스러운—그리고 개연성이 없는—명제, 곧 슈미트가 헌정 발전의 역사사회학의 견지에서 그 자신의 주권의 역사 및 이론을 표현하거나 이해했다는 명제와 동일한 것이 아니다. 발라크리시난은 역사적 사실들과 이론적 개념들을 구분하지 못하고 있다. 왜냐하면 어떠한 국지적인 사실에 대한 논평과 사례들의 서술도 슈미트가 헌정 발전의 역사에 대한 접근법을 재정식화하기 위한 전략적 지점으로서 사회학적인 것을 자신의 저술 내에 체계적으로 포함시켰다는 제안을 정당

---

9) 두 번째 비난—내가 슈미트의 바이마르 시기의 저술과 나치 시기의 저술을 뒤섞고 있다는 발라크리시난의 지적(「분리의 지정학」, 260쪽)—은 솔직하지 못한 것으로 보인다. 「결정과 미결정」, 221쪽 이하 참조. 만약 슈미트의 저술에서 하나의 결정적인 이론적 휴지(休止)—하지만 중단은 아닌—가 존재한다면, 나는 그것을 『법학적 사고의 세 가지 유형에 대하여』(1934)에 위치시키겠다. 슈미트의 뿌리 깊은 그리고 때로는 과장된 반유대주의는 다음 저작에서 논의되고 있다. Raphael Gross, *Carl Schmitt and the Jews: The 'Jewish Question', the Holocaust and German Legal Theory*, Madison, WI 2007.
10) 고팔 발라크리시난, 「분리의 지정학」, 257쪽.

화하지 못하기 때문이다. 사회적 관계는 정치적 결정주의 속에서 형식화된 주권에 관한 슈미트의 관점에 대해 이론적으로 외재적인 것으로 남아 있으며 체계적으로 배제되어 있다. 주권자란 예외상태에 대해서 결정하는 자이다("무로부터 창조된 절대적인 결정"[11]). 결정의 결정 요인들의 연관망을 무매개적인 주체의 행위로 축소하는—사실상 말소하는—이러한 정의는 주권에 대한 슈미트의 관념의 본질이다. 누가 결정할 것인가(Quis iudicabit)?

비상사태를 초규범적 선언으로 규정하는 슈미트의 정의 속에 사회 세력은 존재하지 않는다. 비상사태란 분석적으로 볼 때 질서 복원을 위한 초사회적이고 초헌정적인(또한 이데올로기적으로 반反사회적인) 장치—한계 개념—에 머물러 있다. 이런 맥락에서 볼 때, 주권을 예외의 관점에서 정의하려는 슈미트의 결정은 권력의 궁극적 장소에 관한 냉정하고 학문적인 탐구의 소산이 아니라, 법령을 통해 대통령 비상대권 및 행정부 통치의 범위를 한정하고 있는 바이마르 헌법 제48조 해석을 둘러싼 법학 논쟁에 대한 정치화되고 규범적인 개입이라는 점을 환기해둘 필요가 있다.[12] 슈미트에게 주권은, 이러한 주권을 비(非)상대적인 개념으로 만들고 그것을 사회 바깥에, 심지어 정치 바깥에 위치시키는, 신학에서 말하는 기적과 유사한 어떤 것으로서의 권위적인 결정에 놓여야 한다. 발라크리시난은 슈

---

11) Carl Schmitt, *Political Theology* [1922], Cambridge, MA 1985, p. 66 [김항 옮김, 『정치신학』, 그린비, 2011, 89쪽].

12) [옮긴이] 바이마르 헌법 제48조는 다음과 같다. "1. 하나의 주가 제국 헌법이나 제국 법률에 따라서 자신에 부과된 의무를 이행하지 않는 경우에, 제국 대통령은 병력을 사용하여 그 의무의 이행을 강제할 수 있다. 2. 제국 대통령은 독일 제국 내에서 공공의 안녕과 질서에 중대한 장애가 발생하거나 발생할 우려가 있을 때에는 공공의 안녕과 질서를 회복하기 위하여 필요한 조치를 취하며, 필요한 경우에는 병력을 사용할 수 있다. 이 목적을 위하여 제국 대통령은 잠정적으로 제114조, 제115조, 제117조, 제118조, 제123조, 제124조 및 제153조에 규정된 기본권의 전부 또는 일부를 정지할 수 있다. 3. 본조 제1항 또는 제2항에 의하여 실행한 조치에 대하여 제국 대통령은 지체 없이 제국 의회에 보고하여야 한다. 제국 의회의 요구가 있으면 그 조치는 효력을 상실한다. 4. 급박한 사정이 있는 경우에는 각 주 정부는 그 영역 내에서 임시로 제2항에 규정된 조치를 할 수 있다. 이 조치는 제국 대통령이나 제국 의회의 요구가 있을 때에는 그 효력을 상실한다. 5. 상세한 것은 제국 법률로 정한다." (독일어 원문은 다음 링크 참조. http://www.dhm.de/lemo/html/dokumente/verfassung/index.html.)

미트가 명시적으로 예외상태라는 자신의 개념을 공법에 관한 역사사회학이 아니라 정치신학과 연결했다는 점을 분명히 알고 있다.

슈미트의 『독재론』에서는 『정치신학』보다 훨씬 더 풍부한 국가 이론사 및 헌법사—고대 로마의 독재관 제도에서부터 바이마르 헌법 제48조에 이르는—가 제시되고 있는 반면, 사회적 관계의 경우 경험적으로는 인정되고 있음에도 이론적으로는 제대로 소화되지 못하고 있다.[13] 슈미트는 전간기 경제 침체와 혁명, 내전에 관한 이론가로 알려지거나 읽히는 게 아니다. 그리고 내가 아는 한 어떤 신슈미트주의 저술가도 슈미트의 지극히 협소한 예외에 대한 정의를 실제로 재정식화하여 차별적인 사회적 권력관계들의 역사성을 포함할 수 있을 만큼 확장된 범위를 지닌 주권에 대한 이론적 전망으로 발전시키지 못했다. 슈미트는 법적·정치적 어휘 목록은 발전시켰지만, 이는 그와 유비적인 사회학적 또는 정치·경제학적 어휘 목록으로 뒷받침되지 못하고 있다. 이러한 사실 자체로 인해 법적·정치적 어휘 목록이 무효화되는 것은 아니지만, 그 목록은 공중에 떠 있는 상태로 남겨지게 된다. 슈미트는 바이마르 국가의 위기에 대한 개념들이 아니라 위기에 맞선 법적·정치적 개념들을 구성했다. 예외에 대한 역사사회학이 대안적인 마르크스주의적 관점에서 볼 때 변별적인 하나의 가능성으로 존재한다는 사실은 슈미트의 제자였던 프란츠 노이만(Franz Neumann)과 오토 키르히하이머(Otto Kirchheimer)가 자본주의적 위기와 법치국가의 해체, 나치즘의 법적 구조 사이의 연관성에 관해 쓴 저술들로부터 입증될 수 있다.[14] 하지만 고유하게 슈미

---

13) 카를 슈미트, 김효전 옮김, 『독재론』, 법원사, 1996. 비상사태 선언을 파업 및 계급 갈등과 연결하는 것에 관한 간략한 통계조사에 대해서는 Mark Neocleous, "The Problem with Normality: Taking Exception to 'Permanent Emergency'", *Alternatives*, vol. 31, no. 2, 2006, pp. 191~213 참조.

14) Wolfgang Luthard, ed., *Von der Weimarer Republik zum Faschismus: Die Auflosung der Demokratischen Rechtsordnung*, Frankfurt 1976; Franz Neumann, *Behemoth: The Structure and Practice of National Socialism*, New York 1944; William Scheuerman, *Between the Norm and the Exception: The Frankfurt School and the Rule of Law*, Cambridge, MA 1994; Scheuerman, ed., *The Rule of Law under Siege: Selected Essays of*

트적인 권력사회학이란 용어 모순일 뿐이다.

마르크스주의적 지정학을 향해

더 나아가 발라크리시난은 "슈미트가 썼던 것이 종종 근대국가의 성격과 지정학에 대한 자신(테슈케―옮긴이)의 마르크스주의적 이해의 개념적 핵심, 즉 정치적인 것을 경제적인 것으로부터, [국가의] 강제를 [경제적] 잉여 전유의 조건들로부터 분리하는 역사적 과정에 의거해 있는 이 핵심을 건드리고 있기"[15] 때문에, 슈미트의 저작과 나의 저작이 공통의 이론적 지향을 갖고 있다고 제안한다. 발라크리시난이 보기에 이러한 전제로부터 세 가지 연속적인 움직임이 따라 나온다. 첫째, 나의 독해에서 이러한 분리는 일단 확립되고 나면 "후속하는 자본주의 역사에서 결코 문제시되지 않는다." 이른바 '분리의 지정학'인 셈이다. 이와 대조적으로 국가와 경제 또는 국가 간 체계와 자본주의 세계경제 사이의 구분의 붕괴로인해 산출된 다차원적 위기에 관한 슈미트 자신의 독해는 훨씬 더 '변증법적인' 해석을 산출했다. 둘째, 『대지의 노모스』(1950)에서 제시된 바 있는 '베스트팔렌적인' 국가 간 체계의 성립과 몰락에 관한 슈미트의 역사학은, 나의 저서 『1648년이라는 신화』에 나오는 것과 유사하지만 훨씬 더 탁월한 서사를 제공한다. 셋째, 슈미트의 역사는 내가 인정하는 것보다 훨씬 더 마르크스의 원래 범주들과 친화성 및 병렬성을 지니고 있다.

좀 더 광범위한 나의 작업의 출발점은 지정학의 문제 설정을 이론적이고 역사적으로 갱신된 마르크스주의 작업 틀 속으로 통합하는 연구 프로그램을 발전시키는 것이었다. 마르크스와 엥겔스 자신의 저작에서 지정학의 상대적 부재 그리고 이러한 부재를 마르크스주의적 전통 내부에서 극복하려는 지금까지 이루어

Franz Neumann and Otto Kirchheimer, Berkeley 1996.
15) 고팔 발라크리시난, 「분리의 지정학」, 259쪽.

진 시도들의 불충분성이 정치적 마르크스주의의 전제들로부터 형성된 나의 비판의 준거점을 이루었다.[16] 『1648년이라는 신화』는 중세 후기와 근대 초기 영국에서 이루어진 농업-자본주의적 사회적 소유관계로의 이행을 추동했던 계급 갈등에 관한 로버트 브레너(Robert Brenner), 엘런 우드(Ellen Wood), 조지 컴니널(George Comninel)의 혁신적인 연구에 기초를 두고 있으며, 그 연구들을 좀 더 문제화하고자 했다.[17] 『1648년이라는 신화』의 목표 가운데 하나는 어떻게 자본주의에서 경제적인 것과 정치적인 것 사이의 분화에 관한 개념적 가정이 17세기 영국에서 새로운 주권 형태가 갈등적으로 구성된 것—이러한 구성은 1688년 제정된 '의회 속의 왕'[18]이라는 정식화에서 정점에 도달하는데, 이 정식화는 비록 비선형적인(non-linear) 방식으로나마 공적이고 탈인격화된 국가와 사유화된 경제 영역 사이의 형식적 분리를 제도화했던 의회제적·헌정적 군주정을 의미한다—에 대한 역사적 설명으로 번역될 수 있는지 보여주는 것이었다. 또한 1688년 이후의 영국은, 전(前) 자본주의적이고 압도적으로 '절대주의적인' 유럽의 국가 간 체계의 맥락 내부에서 '균형을 유지하기'라는 관념 속에 집약된 새로운 대외 정책 기술을 발전시키기 시작했다.

---

16) 마르크스주의와 국제 관계론에 관한 비판적 개괄로는 Benno Teschke, "Marxism", in Christian Reus-Smit and Duncan Snidal, eds., *The Oxford Handbook of International Relations*, Oxford 2008, pp. 163~87 참조.

17) Benno Teschke, *The Myth of 1648: Class, Geopolitics and the Making of Modern International Relations*, London and New York 2003. 또한 다음 저작들을 참조할 것. T. H. Aston and C. H. E. Philpin, eds., *The Brenner Debate: Agrarian Class Structure and Economic Development in Pre-Industrial Europe*, Cambridge 1985; Ellen Wood, *Democracy against Capitalism: Renewing Historical Materialism*, Cambridge 1995; George Comninel, *Rethinking the French Revolution: Marxism and the Revisionist Challenge*, London and New York 1987. 그리고 Heide Gerstenberger, *Impersonal Power: History and Theory of the Bourgeois State* [1990], Leiden 2007도 참조.

18) [옮긴이] '의회 속의 왕'(King-in-Parliament) 또는 '의회 속의 여왕'(Queen-in-Parliament)이라는 개념은 왕의 자의적인 권력 행사를 막기 위해 왕의 법률 제정이나 각료 임명 시 의회의 동의와 지지를 받아야 함을 표현하는 개념이다. 또한 이 개념은 의회가 귀족, 평민, 왕이라는 세 가지 구성 요소로 이루어져 있음을 뜻하기도 한다.

만약 자본주의가 '경제법칙들'에 의해 통치되는 탈정치화되고 탈주체화된 시장경제가 아니라 사회·정치적으로 경합하는 사회적 관계들의 집합으로 인식된다면, 자본주의 성립의 함의는 추상적인 논리적 파생 관계의 견지에서는 인식될 수 없으며, 거기에서 더 나아간 그것의 국가 간 발전에 대한 근원적 역사화를 요구한다. 왜냐하면 분리 논변은 영역들 사이의 절대적이고 최종적인 절연으로 인식되지 않고, 역사적으로 구체적인 실천들에 따라 탈정치화와 재정치화의 정도가 달라지는 국가들과 시장들 사이의 내적 관계로서 인식되기 때문이다. 자본주의는 권력관계다. 이는 또한 자본주의적 사회관계는—일단 한 나라에서 확립되면—국제적인 체계의 구성 요소들을 가로질러 자동적이고 초국민적으로 자신을 복제하지는 않는다는 것을 함축한다. 자본주의적 사회관계의 국제적 효과들과 함축들은 목적론으로부터, 보편화하는 구조적 경제주의 및 지정학적 기능주의로부터 단호하게 탈피할 것을 요구한다. 지정학을 상부구조가 아니라 과정으로 이해할 것을 요구하는 것이다.

이러한 기초적인 관념들은 『공산주의자 선언』의 세계시민적 보편주의—이는 세계사의 거대 주체로서 자본주의적 세계시장의 확장이라는 관념이며, 기묘하게도 이 관념은 '공간적 제약 없는 보편주의'라는 슈미트의 장기 진단 속에 반향되어 있다—와 명시적으로 대립하는 새로운 연구 전망을 낳았다. 새로운 지정학적 마르크스주의는 자본주의적 발전을 경합하고 지역적으로 분화되는 사회적 관계의 제도화로서 재정치화할 것을 요구할 뿐만 아니라, 자본주의의 역사적 경로역시 전 자본주의의 '절대주의적인' 영토적 정치체들로부터 '지정학적 축적'으로의 이행을 통해 시초에 굴절된 것으로서 근원적으로 지정학화할 것 역시 요구한다. 마르크스—엥겔스와 대조적으로, 『1648년이라는 신화』에서는 자본주의 팽창은 정치적인, 특히 지정학적인 과정이었으며, 이 과정 속에서 전 자본주의적 지배계급들은 그들에게 경제적·강압적인 불이익을 부과했던 국제적 환경 속에서 자신들의 위치를 방어하기 위해 재생산의 대항 전략을 구상해야만 했다는 점을 주장했다.

대개 전 자본주의의 성벽을 무너뜨린 것은 중포병 부대였으며, 이렇게 무너진 성벽을 다시 세우기 위해서는 근대화의 새로운 국가 전략이 필요했다. 이 전략들에는 …… 국내의 착취 관계 강화 및 군사적·재정적 동원을 위한 점증하는 억압적 국가 장치의 구성에서부터 신중상주의와 제국주의의 '계몽된' 정책들을 거쳐 자유주의적 경제정책 등이 포함되었다.

근대화 및 자본주의적 변혁으로의 최초의 추동력은 지정학적인 것이었지만, 이러한 압력에 대한 국가들의 대응은 각 국가 내부의 맥락에서 계급 저항을 포함한 상관적인 계급 관계를 통해 굴절되었다. 이러한 의미에서 '부분들 사이의 조정'은 국가별 특수 경로(Sonderweg)를 산출했을 뿐이다.

만약 영국이 주변국들에 그들의 장래를 보여주었다면, 영국은 극히 왜곡된 방식으로 그랬다. 역으로 영국은 결코 순수 자본주의 문화를 발전시킨 적이 없는데, 왜냐하면 영국은 처음부터 영국의 내정과 장기적인 발전을 굴절시킨 국제 환경에 연루되어 있었기 때문이다. 왜곡은 쌍방 모두에서 일어났다. 자본주의가 유럽 대륙과 세계 전역으로 옮겨가는 과정은 사회적 갈등 및 내전과 국제전, 혁명과 반혁명으로 점철되어 있었다.[19]

이러한 전망은, 부르주아 혁명이라는 교조적인 마르크스주의 개념을 문제 삼기 위해 정치적 마르크스주의를 지정학적 마르크스주의로 다시 개념화하려는 현재 진행 중인 나의 작업을 촉진했다.[20] 이런 연구 프로그램 메모를 역사적 작업으로 실체화하고 『1648년이라는 신화』의 이야기를 19세기와 그 너머로 확장하는 것은 아직 수행해야 할 과제로 남아 있다. 하지만 두 가지 논리—국가 간 체

---

19) Benno Teschke, *The Myth of 1648*, pp. 265 이하.

20) Benno Teschke, "Bourgeois Revolution, State-Formation and the Absence of the International", *Historical Materialism*, vol. 13, no. 2, 2005, pp. 21 이하.

계의 지정학과 자본주의 세계경제의 초국적 경제학—는 일단 확립되기만 하면 아무런 문제 없이 전파될 수 있으며 서로 조화를 이룰 수 있다는 생각은 나의 주장과 정반대되는 것이다.[21] 따라서 발라크리시난이 나의 작업을 '분리의 지정학'으로 규정하는 것은 완전한 몰이해를 나타낸다.

구체적 질서의 사유의 아포리아

슈미트는 지정학과 지리경제학을 내적으로 연관된 것으로 유지할 수 있는 비분리의 지정학, 심지어 변증법적인 지정학을 제공해주는가? 이를 확인하기 위해서는 법과 역사에 관한 슈미트의 주요 저술을 1934년에 이루어진 결정주의로부터 구체적 질서의 사유로의 패러다임 이행에서 재정식화된 이론적 전제들 속에 다시 위치시킬 필요가 있다. 슈미트는 법치라는 자유주의적·보편주의적 관념—그리고 점점 더 위협받는, 일반성과 예견 가능성이라는 법치의 원칙—을, 각 국가별로 상이하게 동질화되어 있는 법 문화에 의해 유지되고 둘러싸여 있는 상황 구속적인 탈형식화된 법으로 대체하기 위해 이러한 패러다임 이행을 감행했다.[22] 1930년대 중반 헌법에서 국제법으로 관심사가 이동함에 따라 슈미트는 정치적 결정주의로는 영토 전유 및 공간 혁명의 정치학과 지정학을 포착하기에 불충분하다는 점을 깨달았다. 그는 이제 반자유주의적이고 반규범적인 논고로서 국제법의 역사를 쓰기 위해 영토 전유와 공간 혁명을 세계를 질서짓는 정초적이고 구성적인 활동으로 특권화하게 된다. 뒤이어 일어난 구체적 질서의 사유로의

---

21) 이러한 주장은 다음 연구에서 좀 더 진전되었다. Benno Teschke, "Debating 'The Myth of 1648': State-Formation, the Interstate System and the Rise of Capitalism in Europe-A Rejoinder", *International Politics*, vol. 43, no. 5, 2006, pp. 531~73; Benno Teschke and Hannes Lacher, "The Many 'Logics' of Capitalist Competition", *Cambridge Review of International Affairs*, vol. 20, no. 4, 2007, pp. 565~80.

22) Carl Schmitt, *On the Three Types of Juristic Thought*, Westport, ct 2004.

이행은 이러한 설명상의 공백 상태를 메우기 위한 것이었다. 구체적 질서의 사유는 한 가지 단일하고 공리적인 테제를 전제로 삼고 있다. 곧 모든 법질서는 영토 획득이라는 기원적이고 구성적인 활동에 기초를 둔 구체적이고 영토적인 질서라는 테제가 그것이다. 이는 영토에 일차적이고 근본적인 명칭을 부여하게 되는데, 그것은 공간, 권력, 법의 통일체로서 노모스라는 명칭이다.[23]

'구체적인 것'으로의 이러한 전회를 놓고 볼 때, 어떻게 슈미트는 자신의 공리계를 부정하지 않고서도 경제적인 것과 정치적인 것, 세계시장과 국가 간 체계의 분리에 관해 그가 이전에 제시했던 통찰력 있는 논평—이러한 분리는 초국적인 미국 제국주의가 가능하기 위한 역사적 조건을 이루는 것이었다는 논평—을 이론적으로 설명할 수 있을까? 이러한 이중의 분리의 포착을 시작하기 위해서라도 슈미트는 사회와 국가의 분리에 관한 헤겔-마르크스주의적인 사유의 모습에 의지할 수밖에 없었으며, 마침 그는 한 각주에서 이 점을 시인한 바 있다.[24] 발라크리시난이 "[경제적인 것과 정치적인 것 사이의—옮긴이] 이 구성적 차이가 여러 수준에서 위기를 맞는다는 점은, 사실 양차 세계대전 사이의 혼란에 대한 슈미트의 거의 모든 저술을 가로지르는 중심적인 문제"[25]라고 지적한 것은 옳은 듯하다. 하지만 국제 정치경제학에 대한 슈미트의 의존으로 인해 그의 지정학적 공리계의 핵심이 위협받게 되었다. 곧 구체적 질서의 사유가 철회되고, 전간기 독일에 대해서는 유보된 채 영미의 자유주의적 제국주의에만 할당된 초국적 경제주의로의 이행이 이루어지는 것이다.

왜냐하면 국제 정치경제학 영역으로의 이론적 외도로 인해 슈미트는 이론적

---

23) Carl Schmitt, *The Nomos of the Earth in the International Law of the Ius Publicum Europaeum*, New York 2003, pp. 44 이하 [카를 슈미트, 최재훈 옮김, 『대지의 노모스』, 민음사, 1995, 47쪽 이하].

24) [옮긴이] 『대지의 노모스』, 363~64쪽의 언급 및 364쪽 주 51 참조. 여기에서 슈미트는 마르크스의 「헤겔 법철학 비판을 위하여」에 대해 언급하고 있다. 또한 테슈케, 「결정과 미결정」, 236쪽, 주 47 참조.

25) 고팔 발라크리시난, 「분리의 지정학」, 259쪽.

어휘 목록을 변화시킬 수밖에 없었는데, 이는 그의 구체적 질서의 사유 방법에 의해 승인받지 못한 표변이었기 때문이다. 슈미트가 새로운 보편적 질서의 뿌리를 밝혀내려는 곳에서 그는 미국 지배의 국제 정치경제학에 관한 분석을 수행하도록 압력을 받게 되는데, 이러한 분석은 모든 국제법적 질서는 기원적이고 구성적인 '영토 전유' 활동에 근거를 두고 있다는 그의 전제와 모순을 빚는다. 왜냐하면 빌헬름 시대의 독일은 침략받지도, 점령되거나 병합되지도 않았기 때문이다. 자본주의가 지닌 국경 말소적 경향은 또한 그가 파시스트 시기에 제출한 테제의 핵심을 무효화해버린다. 궁극적으로 나타나는 것은 지정학과 지리경제학의 변증법적 읽기가 아니라 비공식적인 미 제국주의에 맞서 공식적인 독일 제국을 물신화하는 것이며, 이는 파시스트 제국주의의 국내적인 정치경제학에 관한 일체의 탐구로부터 절연된 것이다. 공식적인 독일 제국에 대한 물신화는, 공간적 제약 없는 보편주의라는 추상적인 서방의 통념에 맞서 독일식의 구체적인 질서, 파시스트적인 광역[26]을 내세우기 위해 순수하게 정치적인 적–동지 구분에의 호소로부터 느닷없이(deus ex machina) 출현한다.

『자본』을 위한 『대지의 노모스』?

나의 책이 "슈미트의 바이마르 시기 저작들, 즉 그로 인해 그가 가장 잘 알려지게 된 것들이자 그의 작업이 현대적으로 수용되는 데 대체적인 토대를 이루는 저작들을 불충분하게 고찰"하고 있다고 지적한 뒤, 발라크리시난은 마지막으로 『토머스 홉스의 국가론에서의 리바이어던』(1938), 『육지와 해양』(1942), 『대지의 노모스』─국제 관계론에서 현재 유행 중인 슈미트 옹호론의 중심이 되는 텍스

---

26) 1933~35년에 광역 및 광역 경제라는 용어들의 광범위한 유통과 그것이 정책에 끼친 영향에 대해서는 다음 책에 수록된 문헌 참조. Reinhard Opitz, ed., *Europastrategien des Deutschen Kapitals, 1900-1945*, Cologne 1977, 제3부와 제4부.

트―같은 슈미트의 파시스트적인 저술들에 의지하면서도 『국제법상의 광역 질서』는 무시하는데, 이 텍스트는 새로운 파시스트적인 '광역적 영토 질서'에 관한 구상의 지적 청사진을 담고 있다. 발라크리시난에 따르면 『대지의 노모스』는 음울한 우울증을 표현하는 저술로, 스탈린그라드 전투 이후 동유럽에서 독일의 패배의 윤곽이 이미 가시화된 상태에서 쓰였다. 비록 이 저작이 실제 집필되는 과정에서 슈미트가 전개되는 역사적 현실과 저작의 핵심 테제, 곧 영토 전유 사이의 간격을 메워야 하기는 했지만, 발라크리시난의 해석은 이 저작의 구상과 의도를 잘못 이해하고 있다. 『대지의 노모스』는―발라크리시난이 제안하는 것처럼 "전쟁과 원초적인 전유의 불타는 혼돈으로부터 생겨나서 이제 그리로 되돌아가고 있는 듯 보이는 국가 간 문명의 기원에 대한 보수적인 회고"[27]라는 의미에서―종장(終章)이자 애가(哀歌)라기보다는 히틀러의 광역 정치에 대한 '공식적인' 찬양과 정당화로 구상되었으며, 슈미트는 광역 정치를 전(前) 자유주의적인 노모스를 구성하는 영토 전유 활동과 다시 연결하면서 양자 모두를 정당화했다.[28] 종언을 고한 것은 유럽 공법의 국가 간 문명(1919년 베르사유 조약에서 종결된)이 아니라, 상호 공존하는 광역들의 다원적 세계를 중심으로 전개되는 광역 내부의 법과 질서에 대한 새로운 독일식 비전이었는데, 슈미트는 이러한 비전을 자유주의적 자본주의의 '공간적 제약 없는 보편주의'에 대한 대항 프로그램으로 구상했었다. 소련의 붉은 군대는 독일군을 패퇴시켰을 뿐만 아니라, 『대지의 노모스』의 삿갓돌(capstone)―미완의 마지막 장 및 빠져 있는 결론부―을 잘라내버렸으며, 『대지의 노모스』가 급작스럽게 사변적인 결말을 맺도록 강제했다. 이 점은 슈미트가 1950년대에 작성한 세 편의 보론이 2003년 영역본에는 추가되어 있는 반면, 독일어 원서에는 빠져 있다는 사실에서 명백히 드러난다.

---

27) [옮긴이] 발라크리시난, 「분리의 지정학」, 264쪽.
28) 『대지의 노모스』의 발생사에 대해서는 『대지의 노모스』 프랑스어본에 붙인 페터 하겐마허(Peter Haggenmacher)의 서문 참조. Carl Schmitt, *Le Nomos de la Terre dans le Droit des Gens du Jus Publicum Europaeum*, Paris 2001, pp. 1~44.

파시즘 이후의 회고적 사유로서『대지의 노모스』를 친파시즘적인 저술과 분리하려는 발라크리시난의 시도는, 궁극적으로 보면 제3제국 내에서의 그리고 제3제국을 위한 슈미트 저술에 담긴 통일적인 이론적 전망으로서의 구체적 질서의 사유에 대한 그의 부주의에서 비롯한다.『법학적 사유의 세 가지 유형에 대하여』에 의해 이론적으로 보증된 슈미트의 나치 저술들 사이에 존재하는 이러한 통일성은『국제법상의 광역 질서』,『육지와 해양』,『대지의 노모스』 3부작에서 표현되고 있는데, 이 저술들 각자는 상이한 어휘법(나치의 역내 법의 법적 구조, 육지와 해양의 기초적 구분이라는 지리신화학, 신대륙 발견 이래로 전개된 국제법의 역사)을 통해 영토 전유라는 관념을 조명하고 있다. 어떻게 1942~45년에 쓰인『대지의 노모스』와 1942년 출간된『육지와 해양』이 히틀러의 공간 혁명을 정당화하기 위해 지적 원천과 논거들을 축적하려는 장기적인 역사적·법적 우회로, 발흥하던 추축국의 유력 지식인 가운데 한 사람에 의해 시도된 역사 새로 쓰기로 인식되지 않을 수 있었을까? 근대 미국의 제국주의에 수반된 법적 혁신과 개념적 신(新)조어법에 관한 대목에서 슈미트는 다음과 같은 점에 주목했다. "실제의 권력을 지닌 사람은 또한 개념과 단어를 규정할 수 있는 능력을 지니고 있다. 카이사르는 문법에 대한 군주다."[29] 독일의 법적·정치적 대항 어휘들은 생존을 위한 지정학적 투쟁에서 실존적 자율성을 다시 획득하기 위해 요구된 것이었다. 이것이 국제법에 관한 슈미트의 파시스트적 저술의 과제였다.

영토 취득

하지만 이데올로기적 목적이 이 저술들의 메시지를 무화할 필요는 없다. 발라

---

29) Carl Schmitt, "Völkerrechtliche Formen des Modernen Imperialismus", in *Positionen und Begriffe*, p. 202 [카를 슈미트, 김효전·박배근 옮김,「근대 제국주의의 국제법적 형식」,『입장과 개념들』, 세종출판사, 2001].

크리시난은 구대륙의 문명화된 주민들과 신대륙의 문명화되지 않은 야만인들 사이의 분할에 근거를 둔, "대규모의 영토 점유와 식민지 정복을 통한 자본의 본원적 축적에 대한"[30] 마르크스의 설명과 '베스트팔렌 질서'에 대한 슈미트의 설명 사이의 유사성을 탐구하면서 『대지의 노모스』에서 경탄할 만한 많은 점을 발견한다. 이러한 대립은 "비유럽 민족과 영토의 수탈이라는 세계사적인 과정의 표현이었다."[31] 하지만 마르크스의 '본원적 축적'이라는 범주와 슈미트의 '영토 전유'라는 개념을 이처럼 거의 등가로 취급하는 것은 혼란을 초래할 수밖에 없는데, 왜냐하면 전자의 범주는 영토 취득이라는 양적이고 영토적인 개념에 대해 반정립적인 사회적 소유관계의 질적 변혁을 묘사하기 때문이다. 모든 형태의 정복, 노획, 강탈이, 직접생산자들로부터 그들의 재생산 수단을 수탈하고 그것들을 추상노동으로 전화한다는 생각과 막연하게 결합될 수는 없다. 신대륙 발견은 신대륙에 자본주의를 도입하지 않았다. 또한 중상주의적 식민지 교역을 원활하게 해준 해외에서 강탈한 노획물들이 유럽의 포르투갈-스페인 지역에서 자본주의 성립에 중요성을 지닌 것도 아니었으며, 또한 영국에서 농업자본주의가 발원하기에 충분한 전제 조건을 이룬 것도 아니었다.

발라크리시난은 "근대 초기의 국가 구성체와 해외 정복에서 생겨난 노모스는 전쟁과 전유라는 두 법을 가지고 세계를 두 지대로[기독교 문명의 '구세계'와 비기독교적 야만의 '신세계'] 분할했다"[32]라고 주장하면서 근대 초기 국가 간 체계에 관한 슈미트의 설명 및 문명화된 지대 내부에서의 '길들여진' 전쟁이라는 개념에 동의한다. 하지만 『대지의 노모스』를 꼼꼼히 읽어본다면 슈미트가 유럽 체계에 대한 설명에서 뿌리 깊이 양면적이라는 점—신대륙 정복(1492)과 절대주의 국가의 성립(1648), 영국의 균형 유지(1713) 가운데 어떤 것이 형성적인 계기인지를 두고 동요한다는 점에서—뿐만 아니라 명시적으로 근대 초기 유럽의 구성에

---

30) [옮긴이] 고팔 발라크리시난, 「분리의 지정학」, 264쪽.
31) [옮긴이] 고팔 발라크리시난, 「분리의 지정학」, 265쪽.
32) [옮긴이] 고팔 발라크리시난, 「분리의 지정학」, 265쪽.

서 아메리카 정복을 배제했다는 점이 드러난다. 스페인과 포르투갈의 식민화 과정의 합리화—법적이고 물질적인—에 대한 그의 토론은 역설적이게도 아메리카 정복이 '공간 혁명'과 그에 후속하는 새로운 유럽의 국가 간 노모스 성립(슈미트는 일반적으로 이것을 해외의 인클로저 과정과 결합했다)을 촉진하지 않았다는 점을 드러내준다.

이 점은 슈미트가 라야(raya)[33])와 우호선(amity-line)[34])을 구별하는 데서 가장 명백하게 표현된다. 신대륙 발견 이후 라야(분할선)라는 형태로 이루어진 최초의 대양 분할은 스페인과 포르투갈 사이에 체결된 1494년 토르데시야스(Tordesillas) 조약이었는데, 여기에서는 아소르스(Azores)와 카보 베르데(Cabo Verde) 섬 서쪽으로 수백 마일 떨어진 지점을 기준으로 남북으로 분할선이 그어졌다. 분할선 서쪽의 모든 영토는 스페인에 속하고 동쪽의 모든 영토는 포르투갈에 속하는 것으로 합의가 이루어졌다.[35]) 이는 중세적인 토지 보유 양식과 사회적 소유관계가 요구했던, 새로 발견된 대지와 해양 양자의 조건적인 영토화를 의미했다.[36]) 아메리카와 대서양, 태평양은 후기 중세법에 지배되는 기독교 국가들의 세계(cosmos)—여기에는 비기독교인들에 대한 교황의 선교 위임권과 그들에 맞서는 정의로운 전쟁론도 포함되어 있었다—의 반경 내에 확고하게 머물러 있었다. "1713년에서 1939년에 이르기까지 국제법적 공간 질서의 구획에서 결정적인 의미를 지녔던 고정된 육지와 자유로운 바다 사이의 대립은 이러한 분할선에

---

33) [옮긴이] raya는 스페인어로 '선'(線)을 뜻한다.

34) [옮긴이] 우호선(友好線)은 독일어로는 Freundschaftslinien이라고도 하는데, 발견과 선점의 대상이 되는 유럽 외부 공간이 처해 있는 국제법적 무정부 상태에 의해 유럽의 평화가 침해되지 않도록 유럽 국가들 사이에 그어진 경계선을 가리킨다. 최초의 우호선은 크레피 앙 라오누아(Crépy en Laonnois) 평화조약에 의해 스페인과 프랑스 사이에 체결된 바 있다. 우호선에 관한 슈미트의 자세한 논의로는 『대지의 노모스』 81쪽 이하 참조.

35) Carl Schmitt, *Land and Sea*, Washington, DC 1997, p. 41; *Nomos of the Earth*, pp. 88 이하 [『대지의 노모스』, 74쪽 이하].

36) Benno Teschke, "Geopolitical Relations in the European Middle Ages: History and Theory", *International Organization*, vol. 52, no. 2, 1998, pp. 325~58 참조.

는 완전히 낯선 것이었다."³⁷⁾ 모든 육지와 바다는 법적으로 '고정된' 것으로 머물러 있었다. 적어도 형식적으로 본다면 바티칸은 가톨릭 유럽에서 여전히 초세속적인 판결의 원천의 중심이었다. 슈미트의 명시적인 목적—법에 지배되는 유럽의 국가 간 문명의 구성에서 영토 전유의 중심성—에 맞서 슈미트 자신이 이러한 선은 발라크리시난이 가정하는 것보다 훨씬 더 굴곡진 것이라는 점을 보여주고 있다.

국제법(ius inter gentes)³⁸⁾으로의 비약적인 발전은 살라망카(Salamanca) 학파에 의해 촉진된 것이 아니라, 자유로운 바다(mare liberum)와 폐쇄된 바다(mare clausum)를 둘러싼 스페인-네덜란드와 영국 간의 논쟁에서 네덜란드와 영국의 세속적인 법학자들, 특히 그로티우스와 셸든에 의해 이루어졌다.³⁹⁾ 아메리카 정복 이후 라야에 따라 가톨릭 열강들 사이에 이루어진 시초의 세계 분할은 스페인과 프랑스 사이에 체결된 카토-캉브레지(Cateau Cambresis) 조약 (1559)⁴⁰⁾에 의해 도전받았을 뿐이며, 우호선을 고정한 17세기의 영국-프랑스, 영국-스페인 사이의 조약들은 문명화되고 법에 의해 지배되는 지대(우호선 내부의 지대)와, '경계선 너머'의 무정부적인 지대, 곧 자연 상태로 세계를 분할했다. '경

---

37) Carl Schmitt, *The Nomos of the Earth*, p. 89 [『대지의 노모스』, 76쪽. 번역은 일부 수정했다].

38) [옮긴이] ius inter gentes는 말 그대로 하면 '인민들 사이의 법' 또는 '국민들 사이의 법'을 뜻한다. 이때의 인민들 내지 국민들이란, 슈미트에 따르면 초영토적인 교회에 대한 일반적 구속 및 개인적인 종류의 봉건적 구속에서 벗어나 중앙집권화된 국가를 중심으로 구성된 사람들을 가리킨다.

39) [옮긴이] 이 논쟁은 이른바 '자유해론'(自由海論)과 '폐쇄해론'(閉鎖海論) 사이의 논쟁이라고 불리는데, 전자는 네덜란드의 법학자였던 휘호 그로티우스(Hugo Grotius)가 대표하는 입장이었으며, 후자는 영국의 법학자인 존 셸든(John Selden)이 대표하는 입장이었다. 그로티우스는 1609년 익명으로 발표한 『자유해론』(*Mare liberum*)이라는 저서에서 네덜란드 동인도회사의 입장을 대변하여 해양은 유동적인 요소로 이루어져 있기 때문에 경계를 정할 수 없고, 특정한 국가나 사인(私人)의 전유 대상이 될 수 없으며 만인의 공유에 속한다고 주장했다. 그로티우스의 저서는 유럽 전역에 걸쳐 엄청난 반향을 불러일으켰으며 여러 가지 반론을 야기했는데, 특히 셸든은 1635년 출간된 『폐쇄해론』(*Mare clausum*)에서 영국해에 대한 영국의 지배를 정당화하기 위한 반론을 제기했다. 그의 주장에 따르면 현실의 지배가 미치는 한에서 해양의 전유는 법적으로 가능하며, 해양 자체에 대한 획정도 가능하다. 더욱이 어업 자원은 한정돼 있고 고갈의 위험도 있기 때문에, 그로티우스의 주장은 사실과 맞지 않다는 것이다.

40) [옮긴이] 카토-캉브레지 조약은 이탈리아의 지배권을 두고 다투던 프랑스와 스페인 사이의 분쟁을 종결지은 조약이다.

계선 너머'는 단지 육지만을 가리킨 것이 아니라 '자유롭고' 무법적인 공간으로서 '경계선 너머'의 해양도 지칭했다.[41] 누구의 것도 아니라는 것은 또한 누구나의 것이라는 것, 곧 가장 강한 점유자에 의해 취득된다는 것을 의미했다. 따라서 슈미트는 공간을 질서짓는 중세의 기독교적 관행으로부터 근대 초기의 관행으로 넘어가는 결정적인 단절 지점을 신대륙 발견이라는 사실 자체에 위치시키는 것이 아니라, 스페인-포르투갈적인 라야 체계로부터 영국 중심적인 우호선 체계로의 이행에 위치시킨다. 이는 유럽 중심적인 '구세계'에 통합된 부속 지역에서 강자의 법에 따른 도덕적으로 중립적인 경쟁 속에서 재전유되고 분할되는, 구대륙과 구별되는 '신대륙'으로서의 아메리카에 대한 재정의를 낳았다.

베스트팔렌 체계의 결함

유명한 '베스트팔렌 평화조약'에 관해 슈미트는 거의 아무것도 말하지 않는다.[42] 그에게 절대주의란 내전을 국내에서 탈정치화하고 중립화할 수 있을 만큼 강력한 국가를 지칭했다. 절대주의의 역사적 업적은 사적 영역(궁극적인 가치 주

---

41) 슈미트가 '자유해'와 '공해'(公海, open sea) 사이의 구분을 흐릿하게 만들고 있기 때문에, 자유해론을 위한 논거들은 자유로운 자본주의적 경쟁과는 아무 관계가 없다는 점을 잘 이해할 필요가 있다. '자유해'라는 개념은 단지 법에 의해 지배받지 않는 지위를 가리켰을 뿐이며, 국가들이 쌍방 간에 해양을 '공동의' 것으로 선언하는 대신 일방적으로 영토화하려고 했기 때문에, 자유해라는 개념은 무역과 어업 항로의 통제권을 둘러싼 영속적인 군사적 경쟁을 함축했다. '공해'를 통한 자유로운 무역은 19세기에야 비로소 가능해졌다.

42) 일시적인 언급은 세 군데에서 발견된다. Carl Schmitt, *The Nomos of the Earth*, p. 145; "Raum und Großraum im Volkerrecht" [1940], in Carl Schmitt, *Staat, Großraum, Nomos*, p. 241; "Volkerrechtliche Großraumordnung mit Interventionsverbot für Raumfremde Mächte", in *Staat, Großraum, Nomos*, p. 311. 『대지의 노모스』 전체에 걸쳐 슈미트는 점점 더 유럽 공법의 지속 시간을 축소한다. 처음에는 '400년간' 지속되었다고 했다가 그다음에는 '300년간'으로, 마지막에는 '두 세기 이상'이 된다. *The Nomos of the Earth*, pp. 49, 140, 181 [『대지의 노모스』, 23, 152, 211쪽].

장들이 충돌하는 세계)과 공적 영역(도덕적으로 중립적인 국가이성의 영역으로, 국가이성의 지배적인 관심사는 국가 자체의 안전 및 전쟁과 평화의 권리였다)의 분리를 가져오고 제도화했다는 점이었다. 절대주의 국가는 자기 자신을 법에서 벗어난 것으로 인식했으며 따라서 전(前) 대의제적이고 전(前) 의회주의적이었기 때문에, 이러한 국가는 '법으로부터 면제된' 상태로 결정주의적 본성 속에 응축돼 있는 슈미트적인 '근대국가' 이론을 위한 이념형을 제공해주었다. 이에 따라 [슈미트에 따르면] 내정(內政) 영역이 합리화되었기 때문에 내정의 이면을 이루는 국제 영역도 비차별적인 전쟁 개념을 수단으로 하여 국가 상호 간 갈등을 합리화하게 되었다. 유럽 공법의 성립은 이러한 국가 중심적인 공간 정치 혁명의 구체적 질서를 전제로 하고 있었다.

나는 이미 이러한 서사에 동의하지 않는다는 입장을 표명한 바 있다. 그렇지만 근대 초기 전쟁의 사상자 숫자가 그 자체로 길들여진 전쟁이라는 범주를 무효화하지는 않는다고 지적한 점에서는 발라크리시난이 옳다. 그러나 이것은 나의 논변의 일부였을 뿐이다. 슈미트는 오직 법적 범주만을 제시하고 있기 때문에, 전자본주의적인 지정학적 축적의 요구에 따라 조장된 구체제의 전쟁의 빈도, 크기, 강도 및 지속의 사회적 원천을 제대로 판독해내지 못한다. 마찬가지로 군사적 관행들에 비추어볼 때 전쟁이 문명화되고 합리적이며 인간적인 성격을 지니고 있었다는 슈미트의 주장은 신빙성이 부족하며, 더욱이 전쟁의 명목적 규약들(전쟁 수행의 정당성)의 불이행, 징집의 관습, 전투원과 비전투원 사이의 구별의 부재, 필수품 보급의 문제를 고려해볼 때 더 그러하다.[43] 어떻게 '제한전쟁'이라는 개념이 표준적인 역사학적 설명, 곧 구체제의 '영속적인 전쟁 국가들'은 군비를 감당하지 못해 재정 위기를 초래했고 이는 결국 파산과 국가 붕괴로 이어졌다는 설명과 조화를 이룰 수 있는지도 해명될 필요가 있다. 그리고 슈미트 자신의 추론에 따를 경우 절대주의 국가들은 동시에 '법으로부터 면제된' 결정주의적 정치체였음에

---

43) Bernhard Kroener, "The Modern State and Military Society in the Eighteenth Century", in Philippe Contamine, *War and Competition between States*, Oxford 2000, pp. 195~220.

도, 어떻게 슈미트의 포괄적인 반(反)법실증주의가 유럽 공법의 효율성과 문명화 사명에 대한 예찬과 조화를 이룰 수 있는가에 대해 나 자신은 여전히 답변을 찾고 있다. 유럽 공법에 의해 규제되는 비차별적인 전쟁이라는 생각은, 근대 초기를 문명화된 전쟁의 귀감의 시대로 추어올리는 반면, 이후 '총력전'으로 규정되는 자유주의 시기는 탈문명적인 도착(倒錯)의 시대로 나타나도록 만들기 위해 고안된 허구에 불과하다.

슈미트가 말하는 지상전 규약들 및 그 규약들이 종교전쟁과 내전의 중립화를 가져왔다는 슈미트의 주장에 발라크리시난은 망설이면서도 동의하지만, 그것이 역사적 검토를 견뎌낼 수 있을까? 근대 초기 국가들은 합리화된 공적 장치들로 이루어져 있지 않았고 신성화된 주권 형태를 자처하는 종교적 신앙과 왕족 혈통이 혼합된 구성물이었기 때문에, 공권력은 탈신학화되지도 중립화되지도 않았다. 절대주의 시기는 바티칸의 탈영토적인 신학적 절대주의와 단절하기는 했지만, 그와 동시에 1555년 이후 그리고 다시 1648년 이후 교황의 통일적인 종교적 지배권을 분할하여 그것을 종교적 신조에 기반을 둔 절대주의 소국들로 이루어진 다원적 세계의 스펙트럼을 통해 재배치했다. 베스트팔렌 조약의 공식이었던 "그의 통치, 그의 종교"(cuius regio, eius religio)[44]는 사적인 신민들에 대한 종교적 관용을 승인한다는 뜻이 아니라, 어떤 지역의 통치자에게 그 나라의 신앙을 규정하고 강제할 수 있는 권리를 허가한다는 뜻이다. 프랑스의 경우 막 등장한 절대주의 국가는 국내 정치와 종교가 탈정치화되고 중립화된 성격을 잘 유지하도록 단순히 감시한 것이 아니라, 종교개혁과 종교전쟁(1562~98) 기간에 폭력적이고 직접적으로 정치적인 한 세기 내내 지속된 캠페인들을 통해 자신의 가톨릭 절대주의를 적극적으로 확립하려고 했으며, 이는 위그노 교도들에 대한 억압 및 추방과 낭트 칙령의 철회(1685)에서 절정에 달했다. 절대주의는 서로 전쟁을 벌이는 시민사회의 부분들 위에 서 있던 것이 아니라 그것들 가운데 하나를 억압하

---

44) [옮긴이] 이것은 각 나라의 통치자('그의 통치')가 자신의 신민들에게 특정한 종교를 강제할 수 있는 권한을 가진다는 것('그의 종교')을 뜻한다.

면서 단일 신앙적인, 심지어 신성화된 국가를 탄생시키려고 했다. [절대주의 국가들이] "분파적인 종교적 대의를 추진하는 것으로부터 주권 권력"을 분리한 것이 "공적 질서의 합리화·중립화"[45]를 낳고 그와 동시에 종교적·도덕적으로 중립화된 형태의 문명화된 전쟁을 낳았다는 슈미트의 생각에 대한 발라크리시난의 수용은 슈미트적인 세계 속에 머물러 있다. '베스트팔렌 체계'에 대한 슈미트의 설명 전체는 경험적으로나 이론적으로 지극히 문제가 많다.

발라크리시난은 "테슈케의 역사사회학은 슈미트의 파시스트적 서사시의 정확한 형식을 반복하고 있다"고 주장하면서, 이는 "그가 시도하는 파괴 작업의 무용함을 강조"[46]하기 위한 것이라고 결론짓고 있다. 이론적으로 정통한 설명과 준신화적 서사의 구분—이 구분은 발라크리시난의 견해에서 부차적인 역할을 수행하는 것으로 보인다—은 제쳐두고, 순전히 경험적 수준에서 보더라도 이러한 비판은 전혀 사실이 아니다. 앞에서 개괄된 구체제의 대륙 체계의 성립과 본성, 몰락에 관한 나의 설명—전근대적이고 인격화되어 있으며, 신앙에 지배되고 비합리적이며, 서로 끊임없이 전쟁을 벌이는—은 슈미트의 설명과 완전히 대립한다. 하지만 나의 설명과 슈미트의 설명은 영국의 특수성에 관해서는 수렴한다. 그러나 슈미트가 직관적으로 영국의 유일성을 감지하는 곳에서 설명은 전적으로 지리·요소론적 범주들로 환원된다.

> 영국만이 중세의 봉건적이며 육지적인 존재로부터, 육지적인 전체 세계를 균형잡는 순수하게 해양적인 존재로 넘어가는 발걸음을 내딛는 데 성공했다. …… 그럼으로써 영국은 유럽 중심적이고 전 세계적인 질서의 보편적이며 해양적인 영역의 담지자, 유럽 공법의 저 다른 측면의 수호자, 육지와 바다의 균형—이러한 국제법의 공간적인 질서 사상을 포함하고 있는 균형—의 지배자가 되었다.[47]

---

45) [옮긴이] 고팔 발라크리시난, 「분리의 지정학」, 269쪽.
46) 고팔 발라크리시난, 「분리의 지정학」, 267쪽.
47) Carl Schmitt, *The Nomos of the Earth*, p. 173 [『대지의 노모스』, 197~98쪽].

어떻게 이것이 가능했을까? 영국은 "자신의 집합적 존재를 바다 쪽으로 지향시켰으며, 그 존재의 중심을 바다의 요소에 맞추고" 큰 물고기, 리바이어던이 되었다.[48] 슈미트의 '파시스트적 서사시'의 문제는 정확히 다음과 같은 점, 곧 그것이 파시스트적이며 그것이 서사시라는 데 있다.

지정학적인 것의 사물화

슈미트는 서두의 철학적 질문, 노모스란 무엇인가라는 질문으로 되돌아가면서 『대지의 노모스』의 결론(영어판을 놓고 볼 때)을 내린다. 노모스라는 용어의 그리스적 어원은 삼중의 구별을 낳는다. 취득하고 분할하고 목양(牧羊)하는 것, 곧 전유, 분배, 생산(경작)이 그것이다. 이 세 의미 사이의 상호 연관이 모든 구체적인 역사적 노모스를 구조화한다. 슈미트에게 문제는 어떻게 이것들을 질서지어야 하는가이다. "이것들[전유, 분배, 생산]의 연속적인 배열과 가치 평가는 역사적 상황들 및 세계사 전체에 걸쳐 변화를 낳았다." 하지만 "역사 속에서 알려진 모든 유명한 전유 및 모든 위대한 정복—전쟁, 점령, 식민화, 이주 및 발견—은 분배와 생산에 대하여 근본적으로 전유가 선행한다는 점을 입증했"으며, 대지에 근원적인 호칭을 부여했다.[49] 수직적이든 수평적이든 간에 전유는 초시간적이며 일차적이다. 하지만 이것은 산업혁명 이전까지 그랬다고 슈미트는 자신의 주장을 제한한다. 자유주의는 풍족한 생산을 통해 전유를 초월할 것이라고 주장했지만, 생산과 소비의 유토피아를 구성하려는 이러한 노력은 세계사에 의해 잔인하게 좌절되었다. 사회주의는 혁명적인 재전유 행위 속에, 곧 국내와 해외에서 이루어지는 전유자들에 대한 수탈 행위 속에 재분배를 근거지었다.

슈미트는 대지-전유(지정학)의 수평적 관계는 생산과 분배(정치경제학)의 수직

---

48) Carl Schmitt, *Land and Sea*, p. 28.
49) Carl Schmitt, *The Nomos of the Earth*, p. 327 이하 [이 부분은 우리말 번역에는 빠져 있다].

적 관계에 선행한다고 결론짓는다. 지금까지 존재했던 모든 사회의 역사는 계급 투쟁의 역사였다는 마르크스와 엥겔스의 유명한 금언과 구문상으로 아주 유사한 문장을 통해 슈미트는 "세계사는 해양 세력이 육지 내지 대륙 세력에 맞서 그리고 육지 세력이 바다 내지 해양 세력에 맞서 벌인 전쟁의 역사다"[50]라고 주장한다. 역사는 잉여가치 전유의 수직적 동역학과 조화를 이루지 못하는 일방적인 지정학적 전유의 장으로 인식된다. 슈미트의 국제법과 국제 질서의 역사는 의도적인 반사회학적 기획으로, 사회적 갈등과 혼란에 맞서 정치적·지정학적 질서의 자율성에 가치를 부여하려고 노력한다. 신화학적으로 본질화된 슈미트의 존재론이 그의 역사주의를 압도하며, 지정학적인 것 자체를 사물화하는 것으로 퇴보한다.

결국 슈미트는 자신의 연구를 조직하는 질문, 곧 영토 전유를 추동하는 과정은 무엇인가, 노모스를 창설하는 것은 무엇인가라는 질문에 답변하는 데 실패했다. 그 답변은 전유, 분배, 생산이라는 슈미트의 연속적인 배열을 단순히 전도하는 데 있는 것이 아니라, 권위, 주권, 지정학의 상이한 배열들을 산출하는 정치적으로 구성되고 정치적으로 경합하는 소유관계에 대한 역사적 탐구에 있다. 만약 『대지의 노모스』의 결론부가 슈미트의 궁극적인 준거점 및 동기, 곧 그의 시대를 위한 반(反)마르크스를 드러내준다면, 장래는 단순히 탁자를 돌리는 것, 곧 우리 시대의 반(反)슈미트를 추구하는 데 있지 않다. 오히려 문제는 슈미트의 도전을 받아들여 지정학에 대한 근본적인 역사화와 사회화를 추구하는, 곧 구체적 질서의 사유가 제시한 거대한 추상물인 '영토 전유'를 이론적으로는 기각하되 경험적으로는 통합하는 이론적 프로그램을 발전시키는 일이다.

[진태원 옮김]

---

50) Carl Schmitt, *Land and Sea*, p. 5.

제3부
각 지역의 쟁점들

아랍 세계의 연속 혁명

페리 앤더슨(Perry Anderson)

아랍의 2011년 반란은 희귀한 부류의 역사적 사건이다. 정치적 격변이 연달아 일어나고 있다. 하나의 격변이 기폭제가 되어 또 다른 격변이 일어나는 중이다. 이런 대변동이 전 세계로 퍼져 나가고 있다. 역사의 선례를 더듬어보자면 세 사건 정도가 아랍의 반란과 얼추 비슷하다. 1810년에 시작되어 1825년에 끝난 라틴아메리카의 독립전쟁, 1848~49년의 유럽 혁명, 1989~91년에 걸쳐 소비에트 진영의 정권들이 몰락한 사건이 그것이다. 이것들 각각은 역사적으로 해당 시간과 공간에 고유한 특정한 사건이었다. 아랍 세계에서 벌어지고 있는 연쇄 폭발도 그럴 것이다. 세 사건 가운데 지속 기간이 2년에 미치지 못한 것은 없었다. 성냥불이 처음 그어진 것은 2010년 12월 튀니지에서였다. 그 불꽃이 이집트, 바레인, 예멘, 리비아, 오만, 요르단, 시리아로 퍼져 나가는 중이다. 불과 3개월이 지났을 뿐이다. 뭐라도 결과를 예측한다는 것은 시기상조일 테다. 더 이른 시기의 세 격변

가운데 가장 급진적이었던 사건은 1852년경 처절하게 패배하면서 끝났다. 나머지 두 사건은 승리를 거두었다. 물론 그 승리의 열매가 대개는 쓰디썼지만 말이다. 독립전쟁의 결과가 볼리바르주의자들의 기대와 거리가 멀었다는 것은 틀림없는 사실이다. 아랍 세계에서 진행 중인 반란의 최종 운명은 어떨까? 어떤 양상이라도 띨 수 있다. 하지만 그 나름으로 독특할 가능성이 매우 많아 보인다.

1

　당대의 정치 프리즘에 비추어볼 때 중동과 북아프리카는 오랫동안 두 가지 특징이 도드라졌다. 서방 제국주의 세력이 지난 세기에 걸쳐 유난히 오랫동안, 그것도 집요하게 이 지역을 지배하고 통제했다는 게 그 첫 번째다. 모로코에서 이집트에 이르는 북아프리카의 경우 제1차 세계대전 이전에는 프랑스, 이탈리아, 영국이 나눠서 식민 지배를 했다. 페르시아만 지역은 계속해서 영국의 피보호국 신세였다. 아덴(Aden)이 영국령 인도의 전초기지였다. 전쟁이 끝나자 오스만 제국이라는 전리품이 영국과 프랑스의 수중에 떨어졌다. 두 나라는 측경기를 든 채 지도를 펴고, 이라크, 시리아, 레바논, 팔레스타인, 트랜스요르단(Transjordan, 요르단의 옛 이름)을 만들어냈다. 유럽의 영토 약탈 역사에서 마지막쯤에 해당하는 엄청난 노획물이었다. 아랍 세계의 상당 지역이 공식적으로 식민지화된 시기를 떠올려보면 상당히 늦다는 것을 깨달을 수 있다. 라틴아메리카는 말할 것도 없고, 사하라 이남 아프리카, 동남아시아, 인도 아(亞)대륙이 전부 메소포타미아와 레반트(Levant, 시리아와 레바논)보다 훨씬 전에 식민지로 전락했다. 그러나 중동과 북아프리카는 그 어떤 식민지와도 달랐다. 공식으로는 독립을 통해 자치를 누리게 되었다. 하지만 탈식민주의 시대에도 제국주의 전쟁과 개입이 중단 없이 계속된 것이다.

2

이런 사태는 영국 원정대가 이라크에 꼭두각시 정권을 다시 세워 섭정을 시작한 1941년으로까지 거슬러 올라간다. 영국은 1938~39년에 팔레스타인 봉기를 진압했다. 그 무덤 위에서 시오니즘 국가가 생겨났고, 아랍의 비극이 배가되었다. 이후로는 미국이 프랑스와 영국을 대신해 아랍 세계의 지배자로 부상했다. 팽창 중이던 식민 열강 미국은 협력자로도, 대리인으로도 활약했지만 점점 더 이 지역 공격의 첨병 역할을 떠맡았다. 제2차 세계대전 이래로 아랍 세계에서는 종주국과 정착민의 폭력이 끊이지 않았다. 1940년대에는 팔레스타인에 이스라엘이 건국되면서 나크바(nakba, 팔레스타인인들의 실향과 이산―옮긴이)가 있었다. 1950년대에는 영국-프랑스-이스라엘 연합군이 이집트를 공격했고, 미군이 레바논에 상륙했다. 1960년대에는 이스라엘이 이집트, 시리아, 요르단을 상대로 6일전쟁을 벌였다. 1970년대에는 욤-키푸르 전쟁(Yom Kippur War, 1973년 10월 6일 유대인들에게는 욤-키푸르 단식일이었던 이날, 이집트-시리아 연합군이 이스라엘을 기습 공격했다. 그들은 1967년에 일어난 6일전쟁 이후 이스라엘이 점령하고 있던 영토를 되찾고자 공격을 시도했다. 하지만 새로운 전쟁은 이스라엘에 유리하게 돌아갔으며, 덕분에 이스라엘은 인접 아랍국들의 영토로 자국의 국경을 확장했다.―옮긴이)이 일어났고, 그 최종 결과는 미국이 장악했다. 1980년대에는 이스라엘이 레바논을 침공했고, 팔레스타인의 인티파다를 분쇄했다. 1990년대에는 제1차 걸프전쟁이 있었다. 지난 10년도 보자. 미국은 이라크를 침공·점령했다. 2011년에는 NATO가 리비아를 폭격했다. 워싱턴, 런던, 파리, 텔아비브만 호전적 전쟁을 일으킨 것은 아니다. 지역에 기원을 둔 군사 갈등도 아주 많았다. 1960년대에 예멘 내전이 있었고, 1970년대에는 모로코가 서사하라(Western Sahara, 아프리카 북서부 대서양 연안에 있는 미승인국. 1976년 독립을 선언했으나 모로코와 영토 분쟁을 빚고 있으며, 전 세계에서 70여 개국만 독립국으로 인정하고 있다.―옮긴이)를 점령했으며, 이라크가 1980년대에는 이란을, 1990년대에는 쿠웨이트를 공격하고 침공했다. 하지만 서방이 아랍 세계에 관여하거나 방조·묵인하지 않은 경우는 거의 없었다. 이 지역의 거의 모든 사건과 사태는 제국주의 세력의 철저한 감시 아래 일어났고, 그들은 필요할 경우 무력이나 재정 동원도 마다하지 않았다.

3

유럽과 미국이 예외적이라 할 만큼 아랍 세계에 촉각을 곤두세우며 개입하는 데는 분명한 이유가 있다. 아랍 지역은 지구에서 석유가 가장 많이 매장되어 있다. 서방의 에너지 집약적 경제들에는 사활이 걸린 지역인 셈이다. 이라크의 전 초기지들을 필두로 페르시아만 각지의 해군, 공군, 첩보 부대에서 이집트, 요르단, 예멘, 모로코의 체제에 깊숙이 똬리를 틀고 있는 보안 기구들에 이르기까지 전략적 거점들이 거대한 호(弧)를 그리고 있다. 이스라엘이라는 국가가 끼워 넣어진 무대라는 점을 여기에 보태야 할 것이다. 미국이 시오니즘의 본산이기 때문에 이스라엘은 반드시 보호되어야 한다. 미국에서 가장 강력한 이민자 사회를 모욕하거나 거기에 맞설 수 있는 대통령이나 당은 존재하지 않는다. 유럽이 쇼아(Shoah, 나치의 유대인 대학살을 의미하는 홀로코스트holocaust를 지칭하는 히브리 어원의 이스라엘 말—옮긴이)의 죄책감에서 자유롭지 못하다는 사정도 여기 가세한다. 이제는 이스라엘이 서방의 후원을 등에 업은 점령 세력이다. 이스라엘을 후원하는 국가들이 이슬람 지하드의 표적이 된 이유다. 그들은 과거의 이르군(Irgun, 주로 제2차 세계대전 후 영국령 팔레스타인에서 활약한 시오니즘 군사 조직—옮긴이)과 레히(Lehi, 통상 스턴 갱Stern Gang으로 불리는 시오니즘 무장투쟁 조직. 옮긴이가 접한 가장 최근의 우리말 자료로는『한 권으로 읽는 자동차 폭탄의 역사』가 있다. 참고할 수 있겠다.—옮긴이)처럼 테러를 통해 보복하고 있고, 제국주의 세력의 이 지역 장악력은 대단히 불안하다. 세계의 그 어떤 지역을 봐도 헤게모니에 대한 관심이 이렇게까지 지속적이고 높은 경우는 없다.

4

갖은 독재 정권이 장수하며 폭압을 저질렀다는 게 아랍 세계의 두 번째 특징
이다. 공식적으로 독립을 달성한 이래 압제가 아랍 지역에서 판을 쳤다. 미국의
인권 단체 프리덤 하우스(Freedom House)는 지난 30년 동안 민주 정부가 라틴
아메리카, 사하라 이남 아프리카, 동남아시아에 확산되었다고 본다. 중동과 북
아프리카에서는 그런 일이 전혀 일어나지 않았다. 여기서는 각종 폭군이 세월과
환경에 굴하지 않고 계속해서 권세를 누렸다. 사우디아라비아 왕가―용어의 가
장 적절한 의미에서 시칠리아 마피아답다―는 루스벨트와 협정을 맺은 이래로
이 지역에서 미국 세력의 중심축이었다. 그들은 거의 한 세기 동안 아라비아 반
도를 무소불위로 통치했다. '트루셜 코스트'(Trucial Coast, 아랍에미리트 연방
의 옛 칭호―옮긴이)의 시대에 페르시아만과 오만 지역에서는 라지(Raj)가 셰이
크(sheikh, 제후)들을 지도자로 세우고 지원했다. 셰이크들은 시늉일지라도 국
민의 의사를 듣는 체할 필요가 전혀 없었다. 와하브주의로 무장한 이웃의 워싱턴
협력자가 더 중요했던 것이다. 요르단의 하심 왕가는 영국 식민주의의 피조물이
고, 모로코의 알라위 왕조는 프랑스 식민주의를 계승했다. 둘 다 3대에 걸쳐 권
력을 세습했다. 의회 제도는 겉치장의 몸짓에 지나지 않았다. 이들 정권에서는 고
문과 살인이 일상적으로 벌어진다. 서방 최고의 이 지역 친구들인 셈이다.

5

명목상 공화국이라고 하는 것들도 더하면 더했지 결코 못하지 않았다. 서로가

잔인한 독재 정권 타이틀을 차지하기 위해 자웅을 겨루는 듯했다. 공화국이라는 것들 대부분이 군주제 못지않게 왕조적이었다. 이곳들에서도 지배자들의 장기 독재 행태는 세계 다른 지역의 추종을 불허했다. 무아마르 카다피(Muammar Qaddafi)는 41년 동안 권좌에 머물렀다. 나머지도 보자. 아버지와 아들 아사드(Assad) 40년, 압둘라 살레(Abdullah Saleh) 32년, 호스니 무바라크(Hosni Mubarak) 29년, 벤 알리(Ben Ali) 23년이다. 알제리 군부만이 이 규칙의 예외다. 그들은 브라질의 장성들을 좇아 대통령직을 교대로 맡았다. 물론 다른 모든 억압의 준칙들은 철저하게 지켰다. 패권국에 대한 이들 정권의 굴종적 자세는 겉으로만 보면 제각각이었다. 이집트의 군부독재는 1973년 더 이상 손을 쓸 수 없는 난관에 봉착했고, 미국의 은혜에 힘입어 겨우 구제받았다. 이집트는 이후 워싱턴의 충실한 졸개로 거듭났다. 사우디 왕국보다 더 종속적으로 변한 것이다. 예멘 지배자 살레는 염가에 매수되어 테러와의 전쟁에 복무했다. 튀니지의 벤 알리는 유럽의 후원자들과 관계를 다졌다. 프랑스가 가장 중요했지만 그게 또 다는 아니었다. 알제리와 리비아 정권들은 천연자원에서 벌어들이는 세수가 많았고, 전반적으로 고분고분 따르는 양상이 대세를 이루는 가운데서도 자율성의 여지가 그만큼 더 컸다. 알제리는 이슬람 야당 세력을 도륙하고도 서방의 승인을 요구했고, 리비아는 과거의 비행을 속죄하고 이탈리아에서 수지맞는 투자를 하겠다고 나섰다. 딱 하나 중요한 예외는 시리아였다. 시리아는 이스라엘이 봉쇄한 골란 고원을 수복하지 못하고서는 타협이란 걸 할 수 없었다. 그들은 레바논이 사우디아라비아의 자금과 서방 정보기관의 수중에 들어가는 것을 허락할 의사도 전혀 없었다. 하지만 시리아 같은 예외조차 별 어려움 없이 사막의 폭풍 작전에 동원되었다.

6

아랍 지역의 전형적인 두 가지 특징인 제국주의 세력 미국의 지속적인 지배와 민주주의 기관 및 제도의 부재는 서로 연결되어 있다. 그렇게 얽히고설킨 역사는 상당히 복잡하다. 미국과 동맹국들은 민주주의가 자본에 위협을 가한다고 여겨지면 주저하지 않고 그 대변 세력을 제거했다. 모하마드 모사데크(Mahammad Mossadegh), 하코보 아르벤스(Jacobo Arbenz), 살바도르 아엔데(Salvador Allende), 더 최근으로 아리스티드(Aristide)의 운명이 이를 증명한다. 역으로 독재 체제라도 필요하면 극진히 수호된다. 아라비아의 전제정치는 부족들을 매수하는 지원금과 이주민의 피땀 어린 노동에 의존한다. 미국 국방부는 팍스 아메리카나(Pax Americana)의 이 전략적 톱니바퀴를 지키기 위해서라면 순식간에 개입할 것이다. 왕국이든 공화국이든 이 지역의 다른 곳에서 규모가 더 큰 도시인 구를 다스리는 독재 체제는 약간 달랐지만 여전히 편리했다. 전술적으로는 더 중요하기도 했다. 아무튼 미국은 아랍의 폭압 국가 전반을 만들거나 강제했다기보다 대개는 돕고 지원했다. 이것들 각각의 토착적 기원은 지역 사회에 있다. 워싱턴이 물을 잘 줘 기른 것일 수도 있지만 말이다.

7

민주공화국이 자본주의가 뒤집어쓸 수 있는 정치적으로 이상적인 포장지라는 말은 블라디미르 레닌(Vladimir Lenin)의 유명한 경구다. 1945년 이래로 다른 의견을 피력한 서방의 전략가는 존재하지 않는다. 미국과 영국의 제국주의는 자기들의 패권에 고분고분 따르는 한, 독재자들보다 민주주의자들을 선호했다(원칙적으로는 말이다). 1980년대 이후 새로 민주화된 지역들에서는 이게 그리 어려운 일이 아니었다. 중동과 북아프리카에서는 왜 동일한 과정이 적용되지 않은 것일까? 기본적으로 미국과 동맹국들이 이를 두려워했고, 거기에는 그럴 만한 이유도 있었다. 제국주의 세력은 오랜 세월 아랍 지역을 침탈했고, 이스라엘을 끼워 넣어 항구적 지위를 부여해버렸다. 민주선거를 치른다 해도 아랍 민중의 정서상 안심할 수 없는 것이다. 이라크처럼 총칼로 협박해 똘마니 국가를 급조하고, 투표를 조직해 지지하게 만들 수도 있다. 하지만 알제리의 장성들과 파타(Fatah)의 실세들이 확인했듯이 선거가 자유로워지면 문제가 달라진다. 두 경우 모두에서 이슬람 세력이 민주적으로 승리를 거두었다. 서방의 압력에 덜 고분고분한 세력이 우위를 점하자 유럽과 미국은 선거무효와 억압 조치를 환영하고 나섰다. 제국주의와 독재의 논리는 밀접하게 결부된다.

8

마침내 아랍에서 반란이 분출했을 때의 풍경이 이랬다. 봉기가 요원의 불길처럼 번져 나갈 수 있었던 데는 이 지역의 문화가 엄청나게 단일하다는 점이 크게 작용했다. 그 가운데서도 언어와 종교 이 두 가지가 대표적이다. 비무장 시민이 주도가 된 대중 시위는 봉기의 창(槍)이었다. 거의 모든 곳에서 본때를 보여주겠다며 최루탄, 물대포, 총탄이 동원된 가혹한 탄압이 있었다. 아랍 전역에서 들려온 구호는 한결같았다. 알–샤브 유리드 이스콰트 알–니잠(Al-sha'b yurid isquat al-nizam). '민중은 정권의 퇴진을 원한다!' 아랍 전역의 광장과 가두에 모인 엄청난 군중은 폭정과 압제가 아니라 정치적 자유를 원하고 있다. 개별 국가 차원에서 다양한 수준으로 진행 중인 운동의 공통분모는 민주주의. 거의 모든 정권이 이 말을 식상할 정도로 사용했지만 현실은 천양지차였다. 민주주의가 명확한 제도로 분명하게 표현된 적이 거의 없기 때문에 구태와 현상을 긍정적으로 묘사하기보다는 반대하고 부정하는 데서 민주주의가 더 큰 호소력을 발휘한 것이다. 구체제 최고 특권층의 부패 행각을 응징하는 것이 구체적인 후속 개혁 조치들보다 더 주목을 받는다. 봉기의 역학은 역시나 명확했다. 가장 고전적인 의미에서 목표는 순전히 정치적인 것이다. 자유 말이다.

9

그런데 왜 하필 지금인가? 끔찍하고 혐오스러운 정권들은 수십 년간 교체되지 않고 건재했다. 그들에 맞서는 대중 저항은 없었다. 봉기의 목표를 안다고 해서 선택된 시기를 알 수 있는 것은 아니다. 새로운 의사소통 수단 때문도 절대 아니다. 알자지라(Al-Jazeera)의 파급력, 페이스북과 트위터로 인해 쉬웠을 수는 있지만, 이것들이 새로운 반란의 기풍을 만들고 굳건하게 세웠을 리는 없다. 들불을 일으킨 최초의 불꽃에서 단서를 읽어낼 수 있을 것이다. 튀니지 내륙의 지방 소도시에서 야채를 팔던 한 가난한 노점상이 절망 끝에 숨을 거두면서 이 모든 사건이 시작됐다. 아랍 세계의 격변 사태 이면에서 사회적 압력이 활화산처럼 들끓고 있었다. 소득 양극화, 식료품값 상승, 주택 부족 사태, 고학력과 저학력을 불문한 청년층의 대량 실업, 세계에서 유례를 찾을 수 없는 독특한 인구 피라미드 등이 그것이다. 저변의 근본적인 사회 위기가 이토록 극심한 지역도 거의 없다. 새로운 세대를 통합할 수 있는 믿을 만한 발전 모형이 전혀 없다는 것도 아주 명백하다.

10

그러나 지금까지는 심층의 사회적 원인과 반란의 정치적 목표가 완벽에 가까울 정도로 따로 놀았다. 이것은 현시점까지의 주력부대 구성만 봐도 어느 정도 알 수 있다. 대도시들에서 거리로 쏟아져 나온 사람들은 대체로 보아 빈민이 아니었다(마나마Manama는 예외다). 노동자들의 일관된 총파업은 아직 일정에 오르지 않았다. 농민들은 모습을 거의 찾아볼 수 없다. 수십 년에 걸친 경찰 탄압 속에서 빼앗긴 자들은 일체의 집단과 조직화를 금지당했다. 다시금 단결해 투쟁하려면 시간이 걸릴 것이다. 하지만 이런 탈구와 불일치는 어중간한 이데올로기 때문이기도 하다. 수십 년의 세월 동안 사회가 그렇게 방치되었다. 아랍민족주의와 사회주의는 신망을 잃었고, 급진적 신조(信條)는 무력화해 무용지물이 됐으며, 유일하게 퇴색한 이슬람만 살아남아 일종의 만능열쇠로 쓰였다. 이런 상황에서 독재가 횡행했고, 떨쳐 일어선 반란의 어휘는 정치 담론으로서의 독재에 집중하지 않을 수 없었다. 독재 정권 퇴진 말고는 더 이상 할 얘기가 없는 것이다.

11

그러나 자유는 평등과 다시 연결되어야 한다. 자유와 평등이 결합하지 않으면 봉기는 십중팔구 의회적 구질서로 흐지부지되고 말 것이다. 복원된 구체제 의회는 사회적 긴장과 에너지가 폭발하는 사태에 전간기(戰間期)의 타락한 과두 정부들보다 결코 더 잘 대응할 수 없을 것이다. 아랍 세계에서 다시 출현 중인 좌파는 우선적 전략으로 각종의 정치적 자유를 위해 투쟁하고, 이를 바탕으로 반란에 존재하는 균열을 메워야 한다. 정치적 자유를 획득해야 사회적 압력이 최대한 집합적으로 표출될 수 있기 때문이다. 정치적 자유의 내용을 생각해보자. 한편으로는 비상사태법 일체의 완전 폐지를 요구하고, 집권당을 해산시키며, 왕가를 퇴위시키고, 구체제의 장식품에 불과했던 국가기구를 정화하고, 그 지도자들을 재판에 회부해야 한다. 옛 정체(政體)의 잔존물들을 일소한 다음, 신중하고 창의적인 자세로 헌법을 수립하는 활동은 또 다른 측면이다. 헌법에 반영할 핵심적인 요구사항을 여기에 적어본다. 시민과 노동조합이 조금도 구속받지 않고 자유롭게 의견을 표명하고 조직할 수 있는 권리, 왜곡되지 않는—최다 득표자를 당선시키는 게 아니라 비례적인—선거제도, 대통령에게 전권을 부여하는 방식을 지양할 것,

의사소통 수단—국영과 민영을 불문하고—의 독점 금지, 사회적 약자의 공공복지 권리를 법으로 정하기 등이다. 반란과 함께 터져 나온 사회정의에 대한 요구는 이런 개방적인 틀 속에서만 실현될 수 있다. 집합적 자유가 필요한 것이다.

12

이 격변 사태에서 한 가지 사실이 부재하다는 것도 주목할 만하다. 온갖 연속혁명 가운데서도 가장 유명한 연속 혁명은 유럽의 1848~49년 사태다. 거기서는 단지 두 가지가 아니라 근본적으로 세 가지 요구가 밀접하게 엮였다. 정치적 요구, 사회적 요구, 민족적 요구가 그것이다. 2011년 아랍에서 마지막 요소는 어떤가? 대중운동에서 지금까지는 반미, 심지어 반(反)이스라엘 시위조차 단 한 건도 벌어지지 않았다. 이집트에서 나세르주의가 실패하면서 아랍민족주의의 신뢰가 추락한 역사적 배경이, 사정이 이러한 한 가지 이유임에 틀림없다. 나세르 이후 미 제국주의에 맞선 세력은 시리아, 이란, 리비아였다. 한데 그들은 미 제국주의와 공모 결탁한 정권들만큼 억압적이었다. 반제국주의적 몸짓을 보이는 억압 정권들이 아랍 민중에게는 대안적 정치 모형이 될 수 없었던 것이다. 이것이 또 다른 이유다. 사정이 그렇다고는 해도 제국주의 권력이 가장 확연하게 행세하는 지역에서 반제국주의 외침이 아직까지 들리지 않고 있다는 사실은 꽤나 충격적이다. 이런 상황이 계속 유지될까?

13

지금까지는 미국이 사태를 낙관할 정도는 된다. 바레인 봉기로 해군기지가 위험에 처할 수도 있었는데, 반혁명 군대의 개입으로 분쇄됐다. 왕가들의 연대가 인상적으로 표출된 이 대응은 1849년 반혁명의 최고 전통이라 할 만하다. 사우디 왕국과 하심 왕국은 입지가 탄탄하다. 살라피즘(Salafism, 수니파 이슬람 운동―옮긴이)에 맞서 예멘을 수호하는 지배자들은 다소 불안해 보인다. 하지만 현재의 독재자가 꼭 필요한 것은 아니다. 이집트와 튀니지에서는 지배자들이 실각했다. 하지만 미국 국방부와의 관계가 밀접한 이집트 군부는 건재하다. 두 나라 모두에서 향후 부상할 최대 규모의 시민 세력은 자국화된 이슬람주의일 것이다. 더 이른 시기에는 무슬림 형제단(Muslim Brotherhood)과 그 연계 세력들이 정부에 들어갔다가는 워싱턴에서 난리가 날 것 같았다. 하지만 이제 서방한테는 터키라고 하는 안심이 되는 청사진이 있다. 아랍의 여러 나라에 터키 모형을 복제해 안착시킬 수 있다면 정치적으로는 그야말로 최선일 것이다. AKP(Adalet ve Kalkinma Partisi, 정의발전당)는 NATO와 신자유주의에 노골적으로 충성했다. 그들은 위협과 탄압, 경건한 체하면서도 자유로운 민주주의, 경찰봉과 코란을 적절하게 활용하는 데서 자신들이 얼마나 유능한지 보여줬다. 워싱턴은 카이로와 튀니스를 맡길 새로운 에르도안(Erdoğan, 터키의 정치가―옮긴이)을 찾아낼 수 있다면 무바라크와 벤 알리를 내줘도 매우 만족할 것이다.

14

이런 전망에서라면 리비아에 대한 군사개입이 승리를 확고히 하는 중요한 조치일 수 있다. 서방의 민주주의적 신용을 광고하고, 최근에 이른바 '국제사회'의 일원으로 편입된, 상당히 난처한 조무래기를 제거해버릴 수 있는 것이다. 하지만 세계 패권을 위해 불가피했음에도 불구하고 미국의 현실에서는 그 계획이 호사일 수밖에 없었다. NATO 공격을 발안한 주체가 프랑스와 영국이었는데, 마치 시간이 왜곡돼 수에즈 원정 때의 필름을 다시 보는 듯했다(1956년 수에즈 침공 사태를 가리킨다―옮긴이). 다시 한 번 파리가 앞장섰다. 벤 알리 및 무바라크와 친밀하게 지내온 그간의 전력을 잊고 싶은 모양이다. 이는 니콜라 사르코지의 처참한 국내 지지율 하락을 막기 위한 조치이기도 했다. 런던이 파리와 함께했다. 데이비드 캐머런은 전임자 토니 블레어를 따라하고 싶다는 소망을 자주 피력했던바, 이번에야말로 그럴 수 있게 되었다. 걸프 협력 회의와 아랍연맹이 이 군사 모험에 가리개를 씌워줬다. 1956년의 이스라엘을 굴종적으로 흉내 낸 것이다. 하지만 카다피는 나세르가 아니고, 결과를 걱정할 필요가 거의 없는 버락 오바마도 이번에는 합세했다. 명목상일지라도 미국이 지휘권을 행사하고 최종 승리를 통합 조정하는 게 필요하다. 말하자면, 이런 것이 패권의 규약인 셈이다. 그 속에서 라야 벨기에나 스웨덴 같은 피동원국이 무용을 뽐낼 수 있다. 미국의 현 정권에 남아 있는 클린턴 시대의 유임자들에게는 인도주의적 개입을 부활시켰다는 명예가 또 다른 보너스가 될 것이다. 조지 부시가 이라크에서 빚은 차질을 생각하면 더욱 그렇다. 프랑스 언론과 지식인들이 이런 노력으로 자국의 명예가 회복되었다며 열광한 것은 충분히 예상 가능한 일이었다. 그러나 미국에서조차 냉소가 만연해 있다. 바레인이나 다른 나라에 통한다고 리비아에도 통할 것 같은가?

15

그렇다고 해서 반란 이후 전개된 사태의 외적 경관이 헝클어지지는 않았다. 패권국을 경계하고 국가적 관심사에 집중하며 리비아 반란 세력을 동정하고 서방의 개입이 일회성으로 끝나기를 바라는 생각과 판단이 뒤엉켜 갓 단행된 폭격에도 잠잠한 것이다. 그러나 격변이 지속될 테고, 민중이 무한정 정치·사회적 의제를 외면하지는 않을 것이다. 동쪽의 무슬림 세계를 보면 이라크와 아프가니스탄과 파키스탄에서 진행 중인 미국의 전쟁이 최종 승리가 요원할뿐더러, 이란 봉쇄 역시 의도하는 결론과는 판이한 양상이다. 아랍의 정중앙에서는 서안(West Bank) 점령과 가자(Gaza) 봉쇄가 여전히 진행 중이다. 가장 온건한 민주 정부라도 제국주의가 득세하고 야만적 식민주의가 판을 치는 세계 무대에 연루되지 않는 것은 어렵다고 생각할 수 있다.

16

아랍 세계에서는 민족주의가 딱 부러지는 통화(currency)인 경우가 비일비재했다. 이 지역의 대다수 국가는 서방 제국주의의 인위적인 피조물이다(이집트와 모로코는 예외다). 하지만 사하라 이남 아프리카와 그 밖의 지역처럼, 식민주의자들이 그어놓은 인위적 국경을 경계로 해서 해방 후의 정체성이 구축되지는 않았다. 그런 점에서 보면 오늘날의 모든 아랍 국가는 다른 어떤 나라보다 더 실질적이고 강고한 집합적 정체성을 공유한다. 코란으로 강하게 결부되어 있는 언어와 종교는 역사적으로 매우 강력하고 확연하게 구별되었으며, 지금도 그렇다. 각각의 구체적 민족국가 개념과 아랍 민족이라는 고등한 이상이 충돌하지 않도록 해주는 공통의 문화적 표지로서, 국가를 초월한 보편주의의 초석으로 기능하는 것이다. 그런 이상 속에서 이집트나 이라크나 시리아의 민족주의가 아니라 보편적 아랍민족주의가 탄생했다.

17

나세르주의와 바트주의가 발흥하고 부패하고 몰락했다. 두 이념이 오늘날 소생하지는 않을 것이다. 하지만 반란이 혁명이 되려면 두 이념을 탄생시켰던 기원과 바람이 아랍 세계에서 회복되어야만 한다. 자유와 평등이 재결합되어야 한다. 하지만 갈가리 찢긴 상처가 밀접하게 연결된 곳이므로 형제애(박애―옮긴이)가 없으면 자유와 평등도 수포로 돌아갈 수 있다. 중동과 북아프리카에서 1950년대 이래 온갖 진보를 약속한 여러 이기적 민족주의의 대가는 비쌌다. 아랍연맹식 희화(戲畵)적 연대는 필요 없다. 이 기구가 선보인 파탄과 배신의 역사는 피델 카스트로가 미주기구를 딱 들어맞게도 미국 식민지부(US Ministry of Colonies)라고 부르던 시절의 전력과 맞먹는다. 관대한 아랍국제주의가 요구된다. 먼 미래에 마지막 셰이크를 쫓아내고, 아랍 전역의 인구 비례에 따라 석유 재산을 공정하게 분배하는 혁명을 상상할 수 있는 그런 아랍국제주의 말이다. 전횡을 일삼는 소수의 가공할 부유함과 필사적으로 삶을 도모하는 다수의 극심한 곤궁은 없어져야 한다. 더 가까운 미래의 우선순위 역시 명백하다. 사다트(Sadat)가 이스라엘과 맺은 비굴한 협정은 무효라고 공동으로 선언하는 일이 바로 그것이다. 이집트가 자국 영토 내에서 군대를 자유롭게 이동시킬 주권마저 빼앗아버린 알다가도 모를 협정으로 인해 동맹국들이 괴멸했다. 그 자체가 경멸의 대상인, 팔레스타인과 관련된 부속 기본 틀 협약을 이스라엘은 준수하는 체하지도 않는다. 아랍이 민주주의를 달성해 존엄성과 자존감을 회복하려면 이 협정을 폐기해야 한다.

[정병선 옮김]

[대담]

반란의 이집트

하젬 칸딜(Hazem Kandil)

1. 운동

30년 만에 3주가 채 안 되는 민중운동으로 무바라크가 쫓겨났다. 봉기는 어디에서 기원했나?

반란의 기운이 지난 몇 년 동안 표면 아래서 꿈틀거렸다. 현재의 상황이 더는 유지될 수 없다는 느낌을 대다수가 공유했다. 영화, 소설, 가요에 반란이라는 주제가 스며들었다. 대중의 마음 밭 어디에서나 반란의 기운이 감지됐다. 정치에 무관심한 평범한 이집트인들이 더는 정상적으로 살아갈 수 없다고 느꼈다. 두 가지 사태 전개를 원인으로 꼽을 수 있다. 나세르(Nasser)가 쿠데타를 일으킨 1950년대 이래 국가-사회 관계를 규정해온 사회 협약(social contract)이 소멸한 게 첫 번째다. 그 협약으로 암묵적인 거래가 있었다. 정권은 무상교육, 공공 부문 확대와 고용 안정, 그런대로 쓸 만한 보건 의료, 값싼 주거와 그 밖의 사회보장을 제공했다. 복종은 그 대가였다. 국내 정책 및 외교 정책에 이의를 제기하지 않고 정치권력에 도전하지 않는 한 그런 혜택을 누릴 수 있었고, 아니래도 기대는 해볼 수 있었다. 요컨대 사람들은 정치적 권리와 사회복지를 맞바꾸고 있음을 알고 있었다. 그런데 이 사회 협약이 1980년대부터 무너지기 시작해, 이윽고 새 천년에 들어서 완전히 철폐됐다. 그즈음에 정권은 이렇게 판단했다. 조직적 저항 세력을 철저하게 제거했으니, 정치적 묵인을 보장받기 위해 그간 던져주던 사회적 뇌물은 더 이상 필요 없다. 정권은 국민이 철저하게 수동적이고, 파편화됐으며, 사기가 떨어져 있다고 보았다. 이제는 대규모로 약탈을 해도 좋다고 여긴 것이다. 집권 국민민주당(NDP) 내에서 대통령의 아들 가말 무바라크(Gamal Mubarak) 일파가 정책위원회라는 새 기구를 통해 점점 더 실권을 장악했다. 두 부류가 정책위원회를 구성했다. 수익성이 좋은 경제 부문을 독점적으로 통제해온, 부패한 국가 양성 자본가들이 한 부류요, 신자유주의 지식인들, 대표적으로 국제 금융기구들과 관계를 맺어온 경제학자들이 두 번째 부류다.

2004년 아메드 나지프(Ahmed Nazif) 내각이 기업가들로 구성되면서 이 집단이 사실상 처음으로 정부를 장악했다. 독점 자본가들이 기업 분야와 연관된 내각 직책을 꿰찼다. 이런 식이다. 이집트 최대의 자동차 판매업자인 모하메드 만수르(Mohamed Mansour)가 교통부 장관에 임명됐다. 여행업계의 거물 조헤이르 가라나(Zoheir Garranah)는 관광부 장관이 됐다. 신자유주의 지식인들도 예외가 아니었다. 투자부 장관 마흐무드 모히엘딘(Mahmoud Mohieldin)은 2010년 세계은행(World Bank) 전무이사로 영전했다. 재무부 장관 유세프 부트로스 갈리(Youssef Boutros Ghaly)는 IMF의 고위 임원으로서 국제금융통화위원회(International Monetary and Financial Committee) 의장인데, 이 위원회는 운영국(Board of Governors)의 자문에 응하는 주요 정책 기획 부서다. 이 내부 자본가들이 국민에게 노골적으로 신자유주의 정책을 취하면서 터무니없는 약탈을 자행했다. 예산이 재편성됐고, 사회복지가 민영화됐으며, 새로운 세제가 도입됐다. 2005년에 법인세율이 소득의 40퍼센트에서 20퍼센트로 절반 인하됐다(물론 그조차 제대로 걷히지 않았다). 반면 일반 대중이 감당해야 할 세금이 크게 올랐는데, 가장 악명 높은 것은 가옥세였다. 재산이라고는 달랑 집 한 채뿐이며 한 달 50달러 미만의 연금으로 근근이 버티던 다수 이집트인은 2010년 엄청나게 인상된 세금 고지서를 손에 쥐고는 망연자실했다. 반발이 상당했다. 대통령께서 나서 줘야 한다는 탄원과 호소가 줄을 이었다. 무바라크는 발효를 두 달 앞두고 새 세제의 시행을 유보하지 않을 수 없었다. 그즈음에는 무바라크가 9월 대선에 출마하지 않을 것이고 이제는 아들에게 권력을 물려주리라는 믿음도 널리 퍼져 있었다. 가말이 단순한 후계자이기를 그치고 악당 친구들과 함께 절대 권력을 행사하게 되리라는 생각에 많은 사람이 절망했다. 대다수 이집트인의 삶은 경제적으로 이미 극도로 곤궁했다. 가말에게 아무런 이의도 제기하지 않는다면? 그가 모든 것을 대표하게 된다면?

이런 사회 변화와 더불어, 또 그와 관련해 정권의 정치 탄압 형태가 바뀌었다. 1950년대와 1960년대에는 정치적 조직화를 시도할 경우에만 체포, 고문당했다. 군부가 국내 정치를 관장했고, 억압은 악랄하고 잔혹했지만 표적은 신중하게 엄선되었다. 1970년대와 1980년대 초에 이 임무가 군에서 경찰로 이관됐다. 이제는 억압이 더 무차별적이어서 쥐도 새도 모르게 일어나는 것이 아니라 누구라도 뻔히 인식하지만 그게 또 일정한 한계 내에서 이루어졌다. 상황을 지휘 통제하는 것이 장교와 경찰서장들이었는데, 이름과 계급이 노출된 데다가 얼굴도 알 수 있는바, 결정을 내리면 얼마간 책임을 지지 않을 수 없었던 것이다. 정치 참여는 꼭 조직화가 아니더라도 허용 범위를 넘어서거나 관리들의 심기를 거스르는 경우 처벌을 받았다. 1990년대로 접어들면서 저항의 싹을 완전히 잘라냈다고 자신한 정권은 언론, 위성 텔레비전, 나중에는 인터넷에서 이루어지는 비판 행위를 무해하고 시시한 것쯤으로 여겼다. 경찰의 태도도 특기할 만하다. 그들은 시민을 매일이다시피 억압하는 게 너무나 일상적이어서, 제복 경찰이 할 만한 일이 아니라고 판단했다. 경관들이 조무래기 학생들을 위협하고, 분기탱천한 노조 활동가를 단속하고, 여성 인권 운동가들을 괴롭혀가며 가두에서 쫓아내는 일에 시간과 정력을 왜 낭비해야 하는가?

그래서 이런 일들에 사복 하수인이 점점 더 많이 투입됐다. 안와르 사다트(Anwar Sadat)가 1970년대에 이런 유의 저질 폭력배를 동원하기 시작했지만 규모는 아주 작았다. 습격은 대중이 정권을 지지하는 행위로 간주됐고, 경찰은 연루를 부인했다. 무바라크는 1980년대에 폭력단을 고용해 의회 선거를 치렀다. 이렇게 일시적으로 고용되던 폭력단은 경찰의 직급에는 포함되지 않았지만 급여를 받았고, 1990년대부터는 일상적으로 활용되기에 이르렀다. 탄압이 닥치는 대로, 마구잡이로 이루어졌음은 두말하면 잔소리다. 그들은 특별한 정치적 이유 없이 보통 사람들을 괴롭히고, 학대하고, 부당하게 강요하고, 약탈하는 일이 비일비재했다. 결국 이런 만연한 현상의 극적인 사례를 기화로 봉기가 일어났다. 칼레드 사이드(Khaled Said)는 고등교육을 받은 20대 청년이었다. 그는 알렉산드리아 출신으로 집안도 좋았다. 2010년 여름 한 인터넷 카페에서 사이드와 경찰보 두세 명이 몇 마디 대화를 나누었는데, 그 와중에 이 깡패들이 그를 바닥에 내동댕이쳤다. 그들은 사이드가 마약 소지가 의심됐고 검문하려 하자 자살했다고 주장했다. 사이드 사진이 이내 인터넷에 파다하게 퍼졌다. 와엘 고님(Wael Ghonim)이라는 한 구글 임원이 두바이에서 '우리는 모두 칼레드 사이드다'(We are all Khaled Said)라는 페이스북 동아리를 만들고, 이런 만행을 당한 사람은 모두 참여해서 경험을 공유해달라고 호소했다. 두어 달 만에 10만 명 넘게 페이스북에 글을 남겼다. 이런 우발적 사건으로 전체 운동이 촉발됐다. 상황이 이중으로 악화한 게 원인으로 작용했다. 경제적 착취와 약탈이 엄청난 규모로 자행되었다. 전횡과 탄압이 이루 말할 수 없었다. 정치와는 아무 상관도 없는 평범한 이집트인들의 삶이 점점 더 참을 수 없는 것으로 바뀌어갔다.

칼레드 사이드는 2010년 여름에 살해됐다. 반란이 개시된 시점은 6개월 후다. 어떻

게 설명할 수 있나?

　1월 25일은 이스마일리아(Ismailia)에서 경관들이 영웅적으로 저항한 것을 기념하는 국경일이다. 1952년 1월 25일 수에즈 운하가 있는 이 도시에서 이집트 경찰이 무기를 내려놓고 항복하라는 영국군에 맞서 싸웠다. 40명이 넘게 죽고 수십 명이 부상당한 이날이 '경찰의 날'로 지정된다. '우리는 모두 칼레드 사이드다' 단체는 당시의 경찰과 오늘날의 경찰이 완연히 다름을 강조하기 위해 카이로 시내 타흐리르(Tahrir) 광장의 국가보안부 본부 건물 주변에서 시위를 벌이기로 했다. 그들은 5000~7000명쯤 참가할 것으로 예상했다. 하지만 당시로서는 그 숫자조차 믿기지 않는 규모로 생각됐다. 무바라크 치하에서 규모가 가장 컸던 시위대도 수백 명을 넘어본 적이 없었기 때문이다. 그러나 1월 14일에 튀니지의 독재자가 몰락했고, 인터넷 기반의 다른 단체와 야당 세력이 지지를 호소하면서 약 2만 명이 성공적으로 시위를 벌였다.

　다음 이틀 동안 항의 시위가 계속되었고, 야당 세력들이 결합하면서 더 커다란 동원이 이루어졌다. 경찰이 물대포와 최루탄을 사용했지만 시위대는 물러서지 않았다. 야만적 탄압이 오히려 기름을 부었다. 일명 '분노의 날'이 된 1월 28일 금요 기도 집회가 끝난 후 또 한 차례의 거대한 항의 시위가 분출했다. 여러 집회장에서 출발한 군중이 타흐리르 광장을 향해 행진하며 기세를 더해갔고, 눈덩이처럼 불어나 규모가 8만 명에 이르렀다. 시위대는 경찰과의 대결도 불사할 기세였다. 시위자들의 엄청난 규모와 완강함에 허를 찔린 경찰은 결국 물러섰다. 그것은 예상치 못한 불길한 자각이었다. 내가 앞서 그 변천 과정을 설명했듯이, 경찰은 이런 대규모 소요 사태를 다룰 장비도 없고 훈련도 안 돼 있음을 불현듯 깨달았다. 카스르 알닐(Qasr al-Nil) 다리에서 벌어진 전투는 장엄한 서사시였다. 이 다리로 타흐리르 광장과 카이로 서부가 연결되는데, 시위대의 대다수가 그곳 서부에서 진출 중이었다. 이 전투를 촬영한 화면을 살펴보면 경찰이 얼마나 무능하고 비조직적이었는지 바로 알 수 있다. 몇 대 되지도 않는 장갑차가 어설프

게 움직이며 군중 사이를 이리저리 왔다 갔다 하는데 사람을 꼭 칠 것 같다. 포격을 하고 서둘러 퇴각하는가 하면, 물대포를 쏘고 군중에게 발포도 한다. 하지만 시위대는 오히려 분노한다. 이렇게 몇 시간 동안 공방전이 계속되다가 시위대가 병력 수송 차량을 뒤집어버렸다. 경찰은 결국 철수했다. 다리뿐만 아니라 카이로 중심지도 포기하고 물러나버린 것이었다. 군중은 국민민주당 당사에 불을 질렀고, 타흐리르 광장을 점령했다. 그 시점쯤에 내무부 장관은 무바라크에게 사태가 통제를 벗어났으며 군대를 투입해야 한다고 보고했다. 도시 전역의 전략 거점과 정부 건물들에 군부대가 파견되었고, 통행금지가 선포되었으며, 다음날 오전쯤에는 군대가 활동을 개시했다.

1월 28일의 동원을 주도한 세력을 알려달라. 그들의 조직화 정도는?

운동의 동력으로 작용한 집단은 여섯 개 정도다. 그 가운데 두 개는 페이스북 네트워크를 바탕으로 했다. 첫 번째는 앞서 언급한 '우리는 모두 칼레드 사이드다'이다. 두 번째 단체는 2008년 4월 6일 호소된 총파업을 지지하면서 탄생한 '4월 6일 청년운동'이다. 나일 강 삼각주의 소규모 공업 도시들 가운데 딱 한 군데만이 이 호소에 부응했고, 그곳 노동자들은 잔인하게 진압됐다. 총격으로 사망자까지 나왔을 정도다. 다음 해에 총파업 지지를 조직했던 사람들이 '4월 6일 청년운동'이라는 페이스북 계정을 만들고, 모든 이에게 가두시위보다는 집에 머무는 방식으로 1주년을 기념하자고 제안했다. 아무 일도 안 일어난 건 경찰 때문이기도 했다. 하지만 2010년경 이 단체의 회원은 약 7만 명에 이르렀다. 이렇듯 노동 의제와 자유주의적 관심사를 결합한 '4월 6일 청년운동'은 와엘 고님의 네트워크보다 더 오래됐고, 정치 활동 이력도 더 풍부하다. 그들은 대중 시위가 재택 파업 전략과 상충하기는 했지만 아무튼 '우리는 모두 칼레드 사이드다'와 합세해 1월 시위를 조직하기로 결정했다.

세 번째 단체는 최근 3년 사이에 부상한 '무슬림 형제단 청년 조직'이다. 형제단 내의 개혁파가 이 운동의 전통적 지위와 전략을 바꾸려고 애써왔다. 그들의 목표는 자체 조직과 지도부를 갖춘 정당을 만들어 활동하면서 무슬림 형제단의 전반적인 문화 운동과는 느슨하게만 연대하는 것이었다. 무슬림 형제단은 2005년 총선에서 88석을 얻었는데, 이 성과가 무바라크에게 민주화를 요구하는 미국의 압력을 무마하려는 국가보안부의 계획에 따른 것이었다는 사실이 알려지면서 개혁파의 입지가 한층 강화되었다. 요컨대 무슬림 형제단의 지도자들이 존엄성을 포기한 채 허수아비 역할을 받아들이며, 자진해서 정권의 품에 안긴 격이었다. 개혁파는 2010년에 심각한 좌절을 겪었다. 일반 지도자로 선출된 보수 성향의 창단 인사 한 명이 정권의 선거 부정을 거부해 세속적 야당 세력에 합류하자는 호소와 요구를 묵살해버린 것이다. 설상가상으로 무슬림 형제단의 공모는 보상을 받지도 못했다. 그들은 새로 구성된 의회에서 하나의 의석도 확보하지 못했다. '무슬림 형제단 청년 조직'은 이때부터 지도협의회에 공개적으로 이의를 제기했고, 개혁파에게 협의회에서 나와 정당을 결성하는 길로 나아가자고 촉구했다. 1월 25일에 시위를 벌이자는 호소가 제출되자 그들이 합류하게 된 경위다.

네 번째는 이집트의 '신좌파'라고 부를 수도 있는 조직이다. 청년 세대나 중년이 대다수인 이들 좌파가 애초의 공산주의 운동 지도자들과 맺은 관계는 '무슬림 형제단 청년 조직'이 지도협의회와 맺은 관계와 별반 다르지 않았다. 지난 세기 중반까지 거슬러 올라가는 공산당 원로들은 이미 오래전에 정권과 타협했다. 그들은 이슬람화가 이집트의 가장 커다란 위협이었고 세속주의에 헌신하는 과제 속에서 자유주의적 지배 집단과 연합할 수밖에 없었다고 변명한다. 그렇게 해서 그들은 정권이 제정한 법규를 준수하기로 했고, 저술과 강연을 허용받았다. 하지만 얻는 게 있으면 잃는 게 있는 법이다. 정권은 그들이 노동계급 속에서 진정한 물적 토대를 건설하는 활동을 금지했다. 그러나 신세대 좌파에게는 이슬람화보다 더 심각한 위협이 눈에 보였다. 신자유주의의 고삐 풀린 착취 행태 말이다. 그들은 공장에서 저항을 조직하는 것이 가장 중요하다고 판단했다. 신좌파는 적어도 5년 동안 독자적인 세력을 구축하려고 분투했다. 그 가운데서도 단연 돋보이는 활동은 아랍어로 나침반이란 뜻인 『알부슬라』(Al-Bousla)를 창간한 것인데, 이 잡지를 통해 이집트에서 가장 적극적이고 활동적인 좌익 세력이 결집했다. 이들 다수는 도시 지식인들로, 젊은 역사학자, 정치학자, 사회학자 등 조교수들이 많다.

다섯 번째는 모하메드 엘바라데이(Mohamed El-Baradei) 주변으로 모인 사람들이다. 빈 소재 국제원자력기구(IAEA) 수장 출신의 모하메드 엘바라데이가 작년에 이집트로 돌아왔고, 헌법이 바뀌어 자유선거를 실시하면 대통령에 출마하겠다고 선언했다. 이집트가 공식적으로 미는 IAEA 수장이 엘바라데이였는데 막판에 무바라크가 배신해 다른 후보를 지명하는 바람에 둘 사이가 틀어졌다는 소문이 있다. 그럼에도 불구하고 엘바라데이는 아프리카 표를 긁어모아 당선됐다. 무바라크가 국제적 지위 때문에 엘바라데이를 얼마간 존중하지 않을 수 없었음에도 불구하고 엘바라데이는 그 후로 정권과 일정한 거리를 두었다. 엘바라데이가 카이로로 귀환하자마자, 아직 투표권이 없는 젊은이들이 별다른 정강 정책이 없음에도 전반적인 개혁 열망 속에 그의 주변으로 몰려들었다. 그렇게 해서 '변화를 바라는 국민회의'가 결성됐다. 이 조직에는 자유주의자, 진보적 이슬람주의자, 소수의 좌파 등 여러 개인들이 섞여 있다. 정당에 소속된 사람도 일부 있는데, 대표적인 조직이 '민주전선'이다. 다수의 프리랜서도 빼놓을 수 없겠다. 이 조직의 주요 대변자 가운데 한 명이 유명한 성직자 유수프 알카라다위(Yusuf Al-Qaradawi)의 아들이다. 청년 사업가와 기업의 임원들도 보인다. 하지만 엘바라데이는 주로 유럽에 체류했다. 조직을 실제로 이끌기보다는 고무하고 격려하는 역할에 만족하는 것 같다. 이번에도 분개한 젊은이들이 따로 조직을 꾸렸다. 2011년 1월에 휘몰아칠 태풍은 그렇게 해서 또 다른 협력자를 갖게 됐다.

여섯 번째이자 마지막은 꽤나 이질적인 인권 운동가들이다. 그들은 이집트의 조직들이나 앰네스티 인터내셔널(Amnesty International), 휴먼 라이츠 워치(Human Rights Watch), 그 밖의 국제기구들에서 일한다. 젊은이들은 모여서, 더 직접적으로 정권에 이의를 제기할 수 있는 정치조직을 도무지 찾을 수 없어서 이런 기구들로 단결했고, 그래서 그 성격이 매우 절충적이다. 여섯 개 단체 모두는 독재를 대체하겠다는 기존의 대안들에 환멸을 느낀다는 공통점이 있다. 물론 이들은 당대 커뮤니케이션 기술의 수혜자이기도 하다. 대도시를 보면, 인터넷 카페가 도처에 있다. 가난한 사람들도 이동전화를 갖고 있다. 인터넷 카페와 휴대전화는 기본적으로 청년의 문화이지만 전 사회계급이 폭넓게 활용한다. 하지만 분명히 해둘 게 있다. 사회관계망 서비스(SNS)는 초기 단계에서만 일정한 역할을 했을 뿐이다. 일단 눈덩이가 구르기 시작하자 사회관계망 서비스의 중요성은 감소했고, 더 전통적인 미디어, 예컨대 텔레비전과 라디오가 그 자리를 대신했다.

타흐리르 광장은 1월 28일부터 시위대가 계속 점거했다. 2월 1일 그곳에서 훨씬 큰 규모의 시위가 벌어졌고, 무바라크 퇴진 요구가 나왔다. 다음 날 광장 점거자들을 공격하기 위해 경찰 깡패들이 풀렸지만 쫓겨났다. 2월 4일에 훨씬 더 큰 동원이 이루어졌다. 2월 7일쯤에는 파업이 퍼져 나가고 있었다. 2월 10일에는 1973년 이후 처음으로 최고군사협의회가 열렸다. 무바라크는 2월 11일 하야(下野)했다. 하지만 민중 봉기는 계속해서 확대됐다. 시위대의 사회적 구성을 설명해달라.

타흐리르 광장에 모인 사람들은 이집트 사회의 결정적 대중(critical mass, 물리학에서는 '임계질량'이라는 뜻으로, 중의적으로 쓰였다―옮긴이)이다. 하층 중간계급에서 상층 중간계급에 이르는 사람들이 타흐리르 광장에 모였다. 부유한 사업가, 주식시장 트레이더, 사무원, 가게 점원, 짐꾼, 경비원 등 온갖 사람이 타흐리르 광장으로 쏟아져 나왔다. 모든 계급과 계층에서, 노인에서 어린이에 이르는 전 연령대가, 양성 모두가, 주요 교파가 둘 다 참가했다. 첫날부터 여성이 적극적으로 가담했다. 베일을 쓴 아주머니와 베일을 착용하지 않은 여성 활동가들이 손을 맞잡았다. 군중 속에서 성희롱이 전무했다는 점은 특기할 만하다. 지난 몇 년 동안 성희롱은 이집트의 노상에서 심각한 사안이었다. 무슬림과 콥트(Copt, 이집트의 기독교 신자―옮긴이)도 전혀 충돌하지 않았다. 내무부가 꽤 오랫동안 두 교단의 갈등을 은밀히 조장했다. 하지만 첫날부터 무슬림이 기도할 때는 기독교도가 손을 잡고 에워싸줬으며, 기독교도가 예배를 드릴 때는 무슬림이 주변으로 저지선을 만들어주는 아름다운 광경이 연출됐다.

노동계급 얘기도 해달라.

소득분포로 보면 공장 노동자들은 이집트 사회에서 하층 중간계급이다. 그들도 첫날부터 능동적으로 참여했다. 하지만 타흐리르 광장에서가 아니라 이집트 각지의 지방 도시들과 알렉산드리아에서였다. 알렉산드리아 교외에는 대규모 공장이 많다. 전체 반란 과정에 1000~1500만 명이 가담했으리라는 게 일반적인 추측이다. 이 가운데 카이로에서 최대 500만 명이 참가했다. 운동 속에서 노동자들이 한 역할을 보면 파업 이전에 시위가 있었다. 포트 사이드(Port Said), 이스마일리아, 수에즈(Suez) 등 운하 지대 도시들에서부터 서부 사막의 오아시스 관광지에 이르기까지 경제적 배경이 상이한 이집트 전역에서 민중 소요가 엄청났다. 알 와하트(al-Wahat) 오아시스를 보자. 엄청난 돈을 들여 산을 깎아 고급 호텔을 짓고 있다. 관광객의 호화로운 생활 편의 시설에 수백만 달러가 투자되었다. 반면에 현지인들은 손에 쥔 게 아무것도 없다. 사회적 분노가 하늘을 찌를 듯했고, 시위대에 발포한 경찰서장은 전보 조치됐다. 무바라크가 하야하기 전에 그런 일이 일어났다. 대중행동에 불을 당긴 두 개의 성냥은 억압과 착취였다. 더 부유한 중간계급은 억압에 분노했고, 하층계급은 착취 때문에 움직였다.

파업은 그다음 수순이었다. 무바라크가 하야하기 나흘 전부터 파업이 일어났다. 지난 몇 년 동안 파업은 아주 흔했다. 과거 10년 동안 모종의 파업 행동에 약 200만 명의 노동자가 가담했을 것으로 추산된다. 하지만 파업은 대체로 비정치적이었다. 임금 인상, 해고 및 조기 퇴직 압력에 대한 저항으로 한정되었던 것이다. 파업은 철저하게 지역적이기도 했다. 전국적 차원의 노동쟁의 시도는 단 한 차례도 없었다. 감시가 어찌나 철저한지 노동자들은 공장 인근에서 이웃에 사는 사람들 가운데 알고 믿을 수 있는 사람들하고만 파업을 벌였다. 그들에게는 전국적 파업을 벌이는 데 필수적인 자신감이 없었다. 다른 지구와 지방 노동자들도 똑같이 신뢰하지는 못했던 까닭이다. 노동자들이 얌전하게 경제적 처우 개선만을 요구하는 것이면 정권도 이를 용인했다. 가말은 파업 노동자들에게 총을 쏴 외국 투자자들이 놀라서 빠져나가는 것을 원하지 않았다. 정권은 처우 개선 조치를 사회 협약의 잔존 유물쯤으로 인식했다. 그것이 없었으면 사회 협약이 폐기될지도 모를 일이었다. 그러나 일단 봉기가 시작되자 어떤 파업이든 정치적이지 않을 수 없게 됐고, 반란은 더욱더 기세를 더해갔다. 무바라크 하야 막판에 파업 지도자들이 독재 치하의 어용 노조를 대신해 전국적인 독립 노조 연맹을 만들자고 호소했다. 이 모든 움직임이 정권을 뒤흔들었다는 것은 틀림없는 사실이다. 하지만 파업 지도부와 타흐리르 광장에 모인 조직들의 연계는 아주 미약했다. 노동쟁의가 낙타의 등을 부러뜨린 결정적 한 방이라는 생각은 잘못된 것이다.

카이로와 다른 대도시들의 슬럼에 거주하는 하위 프롤레타리아트(sub-proletariat)는 어떤가?

그들은 빈민 중의 빈민이다. 많은 사람이 언젠가 그들이 이집트에서 폭동(jacquerie)을 일으킬 수도 있다며 두려워한다. 카이로 시와 그 주변으로 인간 이하의 생활수준에서 살고 있는 하위 프롤레타리아트의 수가 500~600만 명이다. 빈민가에는 수도가 없고, 전기가 안 들어가며, 하수도는 말할 것도 없고, 학교도 없다. 이런 곳을 지칭하는 아랍어 아시와이야트(ashwa'iyyat)의 어원은 '닥치는 대로' 또는 '마구잡이'이다. 아시와이야트 거주자들의 삶은 그야말로 마구잡이다. 삶의 기틀이 잡힌 사람들에게는 전혀 뜻밖의 인간 군상인 셈이다. 하위 프롤레타리아트는 공포의 대상이다. 그들은 가진 게 전혀 없고, 사악한 거주지에서 나와 질서 정연한 도시를 습격하고, 이상한 아랍어를 쓰고, 필사적으로 일거리를 찾고, 물건을 훔치고, 시민을 괴롭히다가 다시 알 수 없는 본거지로 퇴각하는 존재로 인식된다. 하위 프롤레타리아트가 언젠가 도시를 뒤집어엎고 불살라버리지는 않을까? 이 위협적인 집단이 반란 과정에 전혀 참여하지 않았다는 것은 행운이다. 반란이 평화적이고 양식과 분별이 있었던 것은 아마도 그 덕택일 것이다. 무바라크가 하야하기 하루 전에 알렉산드리아의 활동가들은 하위 프롤레타리아트를 동원해 도시로 진입하는 전술을 계획했다. 물론 이것은 운동 가담자 수를 크게 늘리려는 시도였다. 그들이 실제로 그렇게 했다면 틀림없이 이집트 전체가 돌연한 공포에 휩싸였을 것이다. 사회계급의 다른 쪽 끝도 보자. 이집트의 알부자들, 곧 최상위 엘리트 사업가들 역시 운동에 전혀 가담하지 않았다. 정권의 최대 수혜자인 그들은 당연히 무바라크를 지지했고, 필요하면 언제라도 달아날 수 있게 전용 항공기의 엔진을 예열하며 상황을 예의주시했다.

하지만 아시와이야트 거주자들이 그렇게 동질적인가? 그들이 전체 인구의 5분의 1을 차지한다고 한다. 사회 분석에 따르면 도심에서 살 형편이 안 되지만, 그렇다고 극빈한 슬럼 거주자들도 아닌 교육받은 청장년층이 상당수 포함된다고 하지 않는가?

그렇다. 대도시 주변에 사는 사람들은 적어도 두 개의 뚜렷이 구분되는 집단으로 구성된다. 이 두 집단은 대체로 말해 사는 동네 또는 지구도 다르다. 도심에서 살 형편이 안 돼 역사 지구(historic neighborhood)들로 빠져나온 사람들이 한편에 있다. 카이로의 경우 역사 지구는 적어도 18세기 이래로 존재해왔지만 지난 30년 동안 상황이 정말 악화됐다. 역사 지구 거주민은 사회적 관계망이 여전히 탄탄하고, 상당히 정치적이지만 방치와 도외시로 크게 위축되었다. 다른 한편에는 말 그대로 빈민가가 있다. 지난 10~15년 동안 마구잡이로 판잣집이 지어졌다. 사회 기반 시설이나 복지 혜택이 전혀 제공되지 않으며, 지독하게 가난한 사람들이 북적인다. 이곳으로 유입되는 사람들은 농촌이나 내륙 소도시 출신이다.

그런데도 그들이 19세기의 부르주아가 상상한 것처럼 위험한 계급인가? 아시와이야트 거주민은 대(大)카이로 인구의 4분의 1이 넘는다. 그들을 동원하지 않고서 어떻게 이집트의 민주주의를 기대하고 희망할 수 있는가?

역사 지구를 분리하면 비율이 크게 줄어든다. 아마 200~300만 명쯤 될 것이다. 요컨대 그 규모를 현실적으로 잡는다 해도 혁명 정치는 이 계급 집단에 대한 두려움과 걱정을 고려해야 한다. 봉기는 불과 며칠 만에 조직됐고, 즉흥적이며 보잘것없었다. 봉기 조직이 빈민가에서 분출하는 폭력을 순치해 이끌 수 있는 방법은 전무했다. 그들의 집단 폭력은 독재 정권이 위기에 대비해 사전 예방 조치를 하는 데나 이용될 수 있을 따름이었다. 경찰이 가두에서 물러난 상황에서 일탈적 개인의 범죄나 약탈이라도 발생했더라면 봉기가 위기에 처할 수도 있었다. 그런 일이 전혀 발생하지 않은 것을 행운으로 여겨야 한다. 빈민 대중이 사회의 나머지 계층과 정상적으로 연계되지 못하고 비극적으로 고립되었다고 해서 꼭 일탈 행위가 일어나는 것도 아니다. 그들을 도시 생활로 다시 통합하는 것이 긴요하다. 다는 아니라 할지라도 봉기 과정에서 부상한 대부분의 대선 후보자들이 당선되면 개혁 정책의 제1항으로 사회 기반 시설과 복지 혜택—제대로 된 주거, 깨끗한 물, 학교, 치안—을 아시와이야트로 확대해 도시 주변부를 재건하겠다고 선언했다.

겉으로 보매 봉기 과정에 적극적으로 참여하지 않은 또 다른 주요 계급은 농민이다. 예상할 수 있는 일이었나?

농촌의 상황은 오랜 역사 과정의 산물이다. 나세르가 권좌에 오른 1950년대에는 농민이 전체 인구의 최소 80퍼센트였다. 그는 농민이 정치적으로 동원될 수 없도록 확실한 조치를 취했다. 나세르는 노동자도 경계했다. 하지만 노동자는 적어도 대도시에 집중돼 있었고, 감시와 통제가 가능했다. 농민은 그 수가 훨씬 많았고 흩어져 있었기 때문에, 같은 방식으로 다룰 수 없었다. 나세르 정권은 토지개혁을 선포했다. 하지만 그렇다고 해서 그 혜택이 농민 대중에게 고루 돌아간 것은 아니었다. 대토지 소유자들은 재산에 상한선을 둘 것이라는 경고를 받았다. 하지만 그들에게는 가진 것을 처분할 시간이 충분히 보장됐다. 부자들은 보유 자산을 친척들에게 넘기거나 시장에 팔아버리는 방식으로 대응했다. 그 결과 20~100파단(feddan, 이집트의 면적 단위로, 1.038에이커—옮긴이) 정도를 보유하는 중위 수준의 지주가 새로운 계급으로 부상했고, 이들은 아랍사회주의연맹이라는 집권 여당으로 흡수됐다. 농민에 대한 국가의 가장 중요한 보호 감독 조치가 대지주에서 중위 수준 지주로 옮아갔다. 이 착취자들에게 삶을 의존하는 농민들은 국가 생활에서 멀어졌다.

하지만 그들의 소작권은 보호받았다. 지주가 소작료를 올릴 수는 있어도 땅에서 쫓아낼 수는 없었다. 그런데 1990년대 초에 무바라크가 바로 그 짓을 할 수 있는 법을 통과시켰고, 이 법이 1997년에 시행됐다. 그다음 2년간 농민 반란의 물결이 일어났다. 촌락민 수만 명이 퇴거를 거부했고, 작물에 불을 질렀으며, 탄압하는 사람들을 공격했다. 국가보안부 병력이 투입돼 갖은 마을을 쑥대밭으로 만들고 난 다음에야 소요가 진정됐다. 이후로 농민들의 목소리는 거의 들을 수 없다. 야당 활동가들이 노동자와 만나는 게 어려웠다면 농민과의 교류는 훨씬 더 힘겨웠다. 강제적 탈정치화로 상황이 더 열악한 탓이다. 봉기는 불과 3주 동안 진행됐고, 농촌 주민이 별다른 역할을 하지 못했다는 것은 그래서 별로 놀랍지 않다. 그들이 암묵적으로 반란을 환영했다는 사실은 보태놓자.

농촌이라고 해도 지역에 따라 어떤 중요한 차이가 있나?

이집트는 역사적으로 항상 두 지역으로 나뉘었다. 나일 강 상류와 하류가 바로 그것이다. 수도 남쪽 몇 킬로미터 지점에서 지중해에 이르는 하류 지역에 전체 인구의 85퍼센트가량이 살고, 상류 지역은 그 이남을 포괄해 수단 국경에까지 이른다. 통상 '사이드'(Sa'id)라고 하는 남부 지방은 이집트의 시칠리아 정도 된다. 가족의 명예, 피의 복수, 무기와 마약을 마피아처럼 밀수하는 그림이 떠오르는 것이다. 이곳 농촌 주민은 다른 지역과 달리 무장을 하는 경향이 있고, 정권에 대한 나름의 불만도 뚜렷하다. 사이드에는 콥트가 더 많음에도 불구하고 1970년대 말부터 1990년대 중반까지 이슬람 무장 세력이 활동했다. 중앙정부가 강성의 지사를 남부로 파견하는 일도 비일비재했다. 이 지역을 더 강력하게 단속·통제하기 위해서였다. 투자가 북부보다 훨씬 적은 것 역시 이 지역이 순순히 따르지 않고 반항했기 때문이다. 무바라크가 축출됐다고 사이드 사람들이 눈물을 흘렸을 리는 없다.

2. 정권

무바라크는 실각했다. 하지만 독재 기구는 사라지지 않았다. 현재 절대 권력의 보유자는 군부다. 최고군사협의회가 버티고 있는 것이다. 이집트 군부의 성격은 어떤가? 그들이 어떤 역할을 할까?

쿠데타든 정복이든 정권이 군대로 권력을 잡으면 대개 삼분 구조가 된다. 세 부류가 개별적으로 기구를 만들면서 과제를 나누는 것이다. 이 '삼각 권력'의 첫 번째가 정치기구를 장악해 일상적으로 통치하는 사람들이다. 대표적인 정치기구는 대통령직(이나 군주제)과 정부 여당이다. 두 번째인 군대 장교들은 여러 보안 기구를 통해 국내 억압을 담당한다. 경찰, 정보기관, 준(準)군사부대가 여기 포함된다. 부대로 돌아가, 다시금 군대 자체를 대표하는 사람들이 세 번째 집단이다. 시간이 지나면서 세 부류의 의제는 제각각으로 달라진다. 그런데 그것들을 준수해야 할 사람들이 그 제각각인 의제를 실수로 축소하거나 혼합해버린다. 삼분 기구들이 독자적인 정체성을 확립하고, 나름의 공동 이익을 추구하며, 소속된 일원들을 자체적 구상에 따르도록 만들 필요가 있을 거라고 능히 짐작할 수 있다. 그래서인지 이집트의 경우 전문가라고 하는 사람들 대부분이 무바라크, 오마르 술레이만(Omar Suleiman), 아메드 샤피크(Ahmed Shafiq)를 군부 인사로 지목한다. 무바라크가 공군 사령관이었고(35년 전에), 술레이만이 육군 장성이었으며(20년 전에), 샤피크가 공군을 지휘했으니(10년 전에) 말이다. 하지만 이런 구분은 환상에 불과하다. 군부 출신이라도 정권의 정치 및 보안 기구로 진출했고 그 대행자가 되었으니, 더 이상 제도 및 기관으로서의 군부를 대변하지 않는 것이다.

군부는 군사훈련이나 그 속성을 보건대 직접 통치를 하거나 국내 상황을 억압하기에 적합한 조직이 아니다. 군부는 군대 전체가 차지하는 경제적 지위에 더해, 화력과 전반적 전투 준비 태세를 증강하는 데서 기쁨과 이해관계를 공유한다. 터키와 라틴아메리카를 보라. 장교단은 복수의 정당이 경쟁하는 정치 절차를 수립한 다음, 다시 부대로 돌아가 그렇게 창조된 체제를 수호하는 역할에 만족하는 경우가 많다. 경고를 하거나 제한적인 '교정' 쿠데타를 통해 필요할 경우에만 개입하는 식이다.

보안 기구는 군부와 확연히 다르다. 이 집단은 권위주의 환경에서만 번성할 수 있는 비정상적인 존재다. 정권이 민주화되면 보안 기구는 완전히 똥값이 돼 영향력이 쪼그라든다. 보안 기구 구성원들이 자신들이 저지른 잔학 행위에 대해 책임을 추궁당할 것임을 안다는 점도 마찬가지로 중요하다. 보안 기구는 군부보다 인권침해와 유린 행위에 훨씬 깊이 연루되어 있고, 저지른 짓에 대해 사면을 보장받을 가능성도 훨씬 적다. 민간정부로 이행할 경우 새로운 지배자들은 군부를 적대시하는 건 주저해도 공안 경찰을 재판정에 세우는 건 마다하지 않는다. 보안 조직들이 군부와 달리 항상 강경파를 형성해 권위주의 지배를 계속 요구하는 이유다.

이런 체제에서 정치 지도자들은 통상 중간에 붕 떠 있다. 군부나 보안 기구의 지원이 없으면 국민을 억압할 직접적인 수단이 전혀 없기 때문에 정치 지도자들은 무척 취약해진다. 정치 지도자들한테 극단적인 권위주의 체제가 항구적으로 필요한 것도 아니다. 그들은 이른바 '준자유화'나 '유사 자유화'를 통해 약간 양보하면서 여전히 권력을 유지할 수 있다. 정권을 구성하는 세 부류는 이처럼 성격과 역할이 다르기 때문에 협력하면서 동시에 경쟁한다. 국내 상황과 국제 관계가 변화 발전함에 따라 각자의 이해관계가 시종일관 이합집산한다는 사실도 보태야 할 것이다. 이 세 부류가 어느 것 하나 획일적이지 않다는 사실로 인해 사태가 훨씬 복잡해진다. 각각이 내부적으로 다시 분열해 긴장하고 갈등하는 것이다.

방금 설명한 개요에 따라 이집트 군부를 분석하면?

나세르 치하에서는, 내가 말한 대로, 원래 군부가 국내 억압을 담당했다. 하지만 1967년 발생한 6일전쟁 이후 정치기구는 군의 분위기가 많이 바뀌었다고 판단하고, 전문화를 표방하며 군부를 정치적으로 소외하는 과정에 착수했다. 이 과정은 1973년 10월전쟁 전후로 사다트에 의해 강화됐다. 무바라크가 1980년대에 더 한층 밀어붙였고 말이다. 이집트 군부의 마지막 카리스마형 지도자 압드 알할림 아부 가잘라(Abd Al-Halim Abu Ghazala) 육군 원수가 1989년에 제거됐다. 그때 이후로 군대는 정치적 불임 상태에 놓였다.

오늘날 군대의 총규모는 약 45만 명이다. 이 가운데 30만 명은 징집병이다. 모든 이집트 남성은 대학을 나왔을 경우 1년, 안 나왔을 경우 3년을 복무해야 한다. 물론 (부모를 돌볼 형제자매가 전혀 없을 때 등) 가족 관계상 내지 건강상의 이유로 면제받는 경우를 제외하면 말이다. 징집병은 전투 훈련을 거의 받지 않는다. 제대할 때까지 총을 두어 번이나 쏘아볼까, 그게 다다. 그들은 병참 업무와 '사환' 역할을 맡는다. 청소, 걸레질, 물건 배달, 장교를 대신해 식료품을 구매하는 것 등이 그들의 임무다. 군대의 진짜 병력은 장교와 부사관 등의 직업군인이다. 지배체제와 사회 전반에서 군부가 차지하는 지위를 해외에서 오해하는 경우가 많다. 군부는 다수의 관찰자가 생각하는 것보다 특권이 훨씬 적다. 무바라크 치하에서 군의 정치적 영향력은 여당 및 보안 기구의 그것보다 훨씬 작았다. 장교의 사회적 지위도 경찰이나 국민민주당의 비슷한 사람들보다 열악했다. 장교들이 국가를 장악하고 있다고 생각하는 사람은 아무도 없다.

장교들은 약간의 경제적 자율성을 보장받았다. 그들은 자체 기업과 상당량의 토지를 관리했다. 말을 잘 듣게 하려는 조치였다. 사다트와 무바라크는 경제를 개방하더라도 군부를 광포한 시장의 힘에 맡겨버릴 수 없음을 이해했다. 자급자족을 보장해줘야 했다. 그렇게 해서 장교들은 승용차, 아파트, 휴양 시설 등 어지간한 삶을 보장해줄 수 있는 사업을 할당받았다. 그러나 이것은 가령 터키 군부가 구축한 엄청난 규모의 경제 제국 같은 게 결코 아니다. 기업이라고 해봤자 훨씬 소소한 수준인 것이다. 카이로의 부자 동네에서 볼 수 있는 것과 비교하면 군부의 편의 시설은 허름한 오두막 수준이다. 장교들은 엄청나게 축재(蓄財)하지도 못했다. 육군 장교나 공군 장교의 소득은 고위 경찰이나 집권당원의 수입보다 못하다. 무바라크 치하에서 내무부 장관은 은행 계좌에 10억 달러를 넣어둘 수 있었다. 국방부 장관의 경우 그런 돈은 꿈도 꾸지 못했다.

전략적인 면도 보자. 이집트군은 갖은 현대식 무기를 갖추고도 정체성 위기를 겪고 있다. 사다트는 10월전쟁 이후 군이 만족할 수 있도록 상징적 조치를 취해 그들이 좌절하는 걸 막아야 함을 깨달았다. 그는 미국에 주문해 최첨단 무기와 교육 훈련을 제공했다. 세계에서 열 번째 규모의 군대라는 위신과 명예가 그렇게 얻어졌다. 하지만 군부는 이런 것들이 순전히 전시용일 뿐임을 곧 깨달았고, 완전히 이빨 빠진 호랑이가 되었다고 느꼈다. 이집트군은 주변 어느 나라에도 전략적 패권을 행사하지 못한다. 제1차 걸프전쟁 이후 이집트군을 걸프 만 안보 체제—1991년의 다마스쿠스 선언으로 알려진 것—의 일부로 편성하자는 말이 나왔다. 하지만 미국이 거부했다. 그들은 걸프 만 연안 국가들에 직접 기지를 설치해 그 일을 할 것이라고 못 박았다. 가자와 레바논을 안정시키는 과제에서 더 적극적인 역할을 하는 문제도 있었다. 그 사안 역시 무위로 돌아갔다. 그러더니 1월 반란 몇 주 전에 수단이 분열했고, 군 전체가 충격에 휩싸였다. 수단은 이집트의 국가 안보 원칙에서 중요한 위치를 차지한다. 남부가 분리 독립하면 나일 강 수원(水源)에 대한 이집트의 통제력이 위험에 처한다. 그런데도 군부는 수단이 미국 관할이라는 얘기를 들어야 했다. 그래서인지 장교들 사이에서는 이런 생각이 만연해 있다. 군대를 가면 뭐하나? 길을 닦고, 어장을 관리하고, 군인의 임무가 아닌 거면 뭐든 하는 거? 군규(軍規)를 어기고 타흐리르 광장의 시위대에게 호의를 보인 그 첫 번째 장교는 이런 게 불만이라고 토로했다. 도대체 우리가 뭘 하고 있나? 우리의 임무는 무언가? 가자와 수단에서 우리가 도대체 뭘 했나?

무바라크가 하야했지만 이런 불만이 여전함을 또렷하게 감지할 수 있다. 이집트 정권은 샤(Shah)가 몰락한 후 30년 넘게 이란 국적 선박의 수에즈 운하 통과를 단 한 차례도 허용하지 않았다. 그게 민간 선박이든 군함이든 말이다. 무바라크가 축출되고 한 달이 채 안 돼 이집트군은 시리아행 이란 전함 두 척을 통과시켰다. 못 가게 막거나 적어도 수색은 하라는 미국과 이스라엘의 요구를 따르지 않은 것이다. 이집트 군부는 두 나라와의 가교를 불태워버릴 생각이 전혀 없다. 그들은 예컨대 터키 군부처럼 나름으로 국가이익을 판단할 것이라는 메시지를 보낸 것이다. 최고군사협의회는 3월 중순 신임 중앙정보국장을 시리아와 카타르로 보내 전략적 관계 증진 방안을 논의케 하면서 이런 행보를 가속화했다. 터키및 이란과 협력 중인 시리아와 카타르는 핵심적인 서방 열강 어느 누구와도 적대하지 않으면서, 동시에 서방의 의제에서 상대적으로 자유롭고자 하는 새로운 지역 패권 블록의 일부다.

이 모든 점에 비추어볼 때 이집트의 군사 기구가 심각하게 분열했다는 징후는 그 어디에서도 찾아볼 수 없다. 적어도 아직까지는 그렇다. 민중 반란의 과정에서 군대의 상층과 하층에 실제로 균열이 일어났다면 분명 뭐라도 감지되었을 것이다. 가령 하급자들이 시위를 진압하라는 명령을 거역하는 식으로 말이다. 또는 사병과 초급 장교들이 대열을 이탈해 시위대에 합류했을 수도 있다. 이런 우애 행위가 이란혁명 때 대규모로 일어났다. 이집트에서는 방금 말한 사태가 전혀 발생하지 않았다. 지금까지는 군대가 계급과 육·해·공군을 초월해 똑같은 목소리를 내고 있다.

무바라크 정권에서 정치 기구와 군사 기구는 어떻게 연결되었나?

무바라크는 1967년부터 군 총사령관이었다. 그는 국방부 장관, 육·해·공군 참모총장, 작전참모를 임명했다. 공화국 수비대는 무바라크의 직할부대다. 언론이 대통령 경호 부대라 칭할 정도로 공화국 수비대는 육군, 해군, 공군, 방공군과 어깨를 나란히 하는 제5의 군종(軍種)이다. 공화국 수비대는 1953년 창설 이후 15년 동안 그 수가 200~300명에 불과할 정도로 상당히 작은 규모였다. 나세르는 1967년 패배 이후 군부를 정치적으로 주변화하기 시작했고, 이 엘리트 부대를 대대 규모로 키웠다. 다시금 사다트가 공화국 수비대를 15,000~30,000명 규모—이 수는 확실치 않다—의 중무장 여단 병력으로 확대했다. 공화국 수비대는 다른 부대와 달리 도시 외곽의 병영이 아니라 대통령궁 여기저기에 주둔하고, 사령관도 대통령에게 각별히 충성하는 인물이 항상 뽑혔다. 시위대는 2월 11일에 무바라크가 공화국 수비대를 동원해 반란을 진압하지 않을까 두려워했다. 하지만 공화국 수비대도 결국은 대통령이 아니라 같은 군부 편에 섰다.

보안 부대와 정규군을 비교한다면?

나세르는 처음 권좌에 오르고 나서 가장 긴밀한 협력자 가운데 한 명인 자카리아 모히에딘(Zakaria Mohieddin)에게 영국이 만든 내무부 산하 특무 부서를 일반조사국으로 이름을 바꾼 다음 일체의 정치 활동을 감시·단속하도록 맡겼다. 새로 만든 중앙정보국이 이를 지원했다. 그러나 육군이 정권 유지 임무를 떠맡겠다고 나섰다. 카리스마적 사령관 아메르(Amer) 원수의 지휘 아래 군 정보기관, 헌병대, 군 형무소에서 내부 치안 활동을 주도했다. 나세르는 1967년 전쟁 이후 육군의 규모를 줄이기로 마음먹었고, 군 정보기관은 그 활동이 외국군 첩보로 국한됐다. 중앙정보국도 해외 첩보 및 (이집트 내의 적성국 간첩을 잡는) 국내 방첩으로 활동이 재조정됐다. 이 과정에서 일반조사국이 국내 억압을 단독으로 수행하게끔 기능이 복구됐다.

나세르는 가두를 통제할 기구도 필요하다고 판단했고, 중앙보안부대를 창설했다. 중앙보안부대는 군대처럼 징집으로 자원을 충원했고, 규모도 30만 명으로 군대와 같았다. 질서를 유지하고 전략적 거점—방송국, 각 부처, 의회, 외국 대사관, 은행—을 보호하는 것이 그들의 임무였다. 그렇게 국내 억압 활동을 수행하는 두뇌와 팔이 생겼다. 일반조사국이 두뇌요, 중앙보안부대가 팔이었다. 일반조사국이 사다트에 의해 국가안보조사부—이집트판 MI5—로 격상됐고, 중앙보안부대도 강화됐다. 무바라크 치하에서 국내 억압에 종사한 전체 인원은 무려 200만 명으로 추산된다. 하지만 이 가운데 150만 명은 제복이나 계급이 없는 고용된 깡패나 정보원이었고, 당국과 거래한 범죄 전력자도 많았다. 그들은 딱히 경찰도 아니었고 중앙보안부대나 국가안보조사부 소속도 아니었다. 전체 인원이 상당히 뻥튀기되었음에도 불구하고 경찰과 밀약한 사람들이 활개 치고 다니면서 시민들이 공포를 크게 느낀 것은 이런 연유에서였다.

이들을 제외하면 보안 기구 요원은 40만 명 정도다. 그 가운데 30만 명은 진압봉으로 무장한 징집병인데, 통상 특수부대라고 하는 엘리트들이 이끈다. 그들은 장갑차, 고무 탄환, 물대포, 최루탄으로 무장하고 폭동을 진압한다. 약 7만 명 정도 되는 경찰은 마약, 범죄, 관광 관련 업무 따위를 맡는다. 국가안보조사부가 가장 치명적인 세력으로, 장교가 약 3천 명이다. 그들은 최신 기법과 기술을 바탕으로 정치적 반대 세력을 색출하고, 수감자들을 고문한다.

독재 정권의 정당 조직인 국민민주당은 어떤가? 사회주의 인터내셔널을 구성하는 영국의 신노동당, 프랑스 사회당, 독일 사회민주당, 그 밖의 유럽 사회민주주의 세력에 착 달라붙어 있다. 국민민주당은 어떤 구조인가?

나세르는 1953년에 아직 총리가 아니었다. 그때 그는 이른바 '해방대오'라는 것을 결성했다. 당대의 다른 모든 정치 세력을 대체하기보다는 기반을 약화시키

려는 의도로 주도한 느슨한 대중운동이었다. 그는 이 조직을 5년 후에 '국민연합'
으로 전환한다. 국민연합은 조종을 받아 정권 지지 시위를 벌였고, 총선과 국민
투표가 요구될 경우 필요한 표를 긁어모았으며, 일반적으로 사회 전반이 나세르
를 지지케 유도하는 홍보 수단이었다. 나세르는 가장 신뢰하는 위관급 장교 몇
몇에게 이 정당 창당 임무를 맡겼다. 그 국민연합이 1962년경에 아랍사회주의연
맹으로 발전한다. 육군 원수 아메르를 제거하는 것이 불가능하다는 게 드러났
고, 나세르는 군부를 제어할 수 있는 정치조직을 강화해 카리스마와 인기를 보
강할 필요가 있었다. 명목상의 목표는 대중을 규합하는 것이었지만, 그 실상을
뜯어보시면 아랍사회주의연맹이 농촌에 존재하는 기성의 권력 구조와 연결됐을 뿐
이다. 농촌에는 여전히 이집트 인구의 4분의 3이 살고 있었다. 아랍사회주의연맹
은 농민의 표를 긁어모아야 했고, 촌락의 경제적 유력 인사들인 중위 지주들을
끌어들였다.

도시도 보자. 나세르는 1950년대 내내 자본가들에게 의존했다. 하지만 그들
은 군부를 신뢰하지 않았고, 투자에 나서지 않았다. 1961년에 일련의 국유화가
단행됐고, 이들 자본가 대다수가 국가 체계의 일부로 편성됐다. 가장 유명한 사
례는 오스만 아메드 오스만(Osman Ahmed Osman)일 것이다. 그는 건축업계
의 거물로 이집트에서 가장 부유했다. 그는 보유했던 기업이 국유화되면서 CEO
로 변신해 정부에서 일했다. 이 부류가 관료 집단으로 통합되면서 아랍사회주의
연맹의 핵심 구성원으로도 떠올랐다. 여기에 사회주의적인 것은 아무것도 없었
다. 당연하다. 대중을 각성해 동원하는 것과도 전혀 상관이 없었다. 아랍사회주
의연맹이라는 정당의 임무와 기능은 한편으로는 관료 기구와 노동자들을 공공
부문으로 결집하고, 다른 한편으로는 농민들이 정권을 상명하복적으로 지지하
게끔 동원하는 것뿐이었다.

사다트가 1970년대에 이 구조를 그대로 물려받았다. 그는 1970년대 말쯤
좀 더 민주적인 모양새를 갖추기로 마음먹었다. 좌파 성향의 일부가 타감무 당
(Tagammu party, 민족진보통합당)을 결성할 수 있었다. 자유주의 경향의 다른

이들은 와프드당(Wafd party)과 자유당으로 활동을 개시했다. 물론 이것들은 집권 여당이 1978년 국민민주당으로 재탄생하며 형성된 체제의 장식품에 불과했다. 국민민주당의 지지망은 아랍사회주의연맹과 완전히 똑같았다. 이것을 인계받은 것이 무바라크다. 그런데 1990년대 후반에 경제가 개방되면서 정권이 해외 투자를 유치하려 시도했고, 다시 한 번 상판을 뜯어고쳐야 했다. 가말 무바라크가 중요한 역할을 맡았다. 그는 측근들에게 설득돼 국민민주당을 개조했다. 국민민주당을 장악한 기술 관료—능히 짐작할 수 있듯이 브로커로서 뇌물과 수수료를 잔뜩 챙겨 부자로 거듭난 놈들—를 열외로 밀어붙이고, 더 젊고, 교육을 더 많이 받았으며, 가장 중요하게는 전 세계 자본주의의 중추 국가들과 연계가 있는 진짜 사업가들을 중용한 것이다. 이들 경영자가 국민민주당에 이른바 '신사고'를 불어넣었고, 국민민주당은 좀 더 매력적인 존재로 거듭났다. 가말이 대통령에 대한 야망을 불태울 수 있는 발판을 얻었음은 물론이다.

아들에게 후계를 물려주고 싶었던 무바라크는 당의 원로들을 희생하면서까지 정책위원회 창설을 지원했다. 그렇게 탄생한 정책위원회가 국민민주당의 새로운 중핵으로 부상했다. 베스트셀러 소설 『야쿠비안 빌딩』(*The Yacoubian Building*)에도 나오는 카말 엘샤즐리(Kamal El-Shazly)가 마침 죽어줬다. 사프와트 엘셰리프(Safwat El-Sherif)는 당 사무총장이라는 허울뿐인 요직에 앉았다. 이렇듯 '개혁' 과정에서 원로들이 상처를 입기는 했지만, 그렇다고 해서 당이 진짜로 분열한 것은 아니었다. 구세력과 신세력이 모두 한배에 올랐고, 그것은 가공할 위력의 선박이었다. 국민민주당의 명목 당원 수는 수백만 명이다. 이 가운데 적극적인 분자는 아마도 2백만 명 정도였을 것이다. 출세를 꿈꾸는 젊은 실업가나 경찰의 괴롭힘이 달갑지 않은 소상공인이라면 국민민주당 당적을 보유하는 게 나쁘지 않았다. 헌신하지는 않고 상황에 순응하는 이런 당적 보유가 많았다. 하지만 국민민주당이 해산되면 잃을 게 많은 사람이 상당하리라는 사실을 외면해서는 안 된다.

독재 정권이 기대온 삼각 권력을 자세히 설명해주었다. 하지만 알다시피, 그들이 의존해온 나라 밖의 결정적 권력이 또 있다. 미국은 이집트 정권의 궁극적 보증인이다. 이스라엘의 1973년 포위망에서 워싱턴이 사다트를 구해주면서부터였다. 이스라엘군이 시나이 반도에서 이집트군을 가로막고 1967년의 완승을 재현할 태세였다. 그런 구제의 대가로 캠프 데이비드 협정이 맺어졌고, 이집트는 미국의 대중동 전략에서 중심축이 됐다. 반(反)무바라크 대중 봉기로 미국에 적색 경고등이 켜졌다. 군부가 미 국방부는 말할 것도 없고 워싱턴과 상의해 최종적으로 무바라크를 버리기로 결정했다는 것은 분명하다. 이집트 정권의 여러 부문과 미국 후원자들의 접점을 설명해달라.

세 기구는 1980년대부터 미국과 수시로 교류했다. 해외 정보 기구, 군부, 대통령이 모두 말이다. 오마르 술레이만의 중앙정보국은 미 중앙정보국의 중동 지역 핵심 파트너 모사드(Mossad)를 좇아 긴밀하게 협조하며 팔레스타인해방군(PLA)을 조종하고, 하마스(Hamas)의 목을 조르며, 미국으로 송환해야 하는 용의자들을 고문했다. 9·11 사건 이후 랭글리(Langley, 버지니아 주의 미 중앙정보국 본부 소재지―옮긴이)로서는 이집트 중앙정보국이 당연히 더 중요해졌다. 술레이만은 워싱턴이 볼 때 이집트에서 가장 믿음이 가는 유일한 관료였을 것이다. 무바라크는 느려터진 데다 고집까지 셌다. 술레이만은 무바라크와 완전 딴판이었고, 미국과 이스라엘은 이집트를 지배할 최상의 후계자로 그를 눈여겨보았다.

정권의 정치적 측면도 살펴보자. 사다트 시절부터 두 나라 정상은 항상 긴밀히 협력했다. 이집트가 미국의 '확고한 지역 맹방'으로 자리잡으면서 수시로 국빈 방문이 이루어졌다. 카이로는 오바마의 첫 번째 중동 방문지였다. 그는 카이로 연설로 노벨상을 거머쥐었고, 무바라크도 몇 달 후 워싱턴에서 환대를 받았다. 전통적인 외교적 지지와 함께 경제적 유대가 점점 더 긴밀해졌다. 사다트는 이집트 경제 구상과 관련해 생각을 빚진 데이비드 록펠러(David Rockefeller)

가 절친한 친구라고 공개적으로 언급하기도 했다. 그가 적극 나서, 맨 처음 체이스 맨해튼(Chase Manhattan)을, 다음으로 보잉(Boeing), 웨스팅하우스(Westinghouse), GM, 그 밖의 미국 기업들을 이집트에 유치했다. 이집트 주재 미국 상공회의소는 1980년대가 끝나갈 무렵 이 나라에서 가장 강력한 사업상의 압력단체였다. 일종의 '알현' 여행이 끊임없이 거듭됐다. 대통령이 미국을 방문하면 대규모 수행단이 항상 동행했다. 정부 여당의 관료들과 사업가들이 워싱턴의 여러 단체를 방문해 로비를 했고, 대통령이 떠난 후에도 계속해서 전국으로 흩어져 사업상의 거래와 투자자를 찾아 나섰다. 무바라크가 2004년 아메드 나지프가 이끄는 기업가 내각을 출범시키면서 이런 결탁 관계가 더욱더 긴밀해졌다. 월스트리트가 이집트의 변화를 환영했음은 물론이다. 미국 재계는 카이로의 새로운 신자유주의 내각으로부터 많은 이익을 기대했다. 국민민주당 안에 단단히 자리잡은 새로운 기업 엘리트 역시 많은 수익을 예상했다. 미국의 투자가 증대할 터였고, 당시에 원조 정책을 바꾸기로 했으니 당연했다. 8억 5000만에서 10억 달러에 이르는 민간 원조액이 줄곧 이집트 정부로 흘러들어갔다. 이제 그 돈이 민간 부문으로 전용될 예정이었다. 올바른 생각을 가진 경제학자라면 누구나 알듯이, 더 효율적이고 덜 부패한 민간사업에 쓰이는 것을 기대할 수 있었던 셈이다. 미국은 자문료를 짭짤하게 챙길 터였다. 미국인 고문들이 언제라도 올바른 정책이 시행되도록 대기했다. 워싱턴은 이집트에 일종의 그림자 내각 요원을 수백 명 두고 있었다. 미국 재계와 이집트의 대기업은 이렇게 밀접하고 유익하게 엇물린 이해관계를 공유했다. 이런 상호 관계가 두 나라 정계로까지 확장되었다.

군부의 경우 미 국방부와의 긴밀한 관계를 빼놓을 수 없다. 무기와 훈련비로 매년 10억 달러 이상이 이집트에 유입된다는 것—이스라엘을 제외하면 세계의 그 어떤 군대도 이보다 더 많은 액수를 지원받지 못한다—은 군부의 자랑이다. 그렇다고 이집트 군부가 미국에 무조건 충성하느냐 하면, 그것은 또 별개의 문제다. 미 국방부가 계속해서 중동을 전략적으로 통제하려면 이집트 군부와의 관계가 사활적으로 중요하고, 양측 최고위급의 유대가 친밀하다는 데는 의심의 여지가 없다. 하지만 그렇다고 해서 이집트 장교단이 자동으로 워싱턴의 장난감이 되지는 않는다. 그들도 나름으로 세계를 전망하며 공동의 이익을 추구한다. 일단 봉기가 일어나자 미 국방부의 메시지가 다음과 같았다는 것은 분명하다. 최상의 시나리오는 무바라크가 9월까지 버텨주다가 우아하게 권좌에서 물러나는 것이고, 오마르 술레이만이 권력을 승계하면 훨씬 더 좋겠다. 이집트 군부가 어느 시점에인가 그런 시나리오는 불가능하다고 알렸음도 분명하다. 손실을 줄여야 합니다. 혼란을 피하고 이슬람주의 세력이 권력을 잡는 걸 막으려면 무바라크를 하야시켜야 합니다. 정정(政情)이 불안해지면 이스라엘에도 악영향을 끼칠 수 있습니다. 결국 미국도 동의했다. 나는 군부가 틀림없이 워싱턴과 상의했고, 이 과정에서 독자적 이해를 바탕으로 합리적인 결정을 내렸다고 본다.

3. 첫 달

최고군사협의회가 2월 10일 소집돼, 그와 같은 결정을 내렸다. 최고군사협의회는 어떤 지위를 갖고, 구성원은 누구인가? 그 기구는 어떻게 운영되는가?

최고군사협의회는 이론상 국가가 전쟁에 돌입했을 때 소집된다. 그래서 1967년과 1973년에 소집됐고, 국군 통수권자로서 대통령이 회의를 주재했다. 1967년에는 나세르, 1973년에는 사다트였다는 얘기다. 2월 10일 소집된 회의에는 무바라크가 없었다. 한 군사 전문가가 텔레비전에 나와 국군 통수권자 없이 저절로 이루어진 소집이었다고 해명하는 촌극이 벌어진 이유다. 항명 내지 하극상과 다를 바 없었고, 무바라크 정권이 끝났다는 얘기였다.

그 후로 최고군사협의회는 계속 회기 중이며, 국방부에서 만남을 갖고 있다. 국방부 장관, 참모총장, 다섯 개 군종의 우두머리, 이집트를 분할하고 있는 5개 군사 권역 사령관, 정보, 법률 등 특무 부대장들이 협의회를 구성한다. 하지만 상황을 좌지우지하는 것은 앞에서 차례대로 열거한 12명이다. 우리가 아는 한 결정은 합의제 방식에 따라 집단으로 내린다. 최고군사협의회는 지금까지 돌아가면서 자신을 변호하는 신중함을 발휘했다. 이것은 2~3명이 협의회를 장악하고 있다는 인상을 주지 않으려는 꼼수다.

협의회 의장인 국방부 장관 탄타위(Tantawi)는 오랫동안 무바라크와 협력했다. 위키리크스(Wikileaks)에서 얼마 전에 폭로한 미 전통문(傳通文)을 보면, 중간 간부급의 장교들이 그를 무바라크의 '푸들'이라고 부른다는 굴욕적인 얘기가 나온다. 탄타위의 현재 역할을 당신은 어떻게 평가하는가?

탄타위는 국방부 장관이 되기 전에 대통령을 경호하는 공화국 수비대 사령관이었다. 국방부 장관으로 임명되면서 그는 1인2역을 하게 됐다. 그는 군부 인사이면서 동시에 대통령을 정점으로 하는 정치기구에도 속하게 됐다. 사다트 시절 이래 국방부 장관은 국민민주당 당원 자격을 가질 수 없었음에도 불구하고 말이다. 탄타위가 무바라크와 가까운 협력자였다는 것은 맞다. 하지만 그는 무바라크를 버려야 함을 알았다. 그래서 정치인 역할을 내던지고 군부와 함께하기로 했다. 탄타위는 현재 나이가 일흔다섯이다. 그가 최고군사협의회에서 얼마나 많은 권위를 행사하는지는 분명치 않다.

무바라크가 하야하고 봉기를 진압하라고 임명된 또 다른 절친한 친구 아메드 샤피크 총리가 3월 3일 축출됐다. 최고군사협의회도 어쩔 수 없이 이를 수용했다. 확실히 그들 자신이 주도한 것이 아니라는 점에서 전환점이라고 말할 수 있을까?

샤피크는 공군 장성 출신으로, 무바라크한테서 비행기 조종과 다른 여러 가지를 배웠음을 항시 자랑했다. 무바라크는 그를 공군 사령관으로 임명했고, 둘은 항상 절친했다. 둘이 사돈 관계라고 많은 사람들이 이야기한다. 무바라크는 샤피크를 퇴역 후 민간항공부 장관으로 임명했다. 새로운 대형 국제공항과 이집트 국영 항공사 쇄신 건 등 떡고물이 엄청난 자리였다. 요컨대 그는 총리로 임명되기까지 거의 10년간 집권 여당을 대표하는 민간 정치인이었다. 하지만 총리가 된 샤피크는 참혹하리만치 형편없이 처신했다. 그는 시위대를 조롱했다. 타흐리르 광장이 하이드 파크(Hyde Park)의 정치 발언대를 조잡하게 흉내낸 것이라고 무시했고, 거기 모인 사람들에게 사탕과 초콜릿을 나눠주겠다고 했다. 하지만 2월 2일 시위대가 받은 건 경찰이 고용한 폭력배의 잔인한 공격이었다. 신속하게 정의를 실현하겠다는 그의 약속은 죄다 거짓말임이 드러났다. 그가 곤란한 질문을 던진 기자들을 모욕한 사실도 유명하다. 샤피크는 무바라크가 하야하는 일은 없을 거라고 단호하게 선언하더니, 곧이어 1월 25일 시위를 '위대한 혁명'이라고 치켜세웠다. 그런데 샤피크가 샤름 엘셰이크(Sharm El-Sheikh, 이집트 시나이 반도 남단의 고급 휴양지—옮긴이)에 있는 사치스러운 은신처에서 여전히 무바라크와 접촉 중이라는 사실이 기자들의 보도로 만천하에 공개되었다.

샤피크는 3월 2일 총리 신분으로 토크쇼에 나갔다. 나귀브 사위리스(Naguib Sawiris)와 인기 방송인 함디 칸딜(Hamdi Kandil), 소설가 알라 알아스와니(Alaa Al-Aswany)도 출연했다. 나귀브 사위리스는 콥트 출신의 백만장자 통신 기업인으로 자유주의 성향의 예술 후원 활동 덕에 이집트의 조지 소로스라 불리는 인물이고, 함디 칸딜은 무당파이며, 알라 알아스와니는 『야쿠비안 빌딩』의 저자다. 샤피크는 그 자리에서 2월 2일 타흐리르 광장 침탈 사건 및 봉기 과정에서 경찰 폭력으로 사망자와 부상자가 속출했음에도 아무한테도 책임을 묻지 않은 것에 대해 공개적으로 비난과 책망을 받았다. 최근의 보도에 따르면 사망자가 685명, 부상자는 5천 명이 넘는다고 한다. 알아스와니는, 신임 내무부 장관 마흐무드 와그디(Mahmoud Wagdy)가 사람들을 죽인 건 외국인 저격수들이고 경찰은 임무를 훌륭하게 수행했다고 여전히 주장하는데, 도대체 어떻게 그럴 수 있는 거냐고 샤피크에 따져 물었다. 와그디는 반란 중에 처음 내무부 장관으로 임명되었고, 무바라크 축출 후 샤피크에 의해 다시 임명됐다. 샤피크는 흥분해서 이렇게 맞받아쳤다. "나한테 얘기하면서 애국자 행세 하지 마시오!" 칸딜은 국민이 샤피크를 거부하는 게 분명한데도 계속해서 자리를 유지하는 게 부끄럽지 않느냐고 노골적으로 대들었다. 전 국민을 상대로 이런 설왕설래가 오간 후 24시간이 채 안 돼 샤피크는 자리에서 물러났다.

그 특별한 일화를 듣자 하니 여러 매체가 수행한 상이한 역할이 더 포괄적인 차원에서 궁금해진다. 텔레비전, 신문, 라디오, 사회관계망 서비스는 봉기 전·중·후에 어떤 역할을 담당했나? 관련해서 뭐라도 얘기해줄 수 있겠는가?

매체들의 경우 40년 동안 전부 국가가 통제했다. 먼저 나세르 시절에는 국민 지도부가, 다음으로 사다트 치하에서는 공보부가 미디어를 관리했다. 그러던 것이 1990년대로 접어들면서 무바라크의 허락 아래 독립 언론이 등장했다. 의미 있는 반대 세력은 더 이상 존재하지 않는다는, 내가 앞서 언급한 자신감이 있었던 것이다. 얼마간의 신문과 위성 텔레비전 채널, 쟁쟁한 독립 영화 한 편이 대통령과 그 일가, 나라의 상황을 공개적으로 비판하고 나섰다. 넘어서는 안 되는 금기 항목은 몇 가지뿐이었다. 「야쿠비안 빌딩」 같은 영화가 이집트에서 제작되었다는 사실에 많은 외국인이 깜짝 놀란다. 하지만 정권에 비판적인 다른 영화도 많았으며, 일부는 더하면 더했지 못하지 않았다. 이 모든 일이 어떻게 가능했을까? 반대 여론을 조직하지만 않으면 이런 얘기는 그저 말뿐이라는 정권의 태도가 크게 작용했다. 그들은 안전한 배출구의 유용성을 알았다. 사람들이 가끔씩 울분 따위를 발산하도록 허용하는 것이 체제 유지에 더 좋으리라는 논리였다. 하지만 역사도 중요했다. 이집트에서 영화가 처음 제작된 게 1920년대였다. 1960년에 시작된 텔레비전 방송은 아랍 지역 최초였다. 요컨대 이집트의 문화 전통은 중동의 다른 국가가 상대가 안 될 정도로 유구하다. 위성방송과 인터넷 등 신기술을 봉쇄하는 게 어려웠던 이유다. 정권은 표현의 자유를 허용하고 일정한 한계 안에 묶어두는 게 더 현명하다고 판단했다.

새로 전개된 풍경에서 정치적으로 가장 중요했던 것은 텔레비전 토크쇼다. 이런 토크쇼는 독립 위성 채널들에서 밤에 내보낸다. 진행자는 입장이 분명하고 낮 동안의 온갖 사안이 토론되고 논쟁되는데, 두세 시간은 보통이고 훨씬 길어지기도 한다. 이 가운데 이집트인들이 나라 상황을 파악하기 위해 매일 저녁 촉각을 곤두세우며 시청한 프로그램이 네댓 개 정도 됐다. 물론 정권은 막판에 일부를 표적으로 삼았다. 어떤 것은 방송이 금지됐고, 다른 것은 비판의 강도가 누그러졌다. 하지만 방송국 자체가 완전히 문을 닫지는 않았고, 반란 중에 중요한 역할을 수행할 수 있었으며, 그 역할은 이후로도 계속되었다. 해외에서는 페이스북이 봉기에서 중요한 역할을 한 것으로 많이들 생각한다. 항의 시위가 벌어진 처음 며칠 동안 페이스북이 젊은이들 사이에서 중요한 구실을 한 것은 사실이다. 하지만 대다수의 평범한 이집트인은 토크쇼를 훨씬 더 많이 봤다. 봉기가 개시돼 일정에 오르자 방송 제작자들은 시위대를 토크쇼에 초대해 출연시켰다. 그들은 경찰관, 기자, 상인들을 인터뷰하면서 공개 토론장 구실을 했고, 그 효과는 엄청났다.

무바라크가 축출되자 군부도 결국 민중의 요구에 굴복했다. 공보부가 폐지된 것이다. 국영방송이 순식간에 논조를 바꾼 사건은 한 편의 소극을 보는 듯했다. 그들은 전직 대통령과 그 가족을 비난했고, 그를 전복한 운동을 찬양하는 방송을 내보내기 시작했다. 하지만 아무도 그들을 신뢰하지 않는다. 시청자들이 관심을 기울이는 것은 독립 토크쇼다. 청년들을 집단으로 조직한 활동가들이 방송에 나와 환대받았다. 헌법 개정 위원들이 이들 방송에 출연해 활동을 설명했다. 최고군사협의회 대변인들이 네 시간 동안 시청자들의 문의 전화에 일일이 답했다. 무슬림 형제단과 다른 야당 세력 지도자들도 특집물로 편성돼 출연했다. 간단히 말해, 모든 행위자가 다 함께 정치 드라마를 써내려가고 있는 것이다. 사람들은 이들 프로그램을 보면서 이집트에서 무슨 일이 벌어지고 있는지만을 아는 게 아니다. 사람들 자체가 정치적 사건이다. 샤피크가 관련된 최근 일화가 이를 증명한다.

샤피크의 뒤를 이은 내각은 어떤가? 그들의 성격은?

신임 총리 에삼 샤라프(Essam Sharaf)는 카이로 대학에서 교통공학을 가르치던 공학자다. 그는 2004년 나지프 내각에서 잠깐 교통부 장관을 하다가 갈등 끝에 사임했다. 샤라프 총리는 봉기 때 타흐리르 광장에 나타나 광장 점거자들을 지지한다고 선언했다. 시위대가 최고군사협의회에 정부 수반으로 제안한 여러 명 가운데 그가 들어간 것은 이 때문이다. 가장 중요한 부처 세 개를 보자. 외무부 장관직은 나빌 엘아라비(Nabil El-Araby)에게 돌아갔다. 그는 사다트를 수행하고 캠프 데이비드에 갔지만 베긴(Begin, 이스라엘의 정치가―옮긴이)과의 협약에 반대한 외교관으로, 이후 여러 유엔 기관과 국제사법재판소에서 활약했다. 내무부 장관 만수르 알에사위(Mansour Al-Essawi)는 사이드 지역 최남단 출신의 치안국장으로 부패 청산 노력이 유명하며, 정권에서 소외돼 파리를 오가며 살고 있었다. 그는 이미 국가안보조사부를 해체했다. 법무부 장관 모하메드 압델라지즈 엘귄디(Mohamed Abdelaziz El-Guindy)는 검찰총장 출신의 독립심 강한 재판관이다. 법무부는 선거를 관리 감독하기 때문에 정치적으로 중요하다. 다른 주요 인사로 재무부 장관 사미르 라드완(Samir Radwan)과 사회복지부 장관 구다 압델-칼레크(Gouda Abdel-Khaleq)가 있다. 둘 다 좌파 성향이 분명한 경제학 교수다. 기실 압델-칼레크는 허가받은 공산당인 타감무당의 일원이다.

그렇다면 좌파가 무바라크와 협력했다는 얘기인가?

'자유장교단'이 권력을 잡은 1952년에 이집트에는 세 개의 공산주의 조직이 있었다. 이집트 공산당, 노동자전위당, 민주주의 민족해방운동이 그 셋이다. 세 번째 조직은 처음부터 나세르와 유착했다. 나머지 둘은 그러기를 거부했고, 나세르의 탄압을 받았다. 시간이 흘러 1960년대에 나세르는 두 당의 조직원을 석방했다. 공산주의 운동 전반을 해소하고 아랍사회주의연맹에 가입해야 한다는 단서가 붙었다. 공산주의 계열의 엘리트 지식인들을 끌어들이는 것이 그의 계획이었다. 나세르는 그들을 공직에 임명했다. 그렇게 해서 평당원 운동이 말살됐다. 이런 상황이 1970년대까지 계속됐다. 그러던 차에 사다트가 칼레드 모히에딘(Khaled Mohieddin)을 불러 당을 하나 만들도록 지시했다. 모히에딘은 공산주의자들과 친분을 유지해온 자유장교단 출신으로 1954년에 나세르에게 숙청당했다. 공산주의 잔당 세력을 규합해 국민민주당에 충성하는 소규모 야당 세력을 만드는 게 그의 임무였다. 모히에딘의 주도로 그렇게 탄생한 민족진보통합당, 곧 타감무당은 공산주의 계열 좌파 지식인들의 꽤나 듬직한 안식처가 돼주었다. 2003년 모히에딘이 당수에서 물러났고, 새 지도자 라파트 엘사에드(Rafaat El-Saeed)와 무바라크 사이에 타협이 이루어졌다. 둘은 이슬람주의가 공동의 적이라는 구실을 대면서 이 합의를 변호했다. 이집트 공산주의는 이처럼 1990년대와 새 세기의 첫 10년 내내 정부와 철저하게 제휴했다. 그럼에도 불구하고 꽤나 유능한 지식인이 여전히 이쪽 계열에 존재한다. 대표적인 예로 현재 내각에 참여 중인 두 사람을 꼽을 수 있겠다.

무바라크가 하야한 지금까지도 혐오의 대상인 비상계엄이 철폐되지 않는 이유는?

군부는 새 대통령과 의회가 선출돼 자리잡으면 비상계엄을 폐지하겠다고 약속했다. 사태의 실상을 보면, 이들 계엄 법령은 1948년 이래 거의 항상 존재해왔다. 비상계엄법들은 어떤 의미에서 형식에 불과하다. 국가 자체보다는 상황과 현상을 상징하는 것이다. 진정한 문제는 경찰의 사고방식과 문화다. 비(非)계엄 관련이든 다른 것이든 그들에게는 법 자체가 안중에 없다. 경찰은 하고 싶은 일은 뭐든지 할 수 있다고 생각한다. 전화를 도청하고, 집을 수색하고, 감옥에 처넣고, 구타하는 등속의 온갖 것을 말이다. 비상계엄법이 폐지되더라도 20년간 거리를 활보한 경찰관은 여전히 이해하지 못할 것이다. 마약을 거래한다고 의심되는 사람의 전화를 도청하는 데 법원 명령서가 왜 필요한지, 심문에 응하지 않겠다는 용의자를 왜 마구 때리거나 전기로 고문할 수 없는지를 말이다. 경찰관들은 일을 하려면 그 방법밖에 없다고 알고 있기 때문에 그렇게 한다.

　대중은 이런 일상적인 억압에 크게 분노한다. 원한이 깊다고 말해도 좋을 정도다. 카이로에서 꽤나 부자 동네인 마디(Maadi)에서 몇 주 전에 발생한 한 사건을 통해 어떤 긴장이 조성되고 있는지 알 수 있다. 젊은 경찰관 한 명과 버스 운전기사가 차량 통행 문제로 싸움이 붙었다. 화가 난 경찰관이 권총을 뽑아 들고 시민의 팔에 총을 쏴버렸다. 이번에는 지나가던 사람들이 발길을 돌려 외면치 않고 경찰관을 초주검이 될 정도로 패버렸다. 분노가 극에 달해 있는 것이다. 경찰이 아무렇게나 폭력을 행사하는 문화가 계속되는 한 이런 일이 일어날 가능성이 아주 크다. 비상계엄법들은 폐지돼야 한다. 하지만 이런 변화를 이룩하기 위해 가장 시급한 일은 보통 사람들에게 자율권과 권한을 주는 것이다.

튀니지의 집권 여당은 위법 정당으로 선포됐다. 어떤 면에서는 벤 알리(Ben Ali)의 독재가 무바라크보다 훨씬 억압적이었다. 하지만 국민민주당도 집권 여당으로서 튀니지의 네오 데스투르(Neo Destour, 신헌법자유당 ─ 옮긴이)와 상당히 비슷하다. 국민민주당의 미래를 전망하면?

집권당을 법으로 금지할 수 있다면 매우 상징적인 조치가 될 것이다. 사회·경제적 풍경이 급격하게 바뀌지 않는 한, 거기 똬리를 튼 세력들이 결국에 가서는 다른 결사로 헤쳐 모일 것이기 때문이다. 요컨대 국민민주당을 지금 해산하고 그 지도자들의 향후 총선 출마를 금지하며 4년 후에나 다시 모일 수 있도록 허용하면, 더 철저하게 개혁될 가능성이 있는 게 사실이다. 그러나 국민민주당은 십중팔구 선거에서 상당한 득표를 해 경제적·정치적으로 여전히 중요한 역할을 맡을 것이다. 국민민주당은 상명하복의 네트워크가 강고하게 유지되고 있다.

자산을 빼앗는다면 어떨까?

국민민주당은 당 명의로 직접 소유한 자산이 많지 않다. 그들이 갖고 있는 중요한 토대는 두 가지다. 첫째, 그들은 공무원을 장악하고 있다. 600만 명의 공무원이 항상 국민민주당을 지지하며 표를 던졌다. 공무원 예산은 국민민주당의 돈보따리다. 국민민주당은 공무원 조직을 언제나 가동할 수 있었다. 그 특권은 이제 사라질 것이다. 하지만 국민민주당의 두 번째 토대는 그리 쉽게 와해될 것 같지 않다. 민간 부문 사업가와 부유한 지주들이 국민민주당을 구성한다. 그들은 보유 재산을 활용해 당을 지지하고 떡고물을 챙겼다. 투자 회수는 확실해야 했던 것이다. 그들은 재산을 몰수당하지 않았고 실지(失地)를 회복할 수단이 있다. 공무원들이 국민민주당에서 빠져나가는 시점이 결정적 계기가 될 것이다. 얼마나 빠져나갈지는 여전히 두고 볼 사안이다. 국민민주당은 오랜 세월 닦아놓은 비공식 네트워크가 많다. 과연 이것들이 어느 정도까지 붕괴할까?

선거를 치르게 되면 여당이 상당히 선전할 거라는 얘기인가?

국민민주당의 올해 선거 참여가 허용되면 틀림없이 그럴 것이다. 낙관론자들은 의석의 3분의 1이 국민민주당으로, 3분의 1은 무슬림 형제단이, 나머지 3분의 1이 그 밖의 온갖 세력에 돌아갈 것으로 본다. 국민민주당과 무슬림 형제단이 전체 유권자의 80퍼센트를 나눠 가지리라는 비관적인 견해도 있다. 가장 낙관적인 전망조차 국민민주당이 법으로 금지되더라도 무소속으로 출마하지만 사실상 구질서를 대변하는 사람들이 의석의 3분의 1 이상을 차지하리라고 예측한다. 독재를 무너뜨린 세력이 국회에서 소수에 불과해지는 것이다.

헌법이 어떤 모양새를 취하든 대통령에게 광범위한 권력을 부여할 것 같다. 누가 대통령이 될지 예상해볼 수 있을까?

여당 관련 인사가 대통령이 될 수 없다는 것은 분명하다. 현재까지 3~4명 정도가 후보군으로 떠올랐다. 아랍연맹 사무총장 아므르 무사(Amr Moussa)는 최근 몇 년 동안 정권에 의해 다소 소외되었지만 10년 동안 무바라크 밑에서 외무부 장관을 했다. 독재 체제와의 관계가 훨씬 덜한 엘바라데이 역시 중요한 경쟁자다. 고등재판관 히샴 알바스타웨이시(Hisham Al-Bastaweissy)도 빼놓을 수 없다. 그는 정권을 신랄하게 비판했고 오랫동안 사법부 독립을 요구했다. 모하메드 압둘 살람 마구브(Mohamed Abdul Salam Mahgoub) 얘기도 들린다. 육군 정보부대 대령 출신인 그는 알렉산드리아 지사로 큰 성공을 거두며 인기가 대단했고, 중요성이 떨어지는 지역개발부 장관으로 영전했다. 사람들은 이런 연유로 그가 집권 여당의 최고위층 출신이라는 점을 못 보고 있다. 무슬림 형제단은 독자 후보를 낼 계획이 없다고 했다. 하지만 누가 됐든 무슬림 형제단의 지지를 받으면 엄청난 표를 확보하게 된다.

무슬림 형제단은 이제 지상으로 올라왔다. 그들의 정치 노선을 예상하면?

완전히 새로운 상황이 펼쳐지고 있으며 주요 세력이 모두 재정립 중이다. 무슬림 형제단의 세가 과거보다 약화될 것으로 보는데, 이유는 여러 가지다. 잔인한 권위주의 체제에 반대함을 분명히 했고 다수의 투사가 고문당하고 옥사했다는 사실에서 무슬림 형제단의 힘이 주되게 비롯했다는 것이 가장 중요하다. 하지만 제한적일지라도 민주정체에서는 더 이상 순교자가 필요 없다. 무슬림 형제단이 엄청난 지지를 받은 또 다른 이유는 빈민에게 거의 또는 전혀 시혜를 베풀지 않은 부패한 체제 내에서 그들이 사회복지 혜택을 제공하며 실질적 도움과 연대를 구축했기 때문이다. 하지만 사상 처음으로 대중의 요구에 신속하게 반응하는 정부가 등장하면 이런 매력도 감소할 것이다.

무슬림 형제단 내부에서 구파와 신파가 오랫동안 갈등해왔음도 보태야겠다. 구파는 감옥에서 인생의 대부분을 보낸 사람들이다. 그들은 은밀하게 활동하면서 지하운동을 건설했지만 이상주의에 사로잡힌 청년 개혁가들은 그런 경험이 없으므로 자신들의 권위에 따르라고 요구한다. 하지만 정치 활동이 공개적으로 이루어지게 됐고, 이런 상투적인 논변은 더 이상 호소력이 없다. 죽어 나갈 위험이 사라졌고 조직을 탈퇴하면 모든 걸 망치게 된다는 얘기가 더 이상은 믿기지 않게 된 것이다. 무슬림 형제단이 중요한 세력으로 부상할 수는 있겠지만, 우리가 지금껏 알아온 조직은 더 이상 아닐 것이다. 무슬림 형제단은 이슬람 정체성이 더 모호한, 이전과는 다른 종류의 조직이 돼야만 할 것이다. 비슷한 예로 터키의 AKP(정의발전당—옮긴이)를 떠올려볼 수 있겠다.

'1월 25일 연대'와 봉기 과정에서 탄생한 제 세력은 어떤가?

모인 사람들이 아주 이질적이다. 지금까지는 이 전선체가 단일한 정당으로 통합할 수 있으리라는 징후를 어디에서도 찾아볼 수 없다. 만약에 그렇게 된다 해도 내부에서 결정적 주도력을 행사하는 집단은 자유주의자들일 것이다. 하지만 자유주의자들은 좌파 및 이슬람주의자와 함께하는 것이 껄끄러울 것이다. 커다란 자유주의 조직 한 개에 자그마한 좌파 및 개혁주의 이슬람 세력이 난립하는 시나리오의 가능성이 더 크다. 운동 잠재력이 소진되면서 지금 그쪽으로 사태가 전개되는 것 같다. 그들이 차이를 뛰어넘어 진정 급진적인 하나의 정당으로 뭉칠 수 있으리라는 희망은 비현실적이다. 기본이 되는 갖은 사안에서 그들의 의견이 다르다. 협력을 통해 투표수의 3분의 1을 차지할 수는 있을지도 모른다. 요컨대 그것이 최상의 시나리오다.

오늘날의 이집트에서 자유주의자들은 누구인가? 그들은 미래를 어떻게 내다보는가?

엘바라데이 주위로 모인 사람들, 그와 가장 가까운 정당인 민주전선을 자유주의 세력으로 불러야 맞을 것이다. 봉기가 시작될 때 페이스북에서 궐기를 호소한 사람들도 마찬가지다. 아이만 누르(Ayman Nour) 지지자들과 그가 투옥 전에 창당한 엘가드당(El-Ghad party)도 자유주의 세력이다. 자유주의 경향 조직자들의 다수는 와프드당 출신이다. 군주제 아래에서 진보적 민족주의를 표방한 역사적 와프드가 복귀하는 느낌이다. 언론계와 지식인 사회를 보더라도 와프드가 이집트의 주요 정치 세력이었던 시대에 대한 엄청난 향수가 존재함을 알 수 있다. 기실 문화계 전반이 그렇다. 지난 5~6년 사이에 1920~40년대의 이집트를 조명하는 작업이 활발하게 이루어졌다. 그 시기를 자유주의적 유토피아로 이상화하는 소설과 영화가 양산된 것이다. 알아스와니가 대표적인 사례다. 이슬람주의자들이 누려온 특혜 가운데 하나는 예언자 마호메트와 그의 메디나(Medina) 생활 이미지가 사람들의 마음을 잡아끈 데서 비롯했다. 돌아가야 할 또 다른 종류의 유토피아로 제시되었던 것이다. 현재 이집트인의 마음을 사로잡은 것은 1920년대의 황금시대다. 모든 대통령 후보자가 더 선량하고 더 개방적이며 세계시민적이었던 1920년대의 이미지를 주워섬기며 환기하고 있다.

4. 전망

수정 헌법(개헌안)에 관한 국민투표는 어떻게 평가할 수 있을까?

최고군사협의회가 헌법수정위원회를 구성했다. 이슬람주의에 동조하는 법학자이자 역사가인 타레크 엘비슈리(Tareq El-Bishri)가 헌법 개정 책임자였고, 무슬림 형제단의 일원 한 명도 위원회에 참여했다. 엘비슈리가 선택된 것은 특기할 만하다. 그가 이집트에서 가장 중요한 지식인 가운데 한 명이어서가 아니다. 그의 역사 관련 주저가 제2차 세계대전 종전부터 7년 후 일어난 쿠데타 사이의 이집트 정치를 다루는데, 다음의 문제의식을 골자로 하고 있기 때문이다. 1940년대 후반과 1950년대 초의 활기찼던 가두 정치는 혁명적 운동과 대안이 넘쳤지만 권력을 잡는 데 실패했고, 결국 군부가 득세하는 길을 터주고 말았다. 도대체 어떻게 된 것인가? 군부가 1952년에 어떻게 급진적 항의 행동에 편승해 혁명을 훔쳤느냐가 엘비슈리의 주된 관심사 가운데 하나라는 얘기다. 그가 최고군사협의회에 의해 헌법 개정 책임자로 임명되고 나서 한 모든 인터뷰를 봐도 다시는 이런 일이 못 일어나게 하겠다는 굳은 결의를 읽을 수 있다.

위원회는 일련의 변화를 담은 개정안을 제출했다. 독재 정권이 대통령 후보자 자격을 제한하던 것이 폐기됐다. 대통령 임기가 5년에서 4년으로 줄었고, 최대 두 번까지 연임할 수 있도록 했다. 국가 비상사태를 선언할 수 있는 대통령의 권한을 6개월로 제한하고, 국민투표로만 연장할 수 있게 했다. 개헌안은 군부의 강요로 3월 19일에야 유권자들에게, 그것도 퉁명스럽게 공개되었다. 무슬림 형제단과 살라프주의자(금욕주의적 무슬림)들이 이끄는 이슬람주의자들 및 국민민주당은 수정 헌법의 승인을 요구했다. '1월 25일 혁명청년연대', 엘바라데이와 그 밖의 대통령 후보들, 자유주의 및 좌파 세력은 개정안에 반대했다. 그들은 독재 정권이 만든 헌법을 왜 수선하느냐고 이의를 제기하며 차라리 새 헌법을 민주적으로 제정해야 한다고 주장했다. 개정안에서는 촉박한 일정으로 의회를 구성하고—2011년 가을—그 의회가 헌법 제정단을 임명해 새 헌법을 작성케 하라고 요구했다. 국민투표를 지지하는 사람들은 군부가 권력을 공고히 할 위험을 줄여야 한다고 주장했다(엘비슈리의 논리를 따르는 것이다). 국민투표를 거부하는 사람들은 역사가 가장 오래됐고, 그래서 확고하게 똬리를 틀고 있는 두 조직, 곧 국민민주당과 무슬림 형제단이 향후 정국을 주도하도록 하기 위해 꾀죄죄하기 이를 데 없는 국민투표를 밀어붙이는 것이라고 주장했다. 두 조직 다 나름으로 철저하게 보수적이며, 군 최고 지휘부의 심기를 거스를 가능성도 거의 없다.

투표율이 41퍼센트였다. 어떻게 판단해야 하는가?

이집트 기준으로 보면 꽤 높은 투표율이다. 전체 인구가 8500만 명가량 된다. 이 가운데 투표권자가 4500만 명이고, 1800만 명이 투표한 셈이다. 옛 정권 아래에서 치러진 각종 국민투표나 선거의 공식 통계와 비교하면 투표율이 낮아 보인다. 하지만 그것들은 다 사기였다. 사람들이 대규모로 투표하는 게 목격된 바 없기 때문에 이는 분명한 사실이다. 이번에는 상황이 완전히 달랐다. 카이로의 경우 모든 투표소가 인산인해를 이루었다. 아침 7시부터 밤 8~9시까지 줄이 길게 늘어섰다. 물론 짐작할 수 있다시피 대도시들의 투표율이 가장 높았고, 농촌은 그에 비해 훨씬 낮았다. 엄밀하게 따지면 전체 인구의 약 60퍼센트가 여전히 농촌에 거주한다. 실제로는 그 대다수가 소읍 규모의 촌락에 살고 있다. 오늘날 농민 자체는 전체 노동 인구의 4분의 1에 불과하다. 선거인 명부 등록에는 문제가 전혀 없다. 이제는 마그네틱 신분증을 다 발급받기 때문이다. 의회 선거에서는 투표율이 훨씬 높게 나올 것이다.

수정 헌법을 지지하는 압도적 투표수인 77퍼센트는 어떻게 해석해야 하는가?

이 사안은 많이 논의됐다. 상이한 사람들이 찬성투표를 하면서 상이한 의미를 부여한 것이 틀림없다. 압도적 다수가 수정 헌법에 찬성한 것은 개정안을 승인해야 국가를 정상화할 수 있다고 생각해서다. 압도적 찬성표가 나온 주된 이유가 이것일 테다. 반대표를 던지면 혼란이 거듭돼 불확실한 상황이 지속되면서 정상적인 삶으로 복귀하는 게 불가능해질 테고, 그게 두려웠다고 말할 수 있는 것이다. 많은 사람이 다시금 생업에 복귀해 경기가 살아나는 걸 보고 싶다면서 찬성표를 던질 거라고 했다. 이런 바람이 개헌안 찬반 투표와 실상 아무 관계가 없다는 사실을 그들은 쉬이 이해하지 못했다. 중요한 요인이 또 있다. 이것도 잘못 안 것인데, 사람들은 헌법 제2조를 보존하려면 찬성표를 던져야 한다고 생각했다. 헌법 제2조는 샤리아(sharia)라고 하는 이슬람법의 원리를 입법의 기초로 천명한다. 사람들은 개정안에 반대하면 기존의 헌법이 폐지되는 줄로 잘못 알았다. 사실은 국민투표 결과에 상관없이 어쨌거나 새 헌법이 제정될 예정이다. 보통 사람들은 바로 이 때문에 개헌안에 찬성표를 던졌다. 그들은 속은 것이지만 충분히 이해할 수 있는 일이다. 물론 조직된 분파 셋이 일반 대중을 선동했다. 국민민주당 잔존 세력, 무슬림 형제단, 살라프 근본주의자들이 그들이다. 뒤의 두 조직의 경우 두 번째 이유에 대한 두려움이 특히 강했다.

헌법 제2조는 언제부터 존재했나?

아는 사람이 거의 없지만, 제2조의 역사는 1923년 제정된 이집트의 첫 헌법으로까지 거슬러 올라간다. 샤리아가 제정법의 주요 원천 가운데 하나라고 천명하는 조문이 거기 들어 있었다. 자유장교단이 권력을 잡은 뒤 제출된 1954년 헌법에도 비슷한 조항이 들어갔다. 제2조의 내용은 1964년과 1971년 헌법들에도 거듭 나온다. 1980년에는 사다트가 두 군데를 손질한 개정 헌법을 제출했다. 샤리아가 제정법의 주요 원천 가운데 하나인 것에서 주요 근거로 격상된 것이 첫 번째다. 대통령의 무한 재선을 허용한 것이 두 번째 개정 내용이었고, 실상 이것이 사다트의 진짜 목표였다. 첫 번째는 두 번째를 은폐하는 수단이었고 일종의 일괄 거래로 국민투표에 회부됐다. 사다트는 헌법 개정안이 통과되자 모든 법이 샤리아의 원리에 부합하는지 확인해 시정과 제정을 강제할 위원회를 설립했다. 그위원회는 5개월 동안 회의를 했지만 내린 결론은 하나도 없다. 이후로 들려오는 소식도 없었고 말이다.

개정안 반대는 카이로에 집중되었다. 39.48퍼센트가 반대했다. 알렉산드리아는 32.87퍼센트, 기자(Giza)는 31.82퍼센트였다. 이 결과를 어떻게 평가해야 하는가?

정상 상태로 복귀하고자 하는 대중의 열망이 강했고 종교에 대한 지지 역시 크다는 점을 고려하면, 카이로에서 기록된 반대투표 규모는 인상적이다. 거의 5분의 2가 반대했다. 개정 헌법 거부 운동을 주도한 것은 자유주의자들과 좌파 세력으로, 이들은 봉기의 중추이기도 했다. 정치 조직화의 측면에서 이들은 여전히 소그룹에 불과하다. 하지만 카이로—기자는 실상 카이로의 연장이다—와 알렉산드리아의 반대투표를 통해 우리는 민주화된 이집트에서 이들 세력의 사회적 지지 기반이 상당할 것임을 알 수 있다. 고등교육을 받은 중간계급이 중요할 테고, 도시 노동자들도 빼놓을 수 없을 것이다. 국민투표가 그토록 촉박하게, 더구나 그 의미와 관련해 혼란이 난무한 가운데 치러지는 상황에서 이들의 조언을 따른 유권자가 그렇게 많았던 것을 보면, 봉기를 지도하면서 정치적 영향력을 상당히 확보했음을 알 수 있다. 하지만 여전히 잠재태인 이 전위적 역할이 신속하게 조직으로 구현되지 않으면 타흐리르의 기억은 이내 흩어져 사라지고 말 것이다. 지금까지는 그런 조직화의 징후가 거의 보이지 않는다. 대다수의 비이슬람 활동 가들은 반란 이전에 벌이던 것과 동일한, 결의만 무성하고 궤변적이기까지 한 논쟁에 여전히 몰두 중이다. 사실상 검열이 폐지됐고, 이제 그들은 더 넓은 무대에서 공개적으로 활동할 수 있다. 하지만 아무것도 바뀌지 않았다는 듯이 사소한 일에 지나치게 신경 쓰는 것 같다.

도시가 아닌 다른 몇 군데서도 반대투표가 전국 평균을 크게 상회했다. 홍해(Red Sea) 주와 사우스 시나이(South Sinai) 주는 각각 36.62퍼센트, 33.06퍼센트를 기록했다. 어떤 이유에서인가?

이슬람주의에 대한 두려움 때문일 것이다. 두 지역 주민은 관광업에 기대어 생계를 꾸린다. 그들은 주류와 수영복이 금지되면 관광산업이 타격을 받을 것으로 봤다. 그들은 종교 집단의 행보에 촉각을 곤두세우며 반대표를 던지는 경향이 있다.

국민투표의 결과를 종합해보면?

새 헌법이 군부 통치 아래에서 기안되어서는 안 된다는 게 그들의 공식 입장이다. 요컨대 민주적 분위기에서 작성돼야 한다는 것이다. 따라서 국민투표가 실시되었으니 의사일정은 다음과 같을 것이다. 일단은 의회 선거가 치러질 것이다. 아마도 9월쯤이겠고, 12월이나 1월 초에 대통령 선거가 있을 것이다. 의회가 6개월 이내에 헌법 제정단을 임명하면, 헌법 제정단이 다시 6개월 동안 헌법을 기안한다. 새 헌법이 마련되면 15일 이내에 국민투표에 회부된다. 반대투표 선동가들은 이 시나리오대로라면 국민민주당 잔존 세력과 무슬림 형제단이 의회를 장악할 테고, 헌법 제정단 역시 마찬가지일 거라고 주장했다. 군부는 헌법 제정단을 당장 선출해도 세력균형은 9월 의회와 똑같을 거고, 따라서 9월 의회 제안에 반대할 이유가 없다고 응수했다.*

---

* [옮긴이] 무바라크 전 대통령 퇴임 뒤 의회가 해산되고 헌정이 중단된 이집트는 군부의 최고 군사위원회에 권력이 임시 이양되었다. 권력을 넘겨받은 최고 군사위 통치 기간에 이집트에서는 민주화 개혁에 미온적인 군부가 재등장할 것이라는 우려로 시위가 계속되었다. 군부 통치에 항의하는 민주화 시위대가 타흐리르 광장을 다시 점거하며 긴장이 증폭되었으나, 결국 2011년 11월과 2012년 1월에 걸쳐 총선이 치러졌다. 이 총선에서 무슬림 형제단의 자유정의당이 의회 다수당으로 부상했다. 이 선거 결과를 놓고 구체제 세력 외에도 기존 야권의 자유주의 정파 등 세속주의 세력들은 의회가 이슬람주의자들에게 장악되었다고 반발함으로써, 이집트 혁명은 세속주의 대 이슬람주의 세력의 대결 양상으로 바뀌기 시작했다. 1월에 첫 소집된 의회는 최고 군사위로부터 입법권을 넘겨받았으나, 이집트 법원은 의회 구성이 선거법을 위반했다는 이유로 해산 명령을 내려, 이집트는 다시 혼란에 빠져들었다. 계속되는 논란 속에서도 5월에 대통령 선거가 치러져, 무슬림 형제단의 자유정의당 후보인 무함마드 무르시(Muhammad Mursi)가 승리해, 6월에 최종 당선자로 선포되었다. 무르시의 취임 전인 6월 16일 최고 헌법재판소는 의회를 해산하는 최종 결정을 확정했다. 다음 날 최고 군사위는 의회 해산을 명령하고, 신헌법을 제정하는 새로운 헌법 회의를 구성할 권한은 자신들에게 있다고 발표했다. 6월 30일

청년혁명연대가 공식적으로 집권 여당의 해산을 요구했다. 또 누가 요구했나?

현재 상황의 최대 쟁점이 바로 이것이다. 그러나 국민민주당의 운명이 어떻게 될지는 아직 확실치 않다. 민중의 요구에 처음에는 미온적이다가 얼마 후에 갑자기 부응하는 것이 최고군사협의회가 지금까지 보여준 행태다. 샤피크 정부 해임 때도 그랬고, 국가안보조사부와 공보부 폐지 때도 그랬다. 따라서 지켜봐야 할 것이다. 분명한 것은 적어도 집권 여당의 유력 인사들만은 다음 선거에 못 나오게 해야 한다는 것이 일반적 정서다. 군부는 조만간에 정당 결성과 선거 규칙에 관해 발표할 거라고 밝혔다.

무바라크 전복 이후 언론의 행보는?

이것 역시 핵심적인 사안이다. 집권 여당을 해체 내지 중립화하라는 요구와 더

취임한 무르시 대통령은 즉각 의회를 해산한 최고 군사위의 명령을 취소하고 의회를 재소집하는 칙령 등을 발표하며 군부 및 사법부와 대결했다. 그는 또 최고 군사위원장인 모하메드 후세인 탄타위 국방장관 겸 군 최고사령관을 전역시키는 등 군부 숙청에도 나섰다. 무르시는 사법부의 반발로 자신의 의회 재소집 칙령을 결국 철회했으나, 신정부 세력이 주도하는 신헌법 제정 헌법 회의 설치를 관철했다.

헌법 회의마저 해산하는 사법부의 판결이 예상되자, 그는 11월 자신의 선포하는 칙령과 법이 신헌법 제정 때까지 최종 권한을 가진다는 초헌법적 조치를 발표했다. 이 조치에는 또한 사법부가 헌법 회의와 상원 등의 의회를 해산할 수 없다는 조항이 포함됨으로써, 사법부의 도전을 무력화하려고 했다. 이집트의 자유주의 정치 세력과 사법부의 판사 등 세속주의 세력들은 이 조치가 '파라오의 칙령'이라며 반발하는 한편, 헌법 회의의 헌법 제정이 종교 및 개인의 자유를 보장하지 못함과 아울러 이슬람주의 세력에 유리하게 편향되어 있다고 주장하면서 광범위한 반정부 시위에 돌입했다. 하지만 12월에 치러진 국민투표에서 신헌법은 승인되었다. 국민 구국 전선을 결성한 반(反)무르시 세속주의 세력들은 신헌법 승인 뒤에도 계속해서 반무르시 투쟁에 나서, 이집트의 혼란은 계속되고 있다. 결국 무라바크 독재 정권을 무너뜨린 이집트 혁명 2주년인 2013년 1월 25일 이집트 전역에서는 광범위한 반정부 시위가 벌어져, 포트사이트 등에서는 걷잡을 수 없는 폭력 사태로 번졌다. 무르시 정부는 포트사이트 등 3개 도시에 무바라크 시대의 상징인 비상사태를 다시 선포하기에 이르렀다.

이집트는 2013년 상반기 다시 의회 선거를 앞두고 있어, 이슬람주의 대 세속주의 세력의 대결은 점점 더 고조되고 있다.

불어 국영 언론 책임자들을 쫓아내야 한다는 요구가 많다. 독재 정권의 악명 높은 대변자들이 별안간 혁명의 수호자를 자처하는 터무니없는 촌극에 대중이 분개해서만이 아니다. 국영 언론이 계속해서 표리부동한 짓을 해왔기 때문에도 많은 사람이 숙정을 원한다. 그들은 온갖 불안을 조장해 혁명이 거둔 위대한 성과를 위협했고, 구질서의 복귀를 편들며 돌연한 공포를 조성했다. 시위대는 국가가 관리하는 텔레비전 방송사와 신문사들의 사장을 쫓아내라고 강력하게 요구했고, 총리는 4월 2일 두 개의 명령을 발동해 그런 인사 열 명 정도를 면직했다.

산업 분야에서는 어떤 일이 일어나고 있나?

아주 모순적이다. 기층의 압력은 거의 없다. 대다수 노동자는 여전히 일상적 요구, 다시 말해 임금, 휴가, 근로조건 따위에 매몰돼 있다. 이것들을 아우르는, 그래서 대단히 중요한 정치적 요구는 지금까지 거의 제기되지 않았다. 물론 위에서는 정치화가 진행 중이다. 신임 노동부 장관 아메드 하산 엘보라이(Ahmed Hassan El-Borai)가 6개월 안에 새 노동법령을 제정하겠다고 약속한 것이 그 예다. 노사 관계를 연구해온 법학자인 엘보라이는 오래전부터 노동자들에게 동조적이었고, 그래서 그들의 신망이 두텁다. 새 노동법은 최저임금 및 독립 노조와 전국 규모의 노동 연맹을 조직할 권리를 보장할 것으로 보인다. 하지만 새 정부는 민간사업체와 국영기업을 마비시키고 경제에 악영향을 끼치는 파업, 항의 행동, 시위, 연좌 농성을 불법화하는 법률도 기안했다. 비상계엄이 발효 중이라는 것이다. 물론 이런 탄압에 독립 노조가 강력 반발하고 있다. 좌파와 자유주의 세력 일반은 말할 것도 없다.

봉기의 동력이었던 자유주의 및 좌파 단체는 상황이 어떤가? 여전히 대동소이한가 아니면 뭔가 변화가 있었나?

불행하게도 바뀐 게 거의 없다. 주요 쟁점 두 가지에서 의견이 갈려 있다. 조직 문제가 그 하나다. 봉기를 이끈 상이한 단체들이 각자의 정체성을 유지할 것인가? 기존 세력 가운데 하나를 중심으로 모일 것인가? 모종의 새로운 조직을 만들 것인가? 민주전선—무바라크 최후 연간에 결성된 여러 자유주의 정당 가운데 하나—을 개조해 다양한 조류가 함께할 수 있을지 타진하는 협의가 몇 번 있었다. 그러나 나이 든 당원들은 아직 당원도 아닌 청년 모리배가 민주전선을 장악하려 한다며 반발했다. 새로 정당을 만들어야 한다고 주장하는 사람들도 있다. 하지만 이 시도 역시 아직까지 실현되지 못했다. 새 정당이 종교에 대해 어떤 태도를 취해야 하는지와 관련해 의견이 분분한 것도 한 원인이다.

　국민투표 국면에서 개정 헌법 반대를 선동했던 진영은 현재 이 중차대한 사안을 마주하고 있다. 종교 문제가 두 번째인 것이다. 자유주의 및 좌파 지식인들은 오래전부터 이집트 문화를 완전히 세속화할 것을 주장했다. 그들은 종교를 사적 영역으로 격하하기 위해, 아니 정치적 결정을 내릴 때만이라도 한쪽으로 치워버리겠다는 목표를 세우고 사람들을 설득했다. 혁명 이후로 많은 이가 이제는 그 주장을 본격적으로 제기해도 좋을 만큼 도덕적 권위가 쌓였다고 판단했다. 하지만 국민투표 결과 이런 태도가 위험할 수 있음이 밝히 드러났다. 다수의 보통 사람은 국가가 세속화되는 것을 단호하게 거부한다. 그들은 이게 중점적인 요구 사항으로 제기되면 본능적으로 입을 다물고 다른 어떤 얘기도 들으려 하지 않는다. 평범한 사람들의 적대감을 불러일으키는 자충수인 셈이다. 이집트에서 이슬람이 차지하는 지위가 존중받아 마땅하며 앞으로도 존중할 것임을 확실하게 천명하는 것이야말로 모든 현실 정치의 조건이라고 주장하는 사람들이 있는 것도 이 때문이다. 자유주의·좌파 진영은 조직과 종교 두 사안 모두에서 여전히 혼란을 보이고 있다.

각종 이슬람주의 세력의 상황은 어떤가?

이야기가 복잡하다. 대충 세 가지 정도로 나눠볼 수 있겠다. 무슬림 형제단은 가장 오래된 조직이고 규모도 가장 크다. 국민투표 국면에서 개헌안 찬성 진영이 승리하는 데 나름으로 역할을 하며 순풍에 돛을 단 듯하다. 그러나 온전한 의미의 정치 무대에 진입하면서 분열 위험도 커졌다. 중도주의 와사트당(Wasat party)은 10년도 더 전에 무슬림 형제단에서 갈라져 나왔고(갓 용인됐을 뿐이지만), 현재 형제단 이탈자들이 속속 결집하고 있다. 이슬람주의 대안이 더 온건해서 적당해 보이는 것이다. 혁명이 시작됐을 때 와사트당의 당원은 70명 정도에 불과했다. 3월의 첫 두어 주가 지나자 형제단에 환멸을 느끼고 와사트당에 입당 신청을 한 수가 무려 3만 명—대다수가 청년이다—이나 됐다. 개혁파로 결집한 형제단 내의 청년 조직도 기존 지도부 전원이 사임하고 외부인의 참관 속에 투명한 민주 선거를 치르지 않으면 독자 정당—나다(Nahda, 부활당)—을 새로 창립하겠다고 선언했다.

두 번째는 근본주의 투쟁가들인 정치적 살라프주의자다. 알가마 알이슬라미야(Al-Gamaa al-Islamiyya)와 알지하드(Al-Jihad)가 주요 조직이고, 군소 그룹이 몇 개 더 있다. 이들 집단은 독재 정권이 평화적으로 바뀔 가능성이 전무하다고 보았고 무장투쟁을 해왔다. 사다트를 암살한 것도 알지하드 일파의 소행이었다. 사다트가 죽고 탄압의 광풍이 몰아쳤으며, 알지하드의 초기 지도부는 일제 검거돼 투옥되었다. 검속을 피해 달아난 사람들—아이만 알자와히리(Ayman Al-Zawahiri)가 가장 유명하다—은 서방의 지원을 받는 정권이 싸워 이기기에는 너무나 막강하다고 판단하고, 전쟁 상대를 '가까운 적'(권위주의 정권)에서 '멀리 있는 적'(권위주의 정권의 서방 동맹국들)으로 바꿨다. 그렇게 해서 알카에다처럼 세계를 무대로 활약하는 무장 조직이 탄생했다. 그들 이탈 집단은 1990년대에 이집트 남부와 도시의 가난한 동네에서 신규 인원을 충원해가며 저강도 내란 투쟁을 이끌었다.

투옥된 두 단체의 살라프주의자들은 5년 전에 정부와 거래를 했다. 내용인즉 경전을 잘못 해석해 폭력의 길로 접어들었으며 더 이상 폭력은 안 된다고 생각하는 이유를 석명(釋明)하는 저술을 하면 풀어주겠다는 것이었다. 신학 내용을 수정하는 두툼한 책이 네 권 출간됐고, 거기에는 그들이 어떻게 그리고 왜 정도에서 벗어났는지가 자세히 담겼다. 그들은 2006년 마침내 석방됐다. 그들도 독자 정당 결성을 모색하고 있다. 무슬림 형제단은 신앙이 너무 해이하고 정치에서 너무 쉽게 타협한다는 게 그 근거다. 그들은 입장을 명확하게 고수하는, 더 통합적인 당이 필요하다고 본다. 살라프주의의 두 진영 알가마 알이슬라미야와 알지하드는 이제 폭력을 거부하고 남들에게 더 엄격한 방식으로 이슬람 경전에 충실하도록 설득할 뿐이라고 주장한다. 그러나 두 단체는 알력이 심각하며, 현재까지의 통합 노력은 성과가 없다. 민주주의가 이슬람을 침해해 훼손한다는 게 당초 그들의 주장이었다. 그들은 모든 무슬림을 단결시켜 칼리프제로 돌아가겠다는 목표를 세웠고, 헌법·의회·선거를 폐지하려고 했다. 그런데 그들의 실질적 지도자인 아부드 알주마르(Abboud Al-Zumar)─군 정보부대 장교 출신으로, 사다트 암살을 배후에서 지휘했고, 30년간 투옥되었다─가 이제는 뉴스에 나와 자기들은 민주주의를 수용하며 이집트가 져야 하는 국제사회의 의무도 존중한다고 선언하는 판이다. 이런 전향에 추종자들이 다 설득될 리 없다. 하지만 사정이 그렇다고는 해도 살라프주의 정당이 하나 만들어지면 조금이나마 득표를 하기는 할 것이다.

기본적으로 정치에 관심이 없는 근본주의 성향이 마지막 세 번째다. 이들 금욕주의자는 코란의 자구에 매몰되어 규율을 엄격하게 준수하는 활동에 대부분의 시간과 정력을 바친다. 경전 해석을 최소화하는 것이다. 그들이 먹는 것, 마시는 것, 입는 것, 하는 행동에 각별히 신경 쓰는 것을 보면 정통파 유대인과 다르지 않음을 알 수 있다. 그들은 일반적으로 권력자들을 존경해야 한다고 주장하며 사회를 도덕적으로 갱생하기 위해 비폭력적 방법으로 노력한다. 그들은 꽤나 내관(內觀)적이며 정치적으로 소극적이기 일쑤였다. 물론 그들도 시아파의 위험성을 경고한다. 수피교도의 기반을 약화시키는 조치가 불충분하다고 불평도 한다. 시아파와 수피즘이 그들의 신앙에 위배되기 때문이다. 하지만 그들은 대개의 경우 도덕률 위반이라고 생각하는 것에만 반대한다. 부도덕하다고 여기는 서적, 가요, 영화를 금지해야 한다고 촉구하는 것이 대표적이다. 요컨대 정치 운동을 건설하는 데 쓸 수 있는 든든한 목재가 아닌 것이다.

그렇다면 세속주의자들과 콥트들이 이집트의 제 이슬람 세력을 두려워할 이유가 거의 없다는 얘기인가?

국민투표 다음 날 알아즈하르(Al-Azhar) 대학 총장 아메드 알타예브(Ahmed Al-Tayeb)가 세 부분으로 구성된 요구안을 정부에 제출했다. 1961년 빼앗긴 대학의 자율권을 되찾겠다는 것이었다. 와크프 토지(waqf land, 신앙 및 자선 활동에 사용할 목적으로 지정된, 양도가 불가능한 땅—옮긴이)와 모스크 통제권을 회복하고, 파트와(fatwa, 이슬람법에 따른 결정이나 명령—옮긴이) 전문가들을 대학으로 재규합하며, 정부가 임명하던 총장도 고위 성직자들의 피선 방식으로 뽑겠다는 것이 요구안의 골자다. 그렇게 되면 알아즈하르는 독립성을 확보하게 돼 종교적 권위의 중심으로 거듭날 것이다. 알아즈하르 대학과 사원은 전통적으로 온건하기 때문에 이렇게 되면 코란을 과격하게 해석하는 일이 줄어들 테고, 이슬람에 양보했다가는 코란의 자구에 연연하는 사람들한테 사사건건 트집을 잡히리라고 염려하는 사람들도 안심하게 될 것이다.

요구안을 낸 총장은 무바라크가 임명했나?

그렇다. 하지만 알타예브는 소르본(Sorbonne)에서 박사 학위를 받은 때깔 좋은 이슬람 학자로, 임명되면서 여당에서 물러났고 상당한 지지를 받고 있다. 다음 총장은 그의 요구에 따라 과거처럼, 이집트뿐만 아니라 전 세계의 이슬람 지역에서 온 학자들의 위원회가 뽑을 것이다. 20세기 초에는 총장이 튀니지 출신이었다.

정치와 사회 과정이 이집트에서 극적으로 펼쳐지는 중이다. 다른 아랍 세계에서 벌어지는 사건들에도 언론과 대중이 많은 관심을 보이는지?

엄청나다. 주변의 격변이 이집트인들에게 끼친 영향은 이중적이다. 예멘, 바레인, 리비아, 시리아, 요르단에서 군대가 폭력을 행사했고, 이집트인들은 그 비극을 목도하며 자국 군대에 감사하는 마음이 크다. 시위대를 겨냥해 총을 쏘고 탱크가 투입될 때 어떤 일이 일어나는지를 아는 것이다. 이집트인들은 현 단계가 아랍 세계 전역에서 펼쳐지는 더 거대한 역사 과정의 일부임도 잘 알고 있다. 그들은 이런 인식 속에서 어떤 안도감 같은 것을 느낀다. 이집트가 자기들만의 혁명으로 고립되었다면 구체제와 억압 기구가 복귀하리라는 예상이 더 지배적일 것이다. 하지만 반동 세력은 주변을 둘러보면서 더 이상은 이런 일이 가능하지 않으리라는 것을 깨달았을 것이다. 그들이 한때 지배했던 세계를 거대한 역사의 파도가 덮쳤다. 이집트인들은 투쟁해서 쟁취한 성과가 쉬이 사라지지 않으리라는 걸 확신하며 더 안전하다고 느낀다. 1월 25일 이전의 과거로 돌아갈 수는 없다고 믿는 것이다.

무바라크가 퇴진했다. 어떤 예상을 할 수 있을까?

두 가지 변화가 단행될 것으로 예상할 수 있다. 경찰이 시민을 잔혹하게 대하는 일은 더 이상 가능하지 않을 것이다. 약자들을 경제적으로 무한정 착취하는 일도 못하게 될 것이다. 이제 민중은 분연히 일어나 싸울 줄 안다. 권리를 지키기 위해 시위하고 파업할 줄 안다. 우리가 진정한 민주주의를 어느 정도까지 향유하게 될까? 전보다 더 민주적이리라는 것은 확실하다. 그러나 완벽하게 민주적일 것 같지는 않다. 두 가지 시나리오를 생각해볼 수 있다. 정부는 집권 여당 인사와 경찰 간부 다수를 사면하려고 할 것이다. 그들이 새롭게 위장하고 재결합할 수 있도록 허용하는 셈이다. 전(前) 정권의 최고위 인사들에게 악행의 책임을 물어야 한다는 합의는 보편적이지만, 나머지는 복귀해 치열한 쟁투를 벌일 것이다. 국민 대다수는 다시금 소극적으로 살아갈 것이다. "앞에서 끌어주고 뒤에서 충성하는" 사회관계가 여전할 것이다. 경찰은 여전히 우쭐대며 하는 일에 비해 많은 보수를 받을 것이다. 나머지 시나리오도 보자. 급진적 열정이 확대되고 정부가 각료들에게 구체제의 하수인들을 척결하라고 명할 수도 있다. 궁지에 몰린 자들이 싸워보지도 않고 순순히 물러나지는 않을 것이다. 권위주의 세력의 반동이 득세할 수도 있고 정치 질서가 더욱 개혁될 수도 있다.

혁명의 물결이 이집트에서 얼마나 강고하느냐에 따라 사태가 달라질 것이다. 운동이 현재와 다름없이 온건한 선에서 실용주의를 고수하면, 전보다야 훨씬 낫겠지만 완벽한 민주주의는 기대할 수 없다. 운동이 세력을 규합하고 기세를 더해가면, 무슨 일이 벌어질지 알 수 없다. 아직까지는 정화돼야 할 갖은 제도와 기관을 장악할 만한 혁명 세력이 존재하지 않는다. 나세르한테는 군대가 있었다. 그는 군인들을 보내 토지개혁을 실시할 수 있었고, 공장을 가동할 수 있었으며, 관료제의 기간요원으로 삼을 수도 있었다. 러시아와 중국에서는 정치 간부들이 그런 과제를 수행했다. 하지만 이집트에서는 정치적 진공상태를 메우고 들어갈 혁명운동 세력이 전무하다. 이런 상황에서 실행력을 담보해주는 조직도 없이 반동 세력을 몰아붙이다가는 반란 자체가 그냥 단순히 요구나 하면서 희망도 없는데 잘될 것으로 낙관하는 군색한 처지로 전락하고 말 것이다(2011년 4월 4일).

[정병선 옮김]

봄과 겨울의 대결

마이크 데이비스(Mike Davis)

　엄청난 격변이 일어나면 비유와 상징이 폭탄의 파편처럼 비산한다. 2011년 항의 행동을 더듬어보자. 아랍의 봄이 계속되고 있다. 이베리아 반도와 그리스의 '뜨거운' 여름을 빼놓을 수 없겠다. 미국의 가을은 '점령당했다'. 흥미진진한 이 사태가 경이적인 해(annus mirabilis)들인 1848년, 1905년, 1968년, 1989년과 비교되는 것은 당연했다. 몇 가지 근본적인 쟁점이 여전히 유효하고, 고전적인 양상이 반복된다는 것은 분명한 사실이다. 독재자들은 전전긍긍한다. 사슬이 끊긴다. 궁전이 함락당한다. 거리는 시민과 동지가 탄생하는 황홀한 실험실로 바뀐다. 급진적인 사상이 별안간 현실적인 힘을 얻는다. '이스크라'(Iskra)가 페이스북이 된다. 그러나 혜성처럼 출현한 이 항의 행동이 겨울에도 계속될까? 눈이 부시기는 했지만 잠시 잠깐 스쳐 지나가는 유성우에 불과한 건 아닐까? 과거 혁명의나날들이 겪은 운명이 경고하듯 봄은 모든 계절 가운데서도 가장 짧다. 파리 코뮌 지지자들이 '다른 세계'를 명분으로 내걸고 싸웠던 때를 떠올려보라. 그들에게 는 실질적인 계획은 고사하고 이상적인 이미지조차 없었다.

하지만 그런 사태는 나중 일이다. 우선은 당장의 문제를 고민해야 할 것이다. 점령자들, 분노하는 사람들(indignados), 유럽의 소규모 반자본주의 정당들, 아 랍의 신좌파 등 새로운 사회운동 세력이 생존하려면 대중 저항에 존재하는 더 깊 은 근원을 전 세계의 경제 재앙과 연결해야 한다. 이는 나아가 (솔직해지자) 현행 의 '수평적 관계'(horizontality) 지향이 조직화 전략을 토론하고 실행할 수 있을 만큼 절도 있는 '위계'(verticality)를 종내에는 수용해야 함을 전제한다. 새로운 세계를 건설하려던 더 이른 시기의 시도들의 출발점에 도달하는 것만도 놀랄 만 큼 긴 여정이다. 그러나 적어도 새로운 세대는 용감하게 그 여정에 첫발을 내디 뎠다.

심화하는 경제 위기가 세계 각지를 덮치고 있다. 이런 상황을 발판으로 좌파 가 빠른 속도로 전 세계에서 부활할까? 나는 다음의 항목들을 검토해보고자 한 다. 역사적으로 특별한 2011년의 사건 몇 가지와 그것들이 향후 여러 해에 걸쳐 야기할 결과를 생각나는 대로 비교적 자유롭게 얘기해볼 텐데, 이는 당연히 독자 여러분의 토론에 기여하고자 함이다. 연극의 제2막은 주로 겨울 장면일 테고, 그 배경으로 브릭스(BRICS)의 수출 주도형 경제성장이 와해되고, 유럽과 미국은 부 진과 침체가 계속된다는 것을 전제해야 할 것이다.

1. 자본주의의 악몽

자본주의의 주빈 자리를 차지한 국가들이 극심한 공포와 공황 상태를 보이는 것에 먼저 경의를 표해야 할 것이다. 이는 1년 전까지만 해도 대다수의 마르크스 주의자조차 도저히 상상할 수 없는 사태였다. 그런데 지금은 기업·언론의 의견 란들에 유령이 출몰하고 있다. 그들은 세계화라는 제도적 틀의 상당 부분이 곧 와해될 테고, 1989년 이후 형성된 국제 질서가 뿌리부터 흔들리고 있다고 염려한다. 유로존 위기와 세계경제의 동반 침체 속에, 민족적 원한과 노여움이 분출해 준(準)독재적 통화 및 무역 블록이 횡행한 1930년대의 세계로 우리가 돌아갈 수도 있다는 인식이 증대하고 있다. 그 시나리오에서는 헤게모니를 발휘해 화폐와 수요를 규제하고 조절하는 일이 더는 가능하지 않다. 미국은 너무 약하고, 유럽은 너무 체계가 없으며, 중국은 수출에 너무 의존한다는 결정적인 약점이 있는 것이다. 이게 다가 아니다. 이류 열강은 너나 할 것 없이 농축 우라늄 확보 정책을 독자적으로 추진할 것이다. 지역에서 핵전쟁이 일어날 수도 있다. 믿기지 않는다고? 그럴 수도 있을 것이다. 하지만 도처에서 분쟁이 끊이지 않았던 1990년대로 거슬러 올라가는 시간 여행이 좋다고 믿는 것도 억지이기는 마찬가지다. 우리의 아날로그 마음은 막 시작된 유로의 분열이나 중국이라는 성장 엔진의 튕겨 나간 개스킷을 변수로 하는 미분방정식들을 풀 수 없다. 2008년 월스트리트가 붕괴한 사건은 여러 전문가들이 나름으로 정확하게 예견했다. 하지만 우리가 들머리에 있는 사태는 카산드라(Cassandra)나 이런 사태의 전문가라 할 카를 마르크스가 세 명쯤 온다 해도 도저히 예측할 수 없다.

2. 사이공에서 카불로

신자유주의의 파멸이 실제로 머지않았다면 워싱턴과 월스트리트를 그 파멸의 대천사로 봐야 할 것이다. 북대서양 양안의 금융 체제와 중동을 동시에 날려 버린 게 바로 그들이기 때문이다(기후 재앙을 완화할 가능성도 이들 때문에 좌초했다). 돌이켜보면 부시가 이라크와 아프가니스탄을 침공한 것은 오만함이 도를 넘은 고전적 행위일 것이다. 기계화부대가 신속하게 승리를 거머쥐는 듯했지만 무한한 힘을 가졌다는 인식이 환상에 불과했음이 이내 드러났다. 기나긴 소모전과 잔학 행위가 뒤를 이었다. 사반세기 전에 옥수스 강(Oxus, 아무다리야Amu

Darya 강의 옛 이름—옮긴이)을 건넜던 모스크바처럼 워싱턴도 최악의 종말을 맞이할 수 있다. 한편으로는 파키스탄의 지원을 받는 탈레반 세력이, 다른 한편으로는 이란의 지원을 받는 시아파가 미국을 방해했다. 워싱턴은 여전히 이스라엘과 일심동체이고, 가증스러운 살인 기계 드론(drone, 무인 항공기—옮긴이)을 하늘에 띄울 수 있으며, 치명적인 NATO 연합 공격을 조직 편성할 수 있다. 하지만 워싱턴은 이라크 주둔 미군의 안전을 보장할 수 없었다. 중동의 반침점 국가에 주둔하는 지상군이 일정 수로 제한되지 않을 수 없었던 이유다. 튀니지와 이집트에서 민주주의 봉기가 발생했고, 오바마와 클린턴은 총애하던 두 정권의 목이 날아가는 사태에 고상을 떨면서 박수를 보내지 않을 수 없었다.

철수를 하면 이익이라는 것은 명백하다. 미국의 군사력과, 국가 재정 및 세계 경제에 끼치는 영향력을 줄이겠다는 목표 사이에서 더 합리적으로 균형을 잡을 수 있는 것이다. 하지만 텔아비브가 만들어낸 미친 계획들이 이를 방해하고 있다. 미국이 철수한다면 사우디아라비아의 절대왕권 역시 치명적인 타격을 받게 될 것이다. 캐나다의 광대한 중유 자원과 앨러게니(Allegheny) 강 유역의 셰일가스(shale gas, 모래와 진흙이 단단하게 굳어진 암석[셰일] 안에 갇혀 있는 가스. 혈암층에 함유된 메탄가스로, 유혈암에 높은 열과 압력을 가해 추출한다.—옮긴이)는 미국이 중동의 유전에 의존하는 사태를 줄여준다. 그러나 일부의 주장과는 달리, 미국 경제가 세계시장의 에너지 가격으로부터 자유로울 수는 없다. 그리고 세계시장의 에너지 가격은 중동의 정치가 결정한다.

3. 아랍판 1848년

아랍의 정치혁명은 아직 끝나지 않았다. 서사시적 범위와 사회 에너지에 비추어볼 때 아랍 혁명은 1848년이나 1989년에 비견될 만한 놀라운 역사 과정이다. 북아프리카와 중동의 지정학이 바뀌고 있다. 이스라엘은 한물간 냉전의 전초기지로 전락했고(그래서 과거 어느 때보다 더 위험하고 예측할 수 없게 됐다), 유럽 연합한테 버림받은(나쁜 일이 아니게 됐다) 터키는 옛 오스만 제국의 영광을 떠올리며 다시금 중추적 영향력을 행사하려고 한다. 이집트와 튀니지의 봉기로 아랍 민중은 NATO가 유포한 엉터리가 아니라 민주주의의 진정한 의미를 되찾을 수 있었다. 과거와 현재의 혁명을 비교해보는 일도 매우 흥미로우리라 생각한다. 아랍의 메가-인티파다(mega-intifada, intifada는 아랍어로 '봉기'라는 뜻임 — 옮긴이)는 1848년과 1989년처럼 지구상의 일정 구역에 자리한 독재 체제에 맞서는 연쇄적 반란 사태다. 이집트는 우선은 프랑스와 비슷한 것 같고, 어쩌면 독일일지도 모르겠다. 오늘날 반혁명 러시아의 역할을 맡고 있는 세력은 사우디아라비아와 페르시아만의 토후국(sheikhdom)들이다. 터키는 적절한 수준의 의회 제도를 통해 경제적 번영을 달성한 지역의 모범으로서, 자유주의적인 영국을 체현한다. 팔레스타인인들은 (극단적으로 비유하자면) 폴란드처럼 가망 없는 존재(lost cause, 지젝의 저서 때문에 흔히들 '잃어버린 대의'라고 하지만, '실패한 존재, 가망 없는 존재'로 옮겼다. 기실 중의적이다. — 옮긴이)를 낭만적으로 상징한다. 시아파는? 슬로바키아인이나 세르비아인 같은 성난 국외자쯤이 아닐까? (『파이낸셜 타임스』는 최근 오바마에게 '우리 시대의 메테르니히'가 되라고 조언했다.)

마르크스와 엥겔스가 남긴 방대한 1848년 관련 저술(과 트로츠키의 이후 주석)을 들춰보면서 이런 혁명들의 근본적 동역학을 궁리해볼 만하다. 시간이 흐르면서 정설로 굳어진 마르크스의 확고한 견해를 하나 예로 들어본다. 유럽에서는 민주주의 혁명이 됐든 사회주의 혁명이 됐든, 러시아를 전쟁을 통해 패배시키거나 내부로부터 혁명하지 않는 한 그 어떤 혁명도 불가능하다는 것이 바로 그것이다. 러시아 자리에 사우디아라비아를 넣어보라. 여전히 논지가 통한다.

4. 정당

이슬람주의 정치 세력으로 수렴되고 있는 대중의 명령은 (어쩌면 오래 지속될 수 없음에도 불구하고) 압도적이다. 1989년 사태로 동유럽의 자유주의자들에게 쏠렸던 지지와 기대가 연상되는 대목이다. 달리 누가 있겠는가? 지난 반세기 동안 이스라엘, 미국, 사우디아라비아—이스라엘과 미국은 침공을 했고, 사우디아라비아는 개종과 전향을 주도했다—가 아랍 세계의 세속적 정치 세력을 거의 말살했다. 마지막 바트주의자(last Baathist, 시리아의 현직 대통령 바샤르 알 아사드Bashar al Assad를 가리킴—옮긴이)가 다마스쿠스의 벙커에서 죽으면 아랍 전역에서 1950년대 이래 득세했던 정치 운동 세력들(나세르주의, 공산주의, 바트주의, 무슬림 형제단)은 무슬림 형제단과 그 경쟁 상대인 와하브파만 남게 될 것이다.

이집트에서 태동한 무슬림 형제단은 '기다림의 미학'을 궁극의 경지로 끌어올린 정치 세력이다. 1940년대 말에 나일 강 유역 지구에서 이미 수백만 명의 대중적 지지를 받았음에도 무려 75년 이상을 기다렸다가 권력을 잡았으니 말이다. 이 노련한 정치 세력이 아랍 지역의 적어도 다섯 나라에서 존속해왔다는 사실은 2011년 봉기와 유럽의 1848년 및 1989년 간의 중요한 차이점 가운데 하나다. 1848년과 1989년 모두에서는 민주주의를 요구하는 민중의 운동이 맹아적 정치 조직밖에 갖지 못했다. 기실 1848년의 경우에는 미국을 제외하면 현대적 의미의 대중정당이라는 게 전무했다. 1989~91년 사태도 보자. 정치조직과 홍보 요령 및 지식이 전무했고, 그 진공을 순식간에 메우며 협박을 일삼은 것은 독일의 보수주의자와 월스트리트 대행자들이었다. 실제의 풀뿌리 지도부 대다수가 밀려나고 말았다.

그러나 무슬림 형제단은 마치 스핑크스처럼 이집트라는 정치 무대에 조용히 등장했다. 대중적 외곽 단체들이 반(半)합법적으로 활동했고, 무슬림 형제단은 빈민들의 중요한 복지망을 포함해 사실상 대안 국가나 다름없는 인상적인 성과를 거두었다. 무슬림 형제단의 순교자 명부(1966년 나세르가 살해한 '레닌 같은 이슬람주의자' 사이드 쿠트브Sayyid Qutb 같은)가 다수의 경건한 이집트인에게 는 아주 친숙하다. 영국인들이 왕들의 계보에, 미국인들이 역대 대통령들에 익숙 한 것과 마찬가지로 말이다. 서양 사람들은 무시무시하다는 이미지를 갖고 있지 만 무슬림 형제단은 자유 시장 이슬람주의를 수용했다. 자유 시장 이슬람주의는 터키의 정의발전당이 주창하는 이데올로기이기도 하다.

5. 이집트의 브뤼메르 18일?

그러나 이집트 총선의 제1단계가 명백히 보여줬듯이 무슬림 형제단은 독실한 대중을 단독으로 대변한다고 더 이상 주장할 수 없게 됐다. 살라프주의에 기초 해 급조된 알 누르(Al Nour) 당이 약 24퍼센트를 득표한 것을 보면(무슬림 형제 단은 38퍼센트) 이집트 사회의 기층에서 격변이 일어나고 있음을 분명하게 알 수 있다. 이제는 살라프주의자들이 (1월 25일 혁명 과정에서 처음에는 기권을 했음 에도 불구하고) 수니파 최대의 기간편성(基幹編成) 조직일 수도 있다는 얘기다. 리야드의 풍부한 자금 지원을 받는 살라프주의자들은 무슬림 형제단의 옛 방식 을 좇아 콥트 교도 및 수피 교도와의 험악하고 불길한 갈등을 조장하고 있다. 두 이슬람 진영의 세력균형은 빵 가격과 군대의 정치 개입 정도에 의해 내년쯤에 결 판날 것이다. 무슬림 형제단이 10년 전에만 권좌에 올랐더라도 세계경제의 성장 속에서 터키형 진로의 매력과 가능성이 증대했을 것이다. 그러나 오늘날은 갖은 풍향계가 전부 파국을 가리키고 있고, (남아메리카의 브라질 모형처럼) 앙카라 패러다임도 경제가 주저앉으며 호소력이 대폭 감소할 수도 있는 것이다.

고통이 계속되고 이슬람이 위협받고 있다는 인식이 강화되면, 청렴하고 반(反) 정치적이며 종파적이라는 이미지가 강한 살라프주의자들의 호소력은 저절로 증 대할 것이다. 이집트 군부의 일부가 살라프주의자들과 전술적이거나 공식적인 동맹을 맺는, 이른바 '파키스탄 군부의 선택지'를 만지작거리고 있으리라는 것은 의심의 여지가 없다. 여러 상황이 이런 시나리오를 추동할 수 있다. 장성들이 대규모 권력 이양에 지속적으로 반발하고, 무슬림 형제단이 경제적 후생이라는 최소한의 대중적 기대에 부응하지 못하며, 자유주의-좌파 연대 세력이 의회에서 다수파로 부상하는 사태가 그런 것들이다. (이스라엘이 한 번만 공습을 해도 이집트 민주주의는 불안정에 빠지고 말 것이다. 수니파 정당들이 이란 공격에는 과연 어떤 태도를 취할까?)

결국 이집트 좌파는 나세르 이래로 마르크스의『브뤼메르 18일』(Eighteenth Brumaire)을 학습하고 있는 셈이다. 그들은 국민투표, 룸펜프롤레타리아, 나폴레옹형 지배자, 감자 부대(sacks of potatoes, 농민을 가리킴 ─ 옮긴이)를 경험을 통해 배우고 있다. 각급의 청년 및 노동자들과 연대한 좌파의 소집단과 네트워크는 1월 25일 혁명뿐만 아니라 11월의 타흐리르 광장 재점거 사태에서도 주축을 이루었다. 새롭게 부상한 좌파와 독립 노조가 공공연하게 조직을 구성하고 운동을 벌일 수 있는 권리를 다수파를 차지한 이슬람주의 정부가 과연 보장할까? 그것이야말로 이집트 민주주의를 가늠할 수 있는 리트머스 시험지다.

6. 지중해 세계의 붕괴

한편으로 구조 조정과 강요된 내핍(긴축)이 남부 유럽에 엄청난 충격을 주었다. 1980년대에 라틴아메리카도 똑같이 파괴됐다. 잔인하고도 얄궂은 양상이다. 북부 및 중부 유럽은 별안간 극심한 기억상실증에 걸린 듯하다. 불과 2~3년 전만 해도 경제지들이 스페인과 포르투갈, 심지어 그리스(와 유럽연합도 아닌 터키)까지 공공 부문 지출을 줄여서 성장률을 높인 탁월한 공로를 칭찬했기 때문이다. 유럽연합은 월스트리트가 작살난 직후 아일랜드와 발트 3국 그리고 동유럽을 주되게 우려했다. 대서양을 광속으로 건너온 금융 쓰나미로부터 지중해 세계는 비교적 안전하다고 보았던 것이다.

지중해에 면한 아랍 세계는 자본 투자와 그에 따른 파생 교역의 폐색(閉塞) 회로와 별 관련이 없었고, 금융 위기의 직접적인 충격도 최소한에 머물렀다. 남부 유럽은 일반적으로 정부들이 말을 잘 들었고, 특히 스페인의 경우 은행이 강력했다. 이탈리아는 정말이지 너무 크고 부유해서 실패는 상상도 할 수 없는 일이었다. 그리스? 좀 성가시기는 해도 유럽연합 전체 GDP의 2퍼센트에 불과한 릴리퍼트(Lilliput, 조너선 스위프트의 『걸리버 여행기』에 나오는 소인국 — 옮긴이) 경제였으니, 놈이 일탈을 하더라도 거인국(Brobdingnagian)들은 전혀 위태롭지 않을 터였다. 18개월 후 독일과 오스트리아의 러시 림보(Rush Limbaugh, 미국의 방송인 — 옮긴이)들은 지중해의 복지 사기꾼들이 검약한 시민들을 등쳐먹고 있다며 아우성을 쳐댔다. 그리스 놈들이 하루 온종일 폭동을 일으키고, 스페인 놈들이 더 긴 시에스타(siesta)를 즐길 수 있도록 예금을 갈취하고, 아이들의 미래를 저당잡힌다고 길길이 날뛴 것이다. 하지만 독일의 번영이 유로존(Eurozone)을 좌초시키고 있다는 게 더 그럴듯한 설명이다. 독일로서는 저비용의 멕시코가 동쪽으로 광대하게 널려 있다. 생산성 면에서 비교가 안 될 정도로 유리한 것이다. 게다가 독일은 중국처럼 광신적으로 수출 흑자에 열중한다. 유로화로 통합된 남부 유럽의 형제들은 독일과의 과당경쟁에서 버틸 수 없다. 한편 유럽연합 전체는 터키 및 북아프리카 비산유국들과의 상대 교역에서 최대 규모의 수출 흑자(2010년 340억 달러)를 기록했다. 유럽연합의 이들 교역 상대국은 역외 송금, 관광, 해외투자에 기대어 잔고계정을 맞추지 않을 수 없는 것이다. 그 결과 지중해 전역이 유럽연합의 수요 및 금리 변동 주기에 대단히 민감해졌다. 반면 독일과 프랑스와 영국과 그 밖의 부유한 북유럽 국가들은 충격을 흡수해주는 중요한 유통시장을 확보하게 됐고 말이다.

이렇게 복합적인 속도로 굴러가는 유럽 경제의 플라이휠(fly-wheel, 무거운 테를 붙인 바퀴. 플라이휠을 기계의 회전축에 연결하고 그 관성을 이용하여 회전 속도를 평균화하며, 다량의 에너지를 보유하게 할 수도 있다. — 옮긴이)이 유로

다. 독일한테는 유로가 간편하고 능률적인 마르크화다. 독일은 유로 덕택에 유럽연합 경제 내에서 베를린이 실질적으로 행사하는 거부권을 별달리 훼손하지 않으면서도 자국 수출품에 경쟁력 있는 가격을 매길 수 있고, 갑작스럽게 가치가 상승하는 사태에도 덜 취약하다. 반면 남부 유럽 사람들에게 유로는 일종의 파우스트적 거래다. 호시절에는 자본이 유입되지만 경기가 안 좋을 때는 통화정책을 통해 무역 적자와 실업에 대처할 수 없기 때문이다. 이베리아 반도와 그리스 반도의 역병이 이탈리아를 덮쳤고 프랑스를 위협하고 있는데도 베를린과 파리는 유로화로 통합된 유럽이라는 구상을 열렬히 애호 중이다. 그들은 협정을 바꿔서 재정과 회계를 통합해야 한다고 주장한다. 부채국들은 통화정책 수단을 이미 상실했고, 유럽연합과 국제통화기금 전문가들의 감시 감독 아래 공공 부문을 고사시키지 않을 수 없었다. 이 마당에 프랑스와 독일이 예산과 공공 지출 안건에 항구적으로 거부권을 행사하겠다며 그들을 채근하고 있다. 19세기에는 영국이 라틴아메리카와 아시아의 체납국들에 직접 재산을 관리하겠다며 뻔질나게 포함을 파견했다. 연합국도 마찬가지 방식으로 베르사유에서 독일을 옭아맸고, 결국 제3제국이 잉태됐다.

사르코지와 메르켈 연합에 굴복하든 채무를 변제하지 않겠다고 선언하고 유로존(과 어쩌면 유럽연합까지)을 탈퇴하든, 지중해 경제는 이후로도 여러 해 동안 상황이 악화될 테고 엄청난 실업 사태에 직면할 것이다. 하지만 그곳 주민이 그 좋은 밤 속으로 순순히 걸어 들어가지는 않을 것이다(딜런 토머스의 시구를 원용한 표현임―옮긴이). 포르투갈과 그리스는 1970년대에 실질적인 사회혁명에 가장 근접했고, 유럽에서도 가장 단호한 좌파의 기풍이 존재한다. 스페인에서는 활기를 되찾은 통합 좌파(United Left)와, 규모는 훨씬 크지만 여전히 무정형인 청년들의 항의 운동이 신임 보수파 정부를 광범위하게 겨냥하고 있다. 정말이지 반자본주의의 잉걸불이 다시금 거세져 유럽 전역에서 타오를 가능성이 있다. 그러나 이민자 반대와 브뤼셀 반대를 기치로 하는 우파가, 유로존이 와해되고 유럽연합의 구호들이 변죽만 울리는 가운데 좌파보다 더 많은 소득을 얻을 수도 있다. 이집트의 살라프주의자들과 미국의 티 파티(Tea Party)처럼 유럽의 신우파 정당들도 정체성 정치와 희생양을 찾아내 분노를 폭발시키는 내용을 이미 가정으로 배달 중이다. 서유럽의 반자본주의 좌파는 1945년 이후 30년 동안 공산당이 장악했던 정치 공간을 재점유하겠다는 담대한 야망을 가져야 한다. 다른 한편으로는 마린 르펜(Marine Le Pen, 장 마리 르펜의 딸로, 2011년 1월부터 국민전선Front National을 이끌고 있음—옮긴이)과 헤르트 빌더르스(Geert Wilders, 네덜란드의 우파 정치인으로, 자유당Party for Freedom 당수—옮긴이)가 이끄는 세력이 국가 정치의 무대에서 규모가 훨씬 크고 태생까지 좋은 주류 보수파에 진지하게 도전해보겠다는 대망을 품고 있다. 미국의 공화당이 극우에 의해 장악된 사태에 한껏 고무돼 있는 것이다.

7. 반란의 엔진

유럽과 미국에서는 1968년에 대학가의 반란이 요원의 불길처럼 타올랐다. 베트남의 구정 공세, 라틴아메리카의 게릴라 투쟁, 중국의 문화대혁명, 미국의 게토 봉기가 정신적·정치적 동력이었다. 마찬가지다. 작년의 분노하는 사람들도 튀니스와 카이로에서 영감을 얻었다. (남부 유럽으로 건너간 아랍 이주민의 2·3세대 자녀가 수백만 명에 이른다. 이런 바탕 위에서 두 사건의 연계가 더욱 생생하게 각인되며 투쟁적으로 되먹임되었다.) 현재 열정적인 20대들이 페르낭 브로델에게 매우 중요한 의미를 지니는 지중해(Braudel's fundamental Mediterranean, 지중해 세계의 역사 변동이 브로델의 연구에서 각별한 중요성을 지닌다—옮긴이) 양안 광장을 점거하고 있다. 하지만 1968년에 유럽과 미국에서 항의 행동을 벌인 백인 청년들 가운데서 남반구의 피착취·피억압 대중과 객관적 존재가 일치해 동질감을 느낀 사람은 거의 없었다(북아일랜드는 중요한 예외다). 그들이 철저하게 소외당했다는 것은 분명하지만 대다수는 대학 졸업장을 바탕으로 풍족한 중간계급의 삶을 기대할 수 있었다. 하지만 오늘날은 다르다. 뉴욕과 바르셀로나와 아테네에서 항의 시위를 벌이는 청년 세대는 부모 세대보다 미래 전망이 극도로 열악하다. 카사블랑카 및 알렉산드리아 청년들의 운명과 더 가까운 것이다. (주코티 공원Zuccotti Park을 점거한 시위대 가운데 일부는 10년 전에만 졸업했더라도 헤지 펀드 기업이나 투자은행으로 직행해 월급을 10만 달러씩 받았을 것이다. 오늘날 그들은 스타벅스에서 일한다.)

청년 실업률이 전 세계적으로 기록적인 수치를 보이고 있다. 국제노동기구(ILO) 통계에 따르면, 청년들의 항의 시위가 벌어지는 대다수 국가에서 그 수치가 25~50퍼센트다. 혁명의 도가니로 변한 북아프리카의 경우 대학 졸업장은 취업 가능성과 반비례한다. 다른 나라도 사정은 마찬가지다. 학자금 대출을 고려하면 가족이 자식들의 교육에 투자하는 행위는 나중의 '이익배당'을 참조할 때 부정적이기만 하다. 더구나 고등교육 자체를 받을 기회와 가능성이 크게 축소되었다. 미국, 영국, 칠레에서 그 실태를 가장 극적으로 확인할 수 있다.

8. 최저 생활

경제 위기 속에 대중이 보유한 자산(미국, 아일랜드, 스페인의 경우 주택 가격과 그에 따른 가족 전체의 순 보유 자산)의 가치가 쪼그라들었다. 필수 생계 품목, 구체적으로 연료와 식량의 가격이 가파르게 상승했다는 사실을 여기에 보태야 할 것이다. 전형적인 이론은 광범위한 물가 동향이 경기순환과 연동한다고 예상하고 기대한다. 작금의 상황은 특이한 분기점인 셈이다. 실상 특이하기보다는 불길하다고 해야 할 것이다. 미국과 다른 지역의 담보 위기(mortgage crisis)는 더 커다란 금융 위기의 내부 과정으로, 정부가 개입해 해결하거나 보상 청구액을 그냥 자연 소멸시킬 수 있다. 원유의 기준 가격은 아시아의 산업 활동이 위축되고 이라크에서 생산량이 늘어나면 하락할 것이다. (내가 볼 때, 석유 정점peak oil 논란은 확정할 수도 없고, 끝나지도 않을 것이다.) 그러나 식량 가격은 장기적으로 볼 때 상승 추세에 있는 것 같다. 금융 위기 및 산업 활동 둔화와는 대체로 무관한 제력(諸力)이 식량 가격을 규제한다. 2000년대 초 이래 전문가들이 이구동성으로 경고하는 내용은 지구의 식량 안보 체계가 붕괴 중이라는 것이었다. 여러 원인들이 되먹임되면서 서로를 증폭한다. 곡물을 육류 및 바이오 연료 생산으로 전용하기, 신자유주의 정책에 따른 식량 보조금 및 가격 지원책 폐지, 농산물 선물 시장과 주요 농업 지대에 만연한 투기 행위, 농업 연구에 대한 투자 감소, 변덕스럽고 불안한 에너지 가격, 토양 침식 및 대수층 고갈, 가뭄과 기후변화 등등을 보라. 경제성장이 둔화하면 이런 압력원 일부도 감소할 테고(예컨대 중국인들이 고기를 덜 먹는 식으로), 인구 증가 추세―오늘날 거리를 장악한 항의 시위대가 평생을 살아가는 동안 30억 명의 입이 새로 생겨날 것이다―만이 오롯하게 수요 부문 압력으로 작용할 것이다. (유전자 변형 작물이 기적의 해결책으로 선전되고 있지만 순 수확량 증대보다는 농업 기업의 이윤에 봉사할 가능성이 더 크다.)

타흐리르 광장 시위의 첫 번째 요구 사항이 '빵'이었다. 아랍의 봄 사태에서 빵을 요구하는 목소리는 러시아 10월혁명 때만큼이나 크게 울려 퍼졌다. 이유는 간단명료하다. 이집트의 보통 사람들은 기름(난방, 요리, 이동), 밀가루, 식물성 기름, 설탕을 사는 데 가족 수입의 약 60퍼센트를 지출한다. 이런 기초 생필품 가격이 2008년에 기습적으로 25퍼센트 인상됐다. 이집트의 공식 빈곤율이 별안간 12퍼센트 상승했다. 다른 '중위 소득' 국가들에도 동일한 비율을 적용해볼작시면 기초 생필품 가격의 등귀 속에 세계은행이 '생겨나고 있다'고 주장하는 '중간층'이 대거 소거된다.

9. 중국: 연착륙? 경착륙?

마르크스는 캘리포니아에서 발생한 골드러시와 그로 인한 세계무역의 통화적 활력 회복 사태를 투덜거렸다. 1840년대의 혁명을 조기에 마감시켰다고 본 것이다. 2008년 직후에는 이른바 브릭스가 새로운 캘리포니아였다. 월스트리트라는 비행선이 지상으로 추락했지만, 중국이 계속해서 날고 있고 브라질과 동남아시아도 막상막하의 편대비행을 하고 있다는 것이었다. 인도와 러시아도 자신들의 비행기를 공중에 띄워 유지할 수 있었다. 투자 고문, 경제 칼럼니스트, 점쟁이 교수들은 브릭스의 회복 탄력성에 깜짝 놀랐다. 그들은 이제는 중국이나 인도가한 손으로도 수월하게 세계경제를 떠받칠 수 있다거나, 브라질이 조만간에 스페인보다 더 부유해질 거라고 주장했다. 물론 그들이 도취감 속에서 속아 넘어간것은 중국 인민은행의 후디니(Houdini, 헝가리 출신의 탈출 곡예 전문가─옮긴이)들이 엄청나게 교묘한 술수를 부렸다는 걸 몰랐기 때문이다. 베이징이 오래전부터 커다란 두려움을 표명해왔다는 사실은 이와 극명하게 대비된다. 중국이 지나치게 수출에 의존한다는 점, 가계의 구매력이 저조하다는 점, 적당한 가격의 주택이 부족한 것과 병행해 부동산 거품이 엄청나다는 점을 그들은 우려한다.

늦가을부터는 중국을 거론하며 사태를 낙관하던 기사들이 사설란에서 줄어들더니, 급기야 '경착륙' 시나리오가 대세로 부상했다. 전 세계에 부는 역풍 속에서 중국 경제가 얼마나 더 날 수 있을지 아는 사람은 아무도 없다. 이건 중국 지도부도 마찬가지다. 하지만 유탄을 맞고 사상할 수밖에 없는 외국 목록은 이미나와 있다. 남아메리카, 오스트레일리아, 아프리카의 상당 지역, 동남아시아의 대부분이 피해를 입을 것이다. 현재 중국과의 교역량에서 미국을 추월한 독일은 더욱 관심이 간다. 물론 세계경제의 3각 침체는 내가 서두에서 언급한 비선형적 악몽의 형태로 전개되고 있다. 브릭스에서는 경제 발전에 대한 대중의 기대가 최근한껏 고조되었고, 따라서 재궁핍화 과정의 고통을 가장 견딜 수 없으리라고 예측하는 것은 동어반복일 뿐이다. 수천 개의 광장이 점거를 간청하고 있을 수도 있다. 톈안먼이라고 불리는 광장을 포함해서 말이다.

서구에서는 지난 한 세대 동안 제조업 노동자의 절대적·상대적 규모가 극적으로 감소했고, 그곳의 포스트 마르크스주의자들은 게으른 주장을 펼쳤다. '프롤레타리아의 주체성'이 한물갔든 그렇지 않든 이제 우리는 '다중', 수평적 자발성 등등의 견지에서 사고하지 않을 수 없게 됐다는 얘기를 들어보았을 것이다. 하지만 이런 명제는 저 위대한 산업국가에서는 논쟁거리도 되지 못한다. 『자본』에 기술된 내용은 빅토리아 시대의 영국이나 뉴딜의 미국보다 산업국가 중국에 훨씬 정확하게 들어맞는 듯하다. 중국에 똬리를 틀고 있는 2억 명 규모의 공장 노동자, 광부, 건설 노동자는 지구상에서 가장 위험한 계급이다. (베이징의 국무원에 한번 물어보라.) 그들이 잠에서 깨어나느냐 여부에 따라 사회주의 제도로 운영되는 지구의 가능성이 결정될 것이다.

[정병선 옮김]

후쿠시마의 여진

환경주의자들이 어쩌다가 핵발전을 옹호하게 되었나

알렉산더 콕번(Alexander Cockburn)

미국인들은 2011년 3월 중순에 일본의 후쿠시마 제1핵발전소가 녹아내린다는 각종 보도를 접했고, 당황하며 이렇게 물었다. "과연 우리나라에서도 그런 일이 일어날까?" 그들은 이미 답을 알고 있었다. 작고한 위대한 환경운동가 데이비드 브라우어(David Brower)의 말마따나, "핵발전소는 지진 단층을 믿기 어려울 만큼 잘 찾아내는 복합적인 기술 설비다." 미국 서해안의 상당 부분은 불의 고리(Ring of Fire)다. 불의 고리는 호주에서 북쪽으로 일본을 경유해 러시아와 알래스카를 지나고, 다시 해안을 따라 칠레에까지 이르는 태평양판을 에워싸고 있다. 전 세계 지진의 약 90퍼센트가 이 불의 고리에서 발생한다.

브라우어의 말에는 냉소적 지혜가 담겨 있다. 미국 정부가 선견지명을 발휘해 브라우어의 풍자를 예견하고 행동한 것일까? 불의 고리 단층선 근처에 핵발전소가 네 개나 지어졌던 것이다. 내 고향 캘리포니아에서 가동 중인 두 곳이 여기 포함된다. 지금 글을 쓰는 곳에서 도로를 따라 북쪽으로 40마일 떨어진 지점에 유레카(Eureka)가 있다. 그곳 유레카의 비등수형 원자로가 1976년 폐쇄되었다. '그 전까지는 몰랐던' 인근 해역의 '단층'에서 지진이 발생했던 것이다. 이제 그 자리에는 폐연료봉을 보관하는 수조(水槽)가 있다. 해안선 바로 위니, 후쿠시마 발전소에서 비상 냉각수를 퍼 올리는 용도로 설계된, 비상 상황을 위한 디젤 발전기를 불능화한 것과 같은 쓰나미를 뒤집어쓰기에 안성맞춤인 곳이다. 이곳에서 북서쪽으로 몇 마일 떨어진 곳에 멘도시노(Mendocino) 곶이 있다. 멘도시노 곶에서 바다 쪽으로 나가면 트리플 정션(Triple Junction)이다. 그곳 트리플 정션에서 판 세 개가 만난다. 1992년에 진도 7.1의 강진이 발생했다. 핵 개발 업계의 제1수칙은 다음과 같다. "언제든 눈을 질끈 감고, 예상되는 일들을 부인하라."

더 남쪽으로 가보자. 샌프란시스코와 로스앤젤레스 중간에 디아블로 캐니언(Diablo Canyon) 핵발전소가 있다. 이 발전소는 불의 고리의 일부인 호스그리(Hosgri) 단층—해안에서 불과 몇 마일 떨어진 해역에 존재한다—을 아무도 모르던 1968년에 계획되었다. 입지 선정 조사가 추가로 이루어졌고, 40년 전에 발전소 부지 앞바다에서 진도 7.1의 강진이 발생했음이 드러났다. 아무튼 공사는 추진되었고, 발전소는 예정에 따라 1973년에 완공됐다. 발주 운영사인 퍼시픽 가스 앤드 일렉트릭(Pacific Gas & Electric) 전기회사는 지진 대비책을 강화하겠다고 발표했다. 하지만 일정에 쫓기던 건설사는 원자로 두 기의 내진 설계안을 반려했다. 그렇게 내진 설계는 좌초했다. 핵 개발 업계의 제2수칙을 소개할 차례다. "일을 진행하면서는 항상 사람들을 혼란스럽게 만들라"는 것은 다른 부문의 기업도 전부 써먹는 방침이다. 샌디아블로(San Diablo) 핵발전소는 진도 7.3의 지진에도 견딜 수 있도록 지어졌다고 한다. 1906년 샌프란시스코를 파괴한 지진은 진도가 7.7이었다. 그 지진으로 샌안드레아스(San Andreas) 단층이 300마일 찢겼다. 도시는 동부와 서부가 어긋나게 됐다. 제1수칙 "예상되는 일들을 부인하라"로 돌아가보자. 디아블로 캐니언 당국은 최근에 단층이 더 있다는 걸 알았다. 커다란 지진이 나면 '지반이 액화하는' 사태를 걱정해야 하는 판국인 것이다.

2008년에는 해파리 떼의 공격이 있었다. (그렇다, 집합명사가 맞다.) 놈들이 냉각수 유입구를 막아버린 것이다. 핵발전소는 며칠 동안 가동이 중단되었다. 가장 최근의 조사에 따르면 샌디아블로 앞바다에는 확인된 단층선만도 네 개다.

다시 남쪽으로 150마일을 내려가면 샌오노프레(San Onofre) 핵발전소가 정확히 해안선 위에 자리하고 있다. 여기에는 무려 2천 명이 근무한다. 샌오노프레 발전소는 '미국에서 가장 무서운 일터'로 통한다. 나는 그곳 수역에서 수영을 한 적이 있다. 물고기들이 높은 수온을 찾아 거기 모이기 때문에 낚시꾼들이 높이 치는 물속에서 말이다. 일부는 그곳의 물고기가 더 크고 빠르다고 주장하기도 한다. 폐로(廢爐) 구역에는 사용한 연료봉을 저장하는 수조가 있다. 폐로 구역은 콘크리트와 강철로 지어진 구형(球形) 격납고인데, 가장 얇은 벽체도 두께가 6피트다. 붕괴 중인 후쿠시마 핵발전소의 고장 난 격납고와 동일한 구조임을 지적해 둬야겠다. "사람들을 혼란스럽게 만들라"는 제2수칙은, 샌오노프레에서 가동 중인 두 기의 원자로 가운데 하나를 보면 더 생생하게 알 수 있다. 유력한 토목 및 건설 회사인 벡텔(Bechtel)은 그곳 뒤쪽으로 420톤 규모의 원자로 압력 용기를 설치했다. 여기서 가장 가까운 단층선은 불활성인 것으로 간주되는 크리스티아니토스(Cristianitos)다. 제1수칙을 상기해보자. 전기회사는 샌오노프레 발전소가 7.0의 지진을 견딜 수 있도록 건설되었다고 한다. 거기에 7.5미터 높이의 방파제가 하나 있다. 3월 11일 진도 9.0의 지진에 뒤이어 발생한 쓰나미로 일본 동북 지역 해안에서 모래처럼 무너져 내린 방파제 높이의 겨우 절반이다. 샌오노프레 발전소는 바닷물로 냉각한다. 환경운동가들은 이 사안에는 관심이 없다. 주간(州間) 고속도로 5번(Interstate 5)은 캘리포니아를 남북으로 종단하는 주요 도로인데, 발전소 측이 이 고속도로 양편에 두 개의 냉각탑을 짓겠다는 계획을 발표한 이유다. 냉각탑 건설은 해파리 공격에 대응하는 조치인데, 문제는 다른 종류의 공격에 무방비 상태로 노출된다는 점이다. 캘리포니아 지진 통합 예측표(UCERF)에 따르면 로스앤젤레스에서 진도 6.7 이상의 지진이 발생할 확률은 67퍼센트, 샌프란시스코에서 같은 강도의 지진이 발생할 확률은 63퍼센트다. 내가 살고 있는 북부는 캐스캐디아 섭입대(Cascadia subduction zone)—섭입대는 일본 동북부 해역처럼 한 판이 다른 판 아래로 밀려 들어가는 곳이다—에 속해 있다. 이곳은 진도 8이나 9의 위력으로 지진이 발생할 가능성이 10퍼센트다. 조만간에 큰 놈이 닥치리라는 것은 거의 확실하다.

미국은 다른 어떤 나라보다 더 많은 핵에너지를 생산한다. 핵발전소가 104기다. 그 가운데 다수가 낡았고, 계속해서 누출되기 일쑤이며, 고장을 일으킨다. 전부가 위험하다. 이 가운데 24기는 후쿠시마 원자로와 설계가 동일하다(제너럴 일렉트릭General Electric이 설계했다). 노스캐롤라이나 주에 있는 시어런 해리스(Shearon Harris) 핵발전소를 예로 들어보자. 이곳은 다른 핵발전소 두 곳에서 나온 고준위 폐연료봉도 보관·저장한다. 시어런 해리스의 보잘것없는 담장을 뚫고 들어가 냉각 시스템을 망가뜨리는 데 지진이나 쓰나미는 필요 없다. 테러리스트가 조금만 재간을 부리면 될 것이다. 브룩헤이븐 연구소(Brookhaven Labs)는 그곳 수조에 화재가 발생하면 14만 명이 암에 걸릴 수도 있다고 추정하는 보고서를 발표했다. 토지 수천 제곱마일이 오염되는 것은 물론이다.

핵발전 산업의 야바위꾼들이 후쿠시마 사태에 보일 반응은 예상 가능한 것이었다. 여전히 믿을 수 없지만, 그들은 인지 부조화로 맞받아쳤다. 서레이(Surrey) 대학 핵물리학 교수 패디 레이건(Paddy Reagan)은 이렇게 말했다. "핵발전소가 55기 있는 나라에 최후 심판의 날이 연상되는 지진이 닥쳤다. 모든 핵발전소가 지진을 완벽하게 차단했다. 아쉽게도 세 곳에 문제가 있지만 말이다. 지진의 규모가 엄청났음에도 일본의 핵발전소들은 아주 잘 견뎌낸 것 같다. 핵발전소의 회복 탄력성과 튼튼함을 실증해주는 사례라 할 만하다."

조르주 몽비오(George Monbiot) 같은 저명한 환경주의자들도 이 악대 마차에 뛰어오르고 있다. 몽비오는 '평화 시' 핵개발의 역사에서 최악의 재난 가운데 하나인 후쿠시마 사태를, 원자력 지지를 선언할 기회로 삼았다. 그의 『가디언』(Guardian) 기고문을 보자.

내가 일본 사태로 핵발전에 대한 견해를 바꾸었다는 얘기를 들어도 여러분은 놀라지 않을 것이다. 내가 일본 사태를 지켜보면서 어떻게 태도를 바꿨는지는 놀라울 수 있겠다. 후쿠시마의 재앙을 지켜보는 나는 더 이상 핵발전에 중립적이지 않다. 이제 나는 핵발전 기술을 지지한다. 괴물 같은 지진과 엄청난 쓰나미가 안전 설비가 미비한 형편없는 옛날 시설을 강타했다. 전기 공급이 두절됐고, 냉각 시스템은 마비되었다. 원자로가 폭발해 녹아내리기 시작했다. 후쿠시마의 재앙 속에서 익숙한 유산이 밝히 드러났다. 저질 설계와 부실시공이 그것이다. 하지만 우리가 아는 한 치명적인 양의 방사능에 노출된 사람은 아직까지 한 명도 없다.[1]

몽비오는 꿈꾸는 낙원에 살고 있나? "반핵운동의 기원이 건전하다고 해도 우리가 더 큰 그림을 보는 것을 막는 역사적 감수성이 허용되어서는 안 된다"라고 그는 썼다. "핵발전소는 무시무시하게 잘못될 때조차 석탄 화력발전소보다 지구에 끼치는 위해가 더 적다. …… 체르노빌 원자로의 노심용융 사태가 끔찍한 트라우마를 안겼다. 하지만 지금까지 공식적으로 확인된 총 사망자 수는 최초 몇 달 사이에 노동자 43~28명, 이후 추가로 2005년경에 발생한 민간인 15명이 다인 것 같다."[2]

우크라이나의 체르노빌 핵발전소에서 1986년 제4원자로가 폭발한 사태는 정말이지 평화 시에 발생한 핵 재앙의 기준점과 같은 사건이다. 체르노빌 사태로 사실상 수십만 명이 죽었고 죽고 있음을 부인하는 작태는 핵 개발 업계의 로비가 결정적이었음을 드러낸다. 후쿠시마의 위기가 한창 진행 중일 때 BBC의 의학 전문 기자 퍼거스 월시(Fergus Walsh)는 터무니없는 얘기로 시청자들을 안심시켰다. 그의 얘기인즉슨, 체르노빌 사태로 2006년에 암에 걸려 죽은 사람이 60명에

---

1) George Monbiot, "Why Fukushima made me stop worrying and love nuclear power", *Guardian*, 21 March 2011.
2) George Monbiot, "Japan nuclear crisis should not carry weight in atomic energy debate", *Guardian*, 16 March 2011.

불과했다는 것이다. 후쿠시마의 재앙 이래 마찬가지로 철딱서니 없는 궤변이 수없이 반복되고 있다. 이를 뒷받침해주는 것이 유엔의 핵 압력단체가 검토해서 펴낸 수치스러운 보고서이고 말이다.[3] 뉴욕 과학 아카데미(New York Academy of Sciences)는 2009년『체르노빌이 인류와 환경에 끼친 재앙』(Chernobyl: Consequences of the Catastrophe for People and the Environment)이라는 327쪽짜리 책을 한 권 간행했다. 저자로 참여한 과학자들은 알렉세이 야블로코프(Alexey Yablokov), 바실리 네스테렌코(Vassily Nesterenko), 알렉세이 네스테렌코(Alexey Nesterenko)다. 이 연구는 오늘날까지의 관련 보건 통계를 종합한 결정판이라 할 수 있다. 야블로코프는 자신이 쓴「체르노빌 재앙 이후 발생한 사망자 수」(Mortality After the Chernobyl Catastrophe)라는 장을 요약하면서, 1990년부터 2004년까지 우크라이나와 러시아의 오염 지역에서 죽은 전체 사망자 가운데 4퍼센트는 체르노빌 참사가 원인으로 작용했다고 설명한다.

1990년 이후로는 청소 작업에 투입되었던 사람들의 사망률이 상응하는 인구 집단의 사망률을 앞질렀다. 112,000~125,000명의 청소 작업원이 2005년 이전에 죽었다. 이는 체르노빌 청소 요원 83만 명의 약 15퍼센트다. 이 결과를 보면 방사능 낙진의 영향을 받은 지역에 살던 운 나쁜 주민 수억 명 가운데 수십만 명이 체르노빌의 재앙으로 이미 사망했음을 짐작할 수 있다.

체르노빌과 체르노빌이 지속적으로 끼치는 치명적 여파를 후쿠시마 사태와 비교해보라. 캘리포니아 남부와 노스캐롤라이나도 떠올려보자. 빌 클린턴의 자문역이었던 핵 전문가 로버트 알바레즈(Robert Alvarez)는 3월 중순에 이렇게 썼다. "폐연료봉을 보관하는 수조 단 하나—후쿠시마 원전 4호기나 시어런 해리스에 있는 것과 같은—에 북반구에서 지금까지 실시된 전체 핵무기 실험으로 대기

---

3) "Chernobyl's Legacy: Health, Environmental and Socio-economic Impacts", International Atomic Energy Agency, Vienna 2006.

중에 축적된 것보다 더 많은 양의 세슘 137이 들어 있다. 그 수조가 폭발하면 '아마 이런 물질들이 체르노빌의 재앙 때보다 세 배에서 무려 아홉 배까지 더 많이 대기 중에 방출될' 수도 있다. 몽비오처럼 핵발전을 찬성하는 환경주의자들은 '더 나은 안전 대책'을 지껄인다. 핵발전의 전체 역사가 믿을 만하다는 안전 대책을 체계적으로 위반해온 역사임을 그들은 모르는 것일까? 일본의 많은 해안선들에는 12미터 높이의 방파제가 설치돼 있다. 최근의 쓰나미는 그 방파제들을 잔물결에 휩쓸리는 아이들의 모래성처럼 무너뜨렸다."

몽비오는 핵산학 복합체(nuclear-industrial-academic complex, 군산 복합체를 염두에 둔 조어—옮긴이)가 존재하지 않는 듯 글을 쓴다. 그러나 세계에서 가장 강력한 압력단체 가운데 하나가 무려 70년 동안 지속적으로 활동 중이다. 그들이 실제 세계에 끼치는 영향은 너무나도 명백하다. 버락 오바마 대통령도 핵 개발 업계로부터 많은 돈을 받았다. 구체적으로 엑슬론 코퍼레이션(Exelon Corporation)이 그의 대선에 자금을 지원했다. 오바마는 지난 1월 발표한 의회 연두교서에서 '깨끗하고 안전한' 핵 개발에 전념할 것을 재확인했다. 좋고 깨끗한 매독에 헌신할 것을 맹세하는 것만큼이나 제정신이 아닌 것이다. 오바마의 대변인은 일본에서 지진이 발생한 후에도 핵에너지가 "오바마 대통령의 전체 에너지 계획에서 여전히 일부를 차지한다"라고 발표했다. 후쿠시마 제1원전의 노심이 용융될 지경이었던 3월 16일에조차 오바마는 뉴멕시코 남서부에서 2010년에 제안한 핵탄두 개발과 관련해 뉴스 프로그램의 인터뷰를 녹화했다. 그 계획의 핵심은 팽창 일로의 60억 달러짜리 공장에 자금을 지원한다는 것이다. 산타페에서 50마일 떨어진 그 로스앨러머스(Los Alamos) 핵 개발 단지에서 수소폭탄의 기폭 장치가 생산될 예정이다. 왜 하필 후쿠시마가 붕괴하는 순간에 뉴멕시코 연설을 한 것일까? 텔레비전 대담자가 지적한 것처럼 뉴멕시코는 대통령 선거운동 자금을 대줄 가능성이 있는 유력 인사들의 고향이다. 록히드 마틴(Lockheed Martin, 샌디아 국립 연구소Sandia National Laboratory를 운영한다), 벡텔, 밥콕 앤드 윌콕스(Babcock & Wilcox), URS 코퍼레이션(URS Corporation, 캘리포니아 대

학과 함께 로스앨러머스를 총괄 관리한다)이 그들이다.[4]

독일과 프랑스에서는 후쿠시마 사태의 여파로 핵에너지에 반대하는 사람이 엄청나게 늘어났다. 미국에서는 소수의 환경운동가들만이 반대 목소리를 높였다. 미국의 핵발전소 104기 시설 가운데 어느 한 곳에서라도 왜 분노의 시위가 벌어지지 않는 것일까? 주요 환경단체들이 이미 오래전에 핵 개발 업계와 악마적 거래를 했기 때문이다. 핵 개발 업계는 1970년대 초반부터 이산화탄소가 진짜 중요한 환경문제이고, 핵에너지가 유일한 해결책이라고 의제를 설정하는 데 성공했다. 환경운동의 주류 세력은 인위적 지구온난화 모형들에 집착한 나머지 핵에너지를 선택지로 받아들였다. 하지만 이 모형들은 추측에 근거한 것으로 점점 더 신뢰를 상실하고 있다. 천연자원보호협회, 세계야생생물기금, 시에라 클럽(Sierra Club, 데이비드 브라우어가 디아블로 캐니언에 반대하자 그를 쫓아냈다), 오바마의 백악관 고문 존 홀드런(John Holdren) 같은 사람들, 원자력 과학자 회보(Bulletin of Atomic Scientists) 및 우려하는 과학자 연합(Union of Concerned Scientists)처럼 이른바 진보적이라고 여겨지는 집단들이 그렇다. 그들은 핵 개발에 전혀 반대하지 않았다. 미국 진보파 대다수는 아직도 오바마의 에너지 계획이라는 치명적인 우산 아래 모여 있다. 미 하원이 2009년 기후 법안을 가결했을 때 (상원이 아니었음에도 불구하고) 핵에너지를 포함해 새로운 에너지 생산을 재정적으로 지원하는 '청정 에너지 은행'(clean energy bank)이 거래의 일부였던 것이다.

핵 개발은 정치적 견지에서 볼 때 언제나 민중에게 전쟁을 선포해왔다. 히로시마와 나가사키의 일본인을 필두로, 마셜 제도 주민, 미 서부 지역 실험 부지 내의 목축민과 거주민, 아메리카 원주민, 가난한 라틴계 및 아프리카계 미국인(핵폐기물 처리장의 비자발적 이웃이 대개 그들이다), '사고' 내지 비밀 실험의 경로에 놓인 사람들, 가장 최근에는 후쿠시마 주민이 그 목록을 차지한다. 도쿄 전력

---

4) Will Parrish, "How Obama Flacked for Plutonium as Fukushima Burned", *CounterPunch*, 1 March 2011 참조.

경영자들은 여기에 포함되지 않는다. 그들은 도쿄에 머물거나 더 남쪽에 살고 있다. 그리고 '영웅적으로 작업을 벌이는 노동자들'이 있다. 그들은 자신의 운명을 완벽하게 이해하고 있다. 결사대에 포함시켜 작업의 최전선에 배치되어야 할 사람은 도쿄 전력 이사들이다.

엉터리 예측과 엄청난 실수를 보라. 자연은 마지막으로 타석에 들어서고 어리석음과 탐욕은 피할 수 없는 인간 조건의 일부라는 기본적 진실을 잊어서는 안 된다. 진도 8~9의 강진, 쓰나미, 제대로 작동하지 않는 기계, 태만한 작업자, 부실 시공 업자, 엄청나게 강력한 기업, 관대한 규제 기관, 선거운동 자금을 구하는 데 혈안이 된 정치인과 대통령이 전혀 없는 세계에 우리가 과연 살고 있는가? 미국의 진보 운동을 그런 함정에 처박아야 하는가? 핵 개발 업계와 다수의 거대 환경운동 단체들이 맺고 있는 이 부끄러운 협약은 이제 끝나야 한다.

[정병선 옮김]

베를루스코니주의 해부

파올로 플로레스 다르카이스(Paolo Flores D'arcais)

실비오 베를루스코니(Silvio Berlusconi) 아래에서 이탈리아가 겪고 있는 것은 파시즘이 아니다. 베를루스코니의 개인 경영식 독재는 무솔리니의 정치적 독재와 다르다. 파시즘 하면 자연스레 무솔리니의 무장 '행동대'가 저지른 폭력이 떠오른다. 그들은 노동조합, 좌파 정당, 노동자 단체의 사무실에 불을 질렀으며, 사람들을 공격하거나 두들겨 패고 그들에게 억지로 피마자 기름을 먹이는 등 폭력을 일삼고 굴욕감을 안겨주었다. 파시즘은 본시 폭력적이며, 권력을 장악해 드러내놓고 탈법을 저지른다. 파시즘의 폭력과 탈법은 그 나라의 정치적·제도적 온건파 상당수가 이익이나 특권보다 합법성을 더 중시하면 쉽게 근절될 수 있었을 것이다. 그러나 파시즘은 국왕부터 군대까지, 총리 루이지 팍타(Luigi Facta)부터 자유당 출신의 전직 총리 조반니 졸리티(Giovanni Giolitti), 철학자 베네데토 크로체(Benedetto Croce)까지 국가의 유력 인사나 주요 영역의 열렬한 지원과 묵인을 등에 업고 폭력을 행사했다.

졸리티나 크로체는 파시즘을 이용해 공산주의에 맞설 수 있을 것이고 일단 파시즘이 궂은일을 마치면 그때 가서 해산하면 되리라고 안이하게 생각했다. 하지만 이것은 커다란 착각으로 드러났다. 무솔리니는 집권하기가 무섭게 행정력을 그냥 간단히 권력으로 대체해버렸다. 그는 반대파들이 맥을 추지 못하고 분열돼 있었던 탓에 그리고 가톨릭 신자들과 자유주의자들이 사실상 인정해준 덕에 선거에서 승리할 수 있었다. 그때 이후 그를 말릴 수 있는 것은 아무것도 없었다. 그는 야당을 해산했고, 언론 자유를 탄압했으며, 반대파 지도자 자코모 마테오티(Giacomo Matteotti)를 암살하라고 지시했다. 그리고 공공연하게 파쇼적인 감독 체계를 구축하고, 여하한 형태의 반대도 처벌할 수 있게 하는 법안을 도입했다. 평범한 치안판사들은 정치범을 가혹하게 기소하지 않았기 때문에, 그는 반대파들에게 국내 유배(confino)[1]를 부과하는 특별 재판소를 설치하기도 했다.

파시즘 독재는 비단 정치적 억압에만 그친 게 아니다. 정당이나 노동조합을 파괴하고 언론 자유를 탄압하는 데 만족하지 않고, 모든 이탈리아인이 어떻게든 조직적으로 정권에 동참하도록 유도했다. 이 정권에게는 이탈리아인이 된다는 것이 곧 파시스트가 된다는 것을 의미했기 때문이다. 파시즘 독재는 광범위한 상호 감시 체계를 구축했다. 즉 건물마다 파시즘적 충성심을 검증받은 '감시자'를 두었다. 그들은 조금이라도 정권에 대해 불평하는 이들을 여지없이 비밀경찰에 밀고했다. 하지만 이 같은 감시에만 그치는 게 아니라 삶 전반이 엄격한 통제를 받기 쉽게 조직화되고 '파쇼화'되었다. 아이들도 거기서 예외는 아니었다. 아이들은 네 살에 이르면 로마를 상징하는 암늑대(She-Wolf)의 아들딸이 되었다. 아홉 살에 남자아이는 발릴라(Balilla, 파시스트 소년 단체로 1746년 합스부

---

1) 거의 사람이 거주하지 않는 섬에 강제로 살게 했다. 이 국내 유배형을 받은 일부 반(反)파시즘 인사들은 이 형벌을 '휴가'라고 비꼬기도 했다. 한편 2003년 베를루스코니는 무솔리니의 명예를 회복시키기 위해 "총통(무솔리니)은 자신의 반대파들에게 몇 년간의 여행을 보내준 것 이상의 심한 행동은 하지 않았다"라고 말했다.

르크 점령군에 맞서 봉기를 일으킨 제노바 소년의 이름을 딴 것이다), 여자아이는 '어린 이탈리아인'의 일원이 되었다. 열네 살에는 남녀 각각 아반구아르디스타(Avanguardista), '젊은 이탈리아인'에 합류했다. 열여덟 살 남녀는 파시스트 청년 단체에, 대학에 진학한 이들은 파시스트 대학생 모임에 가입했다. 1934년 이후 해마다 열린 문화 경연 대회인 '파시스트 게임'(Fascist Games) 우승자는 무솔리니를 상징하는 M자를 금색으로 도안한 재킷을 입었다. 교육은 연령대와 상관없이 모든 이들에게 군사 활동이나 다름없었다. '책과 총―완벽한 파시스트'의 기치 아래 암늑대의 아들들은 일찌감치 장난감 총을 가지고 놀았고, 학생들은 교련 교육을 받았다.

어린이와 청소년들이 이렇게 교화되는 사이, 어른들은 적극적으로 파시즘을 신봉해야만 이제 막 싹트기 시작한 복지국가의 사회 서비스를 받을 수 있었다. 국립모자복지기관은 산모와 신생아의 출산 전후 건강을 돌봐주며, 영아 폐결핵을 예방하고 치료했다. 국립재향군인협회는 세계대전 퇴역 군인들을 사회적으로 지원하고, 국립사회복지협회는 정직당하거나 노동시간이 줄어든 노동자들에게 추가 임금을 그리고 실업수당이나 가족수당을 지급했다. 파쇼 정권이 이름 붙인 이른바 국립오락클럽은 스포츠, 하이킹, 관광, 예술교육, 대중문화를 통해 국민들을 도덕적으로 육체적으로 고양했다. 더욱이 어린이와 청소년에게는 다채로운 여름 캠프 프로그램이, '파시스트 여성'에게는 응급처치, 위생, 가정경제 프로그램이 제공되었다.

'자유 시간'에 대해서는 그쯤 해두자. 한편 노동시간에는 모든 종업원과 기업인들이 파쇼 정권의 '조합'으로 조직되었다. 그때는 어느 한 순간도 '삶의 파쇼화'를 이상으로 하는 그 정권의 윤리적·정치적 요구에서 자유롭지 못했다. 이 같은 전체주의적 강요는 문화와 관련해서 특히 더 심했다. 수세기 동안 지켜온 대학의 독립성이 파괴되었다. 교수들은 파시즘에 대한 충성 서약을 요구받았다. 1250명의 교수들 가운데 12명(14명이라는 주장도 있다)을 제외한 모든 이들이 그 요구를 받아들였다. 영화는 특별히 언급할 만한 가치가 있다. 영화의 영향력을 인식하고 있던 파쇼 정권은 영화를 적극 밀어주었다. 영화가 상영되기 전에 틀어주는 뉴스는 철저히 파쇼적이었다. 노골적인 선전 영화는 그다지 성공적이지 않았지만, 고대 로마를 그려낸 블록버스터 영화(이 같은 영화는 파쇼 제국과의 유사성을 넌지시 암시하려는 의도를 지닌 것이다)를 보러 몰려드는 관객은 많았다. 그리고 '백색 전화 영화'(White Telephone Films)[2]에서는 선량한 부르주아를 친근하게 그려낸 이야기를 다루어 관객으로 하여금 현실 문제를 잊게 해주었다. 한마디로 파시즘은 모든 삶의 면면에 스며들어 새로운 인간 유형을 창조해내고자 했다. 파시즘은 그 자체의 교리, 대안적 폭력 그리고 사회 서비스와 교화(즉 무솔리니 자신이 지칭한 이른바 당근과 채찍 전략)로 인한 흡수를 통해 각 개인을 주형하고자 했다.

형식 대 실제

베를루스코니의 이탈리아에서 이 모든 것은 완전히, 아니 거의 완전히 사라졌다. 어쨌거나 현재까지는 말이다. 무엇보다 '행동대'의 폭력은 보이지 않는다. 물리적 폭력으로 얻은 합의와 대중매체의 조작으로 얻은 합의는 완전히 다르다. 특히 그것을 경험하는 이들이 체감하는 차이는 크다. 오늘날 이탈리아에는 복수 정당, 복수 신문, 복수 노조가 존재한다. 의회의 경우 정기적으로 비밀투표를 통해 의원을 선출한다. 대학의 독립성도 보장되어 있다. 치안판사는 선발 시험을 통해 임명되고, 오직 법의 지배만을 받는다(이것은 다름 아니라 행정부와는 독립적이라는 뜻이다). 한마디로, 공식적으로 유효한 헌법은 1947년에 승인된 공화주의적 헌법으로 반파시즘 저항운동의 산물이다. 이러한 제도들을 그저 공식적으로만 언급하면 베를루스코니 치하의 이탈리아는 세계 여느 곳의 자유주의적 민주

---

2) [옮긴이] 1920년대에서 1940년대까지 이탈리아 무솔리니 정권 당시 인기를 누린 영화로 멜로드라마, 코미디 등 현실의 고통을 잊을 수 있게 해주는 영화를 지칭한다.

주의와 하등 다를 바 없어 보인다.

하지만 주지하듯 공식적인 언급은 더러 기만적일 수도 있다. 문서상으로만 보면 1936년 소련의 '스탈린 헌법'은 그때까지 세계에서 가장 민주주의적인 것이었다. 이론과 실제의 격차를 살펴보지도 않더라도 정치학 학파들은 하나같이 '복수정당제'라는 용어가 여러 가지 정황을 드러내주기도 하고 은폐하기도 한다는 데 동의한다. 가장 중요한 것은 민주주의의 물리적·사회문화적 전제인 투표가 실시되는 배경이기 때문이다. 만약 밀매 조직이 이끄는 국가에서는 공식적으로는 비밀인 투표가 시민들의 자유로운 선택을 진정으로 보장해줄 수 없다. 더욱이 선택권을 적절하게 행사하려면 사실과 후보자에 관한 정확한 정보가 최소 수준으로나마 제공되어야 한다. '1인 1표제'는 개별 시민의 자율성 행사를 위한 장치이지만, 그 못지않게 평등한 정치적 권리와 정보, 합법성과 안전 같은 선결 조건이 필요하다.

그러므로 우리는 베를루스코니 치하의 이탈리아에서 실제로 힘을 발휘하는 물리적 구조를 살펴보아야 한다. 먼저 '정보'부터 시작해보자. 정보와 관련해서는 두 가지를 주된 지표로 꼽을 수 있다. 사실에 대한 충실성을 의미하는 공정성 그리고 텔레비전 채널과 라디오 방송국, 언론사, 신문과 광고 회사의 숫자를 의미하는 다수성이 그것이다. 이탈리아에서 인구의 90퍼센트가 정보를 얻는 유일한 출처는 바로 텔레비전이다. 베를루스코니는 그 나머지 10퍼센트[3] 가운데 가장 많은 시청자를 확보하고 있는 소규모 네트워크 '라 7'(La7)만 빼고는 텔레비전 정보를 완전히 장악하고 있다. 여섯 개 국영 채널 가운데 세 곳(모두 그의 사유재산인 상업 채널이다)은 '직접적으로', 나머지 세 곳(공영방송 채널)은 '간접적으로' 그러하다. 공영방송 채널이 인사와 프로그램에 영향력을 행사하는 정부 다수당의 권위 아래 있기 때문이다. 사실 텔레비전의 수십 개 뉴스 프로그램, 특별 스포

---

[3] 전에는 2~3퍼센트를 기록하던 수치가 엔리코 멘타나(Enrico Mentana)가 뉴스국장으로 임명된 2010년 9월 이래 급격히 늘어난 결과다. 그는 중도 우파 저널리스트로서 오랫동안 베를루스코니가 소유한 미디어셋(Mediaset) 네트워크에서 일한 바 있다.

츠 프로그램, 토론 프로그램 가운데 정부가 껄끄럽게 여기는 사실을 굽히지 않고 내보내는 곳은 두 군데에 불과하다. 그들 가운데 하나는 베를루스코니가 폐쇄 명령을 내렸지만 법원 판결 덕에 살아남을 수 있었다. 나머지는 모두 침묵을 지키고 있다. 텔레비전 '저널리즘'은 더 이상 사실을 조작하고 왜곡하는 데 그치지 않는다. 베를루스코니를 부정적으로 조명하는 곳은 어디든 가만 놔두지 않는다. 예를 들어 2010년 6월 그의 오른팔인 상원 의원 마르셀로 델루트리(Marcello Dell'Utri)는 마피아 연루 혐의로 항소심에서 유죄판결을 받고 7년 형을 선고받았다. 하지만 주요 텔레비전 뉴스 프로그램은 그가 무죄임을 선언했다. 1992년 이후 저지른 범죄에 적용되는 혐의에 대해 유죄판결을 받은 것이 아니었기 때문이다.

인쇄 매체의 사정은 약간 다르다. 하지만 오직 10퍼센트의 이탈리아인만이 신문(스포츠신문 포함)을 읽는다. 요즈음 신문은 오직 소수 엘리트만을 상대한다. 그러나 인쇄 매체 영역에서조차 베를루스코니는 수많은 출판사 및 가장 중요한 출판사 몬다도리(Mondadori)를 소유하거나 통제하고 있다. 그리고 주요 일간지 『일 코리에레 델라 세라』(Il Corriere della sera)를 장악하고자 시도한 이래 다시금 재도전하려 하고 있다. 믿을 만한 친구들이 서서히 그 회사의 주요 주주 대열에 합류하고 있는 것이다.

퇴보하는 정의

베를루스코니가 "법 앞에서 평등하다"는 원칙에 끼친 해악은 정보 영역에서보다 한층 더 심각하다. 이탈리아에서 이것은 비교적 최근에 그리고 부분적으로 요청된 원칙이다. 1947년 공화주의적인 헌법이 발효된 뒤에도 법은 사실상 계급의 문제로 남아 있었다. 즉 기득권층은 거의 예외 없이 면책되었고, 고위층에 연줄이 없는 이들만 엄단에 처해졌다. 통치 원칙은 1세기 전 조반니 졸리티가 냉소적으로 한 유명한 말 "적에게는 법을 적용하고, 친구에게는 법을 해석한다" 그대로였다. 여기에서 다룰 수 없는 몇 가지 이유로 인하여 상황은 1970년대부터 달라지기 시작했다(1968년 평등주의 운동이 가져온 '파급효과'라는 점만 짚고 넘어가자). 몇 명의 치안판사들(보수 언론은 즉각 이들을 "승진에 혈안이 된 치안판사들"이라고 보도했다)이 주요 기업체와 정부 관료가 연루된 부패 스캔들을 조사했다. 하지만 이들 조사 대부분은 결국 이러한 소송을 깔끔하게 무마한다 하여 '안개 낀 항구'라 불리는 로마의 지방 검사 사무실로 넘어갔다. 하지만 1980년대에는 거침없이 권세가들의 거래를 파헤치는 판사의 수가 늘어났다. 그 결과 1992년의 정치 부패에 대한 그 유명한 '깨끗한 손'(Mani pulite) 조사가 이뤄졌다. 이 부패 사건은 1771년 이래 밀라노 시의 자랑거리이던 한 호스피스(말기 환자 진료소)와 연관된 사소한 부패에서 시작되었는데, 결국 전체 정치제도 그리고 이탈리아의 주요 기업가 모두가 연루된 사건으로 번졌다. 정의가 헌법 문구에 가장 가깝게 실현되던 순간이었다. 법은 만인에게 공평하게 적용되었고, 형사소송이 추진되었으며, 오직 법의 지배만을 받는 사법부의 독립성이 구현되었다.

　베를루스코니는 이 모든 것을 파괴하고 있다. 조직적으로 그리고 너무도 빈번하게 과거의 공산주의 반대자들과 손잡거나 적어도 그들의 묵인 아래 말이다. 형법에 관한 한 그는 수많은 대인법(ad personam)을 승인해왔다. 이 법은 그 자신 혹은 그의 친구들이 1심에서 유죄판결을 받거나 향후 유죄판결을 받게 될 범죄를 기소 대상에서 제외해주었다.[4] 일단 범죄 구성요건을 충족하지 못하면 자연스럽게 무죄가 되었다. 실제로 전형적인 '화이트칼라' 범죄는 이제 어느 것도 기소할 수 없게 되었다. 한 가지만 예로 들어보자. 2002년 4월에 통과된 법은 사실상 '예산 부정'을 기소 대상에서 제외해주었다. 미 의회가 재정 스캔들에 대한 대중적 분노가 폭발한 뒤 이러한 유형의 범죄에 대한 처벌을 늘리는 사베인스-옥슬리(Sarbanes-Oxley)법을 통과시키기 불과 몇 주 전의 일이다. 기소 대상에서 제외하

---

4) 탐사 전문 저널리스트 마르코 트라발리오(Marco Travaglio)는 자신의 저서 『대인법』(*Ad personam*, Milan 2010)에서 이 같은 사례를 수십 건 제시해놓았다. 트라발리오는 베를루스코니 재산의 '기원과 신비'를 파헤친 책 『돈의 냄새』(*L'odore dei soldi*, Rome 2001, 개정판 2009)의 공동 저자이기도 하다.

는 이 같은 조치로 공소시효를 단축하고 국제 증인 심문 요청서를 쓰지 못하도록 방해하는 등의 절차적 변화도 뒤따랐다. 그로 인해 이와 같은 혹은 그 비슷한 범죄로 기소된 이들이 법망을 빠져나가기가 한결 수월해졌다. 그와 더불어 베를루스코니가 이끄는 정부는 법과 관련한 제도에서 기술 자원이나 행정 인력을 줄여 나가는 주요 정책을 추진했다. '출중한' 인사가 재판을 받으면 훌륭한 변호사를 선임해 거의 예외 없이 기한을 넘기고, 그 피의자는 범죄 기록이 깨끗이 말소된다.

여기에 더해 자기 소임을 계속 수행해 나가는 치안판사에 대한 제도적 위협과 대중매체의 공격을 언급하지 않을 수 없다. 이와 관련해서는 사건의 개요만으로도 책 한 권을 족히 채우고도 남을 것이다. 일부의 경우 마피아식 '경고'가 있었고, 대부분의 경우 대중매체에서는 다소 무지한 대중에게 베를루스코니가 '빨갱이 법관들'의 희생양이라고 설득하는 운동을 펼쳤는데, 이는 쉽사리 먹혀들었다(기실 그 재판관들은 대부분 사법부에서 중도파에 속해 있었음에도 말이다). 권력층이 달가워하지 않을 수사에 너무 열성이라는 이유로 좌천된 경찰 관료의 수도 적지 않았지만, 각각의 사안은 전혀 뉴스화되지 않았다. 또한 정부는 다시금 중도 좌파와 합작해 은밀하게 불법적 감시 활동을 벌여온 이탈리아 정보국(SISMI) 요원들에게 형사책임을 면해주고 있다. 이들이 가입해 활약한 단체는 베를루스코니 정권이 '적'으로 간주한 수많은 치안판사, 저널리스트, 지식인, 기업인을 대상으로 첩보 활동을 펼쳤다. 나 자신 역시 그 '적'의 명단에 오르는 영예를 누렸다. 이러한 탈법적이고 위협적인 분위기가 20년가량 지속되었음을 감안하면, "권력자는 손대지 않는다"는 생각을 한사코 거부하는 상당수 소신파 치안판사들이 아직도 적을 유지하고 있다는 사실이 놀라울 지경이다.

문화적 후퇴

교육과 문화 분야의 상황도 법의 영역보다 나을 게 없다. 무엇보다 중요한 문제점으로 독립성이 파괴되었음을 지적할 수 있다. 그런데 이것은 파쇼적인 이데올로기를 주입함으로써가 아니라 획일주의와 상업화(문화를 소비의 한 형태로 환원했다)를 한데 버무린 유일사상(pensèe unique)을 창안함으로써 가능했다. 국가의 문화유산을 관리하는 일을 고고학자, 미술사학자, 복원 기술자 같은 전문가들에게서 빼앗아버렸고, 문화유산 박물관 관장에는 예를 들어 전직 맥도널드 이탈리아 지사의 최고 경영자 마리오 레스카(Mario Resca) 같은 이들을 앉혔다. 과학은 인색한 연구 기금, 굴욕적인 인사(국립연구소 부원장 로베르토 데 마테이Roberto de Mattei는 공룡과 호모사피엔스가 2만 년 전에 함께 살았다고 믿는 가톨릭 근본주의자다) 등으로 홀대받았다.[5] 그리고 텔레비전은 「피오 신부의 성흔」, 「피 흘리는 성모 마리아상」 등 '미스터리'나 "기적은 객관적으로 실재한다"는 사실을 증명하는 프로그램을 만드는 데 열을 올렸다. 더욱 심각한 것으로 공립학교 제도가 파괴되었고, 종교를 제외한 모든 교과의 교사 수가 줄어들었다(공립학교 교사는 국가에서 봉급을 받지만 주교가 선출하기 때문이다).

1929년의 파시스트 협정과 (톨리아티Togliatti 덕분에 승인된) 헌법 제7조에 의해 이미 짓밟혀버린 정교분리 원칙은 점점 더 일상적으로 굴욕을 당했다. 대중매체는 바티칸에 절대적으로 복종하는 분위기인 반면, 입법부는 교회 조직이 죄악시하는 범죄 집단으로 변질되었다. 상원은 영구적인 혼수상태에서 생명 유지장치로 연명하고 싶지 않다고 선언한 생전유서(生前遺書)의 법적 효력을 무효화하는 법안을 승인하고, 인공 급식을 의무화하도록 했다. 많은 병원에서 여성들은

---

5) 데 마테이는 국립연구위원회의 자금을 받아 『진화론, 가설의 종말』이라는 책을 출간했다. 이 책은 무엇보다 그랜드캐니언이 홍수의 결과로 단 일 년 사이에 만들어졌다고 그리고 세계는 수십억 년의 역사를 지니고 있지 않다고, 더 일반적으로 다윈의 과학적 가설은 결코 검증된 적이 없고 반기독교적인 이데올로기적 편견에서 비롯되었다고 주장했다.

낙태권을 사실상 박탈당해왔다. 의사와 간호사들의 '양심적 거부'가 널리 확산되도록 국가 당국이 분위기를 조장한 덕분이다. 지난해 벨기에에서 수행된 것과 같이 이탈리아 주교회에 대한 경찰 조사 역시 한 편의 완전한 공상과학소설이었다. 반면 로마 교황청과 권력자 간의 밀회는 법의 경계를 넘나들면서 나날의 현실이 되어가고 있다.

실제 범죄자들

하지만 이 정권이 보여준 자만의 극치는 바로 부정부패와 거짓말이었다. 회계감사원의 공식 통계에 의하면, 부정부패에 따른 비용이 자그마치 600~700억 유로에 달하지만 수많은 후유증으로 그 피해는 더욱 크다. 시급한 공공사업이 무엇인지 도무지 깨닫지 못하는 것, 쓸데없는 일들이 완성되지 않은 채 방치되는 것, 무능하지만 부패 세력에게는 충직한 인사들이 임명되는 것 등 모든 부문에 부정부패가 만연해 있다. 그로 인해 약탈은 말할 것도 없고, 비효율과 낭비가 심해진다. 의회는 수많은 '나쁜' 이웃들보다 더 높은 범죄율을 자랑하고 있다. 이미 유죄판결을 받은 의원이 20여 명이나 되며, 현재 조사 중이거나 재판 중인 의원의 수도 적지 않다.[6] 베를루스코니가 이끄는 정부는 한 번인가 두 번 그 자신이 재판에 회부되지 않도록 막는 데 도움을 줄 장관을 임명하기도 했다.[7] 이탈리아 마피아 카모라(Camorra)와 연루되었다 하여 구속영장을 발부받은 재경부 차관 니콜라 코센티노(Nicola Cosentino), 모든 종류의 계약에 따른 이익금을 차질 없이 분배할 수 있도록 서로 도청을 해온 '갱단' ……. 그들은 부정부패를 저지를 수 있

---

6) 좀 더 자세한 사항을 알고 싶으면 Peter Gomez and Marco Travaglio, *Se Li conosci li eviti*, Milan 2008 참조.

7) 알도 브란케르(Aldo Brancher) 장관을 말한다. 그는 '깨끗한 손' 조사 기간에 이미 유죄판결을 받았고, 격분한 민중에 의해 자리에서 물러나야 했다. 심지어 우파조차 그를 반대했다.

는 기회는 그 어느 것도 놓치지 않는다. 그것이 2009년에 로마에서 열린 세계수 영선수권대회이든, 같은 해에 발생한 라퀼라(L'Aquila) 지진이든, 2015년에 열릴 밀라노 엑스포이든 말이다.

역사학자와 저널리스트들은 이제 베를루스코니의 출신 당인 전진이탈리아당 (Forza Italia)이 주요 국가기구와 마피아 조직의 담합을 통해 탄생했음을 인정한 다. 이러한 견해를 뒷받침하는 사법적 판결도 나왔지만, "의심할 여지 없는" 증거 가 부족하다는 이유로 유죄판결을 받은 경우는 거의 없다. 이탈리아의 최대 광 고대행사 퍼블리탈리아(Publitalia)에서 오랫동안 잔뼈가 굵은 덕분에 전진이탈 리아당을 창립하는 데 큰 공을 세운 상원 의원 델루트리는 마피아와의 연루 혐의 에 대한 항소심에서도 유죄판결을 받았다. 1992년 반(反)마피아 치안판사 파올 로 보르셀리노(Paolo Borsellino)가 암살되었음을 추정할 만한 증거도 산더미 처럼 쌓여 있다. 실제로 지방 검사 사무실 세 곳은 여전히 2년간 벌어진 그 중요 한 '미스터리'를 조사하고 있다. 1992년에는 보르셀리노와 그의 동료 조반니 팔 코네(Giovanni Falcone)와 그 수행원들이 암살되었고, 이듬해인 1993년에는 로 마, 밀라노, 피렌체에서 차량 연쇄 폭발 사건이 일어났다. 그 사건들 탓에 역사적 인 건물들이 심하게 부서졌고 소중한 예술 작품이 파괴되었다(로마 올림픽 스타 디움을 폭발하려는 시도가 미수에 그친 일도 있었다). 베를루스코니의 측근들이 꾸며대는 음모는 이제 베르톨트 브레히트(Bertolt Brecht)가 「칼잡이 맥」(Mack the knife)에서 그린 것을 훌쩍 뛰어넘을 만큼 섬뜩하다.

범죄나 도덕성과 관련한 문학적 모델이 브레히트라면, 언론과 관련한 문학적 모델은 조지 오웰(George Orwell)이다. 베를루스코니의 텔레비전 시스템은 말 의 의미를 정반대로 뒤집어버림으로써 뉴스피크(Newspeak)[8]의 악몽을 현실화 했다. 베를루스코니와 그의 친구들에 맞서 소송을 진행한 판사들은 '정치화된 치 안판사'들로, 텔레비전 독점은 '자유 시장'의 승리로, 헌법에 대한 존중 요구는 미

---

8) [옮긴이] 오웰의 소설 『1984년』에 나오는 말로, 본래 낱말이 품고 있는 정치적 쟁점을 약화하기 위해 만들어낸 새로운 말을 가리킨다.

움을 부추기는 것으로 뒤바뀌었다. 세금이 줄어들었는데, 만약 세금이 오르면 유로화와 과거의 중도 좌파 정권이 비난을 뒤집어써야 했다. 대중매체(그가 소유한 대중매체를 포함하여)는 '기득권 세력'과 반대파 저널리스트들이 지배하고 있다. '기득권층'은 헌법재판소와 결탁하여 다수당의 지배권을 넘본다(여기서 지배권이란 무엇이든지 하고 싶은 것을 할 권리를 말한다). 목록을 열거하자면 끝이 없다.

베를루스코니는 그 밖에도 여러 면에서 오웰의 『1984년』을 모방하고 있다. 이를테면 '사랑부'(Minstry of Love)의 소름끼치는 요구를 들 수 있다. 그는 자신의 조직은 '사랑당'이라고, 중도 좌파(및 판사와 독립적인 저널리스트들)는 '증오당'이라고 명명했다. 이러한 마니교적 구조에 광란의 물결이 더해졌다. 니콜라이 차우세스쿠(Nicolae Ceausescu)에게나 어울릴 법한 열정적이고 헌신적인 의례들, 베를루스코니가 공식 석상에 등장할 때면 언제나 곁들여지는 숱한 슬로건과 노래들이 그 예다.[9] 그의 당가 제목은 '고마워라! 실비오가 있다는 사실이'다. 베를루스코니는 오웰식으로도, 리얼리티 텔레비전 쇼식으로도 '빅 브라더'의 화신이다. 정권이 손본 대본에 따라 환상이 마치 실제처럼 되어버린다. 하지만 인위적인 무대 장치 너머에는 오직 폐허만이 펼쳐져 있다. 이것이 예컨대 라퀼라 지진 후 '재건'이라는 이름으로 벌어진 일이다.[10]

이처럼 위장된 민주주의 체제에서 정치적 논쟁은 합리적인 논의의 원리를 잃어가고 있다. '사실'은 더 이상 존재하지 않고, 누구도 더 이상 '논리'에 연연하지 않는다. 누구든 어제 인정한 사실을 오늘 부인할 수 있으며, 심지어 같은 토크쇼에서도 이 말 했다 저 말 했다 할 수 있다. 중요한 것은 목소리를 키워 적을 제압하고, 뻔뻔스럽게 거짓말을 하고, 거만한 얼굴을 들이대고, 적절한 순간에 상스러운 모욕을 퍼부을 수 있는 능력이다. 수사적인 글에 흠집을 내는 의미학적이거나

---

9) 베를루스코니의 가장 막역한 전우 페델레 콘팔로니에리(Fedele Confalonieri)는 언젠가 그를 진지하게 '훌륭한 차우세스쿠'라고 묘사하기도 했다.

10) 사비나 구찬티(Sabina Guzzanti)의 빼어난 영화 「드라퀼라」(Draquila, 2010)에 자세히 다뤄진 내용 참조(드라퀼라는 드라큘라Dracula와 2009년 지진 피해를 입은 이탈리아 도시 라퀼라L'Aquila의 합성어다—옮긴이).

실제적인 오류들이 이제는 도리어 미덕으로 간주되고 있다. 이치에 맞지 않는 언행이 정치인뿐만 아니라 유권자들에게까지 제2의 천성으로 자리잡아가고 있다. 정말이지 유권자들은 사실과 논리를 드러내놓고 깔보는 정치인들의 '권력의지'에 희생당하고 있다. 사실과 논리에 대한 경멸은 비난받기보다 오히려 갈채를 받았는데, 정치인들에게는 무소불위의 권력으로, 시민들에게는 복종의 달콤함으로 그 모습을 드러냈다.

뒷걸음치는 민주주의

그러므로 베를루스코니의 정권은 파시즘이 아니다. 하지만 분명 전례가 없는 새로운 형태로 자유민주주의 체제와 그 체제를 지탱하는 최소한의 공적 기틀을 파괴했다. 여기에서 그의 경제정책과 사회정책, 급속한 불평등의 확산, 복지의 황폐화, 부의 양극화는 논외로 하자. 그것은 지금 모든 서구 민주주의 사회가 겪고 있는 퇴보의 조짐이기 때문이다. 다만 우리는 좌·우파를 막론하고 단념해서는 안 될 현대 민주주의의 제도적 특징을 살펴보고자 한다. 베를루스코니는 세계에서 가장 자유민주주의적인 제도를 변질시키고 있다. 권력과 적법성이 견제와 균형을 이루는 시스템, 개인의 양도할 수 없는 권리가 존중되는 시스템을 한 사람의 전횡이 좌우하는 시스템으로 바꿔버린 것이다. 그는 한때는 선거에서 다수표를 획득했지만, 이제는 제왕으로 군림하고 있다.[11] 그러나 대다수가 무제한의 권위를 보장해주었다는 말은 자코뱅적인 논리다. 역사적 위엄을 빌려 말하자면, 우리는 너무 심하게 부당이득을 취하는 베를루스코니 정권을 부자들의 자코뱅당이라 부를 수 있다.

베를루스코니 정권은 결국 이렇게 되었다. 그는 민주주의를 국민투표가 아니

---

11) 페루치오 피노티(Ferruccio Pinotti)와 우도 귐펠(Udo Gümpel) 기자가 베를루스코니와 가톨릭교회의 관계에 관해 쓴 책의 제목은 『선택받은 자』(L'Unto del Signore, Milan 2009)다.

라 여론조사로 전락시키려 했다. 여론조사에서는 모든 시민들이 자신의 독립성을 효율적으로 발휘할 만한 어떠한 문화적·사회적 도구도 지니지 못한 채 소외되어 있으며, 대중매체와 후원으로 무장한 권력구조 앞에서 속수무책이다. 베를루스코니가 보기에 공직 생활이란 광고업자나 장사꾼이 주름잡는 넓은 무대, 즉 광대한 시장이나 다를 바 없었다. 아니면 그는 자기 나라를 하나의 기업(당연히 그 자신이 소유한)쯤으로 간주하고 있다. 시민 대신 직원과 소비자, 주요 주주와 일부 소액주주들이 있는 그리고 사장의 결정을 취소하거나 지연시킬 수 없는 그런 기업 말이다. 그러므로 거물적인 사고방식을 지닌 그(그는 베티노 크락시 Bettino Craxi의 정치적 도움으로 거물이 되었다)로서는 권력분립, 정부 권한 제약, 헌법적 제한 같은 것이 도무지 납득되지 않고 달갑지도 않았다. 베를루스코니 정권은 파시즘적이지 않다. 그가 진짜 창출해낸 것은 앙시앵레짐을 세습한 포스트모던판 국가다.

하지만 이제 베를루스코니 정권은 헌법을 완전히 전복하는 데서 그것을 무력화하는 쪽으로 나아가고 있다. 2010년 여름 그의 정권은 첫 번째 판사가 요청하고 두 번째 판사가 승인한 경우에조차 조사 판사들이 도청하지 못하도록 막는 법안을 통과시켰다. 승인받은 도청의 내용을 푼 원고를 출간하고 재판에서 1개월 형을 선고받은 저널리스트들, 50만 유로에 달하는 천문학적인 벌금형을 선고받은 출판업자들 ……. 상원이 승인한 이 법은 몇 달 동안의 대중운동을 거쳐서야 가까스로 철회될 수 있었다. 공화국의 대통령이 그 법안의 승인을 거부할 것이 확실시된다는 이유에서이기도 했다. 하지만 베를루스코니는 2010년 12월 신임투표에서 승리한 이래 그 법안을 밀어붙이는 데 전에 없이 열성이었다. 실제로 그는 정부 권력으로부터 법관의 독립성을 박탈하는 사법 개혁을 도와줄, 사법제도 전반을 완전히 뒤흔들어버릴 법안을 준비해왔다.

그러므로 우리는 베를루스코니식 정치가 아직 파시즘은 아니라고 안심해서는 안 된다. 파시즘만이 민주주의 사회를 파괴하는 유일한 방법은 아니다. 파시즘은 1920년대 초 유럽에서 발생한 하나의 역사적 형태에 지나지 않는다. 그 밖에도 여러 가지 방법이 있을 수 있는 것이다. 역사는 늘 새로운 것을 만들어내지 않았던가. 베를루스코니식 정치는 이미 민주주의를 파괴하는, 전례를 찾아볼 수 없는 도구임을 증명했다. 우리는 다만 이 정권 아래에서 이탈리아가 (이탈리아 파시즘이 등장한 지 채 1세기도 되지 않은 때) 과연 유럽에 다시 한 번 해악을 끼치게 될 퇴보적 장치를 마련할지 어떨지가 궁금할 따름이다.

유럽은 '아르코레의 작은 무솔리니'[12]에 만족하지 않았어야 옳다. 수년 동안 유럽은 주로 그의 부정직한 인성, 국제 정상회의에서 보여준 카바레에서나 통할 법한 언행, 그의 주책스러운 모발 이식이나 안면 성형, 삼류 바람둥이의 거드름, 구사하는 농담의 진부함과 상스러움 따위에 주로 관심을 기울여왔다. 유럽은 그가 그다지 진지한 인물이 아니므로, 『렉스프레스』(*L'Express*)가 2009년 7월 8일자 머리기사에서 표현한 대로 그 '유럽의 광대'가 민주주의를 파괴하고 있다는 사실을 심각하게 받아들이지 않은 것 같다. 하지만 이 요상한 인물이 유럽 민주주의에서 어마어마한 힘을 모을 수 있게 되자, 그의 우스꽝스러운 언행은 결국 엄청난 재앙으로 번졌다. 얼마간 비난을 면키 어려운 이탈리아 국민들뿐만 아니라 유럽의 나머지 국가들도 자기네 역시 감염될 수 있는 반민주주의 바이러스를 근절하는 조치를 서두르지 않은 채 그저 무책임하게 그를 희롱하거나 빈정거리기만 하고 있다.

동물적인 자유

하지만 유럽인들은 이탈리아인들에게 베를루스코니를 둘러싼 합의가 도대체 어떻게 가능했는지 물었어야 옳다. 헌법에 맞선 그의 뻔뻔스러운 도전을 어째서 승인하고 있을까? 왜 이탈리아인의 절반이 기꺼이 그에게 자발적으로 복종할까?

---

12) [옮긴이] 아르코레(Arcore)는 베를루스코니의 저택이 자리한 곳이다.

답은 어려울 게 없다. 거기에 대한 설명은 간단하지만, 도리어 너무 간단해서 무시되곤 한다. 베를루스코니의 반민주주의가 보호하고 밀어주는 구조적 이익이 무엇인지부터 찬찬히 살펴보자. 베를루스코니는 자칭 자유의 전파자다. 하지만 그가 사실상 자유롭게 씨를 뿌린 것은 다름 아닌 성적 소수자, 민족적 소수자, 정치적 소수자 등 모든 소수자에 대한 멸시였다. 행정부 수장이 그 같은 태도를 보일 경우 그것은 위협 그 이상의 것이 된다. 사람들은 그것을 폭력에 대한 묵인으로 받아들인다(동성애자에 대한 공격이 최근 특히 심해지고 있는 것은 결코 우연이 아니다). 베를루스코니는 실제로 반체제 인사 등 소수자를 보호하는 자유를 극도로 혐오한다. 그는 그저 '이름뿐인 자유'(shadow freedom)의 옹호자다. 이름뿐인 자유 아래에서는 오직 가장 많이 가진 자들만이 보호받을 권리가 있다. 그가 알고 있는 자유란 다만 통제받지 않는 자본주의라는 동물적 정신, 즉 동물적인 자유일 뿐이다. 호모 호미니 루푸스(homo homini lupus)![13]

유럽 국가의 정치인과 정부들이 하나같이 어느 정도는 부패했기 때문에 사람들은 대체로 이탈리아 사례가 그저 약탈 수준이 좀 더 높을 뿐이라고 생각한다. 하지만 이것은 한참 잘못된 생각이다. 이탈리아 정부 '갱'들의 도둑질은 규모가 방대하고 널리 만연해 있다. 게다가 처벌받지 않으리라고 확신하는 탓에 뻔뻔할 정도로 버젓이 도둑질을 저지르고 있다. 이탈리아에서 고속도로, 지하철, 고속철도의 요금이 프랑스, 독일, 스페인보다 대여섯 배 비싼 것은 결코 우연이 아니다. 카를 마르크스와 프리드리히 엥겔스가 『공산당 선언』에서 주장한 "국가는 부르주아지의 공동 업무를 처리하는 집행위원회"라는 말은 오늘날의 이탈리아에 들어맞지 않는다. 이탈리아 정부는 부정한 사건들의 집행위원회이기 때문이다. 이탈리아 정부는 국가라는 형태의 거대한 범죄 집단이다.

대중이 그들에게 부정한 수단으로 쟁취한 이득을 자유롭게 지배하도록 권한을 인정해준 것은 무엇보다 특권, 불법, 면책을 다량 유포한 결과다. 건축 규정을

---

13) [옮긴이] "인간은 인간에게 늑대다"라는 뜻의 라틴어.

위반하거나 탈세를 한 사안에 책임을 묻지 않는 것이 그 대표적인 예다. 이러한 조치들은 미래 세대에 심각한 피해를 끼친다. 하지만 그뿐만 아니라 법을 위반함으로써 즉각 이득을 보는 수많은 공범을 양산하게 된다. 2009년 가을 '이름뿐인 자유'의 진정한 예라 할 만한 사건이 일어났다. 의회는 해외에서 다시 들여온 자본에 관한 법률을 통과시켰다. 세관에 신고되지 않은 이익에 대한 세율을 5퍼센트로 낮추는 내용이었다(만약 눈감아주는 그런 조항이 없다면 그 세율은 50퍼센트가 되었을 것이다). 이 법은 이들 자본에 대한 출처 조사를 면해주고 익명성을 철저히 보장해주었다. 이것은 간단히 말해 국가가 허락한 충격적인 돈세탁 사례라 할 수 있다. 한편 빈발하는 건축 규제 완화는 이탈리아의 역사적인 부와 아름다운 경관을 훼손하고 있다. 따라서 대중은 권력층에게는 죄를 묻지 않는다는 원칙을 대중 참여라는 신기루를 통해, 공범 의식에 따른 침묵을 통해 당연시했다. 그것이 대중의 윤리 의식에 끼친 폐해는 쉽게 짐작할 수 있다. 하지만 불법을 처벌하지 않는 특혜가 '빵과 물고기'[14]처럼 마구 늘어날 수는 없었다. 이탈리아는 바야흐로 국가 채무불이행 상태에 빠져들게 된 것이다.

만연한 불법은 텔레비전을 통해 잘살게 해주겠다고 끊임없이 약속하거나 적을 색출하는 선전을 무차별적으로 전개한 결과다. 공중파 방송은 언제나 크리스마스 같은 날이 계속될 거라고 주부나 연금 생활자에게 다짐하듯 약속에 약속을 남발했다. 베를루스코니의 적들은 "병균을 퍼뜨리는 자"라는 식의 비난을 받았다. 그는 치안판사, 저널리스트, 탈세자를 추적하는 세무 공무원 같은 자신의 적을 모두 '공산주의자'로 몰아붙였다. 공산주의는 이미 한 세기 전에 이탈리아에서 정치 세력으로서 수명을 다했는데도 말이다. 실제로 그는 그 공산주의자들이 세무 경찰 국가를 설립하고자 한다고 비난했다. 어느 때인가는 드러내놓고 탈세를 부추기기도 했다. 마지막 중도 좌파 정권이 무력하기는 하지만 어쨌거나 세금 사기를 억제하려는 시도를 했음에도 말이다. 한마디로 베를루스코니에게 '공산주

---

14) [옮긴이] 성경에 나오는 표현으로 예수가 5천 명의 군중에게 나누어준 것이 "다섯 덩어리의 빵과 두 마리의 물고기"(오병이어)였다.

의'는 "세금과 법 앞에 만인이 평등하다"는 사고와 동의어다. "세금과 법 앞에 만인이 평등하다"는 역사적으로나 이론적으로 자유민주주의의 기본 원칙인데도 말이다.

유용한 머저리들?

그 수수께끼를 푸는 데 도움을 줄 두 번째 요인은 무엇일까. 이것은 지금까지 말한 첫 번째 요인보다 한층 진부하다. 외국의 관찰자들이 도저히 믿고 싶어하지 않을 만큼 그렇다. 다름 아니라 반대파 지도자들의 심하다 싶은 무능이다. 이것은 흔히 볼 수 있는 철저한 결탁과는 다르다. 몇 가지 사실을 살펴보자. 베를루스코니는 1996년과 2006년 두 차례 선거에서 패배했다. 하지만 그는 1994년 정치에 입문하던 그 순간부터 패배할 수도 있었다. 1994년에 모든 여론조사 결과는 중도 좌파가 이탈리아 공산당 비서 아킬레 오케토(Achille Occhetto) 대신 무소속 후보를 내세우면 훨씬 앞설 거라고 예측했다. 베를루스코니는 북부연맹이나 전(前) 파시스트들과 연합해 가장 전통적인 반(反)공산주의 기치 아래 선거운동을 펼친 결과 간발의 차로 승리를 거두었다. 하지만 2년 후 북부연맹과 결별한 채 새로 선거를 치렀다. 중도 좌파는 공산주의자가 아닌 로마노 프로디(Romano Prodi)—그는 특별할 게 없었지만 존경받는 경제학자이자 바티칸 가톨릭 신자였다—를 후보로 지명한 것만으로도 충분했고, 압승을 거두었다. 베를루스코니로서는 정치인으로뿐만 아니라 기업가로나 개인으로나 생명이 끝난 듯 보였다. 당시의 신문은 우파 지도자로서 누가 베를루스코니를 대체할 것인지 궁금해했다. 천문학적인 빚더미에 올라앉은 그의 회사들은 파산을 선언해야 할 지경이었고, 심각한 범죄를 저질렀다 하여 숱한 조사를 받고 있던 그는 감옥에 갈 판이었다.

그러나 그때 전(前) 이탈리아 공산당 비서로 오케토의 후계자인 마시모 달레마

(Massimo D'Alema)가 등장했다. 그는 베를루스코니를 정치판에서 완전히 밀어내는 조치를 취한 게 아니라(사실 당시 그렇게 하는 데는 별다른 조치조차 필요하지 않았다), 베를루스코니가 가능한 정적들 가운데 가장 약자이고 그러니만큼 보호해주어야 한다는 해괴한 신념 아래, 베를루스코니와 손잡고 '재정'(再定) 헌법의 시조 역할을 하자고 제의했다. 이후 일이 어떻게 되었는지는 익히 알려진 바와 같다. 전 이탈리아 공산당에게 인정받은 베를루스코니는 자신의 정치집단에서 지도력을 재선언하고, 관대한 은행 대출을 받고, 자신이 감옥에 가지 않도록 막아주는 초당파적인 법률을 무난히 통과시킬 수 있었다. 그는 2001년 재선에 성공했다. 하지만 그의 통치는 형편없었다. 2006년 선거 두 달 전 프로디는 여론조사에서 그를 20퍼센트포인트나 앞서 있었다. 하지만 중도 좌파의 선거운동은 자멸적인 무능의 결정판이라 할 만했고, 결국에는 1천 표라는 근소한 차이로 신승(辛勝)을 거두었다. 게다가 선거법 덕택에 중도 좌파가 하원에서는 다수로 견고했지만, 상원에서는 불과 몇 석만 우세했다. 그들이 무소속(좌파) '지역 시민단체들'의 지지를 거부했기 때문이다. 거의 전국에 걸쳐 분포하는 시민단체들과 손잡을 경우 3~12퍼센트의 의석 정도를 더 확보할 수 있었다. 여기에 대해 중도좌파 지도자들은 시민단체가 성공한다면 '정치적 문제'가 되었을 거라고 설명했다. 다시 말하면 이렇다. 일부 시민사회의 지지를 받고 승리하느니 차라리 계속 '자기' 유권자를 독점적으로 챙기면서 패배하는 편이 낫다는 것이다. 순전히 기회주의적으로 선거 본부를 옮긴 베를루스코니의 옛 동지들에게 기댄 2차 프로디 정권은 2년 뒤 결국 패배하게 된다.

요컨대 베를루스코니가 권력자로 부상하는 것은 얼마든지 막아낼 수 있었다. 하지만 2008년 이후 그에 대한 반대는 없었다. 나폴리타노(Napolitano) 대통령이 간청하고 어리석게도 하원 의장 잔프랑코 피니(Gianfranco Fini)가 허락한 2010년 11월의 '신임투표'가 그 정점을 이루었다. 피니는 하원 의장으로서 그것을 거부할 권한이 있었다. 하지만 상하 양원의 신임투표를 한 달이나 질질 끌면서 베를루스코니가 의원들을 매수할 수 있는 충분한 시간을 확보해주었다. 그렇게 해서 베를루스코니 정부는 근소한 표차로 기사회생했다. 중도 좌파 정부는 집권 7년 동안 1992년 이래 이탈리아 정치를 주도해온 두 가지 이슈, 즉 정의와 텔레비전에 관한 한 베를루스코니 정부와 조금도 다를 바 없었다. 중도 좌파가 야당이었을 때 그들의 주요 관심사는 백만여 명이 거리로 쏟아져 나올 수 있음을 보여준 시민사회의 자발적 운동[15]이 조직적인 정치 세력으로 성장하지 못하도록 막는 것이었다.

한편 베를루스코니는 사회에 횡행하는 '반정치' 기류를 등에 업고 그 자신을 전문 정치인에 대한 대안으로 부각시킬 만한 능력이 있음을 보여주었다. 그것은 이제껏 좌파의 어느 누구도 할 수 없는 일이었다. 실제로 좌파는 점차 커져가는 정치 계급에 대한 분노와 격분을 정치적 무관심이나 헌신 부족이라고 줄곧 비난해왔다. 하지만 '카스트'[16]라 불리는 것에 대한 이 같은 경멸은 양가적이다. 즉 그것은 권위적인 정부가 들어설 수 있는 토대를 마련해주기도 하지만, 오늘날에는 보다 민주적인 정치, 즉 시민들에게 더 가깝고 시민들이 통제할 수 있는 정치에 대한 바람을 표현하는 것으로 더 자주 쓰인다. 태만한 저널리스트들은 '반정치'라고 묘사하지만, 그것은 반정치라기보다 '정당의 우월적 지배에 대한 반대'(더 많은 정치를 요구하고 그 정치를 시민에게 되돌려달라는 것)라고 말하는 편이 옳다.

직업 정치인들이 독식하는 민주주의는 실상 공적 영역을 사적 영역으로, 정치적 대표성을 사적 거래로 전락시켰다. 그 거래에서 오직 성공의 척도가 되는 것은 그 거래를 통해 얻을 수 있는 개인적인 이익뿐이다. 이러한 상황에서는 대표자와 그들이 대표하는 시민의 관계가 역전된다. 시민은 그들 자신이 전혀 대표된다고

---

15) 사람들이 2002년 9월에는 지로톤디와 함께, 2009년 11월에는 퍼플 피플(Purple People)과 함께 페이스북을 통해 집결했다. 2011년 2월에는 베를루스코니의 파격적인 섹스 행각에 항의하는 집회가 열렸다.

16) 세르조 리초(Sergio Rizzo)와 잔 스텔라(Gian Stella)의 베스트셀러 『카스트』(La Casta, 2007)를 통해 널리 유행한 용어다. 이 책은 국회의원부터 소도시 관리에 이르기까지 수만 명의 이탈리아 정치인들이 누리는 특권을 낱낱이 파헤치고 있다.

느끼지 못하며, 오직 자신들의 의지가 상대적으로 더 소외되느냐 덜 소외되느냐를 선택할 수 있을 뿐이다. 유권자의 참여율이 떨어지는 것은 결코 우연이 아니다. 설사 유권자의 참여율이 여전히 높다 해도 이튿날의 여론조사는 시민들이 자기가 선택한 이들을 전혀 신뢰하지 못하고 있다는 사실을 보여준다. "그놈이 그놈이다." "털어서 먼지 안 나는 놈 없다." "어쨌든 모두 도둑놈들이다."

정치적 삶은 하나의 이력에 지나지 않는다. 만약 우리가 정당 지배 체제(partiticrazia)라는 핵심 주제를 제대로 다루지 못한다면, 그것을 최소화할 전략을 제대로 마련하지 못한다면, 그 결과는 민주주의와 결별하는 두 가지 형태로 귀결될 것이다. 당주정치(partiocracy) 아니면 대중적 권위주의 말이다. 현존하는 좌파 정당(사회민주당 혹은 다른 우스꽝스러운 제3의 정당들)은 문제를 해결할, 아니 제기할 능력조차 없다. 바로 그들이 그 문제의 핵심적이거나 구조적인 일부를 이루고 있는 탓이다. 이게 바로 그들이 보다 많은 평등을 촉구하는 논의로 이어질 수도 있었을 금융 위기 이슈를 제대로 살리지 못한 까닭이다. 실제로 그 위기는 탁월하고 신성한 자본주의적 속성인 효율이라는 견지에서조차 근본적으로 달라져야 한다는 사실을 여실히 드러내주었다. 속박받지 않는 금융이라는 바스티유 감옥을 민주적으로 습격하는 데서부터 변화가 시작되어야 한다.

말하자면, 제도권 좌파는 점점 더 잠재적 유권자를 잃어가고 있다. 하지만 그들이 스스로를 정당 지배 체제를 지향하며 특색 없이 부유하는 존재들과 차별화한다면 선거에서 우세해질 가능성은 있다. 한편 우파의 보수주의자와 반동분자들도 민주주의 훼손과 헌법 파괴를 통해 이득을 누릴 수 있다. 오늘날 유럽에서 승자는 이른바 반정치라는 전략적 장치를 동원할 수 있는 존재들이다. 이것을 인종차별적 적의로 가득 찬 새로운 극우 정당에 내맡기는 것은 좌파 정당이 저지른 범죄나 마찬가지다. 왜냐하면 그들은 타협적으로 기득권의 이해에 열렬히 헌신할 것이기 때문이다.

서구 국가들을 위한 푸틴주의

혹자는 베를루스코니가 모든 계파의 유럽 우익에게서 공통적으로 드러나는 결함을 다소 과장된 형태로 드러내는 데 지나지 않는다고 생각할 수도 있다. 하지만 이것은 잘못된 생각이다. 베를루스코니가 장악하고 있는 대중매체는 특권이라는 '이름뿐인 자유'를, 꼬치꼬치 캐묻는 공산주의자들의 닦달이나 치유 불가능한 스탈린주의에 맞서 시민의 자유를 보장해주는 것이라고 묘사한다. 치안판사의 손을 묶고 저널리스트의 입에 재갈을 물리는 도청에 관한 법은 사생활을 보호하기 위한 조치라고 둘러댄다. 하지만 실제로 베를루스코니의 국가는 약자를 겨냥한 경찰국가다. 오늘날 이탈리아에는 유럽연합 외 나라에서 이민 온 이들을 위한 집단 수용소가 있다. 감옥은 시시한 밀매자들이나 마피아 졸개들로 발 디딜 틈이 없다. 하지만 계약, 사기, 돈세탁, 정치적 부정부패, 산업스파이, 단추 두 줄 달린 옷을 차려입은 조직범죄 집단(이 집단의 지도자들은 정말로 양복을 쫙 빼입고 다닌다)의 범죄는 법으로 철저히 보호받는다. 강자는 처벌받지 않는다는 계급적 정의는 이제 권력의 관행이 아니라 법적 명령이 되어버렸다.

이 모든 것이 사회조직에는 재앙이다. '친구'와 '친구의 친구'의 죄를 면해주기 위해 공표된 법은 하나같이 더 많은 범죄 집단에 여파를 미치고 있다. 철저하게 소득이나 지위로 구분되는 계급에 기반한 법은 아직(?) 가능하지 않기 때문이다. 이탈리아 마피아는 베를루스코니 정권에게서보다 더 너그러운 대접을 받아본 적이 없었다. 이 정권은 새빨간 거짓말을 하면서 마피아를 매우 적극적이고 효과적으로 척결했다고 큰소리쳤다. 그러면서도 베를루스코니는 다른 한편으로 이탈리아의 명예를 더럽혔다고 로베르토 사비아노(Roberto Saviano)의 책 『고모라』(Gomorra)[17]를 공격했다. 말하자면 합법성은 곧 적과 동의어였다. 바야흐로 이제 정치, 기업, 범죄가 한데 뒤섞이면서 유럽의 구조적 특징을 이루기 시작했다.

---

17) [옮긴이] 카모라라는 범죄 조직에 대해 폭로한 책이다. 우리나라에도 『고모라』(문학동네, 2009)라는 제목의 번역서가 나와 있다.

이러한 관점에서 보자면 이탈리아는 위험을 무릅쓰고 다른 서구 민주주의 국가들에 하나의 전형을 제시하고 있는 셈이다.

하지만 그 역설에 주목해보자. 우파는 역사적으로 법과 질서의 정당이었다. '사회학적' 근거를 들면서 범죄자를 옹호하고 자유방임을 비난한 것은 바로 좌파였다(반면 우파는 봐주기 없기 원칙을 고수했다). 이러한 견지에서 베를루스코니는 처음에는 우파의 입장과 반대되는 듯 보였다. 하지만 기실 그는 대폭 물갈이하겠다는 신호를 보내고 있다. (정치 권력이나 금융 권력으로부터 완전히 독립적인) 치안판사가 법 구절을 적용하기만 한다면 우리는 기득권층이 싫어하는 것, 즉 법적으로뿐만 아니라 물리적으로 특권을 대폭 축소하는 데 접근할 수 있다. 일관되기만 하다면 민주주의적 합법성이 권력을 가지지 못한 이들에게 권력이 될 수 있기 때문이다.

베를루스코니는 아마도 원칙상으로조차 정치적·사법적 평등을 용인하지 못할 미래의 우파를 대변하고 있는 것 같다. 특권을 제도화하고, 새로운 계급사회에 합법적 형식을 부여해야 할 우파 말이다. 과두정치 집정자들, 마피아, 목숨을 부지하지 못할까 봐 전전긍긍하는 순종적인 치안판사와 저널리스트들이 포진한 블라디미르 푸틴(Vladimir Putin)의 러시아가 바로 그가 지향하는 본보기다. 이것이 바로 유럽이 베를루스코니식 정치, 즉 서구 사회를 위해 손을 본 푸틴주의에 오염될 위험이 있는 까닭이다. 푸틴의 모델은 러시아가 전체주의 사회에서 민주주의 사회로 성공적으로 이행하지 못한 결과 잉태된 괴물이라는 비난을 받고 있다. 하지만 이탈리아가 민주주의에서 새로운 형태의 전제정치로 후퇴하려는 것은 별 저항 없이 받아들여지고 있다. 아니 칭찬받고 있기까지 하다.

우리는 베를루스코니 치하에서 파시즘의 역사적 특성 가운데 하나인 이른바 교회정치주의(clericalism)가 번성하고 있다는 사실을 이미 언급한 바 있다. 물론 세속주의(secularity)에 대한 혐오는 비판적 사고에 대한 혐오가 낳은 부작용이다. 베를루스코니주의도 파시즘과 마찬가지로 교회의 서열 가운데 가장 음습한 부문에 온갖 재물을 바치며 충성하고, 교회가 휘두르는 생명윤리학이라는 도깨비방망이를 법제화할 채비를 하고 있다. 교회가 기꺼이 이 정권의 인간적 약점(돈과 섹스로, 언제나 같다)을 못 본 체 눈감아주거나 거기에 대해 침묵해주기만 한다면 말이다. 하지만 만약 배은망덕하게 감히 이 정권을 비난하고 나선다면 교회 지도자들 역시 마피아식 대접을 피할 길이 없을 것이다(이탈리아 주교회 기관지 『아베니레』*Avvenire*의 편집자인 디노 보포Dino Boffo 사건이 그 극명한 예다. 보포는 베를루스코니의 섹스 행각을 조심스럽게 비판했다). 베를루스코니 일가가 소유하고 있는 신문 『일 조르날레』(*Il Giornale*)는 동성애와 성범죄 혐의로 보포를 기소하는 잘못된 법적 문서를 실었고, 그가 그 일을 두고 사법 거래[18]를 했다고 주장했다. 이것은 어쨌거나 포스트모던한 교회정치주의다. 도덕성에 대한 복종과 존중이 텔레비전 화면에서 내보내는 성적 방종이나 상스러움과 아무렇지도 않게 공존하고 있다. 어쨌거나 사업은 사업이고, 텔레비전 시청률은 기도나 찬양으로 올라가는 게 아니다.

베를루스코니의 반대파는 세월은 말릴 수 없다고 속삭이면서 위안을 삼고 있다. 베를루스코니가 벌써 일흔다섯의 나이이고 언젠가는 끝장날 날이 오지 않겠느냐는 것이다. 하지만 첫째, 베를루스코니는 패배하지 않는다면 목숨이 붙어 있는 한 결단코 권력을 포기하지 않을 것이다. 이러한 견지에서 그의 야심 찬 독재자 심리는 장기 집권한 독재자와 조금도 다를 게 없다. 둘째, 베를루스코니와 그의 공범들은 오직 권력을 차지하고 있어야만 사법적 처벌을 피해갈 수 있다. 만약 베를루스코니가 패배하면 그의 패거리들은 모두 철창에 갇히는 신세가 될 것이다. 그가 거느린 군단이 그에게 그렇게까지 열렬히 충성하는 이유가 바로 거기에 있다. 베를루스코니가 없다면 그 정권은 단 한순간도 지탱하지 못할 것이다. 하지만 베를루스코니가 이룩한 구조적, 심지어 인류학적 변화는 그의 정권이 붕괴되고 난 후에도 면면히 이어질 것이다. 그의 반대파도 치안판사, 저널리스트,

---

18) [옮긴이] 가벼운 구형 같은 검찰 측의 양보와 교환하는 조건으로 피고가 유죄를 인정하거나 증언을 하는 거래를 말한다.

노동조합의 독립성 같은, 우리의 자유를 보호하는 주 요인의 토대가 무너진 데 대해 연대책임이 있다. 이탈리아는 현재 기득권층의 논리에 비굴하게 휘둘리고 있는 좌파 정당의 근본적 변화를 골자로 하는 혁신적인 민주주의를 이룩하지 않고서는 결코 베를루스코니의 망령에서 벗어날 수 없다.[19]

제3의 공화국을 지향하며?

이제 글을 맺어야 할 시간이다. 베를루스코니의 행동은 따로따로 놓고 보면

---

19) [옮긴이] 전후 이탈리아에서 가장 오랫동안 총리직을 유지하던 베를루스코니는 2011년 11월 총리직에서 물러났다. 유로존 위기와 이탈리아 부채 위기 속에 치러진 선거에서 자신이 소속된 자유인민당이 주축이 된 그의 우파 연립 정권이 로마노 프로디(Romano Prodi)가 이끄는 중도 좌파 세력에 패배하며 의회 다수당 지위를 내주어, 그는 총리에서 사임했다.

　총리 사임 뒤 베를루스코니는 탈세와 섹스 스캔들로 실형을 선고받았던 재판이 진행 중이나 여전히 이탈리아 정계에 영향력을 행사하고 있다. 그는 총리 재직 때인 2009년 5월 노에미 레티치아(Noemi Letizia)라는 18세 소녀 모델의 생일 파티에 참석한 사진이 두 번째 부인에 의해 폭로되면서 긴 섹스 스캔들을 예고했다. 가슴을 노출한 여성들과 나체 남성들이 찍힌 자신 소유의 사르데냐 별장의 파티 사진, 이른바 '붕가붕가' 파티라는 로마 자택에서의 매춘 파티에서 매춘 여성과 그가 나눈 대화를 녹음한 테이프 등이 추가로 공개되었다. 특히 그는 2010년 10월 절도 혐의로 경찰에 체포된 '루비'라는 애칭의 17세 소녀 카리마 엘 마루그(Karima El Mahroug)를 풀어주라고 전화한 사실이 밝혀져, 직권남용 혐의로 결국 2012년 10월 19일 법원에 출석하게 되었다. 이 소녀는 그의 섹스 파티에 참석한 것으로 전해지고 있다. 그는 현재 미성년인 마루그와의 매춘 혐의로 재판 중이다. 그는 자신의 섹스 스캔들과 관련해 언제나 "나는 성자가 아니다"라고 변호하면서도, 여성에게 돈을 주고 성관계를 맺는 매춘 혐의는 완강히 부인하고 있다.

　섹스 스캔들 외에도 그는 자신의 미디어 사업체 탈세와 관련해 현재 실형을 선고받은 상태다. 그는 2012년 10월 밀라노 법원에서 횡령, 탈세, 분식 회계로 4년형과 더불어 형이 확정될 경우 공직 취임 금지를 선고받았다. 나중에는 1년형으로 감형되었고 현재 항소가 진행 중이다. 이 선고에 앞서 베를루스코니는 지난 20년 동안 106번의 재판과 2500번의 법정 출석으로 모두 2억 유로에 이르는 법정 비용을 썼다고 평가되기도 했다. 하지만 그는 2013년 2월 총선을 앞둔 이탈리아 정계에서 여전히 막강한 영향력을 행사하고 있다. 자신의 자유인민당과 북부동맹으로 구성된 우파 연립 세력이 2월 총선에서 승리하면 총리로 복귀할 것이라고 한때 공언했다가 결국 포기하고 재무장관을 맡으리라 추측되고 있다. 그의 우파 연립 세력은 다가올 2월 총선에서 여론조사 지지율 28퍼센트로 2위를 달리고 있다.

그 어느 것도 민주주의를 변질시킨 것이라고 하기 어렵다. 서구 국가의 정부들은 하나같이 정도 차이가 있기는 하지만 헌법이라는 이상과 그것을 집행하는 권력이라는 현실 사이에 괴리가 있음을 보여주고 있다. 하지만 중요한 것이 바로 그 정도 차이다. 베를루스코니에 맞선 지식인 단체에 적극적이거나 지속적으로 참여한 일이 단 한 차례도 없는 움베르토 에코(Umberto Eco)가 드디어 나섰다. 그는 이렇게 올바르게 지적했다.

한 나라의 제도 변화가 한 발 한 발 서서히 진행되면, 사람들은 제 힘만으로는 독재가 등장하고 있다는 것을 미리 가늠하기 어렵다. …… 알파노법[20]이 독재의 전조라고 누가 말할 수 있겠는가. 말도 안 되는 소리다. 그리고 도청을 제한하는 것이 정말로 정보 자유에 대한 공격인가? 자, 정신을 차리자. …… 일상적으로 계속되는 쿠데타는 구조 변화를 거의 눈치채지 못하게 하거나, 그 변화들이 서로 아무런 연관성이 없는 듯 보이게 하는 역할을 한다. 그런데 그 변화의 총합이 제2의 공화국이 아니라 제3의 공화국을 낳게 된다면 그때는 이미 너무 늦다. 복원하기가 불가능하기 때문이 아니라, 사회의 대다수가 그 변화를 당연시하고, 비유컨대 사람들이 소량의 독에 자기도 모르게 서서히 면역성을 지니게 되기 때문이다.[21]

베를루스코니주의는 파시즘이 아니다. 하지만 그것은 오직 베를루스코니주의가 파시즘의 기능적이고 포스트모던한 버전이기 때문일 뿐이다. 또한 이미지, 상품의 세계화, 제약받지 않는 진실 조작이 횡행하는 시대에, 새 천년이라는 상황

---

20) 베를루스코니의 법무 장관 안젤리노 알파노(Angelino Alfano)의 이름을 딴 법으로, 이탈리아의 4대 고위 공직자(대통령, 총리, 상원의장, 하원의장—옮긴이)에 대한 기소를 면제해주었다. 당연히 총리에 대한 기소도 면제되었다. 한편 2008년 여름에 통과된 이 법은 2009년 10월 위헌 판결을 받았다.
21) 『레스프레소』(L'Espresso)의 2010년 5월 28일자에 실린 글 「우리는 법에 반대한다」(Noi contro la legge)의 일부다. 전설에 따르면, 미트리다테스(Mitridates)는 죽지 않을 정도의 독을 써서 스스로를 거기에 면역이 생기게 만들었다고 한다.

아래에서 자유주의적인 민주주의를 파괴하는 것이기 때문일 뿐이다.*

[김흥옥 옮김]

---

* 이 글은 『마이크로메가』(*MicroMega*) 2011년 1월호에 실린 「파시즘과 베를루스코니주의」를 자코모 도니스(Giacomo Donis)가 영어로 번역한 글이다.

제4부

사상과 예술

사회주의 최초의 비극에 대하여

안드레이 플라토노프(Andrei Platonov)

[편집자] 안드레이 플라토노프가 서른다섯 살이던 1934년은 그의 생애에서 분수령이 되는 해였다. 그는 『코틀로반(구덩이)』과 『체벤구르』—이 두 소설이 오늘날 가장 유명하다—를 이미 썼지만 온전하게 발표된 작품이 하나도 없었다. 대다수의 소련 독자들은 플라토노프를 단편 몇 편을 쓴 작가로 기억했다. 더구나 집단화 (collectivization)를 풍자한 「미래의 쓸모를 위하여」의 경우 1931년 발표되자마자 당국으로부터 혹독한 비판을 받았다. 플라토노프는 그 후로 3년 동안 어떤 글도 출판하지 못했다. 하지만 그는 1934년 봄에 작가 부대의 일원으로 투르크메니스탄에 파견됐다. 소비에트화의 진척을 보고하는 것이 그의 임무였다. 플라토노프는 같은 해에 일련의 연감(年鑑) 작업에도 투입됐다. 막심 고리키(Maksim Gor'kii)가 편집을 총괄한 그 연감은 1937년에 끝나는 제2차 5개년 계획을 축하하는 기획이었다. 하지만 그 연감은 결국 발행되지 못했다. 여기 소개하는 글은 연감의 일부

로 쓰인 것으로, 제목은 「수첩」이다. 「수첩」은 1935년 1월 초에 고리키의 책상에
도착했다. 1935년 1월이라면 세르게이 키로프(Sergey Kirov)가 암살당하고부터
한 달 후로, 이 사건은 대공포 시대(Great Terror)가 시작되었음을 알리는 일련의
숙청 작업의 서막이었다. 고리키는 며칠 만에 플라토노프의 원고를 반려했다. '부적
합'하고 '비관적'이라는 것이 이유였다. 3월 초에는 작가회의 총무가 그 미발표 원고
를 '반동적'이라며 공개적으로 비난했다. "사회주의를 적대하는 분자들의 철학이 담
겨 있다"라는 고발이었다.

이 글은 1934년 전반기에 쓰였을 것이다. 플라토노프가 중앙아시아에서 돌아
온 후로 추정된다. 4월 중순에 적힌 한 수첩―「카라쿰 사막이 빚어내는 자연의 변
증법」―을 보면, 플라토노프가 투르크메니스탄에서 카라쿰 사막이 가장 핵심적
이라는 걸 알고 있었음을 분명하게 짐작할 수 있다. 수첩의 많은 부분에서 『행복
한 모스크바』의 걱정과 관심사가 직접 거론된다. 『행복한 모스크바』는 그가 당시
에 쓰고 있던 소설이다. 구체적 사실들은 「아버지-어머니」라는 시나리오에도 다
시 사용됐다(NLR, No. 53 참조). 이 글은 다른 무엇보다 고리키의 자연관을 반박
한다. 1932년의 한 논설에서 고리키는 이렇게 읊조렸다. "대지는 무한한 보고(寶
庫)를 그 어느 때보다 활수(滑手)하게 우리에게 드러내 보일 것이다." 플라토노프는
1920년대 초에 고향 보로네즈(Voronezh)에서 여러 차례 가뭄을 겪었고, 수문학
(hydrology, 水文學)을 연구하면서 고리키와 완전히 다른 개념을 갖게 됐다. 그는
과학기술에 대한 믿음과 인류가 기대고 사는 혹독한 환경에 대한 지식을 결합했다.
「사회주의 최초의 비극에 대하여」는 플라토노프의 작품 세계 전체에서 이색적인
지위를 차지한다. 포괄적으로 얘기해, 이 기사는 그가 쓴 다른 많은 저널리즘적 글
에 속한다고 할 수 있겠다. 그러나 보로네즈 시절(1921~26년)의 저술이 보다 선동
적이라면, (1937년 이후의) 문학비평은 무엇보다 미학적 질문들에 관심을 집중한
다. 그 자체로 철학적인 내용은 매우 드물다. 물론 사후 60년이 지났음에도 여전히
완전한 목록이 작성되지 못한 작품고에서 더 많은 글이 튀어나올 수는 있지만 말이
다. 수고(手稿) 상태의 이 글이 러시아어로 최초 출판된 것은 1991년이다. 타자기로

작성된 두 번째 버전은 1993년에 나왔다. 고리키가 읽었을 두 번째 버전은 소련 '공학자들의 영혼'이 직면한 문제들을 훨씬 더 강조한다. 여기 실린 번역문은 플라토노프의 최초 수고를 옮긴 것인데, 마찬가지로 간명하고 예지력이 돋보인다.

우리는 자중하는 태도로 살아야 한다. 홍청망청해서는 안 된다. 우리가 살아가는 시대는 지복(至福)을 누릴 수 있는 시대가 아니다. 더 좋지만 더 심각하고, 진지한 시대인 것이다. 홍청망청하는 자는 누구라도 집착으로 멸망하고 말 것이다. 덫에 기어들어가 발판 위의 돼지기름을 '탐닉하는' 쥐처럼 말이다. 우리 주변에는 돼지기름이 많다. 그러나 모든 게 미끼이자 유혹이다. 인내심을 갖고 끈질기게 사회주의의 과업을 수행하는 보통 사람들과 우리는 연대해야 한다. 그래, 그것이다.

이런 태도와 의식은 자연이 조직되는 방식과도 일치한다. 자연은 위대하지 않다. 자연은 풍요롭지 않다. 누구도 자연의 풍요로움과 위대함을 누려본 적이 없을 정도로 자연은 가혹하고 난폭하다. 이것은 좋은 일이다. 그렇지 않다고 생각해보라. 역사 시대에 걸쳐 자연은 남김없이 약탈당하고, 낭비되고, 엄청나게 소모됐을 것이다. 사람들은 자연을 홍청망청 낭비해가며 뼛속까지 발라 먹었을 것이다. 언제나 욕망이 넘실댔을 것이다. 물질세계에 단 한 가지 법칙―변증법이라는 근본 법칙―이 없었더라면 사람들은 불과 몇 세기 만에 세계를 완전히 파괴하고 말았을 것이다. 이 사실을 보태야 하리라. 사람들이 없었다 해도 자연은 저절로 파괴됐을 것이다. 변증법은 아마도 인색함이 표현되는 방식이리라. 자연의 무자비한 조직 방식은 위압적이다. 오직 그 덕택에 인류의 역사 발전이 가능했다. 그렇지 않았다면 지구상의 모든 존재가 오래전에 종말을 맞이했을 것이다. 사탕을 쥔 아이를 떠올려보라. 입에 넣고 달콤함을 즐기기도 전에 손아귀에서 녹아 빠져나가는 사탕의 허무함을.

우리가 처한 당대의 역사적 풍경은 과연 어디에 놓여 있을까? 우리 시대가 비참하다는 것은 사실이다. 진정한 역사적 과업이 전 지구적 차원이 아니라 작은 영역에서만, 그것도 과부가 걸린 채 수행되고 있기 때문이다.

내가 볼 때, "과학기술이 …… 모든 것을 좌우한다"라는 진술이야말로 진실이다. 정말이지 당대 역사의 비극은 과학기술을 주제어 삼아 기술할 수 있을 것이다. 우리가 집합적 생산수단뿐만 아니라 사회구조까지 과학기술을 프리즘으로 하여 파악하기 때문이다. 우리의 사회구조는 생산기술에 확고하게 토대를 두고 있다. 이런 상황은 심지어 이데올로기도 마찬가지다. 이데올로기는 상부구조, 말 그대로 '위에서'가 아니라 사회가 이데올로기를 자각하는 속에서 찾을 수 있다. 정확히 말해보자. 우리는 과학기술에 과학기술자를 포함해야 한다. 사람 말이다. 그래야 사안을 무정하게 파악하지 않을 수 있다.

과학기술과 자연의 관계는 비극적인 상황이다. 과학기술의 목표는 이런 것이다. "내게 설 수 있는 장소를 제공해달라. 그러면 지구를 움직여 보이겠다." 하지만 자연은 그 구조상 통제당하는 것을 좋아하지 않는다. 우리가 지렛대를 들고 필요한 절차를 거쳐 지구를 움직일 수도 있겠지만, 그 과정에서 많은 것을 잃을 수밖에 없다. 긴 지렛대로 지구를 돌려놓는다 해도 그 승리는 무익하다. 이것은 기초적인 변증법 얘기다. 우리 시대의 사안을 하나 예로 들어보자. 원자를 쪼개는 일 말이다. 똑같다. 우리가 원자를 부수는 데 n의 에너지를 들여 n+1의 에너지를 얻는 세계사적 순간이 올 것이다. 우리는 그 초라한 성과에 희희낙락할 것이다. 겉으로 보면 자연법칙을 인위적으로 변화시켜 완전무결한 소득을 얻었기 때문이다. 이것도 변증법적이다. 자연은 스스로 존재한다. 자연은 같은 방법으로 대갚음하거나 심지어 모종의 유리함을 도모한다. 하지만 과학기술은 상황을 거꾸로 돌려놓으려 애쓴다. 변증법이 우리한테서 외부 세계를 보호하는 것이다. 역설처럼 보이지만 그렇다. 자연의 변증법은 과학기술에 가장 크게 저항하는 인류의 적이다. 과학기술은 자연의 변증법을 전복하거나 누그러뜨리는 것을 목표로 삼는다. 과학기술이 지금까지 거둔 성공은 그리 대단하지 않다. 세계가 우리에게 여전히 우호적이지 않은 이유다.

우리가 무분별하게 흥청망청하다가 일찌감치 소멸하는 것을 막아주는 유일한 지침과 방편은 변증법뿐이다. 온갖 과학기술을 낳은 힘이 변증법이기도 했다.

사회현상에서, 사랑에서, 인간의 내면 깊숙한 곳에서 변증법은 정말이지 변함없이 작동한다. 열 살짜리 아들을 둔 한 남자가 아들과 아내를 버리고 어떤 미녀와 결혼했다. 아들은 아버지를 그리워했고, 어리석게도 목을 매 숨졌다. 한 편의 작은 쾌락은 다른 한 편의 엄청난 비탄으로 상쇄되고 말았다. 아버지는 아이의 목에서 밧줄을 끌렀고, 이내 아들을 좇아 자살했다. 그는 무고한 미녀와 한껏 즐기고 싶었다. 그는 여성과 책임을 나누는 형태가 아니라 쾌락으로서의 사랑을 원했다. 흥청망청하지 말라. 그랬다가는 죽는다.

일부 순진한 사람들은 이의를 제기할지도 모르겠다. 현하의 생산 위기를 보면 이런 관점을 부인하지 않을 수 없기 때문이다. 이런 관점을 부인하는 것은 아무것도 없다. 당대의 제국주의와 파시즘은 고도로 정교하고 복잡한 사회 기관이다. 그런 사회의 인류가 굶주림과 파괴에 직면해 있다. 갖은 비용과 희생을 치르고서 생산력을 증대시켰다는 것은 명백하다. 하지만 파시즘과 국가들이 벌이는 전쟁으로 인한 자멸은 고도 생산력의 실패이자 복수다. 비극의 매듭은 풀리지 않으면 잘리는 법이다. 그 결과는 고전적 의미의 비극이 아닐 것이다. 소련 없는 세상이 다음 세기 안에 저절로 붕괴하리라는 것은 의심의 여지가 없다.

기계와 심장, 자연의 변증법으로 무장한 인간의 비극을 우리 조국은 사회주의라는 수단으로 해결해야 한다. 이것이 방심할 수 없는 중대한 과제임을 아는 것이 중요하다. 자연의 '표면'을 탐험한 그 옛날 사람들도 기본적 힘과 물질들이 방출되고 폐기되는 과정에서 필요한 것을 얻었다. 하지만 우리는 세계 속에서 우리의 길을 만들고 있다. 마찬가지다. 세계는 그에 대한 응답으로 우리를 똑같이 압박한다.

[정병선 옮김]

다윈 그리고 그 후

힐러리 로즈(Hilary Rose) · 스티븐 로즈(Steven Rose)

지금 다윈주의(Darwinism)의 돌연변이 종 하나가 문화를 점점 더 잠식하고 있다. 학계에서 탄생한 그것을 아주 다양한 목적을 품은 사람들이, 그것이 정책 입안자들에게 제공하는 조언에 관심이 있는 경제학자부터 작품의 틀을 짜려는 소설가까지 아주 다양한 사람들이 무비판적 열정으로 수용한다. 이들의 찬사에 존 메이너드 스미스(John Maynard Smith)를 비롯한 진화생물학자들이 호응한다. 스미스는 시카고 학파 경제학자들에 기대어 게임이론, 최적의 자원 관리, '합리적 선택'을 동물의 행동에 적용한다. 그러나 오히려 진화론의 변종들이 생물학과 사회과학과 인문학 사이에 경계선을 다시 긋고자 애쓰는 경향도 점점 더 강해진다. 진화윤리학, 진화심리학, 진화의학, 진화미학, 진화경제학, 진화 문학비평이 등장했다. 행동학자 에드워드 윌슨(E. O. Wilson)은 1975년에 출판된 영향력이 큰 저서 『사회생물학』(Sociobiology)에서 "사회학과 나머지 사회과학들 및 인

문학은 신종합설에 포섭되기를 기다리는 생물학의 마지막 분과들"이라고 주장
했다. 1998년의『통섭』(Consilience)에서 그는 한 걸음 더 나아가, 통일된 인식론
을 요구하고 사회과학과 인문학을 생물학과 물리학에 종속시켰다.[1]

월슨만이 아니다. 철학자 대니얼 데닛(Daniel Dennett)은 찰스 다윈(Charles
Darwin)의 자연선택이 물질적·정신적 삶의 모든 측면을 갉아먹는 "보편적인 산
(酸)"이라고 말한다. 그리하여 물질적·정신적 삶에서 덜 적합한 이론이나 인공물
은 더 적합한 후계자에 의해 대체된다고 말이다. 동료 철학자 데이비드 헐(David
Hull)은 과학 이론들의 역사 자체를 자연선택에 의해 추진되는 진화 과정으로 볼
수 있다고 주장한다. 인류학자 피터 리처슨(Peter Richerson)과 로버트 보이드
(Robert Boyd)는 그와 동일한 논증을 적용하여 구석기시대 도구의 디자인 변화
를 기술했으며 리처드 도킨스(Richard Dawkins)의 밈(meme) 개념을 유전자와
유사한 문화적 요소로 기꺼이 받아들인다.[2] 런시먼(W. G. Runciman)이 진화론
으로 전향한 것은 더욱 놀랍다. 마르크스주의자였다가 진화심리학자로 돌아선
허버트 긴티스(Herbert Gintis), 제프리 호지슨(Geoffrey Hodgson) 등은 여전히
총체적 결정론을 열망하는 반면, 런시먼은 다윈의 진화론적 비결정론을, 따라서
목적이 없다는 것과 불변의 역사 단계들이 없다는 것을 환영한다.[3]

이런 식으로 자연선택의 논리를 다른 영역에 도입하려는 시도들은 자연선택의
작동을 둘러싸고 생물학자들이 벌이는 논쟁에 대한 무지와 과학 지식의 사회학

---

1) Edward O. Wilson, *Sociobiology: The New Synthesis*, Cambridge, MA 1975; *Consilience: The
Unity of Knowledge*, Cambridge, MA 1998.

2) 각각 Daniel Dennett, *Darwin's Dangerous Idea: Evolution and the Meanings of Life*,
London 1996; David Hull, *Science as a Process: An Evolutionary Account of the Social and
Conceptual Development of Science*, Chicago 1988; Peter Richerson and Robert Boyd, *Not
by Genes Alone: How Culture Transformed Human Evolution*, Chicago 2005 참조.

3) W. G. Runciman, "The 'Triumph' of Capitalism as a Topic in the Theory of Social Selection",
NLR 1/210 March-April 1995; 또한 Herbert Gintis, *The Bounds of Reason: Game Theory and
the Unification of the Behavioural Sciences*, Princeton 2009; Geoffrey Hodgson, *Economics
and Evolution*, Cambridge 1993 참조.

에 대한 무지를 드러낸다. 이 글에서 우리는 당대의 맥락에서의 다윈, 그 후와 현재 진화론 내부에서 벌어지는 논쟁들, 그 논쟁들이 '보편적 다윈주의'에 대해서 갖는 함의를 논할 것이다. 우리 논의의 틀은 과학과 사회의 공생산(co-production) 개념이다. 과학은 17세기 중반에 탄생할 때부터 사회를 벗어나고 또한 초월한 인식론적 관점을 전제했고 자연에 관한 진실을 말할 문화적 권위를 부여받았다. 1962년에 토머스 쿤(Thomas Kuhn)의 『과학혁명의 구조』(*Structure of Scientific Revolutions*)가 출간된 것은 과학에 대한 이론이 변화하는 긴 과정의 출발점이었다. 처음에 카를 포퍼(Karl Popper)와 그의 학파는 적대적인 반응을 보였지만, 쿤의 해방적인 영향력은 과학사, 과학철학, 과학사회학 전반으로 확산되었다. 한마디로 과학은 이제 더는 중립적이지 않았다.[4] 오늘날 과학 이론에 따르면, 자연과 문화 사이의 경계선은 끊임없는 협상을 통해 정해지며 과학 지식은 문화와 사회를 반영하고 또한 구성한다. 이 같은 과학과 사회질서의 공생산 안에서, 사회제도, 주관성, 정치 관행, 생물학 이론과 개념이 함께 생산되고 자연과 사회의 질서가 서로를 지탱한다.[5]

이런 틀에서 보면, 카를 마르크스(Karl Marx)가 신속하게 간파했듯이, 다윈주의를 하나의 비유로 규정하는 편이 더 낫다. 『종의 기원』(*The Origin of Species*)이 출간된 지 약 3년 뒤에 프리드리히 엥겔스(Friedrich Engels)에게 쓴 편지에서 마르크스는 공생산 논제의 단초를 제시한다.

다윈이 동물들과 식물들 사이에서 영국 사회의 노동 분업, 경쟁, 새로운 시장의 형성, '발명', 토머스 맬서스(Thomas Malthus)의 '생존 투쟁'을 재발견한 것을 주목할 만하다. 이것은 토머스 홉스(Thomas Hobbes)의 '만인의 만인에 대한 투쟁'이

---

4) Hilary Rose and Steven Rose, "The Radicalization of Science", in *The Radicalization of Science*, London 1976.
5) Sheila Jasanoff, ed., *States of Knowledge: the Co-Production of Science and Social Order*, London 2004.

며, 헤겔의 『정신현상학』을 떠올리게 만든다. 거기에서는 시민사회가 '지적인 동물 왕국'으로 등장하는데, 다윈에서는 동물 왕국이 시민사회로 등장한다.[6]

당연한 말이지만, 이것은 주류 생물학자들이 다윈의 진화론을 읽는 방식이 아니다. 그들은 다윈이 자본주의 정치경제를 환영한 것을 무시하고 그의 성차별주의와 인종주의가 드러나는 대목들을 배제하면서 시야를 좁혀서 자연 질서에 대한 그의 꼼꼼한 연구와 진화론을 통해 드러나는 자연 질서에 초점을 맞춘다. 그리고 인간은 자연 질서의 일부이므로, 진화론은 인간에게도 적용된다. 이런 시각들을 수정하려면 다윈을 역사적 맥락에 제대로 놓고 볼 필요가 있다.

당대의 다윈

다윈 탄생 200주년, 『종의 기원』 출간 150주년이던 2009년, 얌전하기로 유명한 생물학자 다윈은 21세기 특유의 현상이 되었다. 즉 전 지구적인 유명인이 되었던 것이다. 그해의 화려한 기념행사들은 『종의 기원』 출간 100주년에 열렸던 차분한 기념행사들과 전혀 달랐다. 적어도 과학 문화에서는 시대가 바뀐 것이 분명하다. 물론 지난 수십 년 동안 과학 문화뿐만 아니라 과학 생산 시스템 전체도 근본적으로 달라졌다. 2009년에 너무나 두드러졌던 새로운 점은 과학계가 이미 디어 서커스의 중심에(변방이 아니라) 있었다는 것이다. 다윈을 생물학 전체의 토대를 마련한 텍스트를 쓴 유일한 저자로 치켜세우는 것은, 진보는 '위인들'에 의해 이루어진다는, 이미 확실히 죽은 줄 알았던 이론으로 회귀하는 것이며 과학사 학자들의 끈기 있는 연구를 무효화하는 것이다.

다윈 자신의 인용 습관도 문제를 부추겼다. 그가 『종의 기원』에서 유일하게

---

6) 18 June 1862, in *Marx-Engels Collected Works*, vol. 41, Moscow 1985, p. 380.

인정한 이론은 '맬서스주의'—인구가 불가피하게 자연적으로 성장하여 식량 공급을 능가할 것이라는 주장과 그러므로 최약자들의 실패를 용인해야 한다는 정치적 주장—뿐이었다. 다윈 스스로 썼듯이, 그는 맬서스주의를 "동물 및 식물 왕국 전체에 적용했다." 처음 다섯 개의 판본에는 심지어 다윈의 할아버지 에라스무스(Erasmus), 다윈보다 먼저 진화론을 내놓은 프랑스의 저명한 라마르크(Lamarck), 19세기 전반기에 논쟁을 벌인 여러 진화론 유파들에 대한 언급조차 없다. 대신에 일관되게 강조되는 것은 '나의' 이론이다.

다윈은 1872년의 『종의 기원』 최종판에 이르러 비로소 '역사적 개관'을 서문으로 추가함으로써 이전 판들에서 선배들을 말소했던 것을 바로잡는다. 물론 초판 도입문에 "종들의 기원에 대해서 내가 내린 것과 거의 똑같은 일반 결론들에 도달한" 알프레드 러셀 월리스(Alfred Russel Wallace)에 대한 정중한 인정이 등장하는 것은 사실이다. 월리스는 말레이 반도에서 표본 수집가로 활동하면서 자신의 원고를 출간하기 위해 다윈에게 보냈다. 그 원고를 읽고 선수를 빼앗길 수도 있다는 공포에 휩싸인 다윈은 미친 듯이 글을 쓰기 시작하여 겨우 몇 달 뒤에 『종의 기원』을 완성했다. 최초 발견자는 자신이라는 월리스의 주장은 묵살되었고, 사회적 약자인 월리스는 강자인 다윈을 상대로 싸우는 대신 단지 감사와 존경을 표했다. 월리스의 사회주의와 초보적인 여성주의는 정중하게 그러나 철저하게 삭제되었다.

그러나 다윈의 자연선택은 빅토리아 시대의 맥락에서 고찰될 필요가 있다. 19세기 중반이면 이미 진화 사상들이 널리 퍼지고 철저한 환원론적 물질주의가 생명과학들에 뿌리내린 뒤였다. 진화는 허버트 스펜서(Herbert Spencer)의 야심찬 기획의 중심이었다. 윌슨의 통섭을 미리 보여주는 듯한 그 기획은 다양한 분야들을 통일된 틀 안에서 다시 쓰는 것이었다. '동물 전기(電氣)', 동물 자기(磁氣), 골상학 연구에서는 이미 정신적 속성들과 생명 자체를 자연과학의 설명 범위 안에 놓으려 애쓰는 중이었다. 자연철학자들이 내놓는 자연과 인간 본성에 대한 물질주의적 설명은 지식인들의 호응을 받았다.

1845년, 독일과 프랑스의 신진 생리학자 네 명, 즉 폰 헬름홀츠(von Helmholtz), 루트비히(Ludwig), 뒤 부아—레이몽(du Bois-Reymond), 브뤼케(Brücke)는 모든 신체 과정들을 물리학과 화학으로 설명할 수 있음을 증명하기로 맹세했다. 네덜란드 생리학자 야코프 몰레쇼트(Jacob Moleschott)는 물질주의를 가장 강하게 밀어붙여 "신장이 오줌을 분비하듯이 뇌는 생각을 분비한다", "천재성은 인(燐)에 달려 있다"고 주장했다.[7] 동물학자 토머스 헉슬리(Thomas Huxley)가 보기에 정신은 "증기기관차의 기적 소리"와 마찬가지로 수반 현상(epiphenomenon)이었다. 이들 모두에게 다윈의 자연선택은 결정적으로 중요했다. 맬서스에게서 유래한 다윈의 주장은 간단명료했다. (1) 자원이 한정된 환경에서 모든 유기체들은 생존하여 성체가 될 수 있는 만큼보다 더 많은 자식을 생산한다. (2) 자식은 부모를 닮지만, 작은 변이들이 존재한다. (3) 환경에 더 잘 맞는 변이를 지닌 자식들은 살아남아 스스로 자식을 생산할 가능성이 높다. (4) 따라서 유리한 변이들은 다음 세대들에서도 보존될 가능성이 높다. 이것이 자연선택이다. 다윈 이후 지금까지 한 세기 반 동안 생물학자들은 다윈의 뒤를 이어 자연 일반과 인간 본성, 특히 우리의 기초 생리뿐만 아니라 인지, 감성, 믿음까지를 물질주의적으로 설명해왔다.

나무와 위계

『종의 기원』 출간은 서양 사회의 인간 기원에 대한 이해의 변화를 촉발했고 또한 그 변화를 상징했다. 그 책의 반향은 폭넓게 감지되었다. 종교적인 반발이 있었고 다윈의 동료 생물학자들은 더 적합한 변이들이 다음 세대로 전달되는 메커니즘이 부재함을 지적하면서 의심을 표했지만, 진화론은 더 큰 문화의 일부가 되었다.

스펜서가 보기에 다윈의 자연선택은 왜 자유방임주의가 지속적인 '생존투쟁'

---

7) Jacob Moleschott, 1852, 도널드 플레밍(Donald Fleming)이 쓴 Jacques Loeb, *The Mechanistic Conception of Life* [1912], Cambridge, MA 1964의 서문에서 인용.

을 필요로 하는지 설명해주었다. 다윈은 스펜서의 연구가 사변적이라고 여겼지만 나중에는 '생존투쟁'이라는 용어를 채택했고, 더 나중에 이 채택을 후회했다. 만약에 그가 스펜서의 용어 대신 크로포트킨(Kropotkin)의 '생명 투쟁'(struggle for life)을 받아들일 수 있었다면, 다윈주의의 암울한 자연화 경향은 방지되었을지도 모른다. 크로포트킨의 '생명 투쟁'에서는 서로 돕기(mutual aid)가 진화의 한 요인이다. 『종의 기원』 초판이 나온 지 채 10년이 안 된 때 다윈의 사촌 프랜시스 골턴(Francis Galton)은 『세습되는 천재』(*Hereditary Genius*)를 출간하여 천재성이 오로지 부계 혈통을 따라 전달된다는 이론을 내세웠다. 골턴은 나중에 우생학 개념을 창시했다. 다윈은 골턴의 사상을 환영했고 거기에 의지하여 자신의 저서 『인간의 유래와 성 선택』(*The Descent of Man, and Selection in Relation to Sex*, 1871)을 썼다.

다윈에게 진화는 종착점이 없는, 진행 중인 과정이었다. 실제로 자연선택은 카를 폰 린네(Carl von Linné)가 생각한 거대한 존재의 사슬을 배척했다. 거대한 존재의 사슬이란 모든 생물들을 신이 정한 위계에 따라 배열해놓은 것을 의미한다. 그러나 진화는 여전히 진보로, 하등 생물이 고등 생물에게 자리를 내주는 과정으로 여겨졌다. 다윈은 이것을 가지가 여럿인 생명의 나무로 표현했고, 그 나무에서 호모사피엔스는 가장 높은 자리를 차지했다(오늘날의 진화생물학자들은 현재 멸종한 모든 종들도 동등하게 '진화했다'는 의미가 담긴 떨기나무 비유를 더 좋아한다). 다윈은 자연선택에 목적이 없음을 강조했지만 19세기 진보주의자의 면모를 유지했고, 『종의 기원』의 마지막 부분에서 인류가 진화함에 따라 도래할 미래의 멋진 문명을 상상했다. "또한 자연선택은 오로지 각 존재의 이익에 의해 또한 이익을 위해 작동하므로, 모든 신체적·정신적 자질은 완벽을 향해 진보하는 경향이 있을 것이다."[8] 후대의 진화 이론가들─앙리 베르그송(Henri Bergson)부터 테야르 드 샤르댕(Teilhard de Chardin)까지─은 영어권 전통이

---

8) Charles Darwin, *On the Origin of Species* [1859], Oxford 1996, p. 395.

배척한 진화론적 목적론을 다시 주장하게 된다. 다윈의 자연선택은 "목적론적 성취들에 대한 보편적인 비목적론적 설명"을 제공한다는 사회과학자 도널드 캠벨(Donald Campbell)의 말이 많이 인용된다. 1974년에 나온 이 말에 대한 논평을 따로 덧붙일 필요는 없을 것이다.[9]

『종의 기원』은 진화론과 인간 사이의 관련성을 넌지시 내비치기만 한다. 다윈은 『인간의 유래와 성 선택』에 이르러서야 인간들 사이의 차이를 진화론의 틀 안에 놓는다. 그는 인류를 여러 별개의 인종들로 구분하면서도, 인류는 단일한 기원을 갖고 있으며 다양한 인종들은 그 공통 줄기에서 수천 년에 걸쳐 갈라졌다고 주장한다. 그러나 다윈은 대영제국의 힘이 절정에 달했던 빅토리아 시대에 신사들이 품었던, 인종들의 위계가 존재한다는 확신을 주변 사람들과 마찬가지로 품고 있었다. 그가 1830년대에 비글호를 타고 오랫동안 여행할 때 보았던 티에라 델 푸에고(Tierra del Fuego)의 덜 진화하고 저급한 야만인들부터 고등한 유럽 문명(다윈 자신의 가문이 포함된)까지 다양한 인종들의 위계가 존재한다는 확신을 말이다. 한 걸음 더 나아가 다윈은 진화의 기준에서 열등한 흑인들은 머지않아 진화에서 탈락하고 백인들에게 패배할 것이라고 주장했다.

다윈은 인류의 기원이 단일하다고 여겼지만 고정된 인종 및 남녀 위계가 있다는 19세기 특유의 견해를 벗어나지 못했다. 요컨대 비록 그는 노예제도를 몹시 증오했지만, 그의 인종 개념은 차이를 본질화했다. 그리하여 인류 내부의 변이는 슬그머니 인종들의 위계로 바뀌었다. 최근에 역사학자 제임스 무어(James Moore)와 에이드리언 데스먼드(Adrian Desmond)는 다윈의 진화론이 노예제도에 대한 증오에서 유래했다는 과감한 주장을 내놓았지만, 이 주장은 설득력이 거의 없다.[10] 클라크(J. F. M. Clark)의 『벌레들과 빅토리아인들』(Bugs and the Victorians)에는 다윈이 "노예를 부리는 희귀한 개미"를 발견하고 "주인의 보금

---

9) Ian Gough, "Darwinian Evolutionary Theory and the Social Sciences", *Twenty-First Century Society*, vol 3, no. 1, 2008, p. 65에서 재인용.

10) Adrian Desmond and James Moore, *Darwin's Sacred Cause*, London 2009.

자리에 있는 작은 검둥이들"을 보았을 때 느낀 흥분을 묘사한 글이 인용되어 있기까지 하다.[11]

성 선택은 다윈의 진화론에서 거의 자연선택 못지않게 핵심적이다. 왜냐하면 성 선택은 단일한 종 내부의 암컷과 수컷의 차이뿐만 아니라 일부 생물의 극단적이고 얼핏 보면 비적응적인 특징들―이를테면 공작의 화려한 꼬리―을 설명해주기 때문이다. 성 선택은 동종의 암컷과 수컷이 흔히 모양과 크기가 다르다는 사실을 설명해준다. 수컷들은 암컷을 얻기 위해 경쟁한다. 수사슴들처럼 싸우기도 하고 수공작들처럼 아름다움을 뽐내기도 한다. 그러면 암컷들은 가장 강하거나 가장 아름다운 수컷을 선택한다.[12] 따라서 암컷들이 가장 매력적이라고 여기는 수컷의 특징이 재생산되고 선택된다. 성 선택은 수컷들에게만 적용되므로, 오직 수컷들만 선택된 힘과 권력의 기준을 충족시키기 위해 진화한다.

다윈이 인간으로 눈을 돌렸을 때, 남녀 차이에 대한 그의 견해는 당대의 통념과 완전히 일치했다. 다윈에 따르면, 성 선택의 결과로 남성은 "여성보다 더 용감하고 호전적이고 활동적이며 발명의 재능을 더 많이 지녔다. 남성의 뇌는 여성의 뇌보다 절대적으로 더 크며 …… 여성의 두개골 형태는 남성과 아동의 중간이라고 한다."[13] 암수 차이에 대한 19세기 생물학자들의 이해는 남성의 우월성과 여성의 종속을 뒷받침하는 생물학적 토대를 마련하는 데 결정적으로 중요했다. 당대의 여성주의 지식인들은 다윈의 남성중심주의를 간과하지 않았다. 『인간의 유래와 성 선택』이 출간된 지 5년이 채 안 되었을 때, 미국의 여성주의자 앙투아넷 브라운 블랙웰(Antoinette Brown Blackwell)은 한편으로 진화론을 환영하면

---

11) 다윈이 후커(J. D. Hooker)에게 한 발언. 6 May 1858, J. F. M. Clark, *Bugs and the Victorians*, New Haven 2009에서 인용.

12) 오늘날 생물학자들은 성 선택을 진화론의 핵심 가운데 하나로 여기고, 대중적인 저자들―특히 진화심리학자들―은 성 선택을 의심 없이 받아들인다. 그러나 예컨대 공작들을 대상으로 삼아서 실험적으로 성 선택을 증명하려는 시도들은 부분적으로 실패했다. 게다가 암컷과 수컷 모두 다른 잠재적 교미 전략들을 지녔다는 증거가 있다. 예컨대 거대한 뿔을 가진 수사슴들이 발정해도, 암컷들은 상대적으로 왜소한 뿔을 가진 수컷들과 조용히 교미하기를 선택하기도 한다.

13) Charles Darwin, *Descent of Man, and Selection in Relation to Sex*, London 2004, p. 622.

서도, 오로지 남성들만 진화한다고 주장했다는 이유로 다윈을 비판했다.[14] 자기 세대의 여성들은 미숙하다는 점을 인정하면서 그녀는 여성주의 생물학자들이 더 잘 무장하고서 논쟁에 복귀할 미래를 내다보았다.

신(新)다윈주의 종합

20세기 초에 진화는 널리 인정받고 있었지만 생물학자들 사이에서 자연선택 이론은 상당한 난점에 직면해 있었다. 수십 년에 달하는 연구 기간 내내 다윈은 유리한 변이들이 어떻게 세대를 뛰어넘어 보존되는지 설명할 수 없었다. 지금은 유명해진 그레고르 멘델(Gregor Mendel)의 연구가 1900년에 재발견되었을 때, 그 연구는 다윈이 발견하지 못한 진화적 변화의 메커니즘을 시사했다. 한 세대에서 다음 세대로 완두의 색과 모양을 전달하는 그것, 멘델이 대물림되는 '숨은 결정자'(hidden determinant)라고 부른 그것은 '유전자'라는 새 이름을 얻었고 유전자에 대한 연구는 '유전학'으로 명명되었다.[15] 유전자는 돌연변이할 수 있고 그 돌연변이를 통해 새로운 다양성— 심지어 새로운 종— 의 발생을, 따라서 진화적 변화를 설명할 수 있음이 밝혀졌다. 돌연변이가 일어나지 않을 경우에 유전자는 불멸의 존재, 신체 변화의 영향을 받지 않는 존재, 모든 신체 기능을 결정하는 부동의 원동자로 여겨졌다. 영국 유전학자 홀데인(J. B. S. Haldane)과 로널드 피셔(Ronald Fisher), 미국 유전학자 시월 라이트(Sewall Wright)가 멘델과 다윈을 새롭게 종합하고 유전학과 자연선택을 묶어서 진화 메커니즘으로 인정한 것은 1930년대에 이르러서였다. 이때 이후 이들의 이론은 신종합설 또는 신다윈주의라고 불린다.

---

14) Antoinette Brown Blackwell, *The Sexes through Nature*, New York 1875.

15) genetics는 윌리엄 베이트슨(William Bateson)이 만든 단어다. 멘델의 숨은 결정자를 gene이라고 부른 인물은 덴마크 식물학자 빌헬름 요한센(Wilhelm Johannsen)이지만 말이다.

그러나 유전자를 포함한 유기체보다 유전자가 더 먼저이고 더 우위에 있다는 신(新)종합설의 입장은 이론적으로 파멸적인 귀결을 함축했다. 20세기 초까지만 해도 발생(development, 개체 발생)과 진화(종 발생)는 통일된 과학 분야의 두 측면으로 여겨졌다. 그러나 유전자로의 전환이 일어나면서 '진화'(evolution)는 원래 다윈 이전에 지녔던 의미들 가운데 하나를 잃었다. 발생, 즉 한 생물의 생활사(life cycle)의 전개라는 의미를 말이다. 유전학은 차이를 다루는 과학이 되었다. 반면에 발생생물학은 유사성에 대한 연구다. 애벌레에서 나비로의 변화부터 인간들이 수정란에서 출발하여 배아, 태아, 유아를 거쳐 성인으로 발생하는 과정까지 모든 생물을 탄생시키는 유사한 생물학적 과정들에 대한 연구인 것이다. 요컨대 발생생물학은 형태, 패턴, 전체, 특히 시간, 종 특유의 역동적 생활사를 강조한다. 철저히 환원론적인 유전학은 발생을 무시함으로써 유기체들 사이의 차이에 대한 연구가 될 수 있었고, 그 차이는 유전자에 암호로 들어 있다고 전제되었다.

유전학자들의 관심이 점점 더 분자에 쏠리는 가운데, 그런 관심과 덜 어울리는 발생생물학은 1930년대에 의식적으로 반환원론의 기치를 내건 '시스템' 생물학자들의 핵심 관심사가 되었다. 이들은 주로 케임브리지에 근거를 둔 조지프 니덤(Joseph Needham), 콘래드 워딩턴(Conrad Waddington) 등이었다. 그러나 분자생물학적 수단이 없는 상황에서 그들의 기획은 실행적인 면보다 이론적인 면이 더 강했다. 록펠러 재단은 그들이 제안한 연구소 설립을 거절하고 훗날 분자생물학이 된 분야에 거금을 투자함으로써 그들에게 치명타를 날렸다. 그들 1930년대 생물학자를 사로잡은 이론적 주제들이 다시 주목을 받기 시작한 것은 고작 10년 전부터다.

한편 유전학과 진화론의 종합은 점점 더 큰 성공을 거두고 있었다. 이 상황을 유전학자 테오도시우스 도브잔스키(Theodosius Dobzhansky)는 이렇게 요약했다. "진화의 빛 안에 있는 것 외의 모든 것은 생물학에서 무의미하다."[16] 1930년대

---

16) Theodosius Dobzhansky, "Nothing in Biology Makes Sense except in the Light of Evolution", *American Biology Teacher*, vol. 35, no. 3, 1973.

부터 그리고 DNA가 유전물질 구실을 한다는 것이 밝혀진 후 점점 더 확실하게, 다윈주의는 단연코 승리한 듯했다. 그리고 다윈 탄생 200주년을 맞은 지금 도브잔스키의 선언이 만장일치로 받아들여지는 듯한 가운데, 기이하게도 대다수의 사람들은 자연선택에 의한 진화를 완전히 이해된 과정으로 여긴다. 진화생물학자들 사이에서는 진화 과정과 종 분화 메커니즘을 둘러싸고 여전히 심각한 논쟁들이 일어난다. 기념행사들이 일으킨 바람은 가라앉고, 문제들은 남는다. 심지어 가장 기초적인 질문들 ― 무엇이 진화하는가? 적응이란 무엇인가? 선택은 진화적 변화를 일으키는 유일한 힘인가? ― 도 논쟁거리로 남아 있다. 그러나 1930년대 신종합설의 환원주의 유전학을 단박에 21세기 사회과학과 인문학에 이식하려는 사람들은 이런 문제들을 거의 완전히 외면한다.

지금 일어나는 논쟁들

무엇이 진화할까? 다윈과 그의 직접적인 후계자들에게 대답은 자명했다. 유기체 혹은 (나중에 나온 용어지만) 표현형이 진화한다. 그러나 신종합설이 나오면서 진화의 공식적인 정의는 "집단 내부의 유전자 빈도의 변화"가 되었다. 유기체는 사라졌다. 심지어 게놈 ― 한 유기체가 지닌 유전자들 전체 ― 도 중요하지 않고 개별 유전자들만 중요해졌다. 이 같은 유기체 삭제는 유전자가 능동적 '복제자'로서 유기체 안에서 유기체를 통제한다는 도킨스의 유명한 표현에서 절정에 도달했다. 이로써 유기체는 수동적인 '탈것'(vehicle)이 되었고, 유기체의 유일한 기능은 유전자의 세대 간 전달을 보증하는 것이 되었다.[17]

그러나 만일 선택을 받는 것이 유기체가 아니라 유전자라고 할 때, 유전자가 다음 세대에도 존속하게 만드는 메커니즘이라면 어떤 것이라도 충분할 것이다.

---

17) Richard Dawkins, *The Selfish Gene*, Oxford 1976.

따라서 나는 나의 형제 두 명(각각 나의 유전자의 절반씩을 지닌)이나 사촌 여덟 명을 위해 목숨을 희생할 것이라는 홀데인의 농담이 가능해진다. 훗날 윌리엄 해밀턴(William Hamilton)은 이 농담을 수학적으로 다듬어 '친족 선택'(kin selection) 이론을 만들었고, 윌슨은 이 농담을 토대로 삼아 『사회생물학』에서 자연선택은 사회적 종의 유전적 친족을 선호한다고 주장했다. 신종합설은 자연선택의 토대가 유전자임을 공식화하면서도 유전자의 분자 성분들이나 유전자가 세포 활동을 통제하는 수단으로 삼는 생화학적 과정들에 대한 언급은 불필요하다고 보았다. 따라서 진화론 모형을 만드는 사람들은 '유전자'를 물질과 상관없는 추상적 회계 단위로 취급할 수 있었다. 그리하여 이타주의에 '대응하는' 유전자, 성적인 선호, 나쁜 치아, 그 밖에 당신이 유전적 변화의 모형에 집어넣고 싶은 모든 것에 '대응하는' 유전자가 있을 수 있었다. 스티븐 제이 굴드(Stephen Jay Gould)와 리처드 르원틴(Richard Lewontin)이 통렬하게 지적했듯이, 이런 유전자들은 '그냥 해본 이야기'(just-so story)에 불과하다.

이 같은 추상적 유전자 개념은 새로운 분자생물학에 놀라울 정도로 무관심했고 지금도 그러하다. 뉴클레오티드―A, C, G, T―서열을 보유한 이중나선이 세포분열 시에 충실한 DNA 복제를 가능케 한다는 것을 왓슨(Watson)과 크릭(Crick)이 보여주었을 때, 모든 것은 간단명료한 듯했다. 유전자는 DNA의 절편이었고 단백질(따라서 세포와 유기체)을 합성하는 거푸집 구실을 했다. 유전자의 돌연변이(뉴클레오티드 서열의 철자가 한 개 이상 바뀌거나 삭제되는 것)는 단백질 구조의 변화를 가져오고 따라서 긴 인과 사슬을 거쳐 표현형에 영향을 끼칠 것이었다. 그리고 변화한 표현형은 선택되거나 선택되지 않을 것이었다. 분자생물학 실험실에서 이루어지는 '현장생물학'(wet biology)이 진화론자들의 예측과 완벽하게 일치하는 듯했다. 바로 이런 생각이 DNA가 부동의 원동자요 정보 운반자요 세포 내 과정의 통제자라는 유전학적 신화를 지탱했다. 그럼에도 불구하고 예나 지금이나 신다윈주의 이론가들은 유전자에 대한 자신들의 언급을 DNA의 물질적 구조와 연결하지 않는다. 그들이 보기에 분자적 메커니즘은 중요하지 않다. 심지어 거대한 이론 구성을 방해하는 걸림돌이다.

그러나 분자 규모의 실상은 더 복잡함이 드러났다. 인간의 세포에는 단백질이 최대 10만 종 들어 있는 반면, 거대하고 국제적인 인간 게놈 프로젝트를 통해 인간 게놈 서열을 해독한 결과로 드러난 유전자는 2만에서 2만 5천 개로 초파리의 유전자 개수와 비슷하다. 인간 게놈 안의 뉴클레오티드 염기쌍 30억 개 가운데 95퍼센트 이상은 결코 단백질에 관한 암호가 아니다. 그 가운데 일부는 다른 암호 유전자가 켜지는 시기를 조절하는 중요한 구실을 하지만, 나머지 '정크'(junk) DNA의 많은 부분이 무슨 기능을 하는지는 아직 밝혀지지 않았다. DNA 지문 분석 기술은 이 비(非)암호 DNA에서 발생한 개별 돌연변이들을 토대로 삼는다. 그러나 정확히 얼마나 많은 부분이 정말로 '정크(쓰레기)'이고 얼마나 많은 부분이 현재 밝혀지지 않은 기능을 하는지는 인간 게놈 프로젝트의 개척자 크레이그 벤터(Craig Venter) 등이 벌이는 합성 유기체 제작 노력의 결과를 기다려봐야 알 수 있을 것이다. 벤터 등은 인공적으로 구성한 DNA 서열을 출발점으로 삼아 합성 유기체를 제작하려 애쓰고 있다.[18]

복잡성을 가중시키는 다른 요인도 있다. 단백질 암호를 보유한 DNA 절편들은 연속적으로 배치되어 있지 않고 다른 비암호 절편들 사이에 여기저기 흩어져 있다. 오늘날 분자유전학자들이 예컨대 장수(長壽)에 '대응하는' 유전자를 발견했다고 보고할 때, 그들이 말하려는 것은 세포 메커니즘에 의해 함께 활성화되며 개체가 장수할 확률에 영향을 끼치는 DNA 절편들의 집단을 발견했다는 것이다. 이런 보고는 인간 게놈이 해독된 이래로 점점 더 잦아졌다. 일각의 주장에 따르면, 게놈은 각 개인의 개별적인 '생명의 책'이며 병과 죽음의 위험을 예언한다.[19] 이처럼 분자생물학자가 말하는 유전자는 진화론적 모형 제작자가 말하는 '회계 단위' 유전자와 사뭇 다르다.

---

18) 이 노력의 첫 성과는 2010년 5월 20일자 『사이언스』(Science)에 발표되었다.
19) Francis Collins, *The Language of Life*, London 2010.

후생유전학

　인간 게놈 해독에 이어 유전학과 진화의 개념을 재정립하는 과정에서 어떤 유전자가 언제 활성화될지를 통제하는 세포 조절 과정들이 결정적인 역할을 한다는 사실이 점점 더 확고해졌다. DNA가 세포 활동을 지배하는 것이 아니라, 게놈을 보유한 세포와 DNA 사이의 상호작용이 수정에서부터 성체까지 이어지는 발생 과정 중에 언제 어떻게 어떤 DNA 절편이 어떤 단백질 제작에 쓰일지를 결정한다. 이 과정을 일컬어 '후생'(epigenesis)이라고 하는데, 이 용어는 1950년대에 워딩턴에 의해 만들어졌다. 현재 후생유전학(epigenetics)은 분자생물학에서 가장 인기 있는 분야들 가운데 하나다. 후생유전학은 크게 두 가지 문제를 다룬다. 첫째, 인체의 모든 세포 각각이 지닌 유전자 2만 개가 어떻게 관여하기에 세포 분화가 일어나서 약 250개의 세포 유형이 만들어지고 각각의 유형이 특징적인 구조와 기능을 갖고 단백질 10만 종을 고유한 조합으로 보유하게 되는가? 한술 더 떠서, 다양한 세포 유형들은 태아 발생 과정의 다양한 시기에 '태어나서' (때가 되면 온전한 신생아의 신체가 될 세포 집합체의) 적절한 부위로 이동해야 하기 때문에 문제는 더욱 복잡해진다. 둘째, 발생의 핵심 단계들에서 일어나는 사소한 듯한 환경의 사건들이 어떻게 유기체의 후생 게놈(epigenome)을 변화시키고 이 변화가 어떻게 유전될 수 있는가?

　후생유전학 연구를 통해 놀라운 조절 과정들이 속속 밝혀지고 있다. 그 과정들에서 특정 DNA 구간을 켜거나 꺼서 발생 과정의 적절한 시기에 특정 단백질이 합성되도록 만드는 스위치 구실을 하는 것은 신호 전달 분자들(signalling molecules)이다. 이 스위치들의 작동 시기가 바뀌면, 성체의 표현형이 어마어마하게 달라질 수 있다. 진화의 토대가 될 새로운 변이들이 생산될 수 있다는 말이다. 요컨대 후생 게놈 해석은 니덤, 워딩턴 그리고 이들의 후계자들이 품었던 반(反)환원론적 연구 프로그램으로의 회귀다. 그러나 오늘날의 연구자들은 반세기 전에는 없었던(상상조차 하기 어려웠던) 분자생물학 도구들과 세포 영상화 기술로 무장하고 있다. 이 같은 이론적 틀 안에서 '정보'는 단지 '유전자 속에' 있다고 여겨지지 않는다. 철학자 수전 오야마(Susan Oyama)가 말했듯이, 오히려 정보는 발생 과정에서 생성된다.[20] 요컨대 유전자에 맞춰졌던 초점이 유전자를 품은 세포와 유기체까지 포함하도록 확대된다. 알고 보니 DNA는 도킨스의 말대로 '정보'를 품은 능동적 복제자이기는커녕 세포와 유기체가 자기 자신을 형성하는 과정에 관여하는 한 요소일 뿐이다(물론 핵심적인 요소이기는 하다). 생물은 수동적 탈것, 가장 중요한 복제자들을 위한 한갓 운반자라는 생각은 폐기된다. 생물은 스스로 자기를 조직하며 능동적으로 목표를 추구하는 존재로 간주된다. 이런 목표 추구가 정말로 의도적─즉 목적론적─이라는 인상을 피하기 위해 생물학자들은 '목적률적'(teleonomic)이라는 표현을 사용한다. 이 표현에는 '비(非)의도적 분자 및 세포 과정에서 유래하는'이라는 뜻이 담겨 있다.

더 나아가 분자후생유전학은 자연선택이 성체에만 작용하는 것이 아니라 생활사 전체에 작용해야 한다는 주장을 뒷받침한다. 다윈 자신은 이것을 잘 이해했지만, 그의 신다윈주의 후계자들은 대체로 망각했다. 이 확장된 시각의 중요성은 자명하다. 예컨대 영양이 더 빨리 달려서 사자를 피할 수 있게 해주는 유전자가 있다고 해보자. 그런데 만일 그 유전자가 발생에 영향을 끼쳐서 영양이 더디게 성숙하게 만들고 따라서 어린 시절에 공격받기 쉽게 만든다면, 그 유전자의 잠재적 장점은 단점이 될 것이다. 도브잔스키의 말을 비틀어서 써먹자면, "발생의 빛 안에 있는 것 외의 모든 것은 진화에서 무의미하다." 발생과 진화의 통합은 겨우 몇 년 전부터 강조되기 시작했다. 심지어 발생과 진화를 융합한 '이보디보'(evo-devo)라는 새롭고 멋진 명칭까지 등장했다.

20) Susan Oyama, *The Ontogeny of Information*, Cambridge 1985.

선택과 우연

이런 새로운 변화들은 진화론과 관련해서 어떤 의미를 지닐까? 선택은 들쭉날쭉한 적합성을 지닌 표현형들이 집단 내부에 다양하게 존재할 때만 작동할 수 있다. 이런 표현형의 다양성은, 특정 DNA 서열, 게놈 전체에서 그 서열의 위치, 생리학, 해부학, 유기체의 행동까지 여러 조직화 수준에서 발생할 수 있다. 더 나아가 인체에는 유전자 2만 개와 세포 수조 개가 있으므로, DNA 절편 하나의 변화와 표현형의 변화가 반드시 일대일로 대응하는 것이 아님은 자명하다. 단일한 DNA 변화가 다수의 장기(臟器) 시스템들에 다중 효과를 일으킬 수도 있고(세포는 발생 과정 중에 DNA를 여러 방식으로 사용한다) DNA 변화가 아무 효과도 일으키지 않을 수도 있다(세포 내의 예비 메커니즘들이 결함을 메울 경우).

요컨대 유전자 빈도 변화가 반드시 (선택이 작동할 기반인) 표현형 변화로 이어지는 것은 아니다. 오히려 DNA 변화들이 유기체 내부에 숨어서 축적되다가 갑자기 표현형을 변화시킬 수도 있다. 닐스 엘드리지(Niles Eldredge)와 굴드는 화석 기록을 보면 안정기가 수백만 년 지속되다가 급속한 진화적 변화의 시기가 오는 것을 알 수 있다고 지적했는데, 이 지적의 바탕에는 방금 언급한 분자적 메커니즘이 있다. 엘드리지와 굴드의 이 같은 '단속평형설'(반대자들의 표현은 '돌발하는 진화')은 다윈의 점진진화설(반대자들의 표현은 '기어가는 진화')을 신봉하는 정통 진화론 학계를 분노하게 만들었고, 굴드는 생물학에 마르크스주의 혁명 사상을 끌어들인다는 비난을 받았다. 굴드를 비난하는 사람들은 한 세기 전에 다윈이 맬서스의 반동적이고 암울한 사상을 생물학에 끌어들였을 가능성 또는 기어가는 진화를 페이비언 협회풍의 점진적 개혁주의로 해석할 가능성을 애써 외면한다.

미디어에서, 또 유전학자들이 대중에게 발언할 때도 드물지 않게, 유기체와 환경은 별개의 두 항목인 것처럼 거론된다. 그러나 진화 이론가들, 특히 '현장'생물학과 행동학에 종사하는 사람들이 보기에 실상은 훨씬 더 복잡하다. 유기체들은-심지어 얼핏 보기에 단순한 박테리아도-고정된 환경에 수동적으로 반응하기는커녕 환경을 변화시킨다. 물이 담긴 컵에 대장균을 넣고 설탕 용액을 한 방울 첨가하면, 대장균은 설탕을 향해 헤엄쳐 가서 설탕을 섭취하여 소화한 다음 그 과정에서 생산된 폐기물을 피하기 위해 멀리 달아난다. 이 예에서 보듯이, 또한 르원틴이 지적한 대로, 세계의 어떤 특징들이 유기체의 환경을 구성하는 요소들인지는 그 유기체에 달려 있다.[21] 박테리아는 아주 작기 때문에 주변 물 분자의 브라운 운동에 끊임없이 휩쓸리는 대신 중력의 영향은 거의 받지 않는다. 반면에 송장헤엄치개는 브라운 운동에 무관심한 대신 중력의 영향을 받지만 물의 표면장력 덕분에 수면에 떠서 돌아다닌다.

유기체와 유기체가 깃든 생태계는 공생하며 진화한다. 비버는 새 환경에 도착하자마자 미친 듯이 댐을 짓기 시작한다. 심지어 건설 도중에도 댐은 수많은 거주자와 상호 의존적 활동으로 가득 찬 복잡한 생태계가 된다. 이러한 상호작용들은 댐과 거기에 깃든 거주자들이 여러 세대에 걸쳐 공진화함을 의미한다. 또한 개체들이 얼마나 잘 적응했느냐와 상관없이 종 전체가 파국을 맞을 수 있음을 의미한다. 예컨대 인류가 기후변화에 대처하는 데 실패하여 절멸한다면, 인간에 의존하는 도시의 쥐라든지 인간 면역 결핍 바이러스도 사라질 것이다. 반면에 린 마걸리스(Lynn Margulis)가 지적하듯이, 살아남아 번성할 가능성이 가장 높은 생물은 점균류일 것이다. 종의 우월성에 대한 논의는 이것으로 충분하다.

에바 야블론카(Eva Jablonka)와 매리언 램(Marion Lamb)은 함께 쓴 책 『네 차원에서 일어나는 진화』(*Evolution in Four Dimensions*, 2005)에서 유전자 중심주의를 더욱 근본적으로 반박한다. 자연선택 아래에서 유전자 변화와 무관한 진화적 변화가 일어날 수 있을까라는 질문을 다시 제기하기 위하여 그들은 일반적인 개념어 네 개-유전적 · 후생유전적 · 행동적 · 문화적-를 앞세우고 진화를 논한다. 이 논의는 또한 라마르크주의를 현대 생물학과 양립 가능하게 재구성할

---

21) Steven Rose, Richard Lewontin and Leo Kamin, *Not in Our Genes*, London 1984.

수 있는가, 그럴 수 있다면 그 방법은 무엇인가에 관한 광범한 논쟁과 연결된다. 한 예로 몇몇 조류 종의 도구 사용을 들 수 있을 것이다. 이들의 도구 사용은 원래 학습된 행동이지만 유전자 변화가 일어나지 않더라도 여러 세대에 걸쳐 전승될 수 있다. 또한 충분히 긴 시간이 주어지면, 우연한 돌연변이가 일어나 유전자들이 그런 표현형 변화를 따라잡고 공고히 할 수 있다.[22]

그러나 가장 격렬한 논쟁은 다윈 자신을 괴롭혔던 질문들을 둘러싸고 벌어진다. 다윈은 자연선택이 유전적 변화의 유일한 메커니즘이 아니라고 강조했다. 그는 생물계의 수많은 비적응적인 듯한 특징들이 성 선택에 의해 설명된다고 보았다. 지리적 분리는(예컨대 갈라파고스 군도의 여러 섬에 사는 핀치들이 겪은) 변화를 유발할 수 있는 또 다른 과정이었다. 서로 분리된 집단들은 우연적이거나 무작위한 변화에 의해, 다른 적응 압력들과는 거의 상관없이 차츰 달라질 것이었다.

그렇다면 적응이란 과연 무엇일까? 완고한 신다윈주의자들은 예컨대 고둥 껍데기의 줄무늬에서 발견되는 미묘한 변양태들이 모두 다 적응적이라고 주장한다. 고둥들이 어떤 환경에 있느냐에 따라서 줄무늬들의 위장 효과가 다르므로, 고둥의 줄무늬는 저마다 환경에 적응한 결과라고 말이다. 이런 완고한 적응주의는 굴드와 르원틴으로부터 유명한 공격을 받았다. 이들은 완고한 적응주의를 '팡글로스 패러다임'(Panglossian Paradigm)이라고 칭하면서,[23] 유기체의 외견상 기능적인 측면들의 일부는─예컨대 베니스 산마르코 성당의 돔을 지탱하는 아치들 사이의 스팬드럴(Spandrel)처럼─전혀 다른 성격의 우연적 결과일 수 있다고 지적했다. 스팬드럴은 화려한 모자이크로 장식되어 있기 때문에 원래부터 모자이크 장식을 위해 설계된 공간이라고 착각하기 쉽다. 그러나 건축적으로 스

---

22) 워딩턴은 이 과정을 '유전적 동화'(genetic assimilation)라고 명명했다(내용에 맞게 원문을 수정했다─옮긴이).

23) Stephen Jay Gould and Richard Lewontin, "The Spandrels of San Marco and the Panglossian Paradigm", *Proceedings of the Royal Society of London, Biological Sciences*, vol. 25, no. 1161, September 1979.

팬드럴은 딱히 정해진 기능이 없다. 이와 마찬가지로 얼핏 보면 적응적인 듯한 생물학적 특징들—이를테면 고둥 껍데기의 줄무늬—도 실은 껍데기 형성에 관여하는 화학과 물리학의 우연적 결과일 수 있다.

또한 굴드는 진화적 변화의 또 다른 잠재적 메커니즘을 지적하고 그것에 '굴절 적응'(exaptation)이라는 이름을 붙였다. 굴절 적응이란 원래 한 기능을 위해 선택된 유기체의 특징이 다른 기능의 토대로 쓰이는 것을 말한다. 자주 거론되는 예로 깃털을 들 수 있다. 깃털은 작은 공룡들 사이에서 체온 조절 수단으로 진화했다고 믿어진다. 그러나 깃털은 현생 조류의 조상들이 비행할 수 있게 해주었다. 굴드가 보기에 이런 굴절 적응은 진화가 본질적으로 우연적이거나 무작위적임을 시사했다. 그가 거듭 강조했듯이, 만일 진화의 테이프를 선캄브리아기 정도로 먼 지질시대까지 되감은 다음 다시 진행시킬 수 있다면, 그 새로운 진화에서 인간과 같은 의식을 지닌 포유동물이 생겨날 확률은 매우 낮다. 바꿔 말해서 진화의 미래는 불확정적이다.

더 엄격한 결정론을 좋아하는 신다윈주의자들은 이 같은 굴드의 주장을 탐탁지 않게 여긴다. 가장 잘 적응한 생물(그 생물이 물리 및 화학 법칙들을 위반하지만 않는다면)은 항상 출현하기 마련이라고 그들은 주장한다.[24] 인간처럼 의식을 지닌 생물이 적절한 때에 진화하리라는 것을 약 35억 년 전에 지구에서 생명이 시작된 순간부터 줄곧 예측할 수 있었다고 말이다. 묘하게도 이 주장은, 온 우주가 인간의 거주를 위해 설계되었다는(왜냐하면 우연히 이런 우주가 발생할 확률은 너무 낮으니까) '인간 원리'(anthropic principle)를 옹호하는 사람들의 주장과 흡사하다. 이런 논쟁들은 처음엔 과거에 초점을 맞췄지만 어느새 미래로 확장되어 외계 생명, 지능, 인간과 외계 생명의 접촉에 관한 토론에서도 등장한다. 이 주제들은 다윈 기념 해의 막바지에 런던 왕립학회가 조직한 이틀짜리 학회에서 충분히 진지하게 다뤄졌다. 자연선택을 바탕에 깔면, 외계 생명이 지적인 인간과 유

---

24) Simon Conway Morris, *Life's Solution*, Cambridge 2003 참조.

사하다고 예측할 수 있을까? 진화의 불확정성이 너무 크기 때문에 미래에 진화할 생물에 대한 예측은 불가능할까?

정신과 뇌

진화론의 내부에서 진행되는 이런 논쟁들은 진화 비유가 생물학을 훨씬 벗어난 곳까지 확산되는 것을 거의 막지 못했다. 특히 인류를 이론화하면서 사회적 측면을 억누르고 제한하려는 ─ 최악의 경우 근절하려는 ─ 따라서 인간의 처지를 생물학화하려는 거듭된 노력 속에서 진화 비유가 활발히 쓰인다. 이런 주장들의 매력을 엄청나게 증가시킨 아이콘 두 개를 단박에 지적할 수 있다. 그것들은 이중나선 그리고 인간의 두개골 속에 든 알록달록한 뇌다. 이 두 아이콘은 광고, 책 표지, 고급 잡지의 심층 기사를 장식한다. 인간 게놈 해독 이후 유전자에 대한 언급은 자동차 광고에서부터 정치에서까지 인기 있는 수사법이 되었다. 좋은 디자인은 베엠베(BMW)의 'DNA 속에' 들어 있는 듯하며, 데이비드 캐머론(David Cameron)에 따르면 가족을 중시하는 가치관은 보수당의 DNA에 내장되어 있다. 같은 시기에, 기능적 자기공명 영상(fMRI)을 근거로 뇌 구역들 ─ 보아하니 그 구역들은 수학 문제 풀이부터 낭만적 연애와 종교적 희열까지 모든 것을 담당하는 듯하다 ─ 을 나타낸 터무니없이 틀린 컬러 그림들이 일요일판 신문들의 단골 메뉴가 되었다. 사회관계뿐만 아니라 미술과 음악부터 종교적 믿음과 윤리 규범까지, 인간 문화의 산물들은 유전자에 기초한 자연선택 과정의 표출이며 fMRI는 그것들의 신경학적 위치를 알려준다고 한다.

이번에도 출발점은 다윈이다. 그는 인간을 해부학적·생리학적 진화의 연속 선상에 놓는 것 이상의 일을 했다. 그는 '정신적인 힘들'을 인간의 생물학에 확고하게 정박시켰다. 그가 보기에 인간의 감정과 감정 표현은 유인원을 닮은 조상들의 감정과 감정 표현의 진화적 후손이었다.[25] 이 전제들과 해밀턴이 주장한 친족 선택을 바탕에 깐 진화심리학(EP)은 가장 최근에 나타난 1970년대 사회생물학의 분신이다. 진화심리학은 인간 본성이 진화의 산물이라는 전제뿐만 아니라 인간 본성이 (나머지 자연과 대조적으로) 플라이스토세에 고정되었고 그 후에는 시간이 충분치 않아서 변화하지 않았다는 심각하게 비다윈주의적인 주장까지 주춧돌로 삼는다.

생물학적 진화가 문화적 변화의 속도를 따라잡지 못했다는 주장은 윌슨 이래로 제기되어왔다. 이 격차가 '21세기에 사는 석기시대의 정신'이라는 모순을 부추긴다고 한다. 그러나 증거들은 문화가 소화(消化)생리학부터 뇌 구조까지 여러모로 인간생물학의 변화를 촉진했음을 시사한다. 예컨대 원래 대부분의 성인은 다른 포유동물 성체들 대부분과 마찬가지로 젖을 잘 소화하지 못했다. 유아는 젖당 소화를 가능하게 해주는 효소를 가지고 있지만, 성장하면서 그 효소가 효력을 잃는다. 그러나 지난 3000년 동안, 가축을 기르는 사회들에서 성인의 젖당 소화를 허용하는 돌연변이가 확산되었다. 오늘날 서구 사회에서 거의 모든 성인은 아시아의 성인과 달리 그 돌연변이를 지녔고 유제품은 자연스러운 성인용 식품이다.

우리와 플라이스토세 조상 사이에 놓인 천여 세대 동안에 인간의 생리학과 해부학이 얼마나 진화했는지 알려주는 증거들도, 우리가 그 조상들의 심리학을 전혀 모른다는(또한 알 길도 없다는) 사실도 이론가들을 막지 못한다. 진화심리학자 마크 하우저(Marc Hauser)가 자신의 책『도덕적인 정신』(*Moral Minds*)에서 제기한 주장들을 살펴보자. 이 책에는 "자연은 옳고 그름에 대한 우리의 보편적인 감각을 어떻게 설계했을까"라는 의미심장한 부제가 붙어 있다.[26] 하우저의 주장은 인간이 타인과 함께 살기 위한 조건들 또는 타인의 욕구에 대한 천성적·정서적 반응들이 도덕규범의 형성에 기여했을 수 있다는 정도에 그치지 않는다. 노

---

25) 반면에 다윈과 함께 자연선택을 주장한 월리스는 말년에 이 원리를 인간의 발생에까지 적용하는 것에 반대했다.

26) Marc Hauser, *Moral Minds*, London 2006.

엄 촘스키(Noam Chomsky)가 보편 문법의 존재를 주장하는 것처럼, 하우저가 보기에 인류에게는 문화나 사회적 맥락과 무관한 보편적 도덕원리들이 부여되어 있다. 그는 그 원리들이 표현되는 방식에 예컨대 명예 살인이나 동성애 혐오 같은 문화적 차이가 있음을 인정하지만, 그런 차이에도 불구하고 바탕에 깔린 보편성이 존재한다고 주장한다. 그러나 원리들의 표현이 그렇게 다양하다면, 진화적인 정언명령에 호소함으로써 설명할 수 있는 것은 아무것도 없다. 더구나 그 정언명령에서 도출되는 정치적 권고는 우려를 자아낸다. 하우저는 "정책 공부벌레들"이 "우리의 직관이 하는 말을 더 열심히 경청하고 우리 종의 도덕적 목소리를 효과적으로 고려하는 정책들을 입안하기를" 바란다. 그런데 곧바로 이어지는 문장에서 그는 정책 공부벌레들이 이 보편 도덕을 맹목적으로 수용해서는 안 된다고, 왜냐하면 진화의 산물인 우리의 직관들 가운데 일부는 "현재의 사회문제들에 더는 적용할 수 없기" 때문이라고 말함으로써 한발 뒤로 물러난다. 이렇게 거대한 유보 조항이 딸린 보편 이론은 숙고할 가치가 없다고 해도 무방하다. 이해하기 힘든 수수께끼가 하나 더 있다. 사회생물학 및 진화심리학 이론가들 가운데서, 인지심리학자 스티븐 핑커(Steven Pinker)부터 윌슨, 하우저, 도킨스 가운데서, 이기적 유전자의 요구를 따르는 것이 의무 사항이라고 여기는 사람은 아무도 없는 듯하다. 도킨스의『이기적 유전자』(Selfish Gene)는 '우리' 인간은 다른 종들과 달리 이기적 유전자의 폭정을 벗어날 수 있다는 설명으로 마무리된다. 윌슨에 따르면, 만일 '우리'가 원한다면, 비록 '효율'의 손실은 발생하겠지만, 우리는 성차별이 덜한 사회를 성취할 수 있다.[27]

핑커에 따르면 "전통적인[!] 남녀 간 노동 분업에 대한 진화론적 설명조차도 그 분업이 변경 불가능하다거나 좋다는 의미에서 '자연스럽다'거나 그 분업을 원치 않는 개별 여성이나 남성에게 그 분업을 강요해야 한다는 것을 함축하지 않는다."[28] 핑커가 자신은 자식을 낳지 않기로 했다고 말할 때, 그는 번식이라는 유전

---

27) Edward O. Wilson, *On Human Nature*, Cambridge, MA 1979.
28) Steven Pinker, *How the Mind Works*, London 1998.

적 정언명령을 무슨 과정을 통해 부인하는 것일까? 뇌 속 어딘가에 자유의지에 대응하는 유전자라도 있는 것일까? 정신 이론가 핑커는 침묵한다. 그는 자신이 자발적으로 행동한다고 너무나 명백하게 느끼지만, 그의 이론은 그 느낌을 설명하지 못한다. 그는 스카이훅(skyhook)에 매달려 달아난다. 그러나 핑커나 윌슨과 마찬가지로 우리가 우리 자신을 도덕적이고 감정적이며 생각하고 결정하는 존재로 이해한다는 사실을 감안할 때, 인간의 독립적 행위능력이라는 주제는 무시할 수 있는 사안이 아니다.

여성의 재(再)자연화

여성주의의 핵심 프로젝트들 가운데 하나는 여성을 자연에서 꺼내어 문화 속에 집어넣는 것, 여성이 역사의 객체가 아니라 주체가 될 수 있게 하는 것이다. 1970년대 여성주의의 주요 동력은 강력한 사회구성주의를 지향했다. 몸에 대한 언급은 본질주의적이라는 이유로 배척되었다. 여성주의 생물학자들은 이런 시각에 동의하기 어려웠다. 이론적인 성향이 강한 사람들은 성차별주의 생물학과 가부장 사회가 서로를 지탱한다고 여겼고, 경험적인 성향이 강한 사람들은 성차별주의 생물학이 편견에 사로잡힌 나쁜 과학의 산물이라고 여겼다. 생물학적 결정론자들이 맹렬히 공격해오자 정치적 판돈이 올라갔고, 온갖 유형의 여성주의 생물학자들이 응전했다.

예나 지금이나 사회생물학과 진화심리학이 몰두하는 핵심 주제는 다윈이 말한 성 선택이다. 따라서 남녀 간 물리적·심리적 차이도 핵심 주제다. 『사회생물학』이 출간된 시기는 여성주의의 두 번째 물결이 최고조에 이른 때였고 여성을 생물학으로 환원하려는 모든 시도에 대한 적대감이 가장 격렬할 때였다. 윌슨의 하버드 대학 동료들인 생물학자 루스 허버드(Ruth Hubbard), 집단유전학자 르원틴, 고생물학자 굴드를 비롯한 35인은 『사회적 무기로서의 생물학』(*Biology as a Social Weapon*)이라는 영향력 있는 책을 공동으로 써서 윌슨을 기존 권력 위계와 계급 및 남녀 간 자원 통제를 자연화하고 인종주의를 부추기는 형편없는 유전자 결정론자라고 비난했다.[29]

진화심리학은 현재 사회에 존재하는 남녀 관계의 모든 특징들을 생물학적 차이 탓으로 돌리고 여성(어머니)과 남성(아버지)의 행동을 일반화하려 애쓴다. 정치적인 관점에서 보면, 진화심리학은 1970년대 여성주의의 성취들을 뒤엎으려고 하며, 몸의 물질성을 인정하는 오늘날의 더 미묘한 이론들을 의도적으로 무시한다. 이에 대응하여 여성주의 생물학자들은 앙투아넷 브라운 블랙웰의 문제의식으로 (이번에는 충분한 채비를 갖추고) 복귀했다.[30] 루스 허버드는 "오직 남성들만 진화했을까"라는 물음으로 다윈주의 이론의 남성 중심성과 생물학적 결정론을 공격했다.[31] 진 앨트먼(Jeanne Altmann), 낸시 태너(Nancy Tanner), 린더 마리 페디건(Linda Marie Fedigan) 등의 여성주의 영장류학자들은 진화 이야기에서 유인원의 중요성을 깨닫고 현장 연구를 통해 이 질문에 답하기 시작했다. 중요한 성과도 나왔다. 에이드리언 질먼(Adrienne Zihlman)은 초기 인간 사회로의 이행에 필수적인 영양분의 대부분이 주로 여성이 담당한 채집 활동을 통해 마련되었음을 보여줌으로써 '사냥꾼 남성'이 먹을거리를 공급했다는 신화를 무너뜨렸다. 인간의 기원에 대한 설명에서 남성 수렵자가 채집 수렵자들로 대체되고 종속적이었던 성이 무대의 중심에 나선 것이다. 여성주의 과학사학자 도너 해러웨이(Donna Haraway)는 인간의 기원을 둘러싼 싸움의 장소로서 영장류 연구의 중요성을 인정했다. 마르크스와 마찬가지로 그녀는 자연에 대한 과학자들의 설명이 사회와 문화를 반영하고 또한 구성한다고 본다. 그녀는 자연사박물관의 여

---

29) Ann Arbor Science for the People Editorial Collective, *Biology as a Social Weapon*, Minneapolis 1977.

30) 예컨대 다음 시리즈를 참조하라. *Genes and Gender*, edited by Ethel Tobach, Betty Rosoff, Ruth Hubbard, Marion Lowe and Anne Hunter, New York 1978-1994.

31) Hubbard, Mary Sue Henifin and Barbara Fried, eds., *Women Look at Biology Looking at Women*, Boston 1979, pp. 7~36.

러 모형들에 담긴, 여성의 활동은 요리와 아이 돌보기로 국한하고 수렵자 남성을 찬미하는 영장류학적 이야기를 해체한다. 또 백인이 자연적으로 우세하다는 제국주의적 이야기를 해체한다.[32]

생명과학에 종사하든 그렇지 않든 상관없이 거의 모든 여성주의자는 '여성주의 사회생물학'은 자기모순적인 개념이라고, 사회생물학의 결정론은 여성주의에 적대적이라고 여긴다. 그러나 사회생물학 안에도 여성주의적인 대항 노선이 존재한다. 이 노선은 주류 사회생물학과 마찬가지로 인간관계들이 자연에 의해 결정된다고 설명하지만 자연 질서를 다르게 해석한다. 다른 여성주의 영장류학자들과 다르게 새러 블래퍼 흐르디(Sarah Blaffer Hrdy)는 자칭 사회생물학자다. 그러나 그녀는 영장류학의 중심 재설정을 위해 헌신한다. 랑구르 원숭이를 비롯한 여러 원숭이들에 대한 흐르디의 연구는 암컷과 암컷의 새끼 기르기에 초점을 맞추며 인간 진화의 추진력으로서 암컷을 찬미한다. 그녀는 인간의 새끼 돌보기가 유별남을 지적한다. 침팬지, 보노보, 고릴라 어미도 오랫동안 새끼를 돌봐야 하지만, 녀석들은 이 의무를 다른 개체와 공유하기를 꺼린다. 반면에 인간 어머니들은 신뢰하는 타인이(친척이든 아니든 상관없이) 아기를 돌보는 것을 허용하고 양육과 교육을 공동으로 맡는다.[33] 흐르디는 이를 '공동 양육'(alloparenting)이라고 부른다. 그러나 그녀의 연구는 우리를 다른 영장류들과 구분하는 데 머물 뿐, 특수한 사회적 맥락에서 인간의 공동 양육이 어느 정도까지 상호 협동이고 어느 정도까지 저임금(거의 모두 여성인) 노동자들에 대한 착취인지 밝히는 일은

---

32) Donna Haraway, *Primate Visions*, London 1989. 해러웨이는 지배적인 남성 중심적 인종주의적 영장류학의 설명과 새로운 여성주의 영장류학의 설명을 모두 '이야기'라고 부른다. 그녀의 견해는 진리의 가능성 자체를 부정하는 포스트 구조주의자들과 포스트 모더니스트들에게 환영받았지만, 처음에는 남성주의 영장류학자들뿐만 아니라 여성주의 영장류학자들에게서도 적대적인 대접을 받았다. 해러웨이의 인식론적 입장은 아무리 줄여 말해도 모호하다. 그녀는 영장류학자들(그리고 그녀 자신)이 애써 얻은 설명들을 '이야기'로 격하해놓고 나중에는 몇몇 이야기들은 다른 이야기들보다 더 낫다고 말한다.

33) Sarah Blaffer Hrdy, *The Woman that Never Evolved*, Cambridge, MA 1981; *Mothers and Others*, Cambridge, MA 2009.

사회과학자들에게 맡긴다.

　여성주의 행동학자 패트리셔 고워티(Patricia Gowaty)도 흐르디와 마찬가지로 사회생물학자다. 다윈이 수컷의 '열의'(eagerness)라고 표현했고 남성주의 진화심리학에서 추잡하게도 '문란함'(promiscuity)이라고 다시 명명한 특성을 고워티는 '열렬함'(ardency)이라는 더 담백한 명칭으로 부르면서, 자신이 연구한 수많은 종들에서는 암컷과 수컷이 모두 그 특성을 나타낸다고 밝힌다.[34] 비슷한 맥락에서, 진화심리학과 다윈은 암컷이 교미 상대를 선택할 때 '내숭'을 떤다고 넌지시 주장하는 반면, 여성주의 행동학자들은 현장 관찰에 입각하여 내숭은 신화이고 수컷뿐만 아니라 암컷도 주도적으로 행동한다고 주장한다. 그러나 이렇게 상당히 진보한 주장도 인간에게 적용할 경우에는 미리 주어진 이분법적 남녀 차이의 틀에서 헤어나지 못할 위험이 있다. 이 위험을 잘 알기에, 여성주의 생물학자들은 인간 행동에서 유래한 개념들을 제거하고 대신에 동물 행동을 더 정확하고 덜 추잡하게 기술하는 용어들을 도입하려고 애써왔다. 예컨대 그들은 동물 행동을 다루는 학술지에서 '강간'을 몰아내고 '강제 섹스'로 대체하는 데 성공했다. 이런 재명명은 학술지들의 제도화된 성차별적 언어를 약화시켰다.

　진화심리학과 사회생물학이 인간의 섹스에 대해서 갖는 강박적 관심은 때때로 포르노를 방불케 한다. 예를 들어 여성들은 생김새가 좌우대칭이고 롤렉스 손목시계를 찬 남성과 불륜 섹스를 할 때 더 강한 오르가슴을 경험할 것이라는 주장을 생각해보라. 이런 주장을 뒷받침하는 데이터를 수집하고 그 신뢰성과 일관성을 검사할 수 있다고 믿는 것은 불가능하다. 그 밖에, 남성은 비교적 어리고 엉덩이 둘레 분의 허리 둘레 값이 작은 여성과 섹스하기를 선호하는 반면, 여성은 비교적 늙고 부유하고 힘 있는 남성을 선호한다는 주장도 비슷한 방법론적 의심을 불러일으킨다. 진화인류학자 로빈 던바(Robin Dunbar)는 이런 보편적인 주장들을 뒷받침하기 위해 미국, 네덜란드, 인도의 구애 광고 1천 건을 조사한 결

---

34) Patricia Gowaty, "Sexual Natures", *Signs*, vol. 28, no. 3, 2003, pp. 901~21.

과를 언급한다.[35] 루벤스(Rubens)의 그림에 등장하는 여성들과 구석기 문화의 절구통 몸매 비너스 입상들, 몸매가 빅토리아 베컴(Victoria Beckham)이나 케이트 모스(Kate Moss)처럼 밋밋한 유명 여성들은 무시되는 반면, 제인 오스틴(Jane Austen)의 『오만과 편견』(Pride and Prejudice)은 성정치학을 다룬 진화심리학 입문서로 인용된다. 무슨 생물학적 기능을 하는지를 단박에 명백하게 지적할 수 없는 미술, 문학, 음악은 성적 매력을 발휘하는 공작의 꼬리와 유사하다고 간주된다. 라스코, 페쉬 메를, 알타미라의 플라이스토세 남성들은(그들이 남성이었다는 것은 당연시된다) 플라이스토세 여성들을 유혹하려고 동굴에 사는 곰들에 아랑곳없이 횃불을 들고 깊숙이 들어가서 벽에 들소와 말을 그렸던 모양이다.

이런 주장들은 생물학적으로 진화한 섹스의 유일한 기능은 번식이라는 전제를 당연시한다. 처음에 여성주의 행동학자들에 의해 수집된 상당량의 증거, 즉 인간의 가장 가까운 친척들 가운데 하나인 보노보의 성적 활동은 번식과 분리될 수 있고 일상적인 집단생활의 일부로서 배우자 조합과 패턴에 구애받지 않고 이루어질 수 있다는 증거는 무시된다.[36] 인간의 다양한 성 관습에 관한 (에이즈 위기 때문에 촉진된) 사회과학 연구는 보노보에 관한 보고를 뒷받침하고 심화했지만, 여성주의적이든 아니든 상관없이 진화심리학과 사회생물학은 사회과학이 지식에 기여한다는 사실은 말할 것도 없고 사회과학 자체를 인정할 용의가 없다. 윌슨이 분명하게 밝혔듯이, 사회생물학의 계획은 사회과학들을 불필요하게 만드는 것이다.

자연법칙

생물학자들에게 진화는 사실이다. 그러나 진화적 변화의 과정과 시기와 속

---

35) Robin Dunbar, *How Many Friends Does One Person Need?*, London 2010.

36) Frans de Waal, *Our Inner Ape*, New York 2005.

도는 다윈의 시대 이래 지금까지 끊임없는 논쟁의 대상이다. 다윈의 자연선택은 성 선택에 의해 보강되더라도(앞에서 제기한, 사회적인 것을 자연적인 것으로 환원한다는 비판은 제쳐두자) 유리한 특징이 보존되는 메커니즘을 설명하지 못한다. 다윈은 이 메커니즘을 설명할 수 없었다. 그의 이론은 뒤죽박죽이 되었고 한동안 멘델과 새로운 유전학에 기초를 둔 돌연변이 이론으로 대체되었다. 이어서 1930년대의 신종합설 혹은 신다윈주의가 돌연변이 이론을 밀어냈다. 신다윈주의는 1970년대에 사회생물학의 '새로운 종합'과 친족 선택의 개념을 통해 확장되었고, 그 확장은 종결인 것처럼 보였다. 신자유주의 정치경제의 소유적 개인주의(possessive individualism)에 매우 우호적인 종결인 것처럼 말이다. 유전자 중심 결정론, '유전자 신화'는 의기양양했다. 그러나 그 '새로운 종합'의 토대가 채 완성되기도 전에 그 이론의 주춧돌인 유전자 개념 자체가 분자유전학의 탄생으로 도전에 직면했다. 신다윈주의, 유기체를 지워버리려는 신다윈주의의 기획, 심지어 환경도 '확장된 표현형'의 한 측면으로, 따라서 결국 유전자의 수반 현상으로 환원하려는 시도는 반박당하기 시작했다. 혹시 신다윈주의는 이미 죽었는데 자신이 죽었음을 모르는 좀비 이론이었던 것이 아닐까?

이제 한 세기 동안 유지된 유전학과 발생생물학 사이의 틈을 후생유전학과 이보디보를 통해 메우는 더 새로운 종합이 출현하고 있다. 유전자 중심의 생물학적 설명과 거기에 내장된 결정론은 개별 유전자에 대한 선택 말고 다른 수준의 선택들이 있을 수 있다는 깨달음과 적응주의 비판에 의해 위태로워졌다. 성 선택과 인간 진화에서 성 선택의 역할에 대한 남성 중심적 설명은 여성주의 영장류학자들의 연구에 의해 위태로워지고 근본적으로 수정되었다. 생물학 이론은 다른 분야들을 떠받칠 굳건한 기반처럼 보였을 수도 있겠지만, 알고 보니 불안정하고 심지어 부실하다. 진화 비유는 바로 그 불안정한 기반을 박차고 이제 더는 가용하지 않은 확실성들을 추진력 삼아 날아오른다.

자연과학들은 자연 세계에 대해서, 우리가 누구이고 어디에서 왔는지에 대해서 말할 문화적 권위를 점유해왔고 인정받아왔다. 자연선택이라는 특수한 통찰

하나가 아니라 과학의 설명 활동 자체가 '보편적인 산(酸)'이 되었다. 그런 거대한 주장을 내놓는 사람들은 다윈이 『비글호 항해기』에서 한 다음과 같은 말을 상기하는 것이 좋을 것이다. "만일 우리 시대 빈자(貧者)들의 불행이 자연법칙에서가 아니라 우리의 제도에서 비롯된다면, 우리는 죄가 크다."[37] 전 지구적 자본주의가 위기를 맞은 지금, 이 반성은 『비글호 항해기』가 쓰인 때 그랬던 것만큼이나 도드라진다.

[전대호 옮김]

---

37) Charles Darwin, *Voyage of the Beagle*, New York 1909, p. 526.

아듀! 『카이에 뒤 시네마』

어느 영화 전문지의 생애

에밀리 비커턴(Emilie Bickerton)

『카이에 뒤 시네마』(*Cahiers du cinéma*, 이하 『카이에』)에 대체 무슨 일이 일어난 것인가? 공책 페이지를 모델로 한 이 잡지는 지난 수십 년간 영화계에 활력을 불어넣어온 가장 논쟁적이고 영향력 있는 비평을 발표해왔고, 이는 이른바 '제7의 예술'로서의 영화를 구축하는 데 결정적인 역할을 했다고 할 수 있다. 앙드레 바쟁(André Bazin)이 편집장을 맡아 1951년에 설립된 후 『카이에』는 비평의 아이콘으로 자리매김하게 될 뛰어난 젊은 비평가들—트뤼포(Truffaut), 고다르(Godard), 샤브롤(Chabrol)—을 신속하게 영입했고, 그들은 자신들의 글을 행동에 옮겨 파리의 거리에 카메라를 들고 나가 누벨바그를 창출하면서 국제적인 명성을 얻었다. 에리크 로메르(Eric Rohmer), 자크 리베트(Jacques Rivette) 그리고 초기에 한 팀으로 활동했던 세르주 다네(Serge Daney)와 세르주 투비아나(Serge Toubiana) 등 다음 세대의 편집자들은 외형적으로나 의제—철학을 정립하거나 예술지상주의자들 혹은 텔레비전 중독자들에 대한 바리케이드 역할을 하는―에서나 괄목할 만한 발전을 가져왔고, 그럼에도 그들은 간섭주의자의 열정을 지니고서 영화의 선봉대라는 정신을 잃지 않았다.

『카이에』는 지금도 매달 발행되는데, 이제는 주류적인 영화 가이드 무리와 구분되지 않는 화려한 잡지 판형이다. 영화제 상영작, 상업물, 교육적 관점, 아카이브 등 좋은 목적의 보도 범위는 그 어느 때보다 넓고 스타일은 격식을 갖추었지만, 지극히 냉정하게 평가했을 때 전반적인 인상―취할 것은 무척 많고 위태로운 것은 너무 적지만―은 상류층 소비자 보고서에서나 느낄 법하게 몹시 지루하다. 30년 동안 이 저널이 개입해온 것들은 영화가 대중적으로나 이론적으로 이해되고 경험되는 방식을 만드는 데 도움이 되었다. 알렉상드르 아스트뤼크(Alexandre Astruc)의 표현을 달리 쓰자면, 『카이에』는 오랫동안 진정한 카메라―만년필(stylo-caméra) 역할을 하면서 영화인들을 실천으로 끌어들이고 또 자극했다. 오늘날에는 그저 다음 영화제로 향하는 비행기 안에서 읽는 잡지만큼이나 활력이 떨어지는 듯 보인다. 어쩌다가 이렇게 된 것일까?

1. 도가니

그 본래 구상에 따르면, 『카이에』는 전후 파리의 급진적인 지식인 문화가 낳은 눈부신 번영의 산물이었다. 좌파는 그들의 레지스탕스 역할 덕분에 막강해졌고, 쓸모없던 보수 엘리트들은 그만큼 폄하되고 있었다. 해방은 정치적인 만큼이나 문화적이고 지적인 것이었으며, 문학과 철학, 정치학과 사회 이론, 영화, 재즈, 실험극, 고급문화와 대중문화, 이 모든 것들이 결합되고 상호작용을 하면서 경이로운 효과를 만들어냈다. 장 폴 사르트르(Jean Paul Sartre)와 알베르 카뮈(Albert Camus), 시몬 드 보부아르(Simone de Beauvoir), 앙드레 말로(André Malraux), 마르그리트 뒤라스(Marguerite Duras), 클로드 레비스트로스(Claude

Lévi-Strauss)는 자신들의 최고 역작들을 생산해내고 있었다. 사상지들—『레탕모데른』(Les Temps Modernes),『에스프리』(Esprit),『크리티크』(Critique) 외 다수—은 지속적인 논쟁의 격전에 힘입어 치열한 경쟁을 벌였다. 나치 점령기의 밀실 공포에서 풀려난 후 갑작스럽게 확장된 지평은 매카시즘 이전의 미국이나 네오리얼리즘 이전의 이탈리아로까지 펼쳐졌다. 같은 시기에 프랑스 영화계에서는 장 르누아르(Jean Renoir), 막스 오퓔스(Max Ophuls), 장 콕토(Jean Cocteau), 장 피에르 멜빌(Jean-Pierre Melville), 알랭 르네(Alain Resnais), 로베르 브레송(Robert Bresson)의 작품들이 생산되고 있었다.

뤼미에르(Lumière) 형제가 이 매체에는 더 이상 미래가 없다고 선언한 후, 프랑스의 영화 문화는 혼합 스타일의 비옥한 토양임을 오랫동안 입증해왔고, 그런 만큼이나 비평과 실천 사이의 교류에서도 좋은 터전이 되어왔다. 최초의 시네클럽(Cineclub)이 1921년에 문을 열었고, 두 세계대전 사이에 한 뭉텅이의 영화 잡지들이 창간되었다. 점령 아래 얼마간 비밀스럽게 진행되던 이 문화는 1945년 이후에 만개했다. 파리에는 좌익 시네클럽들의 네트워크가 수립되었다. 앙리 랑글루아(Henri Langlois)는 자신의 시네마테크 프랑세즈(Cinémathèque Française)를 재구축했고, 메신가(rue de Messine)에서 혹스(Hawks), 히치콕(Hitchcock) 그리고 필름 누아르 영화를 (자막 없이) 상영했다.[1] 숱한 신간 영화 잡지들 속에서『레크랑 프랑세즈』(L'Écran français)는 사르트르, 카뮈, 말로, 자크 베케르(Jacques Becker) 그리고 랑글루아를 편집진으로 두었다. 영화감독을 화가나 작가에 견줄 수 있는 개인 예술가로 보고 그가 자신의 프로덕션을 마치

---

1) 1914년 이즈미르에서 태어난 랑글루아는 1922년 도시의 5분의 4를 화염에 휩싸이게 만든 터키의 그리스 주민 침탈로 인해 가족과 함께 강제로 그 나라를 떠나야 했다. 가족들이 도시의 불길 속에서 모든 것을 잃어야 했던 이 극적인 사건은 랑글루아가 아카이브 사업에 헌신하는 토대가 되었다. (에드가르도 코자린스키Edgardo Cozarinsky의 1994년작 전기 영화 「시민 랑글루아」Citizen Langlois는 화염 속의 여행 가방과 함께 시작한다.) 1936년에 그가 설립한 파리의 시네마테크에서 랑글루아—프랑스 최초의 필름 아카이브를 설립한—는 미국의 최신 개봉작뿐만 아니라 위대한 고전 무성영화들을 상영했다. 그의 프로그램은 초기 시네필들의 취향을 육성하고 영화사 연구의 형태를 갖추게 하는 데 중심적인 역할을 했다.

소설가가 만년필 다루듯이 휘두른다는 관념을 불러일으킨 아스트뤼크의 카메라-만년필론이나, 포드(Ford)와 와일러(Wyler) 사이에서 선택하라고 요구하면서 작가주의(politique des auteurs)의 초기 서술이 되었던 로제 렌하르트(Roger Leenhardt)의 공고 같은 기초적인 텍스트들이 이 저널을 통해 발표되었다.[2] (머지않아 에리히 폰 슈트로하임Erich von Stroheim과 「푸 만추」Fu Manchu의 원작자 색스 로머Sax Rohmer의 이름을 따 에리크 로메르라는 필명을 갖게 되는) 모리스 셰레(Maurice Schérer)는 시네클럽 카르티에 라탱(Quartier Latin)의 회보『가제트 뒤 시네마』(Gazette du cinéma)를 편집하고 있었다. 1946년 미식가적인 시네필(영화광) 장 조르주 오리올(Jean Georges Auriol)은 무성영화 황금기주의에 도전하고 마르셀 카르네(Marcel Carné)나 르네 클레르(René Clair)의 '고급 영화'(cinéma de qualité)에 대한 민족주의적 극찬과 싸우기 위해 자신이 전전(戰前)에 발행하던『르뷔 뒤 시네마』(Revue du cinéma)를 재창간했다. 영화 비평은 그 자신만의 특별한 언어가 있어야 한다는 확신 속에서 오리올은 아방가르드나 이탈리아 영화 그리고 미국의 웰스(Welles)와 스터지스(Sturges), 와일러에게 눈을 돌렸다. 그는 (『시네몽드』Cinémonde에서 일하던) 자크 도니올 발크로즈(Jacques Doniol-Valcroze)나 아스트뤼크, 피에르 카스트(Pierre Kast), 바쟁, 로메르 같은 젊은 비평가들의 글을 실었고, 영화와 회화에 대한 오리올 자신의 에세이들은 지금까지도 중요한 글로 남아 있다.

냉전의 압박이 시작되면서 1950년까지 해방기의 격정은 잦아들기 시작했고, 프랑스 공산당(PCF)은『레크랑 프랑세즈』와 몇몇 시네클럽들에 대해 보다 엄격한 관리에 들어갔다. 당의 영화사학자 조르주 사둘(Georges Sadoul)은 구세대의 잣대를 대변하여 무성영화 시대는 숭배하고 할리우드는 업신여겼으며, 프랑스 영화라면 무비판적으로 옹호했다. 그와 대조적으로 머지않아『카이에』를 형성하게 될 일군의 무리는 단순히 그 열정적인 시네필리아(영화욕)—새로운 영화

---

2) Alexandre Astruc, "Naissance d'une nouvelle avant-garde: la caméra stylo"; Roger Leenhardt, "À bas Ford, Vive Wyler", L'Écran français, 30 March and 13 April 1948.

가 그것에 가장 열정적인 평론가에 의해 비평될 것이라는—로만 결속된 것이 아니라, 저명한 영화 제작과 이론으로부터 결별해야 한다는 고집으로 뭉쳤다. 피터 월런(Peter Wollen)이 지적하듯이, 그들에게는 "기성의 취향 체제를 완전히 전복하는 것만이, 다른 차원의 가치로 평가되어야 하는 새로운 영화를 추구하는 새로운 영화인들이 승리하는 전제 조건"이었다. 이러한 패러다임 전환은 "예술 관습의 앙시앵레짐에 대항하는 '모더니즘'의 이름으로 이루어진, 20세기 비판적 혁명 시리즈의 종착지"였다고 할 수 있을 것이다.[3] 이와 같은 투쟁에서 신대륙은 모더니티와 그 안의 역동적이고 대중적인 에너지를 강렬하게 이미지메이킹 하는 문화적 동맹으로 여겨졌다. 진지하게 말하자면, 『카이에』라는 이름—그들의 글에 "학교 연습장에 휘갈겨 쓴 필기 문구"라는 시사적인 지위를 부여한다면—은 진취성의 기초적인 본질을 가리킨다고 할 수 있을 것이다.

마찬가지로 『카이에』의 진용은 그 취향과 접근법에서 유난히 이질적인 조합이었다. 바쟁은 사르트르와 『에스프리』의 에마뉘엘 무니에(Emmanuel Mounier)의 반식민주의적 가톨릭 사상으로부터 영향을 받았고, 로메르는 열성적인 형식주의자였으며, '크세주'(Que sais-je?) 문고에 『영화의 역사』(Histoire du cinéma)를 쓴 로두카(Lo Duca)는 박학다식한 편에 더 가까웠고, 도니올 발크로즈는 루이스 부뉴엘(Luis Buñuel)의 숭배자였다. 카스트는 그 집단에서 유일하게 좌익에 가담하고 있었다. 곧이어 마지막 구성 요소들이 합류했다. (바쟁이 후견하던) 트뤼포와 고다르, 리베트, 샤브롤로 이루어진, 보다 더 젊은 일군이 가져올 역동적인 격론이 그것이었다. 이 '급진 청년'들은 시네클럽의 상영회에서 회동하거나 셰레/로메르의 『가제트』에 글을 쓰고 있었다. 그들은 콕토와 브레송, 레이몽 크노(Raymond Queneau) 등이 1949년 비아리츠(Biarritz)에서 조직한 '오브젝티프(Objectif) 40' 상영회에 서로 합심한 듯이 나타났고, 여기서 이 20대 청년들은 사둘과 '고급 영화'와 할리우드를 놓고 충돌했다.

---

3) Peter Wollen, *Paris Hollywood: Writings on Film*, London 2002, p. 218.

1950년에 오리올이 교통사고로 급사한 탓에 『르뷔』의 시절은 끝났고, 이는 하나의 기폭제가 되었다. 1951년 4월 『카이에 뒤 시네마, 영화와 TV 영화 월간지』라는 얇은 노란 표지의 잡지가 샹젤리제 거리 146번지의 어느 비좁은 방에서 발행되었다. 그 창간 선언문은 "변변찮은 영화를 용인하는 타락한 중립주의와 조심스러운 비평 그리고 얼빠진 대중"을 맹렬하게 비난했다. 이 신간 잡지가 옹호하는 영화의 예시로 인용된 것들은 브레송의 「시골 사제의 일기」(Diary of a Country Priest), 드미트리크(Dmytryk)의 「콘크리트 속의 사나이」(Give Us This Day), 와일더(Wilder)의 「선셋 대로」(Sunset Boulevard) 그리고 데시카(de Sica)의 「밀라노의 기적」(Miracle in Milan)으로, 이들 모두는 파리에서 최근에 개봉한 작품들이었다.

2. 1950년대: 노란 『카이에』

A5보다는 크고 A4보다는 작은, 이 고상한 30쪽짜리 잡지는 매달 발행되었고, 노란 표지는 그 호에서 가장 칭찬받는 영화를 알려주는 흑백 스틸 이미지로 장식되었다. 4~5편의 글이 중심을 이루었고, 곳곳에 실린 스틸 이미지들이 영화미학에 대한 오마주를 더했다. 에투알(Étoile)의 설립자인 레오니드 키젤(Léonide Kiegel)이 재정적으로 지원해주었고, 초창기 독자층은 『르뷔』의 얼마 되지 않는 구독자들로부터 이어졌다. 처음 두 차례의 편집장은 나이가 많은 세대에서 맡았다. 바쟁(1918년생)과 로메르(1920년생)는 둘 다 가톨릭이었고 교직 교육을 받은 사람들이었으나, 그것 말고는 형식이나 접근법에서 상당히 달랐다.

바쟁이 끼친 영향은 논쟁을 벌이는 방식에 있었다기보다 교육적이거나 아버지 같은 역할을 하는 데 있었다. 『카이에』가 창간되었을 때 서른셋이던 그는 생클루(Saint-Cloud)의 고등사범학교를 다녔으나 말더듬증이 있어서 교직을 얻을 수 없었다. 1941년 그는 문학의 집(Maison des Lettres)에 가담하여 전쟁 때문에 쫓겨난 학생들을 가르쳤고, 나치 당국에 불복하여 금지된 영화들을 상영했다. 그는 무니에의 사회파적인 급진 가톨릭 신앙에 동조했으며, 해방 후에는 『에스프리』의 편집진에 참여했다. 그러나 그는 또한 『레탕 모데른』과도 함께 일했다. 사르트르의 이미지-사유(image-pensèe)론—"이미지는 의식의 특정한 유형이자 하나의 행위이지만 물질이 아니며 …… 그것은 어떤 물질의 의식이다"[4]—은 영상의 본질에 매혹되었던 바쟁에게 중대한 영향을 끼쳤다. 카메라—장소의 섭리를 드러내는 세계의 기록자—의 힘은 "그것이 리얼리티를 부여하는 무엇에 있는 것이 아니라 그것이 그로부터 폭로해내는 무엇 속에 있다."[5] 그는 이러한 '리얼리즘'을 그가 선호하는 작가였던 르누아르와 로베르토 로셀리니(Roberto Rossellini) 그리고 그가 『레탕 모데른』에서 사르트르와 논쟁했던 바와 같이 웰스의 작품에서 찾았다.[6] 그는 또한 텔레비전에 대해서도 폭넓게 글을 썼고, 실황으로 촬영된 새로운 '생방송 텔레비전 드라마'가 지닌 리얼리즘과 가상의 혼합을 환영했다. 이는 초기 누벨바그의 빠른 촬영에 선구자 격 역할을 했을 것이다.

로메르의 초기 지향은 좀 더 문학적이었다. 1951년까지 그는 한 편의 소설과 여러 편의 시나리오를 썼고, 동시에 파리의 시네클럽들에서 영화를 소개하거나 단명한 잡지 『가제트』에서 편집을 맡기도 했다. 조화 지향적이었던 바쟁과 달리 그는 좀 더 격식 지향적이었고 좀 더 보수적이었는데, 할리우드에 대한 다음과 같은 글을 예로 들 수 있다.

재능 있고 헌신적인 영화인에게 캘리포니아 연안은, 누군가 우리에게 믿도록 만들었던 것처럼 부당한 소굴이 아니다. 그곳은 오히려 선택받은 땅으로, 마치 콰트로첸토의 화가들에게 피렌체가 그랬던 것과 같은 혹은 19세기 음악가들에게 빈이

---

4) Jean-Paul Sartre, *L'imagination* [1936], Paris 2003, p. 162.

5) André Bazin, *Qu'est-ce que le cinéma?*, vol. 1 [1958], Paris 2002, p. 67.

6) 「시민 케인」(Citizen Kane)에 대한 사르트르의 비판을 보려면 "Quand Hollywood veut faire penser...", *L'Écran français*, August 1945 참조. 바쟁의 변호 "La technique de *Citizen Kane*"은 *Les Temps Modernes*, no. 17, 1947에 실렸다.

그랬던 것과 같은 안식처였다. …… 우리는 미국을 사랑해야 한다. 그리고 아마도 덧붙여야 할 것 같은데, 내가 편견에 의해 힐난받지 않도록 우리는 이탈리아를 사랑해야 한다. 로마와 피렌체의 전통을 이어받은 이탈리아, 그렇지만 또한 미래주의 건축과 자동차 경주의 수도이기도 한 그런 이탈리아를 말이다.[7]

『카이에』에 대한 주된 공헌은 그의 영화 이론 5부작 『셀룰로이드와 대리석』 (Celluloid and Marble)으로, 거기서 그는 고전적인 예술 개념에 근거하여 영화에 접근하는 방법을 설명했다. 그는 오늘날 영화만이 창조적으로 번창하고 있는 반면 다른 예술(그는 특히 회화에 주목했다)은 쇠퇴기에 있다고 주장했다.[8]

그러나 창간 후 몇 년 지나지 않아서 『카이에』의 성명서들을 쓰고 있는 것은 '급진 청년'들과 그들의 호전적인 접근법이었다. 처음부터 이 잡지의 비평가들은 노스탤지어를 공격의 표적으로 삼았고, 프랑수아 샬레(François Chalais)는 구세대를 "천 마리의 불사조들이 끊임없이 되살아난 잿더미를 바라보는 …… 죽은 태양의 흠모자들"로 묘사했다.[9] 그러나 트뤼포의 논쟁적인 글 「프랑스 영화의 어떤 경향」(A Certain Tendency in French Cinema)은 1954년 1월에 발표되었을 때 새로운 비평의 논조─공격적이고 다급해하며 개인적인─를 만들어냈다. 트뤼포는 엄선된 작가들에게 지지를 표하는 한편 전통적인 영화를 공격하면서, 후자가 문학작품 각색에 대한 선호 속에서 소재를 결코 영화에 이익이 되도록 사용하지 않았으며, 리얼리즘의 대척점에 서 있는 작품들을 만들어내면서 [소재를] 그저 '등가원리'에 종속시켰을 뿐이라고 주장했다. 장 오랑슈(Jean Aurenche), 앙리 조르주 클루조(Henri-Georges Clouzot) 그리고 장 들라누아 (Jean Delannoy)처럼 그런 죄를 저지른 시나리오 작가나 감독들의 사진이 범인 식별용 사진처럼 글 옆에 인쇄되어 폭로의 느낌을 더했다. 그것은 혈기왕성한 공

---

7) *Cahiers* 54, December 1955.

8) *Cahiers* 44, 49, 51, 52 and 53, February-December 1955.

9) *Cahiers* 1, April 1951.

격이었고, 아마도 트뤼포 본인이 인정한 것처럼 상스럽기까지 했다. 그렇지만 그러지 않았다면 그건 비겁한 일이었을 테고, 당시는 비평가들에게 상류사회의 격식 따위는 생략하던 시절이었다.

'어떤 경향'은 이제 작가주의를 자명한 수순으로 만들어냈다. 단순한 감독과 달리, 작가는 자신의 미장센을 통해 세계에 대한 자신의 시야를 선포하는 영화 제작자를 일컫는 것이었다. 중요한 것은 특정 주제에 있다기보다 작가가 그것을 어떻게 다루기로 선택했는가의 문제에 있었으며, 거장의 손을 거치면 어느 무엇보다 조잡한 탐정 이야기도 걸작이 될 수 있었다. 따라서 본다는 것은 내용에 대한 집중이 아니라 이와 같이 영화적인 상연에 결부된 문제였고, 바로 거기에서 작가의 '인장'(griffe) 혹은 흔적이 포착될 수 있었다. 작품별 분석과는 대조적으로, 심지어—어쩌면 특히—어떤 작가의 가장 형편없는 영화조차 이와 같은 유행 속에서는 음미될 수 있었다. 도니올 발크로즈가 훗날 지적했듯이, 트뤼포의 글과 함께 "무엇인가가 우리를 묶어주었다. 그때부터 우리는 르누아르와 로셀리니, 히치콕을 지지하고 …… X 감독, Y 감독, Z 감독은 반대한다는 식으로 알려졌다."[10] 목차는 이러한 접근의 정전(正典) 쌓기식 속성을 잘 보여준다. 주요 인터뷰들이 특정 감독의 작품을 세세하게 탐구하는 방식으로 이루어져 있는데, 그 가운데 최초는 1954년에 진행되었다. 1955년부터 순위를 매기기 위한 '10인 위원회'가 등장하여 매호마다 물방울('신경 쓸 필요 없음')부터 별 1개('꼭 봐야만 한다면 볼 것'), 별 2개('볼만함'), 별 3개('필히 볼 것') 그리고 별 4개('걸작')까지 별점을 매겼다. 최고 감독 및 작품에 대한 연도별 목록이 실리기 시작한 것도 그해부터다. 처음에 대부분의 비평가들에게 지명받은 최고 순위 감독들은 잉마르 베리만(Ingmar Bergman)과 브레송, 미조구치 겐지(溝口健二), 니콜라 레이(Nicholas Ray), 로셀리니였다.

그러나 그처럼 강한 개성을 가진 이들의 유대에서는 강한 차이가 지속되기 마

---

10) *Cahiers* 100, October 1959.

런이었다. 10년이 지난 후 로메르는 영화의 예술성으로 이해되던 작가주의와 미장센에 여전히 전념할 것임을 단언했다.[11] 그러나 반 고흐를 다룬 빈센트 미넬리(Vincente Minnelli)의 시시한 테크니컬러(Technicolor) 전기 영화 「열정의 랩소디」(Lust for Life)에 대해 장 도마르치(Jean Domarchi)가 격찬한 데서 촉발된 1957년의 '집안싸움'에서 바쟁은 이미 자신의 젊은 동료들에게 이러한 접근의 단점을 꾸짖고 있었다. 바쟁은 예술로서의 영화는 대중적인 동시에 산업적인 것이기도 하다면서, 보다 비평적인 고려가 필요함을 이 요소들이 보여주고 있다고 주장했다. 좀 더 넓게 말해서, 어떤 예술가든지 더 좋은 작품을 만들 수도 더 나쁜 작품을 만들 수도 있다는 것이다. "볼테르(Voltaire)는 그 자신이 스스로를 라신(Racine)의 후계자라고 여겼을 때는 끔찍한 극작가였고, 18세기를 산산조각 내고도 남을 발상을 담은 수단이었던 우화를 썼을 때는 천재적인 이야기꾼이었다." '작가+주제=작품'이라는 방정식에서 작가주의적 관점은 그저 작가만을 지탱한 것이다. 바쟁은 '미학적 인물 숭배'를 제도화하는 위험을 경고한 것이다.[12]

급진 청년들도 마찬가지로 영화를 보기 위한 각자의 비평적 연장과 개념을 마련했다. '집단 정신'으로 불렸던 리베트는 미장센을 포착하는 데서 독창적이었는데, "움직이면서도 공간 속에 유예되어 있는 …… [마치] 다이아몬드처럼, 투명하지만 모호하게 반사되는 것들과 날카롭게 잘려 나간 모서리들로 이루어진 …… 관계의 건축물"이라는 그의 미장센론은 비평가들로 하여금 스튜디오의 요구 사항과 시나리오, 예산 같은 제약들로부터 '작가'를 분리해낼 수 있도록 허용하는 힘이 되었다.[13] 히치콕을 단순히 서스펜스의 거장에서 천재로 격상하는 격찬에 대해서는 논란이 있었다.[14] 고다르의 초기 저술들은 고전적인 작가주의였다. 그

---

11) 로메르의 인터뷰, *Cahiers* 172, November 1965.

12) *Cahiers* 70, April 1957.

13) *Cahiers* 32, February 1954.

14) 샤브롤과 트뤼포가 1954년에 시도한 히치콕과의 인터뷰는 실망스러웠다. 감독은 말을 선뜻 잘 하지 않는 편이었고, (good이냐 God이냐, evil이냐 Devil이냐 같은) 언어적인 착오도 한몫했다. 히치콕의 천재성을 감안하고 볼 때, 그가 세계 최고의 거짓말쟁이라 한다면 그건 그를 여전히 그 누구보

는 기이하고 역설적인 것들에 대한 취미가 있었고, 특정 감독의 '2류' 영화, 그 영화들의 '흥미로운 실패들'을 분석하는 데 능숙했다. 베리만의 작품을 1958년에 잡지에 처음 비평한 것은 고다르였고, 그러면서도 그는 동시에 2류 서부극들을 칭송할 수 있는 이였다.

분서에서라면 훨씬 더 멍청한 미국인들이 무척 복잡한 대본민큼은 끼편적으로 만들어낸다. 또 그들은 깊이를 가져오는 일종의 단순함을 만들어내는 데서도 재능이 있는데, 이를테면 「대평원」(Ride the high Country) 같은 몇몇 서부극을 예로 들 수 있다. 프랑스에서 누군가가 그런 것을 시도한다면 그는 지식인으로 보일 것이다. 미국인들은 [지식인의 가장이 아닌] 진짜에다 천성에 따라 행동하지만, 이런 태도 속에는 그 너머의 의미가 있다. 프랑스에 있는 우리는 의미를 지닌 무엇인가를—미국인들의 태도를 찾아냈듯이 프랑스인들의 태도를—찾아내야만 한다. 그러기 위해서 누군가는 자신이 알고 있는 것들에 대해 말하기 시작해야 한다.[15]

니콜라스 레이에 관한 초기 저술들은 비평가들 각자에게 특별한 위치를 가져다주었다. 리베트는 자기 독자들에게 일련의 고상한 명령문을 띄웠다. 이것은 사랑받아야만 하고 저것은 인정받아야만 한다는 식으로, 자신이 꼭 설득해야만 하는 관객들을 항상 의식하는 비평 스타일이 그것이다. 고다르에게 "「쓰디쓴 승리」(Bitter Victory)는" 고도의 전염성을 지닌 장엄함과 함께 "마치 태양처럼 당신의 눈을 감긴다. 진실은 바라볼 수 없을 정도로 눈부시다."[16] 트뤼포는 공격적이었고 규범적이었으며, 음울한 재미를 머금었다.

[레이의 영화를 보지 못한] 사람들은 나를 믿어야 할 것이고, 그것은 그들에게 작

다도 더 히치콕적인 캐릭터로 만드는 사실이라는 식으로 두 인터뷰 진행자들은 서로를 위로했다.
15) 고다르의 인터뷰, *Cahiers* 138, December 1962.
16) *Cahiers* 79, January 1958.

은 벌칙이 될 것이다. …… 레이의 이름으로 혹스를 부정할 수는 있다. 그렇지만 그 둘 모두를 거부하는 사람이 있다면 나는 이렇게 말할 것이다. 영화관에 가지 마라. 더 이상 영화를 보지 마라. 왜냐하면 당신은 그 의미를 …… 프레임 하나, 쇼트 하나, 어떤 아이디어, 좋은 작품, 영화 자체를 절대 알 수 없을 것이기 때문이다.[17]

로메르 역시 도취되어 있기는 마찬가지였지만, 그는 항상 더 냉철했다. 그는 「이유 없는 반항」(Rebel Without a Cause)을 '5막극'으로 읽으면서 자기 독자들에게 "내가 고대 그리스의 기억을 환기시키는 즐거운 악행을 저질러도 용서받을 수 있을까"를 물었다.[18] 그들의 차이는 교훈적이다. 고다르와 리베트는 레이의 전례 없음을 칭송한 반면, 로메르는 도덕과 비극이라는 영원한 주제를 끌어낸 것이다.

시네필 고아들

처음에 이 잡지는 젊은 비평가들을 위한 대리 가족에 가까웠다. 아버지들과 대부들 그리고 양아들들—이것은 마치 세르주 다네가 묘사한 것처럼 '완고한 고아들과 선택된 가족들'의 이야기였고, 젊은 관객들이 자기가 영화에서 본 것들로 자기 자신의 역사를 엮어내는 그런 이야기였다.[19] 예를 들어 '무명의 아버지'에게서 1932년에 태어나, 처음에는 양부모 집에서, 이후에는 친할머니에게 길러진 트뤼포는 15세의 나이에 훔친 돈으로 시네클럽을 운영하다가 체포되었다. 그 소년을 자신의 불법 사업장 개업식에서 만난 바쟁은 그를 소년원으로부터 구출해내어 사실상 입양하게 되었다. 바쟁은 청소년 트뤼포가 1951년 베트남행 승선 전날 밤 무단으로 탈영을 했을 때도 그가 감옥에 갇히지 않도록 지켜냈다.

부득이하게 혹은 그 반대로—전쟁에서 잃은 부모, 때 이른 출가 혹은 단지 대학에서 놓친 강의들—영화는 가족 혹은 학술적 공부를 대체했다. 리베트와 고

---

17) 로베르 라슈네(Robert Lachenay)라는 필명으로 쓰인 글, *Cahiers* 46, April 1955.

18) *Cahiers* 59, May 1956, pp. 112, 114.

19) Serge Daney, *Devant la recrudescence des vols de sacs à main*, Lyon 1997, p. 97.

다르 둘 다 소르본에서 공부하기 위해 파리에 왔지만 그 대신 시네마테크와 영화 잡지로 이끌려갔고, 자신들의 교육을 거기서 찾았다. 시네필 문화는 그 자체의 학술 형식과 강의, 학생들 그리고 교사들을 지니고 있었다. "시네클럽에서 [우리는] 우리의 야간 수업들과 …… 우리의 책들 …… 바깥의 개입으로부터 전적으로 보호받는 조심성 많은 지식인들과 대학들 그리고 정치를 [발견했다]."[20] 「게임의 규칙」(La Règle du jeu)을 적어도 스무 번은 보았을 트뤼포는 모든 영화에 대해 세심한 서류철을 만들었고, 이처럼 철저하고 반복적인 관람은 그의 비평의 본질이었다. 그는 확신에 차 있었다. "전문가가 아니라면 그 누구도 존경하지 말고, 따르지 말고, 글을 읽지 말며, 관심도 갖지 말고, 좋아하지 않게 내버려두라."[21]

『카이에』의 역사는 스포트라이트가 비치는 부분만큼이나 사각지대도 지니고 있다. 베르톨트 브레히트(Bertolt Brecht)는 1960년의 중요한 발견이었지만, 처음 10년 동안 연극이나 누보로망(nouveau roman) 같은 다른 예술운동들은 중요치 않은 것으로 간주되고 무시됐다. 제3세계 영화들과 좀 더 아방가르드적 작품들이 이 잡지에 실리는 데는 지체가 있었다. 장르 분석에 대한 적대감 역시 앙드레 마르탱(André Martin)과 페레이돈 호베이다(Fereydoun Hoveyda)의 작품들을 제외하고는 판타지와 코미디, 애니메이션을 거의 생략하게 만들었다. 정치의 부재는 더 컸다. 『카이에』는 사실상 인도차이나와 알제리 전쟁에 대해 모두 함구했다. 고다르의 자기 묘사에는 당시 이 잡지의 태도가 요약되어 있다. "나는 정치적 사건들에서 비롯된 상황들로부터 정의되는 도덕적이고 심리적인 의도를 갖고 있다. 그것이면 충분하다."[22]

이것은 1952년에 창간되어 뚜렷하게 반식민주의를 표방했던 영화 잡지『포지티프』(Positif)와 강렬한 대조를 이룬다. 처음에는 프랑스 공산당과 제휴했던 이

---

20) Antoine de Baecque, *La cinéphile, Invention d'un regard, histoire d'une culture, 1944-1968*, Paris 2003, p. 20.
21) *Cahiers* 45, March 1955. 또한 트뤼포의 "Les sept péchés capitaux de la critique", *Arts*, April 1955도 참조.
22) 고다르의 인터뷰. *Cahiers* 138, December 1962.

잡지는 신속하게 강한 초현실주의의 영향력을 발전시켰다.[23] 편집장의 말에 따르면 『포지티프』는 "매우 반미학적이었다. …… 우리는 사회를 바꾸기 위한 발상을 표현하는 영화를 원했고, 영화가 참여적인 예술형식이 되기를 원했다."[24] 『카이에』에 비해서 할리우드에 대한 것은 적었고 남미와 제3세계에 대한 것은 더 많았다. '작가'에 대한 집착은 더 적었고 장르에 대한 관심은 더 많았으며, 초현실주의 작품이나 크리스 마르케(Chris Marker)나 르네, 아녜스 바르다(Agnès Varda) 같은 실험 영화 감독들에게 열려 있었다. 『포지티프』와 『카이에』는 필진(호베이다, 카스트)과 관심사를 공유하는 우호적인 관계에서부터 전면적인 지면 전쟁에 이르기까지 극단을 오고갔다. 로메르는 이 집단을 "제7예술에서 완전히 바깥에 있는 기준으로 영화를 재단하는 종파"로 간주했고,[25] 반대로 『포지티프』는 상대를 검열관에서부터 형이상학적 비평가, 제국주의자, 신비주의자 혹은 파시스트에 이르기까지 그 사이에 있는 무엇으로 간주했다.

1958년 바쟁이 40세의 나이에 암으로 비극적인 죽음을 맞으면서 로메르가 편집장 역할을 맡기 시작했다. 1959~61년에 마크마옹 그룹(Mac-Mahon group)에게 그들의 독특한 숭배의 시선을 연재하도록 허용함으로써 [『카이에』의] 비판적 관측자들에게 거의 밑바닥까지 내보였던 그의 판단력은 어마어마한 시험대 위에 놓였다. 할리우드 영화만 상영하던 파리의 극장 이름을 딴 마크마옹들은 '영화에

---

23) 아도 키루(Ado Kyrou)와 로베르 베나윤(Robert Benayoun)은 초현실주의 잡지 『영화 시대』(*L'Age du cinéma*) 출신으로 『포지티프』에 합류했다. 에로틱 초현실주의 출판사인 테랭 바그(Terrain Vague)의 대표였던 에리크 로스펠(Eric Losfeld)은 1959년에 가담했다.

24) 로베르 베나윤의 발언, Antoine De Baecque, *La cinéphilie*, p. 231에서 인용. 『포지티프』는 알제리 민족해방전선(FLN)에 자금을 제공했고, 1960년 9월에 참전을 거부하는 선언이었던 "Manifesto 121"에 서명하는 등 알제리 독립투쟁에 깊이 관여하고 있었다. 『카이에』 편집진 가운데 어느 누구도 최초의 선언자 명단에는 없었고, 같은 달 『르몽드』(*Le Monde*)에 실린 추가 명단에만 도니올 발크로즈, 트뤼포, 카스트가 참여했다.

25) Antoine De Baecque, *Histoire d'une revue. 1. A l'assaut du cinéma, 1951-1959*, Paris 1991, p. 143. 1984년부터 『카이에』의 비평가이자 1990년대 후반에 짧게 공동 편집장을 맡았던 앙투안 드베크(Antoine de Baecque)가 이 잡지에 대해 쓴 2권 분량의 역사책은 귀중한 사료이면서도 관련자들에게는 불가피하게 논쟁을 불러일으켰다.

대한 열렬한 사랑'(l'amour fou du cinéma)을 찬양했고, 이러한 도취 관념을 극단까지 끌고 갔다. 인간은 미장센 속에서 신이 되었다. 도니올 발크로즈를 포함한 많은 사람들에게 이들의 글을 싣게 하는 것은 『카이에』 지면의 우경화를 의미했다. 그렇지만 한 가지 효과는, 이로 인해 1960년대 초부터 영화에 대해 정치적으로 각성한 토론이 증가하는 계기가 되었다는 것이다.

당시는 이 잡지의 변화기였다. 구성원들이 영화를 만들기 위해 밖으로 나서면서 오랜 '동지들'은 뿔뿔이 흩어졌고 『카이에』는 지나가는 장소가 되었다. 영감을 주는 뚜렷한 원천도 없었다. 마크마옹 그룹은 할리우드에 지나치게 맹종하는 논리를 보여왔고, 배척받는 것으로부터 우상파괴적이라는 데 이르기까지의 『카이에』에 대한 보다 폭넓은 비평적 재평가는 이미 그 노정을 끝마친 듯 보였다. 유럽의 새로운 영화들(베르톨루치Bertolucci, 비스콘티Visconti, 폴란드 '워크숍'들)이나 브라질의 시네마 노부(cinema nôvo) 그리고 전 세계에서 진행 중이던 다이렉트 시네마(Direct Cinema)를 포함하는 대안적인 혁신의 원천들이 제기되기 시작했다. 그러나 『카이에』의 경제적·제도적 지위는 그 의제가 희미해지기 시작하는 바로 그때 확고하게 자리잡았다. 1960년까지 매달 1만 2천 부가 팔렸고, 그 가운데 제1호부터 제100호까지는 폭발적인 수요를 동반했다. 정기구독자는 4천 명이었으며 그 가운데는 미국과 캐나다의 대학 500곳이 포함되어 있었다. 이 잡지의 구상은 영어권에서 공명하기―그리고 공격받기―시작했다.

그 주된 이유는 그 편집자들이 지금 그 순간 만들어내고 있는 영화들의 충격적인 독창성에 있었다. 1962년 고다르는 "『카이에』의 우리 모두는 스스로를 미래의 감독들로 생각했다. 글 쓰는 것은 이미 영화를 만드는 한 방법이었다"라고 말하기도 했다. 1959년에서 1963년 사이에 누벨바그의 대표작들―트뤼포의 「400번의 구타」(The 400 Blows), 「피아니스트를 쏴라」(Shoot the Pianist), 「쥘 앤 짐」(Jules and Jim), 고다르의 「네 멋대로 해라」(Breathless), 「여자는 여자다」(A Woman is a Woman), 리베트의 「파리는 우리의 것」(Paris Belongs to Us), 샤브롤의 「사촌들」(The Cousins)―이 아주 적은 예산으로 만들어졌다. 그것들은 쇼

472

트와 사운드를 프레임에 담는 눈부신 형식적 혁신과 현대 프랑스에 대한 충격적인 민족지(ethnography)를 결합했고,『카이에』의 격언 "어떤 영화에 대한 단 한 가지 진실한 비평은 다른 영화에 있다"[26]는 이제 실행되고 있었다. 어떤 의미에서는 이 작품들의 바로 그러한 급진성은『카이에』에 새로운 의제를 내놓기를 요청하는 것이기도 했다.

리베트가 주도하던 보다 젊은 집단은 로메르의 "세상은 변하지 않는다. 적어도 많이 변하지는 않는다. …… 변하는 것은 예술이다"[27]라는 관점과 점차 충돌했다. 그들은 특권에서 오는 나태함이『카이에』를 역동적인 현재로부터 고립시키는 환경이라고 비판했다. 순수한 시네필의 열광을 거부하고, 그들은 이 잡지를 좀 더 넓은 지적 움직임 쪽으로 열어놓고 싶어했다. 1962년 로메르로 하여금『카이에』의 몇몇 옛 교리를 재평가하도록 촉구하려던 트뤼포와 도니올 발크로즈의 시도가 실패한 후, 리베트는 대안적인 팀을 조직하기 시작했다. 로메르 집권기의 대단원은 그처럼 우아하게 글을 쓰고 연출했던 사람에게는 얼마간 품위가 손상되는 것이었다. 그는 리베트의 팀에 맞서서 사무실에서 뜬눈으로 밤을 지새운 후 자신의 잠옷에 원고를 감추는 방식으로 144호를 편집했다. 로메르판은 출간되었지만 그것이 그의 마지막 호였다.『카이에』제145호에서는 개편을 공지했고 리베트는 1963년 8월에 새 편집 진용을 확정했다.

3. 1960년대: 누벨바그

이 호와 다른 호의 편집진 사설에서 리베트는 고다르가 1962년 인터뷰에서 제

---

26) Jacques Rivette, *Cahiers* 84, June 1958.
27) *Cahiers* 172, November 1965. 이에 따르면, 그는 베르나르 도르(Bernard Dort)의 "Pour une critique brechtienne du cinéma"(*Cahiers* 114, December 1960)를 게재했고, 브레히트를 이 잡지로 데려오는 데 그에게 공이 있었음이 분명하다.

기한 문제에 관해 사실상 답변했다. 그것은 『카이에』를 만든 것은 "전투의 최전방이라는 그것의 위치"였지만, 이제 누구나 동의하듯이 "그렇게 말할 것이 많지 않다"는 문제 제기였다. 1950년대에는 도박에 가까웠던 위치는 "도그마이자 시스템"이 되어버렸다고 리베트는 반복해서 말했다. 비평은 "전술적 관점에서" 취해온 자세들로부터 진화해야 했으나, 그 자세들은 이제 낡아빠진 것들이 되었고—진물이 빠져버렸다.[28] 나중에 그는 1960년 자신의 영화 「파리는 우리의 것」을 만원 극장에서 관람했던 경험이 자신의 영화 비평에 대한 관념을 어떻게 바꾸어놓았는지, 즉 영화가 제작되고 상영된 맥락을 고려해야만 한다는 생각을 어떻게 하게 되었는지를 기술하게 된다. 스크린의 위엄에 눌려버린 시네필적 접근은 이를 불가능하게 한다.

그런 것은 한 편의 영화 앞에 완전히 굴종케 이끄는 '순수한 응시' 자세의 위험이다. 마치 지나가는 기차를 보고 그 자리에 얼어붙어버린, 그렇지만 자신들을 움직이게 만드는 것을 조금이라도 이해할 수 있다는 희망이라고는 거의 없는, 그런 들판의 소들처럼 ······.[29]

그 제작과 수용 양자에서 영화가 한 부분을 형성했던, 변화하는 사회적 풍경에 관여하는 것은 그러한 낡은 의제와의 단절을 의미했다. 영화는 분리된 것으로 이해될 수 없었으며, 가장 중요한 사실은 그럴 '필요가 없다'는 것이다. 『카이에』의 첫 10년은 영화를 진지하게 대하는 기반을 마련했고, 이제 비평은 새로운 긴장의 지점을 움켜잡아야 했다.

1963~65년 리베트의 편집장 시기를 특징짓는 서막은 무엇보다도 다른 학제와 지적 흐름에의 개방을 수반하는 것이었다. 레비스트로스의 인류학, 롤랑 바르트(Roland Barthes)의 문학 이론 그리고 좀 더 후에는 자크 라캉(Jacques Lacan)

---

28) *Cahiers* 172, November 1965, p. 24.
29) *Cahiers* 146, August 1963.

의 정신분석학과 루이 알튀세르(Louis Althusser)가 발전시킨 이데올로기 개념에 이르기까지, 이런 것들이 20세기 예술형식으로서 영화의 본성을 제대로 파악하기 위해 수용되었다. "영화는 하나의 언어다"라는 바쟁의 격언은 구조주의의 언어학적 패러다임 속에서 재검토되었다. 1965년에 쓰인 파올로 파솔리니(Paolo Pasolini)의 장문의 원고는 초기의 '시적 영화'를 성숙한 네오리얼리즘으로 볼 수 있으며, 관습적 서사의 '산문체'를 거부하고 (언어의) 생략을 보여주는 안토니오니(Antonioni)와 르네는 '작가'의 중요성을 거의 지워버리는 지점에 이르는, 해석 중심의 작품을 만들었다고 서술한다. 『카이에』와의 인터뷰에서 바르트는 "인간은 예술에서의 자유가 의미를 '만들어내는 것'보다는 그것을 '유예하는 것'으로 되어 있는 듯하다고, 숙명적으로 생각하게 마련이다"라고 단언했다.[30]

르네의 「지난해 마리앙바드에서」(Last Yeat in Marienbad)는 『카이에』의 비평가들에게 패러다임적인 작품이 되었다. "화가의 과업은 더 이상 어떤 주제를 그리는 것이 아니라 캔버스를 만드는 것"이라는 모더니즘 회화처럼, 영화에서도 "영화 제작자의 업무는 더 이상 어떤 이야기를 들려주는 것이 아니라 그저 관객이 이야기를 발견해낼 수 있는 영화를 만드는 것일 뿐이다."[31] 관객은 이제 '영화의 주인공'[32]이 되고 있었다. 브레송의 「당나귀 발타자르」(Au Hasard Balthazar)는 의미의 절약과 생략의 질로 칭송을 받았다.

> [그는] 각각의 이미지가 그저 그것들이 표현했으면 하는 것들만 표현하기를 원하며, '노이즈'라 부를 만한 것을 제거한 후 …… 그는 의미를 너무 많이 실은, 불가피하게 모호한 표정을 제거하는 스타일에 기댈 것을 강요받는다. …… 어느 한 얼굴에 너무 오래 머무를 수 없기 때문에 생략은 의무적인 것이 된다.[33]

---

30) *Cahiers* 147, September 1963.
31) *Cahiers* 123, September 1961.
32) Jean-Louis Comolli, *Cahiers* 177, April 1966.
33) André S. Labarthe, *Cahiers* 180, July 1966, p. 35의 영화 좌담.

부뉴엘의 「세브린느」(Belle de jour)에 대한 한 비평은 구조주의적 언어로 점철되었다. "이 영화는 어떤 '수준'이나 '체계'로부터든 추상되어 읽혀야만 하는 두 가지 형식적 연쇄를 통해 연관되어 있다."[34] 장 루이 코몰리(Jean-Louis Comolli)는 이 잡지에의 첫 기고에서 로메르적인 태도에서 리베트적인 태도로의 이행을 확고히 했다. 그는 모리스 블랑쇼(Maurice Blanchot)와 마르틴 하이데거(Martin Heidegger), 메를로 퐁티(Merleau-Ponty), 카를 융(Carl Jung)을 인용하면서, 영화를 생각함으로써 그것을 느끼는 한 방법으로 철학과 영화를 관련시킬 것을 제안했다. 새로운 작품은 관객들을 어두워진 객석에서의 의례가 주는 위안으로 달랠 것이 아니라, 불안하게 하고 더 큰 반향을 유발하는 것을 목표로 해야 한다는 것이다.[35] 리베트 역시 그런 불편함을 환영했다. "영화의 역할은 신화를 파괴하는 것이며 …… 사람들을 자신이 가진 보호막으로부터 빼내는 것이다."[36]

1960년대 초까지 새로운 시네필 세대가 더 확장된 이론적 관심사를 지니고 『카이에』의 영향권으로 들어왔다. 대부분의 경우 이들은 예전 집단이 보였던 비평가적 영화인(critiques-cinéastes)에 반대하는 비평가적 비평가(critiques-critiques)였다. 알제리에서 온 두 명의 의대생들은 이후 10년간 가장 영향력이 클 이들에 속했다. 코몰리(1937년생)와 장 나르보니(Jean Narboni, 1941년생)는 1961년에 파리로 유학 오기 전에 알제리 시네클럽(Ciné-club d'Alger)에서 경험을 쌓았다. 세르주 다네(1944년생)는 열다섯 살 때부터 『카이에』의 독자였고, 여전히 10대이던 시절에 친구이자 동료 시네필이던 루이 스코레키(Louis Skorecki)와 함께 단명한 영화 잡지 『비자주 뒤 시네마』(Visages du cinéma)를 창간한 바 있다. 『카이에』 필진으로는 흔치 않게 그들은 모험적인 여행가로 인도와 아프리카, 미국에서 현지 비평가로 시간을 보냈다. 미셸 들라이예(Michel Delahaye)는 레비스트로스의 제자였고 장 루슈(Jean Rouch)의 민족지 영화를 흠모하고 있었

---

34) Jean Narboni, *Cahiers* 192, July-August 1967, p. 64.
35) *Cahiers* 141 and 143, March and May 1963.
36) *Cahiers* 204, September 1968.

다. 누보로망 작가 클로드 올리에(Claude Ollier)와 비평가 장 앙드레 피시(Jean-André Fieschi)는 미장센에서 '미의 환영적인 전개'를 거부한 아방가르드 규범을 수용했고, 새로운 '열린 영화'(open cinema)를 상상할 시점이 도래했다.[37]

예예(yéyé)족의 '살뤼 레코팽'(Salut les copains) 포켓북 시리즈를 유행시킨 것으로 유명한 사업가 다니엘 필리파치(Daniel Filipacchi)가 1964년에 『카이에』의 발행사였던 에투알 출판사를 인수하면서 부분적으로 부과된 시각디자인의 변화에 지적인 전환이 새겨졌다. 유명한 노란색은 매달 다른 색으로 교체되었고, 1966년까지는 흑백의 '쿠 드쾨르'(coup de coeur, '가슴을 친다'는 뜻) 표지 사진도 컬러로 바뀌었다. 필리파치의 꺼림칙함이 무엇이든 간에, 노란색 『카이에』의 편안한 친숙함이 새 팀의 당면한 표적이었다는 점이 중요하다. 알아보기 쉬운 시네필리아의 상징을 독자들에게 허락지 않는 이 거부는, 잡지 안에서 벌어지는 문화에 대해 고조된 비판을 적극적으로 표현하는 것이었고, 황금기에의 안주를 내적으로 제거하는 것이었다. 리베트의 편집권 인수는 결정적이었으나, 로메르식 고전주의가 연이은 질문들과 함께 뒤따랐다. 그러나 그것이 뚜렷한 대척 계보를 형성하지는 못했다. 어떤 면에서 새 편집 팀의 다양성은 이러한 상황을 반영했다. 그들은 여행가와 의사, 소설가, 인류학자들이었다. 잡지의 형식은 변화무쌍해졌고, 호별 쪽수는 50쪽, 70쪽, 80쪽으로 늘어나더니 1963년 12월에는 200쪽으로까지 늘어났다. 그러나 판매량은 큰 변화 없이 1960년대 내내 매달 1만 5천 부를 기록했다.

영화 역시 바뀌고 있었다. 『카이에』의 히치콕-혹스주의자들이 할리우드 시스템 속에서 조명해냈던 '작가'들은 늙어갔고, 스튜디오들은 텔레비전 시대에 관객들을 유지하기 위해 갈수록 성서 속 서사시나 그 비슷한 것들에 의지하고 있었다. 좀 더 흥미로운 작품들은 인도(사티아지트 레이Satyajit Ray), 일본(구로자와 아키라黑澤明), 브라질(글라우베르 로샤Glauber Rocha), 체코슬로바키아(밀로

---

37) *Cahiers* 172, November 1965, p. 27.

스 포르만Milos Forman, 얀 슈반크마이에르Jan Svankmajer), 폴란드(로만 폴란스키Roman Polanski, 안제이 바이다Andrzej Wajda), 소련(안드레이 타르코프스키Andrei Tarkovsky), 독일(장 마리 슈트라우프Jean-Marie Straub), 스웨덴(잉마르 베리만), 이탈리아(미켈란젤로 안토니오니Michelangelo Antonioni, 페데리코 펠리니Federico Fellini, 파솔리니) 그리고 프랑스(루이스 부뉴엘, 크리스 마르케, 장 루슈)에서 나타나거나, 이제 알려지고 있었다. 이 잡지는 시네클럽들과 함께 일하면서 1966년에 새로운 국제 면을 내놓고 전 세계에서 나온 최신작들을 다루기 시작했다. 코몰리는 "예술적일 뿐만 아니라 사회와 도덕, 문명과 관련된 투쟁의 날카로운 지점"을 보여주는 새로운 정치적 영화의 도래를 반겼다.[38] 『카이에』의 첫 번째 여성 비평가였던 실비 피에르(Sylvie Pierre)는 브라질의 시네마 노부에 대해서 그리고 리베트의 「미치광이 같은 사랑」(L'Amour fou)과 존 카사베츠(John Cassavetes)의 「얼굴들」(Faces)로부터 처음 영감을 받아 이 잡지가 '시네마 디렉트'(cinéma direct)로 부르게 된 영화들에 대해 글을 썼다. 이 작품들을 '주인이 없는' 영화들로 묘사하면서 피에르는 새로운 종류의 '작가'의 자기-소멸을 목도했다. "감독은 신이 되지 않기를 열망한다." 대신 "그는 논픽션을—혹은 어쩌면 픽션이 결국 순응하게 된 논픽션 양식의 그런 믿음직한 설명을 지향하는 픽션을—제작하기 위해 애써왔다."[39]

1966년은 정치적인 전환점이었음이 드러났다. 베트남 전쟁의 고조된 충격 속에서 미국은 더 이상 근대성의 명암을 묘사하는 순결한 동맹군이 아닌 듯 보였다. 인도차이나와 아프리카, 남미의 민족해방 투쟁, 동유럽에서의 흐루시초프 해빙기 그리고 육체 노동과 지식 노동, 농민과 도시 주민의 차이를 부수고 혁명에 새로운 활기를 불어넣기 위해서 한 공산주의 지도자가 젊은이들에게 정부를 향해 비판을 퍼부을 것을 호소하던 중국 문화대혁명의 대규모 폭발—이 모두는 엄청난 대중적 에너지를 촉발했다. 고다르는 체 게바라에게 고개를 끄덕이면서, 그

---

38) *Cahiers* 176, March 1966.
39) *Cahiers* 204, September 1968.

이듬해 자신의 「중국 여인」(La Chinoise) 보도 자료에 새로운 영화적 관계를 요약했다.

미국의 산업은 전 세계 영화를 지배한다. 이 사실에는 덧붙일 말이 별로 없다. 광대한 할리우드-치네치타(Cinecittá)-모스필름(Mosfilm)-파인우드(Pinewood) 제국의 한복판에 두세 군데 또 다른 베트남들을 촉발하고, 경제적으로나 미학적으로 이른바 두 개의 전선에서 투쟁하면서, 민족적이고 자유로우며 우애적이고 동지적이며 우정으로 결속된 영화들을 만들어내는 것이, 대단치 않은 수준이지만 우리 역시도 해야 할 일들이라는 점 빼고는.[40]

국내에서는 오만하고 권위주의적인 드골주의 국가와의 마찰이 참을 수 없는 지경에 이르고 있었다. 프랑스의 검열 기구는 이전에 누벨바그 영화들에 가위질을 한 바 있는데, 예를 들어 「네 멋대로 해라」에서는 아이젠하워와 드골의 화면이 잘려 나갔다. 그러나 1966년 리베트의 「수녀」(La Religieuse)를 교권 반대주의를 이유로 금지했을 때는 『카이에』팀의 거친 각성이 뒤따랐고, 이를 반영하여 제177호에는 안나 카리나(Anna Karina)의 고통스러워하는 얼굴이 표지에 내걸렸다. 1965년 리베트가 「수녀」를 만들기 위해 떠나자 편집권을 이어받은 코몰리와 나르보니는 이제 구조주의로부터 보다 웅변적인 투쟁성으로 기울었다. 비평가들은 과거의 거장들에 대한 지나친 숭배나 전통적인 영화 관념을 추방해야 하고 '무대로 내려가'야 했다. 그들의 글쓰기는 "위태로워져야 하고 지금 일어나는

---

40) 고다르의 정치 의식화는 그의 어린 여자친구 안 비아장스키(Anne Wiazemsky)에 의한 것이었는데, 그는 브레송의 「당나귀 발타자르」에서 그 영화에 출연한 17세의 그녀를 처음 보았다. 낭테르(Nanterre)에서 공부한 그녀는 마르크스의 『경제학-철학 수고』(1844)의 발견과 해방심리학 그리고 피임약에 열광하던 학생 서클에 그를 소개했다. 고다르는 비아장스키를 「중국 여인」의 주인공으로 캐스팅하여, 마오주의를 지지하면서도 그 쇠퇴를 예견하는 청년들이 급진화하는 양가적인 초상을 연기하게 했다. 매일 아침 당의 슬로건을 연호하면서 자신들의 학습을 하는 젊은 학생들은 그 비판 바로 안에 있었지만 그 밖의 세계로부터는 치명적으로 고립되었다. Colin MacCabe, *Godard: A Portrait of the Artist at 70*, London 2003, chapter 4 참조.

일에 깊이 몰두해야 하며", 그들의 임무는 "죽은 언어로 말하"거나 "시체들의 주머니를 뒤지"는 것이 아니라, 오히려 "전장에서 죽음으로 마무리짓는" 것이었다. 결과적으로 비평은 "보다 위험하고 …… 보다 현재적인" 것이 될 터였다.[41]

1965년의 프랑스 영화 특집호에서는 이 잡지가 앙드레 말로(André Malraux)가 국립영화센터(Centre National de la Cinématographie, CNC)에서 착수시킨 제작 지원금(avance sur recettes) 같은 정책에 반대하고 있음을 이미 밝힌 바 있다. 1966년 4월에는 CNC의 배급 옥죄기를 좌초시키기 위해서 '카이에 주간' 상영회가 시작되었다. 파리의 두 영화관에서 개최된 이 행사는 1만 명의 관객을 끌어들였다. 이는 그르노블과 리옹, 마르세유에서 열린 '카이에의 날'로 이어졌다.[42] 1968년 5월 전야, 법적으로 독립적이던 시네마테크의 통제권을 장악하기 위해 전문가 앙리 랑글루아를 해고하려 한 CNC의 시도는 그의 복귀를 요구하는―성공하게 될―대규모 성난 시위를 촉발했다. 5월 사건의 혁명적 희열에 사로잡힌 『카이에』의 편집진은 1968년 5월 17일에 설립되어 짧게 지속된 '프랑스 영화 삼부회'(Estates General of French Cinema)에서 주도적인 역할을 했는데, 이는 CNC의 폐지를 요구하고 5천 명 이상의 학생과 영화 산업 전문가들을 끌어모아 프랑스의 배급과 규제, 자금 운영 메커니즘에 대한 총체적 점검을 토론하게 한 것이었다. 68운동 이후에 다네는 "다시는 더 이상 영화 제작과 비평을 그와 같은 방식으로 할 수 없을 것이다"라고 말했다.[43] 8월의 한 편집자 서문은 '10인 위원

---

41) Jean-Louis Comoli, *Cahiers* 195, November 1967, p. 38.

42) 이 시기의 문화 운동은 『카이에』와 『포지티프』 사이에 이루어진 이른바 '시네마테크의 어둠 속 평화'라는 정치적·영화적 상호 접근(rapprochement)을 보여준다(*Cahiers* 184, November 1966). 『포지티프』가 1968년 자신의 '주간'을 시작했을 때 『카이에』는 그 프로그램이 서로를 보완하리라는 믿음 속에서 독자들에게 함께할 것을 독려했다.

43) "1968년은 『카이에』인들에게 다른 방식으로 영향을 끼쳤다. …… 상황주의자들의 '스펙터클 사회' 관념은 내게 큰 충격을 주었다. 무엇보다도 1968년은, 그게 다소간 신비스러운 유행이었다면, 관객(spectator)들의 위치는 어디인가의 문제를 제기한다―지금까지, 우리 환희의 원천에 대해서 말이다." Serge Daney, *La Maison cinéma et le monde, 1, Le Temps des Cahiers 1962-1981*, Paris 2001, p. 18.

회'의 개봉작 순위 평가가 폐지되었음을 공지했다. "극장 영화는 샹젤리제 거리에서 혹은 심지어 카르테라탱 지구에서 상영된 종류의 영화들이 만들어낸 이미지와 갈수록 더 닮은 점이 없다." 그 후로 파리에서 개봉된 영화들 가운데는 "오직 주목할 가치가 있는—혹은 혹평할 필요가 있는—것들만 토론할 것이다."

4. 1970년대: 붉은 『카이에』

1968년에 의해 펼쳐진 치열한 지적 탐구의 새로운 시대는 우선 루이 알튀세르로 이어졌다. 비록 대부분의 편집자들이 선행한 학술적 기반이 거의 없는 채로 거칠게 그의 저술을 활용했음에도 불구하고 말이다.[44] 1969년 10월 코몰리와 나르보니가 쓴 편집자 서문은 자신들의 첫 번째 발견을 명료한 계획과 함께 펼쳐놓았다.

> 과학적 비평은 그 스스로의 영역과 방법을 정의할 의무가 있다. 이는 그 스스로의 역사적·사회적 환경에 대한 의식, 제안된 연구 영역에 대한 철저한 분석, 그 작업을 필수적인 것으로 만드는 조건들과 그것을 가능케 만드는 것들 그리고 그것이 성취하고자 하는 특별한 기능을 말한다.

"대부분의 영화가 자본주의 체계와 그 지배 이데올로기 내에서 제작되는 상황에서 작동 중인" 영화 잡지로서, 첫 번째 질문은 어떤 영화들이 그저 그러한 이데올로기를 전파하는 데 종사하는지, 또 어떤 것들이 이를 가로막고 그 메커니즘을 폭로하고자 하는지를 묻는 것이었다. 그들은 일곱 가지 범주를 한꺼번에 포착했다. 첫 번째로 가장 큰 범주는 '상업 영화'이건 '예술 영화'이건, '현대적'이건

---

44) Serge Daney, *La Maison 1*, p. 18.

'전통적'이건 간에 "철저하게 지배 이데올로기로 가득 찬", 그렇지만 그 제작자들은 그 사실을 전혀 눈치채지 못하는 영화들이다. 형식상으로 그 영화들은 "리얼리티를 묘사하는 기성 체계를 전적으로 수용하는 '부르주아 리얼리즘'이며 …… 이 영화들 속의 그 어느 것도 이데올로기와 충돌하지 않는다." 두 번째 범주로는 슈트라우프의 「화해 불가」(Not Reconciled)와 로샤의 「고뇌하는 땅」(Terra em Transe)이 인용되었는데, 형식과 주제 양자에서 이데올로기적 체계에 직접적으로 도전하는 영화들이다. 세 번째는 이를 간접적으로 행하는 영화들(베리만의 「페르소나」Persona)이다. 네 번째로는 코스타 가브라스(Costa-Gavras)가 비판적으로 지목되었는데, 외견상으로는 정치적이지만 실상은 끊임없이 (지배) 이데올로기적인 영화들이다. 다섯 번째는 외견상 (지배) 이데올로기적이지만(포드, 테오도르 드레이어Theodor Dreyer, 로셀리니) 실제로는 그 이데올로기가 그 내적 긴장 아래로 부서지고 있음을 폭로하는 영화들이다. 민중적인 시네마 디렉트의 좋거나(형식적으로 성찰적인) 나쁜(사이비 리얼리즘) 형식들이 여섯 번째와 일곱 번째 범주를 완성했다.[45]

이러한 과업들을 고려할 때 『카이에』의 글은 두드러지게 길어졌다. 다섯 번째 범주에 대한 두 가지 기념비적 비평—포드의 「청년 링컨」(Young Mr. Lincoln)에 대한 「자본가의 윤리·정치적 얼굴과 할리우드 영화의 신학적 영역」과 요제프 폰 스턴베르크(Joseph von Sternberg)의 「모로코」(Morocco)에 대한 「그 에로틱한 얼굴」—은 6천 단어 이상으로 늘어났다. 초기 소비에트 영화, 특히 세르게이 에이젠슈타인(Sergei Eisenstein)에 대한 탐구는 이후 2년간 주로 심취하게 되는 대상이었다. 알튀세르주의와 라캉주의의 강력한 영향을 그 스스로도 느낄 수 있었고, 이론 지향적인 접근은 깊어지거나 짙어졌으며, 『카이에』의 문체는 갈수록 이를 반영했다. 분석은 추상 속에서 질식할 정도가 되었다. 예를 들어 1970년에 일본 영화를 분석하면서 코몰리와 나르보니는 다음과 같이 설명했다.

---

45) *Cahiers* 216, October 1969.

우리의 기획은 (1) '탈중심화'되고 '희석된' 것으로서 주체의 개념화 …… (2) 코드화의 개별적 형식으로서, 유추에 의한 재현이 아닌 것으로서 형상화의 개념화 [그리고] (3) 상징적 영역의 명확한 발화를 규명하고 검토하기 위한 것이다.[46]

역시 라캉적인 방식으로, 장 피에르 우다르(Jean-Pierre Oudart)는 영화가 봉합의 방법으로써, 관객이 부재자(the Absent One)의 유령을 투사하게 되는 '보이는 것의 환영'(illusion of the visible)을 창조하고자 하는 의도를 분석했다. "이러한 부재의 폭로는 이미지의 운명에서 핵심적인 순간인데, 이는 그것이 이미지를 기표의 질서 속으로 그리고 …… 영화를 담론의 질서 속으로 밀어 넣기 때문이다."[47] 관습적으로 보면 그 카운터쇼트는 이러한 공포의 순간을 근절하고 희열의 순간으로 변형하는 것이다.

국제적으로도 『카이에』의 영향력은 그 어느 때보다 강렬했다. 영국에서는 내용상으로나 외관상으로 프랑스의 대응물을 사실상 그대로 반영한 『스크린』(Screen)이 창간되었다. 『스크린』의 편집자들은 『카이에』를 열렬히 따르면서 그 기사 상당량을 번역했으며, 그 가운데는 우다르가 봉합과 「청년 링컨」의 집단적 해체에 대해 써서 이제는 『카이에』의 가장 유명한 글 가운데 하나로 자리잡아 전 세계 영화학 강의 계획서에서 찾아볼 수 있는 기사도 포함되어 있었다. 코몰리와 나르보니는 "재현의 시학이 아닌 정치학"을 구축하려는 시도로 갈채를 받았다.[48] 그러나 국내의 상황은 암울해지고 있었다. 68운동의 여파 속에서 전투적 극좌파들에 대한 국가적 탄압이 증가했고, 이는 특히 공장에서 더했다. 1970년 마오주의 좌익 프롤레타리아 그룹이 불법화되었고, 2년 동안 1천 명 이상의 활동가들이 감독에 갇혔다. 알튀세르의 프랑스 공산당이 사회당과 좌파 연합을 위한 공

46) 편집자 서문, *Cahiers* 224, October 1970.

47) *Cahiers* 211-2, April-May 1969.

48) *Cahiers du Cinéma, Volume III, 1969-72, The Politics of Representation*, London 1990, p. 12.

동 강령 협상 속에서 정세에 거리를 두는 동안, 다른 좌파 지식인들—사르트르, 보부아르, 푸코—과 거의 정치색을 드러내지 않던 트뤼포까지도 마오주의자들을 보호하기 위해 집회로 나왔으며, 좌익 프롤레타리아 그룹(GP)의 신문 『인민의 대의』(*La Cause du peuple*)를 거리에서 배포했다.

문화대혁명에 대한 알튀세르 개인의 열린 자세는 그의 추종자들과 친마오적 요소들 사이에 지적인 공동전선을 가능케 했으나, 이제 그것도 고조된 압박 속에 놓였다. 1971년 1월 『카이에』는 『시네티크』(*Cinéthique*), 『텔 켈』(*Tel Quel*)과 연대하여 세 잡지에 대해 반(反)알튀세르주의적인 『포지티프』의 편집자 서문 「패러다임에 갇힌 유아들」(Les Enfants du paradigm)이 가한 공격에 대응했다. 『카이에』는 다른 두 잡지와 함께 "세 잡지가 벌이는 이데올로기 투쟁은 부르주아와 프롤레타리아 사이의 적대적 대립을 인식한 결과"이며, 이는 "오늘 프랑스의 사회적 과정을 동원하는 모든 대립을 고려하는 시발점"이 되어야 한다고 밝혔다.[49] 1971년 12월에 『카이에』는 자신들의 예전 입장에 대한 전면적인 자기비판을 발표했다.

> 우리는 프랑스 공산당의 전위 분파를 돕는다는 명목으로 문화적 대립을 억눌렀으며, 또한 우리는 당의 정치에 대한 우리의 소극적인 승인과 중국의 처지에 대한 우리의 고려가 근본적으로 양립할 수 없다는 사실을 인지하기를 거부함으로써 정치적 대립을 억압했다.[50]

1972년 7월 아비뇽 영화제에서 개최된 『카이에』의 세미나에서는 '문화적 전선에서의 임무'라는 선언문을 공표했다. 편집위원회는 줄어든 나머지 공산당원 베르나르 아이젠쉬츠(Bernard Eisenschitz)가 편집진에서 축출되었고, 도니올 발크로즈와 트뤼포, 카스트는 발행인란에서 자신들의 이름을 뺐다. 피에르 역시

---

49) *Cabiers* 226-7, January-February 1971.
50) *Cabiers* 234-5, December 1971-February 1972.

1973년에 마오주의적 전환에 불응하여 탈퇴했다.

그들의 자리에 그르노블의 전투적인 루 씬 그룹(Lou Sin Group) 출신으로, 파스칼 보니체(Pascal Bonitzer)와 다네 등이 영화를 가르치던 상시에(Cencier, 파리3대학)에서 공부한 세르주 투비아나(1949년생)와, 나르보니의 인맥으로 『카이에』에서 "대중에게 공세를 취할 수 있는 붉은 기지"와 "이데올로기적 문화투쟁의 수단"[51]을 보았던 필리프 파크라두니(Philippe Pakradouni)가 들어왔다. 편집자들은 전투적인 영화를 상영하고 토론을 활성화하기 위해 전국에 배치되었다. 영화에 대한 비평적 분석을 싣기보다는 잡지 자체가 이러한 주도적 사업들의 보고서로 채워졌다. 판매량이 1969년 1만4천 부에서 1973년 3천 부로 곤두박질치는 바람에 제작비가 감축되어야 했다(정기구독자들과 대학들은 여전히 충실하게 남았으며, 가두판매에서 큰 폭의 하락이 있었다). 1972년 11월 『카이에』 제241호는 사진을 싣지 않고 저가의 종이에 인쇄되었다. 이 기간에 발행 주기가 가장 불규칙했는데, 1971년에는 일곱 호만 발행되었고, 1972년과 1973년에는 다섯 호 그리고 1974년에는 네 호만이 발행되었다.

사실 마오주의 운동은 『카이에』가 참여하기 전이 이미 프랑스에서 실질적인 막을 내렸다. 파크라두니와 『카이에』의 편집진은 1973년 아비뇽 영화제에서 '혁명적 문화전선'을 창설할 계획을 세웠으나 행사는 재앙에 가까웠다. 4일간 파벌 다툼이 이어졌고, 참가자는 비참할 정도로 적었다. 다네는 "예술가들은 겁을 먹었고, 배제되어야 할 오류와 수행되어야 할 업무의 무게로 인해 나서는 데 거리끼고 있었으며, 반면 전투적인 이들은 일반화 뒤에 자신들의 발상 고갈을 숨겼다"라고 회상한다. '전선'의 현실은 "우리처럼 문화를 정치화하고자 하는 이들"을 긁어모아 예전의 전투적 극좌파 소그룹과 합치는 것이었다. 이들 소그룹은 자신들이 정치적으로 패배했다는 사실을 알고 있었지만, 이제 자신들이 "사람들을 생존 협상 앞에서 겁먹게 만드는 임무를 수행"할 수 있을 두 번째 전선을 찾는 중

51) *Cahiers* 242-3, November 1972.

이었다. 그 가운데 노련한 이들은 앙드레 글뤼크스만(André Glucksmann)같이 몇 년 지나지 않아서 레이건주의적 자유주의자와 반(反)전체주의 신철학파(nouveaux philosophes)로 스스로를 일신했다.[52]

방향 전환

두 명의 세르주, 즉 다네와 투비아나가 이제 방향타를 이어받았다. 앞서 전념했던 바를 철회하지 않으면서도, 그들은 1974년 5월 편집자 서문을 통해 『카이에』가 영화 잡지로서의 필연적인 성격을 망각하고 '간부 양성소'와 '정치 사무소'가 되어버렸음을 깨달았으며, "관념적인 정치주의의 이해 속에서 우리는 스스로를 영화의 지지자들로부터 차단하는 과를 범했다. …… 결국 우리의 목소리가 '들릴 수 있는 권리'는 불분명해졌다"라고 말했다.[53] 같은 시기에 나온 「비평적 기능」(The Critical Function) 3부작에서 다네는 "아름다운 것의 카탈로그(낡은 방식의 시네필리아)도, 옳지 못한 것에 대한 설명(새로운 방식의 독단론)도 아닌" 오히려 "좀 더 불균질하고 …… 덜 고착된 무엇"으로서의—"주어져 있는 것이 아닌, 분산된 요소들의 형태로 맹아적으로 존재하는 무엇"의 이름으로서—비평을 제안했다. 20년 전 트뤼포의 선언을 반복한, 1975년의 핵심적인 글 「프랑스 영화의 한 경향」(A Certain Tendency in French Cinema)은 문자 그대로 네 명의 『카이에』 필진이 쓴 메모들과 단상들로 이루어져 있었다.[54]

그와 같이 요동치는 잡다함은 필연적으로 어떤 모순을 초래했다. 카니발적인 도입부와 전투적 영화에 대한 지속적인 몰두, 언어에서 파생된 이론화—다네는 언표(énoncé)와 그것의 언표 작용(énonciation) 사이의 관계를 기술했다—와 인종주의 혹은 포르노그래피에 대한 탐구 그리고 다리오 포(Dario Fo)의 급진적

---

52) Serge Daney, *La Maison 1*, p. 22.

53) *Cahiers* 250, June 1974.

54) Serge Daney, "The Critical Function"; Daney, Kané, Oudart, Toubiana, *Cahiers* 257, May-June 1975.

코메디아 델라르테(commedia dell'arte)가 결합되었다. 『카이에』는 「슬픔과 동정」(The Sorrow and the Pity)이나 「루시앙의 청춘」(Lacombe Lucien) 같은 영화에 나온 나치 점령기에 대한 '잘못된 고고학화'에 대해 푸코와 인터뷰했고, 질 들뢰즈(Gilles Deleuze)와는 고다르의 「6×2」에 대해 논했다.[55] 자크 랑시에르(Jacques Rancière)는 알튀세르에 대해, 68년의 중요성에 대해 그리고 다큐멘터리와 픽션 영화 이미지 뒤편의 역사와 이데올로기의 흔적에 관해 썼다. 마그레브(북서부 아프리카)와 사하라 남부 아프리카의 영화에 대한 탐구가 이루어졌다. 텔레비전의 승리로 인해 실현된 이미지 세계의 패러다임 전환은 매체 간의 관계를 기록하기 위한 새로운 언어를 요구했다.[56]

그러나 그 절충이 무엇이든, 1970년대 중반의 『카이에』는 여전히 도니올 발크로즈의 요약에 들어맞았다. "우리는 A, B, C를 지지하고, X, Y, Z에 저항한다." 지지의 대상에는 고다르도 포함되어 있었는데, 그는 필리파치의 인수에 저항하여 1968년 『카이에』 편집진을 떠났지만 그것이 그에 대한 기사량을 줄이지는 않았다.[57] 사실 붉은 『카이에』 시기를 통틀어서 고다르는 슈트라우프나 초기 소비에트 거장들과 함께 지속적인 관심을 받은 몇 안 되는 감독들 가운데 한 명이었다. 잡지는 그가 예술형식의 가능성을 타진하면서 지가 베르토프 그룹(Dziga Vertov Group)의 과격한 실험주의에 심취하는 것을 면밀하게 탐구했다. 『카이에』에서는 "본질적으로 비판적이고 정치적인 영화를 실천하는 것이 가능한가? 우리는 그것을 받아들일 능력이 있는가?"라고 질문하며, "예술 속의 부르주아 이데올로기는 우리가 어떤 특정 종류의 비평에 익숙해지게 만들었는데, 그것은 리얼리즘 비평으로 …… 그 속에서 리얼리티는 그 자체로 '비평을 행한'다"고 이야

---

55) *Cahiers* 251-2 and 271, July-August 1974 and November 1976,

56) Jonathan Rosenbaum, *Trafic* 37, Spring 2001, pp. 181~92. 또한 Serge Daney, *Le Salaire du zappeur*, Paris 1993도 참조.

57) 필리파치는 1969년 코몰리와 나르보니가 알튀세르적인 편집자 서문을 통해 『카이에』가 속해 있는 자본주의 구조에 대항해 싸울 것이라고 밝히자 잡지를 팔려고 내놓았다. 트뤼포와 도니올 발크로즈가 이에 개입하여 잡지를 사들여 독립성을 되찾으려고 가장 많은 액수를 투자했다.

기했다.[58] 1976년『카이에』출신 누벨바그 감독들과의 대담 시리즈 가운데 하나로 다네와 투비아나는 그르노블에서 고다르를 인터뷰했고, 이는 그와 안 마리 미에비유(Anne-Marie Miéville)가 편집을 맡는 특집 제300호의 길을 열었다.

이 시점에도『카이에』는 스스로가 반대하는 것에 여전히 단호했다. 알트먼(Altman)에 대해서는 "그의 영화에서 불쾌한 것은, 우리가 감독의 지성에 경탄할 것을 요구받는다는 점 그 하나다"라고 쓰고 있다. 다네는「1900년」이나「Z」, 「고귀한 희생」(Illustrious Corpses)처럼 그가 보기에 '중도 좌파' 관객들을 '구체적인 역사를 비워낸 테마'로 결집해서 누구도 불편하지 않게 하려는 시도를 보여주는 영화들에 불평했다.「1900년」이 다룬 에밀리아-로마냐에서의 무정부주의자 농민들의 봉기는 "프랑스 공산당의 역사에 남을 타협을 예견케 하는 것"이 되었다. 그러한 과정은 마치 굶주린 농민들이 든 붉은 깃발처럼 "아름다운 이미지로 충만한, 의도된 기억상실"에 의존하고 있었다. 그것은 "모호하고 개량적이며 부정확하고 통합 지향적이며 선의로 만들어진" 영화들을 생산해냈지만, "영화는 분열시켜야만 하"며 중요한 것은 "위험한 발상"이었다. 그 대신 새로운 종류의 유럽 '고급 영화' 경향이 나타나 "쉴뢴도르프(Schlöndorff)가 프루스트를 혹은 로지(Losey)가 모차르트를 다루게 만들고는, 그것이면 족하다고 생각했다."[59]

그러나 마침내 1977년에 핵심 관계자들 대부분―세르주 투비아나, 장 나르보니, 파스칼 보니체, 알랭 베르갈라(Alain Bergala) 등―은 보다 수월한 모델을 찾았다. 보니체는 "왜 우리는 스스로에게 그토록 힘든 시기를 부여하는가"라고 질문했다. "서사에 대한, 소설적인 것에 대한 의심이 있는 것 같다. …… 무엇인가가 있다면, 이제 그것은 스스로를 느껴질 수 있게 만드는 좋은 이야기들이 부족하다는 점이다." 베르갈라는『카이에』가 "총명하지만 금욕적인 혹은 적어도 즐거움을 주지는 못하는" 이론적인 잡지로서의 자신의 명성을 떨쳐버려야만 한다고

58) *Cahiers* 238-9, May-June 1972, p. 39.
59) Serge Daney, *Maison 1*, p. 30; pp. 25ff; *Maison 2*, p. 30.

주장했다.[60] 투비아나는 구독자 수를 끌어올리면서 전문성을 높이는 역할을 했다. 성사되지는 않았지만, 미디어 제국 고몽(Gaumont)이 투자자로 관여하는 것도 검토되었다.[61]

1978년 2월 편집자 서문은 이론적인 글들로부터 떠나는 전조가 되었다. 대중의 상상에 대한 영화의 독점이 거대 미디어와 광고 회사들이 만들어낸 총체적 이미지(tout image)의 독점으로 대체되던, '문화 소비자'의 새로운 시대는 단순히 의견과 분석을 생산하는 것이 아니라―공식화의 모호함 속에서 명확히 드러나는 절충으로서―"그것의 다른 단면을 만들어내는" 담론, 영화를 다르게 잘라낼 것(découper différemment le cinéma)을 요구했다.[62] 이것은 시네필리아의 재가동, 영화 산업의 검토 혹은 증대하는 정보와 보도의 양을 수반하는 것이었다. 그사이 잡지는 디자인을 개편하여 72쪽으로 늘리고 컬러 사진을 실을 수 있도록 바뀌었다. 『카이에』의 공식 전기 작가 앙투안 드베크는 당시 잡지의 방향을 둘러싸고 난폭한 말다툼이 벌어지던, 연기 가득 찬 '막다른 사무실'에 대해 기록하고 있다.[63] '할리우드 통신'이라는 정규 꼭지는 1978년부터 도입되었다. 1979년 7~8월호는 표지에 마틴 신(Martin Sheen)이 나온 「지옥의 묵시록」(Apocalypse Now) 쇼트를 실었고, 투비아나는 편집자 서문에서 프랜시스 코폴라(Francis Coppola)와 행한 믿기 힘들 정도로 시시콜콜한(그의 오스카상 수상 등) '특종' 인터뷰를 다소 겸연쩍어하며 소개했다.[64] 1980년 1월부터는 얇은 신문 '카이에 뒤 시네마 저널'을 리뷰 페이지에 끼워 넣었다. 뉴스 섹션은 '영화 소재의 보다 폭넓고 좀 더 다양한 선별'을 보다 간략한 형식으로 다룰 것을 목표로 했고, 텔레비전에 방영된 영화의 연대기에 관한 장 클로드 비에트(Jean Claude Biette)와 스

---

60) *Cahiers* 281, October 1977; *Cahiers* 287, April 1978.

61) Antoine De Baecque, *Histoire d'une revue, 2: Cinéma, tours détours*, pp. 305, 291.

62) *Cahiers* 285, February 1978; De Baecque, *Histoire d'une revue, 2*, p. 293.

63) Antoine De Baecque, *Histoire d'une revue, 2*, p. 306.

64) *Cahiers* 302, July-August 1979.

코레키의 칼럼「영속하는 유령들」이 함께 실렸다.[65]

『카이에』의 주류로의 방향 전환은 당시 프랑스 지식인 문화의 보다 넓은 유형이라는 맥락 속에서만 이해될 수 있다. 『런던 리뷰 오브 북스』(*London Review of Books*)에서 페리 앤더슨(Perry Anderson)은 처음에는 좌파 연합의 승리가 가져온 위협에 대응하기 위해 동원되었던, 결연한 이데올로기적·제도적 캠페인들이 이번에는 자유주의 지식인 집단(프랑수아 퓌레François Furet, 피에르 노라Pierre Nora, 피에르 로장발롱Pierre Rosanvallon 등)에 의해 주도되고 있음을 해부했다. 미디어와의 협력을 통해서―『데바』(*Débat*), 『누벨 옵세르바퇴르』(*Nouvel Observateur*), 『에스프리』―학계, 특히 록펠러(Rockefeller) 재단의 지원을 받던 사회과학고등연구원(École des Hautes Éudes en Sciences Sociales)과 생시몽 재단(Foundation Saint-Simon)은 재계와 정치계의 엘리트들을 끌어모으는 장소가 되었고, 이는 1970년대 중반부터 프랑스대혁명 200주년 사이에 이 나라의 이데올로기적 풍경을 새로 만들었다.[66] 지배적이던 범대서양주의의 바람 속에서 프랑스 문화의 '정상화'는, 『리베라시옹』(*Libération*)의 세르주 쥘리(Serge July)처럼 과거에 마오주의자였다가 이제는 미디어에서 영향력이 있는 인사들이 새로 정립한 반(反)강제수용소 운동에 부분적으로 기대고 있었다. 이와 같은 1960년대 이후의 여론 주도 인사들은 자신들만의 활기 넘치는 스타일을 그런 기획에 부여했고, 이를테면 자유 시장 체계를 용인하는 것이 당대의 급진주의라는 의식이 그런 것이었다. '좌파'는 더 이상 자본주의에 대한 비판으로 정의되지 않았으며, 정의나 관용처럼 불온하지 않은 가치를 보여주는 측면에서 이해되었다. 『리베라시옹』은 새로운 "자유의지론적-신자유주의"의 어조―"유행에 민감하고" 당돌한, 영원히 젊은―를 개척했는데, 이는 1981년 프랑수아 미테랑(François Mitterrand)의 승리와 함께 세련되고 정력적인(chic et choc) 포스트-

---

65) *Cahiers* 307, January 1980, p. 59.

66) Perry Anderson, "Dégringolade" and "Union Sucrée", *London Review of Books*, 2 and 23 Septermber 2004.

사회주의의 대명사가 되었다.[67]

5. 1980년대와 1990년대: 주류

이것이 『카이에』에서 투비아나 시절의 배후에서 작동하던 논리였다. 영화 문화라는 측면에서 볼 때 그 결과는 재앙이었다. 레이건 시대라는 최악의 순간의 할리우드를 끌어안는 것은 어떠한 비평적 예리함도 포기하는 수순을 동반했다. 코폴라 이후, 우다르는 스탠리 큐브릭(Stanley Kubrick)의 1980년 작품 「샤이닝」(The Shining)을 "위대한 문화—죽지 않은 문화—가 만들어낸 작품"이라며 반겼다. 보니체는 마틴 스콜세지(Martin Scorsese)의 1981년 작품 「분노의 주먹」(Raging Bull)이 지닌 '도스토예프스키적 감수성'에 사로잡혔다. 나르보니는 1982년 작품 「E. T.」의 '원숙함'에 대해 열변을 토했다. "총명하고, 독창적이며, 가슴을 치면서도 짓궂다. …… 이 영화는 스티븐 스필버그(Steven Spielberg)에게 노벨 평화상 후보 자격을 안길 것이다."[68]

『카이에』는 항상 대중주의와 엘리트주의를 혼합해왔고, 처음부터 '엔터테이너'들을 천재로 승격하는 것에 비난을 가해왔다. 그러나 「E. T.」 같은 영화의 예측 가능한 서사와 상품 더미에 부(富)가 있음이 포착되었고, 이는 히치콕—혹스주의적인 '작가' 분석과 다른 성격의 것이었다. 새로운 대중주의는 이제 이 잡지가 접촉하기를 갈망하는 보다 넓은 대중과 소통하기 위한 시도였다. 광고계의 언어를 뚫고 지나가기보다는 스스로를 고급 문체 속에서 새로이 만들어내거나, 문화 연구식 해설로 비평을 대체했다. 논평들 속에 통찰이 없지는 않았지만, 『카이에』에 시작부터 활력을 불어넣었던 긴박감, 존재하는 것들의 상태에 대한 의식적인 투쟁의 감각은 더 이상 찾아볼 수 없었다. 목표는 통합과 결합이었으며, 있는 그

---

67) Pierre Rimbert, *Libération de Sartre á Rothschild*, Paris 2005, p. 111.
68) *Cahiers* 342, December 1982.

대로의 세계에 대한 순수하게 정보 탐색적인 조사였다.

당시 다네는 『리베라시옹』 등 다른 곳에 짧은 글들을 쓰며 『카이에』를 그만두었다. "투비아나는 이 잡지에서 자신이 원하는 것이 무엇인지 아주 명확한 구상을 가지고 있는데, 바로 그 잡지를 영화의 중심에 재위치시키는 것이다. 내 경우는 구상이 명확히 정의되지 못했고 좀 더 방랑자에 가깝다. 하지만 그에게는 미래가 있다."[69] 『에스프리』와의 1983년 인터뷰에서 다네는 좀 더 외교적 자세를 취했다. 일부가 투비아나에게 "와인에 물을 탄다"며 잡지를 보다 상업적인 토대 위로 옮긴 데 비판을 가했고, 잡지의 당시 스타일은 초창기의 이론적 야심으로부터 퇴각한 듯 보였다. 그러나 "사상이라는 측면에서 볼 때, 시대 자체가 더 허약해졌다."[70] 투비아나의 주도 아래에서 잡지가 오늘날의 모습을 많이 띠게 되는 기반이 자리잡았다. 그것은 총천연색으로 주류 영화와 독립 영화를 가로지르는 형식이었다. 미국 블록버스터들은 넉넉히 다루어졌고, 「배트맨」(Batman)이 표지에 들어간 1989년 9월의 『카이에』는 상징적이었다. 편집진 특집은 갈수록 실용적이고 시장에 결부된 것으로 바뀌어갔다.

1989년에는 비평 기사를 좀 더 '보기 쉽고' '가독성 있게' 만들기 위해 디자인에 '바람을 넣'었는데, 이는 페이지상에 공백을 더 많이 두고 영화 스틸 이미지를 더 많이 삽입하며 기사 제목을 더 키우는 것을 의미했다. 이것은 더 산뜻한 문구를 원하고, 투비아나의 비난조의 표현에 따르면 "크루즈선의 독서 속도"[71]를 요구하는 종류의 글에 몰두할 시간이 거의 없는, 지하철의 바쁜 파리 시민에 대한 구상을 반영한 것이었다. 1989년 11월 일반 잡지 형식으로 전환하면서 『카이에』는 주력 대상을 영화로부터 분리했고, 이는 다시 말해 호당 5만 명의 독자를 유인하는 성공적인 고급 잡지를 벤치마킹하는 것이었다. 투비아나는 비평을 마케팅 부서의 대중 관념에 맞추어 주조했고, 영화에 대한 생각을 납득시키거나 능동적으

---

69) Antoine De Baecque, *Histoire d'une revue, 2*, p. 309.

70) Serge Daney, *Maison 2*, p. 19.

71) 편집자 서문, *Cahiers* 425, November 1989.

로 빚어내기보다는 비위를 맞추는 데 연연했다.

역사적으로 볼 때 편집진의 세대는 5~6년마다 교체되었고, 다네는 그런 추세를 따랐다. 하지만 투비아나는 20년간 머물렀고 티에리 주스(Thierry Jousse)가 1992~95년까지 짧게 부편집장을 맡았다. 이는 어떤 경향이 견고해지는 것을 시사했다. 비평적 조류의 퇴조와 함께, 과거 편집진을 분열시키고 재구성했던 논쟁들이 양극화되는 것이 그것이다. 투비아나는 고전적 시네필이라기보다 전투적 마오주의자로서 『카이에』에 합류했고, 그가 1980년 총책임을 맡게 되었을 때의 진용—그 가운데는 베르갈라, 파스칼 카네(Pascal Kané), 올리비에 아사야스 (Olivier Assayas), 로랑 페렝(Laurent Perrin), 레오 카라(Lés Carax), 샤를 테송 (Charles Tesson)이 있었다—은 마찬가지로 다양했다. 새로운 기고자들은 주로 대학 출신이거나—세르주 르페롱(Serge Le Péron)은 벵센(Vincennes) 대학 출신이었고, 카라와 테송은 상시에 출신이었다—시사 잡지 출신이었다. 베르갈라와 이냐시오 라모네(Ignacio Ramonet)는 『르몽드 디플로마티크』(*Le Monde diplomatique*), 장 폴 파르지에(Jean-Paul Fargier)는 『트리뷘 소시알리스트』 (*Tribune socialiste*)와 『시네티크』 출신이었다.

투비아나가 공식적으로 떠난 2000년에 『카이에』는 『프레미에르』(*Première*)나 『스튜디오』(*Studio*)처럼 시장에서 비슷한 위치를 점하는 잡지들에 대항해 싸우고 있었다. 『르몽드』 출판 그룹과의 거래가 성사된 것은 프랑크 누치(Franck Nouchi)와 샤를 테송이 합류한 1999년이었다. 누치(『르 몽드』의 편집장)는 이를 "세계에서 가장 위대한 영화 잡지를 살리기 위한" 행동이었다고 설명했는데, 이는 비평적 기획에 대한 무지와 무관심을 보여주는 충격적인 설명이었다. 잡지 형식은 2000년에 다시 개편되어 텔레비전, 비디오, DVD 및 산업 뉴스를 좀 더 많이 다루게 되었다. 판매량은 계속 떨어져서 2002년에는 판매 부수가 1만 2천 부였는데, 이는 전년 대비 13퍼센트가 줄어든 것이었고, 이후 2003년에는 추가로 11퍼센트 하락했다. 『르몽드』는 비평란을 없앨 것을 고려했으나, 편집의 변화 대신 자신들의 또 다른 편집자인 장 미셸 프로동(Jean-Michel Frodon)을 총책임자로 영입했다.

오늘날 일반 호는 거의 100쪽에 가까운데, 네 가지 섹션으로 이루어진 다소 큰 판형의 잡지다. 주로 회고전이나 영화제를 다루는 월별 '행사'(event)란, 최근 개봉작들에 대한 다양한 길이의 논평을 실은 '카이에 비평'(Cahiers critiques)란, 더 이상 작은 신문 형태가 아니라 기능적으로 행사 목록을 담은 '저널'(Journal)난 그리고 과거나 현재의 영화나 그 주변에 관해 이론가나 비평가, 영화 전문가 등이 필진으로 참여하는 무작위의 짧은 글 모음으로 이루어진 '대사'(Répliques)란으로 구성된다. 흥미로운 필자들이 가끔씩 투고한다는 점도 밝혀야 할 것이다. 그러나 하나의 지적인 기획으로서의 『카이에』는 끝났다. 투비아나의 2000년 『데바』 인터뷰에서는 마찬가지로 무기력한 시장 현실주의의 희생자의 모습을 잘 보여준다. 이 전직 편집자는 오직 미국 산업만이 변화하는 관객의 속성에 발맞출 수 있었고, 훨씬 많은 돈을 가지고서 장르의 재발명에 더 소질이 있었다고 주장했다. 유럽에 대해서는 "더 이상 새로 이야기할 것이 있는가?"[72] 곧 나올 「아멜리에」(Amélie)에 대한 『카이에』의 반응은 그의 이런 관점을 확인시켜준다. 가장 중요한 비평적 비교는 「슈렉」(Shrek)과 「툼레이더」(Tomb Raider)의 라라 크로프트에 대한 것이었다.[73]

6. 대안?

이런 식으로 되어야만 했을까? 1991년 다네는 자신이 10년간 준비해오던 기획을 착수했고, 그의 에이즈 증상은 그에게 지금 당장이 아니면 영원히 이루어질 수 없을 것임을 깨닫게 했다. 그해 겨울 이미지 없는 단출한 갈색 종이 표지에 144쪽의 작은 잡지 『트라픽』(Trafic)이 소규모 문학 출판사 POL에서 출간되었

72) *Le Débat 112*, November-December 2000, p. 168.
73) *Cahiers* 564, January 2002.

다. 『트라픽』 역시 문학과 깊은 관계가 있었는데, 그 첫 호는 에즈라 파운드(Ezra Pound)의 명구(名句)와 고다르의 시 그리고 로셀리니의 편지를 실었다.[74] 이 잡지는 시장의 요구나 학계의 규범 바깥에서 영화를 심사숙고하는 공간을 그리고 지난 세기를 오가는 혹은 영화와 비디오, DVD 매체 사이를 가로지르는 이미지의 운항을 지켜볼 시간을 제공했다. 2001년 창간된 베르나르 아이젠쉬츠의 『시네마』(Cinéma)는 영화에 대한 창의적이고 날카로운 글쓰기가 프랑스에서 결코 사라지지 않았다는 사실을 추가로 증명하고 있다.

마찬가지로 1980년부터 시작된 『카이에』의 '미국식 전환'은 역설적으로 1980년대와 1990년대 미국에서 제작된 영화들에 대한 급진적 글쓰기를 가로막는 역할을 했다. 예를 들어 프레드릭 제임슨(Fredric Jameson)의 『지정학적 미학』(Geopolitical Aesthetic, 1992)은 에드워드 양(Edward Yang)의 「공포 분자」(Terrorizer)와 알렉산더 소쿠로프(Alexander Sokurov)의 「일식일」(Days of Eclipse), 고다르의 「열정」(Passion) 그리고 미국의 피해망상적인 음모 영화들을 복잡한 문화적·정치적 불평등이라는 전 지구적 맥락에서 비교·분석적으로 읽어내는 획기적인 저작이다. 같은 시기에 호베르투 슈바르스(Roberto Schwarz)는 에두아르두 코우티뉴(Eduardo Coutinho)의 「죽을 표시가 된 남자」(A Man Marked Out to Die)의 미장센을 예로 들며 브라질의 군부독재 경험에 강렬한 영향을 끼치는 글을 쓰고 있었다.

당연하게도 그러한 글쓰기에서 지금 벌어지는 문화적 풍경은 반세기 전 취향의 앙시앵레짐에 대항하던 『카이에』의 '마지막 모더니즘 혁명'을 배태한 그 무엇과는 아주 다르다. 누벨바그 영화들은 트뤼포와 그 동료들이 격론을 제기하며 대항하던 보수적인 양식(糧食)에 최후의 일격을 가했다. 영화의 역할은 텔레비전

---

74) *Trafic 1*, Winter 1991. 1992년 다네가 죽자 레이몽 벨루르(Raymond Bellour)와 장 클로드 비에트, 실비 피에르, 파트리스 롤레(Patrice Rollet)가 편집위원회를 구성했고 2003년에 부분적으로 확장했다. 잡지 형식은 지금까지 60호가 나오는 동안 바뀌어왔고, '~로부터의 편지'는 좀 더 정규화되고 각주가 마침내 허용되었으며, 목차는 이제 특정 테마를 설명하기 위해 분류된다.

의 지배 및 볼거리에 대한 대중매체와 광고 회사들의 그 어느 때보다 큰 통제로 인해 격하되었다. 새롭고 지구화된 이미지 체제가 이제 자리잡았고, 이는 더 나아가 주류 할리우드가 스펙터클의 통조림 공장 그 이상도 이하도 아닌 가운데 미국에 대해 다른 모든 국민적 영화 산업을 상대화하는 역할을 했다. 기술적으로 볼 때, 값싼 DVD 카메라와 인터넷 방송 등의 유용성을 통해 영화 제작과 관람은 민주화되었지만, 영화 관객들은 배급 독점의 확장에 희생물이 되었고 원자화된 시청자들로 분해되었다. 영어나 프랑스어로 된, 영화에 관한 최근의 글쓰기는 많은 경우 이러한 상황의 희생양이다. "그 미학적 책무에 대해 새로울 것이 없거나 불분명한 채로"[75] 그것은 '독립 영화'라는 이름의 진기한 것이라면 무엇이든 이용하고 혹은 할리우드에 대해 소극적이거나 기껏해야 징후적으로 읽어내면서 마치 급진적 비평인 양 행세한다. 많은 시네필들이 강단으로 옮긴 것은 영화에 대한 글쓰기와 영화를 만드는 것 사이의 연계를 납땜하기보다 절단내버렸다. 부정적인 비평은 드물고, 영화 속의 무엇에 대한 옹호 혹은 적대라는 관념은 이제 부적절한 듯 보인다.

그렇다 하더라도 변방의 영화들—이란, 한국, 중국, 타이완—에서는 뒤늦게 당도한 모더니티의 모순들과의 현재적 투쟁들이 여전히 영화에서 가장 강렬한 표현력을 찾고 있다. 확실한 것은, 텔레비전에서 뉴스와 시사 보도에 대한 새로운 세계 질서의 독점 자체가 그에 대항하는 다큐멘터리 운동을 배태했다는 사실이며, 주류 영화의 화면이 도용되면서도 질의의 대상이 되는 남미와 중국, 중동에서 놀랍도록 뛰어난 작품들이 생산되고 있다는 것이다. 변화에 맞서 고군분투하고, 과거의 영화 제작 전통과는 질적으로 다른 생각 속에서 이미지들을 제공하는 감독들이 있다. 이들의 손으로 영화는 계속해서 스스로를 발명해 나가는 것이다.

2006년 퐁피두 센터에서 열린 고다르의 3부작 전시에서는 '영화'라는 이름의 모형 기차가 '어제'와 '그제'로 이름 붙여진 두 개의 방 사이를 순환했으나, 수평

75) Peter Wollen, *Paris Hollywood*, p. 232.

의 평면 스크린 텔레비전 모니터들이 입장객의 앞을 가로막고 있는 '오늘' 방에는 그 선로가 연결되어 있지 않았다. 여기에는 커다란 오해가 있다. 영화는 이미 그 두 번째 세기에 접어들었다. 그러나 더 번창하기 위해서는 보다 넓은 비평 문화를 그 옆에 두고서 더 논쟁하고 압박하고 요구해야 한다. 흥미로운 지역은 모두 너무나 자주 고립된 채로—실험적인 계획은 여기에, 혁신적인 영화제는 저기에—발생한다. 호응해주는 관객을 주위에 두지 않고서는 어떤 영화든 그것이 상영되는 일시적 순간 동안만 존재할 수밖에 없다. 『카이에』를 지탱했던 것은 그것이 (펜과 카메라로) 글쓰기를 그리고 나중에는 분명하게 잡히지 않는 영화의 잠재력과 성취를 포착하기 위한 수단으로서 이론을 활용했던 데 있다. 이러한 수단들은 오늘날 영화 비평에서 본질적인 것으로 남아 있다. 다네는 바쟁을 회고하면서 "시네필리아는 단순히 영화와의 관계만이 아니었다. 그것은 영화를 통해 세상과 맺는 관계였다"[76]라고 썼다. 오늘날 『카이에』는 죽은 태양일지도 모르지만, 그 잿더미 속에서 천 마리의 불사조들이 새로 태어나고 있다.

[김한상 옮김]

---

76) Serge Daney, *Maison 1*, p. 23.

제5부

서평

〔서평〕

가타뢰즈?

피터 오스본(Peter Osborne)

철학은 철학자의 전기를 필요로 하는 만큼이나 그것을 거부하기도 한다. 한편으로 철학은 유명한 철학자들의 이름과 동일시되는데, 이는 다른 학문 영역에서는 시대착오적으로 여겨질 방식이다. 하지만 다른 한편으로는, 철학자들의 삶이란 대체로 그들의 사유의 특성을 이해하는 것과는 동떨어진 것으로 여겨진다. 철학의 사회사들이 추상적인 개념들을 지나치게 일반화하는 경향이 있다면, 그것들을 개인에 국한하는 것은 그 저작을 해명하는 데 완전히 실패할 위험이 있다. 따라서 철학자들의 삶에 매혹되는 데는 다소 삐딱한 특성이 있다. 즉 서술된 삶이 그 사유의 비밀을 찾는 것을 끊임없이 방해할 때 그 진부한 일상에 어떤 감동이 덧붙여진다. 이는 덜 참여적인 철학자들(규칙적인 평온함이 그 삶의 매력인 것으로 유명한 이마누엘 칸트Immanuel Kant)의 경우가 그런 것처럼, 참여적인 철학자들(예컨대, 명백히 정치적인 이유 때문에 강도 높은 전기 조사의 대상이 되고 있는 마르틴 하이데거Martin Heidegger)의 경우에도 마찬가지로 적용된다. 그래도 그 삶과 사유 사이에 어떤 중요한 연관성이 있다는 직관을 떨쳐버리기란 어려운 일이다.

그렇기는 하지만, 소설적인 방식보다는 철학적인 방식을 통해 반성적으로 전기를 이용하고자 하는 시도를 찾기란 어렵다. 세기 전환기에 빌헬름 딜타이(Wilhelm Dilthey)는 삶의 '정신적 중추'(spiritual core)를 찾기 위해 철학적 전기에 대한 실험들—『슐라이어마허의 삶』, 『청년기 헤겔 이야기』—을 했는데, 이는 하이데거의 초기 '현사실성의 해석학'을 형성했다. 이러한 딜타이의 실험을 제외하면, 20세기 중반에 장–폴 사르트르(Jean-Paul Sartre)가 씨름했던 실존주의적 전기(보들레르, 주네, 플로베르)가 거의 전부라 할 수 있다. 최근에는 철학적 전기에 대한 갈증을 사상의 문화사로 달래야 했다. 즉 삶은 사건의 연대기적인 연속으로 축소되고 적절히 맥락화되어 사이사이에 텍스트의 요약이나 서신과 대담에서 인용된 문구들이 삽입되었다. 물론 맥락화는 필연적으로 종합적이며, 거기에서 이야기가 직조된다. 확실히, 더 넓은 지적, 문화적, 정치적 장에서 활동했던 철학자들이 은둔자들보다—대중은 철학자들을 은둔자로 상상하고 싶어하지만—전통적인 전기의 주제로 더 좋다.

1960년대 이후 프랑스의 저명한 철학자들의 경우가 여기에 딱 들어맞는다. 그리고 얀 물리에르–부탕(Yann Moulier-Boutang)의 『알튀세르 전기』(*Louis Althusser: Une Biographie*, 알튀세르의 극도로 고통스럽고 기이한 자서전과 같은 해인 1992년에 출판됨) 이후로 이러한 장르에서 몇몇 성공적인 사례들이 나타났다. 특히 엘리자베스 루디네스코(Elisabeth Roudinesco)의 『자크 라캉: 삶의 윤곽과 사고 체계의 역사』(*Jacques Lacan: Esquisse d'une vie, histoire d'un système de pensée*, 1993) 그리고 제임스 밀러(James Miller)의 『미셸 푸코의 수난』(*The Passion of Michel Foucault*, 1993)과 데이비드 메이시(David Macey)의 『미셸 푸코의 생애』(*The Lives of Michel Foucault*, 1993) 등 두 권의 푸코 전기가 있다. 이들 각각은 철학적 사고를 표현하는 방식에서 이론적으로 세련된 수준을 보여주는데, 이는 영어권 사상가의 전기에서는 찾아보기 어렵다. 최근에는, 루디네스코의 『격동기의 철학: 캉길렘, 사르트르, 푸코, 알튀세르, 들뢰즈, 데리다』(*Philosophes dans la tourmente*, 2005)와 프랑수아 퀴세(François Cusset)의 『프랑스 이론: 푸코, 데리다, 들뢰즈와 동료들은 미국의 지적 풍토를 어떻게 바꾸었나』(*French theory: Foucault, Derrida, Deleuze & Cie et les mutations de la vie intellectuelle aux Etats-Unis*, 2003)[1]의 경우처럼, 지성적인 맥락과 수용을 다루는 보다 종합적인 관점이 주목받게 되었다.

프랑수아 도스(François Dosse)—프랑스 철학자 질 들뢰즈(Gilles Deleuze)와 한동안 들뢰즈의 공동 저자였던 정신과 의사이자 행동주의자인 펠릭스 가타리(Félix Guattari)에 대한 새로운 '교차적' 전기의 저자—는 두 권의 『구조주의의 역사』(*Histoire du structuralisme*, 1991-92)를 쓴 이 분야의 선구자였다. 도스가 구조주의에 대해 쓴 것은 구조주의가 쇠퇴한 직후였다. (프랑스판에서, 제2권인 『1967~현재』는 마치 몰락이 운명인 것처럼 '백조의 노래'Le chant du cygne—제1권의 부제 '기호의 장'Le champ du cigne에 대한 말장난으로서[2]—라는 부제가 붙었다.) 그리고 그는 박식한 회고와 재능 그리고 당연히도 이 연구에 관련된 몇몇 사람들을 거슬리게 한 시장에 대한 시각으로 이 책을 썼다. (1995년의 한 논문에서 에티엔 발리바르Étienne Balibar는 이것을 "사실대로 말하자면, 지극히 시시한" 책이라고 불렀다.) 그렇지만 저널리스트적인 방법(인터뷰)과 내러티브(생생한)와 산문체(명쾌한)의 조합은 때때로 불분명한 논쟁들—특히 『카이에 푸르 라날뤼스』(*Cahiers pour l'analyse*)의 '하이퍼-포멀리즘'(hyper-formalism)—을 더 널리 전파하는 수단으로도 매우 효과적이었다. 하지만 도스는 들뢰즈와 가타리의 국제적 영향력이 정점에 이르렀을 즈음에 그들을 택함으로써, 다른 무대로 진입하게 된다. 2011년 철학 카테고리에서 제목에 '들뢰즈'를 포함한 책은 어떤 영국의 학술 출판사(에든버러 대학 출판부) 단 한 곳만 봐도 33권에 달할 정

---

1) [옮긴이] 이 책은 『루이비통이 된 푸코?』, 문강형준 외 옮김, 도서출판 난장, 2012로 번역·출간되었다.
2) [옮긴이] 둘 다 프랑스어로는 똑같이 발음된다.

도다.

『질 들뢰즈와 펠릭스 가타리: 교차적 평전』(Gilles Deleuze & Félix Guattari: Biographie croisée)은 서로 겹쳐지는 두 사상가의 일생을 기술하는 가운데 제기되는 반성적 문제에 전혀 구애되지 않았다. 이들 두 사상가의 작업은 '주체' 개념의 포스트 구조주의적인 해체와 밀접히 관련되며, 이들은 각각 '삶'과 '주체화'(주체 생산 과정)의 개념을 점점 더 중점적으로 다루었다. 이것이 책이 반성적 문제를 도외시하는 것이 상업적인 결정인 것은 확실하지만, 그게 전부는 아니다. 들뢰즈의 주요 저작에 대한 수준 높은 요약이 입증하듯이, 도스는 철학에 무지하지 않다. 그러나 그 결정은 산업적 방식을 보여준다. 그는 이 방식을 통해, 상당 부분이 차용된 것인 엄청난 양의 인터뷰 자료를 포함하여 대단히 인상적일 정도로 대량의 문서를 처리하는 시스템의 성과를 보여준다. (그 49개의 인터뷰는 이 책에 핵심적인 새로운 점들을 담고 있는데, 이 인터뷰들은 다큐멘터리 제작자 비르지니 린하르트Virginie Linhart가 자신의 실패했던 가타리 전기를 위해 했던 것이다.) 자료는 그것이 지닌 문학적 효과보다는 직업윤리의 관점에서 보기에 더욱 인상적인 방식으로 '가공'된다. 비록 이것이 저널리즘과 역사 사이에 걸쳐 있는 어떤 장르의 단순한 재생산이라는 점에서는 그 자체로 일종의 문학적 효과이지만 말이다. 이 작업은 들쭉날쭉하고 가끔은 우스꽝스러울 정도로 어색한 영어 번역이나 무질서하고 무능한 교열 작업 때문에 개선되지 못했다. 우리는 이 텍스트의 절정이어야 할 들뢰즈의 죽음을 "he had just defenestrated himself"(그는 이제 창밖으로 뛰어내렸다)라고 파이튼식 유머로 읽게 된다.[3] 프랑스인들은 이를 단순히 "il vient de se jeter par la fenêtre"라고 읽겠지만 말이다. 네 장(제2, 6, 7, 13장)의 경우 미주의 참고 문헌이 본문과 연결되지 않는다. 그렇지만 여기에는 이 책을 중요한 참조점으로 만들 만큼 충분히 흥미로운 종류의, 충분히 능숙하게 처리된, 충분한 자료들이 있다. 이는 주로 가타리와 관련된다. 『교차적 평전』

---

3) [옮긴이] 몬티 파이튼은 영국의 유명한 코미디 그룹이다. 이들의 대표적인 텔레비전 프로그램인 '몬티 파이튼의 플라잉 서커스'는 매번 투신하는 장면으로 웃음을 유발한다.

이 이 분야에 끼친 영향이 있다면, 그것은 들뢰즈-와-가타리의 수용에서 새롭게 떠오른 두 번째 국면에 기여했다는 점일 것이다. 이 두 번째 국면이란 가타리 연구 혹은 철학자 에리크 알리에즈(Eric Alliez)가 '가타리–들뢰즈 효과'라고 불렀던 것이다.

이 책은 두 주인공의 관계에 대한 간략한 개요를 따라 '평행적 전기', '교차적 삶', '서플리스'(Surplices)의 세 부분으로 구성된다. 파트 1은 두 삶을 거쳐서 우리를 그들이 처음 만났던 1969년 6월로 재빨리 데려다 놓는다. 파트 2는 그들의 우정과 공동 저술에서 주요한 시기로서, 1969년부터 『천의 고원』(Mille Plateaux)이 출판되는 1980년까지를 다룬다. '서플리스'는 점진적인 결별과 후기 저작들 그리고 말기와 사후에 그들이 국제적으로 학계에 폭발적으로 수용되는 것에 대해, 도스의 이 책이 프랑스에서 출판된 해인 2007년까지의 시기를 서술한다. 린하르트의 인터뷰에서 발췌한 가타리에 대한 자료가 [이 책에서] 가장 두드러지게 흥미로운 점이다. 이는 단지 가타리의 작업이 공동 저술로부터 독립된 측면에서는 덜 알려져 있거나 아직 폭넓게 탐구되지 않았기 때문만은 아니다. 이는 가타리가 다방면으로 투쟁하는 행동주의자로서, 들뢰즈보다 훨씬 더 시대적 사건들과 관련되었기 때문이다. 사실『스피노자의 철학』(Spinoza:Philosophie pratique, 1970)에서, '철학자의 삶의 신비로움'에 대한 들뢰즈의 서술이 다름 아닌 자전적 소망임을 읽어내기란 쉽지 않다.

> 니체는, 자기 자신이 체험했기 때문에 한 철학자의 생애를 신비롭게 하는 것이 무엇인지를 정확하게 알고 있었다. 철학자는 금욕적인 덕목들－겸손, 검소, 순수－을 독점하여, 그것들을 아주 특별하고 새로운, 실제로는 거의 금욕적이지 않은 목적들에 사용한다. 철학자는 그것들을 자신의 독특함의 표현으로 삼는다. 철학자에게서 그것들은 도덕적 목적들도, 또 다른 삶을 위한 종교적 수단들도 아니며, 오히려 철학 그 자체의 '결과들'이다. 철학자에게는 또 다른 삶이란 존재하지 않기 때문이다.[4]

들뢰즈에 대한 특정한 철학자들(특히 베르그송과 스피노자)의 영향력은 균형점이 바뀌고 있다고 평가되지만, 가타리와 함께한 작업에서 그의 사유의 지속적인 구심점이 니체라는 것은 의심의 여지가 없다. 그의 1962년의 책『니체와 철학』(*Nietzsche et la philosophie*) ─ 이 책은 1960년대 후반 프랑스 사상계의 '니체적 전환'을 예견했고, 일정 부분 촉진했다 ─ 에서부터 니체는 들뢰즈가 가장 가까이한 사상가였다. 들뢰즈가 니체적인 금욕주의를 '그다지 금욕적이지 않은' 효과로 채우기 위해 시대와의 연결점이 필요했는데, 가타리가 이 연결점을 마련해주었다고 할 수 있다. 들뢰즈는 가타리에게 철학의 신비로운 삶 ─ 가타리에게는 결코 바람직하지 않은 ─ 에 잠시 참여할 기회를 주었다.

이들은 5살 차이로, 들뢰즈는 1925년에, 가타리는 1930년에 태어났다. 이들 한 쌍은 서로 다른 보수적 프티부르주아 가문에서 태어난 조숙하고 반항적인 산물이었다. 들뢰즈의 아버지인 루이스는 공학자였으며 제1차 세계대전 참전 용사들의 극우 동맹인 크루아 드 푀(Croix-de-Feu)의 지지자였다. 그는 파리에 작은 회사(직원이 한 명인)를 운영했는데 1930년대에 문을 닫아야만 했다. 그즈음에 그는 비행기 동체를 만드는 다른 회사에서 일했다. 도스는 들뢰즈의 가정생활이 그의 부모가 애지중지했던 형 조르주(Georges)의 그늘에 가려 있었던 것으로 표현했다. 제2차 세계대전이 발발했을 때 생시르(Saint-Cyr) 사관학교에서 공부하고 있던 조르주는 레지스탕스에 가담했다가 붙잡혀 포로수용소로 가는 도중에 죽었다. 조르주는 영웅이었다. 반면, 전쟁 초기에 브르타뉴에 있는 기숙학교에 맡겨졌던 질은 "두 번째 아이, 그저 그런 아들"이었다. 그 후 "들뢰즈는 지칠 줄 모르고 가족적 유대를 비난"했고 "어린 시절에 대한 약간의 언급도 견딜 수 없어"했다. 휴전 이후 파리로 돌아간 뒤, 들뢰즈는 고등학교 졸업반 시절에 이미 총명함을 인정받았으며, 1943~44년쯤에는 조르주 바타유(Georges Bataille), 로제 카이와(Roger Caillois), 장 이폴리트(Jean Hyppolite), 피에르 클로소프스키(Pierre

---

4) [옮긴이] 우리말 번역은 다음을 따랐다. 박기순 옮김,『스피노자의 철학』, 민음사, 1999, 9쪽.

Klossowski), 알렉상드르 코제브(Alexandre Kojève), 사르트르가 자주 드나들던 엘리트 살롱에 다녔다. 들뢰즈는 소르본에서 철학을 공부했고, 1957년에 조교로서 소르본에 돌아가기 전까지는 일련의 고등학교들─아미앵, 오를레앙, 파리의 루이 르 그랑─에서 가르쳤다. 그는 1964년에 리옹 대학으로 옮겼다.

가타리─집에서는 어린 피에르 펠릭스(né Pierre-Félix; little Pierre)로 불렸던─는 삼형제 가운데 셋째였다. 가족들은 파리에서 몬테 카를로, 에피네, 오른, 우아즈를 거쳐 다시 파리로 이사했다. 처음에는 바닷바람(펠릭스의 아버지는 세계대전에서 독가스 피해를 입었다)과 카지노(그는 도박을 무척 좋아했다)를 찾아서, 다음에는 잇따라 실패했던 작은 사업들을 따라 이사를 다녔다. 피에르 펠릭스는 피카르디의 비유뇌브 레 사블롱에 있는 앙고라 토끼들 사이에서 태어났다. 하지만 "직물 산업의 현대화는 전통적인 앙고라 산업을 순식간에 몰락시켰고, 그래서 가타리 가족은 키우던 토끼들을 잡아먹어야 했다." 펠릭스의 아버지는 볼로냐 출신의 이탈리아 사람이었다. 그는 1930년대에는 크루아 드 푀의 일원이었으며 제2차 세계대전 중에는 드골파였다. 그의 어머니는 코르시카인이었다. 나중에 가타리는 어머니가 항상 "너무나도 가깝고 너무나도 멀게" 느껴졌다고 고백했다. 가타리는 학문적인 면보다는 정치적인 면에서 조숙했다. [제2차 세계대전 중] 프랑스가 해방되었을 때 막 14세였던 가타리는 "비록 기질적으로는 무정부주의자에 더 가까웠지만", 공산당 회합에 참가하기 시작했고 곧 당원이 되었다. 학생들의 방학을 준비하기 위해 발족된 전후 유스호스텔 네트워크에서 가타리는 가족 밖에서의 삶을 그리고 "소녀들을 알게 되었다." 가타리는 또한 거기서 페르낭 우리(Fernand Oury)와도 다시 만났다. 우리는 전쟁 중에 잠시 가타리의 학교 선생이었으며, 스튜던트 호스텔(Student Hostel) 협회에서 레크리에이션 활동을 담당했다. 이때 가타리는 페르낭의 형이자 정신과 의사인 장(Jean)을 처음 만났는데, 그는 1953년에 라 보르드(La Borde) 병원을 루아르 벨리에 세운 사람이다. 잘 알려져 있듯 가타리가 이 병원에 참여하게 된다. 가타리는 1955년에 그리로 이사했다. 또한 가타리가 약리학 연구에 염증을 느끼고 있을 때, 일찍이

1951년에 그로 하여금 라캉을 읽도록 설득한 것도 장 우리였다.

가타리의 삶은 주로 관계들, 집단들, 사건들의 역사다. 들뢰즈의 삶은 도스가 상투적인 학술적 요약으로 표현한 일련의 텍스트들로 서술되었다. 은유적으로 말해서 삶이 선(line)이라면, [그] 교차 지점은 점 또는 기껏해야 작은 부분이라서 서술하기가 더욱 어렵다. 도스는 이 문제를 반성적으로 다루는 대신에, 전기적인 세부 사항들을 무시하여 진부한 서술 기법을 마련함으로써 해결했다. 그 양식은 [책의] 처음부터 확립됐다. 비평가들은 거기에 뒤따를 모든 것들의 진실이 포함되거나 한 듯이 초반부를 (일반적으로, 의식하지 못한 채) 단순히 되풀이해야만 한다고 여겼다. 그것은 이런 식이다. "저명한 철학자" 들뢰즈와 "투쟁적인 정신분석학자"이자 "사회과학자" 가타리는 "서로 만날 기회라고는 거의 없을" "매우 다른 세상"에 살고 있었다. 그들의 "있을 법하지 않은 만남"에는 매우 특별한 무언가가 있어서, 즉 이런 우연에 관련된 어떤 마법이 있어서 이로부터 "서사시적 결과"가 탄생한다. 그 결과가 들뢰즈-가타리의 이론이다. 이는 로트레아몽(Lautréamonts)의 유명한 [시의 한 구절인] "해부대(아마도 구조주의의 해부대) 위에서의 재봉틀과 우산의 우연한 만남"과 유사한, 초현실주의적 오브제다. 1969년 6월의 이 만남은 결코 우연이 아니었으며, 분리되어 있었을 두 '세계'를 놀랍고도 놀랍게도 우연히 교차시킨 이들의 친구 장 피에르 무야르(Jean-Pierre Muyard)가 그것을 주선했다는 점만 제외하면 말이다. 게다가 우리는 책장을 넘기면서, 가장 있을 법하지 않은 일이라고 주장했던 이 만남이 사실은 이 두 주인공들 간에 이뤄진 몇 달간의 서신 교환을 통해 준비된 것임을 알게 된다. 이 서신 교환은 가타리가 들뢰즈의 1969년 책인 『의미의 논리』(Logique du Sens)에 고무되어, 라캉에 대한 자신의 논문 가운데 몇 편을 들뢰즈에게 보내면서 시작되었다. 들뢰즈가 이에 답장했고, 서신 교환은 들뢰즈가 "저 역시 우리가 만나기도 전에 친구가 되었다고 느낍니다"라고 쓰게 되었던 5월쯤까지 계속되었다. 이 우연한 만남은 그저 이 정도다.

상투적인 내러티브가 요구하는 것과 서술된 자료의 내용이 불일치하는—후자가 직접적으로 전자에 모순되는—일은 비교적 자주 일어난다. [이로 인한] 하나의 결과는, 도스의 설명이 주제별로 독립된 꾸러미로 보이게 하기 위해 그 이야기의 연대 순서가 뒤섞이게 되는 것이다. 이는 때때로 사건들의 연쇄를 재구성하는 것을 극도로 힘들게 만든다. 그는 말하고자 하는 확정된 이야기와 가공하고 전달할 대체로 매력적인 대량의 정보를 가지고 있는 듯하다. 그런데 이들은 전적으로 분리된 두 개의 과제로 취급되어 조정 없이 수행된다. 실제로 도스의 기술 가운데 하나는, 자신이 마치 문서 자료와 인터뷰 자료를 표현하는 투명한 매개물인 양 텍스트로부터 사라지다시피 하는 것이다. 이 기술은 모더니즘의 비개성주의의 경우처럼 몇 가지 장점을 지닌다. 하지만 이는 궁극적으로는 위장술일 뿐이다. 이는 2쪽에서, 1960년대 파리의 철학과 정신분석의 관계에 대한 '두 세계 이론'(two-worlds theory)의 시작이 경험적으로 완전히 실패했기 때문만은 아니다. 들뢰즈–가타리의 공동 저술은 철학과 정신분석의 본래적인 얽힘과 그것의 정치적 함의에 대한 것이기 때문이다. 도스 자신이 제시한 자료들이 입증하듯이 말이다.

　대부분의 사람들은, 욕망의 해방된 긍정성과 관련된 '거친' (반–)정신과 의사라는 가타리에 대한 대중적 이미지에만 친숙하다. 그들은 가타리가 들뢰즈를 만나기 전에 라캉을 읽기만 했던 게 아니라, 라캉의 '제자'이기도 했다는 사실을 알면 놀랄 것이다. 사실 가타리는 1954년 말부터 쭉 라캉의 세미나에 참여하도록 허락받았는데, 의학적 훈련 없이 참여를 허락받은 사람은 그가 처음이었다. 도스는 가타리가 라캉의 제자였다는 이 흥미로운 사실을 무수히 많은 사실들 가운데 하나로서 이야기한다. 하지만 거의 모든 일이 이를 중심으로 돌아간다. 라캉은 이 이야기의 경첩이다. 라캉은 '들뢰즈와 가타리'의 '~와'(그리고)라고까지 말할 수 있을 것이다. 그리고 들뢰즈의 독자들이라면 알다시피, 들뢰즈가 가타리와 처음 만나는 바로 그 시기에『의미의 논리』의 '~와'는 들뢰즈에게 중요한 철학적 개념이었다. 이 책은 '장'(chapter)이 아니라 '계열'(series)로 구성되어 있다. 연접적인 동시에 이접의 표지('연접적 이접')인 '~와'는 [계열들을 결합하는 규칙이라는 의미에서] 계열들의 통사론(syntax)을 제공한다.『의미의 논리』에서 라캉의 작업이 처음으로 등장하는 것은 메타-계열적인 여섯 번째 계열 '계열화에 대하여'에서다. 우리는 거기에서 첫째, "계열적 형식은 필연적으로 최소한 두 계열의 동시성 안에서 현실화된다"는 생각과, 둘째, 이러한 계열들은 [그 가운데] 한 계열에 대해서는 항상 '과잉'이고 다른 한 계열에 대해서는 항상 '결핍'인 어떤 심급을 통해서 소통한다는 생각에 대한 주목할 만한 설명을 발견한다. 들뢰즈는 계열들의 소통을 가능하게 하는 요소에 대해 "사실상, 동일하지 않고 짝이 맞지 않는 두 반쪽을 가진, 이러한 두 얼굴을 지닌 것보다 더 이상한 요소는 없다"고 쓰고 있다. (이는 테오도르 아도르노의 유명한 구절인 "결합하여 전체를 이루지 않는, 전체 자유의 찢어진 반쪽들"[5]의 구조적이고 초역사적이며 반-변증법적인 판본과 같은 것이다.)

두 얼굴을 지닌 것에 대한 이러한 분석에서 들뢰즈가 모델로 삼은 것은 에드거 앨런 포의 「도둑맞은 편지」에 대한 라캉의 독해다. 이 소설에서 잃어버린 편지, 즉 뻔히 보이는 곳에 감쪽같이 숨은 편지는 이야기 안에서 두 에피소드 간의 소통 요소로서 작용한다. (들뢰즈는 자신의 1967년 논문인 「구조주의를 어떻게 인지할 것인가?」의 '계열' 부분에서 처음 제시했던 분석을 여기서 반복하고 있다. 이 논문은 1972년이 되어서야 출간되었다.) 우리는 들뢰즈-와-가타리야말로 그런 두 얼굴을 지닌 이상한 존재라고, 즉 수렴하는 계열들 안에서 매 경우마다 서로 다른 정도로 결여이자 과잉이라고 말할 수 있을 것이다. 들뢰즈는 고다르의 영화 「6 X 2」에 대한 기사(『카이에 뒤 시네마』*Cahiers du Cinéma*, 1976)에서도 '~와'에 대해 언급하는데, 도스는 『교차적 평전』의 처음과 끝에서 이 언급을 인용하면서도 이를 라캉과 관련짓지는 못했다.

『의미의 논리』의 여섯 번째 계열에서 라캉의 역할은 단지 들뢰즈에 대한 그의 일시적인 중요성만을 나타내는 것이 아니다. 그것은 그의 사상에 대한 들뢰즈와 가타리의 공통 관심사, 즉 구조주의의 경계에서 라캉의 사상이 차지하는 위치에

---

5) [옮긴이] 1936년 3월 18일에 테오도르 아도르노가 발터 벤야민에게 보낸 편지의 한 구절 "die auseinandergerißenen Hälften der ganzen Freiheit, die doch aus ihnen sich nicht zusammenaddieren läßt".

대한 철학적 근거를 보여주는 것이기도 하다. 당연히 도스는 가타리를 들뢰즈의 사상이 『의미의 논리』에서의 양면적인 구조주의로부터 벗어나는 움직임의 배후 동인으로 표현한다. '가타리'의 기계 개념은 구조 개념을 대체했고 들뢰즈가 구조주의에서 벗어날 수 있는 방법을 제공했는데, 이는 이미 들뢰즈도 『의미의 논리』에서 탐색했던 것이다. 사실 도스에게는 이것이 들뢰즈에 대한 가타리의 핵심적 중요성이다. 그러나 도스는 들뢰즈가 가타리의 글을 수용하기 위한 조건들을 확립하는 데서 들뢰즈의 1967년 논문이 지니는 중요성을 도외시한다. 이상하게도, 이 논문에 대한 도스의 요약은 그 논문이 구조주의에 대한 "형식상의 인지 규준"의 계열들로 분화되는 것을 따르면서도, 결정적인 일곱 번째 절 '마지막 규준: 주체에서 실천으로'를 아무런 설명도 없이 누락하고 있다. 이 마지막 규준에서는 구조주의가 스스로를 넘어서는 내재적인 과정이 서술된다. 들뢰즈는 이를 '미래의 규준'이라고 쓰고 있다.

구조주의는 결코 주체를 제거하는 사유 형식이 아니다. 차라리 구조주의는 주체를 분산시키며 체계적으로 분배하는 사유, 주체의 동일성에 저항하는 사유, 주체를 흩뜨리며 이리저리 이동시키는 사유, 그리하여 비인격적인 개별화나 선-개인적인 특이성을 가지고서 언제나 유목적인 주체를 만드는 사유이다. …… 구조주의는 구조주의 자신이 창조하는 작품과도 분리가 안 되지만, 또한 그에 못지않게 구조주의 자신이 해석하는 결과물에 연관된 실천과도 분리가 안 되기 때문이다. 그것이 치료적 실천이든 또는 정치적 실천이든, 이 실천은 영원한 혁명의 점 또는 영원한 전이(transfer)의 점을 가리킨다.[6]

바로 이러한 구조주의적 주체와, 그것이 '치료적'이고 '정치적'인 구조주의적 실

---

6) [옮긴이] Gilles Deleuze, "A quoi reconnaît-on le structuralisme?" 우리말 번역은 다음을 참조했다. 박정태 옮김, 「구조주의를 어떻게 인지할 것인가?」, 『들뢰즈가 만든 철학사』, 이학사, 2007, 415, 419쪽.

천의 영원한 전이들(transfers)과 맺는 관계를 탐구하기 위해 들뢰즈는 가타리의 도움을 필요로 했다. 기계로서의 무의식 개념—라캉의 1953~54년 세미나에서 잠깐 언급되었던 것을 가타리가 취한—에서부터 그들의 공동 작업이 시작되었는데, 이 개념은 단순히 반-구조주의적인 이론적 장치인 것만은 아니었다. 이것은 치료적이고 정치적인 영원한 혁명의 실천에 대한 희망을 수반한다. 들뢰즈는 가타리를 통해 그러한 실천에 대한 개념을 발전시켰다. 가타리는 공동 저자일 뿐만 아니라 그 개념의 문제적 화신이었다.

"투쟁적인 정치적 행동주의자와 정신분석학자가 같은 사람 안에서 우연히 만나게 된다. 이들은 각자의 일에만 관여하는 대신에, 끊임없이 소통하고 서로에게 간섭하면서 뒤섞여—각기 자신과 상대방을 혼동한다." 가타리의 1972년 논문집 『정신분석과 횡단성』(*Psychoanalyse et transversalité*)에 대한 들뢰즈의 서문은 이렇게 시작한다. 확실히 이 만남은 도스의 서술이 시작하는 지점인 철학자와 정신분석학자의 만남보다 더 놀랍다. 이 만남은 가타리의 사유에는 물론, 그와 들뢰즈의 공동 저술에 그것이 끼친 철학적 영향에도 원동력이 되었다. 그의 제도적 실천인 '제도적 정신요법'을 결정지은 것은 가타리의 정치적 투쟁성이었다. 제도적 정신요법은 주체성, 욕망, 사회적인 것에 대한 일련의 새로운 철학적 문제들을 차례로 제기했다. 분명, 이 문제들의 원인에 들뢰즈가 두었던 거리,—시나리오작가 알랭 아프테크망(Alain Aptekman)은 들뢰즈는 "정신이상자들을 보는 것을 견딜 수 없었다"고 주장했다—즉 금욕적인 덕목에 대한 그의 철학적 전유로 인해 들뢰즈는 가타리의 '설계도나 심지어 도표들'까지도 '개념들'로 변형하면서 이 문제들을 명확하면서도 이론적으로 급진적인 방식으로 정교화할 수 있었다. (그러한 기술은 들뢰즈 고유의 것이다.) 1969년 8월에서 1971년 8월 사이에 『안티-오이디푸스』를 저술한 방식은 다음과 같았다. 들뢰즈는 자신이 재작업할 수 있도록 가타리로 하여금 날마다 글을 써서 4시 이후에는 우편으로 결과물을 보내도록 했다. 그리고 그들은 화요일 오후에 만났다. 이러한 초기의 공동 작업 절차는 가타리가 천재 백치(idiot savant)라는 신화를 부추겼는데, 비록 그가 글줄이

막혀 애를 먹기는 했지만 이는 사실과 거리가 멀다.

가타리의 '1930~64년의 심리 정치적 여정'에 대한 흥미로운 이야기는 본래 잇따른 집단의 형태들ー정치적이고 정신요법적이며 지적이고 궁극적으로 정치-정신요법적인ー과 그의 관계에 대한 것이다. 즉 프랑스 공산당에서부터 제4인터내셔널, 좌익 반대파(Left Opposition)까지, 또한 정신병원 라 보르드에서의 제도적 분석과 라캉적인 정신분석 사이를 오가다가 자신이 창립한 제도적 연구·조사 그룹 연합(FGERI, 1965)과 제도적 연구·조사·훈련을 위한 연구소(CERFI, 1967)에 이르기까지를 말한다. 들뢰즈와 만나기까지의 이 여정은, 철학적으로 볼 때 대체로 사르트르로부터 라캉에 이르는 것이었다. 이 여정에서 집단-주체의 개념이 형성, 변형되고 실험적으로 시험되었다. 가타리는 끊임없이 집단을 형성하고 해산한 것으로 악명 높다. 급진적이고 정치적인 조직에 라캉적 개념을 직접 적용하는 것은 예상대로 불안정한 결과를 낳았다. 예를 들면 CERFI의 한 참가자는 공적인 삶과 사적인 삶을 분리하는 것을 거부한다는 명목 아래 그리고 라캉주의의 방침에 의거하여, "당신이 정당하다고 생각하는 급여를 요구함으로써 당신은 당신의 욕망에 책임을 져야 한다"고 말했다. 집단적 반성의 실험적 실천ー즉 끝없는 회의(會議)들ー은 이들 집단의 시간과 에너지를 너무 많이 소모했다.

가타리의 삶에 대한 눈에 띄는 성격 분석적 서술이 있다면 그것은 어머니 집착에 대한 것, 잘 알려진 것처럼 어머니를 사랑하는 데서 느끼는 공포일 것이다. 이는 한때 라 보르드의 공동체 내에서 평등주의의 정치적 합리화에 근거하여 강제적으로 일반화된 성적 행위를 통해ー일련의 감정적 피해자들은 남겨둔 채ー다수의 대상들로 대체되고 분산되었다. (장-클로드 폴락은 라 보르드에서 일주일 이상 지속되는 일부일처 관계를 와해하는 업무를 자청해서 맡은 것으로 전해진다. 이는 그 스스로가 일부일처 관계에 들어서고 아내와 아이를 데리고 떠나게 되기 전까지의 일이다.) 그 목적은 역할의 극단적인 평등ー'심리학자들이 설거지하는 것'과 짐꾼들이 치료하는 것ー이었지만, 가타리 자신의 서술에 따르면 그 방법은 '투쟁적인 중앙집권주의'였다. 이러한 극단적 평등을 실행하는 데서 [발휘되는] 가타리의 카리스마적 권위주의는 도스의 서술에서 반복되는 주제다. 정신의학 기관 내에서 정신노동과 육체노동 사이의 구분을 폐지하려 했던 이 시도는 현재 모두에게 피해를 주었지만, 약간의 극적인 치료 효과가 있었다. 또한 이는 중요한 개념적 생산성도 지니고 있었다. 지네트 미쇼(Ginette Michaud)가 창안한 용어인 '횡단성' 개념은 가타리의 초기 작업에서 기계 개념에 이은 두 번째 이론적 혁신이었다. 이는 1964년에 '집단-주체들'과 '예속-집단들' 사이의 대립을 넘어서려는 시도로서 생겨났다. '제도적 전이'(institutional transfer)—프로이트적인 전이의 제도적·치료요법적인 판본—의 개념을 대체하고 집단 무의식의 구조를 지칭하기 위해 기획된 '횡단성'은 나중에 그것을 훈육 방식들 간의 관계에 적용하는 가운데 더 폭넓은 이론적 의미를 얻게 되었다. 이는 FGERI와 CERFI의 연구 방식을 구성했는데, 후자는 인문학과 사회과학에서 초학문성에 대한 실험적 모델과 같은 것을 제공했다. CERFI가 절정을 구가하던 1970년대 초반에는 도시 계획, 보건, 지역사회 개발 분야에서 상당한 규모의 정부 연구 계약 몇 건을 수주받았다. 1973년쯤에는 CERFI에 75명의 상근 근로자가 있었다. (이 점에서 프랑크푸르트 사회연구소와의 흥미로운 비교가 가능하다.) 그것은 또한 출판에서도 상당한 성공을 만끽했다. CERFI의 잡지 『르셰르슈』(*Recherches*)가 1만 부 이상 팔리는 것은 이례적인 일이 아니었다. 그래서 이 책의 성공은 10만 부 단위로 집계될 수 있었다. CERFI에 대한 자료들은 도스의 책에서 가장 흥미로운 것 가운데 하나다.

도스의 자료에 포함된 두 번째 성격 분석적 서술은 라캉에 대한 가타리의 명백히 오이디푸스적인 관계와 관련된다. 라캉과의 이러한 관계는 오직 들뢰즈와의 관계에 의해서만 깨어졌다. 라캉은 오늘날에는 익숙한 폭력적인 괴물의 모습, 즉 의도적이지만 그다지 합리적이지는 않은 정신분석적 전략의 일환으로서 환자들에게 아주 별나게 행동하는 모습으로 나타난다. 가타리는 라캉의 신비와 공모하는 대리인으로 나타나는데, 그는 라캉과 함께 분석에 참여하는 것을 라 보르드에서 일하는 일부 모니터들(monitors)의 근무 조건으로 만들었다. "매주 그 병원을 출발해 라캉의 세미나나 진료실 침상으로 향하는 기차는 실제로 모든 객실이 그들로 가득 찼다." 가타리의 경우에, 라캉은 "그것도 분석의 일부"라고 말하여 가타리가 자신을 집에 태워다 줄 수 있게 함으로써, 때때로 그 시간(대개 단 3분이나 4분만 걸리는)을 연장했다고 한다. 더 지독한 경우도 있었다. 라캉은 바르트가 가타리에게 그의 논문 「기계와 구조」(Machine and Structure)를 『코뮈니카시옹』(*Communications*)에 제출해달라고 청한 것을 치료하는 동안 알게 되었다. 그러자 라캉은 가타리가 그 논문을 자신의 잡지 『실리세』(*Scilicet*)에 실어야 한다고 주장했다. 가타리는 오직 라캉이 그것을 실을 수 있게 하기 위해서 『코뮈니카시옹』에 내는 것을 철회했지만 라캉은 그 논문을 결코 출판하지 않았다. 그즈음인 1969년에 라캉은 그의 후계자가 되기를 열망했던 가타리를 따돌리고, 자신의 사위인 마오주의자 자크-알랭 밀레르(Jacques-Alain Miller)에게로 돌아서서 그를 진정한 후계자로 삼았다. 이것이 가타리가 들뢰즈 쪽으로 돌아서게 된 상황이었던 것 같다. 가타리는 「기계와 구조」에서 들뢰즈의 『차이와 반복』(*Différence et répétition*, 1968)의 몇몇 범주들을 이용했다.

들뢰즈는 리옹에서 가르치던 1967년에 라캉과 만났는데, 이 만남은 훗날 화가 프랜시스 베이컨(Francis Bacon)과의 만남을 예시(豫示)했다. 들뢰즈는 그 두 사람의 작품에 매우 찬탄했지만, 그들과의 만남은 수동-공격적(passive-aggressive) 교착 상태에 대한 공부였다. 리옹에서 들뢰즈는 칵테일을 마시자고 라캉을 집으로 초대했다. 도착하자마자 라캉은 모든 술을 거절했다. 10분 후에 라캉이 쉬고 싶다고 해서 [들뢰즈가] 호텔로 데려다 주었다. 저녁 식사 때 "라캉은 보드카 한 병을 주문하더니 단숨에 반을 마셨다." 들뢰즈는 라캉이 리옹을 방문한 매우 멋진 날이라며 그의 비위를 맞췄다. "잠시 후에, 라캉은 '그렇진 않아요'라며 다소 수수께끼 같은 말로 무례하게 대꾸했다. 그래서 들뢰즈는 더 이상 아무 말도 하지 않았다." 잔소리가 끝나자 라캉은 들뢰즈의 집에서 저녁 시간을 보내고 싶다고 했고, 거기서 그는 "자신의 아이디어를 훔치고 싶어하는 모든 사람들에 대한 편집증적인 비난을 시작했다."

베이컨과의 만남과 비교해보자. 이 만남은 14년 후에, 들뢰즈의 1981년 저서『프랜시스 베이컨: 감각의 논리』(*Francis Bacon, logique de la sensation*)가 출판되고 얼마 지나지 않아서 이뤄졌다. 도스는 "멋진 만남이어야 했던 것이 재앙으로 변했다"고 표현했다. 이 만남을 주선한 들뢰즈의 편집자 조아생 비탈(Joachim Vital)은 다음과 같이 묘사하고 있다.

> 음식은 그들의 논의만큼이나 끔찍했다 …… 그들은 서로에게 미소지었고, 서로를 칭찬했으며, 그리고 다시 미소지었다. 우리는 그들의 진부한 이야기에 매우 놀랐다. 우리는 [예술에 대한 수많은] 언급들로 그 논의를 쇄신해보려고 했다 …… [하지만] 각자 그 공을 받아서 상대를 무시한 채 홀로 공을 가지고 달려가려고 했다.

철학자들과 예술가들이 서로의 작품에 경탄한다고 해서, 서로에게 할 말이 많아야 할 이유는 없다. 특히 이들 둘과 같은 1950년대의 사람들이라면 말이다. 하지만 내 생각에는, 이보다 더 깊이 들어가야 한다. [여기에는] 경쟁적인 ─ 심지어 사디즘적인 ─ 자족성의 이미지가 적절하다. 나중에 이 만남을 묘사한 것에 따르면, 들뢰즈의 칭찬은 명백히 공격적이다. 들뢰즈는 베이컨에 대해 "여러분은 그의 힘과 폭력을 느끼겠지만, 그는 매우 매력적이기도 합니다. 한 시간 동안 앉아 있더니, 그는 진짜 베이컨(bacon)처럼 이리저리 몸을 비비 꼬기 시작했습니다"라고 썼다. 그 예술가를 그의 그림들 가운데 하나 속의 형상 ─ 탈주체화된 감각, 고깃덩이 ─ 으로 축소하려는 무의식적 욕망은 감출 수 없다. 물론 이 경우에 그 비밀스러운 경쟁이란 너무 뻔한데, 이는 바로 들뢰즈가 [자신의 철학과] 베이컨의 작업을 철학적으로 깊이 동일시하기 때문이다. 들뢰즈에게 베이컨은 '힘'(forces), '지각'(percepts), '정서'(affects)의 영역으로서의 예술에 대한 말년의 니체적인 구상을 현실화하는 수단이 되었다. 이 점에서 들뢰즈는 베이컨의 작품을 놓고 베이컨과 직접적으로 경쟁하고 있었다. 그리고 아마도 베이컨은 그 철학자가 그것을 소유한다고 생각하게 두는 것이 자신에게 이익이 된다는 점을 적어도 어렴풋하게나마 알고 있었을 것이다. 결과적으로 베이컨은, 특히 프랑스에서 1980년대 이래로 계속 자신의 평판이 놀랍고도 과장되게 증가했던 것에 대해 들뢰즈에게 상당히 많은 빚을 졌다. 들뢰즈의 철학과 베이컨의 작품은 점점 더 동일해지는데, 사실 여기에는 자신의 작품을 들뢰즈가 전유했다는 이유로 베이컨이 들뢰즈에게 가하는 일종의 역설적인 복수가 있다. 들뢰즈의 철학이 스스로를 베이컨의 작업과 동일시함으로써 들뢰즈의 철학은 '현대 철학'(contemporary philosophy)이 어떤 의미로는 '현대 예술'(contemporary art)의 표현과 유사하다는 그 생각이 거짓임을 보여주는 것이다. 새로움을 향한 그것의 니체적인 주장―그것의 철학적이고 문화적인 자기-이미지의 핵심―은 근본적인 의심 속으로 내던져졌다.

그사이에 들뢰즈는 리옹을 떠나 뱅센에 있는 새로운 실험적 대학인 파리 8대학에서 보직을 맡았다. 1969년 가을에 이 대학이 설립된 것은 거의 1968년 5월 학생운동의 직접적인 성과라 할 수 있다. 들뢰즈는 이 저항운동에 참여하지 않고 리무쟁에 있는 가족 소유지에서 박사 학위논문을 집필하면서 그 여름을 보냈다. 거기서 그는 결핵이 재발했다는 진단을 받았고, 이로 인해 이듬해 초에는 폐를 못 쓰게 되었다. 가타리를 처음 만났을 때 그는 요양 중이었다. 1970년 가을에 들뢰즈는 뱅센의 철학과에 자리를 잡았다. 학과장이었던 푸코는 알튀세르와 라캉 추종자들을 채용했다. 거기에는 알랭 바디우(Alain Badiou), 에티엔 발리바르, 자크 랑시에르(Jacques Rancière) 그리고 『카이에 푸르 라날뤼스』의 편집진 가운데 한 명인 프랑수아 르노(François Regnault)가 포함되었다. "학생 무리들 사이에서 이론적인 마르크스-레닌주의가 지배적이도록 하는 것"이 공식적인 학과 방침이었던 이 마오주의 학과의 초년에 대한 도스의 설명은 매우 놀랍다. 그리고 정치적인 감시 아래에 있었던 것은 학생들만이 아니었다. "바디우와 주디스 밀러(Judith Miller)는 단지 철학과 내 다른 강좌들의 정치적 내용을 감시하기 위해 함께 강좌를 개설하기까지 했다." 들뢰즈는 이 '부대'(部隊)의 특별한 표적이었다. 이 부대는 바디우가 만년에 자기 본위로 들뢰즈에 대해 쓴 책―들뢰즈 사후에 출판된 — 의 서문을 이해하는 데 흥미로운 단서를 제공한다. 뱅센의 철학과는 여러모로 매우 극단적인 다(多)학문성을 나타낸다. 철학적으로 이러한 다학문성은 가타리가 했던 실험들, 즉 권위적인 만큼이나 급진적으로 자유로웠던 집단-분석에 대한 실험들과 영구적인 위기(물론 이는 영구적인 혁명만은 못한 것이지만)에 대한 실험들에 필적하는 것이었다. 들뢰즈는 이것[다학문성]을 매우 좋아했던 것으로 보인다. 이 대학은 1978년에 생드니로 옮겨졌고, 들뢰즈는 1987년에 은퇴하기까지 여기에 머물렀다.

이 모든 일들 가운데서, 들뢰즈와 가타리는 두 권으로 된『안티-오이디푸스: 자본주의와 정신분열증』(1972),『천의 고원』(1980)을 썼고 — 이 책으로부터 처음으로 분리되어 나온 책으로서『리좀』(*Rhizome*, 1976)이 출판됐다 —『카프카: 소수 문학을 위하여』(*Kafka: Pour une littérature mineure*, 1975)를 집필했다. 이것들은 놀라우리만큼 성공적이고 매우 독창적인 이론적 저술이었다. 이 저술들은 1968년 5월 운동에 의해 제기된 문제, 즉 사회적인 것 안에서의 욕망의 자리와 기능에 대한 문제를 천착했다. 이는 철학적으로든 정치적으로든 급진적이고 새로운 방향으로 그리고 그들 고유의 장르를 정립하는 동시에 그 장르를 샅샅이 다뤘다고 할 수 있을 정도로 연구되었다. 만약 들뢰즈와 가타리가『철학이란 무엇인가』(*Qu'est-ce que la philosophie?*, 1991)에서 계속 주장했던 것처럼 철학이 "개념을 형성하고 발명하고 직조하는 예술"이라면, 이것들은 탁월하게 철학적인 텍스트들이다.『안티-오이디푸스』에서 구성된 일련의 개념들은 눈부시다. 파트 1에서의 '욕망하는 생산'과 '욕망하는 기계'의 '기관 없는 신체'를 시작으로, 파트 2에서는 오이디푸스 신화와 정신분석에서의 '가족주의'에 대한 근본적인 비판과 함께 '탈영토화'를 다룬다. 파트 3에서 국가형태에 대한 새롭고 단계론적(stagist) 이고 민족학적인 역사를 가치 및 화폐-형식에 대한 기호학적 평가와 통합하면서, 욕망의 흐름을 코드화하는 사회체의 문제를 경유하여, 파트 4에서는 '분열 분석', '분자적 무의식'과 '몰적인 것'에 이른다. 욕망의 개념을 결여로 근거짓는 것이나 개인의 마음에 국한하는 것으로부터 자유롭게 하는 것 그리고 사회적 영역에서의 리비도 투자에 관한 문제들을 펼쳐놓는 것은 근본적으로 철학적인 — 하지만 또한 초학문적인 — 움직임이다. 그들은 철학적 대상이라고 알려진 영역을 사회적 영역 전체로 재분배했다.

이와 비슷하지만, 이론적으로는 더 급진적이고 — 비록 문제적으로일지라도 — 훨씬 명백하게 실용주의적인 『천의 고원』은 극히 다양하고 독특한 개념-구축에 관한 일련의 몽타주다. 즉 그 유명한 '리좀'(부정-변증법적인 '별자리'에 대한 반-변증법적인 대응 개념)부터, '선분성'(segmentarity), '추상 기계', '얼굴성', '되기'의 상이한 형식들, '소수자', '리토르넬로'(ritornello) 그리고 '전쟁 기계'를 거쳐서, 최근에 건축적 아방가르드에 의해 매우 사랑받고 있는 '매끈한 공간과 홈 패인 공간'까지가 그것이다. 브라이언 마수미(Brian Massumi)는 옮긴이 서문에서 "문제는 그것이 참이냐가 아니라 그것이 작동하는가다"라고 말했다. 하지만 무엇 때문에 작동하는가? 진리와 실천의 순환이 그리 쉽게 끊어지지 않는 것은 희망에 찬 열성 추종자들이 그 순환을 일으키기 때문일 것이다. 『카프카』는 '소수'라는 특별한 개념을 정교화하는데, 이는 『리좀』이 그런 것처럼 잘 알려진 다른 개념적 독특성들, 즉 '연결자', '배치'(agencement)와 복합적으로 관련된 특별한 상황 — 카프카의 글들 — 으로부터 발췌된 것이다.

이 책들은 여러모로 충분히 수용되어야 할 것으로 남아 있다. 저자의 브랜드화를 통해 자본에 점점 더 '진짜로 포섭'되는 경향을 보이는 학술 출판 산업의 중간 단계에서 주어진 수백만 단어의 입문용 요약과 2차적인 해설들에도 불구하고 말이다. 말하자면, 이 책들은 아직 이론적으로 의미 있는 새로운 생산을 가능케 하는 조건이 되지 못했다. 예컨대 번성하고 있는 포스트-푸코 연구 분야와 같은 식의 포스트-들뢰즈-와-가타리주의는 없다. 대체로 여기에는 그저 물신적인 용어 반복만 있을 뿐이다. 이에 대한 하나의 이유는 — 수용과 생산 조건의 악화는 제외하고 — 가타리 고유의 작업이 계속해서 잊혀 있다는 점이다. 도스는 『안티-오이디푸스』와 『천의 고원』을 다룬 장에서 이 텍스트들을 전혀 철학적으로 독해하려 하지 않는데, 이는 들뢰즈의 책들을 지루하지만 정밀하게 요약한 것과는 대조적이다. 하지만 비르지니 린하르트의 인터뷰들 덕분에, 『교차적 평전』은 우리가 가타리의 사상에 대해, (모든 사상이 그렇듯이) 그들의 작품이 지닌 역사적 조건들을 초월하게 하는 그 이론적 역동성에 대해 얼마나 더 많이 알아야 하는가를 보여주기에 충분할 정도로 가타리에 대한 지적인 스케치들을 제공한다. 어쩌면 사람들은 다소 신비적인 '들라리'(Delari)—들뢰즈와 들뢰즈-와-가타리를 통합한 저자—를 찾는 것은 그만두고, 삽화가 제라르 로지에르(Gérard Lauzier)가 '가타뢰즈'(Guattareuze)라고 불렀던 것을 찾아야 할 것이다.

[조영선 옮김]

에릭 홉스봄, 늙은 두더지의 길

그레고리 엘리엇(Gregory Elliott)

에릭 홉스봄(Eric Hobsbawm)은 『세상을 어떻게 바꿀 것인가』(*How to Change the World*)[1]를 출간함으로써, 1948년에 『노동당의 전환점』(*Labour's Turning Point*)을 편집하고 1959년에 『재즈 신』(*The Jazz Scene*)과 『원초적 반란』(*Primitive Rebels*)[2]을 내면서 저자로 데뷔한 이래 60년 이상의 세월을 보낸 셈이 되었다. 이 책이 홉스봄이 오늘날까지 쓴 25권 남짓의 책 가운데 마지막이 된다면, 카를 마르크스(Karl Marx)라는 이름, 마르크스의 지적·정치적 유산과 밀접하게 연결되어 있는 그의 경력에 어울리는 작별 인사라 할 수 있다. 실제로 이 책의 부제는 책 표지에 광고되어 있는 마르크스와 마르크스주의의 '이야기'가 아니라 '마르크스와 마르크스주의 1840~2011년'이며, 이 주제에 관해 저자가

---

1) [옮긴이] 이경일 옮김, 『세상을 어떻게 바꿀 것인가』, 까치, 2012.
2) [옮긴이] 진철승 옮김, 『반란의 원초적 형태』, 온누리, 2011.

쓴 모든 글을 모아놓은 것은 아니다. 이 책에 실리지 않은 글들은 이전에 나온 두 권의 훌륭한 선집『혁명가들』(Revolutionaries, 1973)[3]과『역사론』(On History, 1997)[4]에 들어 있으며,『민족 전기 사전』(Dictionary of National Biography)의 신판에 마르크스에 관해 쓴 긴 항목을 덧붙일 수 있다. 그 결과 마르크스 이후 마르크스주의자 가운데 길게 다루는―16개 장 가운데 2개 장에서―유일한 인물은 안토니오 그람시(Antonio Gramsci)다. 홉스봄이 1950년대에『옥중수고』(Prison Writings)를 알게 된 후 거의 무조건적인 찬성을 하는 사람이 그람시라는 것, 자신이 이탈리아 공산당의 '정신적 당원'이라고 서술한 것(2002년의 자서전에서 지나가는 식으로 밝힌 것)에 대한 지향을 생각하면 우연의 일치는 아닐 것이다.

그럼에도『세상을 어떻게 바꿀 것인가』에는 1956년의 분수령 이래 이 주제에 관해 쓴 글들이 대부분 포함되어 있다. 여기에는 1957년『뉴 리즈너』(New Reasoner) 창간호에 실린 마르크스의 빅토리아 시기 비평가들에 관한 글―이 글은 아마 신좌파와 진정으로 협력할 의도로 쓴 듯 보인다―부터 이 책을 위해 작업한 '오늘날의 마르크스'에 관한 여러 편의 성찰까지 들어간다. 이것만으로도 이 책은 분명 겹치기는 하겠지만 적어도 두 유형의 독자들에게 필독서가 될 것이다. 당연하게도 첫 번째는 이 영역에 대한 전문가적 관심이 있는 사람들이다. 홉스봄이 말한 것처럼『세상을 어떻게 바꿀 것인가』는 "본질적으로 카를 마르크스(그리고 그와 분리할 수 없는 프리드리히 엥겔스) 사상의 발전 및 사후 영향에 관한 연구"다. 그렇지만 이 책은 최근 수십 년 동안 적어도 영어권에서는 거의 시도되지 않은 마르크스주의의 역사는 아니다. (징후적이기는 하지만 홉스봄은 두 경우를 언급한다. 코야코프스키Kolakowski가 1978년부터 출판한『마르크스주의의 주된 흐름』Main Currents of Marxism과 1961년에 조지 리히트하

---

3) [옮긴이] 김정한·안중철 옮김,『혁명가들』, 도서출판 길, 2008.
4) [옮긴이] 강성호 옮김,『역사론』, 민음사, 2002.

임George Lichtheim이 했던 '역사적·비판적 연구[5]'가 그것이다. 홉스봄은 자신의 책을 리히트하임에게 헌정하고 있다.) 하지만 『세상을 어떻게 바꿀 것인가』의 핵심은—차례의 절반 이상—그러한 노력을 최종적으로 제대로 충족하기 위해 구성된 6개의 매우 박식한 장들로 이루어져 있다. 왜냐하면 이 책은 지적 체계로서의 마르크스주의부터 이것에 의해 인도된 실천 운동과 체제 그리고 그 실천운동과 체제가 다시 이론을 재형성하고(그리고 왜곡하고) 이제는 제도화된 '물질적 힘'이 되기까지를 포괄하는 범위로 확장되어 있기 때문이다. 이에 대한 작업은 1978~82년에 홉스봄이 조르주 옵트(George Haupt) 등과 함께 편집한, 여러 권으로 된 이탈리아 에이나우디(Einaudi) 출판사의 『마르크스주의의 역사』(Storia del marxismo)였다. 제1권—홉스봄의 새 책에 재수록된 글 셋이 실려 있다—만이 번역되었는데, 지금은 오랫동안 절판되어 있는 『마르크스 시대의 마르크스주의』(Marxism in Marx's Day, 1982)가 그것이다.

이탈리아 밖의 독자들은 다음 글들이 뒤늦게나마 영어로 출간되는 것을 매우 환영할 것이다. 제2인터내셔널 시대의 마르크스주의와 유럽의 지적 문화 사이의 상호작용에 대한 연구, 한때는 혁명적이었던 부르주아지의 후손들이 배반한 계몽사상의 이성주의를 스탈린의 소련이 체현한 듯 보일 수 있었던 반파시즘 시기 마르크스주의의 진보주의적 굴절, 제2차 세계대전 이후부터 1983년 마르크스 서거 100주년까지 마르크스주의의 변형에 관한 글들이 그것이다. 여기에 창시자들이 마르크스주의 이전의 사회주의와 맺었던 관계, 창시자들의 정치사상, 창시자들의 저작이 지리적으로 다르게 수용된 것 등에 대해 좀 더 다듬어진 「마르크스주의의 후퇴, 1983~2000년」이 추가되었다. 종종 최근 문헌을 반영하여 최신화된 것으로 보이는 이 글들은 지성사가로서의 홉스봄의 역량이 최고조였을 때 그의 권위적인 분석과 종합 능력을 보여주는 자기 완결적인 한 권의 책으로 여겨질 수 있을 것이다. 하지만 마르크스와 엥겔스의 저작을 끊임없이 참조하는 방식

---

5) [옮긴이] George Lichtheim, *Marxism: An Historical and Critical Study*, London: Routledge and Kegan Paul, 1961 [Revised Editon, 1964].

을 완화하는 것만으로 글이 수정되었다고는 할 수 없기에 여전히 아쉬운 느낌이 든다. 물론 마르크스와 엥겔스의 저작은 영어판『전집』(Marx Engels Collected Works)이 2004년에 완간되었다는 사실에도 불구하고 여전히 많은 글들이 독일어판『저작집』(Marx Engels Werke)에만 들어 있다.

두 번째 유형의 독자는 홉스봄이 1930년대 초 베를린의 감나지움에서『공산주의자 선언』을 읽었던 시절 이후 옹호했던 전통에 대한 그의 연속성과 불연속성에 관해 좀 더 알 수 있게 되리라는 생각을 가진 사람들이다. 이 전통에 관여한 60여 년 동안의 텍스트를 하나로 모은『세상을 어떻게 바꿀 것인가』는 실제로『미완의 시대』(Interesting Times)[6]에서 보여주었던 실망스러운 대략적인 언급보다 이에 대해 더 많은 것을 드러낸다. 따라서 많은 분량의 장인「반파시즘 시기 1929~45년」은 부분적으로 공산주의 투사인 홉스봄의 생애 가운데 이 시기에 대한 변호로 읽을 수 있을 것이다. 그는 인민전선을 전형적으로 '상식과 일치하는' 것으로 옹호하며 다음과 같은 결론을 내린다. "일부 사람들에게 그것은 그 시절의 생존자들이 무조건적인 만족감 속에서 회고하는 정치적 과거의 유일한 부분이다."

좀 더 일반적으로 행간과 문맥에서 우리는 이 전통의 창시자들에게 사적유물론이었을 뿐만 아니라 '과학적 사회주의'이기도 했던 것의 설명력과 예측력에 대한 홉스봄의 확신이 처음에는 점차적으로, 나중에는 가속적으로 후퇴하는 것을 추적할 수 있다. 홉스봄은 이 전통의 주장을 1964년에 마르크스의『정치경제학 비판 요강』의「전(前) 자본주의적 경제 구성체」에 붙인 서론에서 거듭 확인한다. 이 서론에서는 '뛰어난' 1859년『정치경제학 비판』서문을 '미성숙한 마르크스'의 초기 저작에서 보이는 윤리적 색조와 대조하면서 호의적으로 다루고 있다. 좀 더 뉘앙스가 있기는 하지만 다시금 명백하게「마르크스, 엥겔스, 전 마르크스주의적 사회주의」라는 장의 말미에서도 마찬가지다. 두 글은 모두 이 책에 수록되

---

6) [옮긴이] 이희재 옮김,『미완의 시대』, 민음사, 2007.

어 있다. 하지만 『영국 노동자계급의 상태』와 『공산주의자 선언』의 재출간에 붙인 또 다른 서문들에서 볼 수 있는 것처럼—둘 간에는 30년의 시간차(1969~98)가 있다—그러한 주장이 한때는 강조되었지만 이제는 명백하게 철회되었다. 엥겔스의 공산주의가 '사회과학자'로서의 그의 통찰력에 통합되어 있는 것으로 파악되는 반면, 마르크스의 공산주의는 "새로운 천년이 시작되는 지금 자본주의를 간명하게 파악할 수 있는 것"을 제공한 그의 성취와 분리된 것으로 간주된다. 실제로 공산주의 없는 비(非)선언이다.

이것만으로도 『세상을 어떻게 바꿀 것인가』의 독특한 모습은 흥미를 끌 수 있다. 즉 입문자를 위해 책 제목에 대한 서문 격의 설명이 없는 것 말이다. 홉스봄은 『마르크스 시대의 마르크스주의』 서문에서 포이에르바흐에 관한 마르크스의 열한 번째 테제를 인용하고 있다. "지금까지 철학자들은 그저 세계를 해석했다. 하지만 문제는 세계를 변화시키는 것이다." 그리고 나서 홉스봄은 이렇게 말한다.

> 현대 세계에서 실천적으로 가장 영향력 있는(그리고 실천적으로 확고한) 이론학파인 마르크스주의는 세계를 해석하는 방법이자 변화시키는 방법이며, 따라서 마르크스주의의 역사는 이에 맞추어 서술되어야 한다.

지금 검토하고 있는 책에서 이 테제는 처음으로 그 이상의 의미로 인용되며, 다음과 같은 주석이 달린다. "자신의 권고에 따라 성공적으로 살아온 사상가는 아무도 없다." 이 장의 뒷부분에서—「마르크스주의의 영향 1945~83년」—마르크스의 사상을 여전히 "세계를 이해하고 변화시키는 데 핵심적인 지침을 제공"하는 것으로 옹호한다. 마르크스의 반대되는 입장과 달리 홉스봄은 이론과 실천의 결합을 이야기한다.

이 책에서 홉스봄이 충실하게 중계하고 있는 주류 마르크스주의 전통에서는 세계를 올바르게 해석하려는 이론은 세계를 변화시키려는 대중 투쟁과 최대한 결합하려는 열망이 있다. 이 이론에 따르면 자본주의는 자신을 공산주의적으로

폐절하기 위한 선결 조건을 마련한다. 무엇보다 자본주의는 스스로 '자신의 무덤을 파야 하는' 과제를 수행하는 데 이해관계가 있으며 이를 수행할 능력이 있는 집단적인 사회 행위자—필연적으로 '진정으로 혁명적인 계급'인 산업 프롤레타리아트—를 만들어냈는데, 이들은 자본주의의 '무덤을 파는 사람'으로서의 이해관계와 능력을 지녔다. 홉스봄이 결국에 가서 마르크스주의의-마르크스주의적 사회주의(Marxian-Marxist Socialism)의 이러한 기초를 거부한 것은 1970년대 말부터 선진 자본주의 나라에서 자본주의를 넘어서는 이행이 가능하리라는 전망에 대한 회의심이 깊어갔음을 보여주는 열쇠다. 전후 마르크스주의에 관한 장에서 지구적 자본주의—그리고 그 내부 각국의 노동운동—의 발전은 전통적으로 프롤레타리아트에게 할당된 역할을 프롤레타리아트가 수행할 수 있는가를 '점차 의심하게' 만들었다고 한다. 사반세기 후에 홉스봄은 『공산주의자 선언』 150주년 기념판에 붙인 서론에서 코야코프스키를 따라 그것을 "관찰의 산물이 아니라 철학적 추론"이라고 확인한다. 그가 20세기 노동자 운동의 역사에 관한 결론 격의 장을 쓸 때쯤이면 평결은 매우 명확했다. "그것은 근거가 없다는 것이 이제 분명해졌다."

1983년 마르크스 서거 100주년이 다가오자 홉스봄은 마르크스주의의 위기라는 주제가 다시 등장한 것을 기록해야만 한다고 생각했다. 자본주의와 사회주의에 관한 모든 "예전의 확고함"이 "의심에 빠진" 것만이 아니다. 그러한 확고함은 "더 이상 존재하지 않는다." 하지만 역설적으로 그가 기록한 1960년대와 1970년대 마르크스주의에 대한 심문과 수정은 제1세계와 제3세계에서 마르크스주의가 지적 영향력을 현저하게 늘리는 것과 함께 일어났다. 이를 통해 1930년대와 1940년대의 권위주의적인 판본 및 '국가별 격리'와 분명하게 구별되는, 아주 높은 수준의 다원적이고 코스모폴리탄적인 문화가 만들어졌다. 따라서 홉스봄이 1945~83년에 관한 장에 새로 쓴 결론에서 인정하는 것처럼 그것은 독창적인 이탈리아인[그람시]이 했던 조심스럽지만 희망 어린 언급을 대체했다. 그는 "반전의 속도와 규모"를 예측할 수 없었던 것이다. "[이후의] 25년"은 "[마르크스의] 유산의 역사에서 가장 어두운 시기"가 될 수밖에 없었다.

1970년대 전환기부터 분명히 '후퇴'하기는 했지만 이론으로서의 마르크스주의는 같은 시기에 후퇴하지 않았다. 이 시기의 마르크스주의에 대한 홉스봄의 다소 엉성한 논의는(15쪽이 안 된다) 모리스 메를로퐁티(Maurice Merleau-Ponty)의 판단이 지닌 통찰력을 간과하고 있으며, 1960년에 장 폴 사르트르(Jean Paul Sartre)가 마르크스주의를 대신해서 과감할 정도로 지나친 주장을 한 것에서 알수 있듯이 마르크스주의가 "진리였다고 믿었던 의미에서는 더 이상 진리가 아니지만" 여전히 "분석을 자극하고 분석의 방향을 지시할" 수 있게 한 방식을 간과한다. 과거 유명인들의 흔적이 사라진 탓에 잘못 생각했을 수 있거나 앙드레 토젤(André Tosel)이 최근에 말한 수많은 마르크스주의(mille marxismes)와 별로 대화하지 않아서일 텐데, 홉스봄은 이들을—예를 들어 영어권의 프레드릭 제임슨(Fredric Jameson), 로버트 브레너(Robert Brenner), 데이비드 하비(David Harvey), 이탈리아의 도메니코 로수르도(Domenico Losurdo), 루치아노 칸포라(Luciano Canfora), 코스탄초 프레베(Costanzo Preve) — 별로 다루고 있지 않으며, 더 나아가 마르크스주의 전통과 다양하게 관계를 맺었던 인물이 이 시기의 작업을 통해 학계에 한정된 게 아니라 진짜로 지구적인 독자를 얻었던 것을 무시한다. 이 책의 저자는 조심스러움 때문에 삼갔겠지만 우리는 『극단의 시대』(1994)[7] — 영어권의 베스트셀러이며, 금세 수십 가지 언어로 번역되었다—에 들어 있는 홉스봄의 20세기에 관한 설명 이상을 볼 필요는 없다.

홉스봄은 자신이 실천적 폐허에 맞서 지적 파편이라고 간주했을 것을 옹호하고 있지 않다. 자칭 '구좌파의 마르크스주의'이며 1936년 이래 영국 공산당 당원이었던 덕분에 그려낸 자신의 궤적의 '참여 관찰자'인 그에게 모든 것을 바꾼 것은 '현존 사회주의'의 몰락이었다. 그는 이렇게 쓴다. "1990년대까지 마르크스주의는 언제나 강력한 정치적 힘을 대변했다." 이 문구는 트로츠키주의 제4인터내

---

7) [옮긴이] 이용우 옮김, 『극단의 시대』, 까치, 1997.

서널이나 제3인터내셔널 조직들에서 갈라져 나온 마오주의 분파들(홉스봄이 크든 작든 모든 조타수들에게 반감을 가졌던 것은 잘 알려져 있다) 혹은 수많은 평의회 그룹, 자유 지상주의적 그룹, 그 밖의 정파 등을 포함하는 것이 아니라 주로 체제와 정당의 집합으로서의 국제 공산주의 운동을 가리키는 것이다. 원래 제목이 「오늘날의 마르크스주의: 공개적인 변명」인 전후 마르크스주의에 관한 장에서는 다음과 같이 말하고 있다.

> 1956년 이후의 시기는 대부분의 서구 마르크스주의자들이 현존 사회주의 체제가 …… 자신들이 바라던 사회주의 사회나 사회주의를 건설하는 사회 등등이 아니라는 결론을 내릴 수밖에 없는 때였다. 다수의 마르크스주의자들은 1917년 이전의 모든 곳에 있었던 사회주의자들의 입장으로 돌아갈 수밖에 없었다. 다시 한 번 그들은 사회주의를 자본주의 사회가 만들어낸 문제에 대한 필연적인 해결책이라고, 미래에 대한 희망이라고 주장해야 했지만, 실천적 경험에 의해 제대로 뒷받침되지 못하는 것이었다.

이탈리아판에서는 여기에(한 문장이 텍스트에서 생략되었는데, 홉스봄의 태도를 담고 있는 것으로 볼 수 있다) 이렇게 덧붙이고 있다.

> 이것 때문에 그들이 필연적으로 오늘날까지 마르크스나 레닌이 …… 특별히 비옥한 땅이라고 간주하지 않았던 나라에서 커다란 어려움에 직면하면서 사회주의를 구성하기 위해 기울인 노력의 중요성과 여러 면에서 긍정적인 결과를 과소평가한 것은 아니다.

절대다수의 사회주의자들에게는 제2세계의 붕괴라는 트라우마가 있다. "사회주의는 모든 명백한 결점과 함께 실제적으로는 사회주의 사회를 구성하려는 시도였을 뿐이다." 사회주의 몰락과 이후 자본주의는 "자신의 메멘토 모리

(memento mori, 죽음을 기억하라)를 상실했으며" 스스로를 '과학적'이라고 우기던 사회주의는 경제적·정치적 자유주의가 넘어설 수 없는 인류사의 지평이라는 선언 한가운데에서 다양한 유토피아주의의 하나로 후퇴했다. 오늘날의 마르크스주의는 폐쇄된 변명인가?

몇 가지 이유로 독자들에게 달갑지 않은 위안을 주기는 하지만 홉스봄은 아니라고 대답한다. 홉스봄은 새로운 천년기에 반(反)자본주의의 부활과 2008년 신자유주의의 '내파'를 환영하지만, 자신의 어법에 맞지 않게 '체계적인 대안 체계'(a systematic alternative system)라고 부른 것이 다시금 분명해지고 있다는 것은 의심한다. 사회주의의 미래에 대한 환멸은 아직 없어지지 않았다. 따라서 21세기 초에 '마르크스가 예기치 않게 복귀'한 것을 두고 그는 20세기에 결정적으로 패배한 국제 공산주의의 예언자의 모습이 아니라 자신의 메멘토 모리를 방금 발표한 지구적 자본주의에 대한 비판자로서 연출한다. 공산주의와 시장 근본주의 모두 불명예를 얻었기 때문에 마찬가지가 되면서 마르크스는 '마르크스-레닌주의'라는 몽마(夢魔)에서 해방되었다. 그의 후계자들이 한 대답이 아니라 그가 제기한 질문은 인류의 의제로 돌아가는 것이다. 실제로 조지프 슘페터(Joseph Schumpeter)가 (마르크스를 좇아) 자본주의의 '창조적 파괴'의 물결이라고 특징지은 자살적 경향이라는 관점에서 홉스봄은 "양측 모두"—자유주의자와 사회주의자—자본주의를 "역사적으로 …… 현실적으로" 분석한—타락 이후(post-lapsarian) 시기에 맞는 사적유물론에 대한 최소주의적 정의—"주요한 사상가로 돌아가는 데 관심이 있다"고 주장하기에 이른다.

홉스봄이 자본주의의 결정적인 승리로 냉전이 끝난 후 반(反)마르크스주의와 반(反)공산주의가 격화되었다고 했던 것을 감안할 때, 한쪽이 다른 편 사상을 (다른 관심 속에) 가지게 되고, 브라우더주의적8) 위안에는 저항하리라고 예측할 수

---

8) [옮긴이] 얼 브라우더(Earl Browder, 1891~1973)는 미국의 공산주의자로 당 서기장과 대통령 후보를 지냈다. 미국의 민주주의 전통을 높게 평가하면서 공산주의의 '미국화'를 주장했다. 제2차 세계대전 막바지에 자본주의와 공산주의의 평화 공존이 가능하다고 주장했다.

있다. 여하튼 "21세기의 마르크스는 20세기의 마르크스와 거의 확실히 다를 것이다." 우리는 여기에 이렇게 덧붙일 수 있을 것이다. 마르크스는 앞으로도 (슘페터, 칼 폴라니Karl Polanyi와 함께) 세계를 해석하고 비판하는 데 주요한 원천이기는 하겠지만, 홉스봄이 마르크스의 동시대성을 변호한 것을 감안할 때 마르크스가 세계를 변화시키는 데 지침을 주기는 어려울 것이 분명하다. 마르크스가 1845년에 했던 권고에 새겨져 있는 프로그램의 절반이 없어졌기 때문에 그렇게 추론된 망령은 수확체감을 낳을 위험이 있다. 이런 의미에서 홉스봄 책의 제목은 잘못 붙여진 것이다. 이 책은 오늘날 세계를 어떻게 변화시킬 것인가에 관한 것이 아니다. 이 책이 세계를 변화시키려는 과거의 노력을 다루는 일을 진행하면서 '아니오'(Not)라는 말을 잃어버린 게 아닌가라고 생각하는 사람이 있을 것이다.

홉스봄은 태연하게 자본주의의 폐지라는 마르크스의 예측이 "[그가] 예측했던 것과는 다른 방식"이기는 하지만 여전히 그에게 적실성이 있다고 결론을 내린다. 자유 시장경제의 명령과 거주 가능한 행성을 위한 필수 조건—폴라니의 '음울한 유토피아'의 반향이라는 게 분명하다—사이에는 불가피한 충돌이 있으며, 이것이 자본주의의 아킬레스건이 된다. "현재 누구의 화살이 거기에 치명적인 것이 될지는 알 수 없으나" 우리는 부활하고 있는 신(新)무정부주의는 무시해도 좋을 것이다. 왜냐하면 신무정부주의의 화살은 바로 자신의 발을 쏠 위험이 있기 때문이다. 그리고 1980년대에 블라디미르 레닌(Vladimir Lenin)이 그러했던 것만큼 에두아르트 베른슈타인(Eduard Bernstein)이 '자신의 희망을 잃어버렸을' 1990년대, 이 시기에 시들어버린 사회민주주의는 이미 심각하게 소진된 화살집을 무조건적으로 신자유주의에 넘겨주었다.

홉스봄은 94세이지만[9] 여전히 빈틈이 없으며, 마찬가지로 신랄하다(예를 들어 동년배인 아서 슐레진저 2세Arthur Schlesinger Jr.의 경력을 "하버드, 케임브리지, 케네디의 궁정"에 있었던 사람이라고 요약한다). 이전 책들에 비해 몇 가지

---

9) [옮긴이] 홉스봄은 2012년 10월 1일 폐렴으로 영국 런던에서 세상을 떠났다.

측면에서 편집상 좀 거친『세상을 어떻게 바꿀 것인가』는 그저 지식 습득용 책이 아니다. 이 책은 냉소적인 여담으로 양념을 친 명료한 산문으로 쓰인 오락용 책이기도 하다. 이 책의 마지막 화살이―"다시금 마르크스를 진지하게 취급할 시간이 되었다"―마르크스를 계속해서 진지하게 취급했던 사람들에게는 다소 시시할지도 모르지만, 이 책이 전문가나 애호가만을 겨냥한 게 아니라는 점을 기억해야 한다. 이 책은 (홉스봄이 쓴 대부분의 책과 마찬가지로)『혁명의 시대』서문에서 "이론적 구성, 지적이고 교육받은 시민"이라고 서술한 사람들도 겨냥한 것이다. 다른 이유가 아니라면 이 책은 우리 대부분이 하기를 바라는 것보다 더 궁극적인 목표를 많이 달성할 것이다.

　이 책에 수록된 글 가운데 가장 먼저 쓴 글에서 홉스봄은 이렇게 말한다. "책과 논문을 쓰는 사람들은 인쇄된 글이 살아남을 것이라는 감상적인 환상을 가지고 있다. 슬픈 일이지만 이런 일은 거의 없다. 인쇄된 글의 절대다수는 출간된 지 몇 주 혹은 몇 년 이내에 가사 상태에 들어간다. 그러다 연구자들에 의해 마찬가지로 짧은 시간 동안 가끔 깨어난다." 이 말이 그가 쓴 글 가운데 아주 일부에게는 해당된다 하더라도―가장 분명하게『시대』4부작―홉스봄은 두려워할 일이 없다. 다른 한편 그가 2017년『자본』(*Das Kapital*) 150주년에 맞추어 마르크스와 마르크스주의의 성과에 대한 검토를 목격할지도 모른다고 생각할 수 있다. 매우 우연적이기는 하지만 이때는 볼셰비키 혁명과 그의 탄생 100주년이다.

[안효상 옮김]

| 출전 |

제1부 특집 1 세계경제 문제

이시드로 로페스 · 엠마누엘 로드리게스, 「스페인 모델」 (The Spanish Model)

New Left Review 69(2011. 5~6), pp. 5~28.

피터 놀런 · 장진, 「금융 위기 이후 벌어진 세계적 경쟁」 (Global Competition After the
   Financial Crisis)

New Left Review 64(2010, 7~8), pp. 97~108.

볼프강 슈트렉, 「민주주의적 자본주의의 여러 위기」 (The Crises of Democratic Capitalism)

New Left Review 71(2011. 9~10), pp. 5~29.

조얼 앤드리어스, (서평) 「상하이 모델?, 황야성의 『중국 특색의 자본주의』」(A Shanghai
   Model?: On Capitalism with Chinese Characteristics)

New Left Review 65(2010. 9~10), pp. 63~85.

마이클 데닝, 「임금 없는 삶」 (Wageless Life)

New Left Review 66(2010. 11~12), pp. 79~97.

로빈 블랙번, 「위기 2.0」 (Crisis 2.0)

New Left Review 72(2011. 11~12), pp. 33~62.

제2부 특집 2 카를 슈미트: 마르크스주의를 보완하는 정치학?

베노 테슈케, 「결정과 미결정: 카를 슈미트의 정치적 · 지적 수용」 (Decisions and Indecisions:
   Political and Intellectual Receptions of Carl Schmitt)

New Left Review 67(2011. 1~2), pp. 61~95.

고팔 발라크리시난, 「분리의 지정학, 테슈케의 「결정과 미결정에 대한」 응답」(The Geopolitics of Separation: Response to Teschke's "Decisions and Indecisions")

New Left Review 68(2011. 3~4), pp. 57~72.

베노 테슈케, 「지정학의 물신, 고팔 발라크리시난에 대한 답변」(The Fetish of Geopolitics: Reply to Gopal Balakrishnan)

New Left Review 69(2011. 5~6), pp. 81~100.

제3부 각 지역의 쟁점들

페리 앤더슨, 「아랍 세계의 연속 혁명」(On the Concatenation in the Arab World)

New Left Review 68(2011. 3~4), pp. 5~15.

하젬 칸딜, (대담) 「반란의 이집트」(Revolt in Egypt)

New Left Review 68(2011. 3~4), pp. 17~55.

마이크 데이비스, 「봄과 겨울의 대결」(Spring Confronts Winter)

New Left Review 72(2011. 11~12), pp. 5~15.

알렉산더 콕번, 「후쿠시마의 여진」(In Fukushima's Wake: How the Greens Learned to Love Nuclear Power)

New Left Review 68(2011. 3~4), pp. 75~79.

파올로 플로레스 다르카이스, 「베를루스코니주의 해부」(Anatomy of Berlusconismo)

New Left Review 68(2011. 3~4), pp. 121~40.

제4부 사상과 예술

안드레이 플라토노프, 「사회주의 최초의 비극에 대하여」(On the First Socialist Tragedy)

New Left Review 69(2011. 5~6), pp. 30~32.

힐러리 로즈 · 스티븐 로즈, 「다윈 그리고 그 후」(Darwin and After)

New Left Review 63(2010. 5~6), pp. 91~113.

에밀리 비커턴, 「아듀! 『카이에 뒤 시네마』, 어느 영화 전문지의 생애」(Adieu to Cahiers: Life Cycle of a Cinema Journal)

New Left Review 42(2006. 11~12), pp. 69~97.

제5부 서평

피터 오스본, 「가타뢰즈?」 (Guattareuze?)

New Left Review 69(2011. 5~6), pp. 139~51.

그레고리 엘리엇, 「에릭 홉스봄, 늙은 두더지의 길」 (The Old Mole's Path)

New Left Review 67(2011. 1~2), pp. 137~43.

이시드로 로페스(Isidro López)는 1973년 스페인 마드리드에서 태어났다. 사회학자로 스페인의 '지속 가능성 연구소'에서 활동하고 있다. 또한 실천적인 연구 단체인 '메트로폴리타노(수도권) 연구소'와 일종의 협동조합인 '라 디나모'의 회원이다. 저서로 엠마누엘 로드리게스와 함께 쓴 『세기말: 스페인 자본주의의 장기적 파동(1959~2020) 속에서 본 금융화, 영토 그리고 소유권자 사회』(2010)가 있다.

엠마누엘 로드리게스(Emmanuel Rodríguez)는 스페인의 UNED(국립방송통신교육대학)에서 학사 학위를 취득했고 마드리드 콤플루텐세 대학에서 역사학 박사 학위를 받았다. 출판조합 Traficantes de Sueños(꿈의 거래자, 꿈을 파는 이들)에서 출간한 『불가능한 정부: 부유한 수도권의 노동과 경계』의 저자다. 이 출판조합은 협동조합 방식의 서점, 대안적 배급업, 실천적 출판업, 만남의 공간을 위한 프로젝트로서 현재 스페인에서 더욱 충실하고 흥미로운 자율적인 정치 기획의 경험 가운데 하나를 이루고 있다. 그는 또한 노마다 대학(반자본주의, 반인종차별주의, 탈식민주의, 여성주의를 표방하는 연구소로 2001년 설립됨)의 공동 설립자이기도 하다.

피터 놀런(Peter Nolan)은 SOAS에서 박사 학위를 받았고, 현재 케임브리지 대학에 재직하며 발전연구센터(Centre of Development Studies) 소장을 겸하고 있다. 주요 연구 분야는 경제 발전, 세계화와 구 공산권의 이행기 경제 등이며, 특히 중국의 발전에 대한 연구를 진행하여 중국의 시스템 변화, 농업, 빈곤과 불평등 및 이주, 기업과 관련된 다수의 논문과 저작을 출간한 대표적인 중국 전문가다. 저서로 국내에 번역·출간된 『중국과 세계경제』(함께있는책, 2002)를 비롯해 State and Market in the Chinese Economy (1993), China and the Global Business Revolution (2001), Is China Buying the World? (2012) 등이 있다.

장진(Jin Zhang, 張瑾)은 중국 난카이(南開) 대학을 졸업하고 케임브리지 대학에서 박사 학위를 받았으며, 현재 케임브리지 대학 비즈니스 스쿨(Judge Business School)에 재직 중이다. 중국의 산업 정책과 기업 개혁 등을 주제로 연구하고 있으며, 저서로 *Catch-Up and Competitiveness in China: The Case of Large Firms in the Oil Industry* (2004) 등이 있다.

볼프강 슈트렉(Wolfgang Streeck)은 1946년 독일 렝거리히에서 태어나 프랑크푸르트와 뉴욕에서 사회학을 공부한 후, 뮌스터 대학에서 조교수로 일했다. 1980년 프랑크푸르트 대학에서 박사 학위를 받고 빌레펠트 대학에서 사회학 전공으로 하빌리타치온을 취득했다. 학창 시절 사회 민주주의 대학생동맹(Sozialdemokratischen Hochschulbund, SHB)에서 열성적으로 활동했고, 오펜바흐의 '사회주의자 모임'(Sozialistische Büro, SB) 창설에 참여했다. 1980~88년 베를린 사회과학연구소 선임 연구원으로 일한 바 있다. 그 후 1988~95년에는 위스콘신 대학 매디슨 캠퍼스에서 사회학과 산업 관계를 가르쳤으며, 1995년 이후 지금까지 쾰른 소재 막스 플랑크 사회연구소 소장으로 일하고 있다. 또한 1999년부터 쾰른 대학의 경제학·사회과학대학에서 사회학을 가르치고 있기도 하다. 1998년 베를린-브란덴부르크 학술 아카데미 회원이 되었다. 경제와 정치 및 그 상호 관계 문제에 몰두하고 있으며, 무엇보다 공공 정책에 대한 역사적 비교 연구에 관심을 두고 있다. 저서로 *Internationale Wirtschaft, nationale Demokratie: Herausforderungen für die Demokratietheorie* (1998), *Governing interests: business associations facing internationalization* (2006), *Re-Forming Capitalism: Institutional Change in the German Political Economy* (2009), *Gekaufte Zeit: Die vertagte Krise des demokratischen Kapitalismus* (2013) 등이 있다.

조얼 앤드리어스(Joel Andreas)는 미국 디트로이트에서 초등학교를 다닐 때부터 부모님을 따라 베트남 전쟁 반대 운동에 참여했으며, 그 후 줄곧 활동가로 일하며 노동자 권리 증진, 인종 간 불평등 해소, 미국의 대외 군사개입 반대 등의 정치 운동에 활발히 참여해왔다. 자동차 공장과 인쇄소에서 노동자로 일하는 한편, 1949년 이후 중국 계급 관계의 변화를 연구하여 UCLA에서 박사 학위를 받았고, 2003년부터 존스 홉킨스 대학 사회학과 교수로 재직 중이다. 그는 학창 시절부터 정치만화를 그리기 시작해 고등학교 때 발표했던 록펠러 가문의 치부 과정을 비판적으로 묘사한 *The Incredible Rocky* (1975)라는 작품은 정식 출판물이 아니었음에도 불구하고 10만 부가 넘게 판매되기도 했다. 1992년 걸프전 직후 발간한 『전쟁중독』(창해, 2003)은 미국의 군사주의를 비판하는 내용을 담고 있고, 한국, 일본, 스페인, 독일 등 해외 여러 나라에서 번역·출간되었으며, 미국에서는 애니메이션 다큐멘터리로 제작되기도 했다. 그 밖의 저서로는 사회주의 시기 중국 계급 관계의 변화를 다룬 *Rise of the Red Engineers: The Cultural Revolution and the Origins of China's New Class* (2009)가 있으며, 중국의 체제 이행에서 나타나는 사회문제와 계급 관계의 변화, 문화대혁명 등을 주제로 다수의 논문을 발표해왔다.

마이클 데닝(Michael Denning)은 1954년 미국 버몬트에서 태어났다. 1976년 다트머스 대학을 졸업하고 뉴욕에서 머무는 중 스튜어트 홀(Stuart Hall)이 중심이 된 버밍엄 현대문화연구센터(the Birmingham Centre for Contemporary Cultural Studies)에 대해 알게 되어 영국으로 건너가 석사 과정을 밟는다(1979). 학위를 받은 후 미국으로 돌아와 미국학으로 1984년 예일 대학에서 박사 학위를 받았다. 처음에는 컬럼비아 대학 영문과에서 가르쳤으며(1984~89) 미국학 프로그램으로 예일 대학으로 돌아와 지금까지 머무르고 있다. 예일 대학에서 박사 학위를 받았고 프레드릭 제임슨(Fredric Jameson)과 같이 작업하기도 했지만, 그에게 가장 중요한 영향을 끼친 것은 버밍엄 현대문화연구센터였다. 그 센터의 문화 연구를 해석하여 미국에 적용함으로써 현대의 대중문화와 문화 정치에 대한 연구를 진행할 수 있었다. 문화와 노동의 관계도 관심을 가지고 연구하고 있다. 오랫동안 노동조합 활동에 적극적으로 참여해왔으며 현재는 전국작가노조(National Writers Union)에 속해 있다. 저서로는 *Cover Stories: Narrative and Ideology in the British Spy Thriller* (1987), *Mechanic Accents: Dime Novels and Working Class Culture* (1987), *Culture in an Age of Three Worlds* (2004), *The Cultural Front: The Laboring of American Culture in the Twentieth Century* (2011) 등이 있다.

로빈 블랙번(Robin Blackburn)은 1940년 영국 런던에서 태어났다. 옥스퍼드 대학과 런던 정경대학(LSE)에서 역사사회학, 비판적 사회 이론, 현대 자본주의, 제3세계 등을 주제로 연구하고 강의했으며, 킹스 칼리지, 케임브리지, FLACSO(Latin American Social Science Faculty), 우드로 윌슨 센터 등을 거쳐 현재 영국 에식스 대학과 석좌교수로 있는 미국 뉴욕 뉴 스쿨에서 사회사와 정치경제를 가르치고 있다. 『뉴레프트리뷰』 편집위원장을 역임했고(1981~99), 1962년부터 현재까지 편집위원을 맡고 있다. 1970년 이후 버소(Verso) 출판사에서 편집 자문위원으로도 활동하고 있다. 저서로는 *The Overthrow of Colonial Slavery, 1776~1848* (1988), *The Making of New World Slavery: From the Baroque to the Modern, 1492~1800* (1997), *Banking on Death or Investing in Life: The History and Future of Pensions* (2002), *Age Shock and Pension Power: Grey Capital and the Challenge of the Aging Society* (2007) 등이 있으며, 편저로는 『몰락 이후』(창비, 1994)가 있다.

베노 테슈케(Benno Teschke)는 1967년 독일 오스나브뤼크에서 태어났다. 런던 정경대학 국제관계
학과에서 박사 학위를 받았으며, 1998~99년 캘리포니아 대학에서 로버트 브레너의 지도 아
래 박사 후 과정을 마친 뒤, 2003년부터 서식스 대학 국제관계학과에 전임강사로 재직하고 있
다. 서식스 대학의 정치적 마르크스주의(Political Marxism) 연구 집단의 주도자 중 한 사람이
며, 영국 국제관계학회(BISA) 역사사회학 연구 집단에도 참여하고 있다. 저서로 *The Myth of
1648: Class, Geopolitics and the Making of Modern International Relations* (2003)가
있으며, 『뉴레프트리뷰』, 『역사적 유물론』(*Historical Materialism*) 및 국제관계학 분야의 학
술지에 활발하게 기고하고 있다.

고팔 발라크리시난(Gopal Balakrishnan)은 1990년대 UCLA에서 페리 앤더슨, 로버트 브레너, 로저스
브루베이커, 마이클 만의 지도 아래 유럽 지성사와 역사사회학을 공부했다. 2000년 장 모네 연
구원(Jean Monnet Fellow)으로 유럽 대학연구소(European University Institute)에서 연구
한 뒤, 2001년~05년 시카고 대학에서 조교수로 근무했고, 현재 캘리포니아 대학(샌타크루즈)
의 사상사(History of Consciousness)학과에 재직하고 있다. 『뉴레프트리뷰』 편집위원으로
활동하고 있으며, 고전 정치사상과 마르크스주의, 비판 이론을 비롯하여 역사사회학에 관해
연구하고 있다. 저서로 국내에 번역·출간된 『제국이라는 유령』(이매진, 2007)을 비롯해 *The
Enemy: An Intellectual Portrait of Carl Schmitt* (2000), *Mapping the Nation* (1996),
Antagonistics: Capitalism and Power in an Age of War (2009) 등이 있다.

페리 앤더슨(Perry Anderson)은 1938년 영국 런던에서 태어나 중국, 미국, 아일랜드에서 소년 시절을
보냈으며, 옥스퍼드 대학을 졸업했다. 1962년 이후 오랜 기간에 걸쳐 『뉴레프트리뷰』의 편집
을 맡은 바 있고, 지금도 이 잡지의 편집위원으로 있다. 현재 UCLA에서 역사학과 사회학을
가르치고 있다. 저서로 국내에 번역·출간된 『고대에서 봉건제로의 이행』(창비, 1991), 『역사
적 유물론의 궤적』(새길, 1994), 『절대주의 국가의 계보』(까치, 1997), 『서구 마르크스주의 읽
기』(이매진, 2003), 『현대 사상의 스펙트럼: 카를 슈미트에서 에릭 홉스봄까지』(도서출판 길,
2012) 등을 비롯해 *A Zone of Engagement* (1992), *The Origins of Postmodernity* (1998),
The New-Old World (2009) 등이 있다.

하젬 칸딜(Hazem Kandil)은 케임브리지 대학 정치사회학 강사이자 세인트 캐서린 대학(St. Catharine's
College)의 선임 연구원이다. 2004년에 아메리칸 대학 카이로 분교(AUC)에서 국제관계학 석
사 과정을 마치고, 2005년 뉴욕 대학(NYU)에서 정치 이론으로 석사 과정을 밟았다. 캘리포

니아 대학 로스앤젤리스 분교(UCLA)에서 정치사회학 석사 학위(2008년)와 박사 학위(2012년)를 받았다. 그의 연구 대상은 군사 안보 기구와 혁명운동이었다. 박사 논문에서 그는 이집트, 이란, 터키에서 군사 기구와 보안 기구와 정치 기구 간의 권력 투쟁이 어떻게 체제를 형성했는지 분석했다. 지금은 역사적으로 다양한 군사 징병 체제의 사회정치학적 파장을 탐색하고 있다. 이것은 폭력적인 사회조직이 어떻게 정치적 삶에 충격을 주었는지를 군사·정치의 사회학으로부터 추출하는 작업이다. 그는 또한 지식인 운동도 연구하고 있으며, 특히 무슬림 세계의 운동에 초점을 두고 있다. 저서로는 *Soldiers, Spies, and Statesmen: Egypt's Road to Revolt* (2012)가 있으며 혁명, 전쟁, 지식사회학, 이슬람에 대하여 다양한 학술지와 정기간행물에 기고했다. 케임브리지 대학에 정착하기 전까지는 AUC에서 정치학을, UCLA에서 사회 이론을 가르쳤다.

마이크 데이비스(Mike Davis)는 1946년 미국 캘리포니아 주 샌버너디노에서 태어났다. 정육점 직원, 트럭 운전수, '민주사회를 위한 학생연대' 등의 일과 학업을 병행하며 정육노조의 장학금으로 캘리포니아 대학에 입학하여 로스앤젤리스 캠퍼스에서 역사학을 공부했다. 1960년대에 민권운동, 반전운동, 노동운동에 참가한 그는, 현재 캘리포니아 대학 어바인 캠퍼스 역사학 교수로 있으며, 강의를 하면서 노동운동을 계속하고 있다. 또한 1998년 맥아더 펠로십(MacArthur Fellowship)을 수상했고, 게티 인스티튜트(Getty Institute)의 연구원이기도 하다. 1980년 『뉴레프트리뷰』에 편집위원으로 참여했으며, 다수 잡지에 고정 필자로 활동하고 있다. 저서로 *City of Quartz: Excavating the Future in Los Angeles* (1990), 국내에 번역된 『미국의 꿈에 갇힌 사람들』(창비, 1994), 『슬럼, 지구를 덮다』(돌베개, 2007), 『조류독감』(돌베개, 2008), 『엘니뇨와 제국주의로 본 빈곤의 역사』(이후, 2008), 『제국에 반대하고 야만인을 예찬하다』(이후, 2008), 『자본주의, 그들만의 파라다이스』(공저, 아카이브, 2011), 『자동차 폭탄의 역사』(전략과문화, 2011) 등이 있다.

알렉산더 콕번(Alexander Cockburn)은 아일랜드계 미국인으로서 정치 저널리스트이자 작가다. 스코틀랜드에서 태어나 아일랜드 코크 카운티(County Cork)의 유걸(Youghal)에서 성장했다. 글레너먼드 칼리지(Glenalmond College), 스코틀랜드 퍼트샤이어(Perthshire)의 사립 기숙학교, 옥스퍼드 대학의 키블 칼리지(Keble College)에서 수학했다. 런던에서 리포터 겸 해설자로 일했다. 1973년 미국으로 이주해, 『뉴욕 리뷰 오브 북스』(*The New York Review of Books*), 『에스콰이어』(*Esquire*), 『하퍼스』(*Harper's*) 등 여러 출판물에 글을 기고했다. 그는 1973년부터 1983년까지 『빌리지 보이스』(*The Village Voice*)에서 필진으로 활약했다. 『빌리지 보이스』는 오랜 기간 주류 언론을 비판하는 '신문 스크랩' 칼럼에 뿌리를 둔 잡지였다. 하지만 『빌리지 보이스』는 그가 아랍 연구 단체들로부터 1만 달러를 받았다는 이유로 1982년 그를 해고했다. 콕번의 변호사는 그의 이스라엘 정부 정책에 대한 비판이 해고 뒤에 숨어 있다며 『빌리지 보이스』에 소송을 걸었다. 콕번은 『네이션』으로부터 자신의 아버지의 동명 소설 이름을 딴 「악마를 물리쳐라」(Beat the Devil)라는 정규 칼럼을 제안받아 『빌리지 보이스』를 떠나게 되었다고 말했다. 『빌리지 보이스』를 떠난 뒤 그는 『월스트리트 저널』(*Wall Street Journal*), 『뉴욕 프레스』(*New York Press*), 『뉴 스테이츠먼』(*New Statesman*) 등에 칼럼을 썼다. 또한 『앤더슨 밸리 애드버타이저』(*Anderson Valley Advertiser*)의 정기 기고가로 활동하기도 했다. 그는 원래 영국 시민권 대신 아일랜드 시민권을 선택했으나, 2009년에 미국 시민권자가 되었다. 그는 2009년 3월 16일 공식적으로 원시보수주의(paleoconservatism) 잡지 『크로니클』(*Chronicles*)의 칼럼니스트로 일했다. 2012년에 세상을 떠났다.

파올로 플로레스 다르카이스(Paolo Flores d'Arcais)는 1944년 이탈리아 북부 프리울리-베네치아줄리아 주(州)의 체르비냐노 델 프리울리에서 태어났다. 로마 라 사피엔차 대학에서 학위를 받은 후 2009년까지 같은 대학의 철학과 교수를 지냈다. 학생 시절부터 이탈리아 청년공산당연합(FGCI)에 가입해 활동하며 정치에 많은 관심을 보였고, 1968년에는 로마의 '68 학생운동'을 주도하기도 했다. 주된 정치 성향은 좌파이지만 1970년대 말에는 사회당 정치인들과 잠시 결합하기도 했으며, 1990년대 초반에는 걸프전을 옹호하는 견해를 보여 좌파 정치인들과 갈등을 겪기도 했다. 현재 『미크로메가』라는 잡지의 편집장이며, 이탈리아와 스페인, 독일, 폴란드의 일간지에서 고정 필자로 활동하고 있다. 저서로 *Esistenza e libertà: a partire da Hannah Arendt* (1990), *Etica senza fede* (1992), *L' individuo libertario: percorsi di filosofia morale e politica nell'orizzonte del finito* (1999), *Il sovrano e il dissidente* (2004), *Hannah Arendt. Esistenza e libertà, autenticità e politica* (2006) 등이 있다.

안드레이 플라토노프(Andrei Platonov)는 1899년 러시아 남부 보로네시 주(州)의 외곽 마을에서 태어났다. 본명은 안드레이 플라토노비치 클리멘토프다. 1918년 보로네시 철도대학에 입학하면서 작품 활동을 시작했고, 공산주의 계열의 신문과 잡지에 시와 소설 등을 발표했다. 1922년 첫 시집 『하늘색 심연』을 출간했다. 1929년 혁명과 새로운 도시에 대한 첫 장편소설 『체벤구르』를 완성했지만, 시대적 분위기는 끝내 이 책의 출판을 허용하지 않았다. 1929년에서 1930년 사이에 『코틀로반(구덩이)』을 완성했으나, 이 작품 역시 정치적 탄압 때문에 살아 있는 동안 출판되지 못했다. 제2차 세계대전 기간 종군기자로 자원하여 전쟁의 참상을 알리는 기사와 단편을 썼다. 1946년 출판한 단편 「귀향」 때문에 신랄하게 비난을 받고 작품 활동을 완전히 금지당했다. 이후 가난과 질병에 시달리다 1951년 1월 5일 세상을 떠났다. 작품으로 국내에 번역된 『귀향 외』(책세상, 2002), 『구덩이』(민음사, 2007)/『코틀로반』(문학동네, 2010), 『행복한 모스크바』(지만지, 2009), 『예피판의 갑문』(문학과지성사, 2012), 『체벤구르』(을유문화사, 2012) 등이 있다.

힐러리 로즈(Hilary Rose)는 영국의 저명한 여성주의 과학사회학자이자 사회정책학자다. 현재 런던 정경대학 객원 연구교수, 브래드퍼드 대학 사회정책학 명예교수, 런던 그레셤 칼리지 의사학 명예교수로 있다. 여성주의 관점에서 과학사회학을 다룬 글을 다수 발표했으며 영국, 미국, 오스트레일리아, 오스트리아, 노르웨이, 핀란드 그리고 스웨덴 사회과학고등연구위원회에서 여러 직책을 역임했다. 1997년에 여성주의 과학사회학에 기여한 공로로 웁살라 대학에서 명예박사 학위를 받았고, 2001년에는 저서 *Love, Power and Knowledge: Towards a Feminist Transformation of the Sciences* (1994)가 포르투갈 문화부 선정 '20세기 최고의 책 101권'에 포함되기도 했다. 남편인 영국의 신경과학자 스티븐 로즈와 함께 런던 그레셤 칼리지의 의사학 교수직을 공동으로 맡아 3년 동안 '유전학과 사회'에 관한 강의를 했다. 이 협동 작업의 산물 가운데 하나로서 *Alas, Poor Darwin: Arguments Against Evolutionary Psychology* (2000)를 부부의 공동 편집으로 출판했다.

스티븐 로즈(Steven Rose)는 1938년 영국 런던에서 태어났으며 현재 런던 개방대학과 런던 대학의 생물학 및 신경생물학 교수다. 케임브리지 킹스 칼리지에서 생화학을, 케임브리지 대학과 런던 킹스 칼리지 정신의학과에서 신경생물학을 공부했다. 1969년에 신설된 개방대학의 생물학 교수로 임용되어 영국 최연소 정교수, 최연소 학과장이 되었다. 개방대학에서 뇌 연구단을 꾸려 동료들과 함께 주로 기억 형성과 알츠하이머병 치료에 관해 연구했다. 대중적인 과학책을 여러 권 썼으며 『가디언』에 정기적으로 칼럼을 연재했다. 1999년부터 2002년까지 런던 그레셤 칼리지에서 의사학 교수를 맡아 강의를 했다. 과학 소통에 공헌한 사람에게 수여되는 생화학회의 메달과 명예로운 에든버러 메달을 비롯해 수많은 상과 메달을 받았다. 아내인 사회학자 힐러리 로즈와 공동으로 그레셤 칼리지의 교수직을 맡았으며 *Alas, Poor Darwin: Arguments Against Evolutionary Psychology* (2000)를 비롯한 여러 책을 함께 쓰고 편집했다. 리처드 르원틴, 레온 카민과 함께 '급진주의 과학운동'을 주도하면서 사회생물학, 진화심리학, 적응주의를 비판했다. 이들이 함께 쓴 『우리 유전자 안에 없다』(*Not in Our Genes: Biology, Ideology, and Human Nature*, 1984)에서는 인간의 사회적 행동에 대한 진화론적 설명을 옹호하는 『사회생물학』(에드워드 윌슨, 1975), 『이기적 유전자』(리처드 도킨스, 1976) 등에 대한 반론을 매우 뚜렷하게 펼쳤다. 『가디언』은 그를 '좌파 논객'으로 지칭했고, 친구이자 협력자인 패트릭 베이트슨은 그가 '어쩌면 최후의 급진 마르크스주의 과학자'일지 모른다고 평가했다. 저서로 *Lifelines: Life beyond the Gene* (1997), *The Future of the Brain: The Promise and Perils of Tomorrow's Neuroscience* (2005), *The 21st-Century Brain: Explaining, Mending and Manipulating the Mind* (2005) 등이 있다.

에밀리 비커턴(Emilie Bickerton)은 영국 출신으로 런던과 파리에서 활동 중인 저널리스트 겸 평론가다. 케임브리지 대학에서 영문학을 공부했으며, 주로 영화와 문학, 인류학에 관한 글을 쓰거나 서평을 써왔다. 『뉴레프트리뷰』에 장 루슈(Jean Rouch)에 대한 글을 쓴 적 있으며, 편집자로도 활동 중이다. 그녀가 필진으로 참여한 잡지로는 *Sight and Sound, London Review of Books, The Times Literary Supplement, The Guardian* 등이 있다. 저서로 『카이에 뒤 시네마』에 대해 쓴 *A Short History of Cahiers du Cinema* (2009) 등이 있다.

피터 오스본(Peter Osborne)은 런던 킹스턴 대학에서 현대 유럽철학을 가르치고 있으며, 같은 대학 부설 현대유럽철학연구센터(Center for Research in Modern European Philosophy, CRMEP)의 초대 센터장을 맡고 있기도 하다. 아울러 잡지 *Radical Philosophy*의 편집진으로도 오랫동안 활동해왔다. 저서로 국내에 번역된 『How to Read 마르크스』(웅진지식하우스, 2007)를 비롯하여, *The Politics of Time: Modernity and Avant-garde* (1995), *Philosophy in Cultural Theory* (2000), *Anywhere or not at all: The Philosophy of Contemporary Art* (2013) 등이 있다.

그레고리 엘리엇(Gregory Elliott)은 영국의 옥스퍼드 발리올 칼리지(Balliol College)에서 루이 알튀세르를 주제로 철학박사 학위를 받았다. 이후 저술 및 번역가로 활발히 활동 중이다. 저서로 국내에 번역·출간된 『알튀세르: 이론의 우회』(새길아카데미, 2012), 『홉스봄, 역사와 정치』(그린비, 2012)를 비롯해 *Perry Anderson: The Merciless Laboratory Of History* (1998), *Ends in Sight: Marx, Fukuyama, Hobsbawm, Anderson* (2008) 등이 있다.

| 옮긴이 소개 | (가나다순)

김한상은 1977년 서울에서 태어났으며 서울대 독어독문학과를 졸업했다. 같은 대학 대학원 사회학과
에서 "Uneven Screens, Contested Identities: USIS, Cultural Films, and the National
Imaginary in South Korea, 1945~1972"(불균질한 스크린들, 경합하는 정체성: 주한 미국공
보원, 문화영화와 국가상상, 1945~1972)이라는 논문으로 박사 학위를 받았다. 한국영상자료
원에서 4년간 프로그래머로 있었으며, 하버드-옌칭 연구소에서 방문 연구를 진행했다. 한국 영
화와 프로파간다 영화의 제도와 관객성을 역사사회학적인 관점에서 탐구해왔다. 저서로『조
국 근대화를 유람하기: 박정희정권 홍보 드라이브, 〈팔도강산〉 10년』(한국영상자료원, 2008),
『김승호: 아버지의 얼굴, 한국 영화의 초상』(공저, 한국영상자료원, 2007),『고속도로의 인문
학』(공저, 한국도로공사, 2010) 등이 있다.

김홍옥은 1966년 전북 정읍에서 태어나 서울대 소비자아동학과와 같은 대학 교육학과 대학원을 졸업
했다. 광양제철고등학교 교사를 거쳐 우리교육, 삼인 출판사 등에서 근무했다. 역서로『유인
원과의 산책』(르네상스, 2003),『신과의 만남, 인도로 가는 길』(르네상스, 2003),『교사 역할
훈련』(양철북, 2003),『레이첼 카슨 평전』(샨티, 2004),『월트 디즈니 1 · 2』(여름언덕, 2008),
『제약회사는 어떻게 거대한 공룡이 되었는가』(궁리, 2008),『가르침의 예술』(아침이슬, 2009),
『가르침의 도』(아침이슬, 2009),『파괴의 씨앗 GMO: 미국 식량제국주의의 역사와 실체』(도서
출판 길, 2009),『우리의 지구, 얼마나 더 버틸 수 있는가』(도서출판 길, 2010),『경제성장과 환
경보존, 둘 다 가능할 수는 없는가』(도서출판 길, 2012) 등이 있다.

서영표는 1970년 서울에서 태어나 서울대 국사학과를 졸업하고 같은 대학 사회학과 대학원에서 석사
를 수료했다. 1996년 국제연대정책정보센터(PICIS, Policy and Information Center for

International Solidarity) 설립에 참여했다. 2007년 영국 에식스 대학 사회학과에서 박사 학위를 받았다. 영국 체류 중 적녹연구그룹(Red-Green Study Group)에 참여했다. 현재는 급진민주주의 연구 모임 '데모스'에 참여하고 있다. 「영국 신좌파 논쟁에 대한 재해석」(『경제와 사회』 제80호) 등 녹색 사상과 녹색운동, 사회학 이론, 도시사회학에 대한 논문을 발표했다. 저서로『런던 코뮌: 지방사회주의의 실험과 좌파 정치의 재구성』(이매진, 2009),『사회주의, 녹색을 만나다: 생태주의, 사회주의, 민주주의』(한울, 2010),『좌우파 사전: 대한민국을 이해하는 두 개의 시선』(공저, 위즈덤하우스, 2010),『독재자의 자식들: 독재자 아버지, 영웅인가 망령인가』(공저, 북오션, 2012) 등이 있다. 성공회대 '민주주의연구소' 연구교수를 거쳐 현재 제주대 사회학과 교수로 있다.

안효상은 서울대 서양사학과를 졸업하고 같은 학과 대학원에서 박사 과정을 수료했으며, W. E. B. 두 보이스에 관한 박사 학위논문을 준비하고 있다. 현재 성공회대에서 강의하고 있으며, 진보신당 공동대표를 역임했다. 「버클리 자유언론운동」 등 1960년대 학생운동에 대한 논문을 썼으며, 저서로『꿈은 소멸하지 않는다』(공저, 한겨레출판, 2007)가 있다. 역서로는『칼 맑스-프리드리히 엥겔스 저작 선집』(공역, 박종철출판사, 1997),『생태제국주의』(공작, 지식의풍경, 2000),『1968년의 목소리』(박종철출판사, 2002),『세계를 뒤흔든 독립선언서』(그린비, 2005),『악의 축의 발명』(공역, 지식의풍경, 2005),『1960년대 자서전』(책과함께, 2008),『현대 사상의 스펙트럼: 카를 슈미트에서 에릭 홉스봄까지』(공역, 도서출판 길, 2012),『근현대 사회사상가 101』(새길아카데미, 2012) 등이 있다.

장시복은 서울대 경제학부에서 「1980년대 이후 미국 초국적기업의 유연화와 금융화」로 박사 학위를 받았으며, 미국 경제와 세계경제, 공황이론 등을 주요 연구 주제로 삼고 있다. 저서로『세계화 시대 초국적기업의 실체』(책세상, 2004),『풍요 속의 빈곤, 모순으로 읽는 세계경제 이야기』(책세상, 2008),『정치경제학의 대답: 세계 대공황과 자본주의의 미래』(공저, 사회평론, 2012)가 있으며, 역서로는『자본의 반격: 신자유주의 혁명의 기원』(공역, 필맥, 2006) 등이 있다. 현재 목포대 경제학과 교수로 있다.

조영선은 서울대 국어국문학과를 졸업했다. 같은 대학 미학과 대학원에서 석사 과정을 수료한 뒤, 상상력과 질 들뢰즈에 관한 연구를 계속하고 있다.

전대호는 1969년 경기도 수원에서 태어나 서울대 물리학과를 졸업했다. 같은 대학 철학과 대학원에서 석사 학위를 받았으며, 독일 쾰른 대학에서 박사 과정을 수료했다. 1993년 조선일보 신춘문예에 시로 당선했으며, 시집으로『가끔 중세를 꿈꾼다』(민음사, 1995),『성찰』(민음사, 1997)이 있다. 역서로는『슈뢰딩거의 삶』(사이언스북스, 1997),『수학 유전자』(까치, 2002),『유클리드의 창: 기하학 이야기』(까치, 2002),『나무 동화』(궁리, 2003),『수학의 언어』(해나무, 2003),『과학의 시대!』(한길사, 2003),『미래: 내일의 과학은 우리의 삶과 정신을 어떻게 바꾸어 놓을까』(지호, 2005),『헤겔, 영원한 철학의 거장』(이제이북스, 2006),『아인슈타인의 베일: 양자물리학의 새로운 세계』(승산, 2007),『현대 정신의학 잔혹사: 현대 의술과 과대망상증에 관한 슬픈 이야기』(모티브북, 2007),『생명이란 무엇인가/정신과 물질』(궁리, 2007),『복제 인간, 망상 기계들의 유토피아: 인간의 본성과 생명을 다시 생각한다』(뿌리와이파리, 2007),『초월적 관념론 체계』(이제이북스, 2008),『물리와 세상: 사물 뒤에 숨겨진 모든 것』(에코리브르, 2009),『당신과 지구와 우주』(까치, 2010),『위대한 설계』(까치, 2010),『로지코믹스: 버트런드 러셀의 삶을 통해 보는 수학의 원리』(랜덤하우스코리아, 2011),『미하엘 콜하스의 민란』(부북스, 2011),『2030, 세상을 바꾸는 과학기술』(까치, 2011),『양자 불가사의: 물리학과 의식의 만남』(지양사, 2012),『데미안』(부북스, 2013) 등이 있다. 현재 전문 번역가로 활동하고 있다.

정대훈은 1973년 충북 청주에서 태어나 서울대 철학과를 졸업하고 같은 학과 대학원에서「데카르트에게서 감각과 정념의 문제」로 석사 학위를 받았다. 현재 독일 프랑크푸르트 대학에서 크리스토프 멩케(Christoph Menke) 교수의 지도 아래 비극, 아이러니, 역사의 개념을 중심으로 헤겔과 니체에게서의 근대적 주체성의 재구성이라는 문제로 박사 학위논문을 쓰고 있다. 역서로는『데카르트』(궁리, 2001)가 있다.

정병선은 연세대 신문방송학과를 졸업했으며, 현재 번역과 집필, 다큐멘터리 작업 등을 하고 있다. 편역서로『우리는 어떻게 비행기를 만들었나』(지호, 2003)가 있으며, 역서로『모차르트』(책갈피, 2002),『벽을 그린 남자, 디에고 리베라』(책갈피, 2002),『축구 전쟁의 역사』(이지북, 2002),『렘브란트와 혁명』(책갈피, 2003),『브레인 스토리』(지호, 2004),『전쟁과 우리가 사는 세상』(지호, 2004),『미국의 베트남 전쟁』(책갈피, 2004),『그 많던 지식인들은 다 어디로 갔는가』(청어람미디어, 2005),『전쟁의 얼굴』(지호, 2005),『한 뙈기의 땅』(밝은세상, 2006),『존 리드 평전』(아고라, 2007),『조류독감』(돌베개, 2008),『타고난 반항아』(사이언스북스, 2008),『돼지가 과학에 빠진 날』(김영사, 2008),『자연과 함께한 1년』(한겨레출판, 2009),『미래시민 개념사전』(21세기북스, 2009),『사라진 원고』(난장이, 2009),『참호에 갇힌 제1차 세계대전』(마티, 2009),『현대 과학의 열쇠, 퀀텀 유니버스』(마티, 2009),『레닌 재장전』(공역, 마티, 2010),『여자가 섹스를 하는 237가지 이유』(사이언스북스, 2010),『에너지 위기, 어떻게 해결할 것인가』(도서출판 길, 2010),『게임 체인지』(컬처앤스토리, 2011),『건 셀러』(가우디, 2011),『잡동사니의 역습: 죽어도 못 버리는 사람의 심리학』(월북, 2011),『뇌 속의 신체지도』(이다미디어, 2011),『카 북: 자동차 대백과사전』(공역, 사이언스북스, 2013) 등이 있다.

진태원은 1966년 서울에서 태어나 연세대 철학과와 같은 학과 대학원을 졸업했으며, 서울대 철학과 대학원에서 「스피노자 철학에 대한 관계론적 해석」으로 박사 학위를 받았다. 스피노자, 알튀세르 및 현대 프랑스 철학에 대한 논문들을 썼고,『라깡의 재탄생』(창비, 2002),『서양 근대철학의 열 가지 쟁점』(창비, 2004) 등을 공동으로 저술했으며,『알튀세르 효과』(그린비, 2011)를 기획하여 편저 형식으로 출간했다. 역서로는『헤겔 또는 스피노자』(이제이북스, 2004),『법의 힘』(문학과지성사, 2004),『스피노자와 정치』(이제이북스, 2005),『마르크스의 유령들』(이제이북스, 2007),『마르크스주의와 해체: 불가능한 만남?』(공역, 도서출판 길, 2009),『우리, 유럽의 시민들?: 세계화와 민주주의의 재발명』(후마니타스, 2010),『정치체에 대한 권리』(후마니타스, 2011),『폭력과 시민다움: 반폭력의 정치를 위하여』(난장, 2012),『벤투의 스케치북』(공역, 열화당, 2012) 등이 있다. 현재 고려대 민족문화연구원 HK 연구교수로 있다.

하남석은 한국외대 중국어과를 졸업하고 같은 대학 중국학과 대학원에서 중국 정치경제 전공으로 박사 과정을 수료했다. 중국의 체제 이행과 신자유주의 문제, 중국의 비판적 지식인 사회와 사회적 모순에 저항하는 대중운동에 관심을 갖고 연구하고 있다. 역서로『중국, 자본주의를 바꾸다』(공역, 미지북스, 2012) 등이 있다.

홍기빈은 서울대 경제학과를 졸업하고 같은 대학 외교학과 대학원을 마치고 캐나다 요크 대학 정치학과에서 박사 학위를 받았다. 저서로『아리스토텔레스 경제를 말하다』(책세상, 2001),『투자자-국가 직접소송제: 한미 FTA의 지구정치경제학』(녹색평론사, 2006),『소유는 춤춘다: 세상을 움직이는 소유 이야기』(책세상, 2007),『리얼 진보』(공저, 레디앙, 2010),『자본주의』(책세상, 2010),『비그포르스, 복지 국가와 잠정적 유토피아』(책세상, 2011),『살림/살이 경제학을 위하여』(지식의날개, 2012),『지금 여기의 진보』(공저, 이음, 2012) 등이 있으며, 역서로는『전세계적 자본주의인가 지역적 계획경제인가』(책세상, 2002),『다수 문명에 대한 사유』(책세상, 2005),『자본의 본성에 관하여』(책세상, 2009),『거대한 전환: 우리 시대의 정치·경제적 기원』(도서출판 길, 2009),『자본주의: 어디로 와서 어디로 가는가』(미지북스, 2010),『돈의 본성』(삼천리, 2011),『자본주의 고쳐 쓰기: 천박한 자본주의에서 괜찮은 자본주의로』(한겨레출판,

2012) 등이 있다. 온라인과 오프라인의 여러 매체에 지구정치경제 칼럼니스트로 정기·비정기 기고를 하고 있다. 주요 연구 분야는 지구정치경제와 일본 자본주의의 구조 변화이며, 서구 정치경제 사상사에 대한 연구를 병행하고 있다. 금융경제연구소 연구위원을 거쳐, 현재 글로벌 정치경제연구소 소장으로 있다.